Sylvia Derer, Roland Mössner

Rechtskunde

für Sozialversicherungsfachangestellte

9. Auflage

Bestellnummer 3495

■ Bildungsverlag EINS
westermann

service@bv-1.de
www.bildungsverlag1.de

Bildungsverlag EINS GmbH
Ettore-Bugatti-Straße 6-14, 51149 Köln

ISBN 978-3-8237-**3495**-6

westermann GRUPPE

Vorwort

Das vorliegende Buch deckt lückenlos den Bundesrahmenlehrplan für den Ausbildungsberuf der Sozialversicherungsfachangestellten ab. Besonderer Wert wurde darauf gelegt, viele praxisrelevante Fallgestaltungen und Beispiele in das Buch aufzunehmen, wobei die Falllösungen an didaktisch geeigneten Stellen in den Erklärtext integriert wurden. Bei der inhaltlichen Auswahl der Fälle und Beispiele wurde besonders darauf geachtet, auch Sachverhalte aus dem Kontext des Sozialversicherungsrechts zu berücksichtigen, um den Auszubildenden bereits an dieser Stelle möglichst viele Beispiele aus ihrem späteren beruflichen Umfeld zu präsentieren. Das Konzept wird ergänzt durch Übersichtsschaubilder, Merksätze und Übungsaufgaben zum Ende jedes Kapitels. Im Anhang des Buches befinden sich zwei komplexe Aufgabenstellungen, die nach den Grundsätzen eines handlungsorientierten Unterrichts ausgeführt sind.

Begleitend zum Lehrbuch gibt es ein Lösungsheft, das die Übungsaufgaben sowie die Rollenspiel-Aufgaben im Anhang des Buches beantwortet.

Die 9. Auflage des Lehrbuchs berücksichtigt schwerpunktmäßig die seit der letzten Auflage eingetretenen Änderungen, etwa im Schuldrecht, Sachenrecht und Erbrecht (z.B. Änderungen im Verbraucherschutz, Mietrechtsnovellierungsgesetz, Änderungen bei den Vorschriften zum Erbschein, Einführung eines Datenbankgrundbuchs) und im Familienrecht (z. B. Änderungen im materiellen Unterhaltsrecht, Berücksichtigung der neuen Düsseldorfer Tabelle, Änderungen bei Elterngeld und Elternzeit, usw.).

Inhalt

3 Bürgerliches Recht – Recht der Schuldverhältnisse 109

6 Bürgerliches Recht – Erbrecht 240

8 Verwaltungsrecht 341

1　Einführung in das Recht

1.1　Ordnungsfaktoren zwischenmenschlicher Beziehungen

1.1.1　Notwendigkeit einer Ordnung

Europas Suizid ist realistisch

Die alte, von den USA garantierte Weltordnung bröckelt. Das ist auch für die EU eine Gefahr: Der neue Nationalismus, angesichts der Zahl der Flüchtlinge, könnte sie in den Abgrund stürzen.

Das Jahr 2016 hat dramatisch begonnen: ein Finanzbeben in China, das die Börsen weltweit destabilisiert, das Platzen der Blase in den BRIC-Staaten, der Verfall des Ölpreises, der viele Förderländer rund um den Globus in eine tiefe Krise treiben und nicht nur den Nahen Osten politisch destabilisieren wird, sondern auch Länder in Afrika, Südasien und Lateinamerika. Dazu ein neuer Atom- oder Wasserstoffbombenversuch in Nordkorea, und schließlich die sich fortschreitende innere Destabilisierung Europas durch einen neuen Nationalismus in der Flüchtlingskrise, die beide das historische Projekt der Europäischen Union akut gefährden. Nicht zu vergessen die anhaltende Krise in der Ukraine, ein Ergebnis des russischen Neoimperialismus unter Wladimir Putin, und die Bedrohung durch den islamistischen Terrorismus.

Die Kräfte des Chaos scheinen gegenüber der überkommenen Ordnung der Welt überhandzunehmen. Ein globaler Ordnungsverlust in Politik und Wirtschaft ist nicht von der Hand zu weisen, ohne dass auch nur in Ansätzen die Konturen einer neuen Ordnung sichtbar wären, welche die aus zwei Weltkriegen, dem Kalten Krieg und der Dekolonialisierung hervorgegangene alte Ordnung ablösen könnte.

Alles deutet auf Chaos hin

Das 20. Jahrhundert scheint sich endgültig zu verabschieden, aber nicht einmal in Ansätzen ist klar, was im 21. Jahrhundert auf die Welt zukommt. Gewiss, Globalisierung, Digitalisierung und Klimawandel sind die treffenden Schlagworte für die ganz großen Herausforderungen des frühen 21. Jahrhunderts. Aber innerhalb welcher Machtstrukturen, welcher globalen und regionalen Ordnungen (etwa in Ostasien, Europa, im Nahen Osten und in Afrika) diese neuen Fragen verhandelt und im Konfliktfalle auch ausgefochten werden müssen, bleibt heute noch weitgehend im Dunkeln. Gegenwart und Zukunft verheißen hier das Gegenteil von Ordnung, nämlich Chaos. […]

Quelle: Joschka Fischer, in: Sueddeutsche.de am 31.01.2016, www.sueddeutsche.de/politik/aussenansicht-die-unordnung-der-welt-1.2843338, abgerufen am 27.05.2016

Der Mensch ist auf der einen Seite ein Einzelwesen, das nach Selbstverwirklichung strebt. Auf der anderen Seite ist der Mensch ein Gemeinschaftswesen, das für seine Entwicklung den Kontakt zu anderen Menschen sucht und mit ihnen in vielfältigen Gemeinschaften und Gruppen lebt. Große Gruppen sind zum Beispiel der Staat oder das Volk, kleine Gruppen beispielsweise die Familie oder eine Berufsgruppe.

In allen Gruppen herrscht das gleiche Problem: Der Mensch als ein eigene Interessen verfolgendes Einzelwesen stößt an die Eigeninteressen seiner Mitmenschen. In dieser Situation ist es unbedingt notwendig, dass eine Gruppe eine **Gruppenordnung** erstellt, welche die Gemeinschaftsinteressen der Gruppe enthält. Andernfalls kommt es zu einem Kampf aller gegen alle, zum blanken, die menschliche Existenz vernichtenden Chaos, in dem allein die reale Macht zählt. Ein Beispiel hierfür bietet die obige Pressemeldung. Gewalt ist hier die Folge einer außer Kraft getretenen Gesellschaftsordnung.

1.1.2 Begriff des Rechtes

Das **Recht regelt** das **äußere Verhalten** des Menschen. Die Rechtsordnung ist die Summe der geschriebenen und ungeschriebenen Regeln, die aus unserem Gemeinwesen entstanden sind. Solche Rechtssätze treffen im Vorhinein eine Entscheidung für einen bestimmten Fall:

Beispiel

Wer einen Menschen tötet (= bestimmter Fall), wird mit einer Freiheitsstrafe nicht unter fünf Jahren bestraft (= Folge).

Recht und Gericht gehören eng zusammen. Erst durch die Einrichtung von ständigen Gerichten wurde die Formulierung von Rechtssätzen gefördert, die dann auf den Einzelfall angewendet werden konnten (Rechtsprechung).
Eine Rechtsordnung ist aber nicht der einzige Ordnungsfaktor in der Gesellschaft. Neben dem Recht gibt es auch noch die Sitte und die Moral, wobei sich Recht, Sitte und Moral gegenseitig beeinflussen.

1.1.3 Sitte und Recht

Unter der **Sitte** versteht man **die in einer Gemeinschaft geltenden Anstandsregeln und Gebräuche**. Solche Regeln entstehen unbewusst. Die Mitglieder der Gemeinschaft greifen auf sie als etwas Vorhandenes zurück. Sitten ändern sich. Sie sind dem Wandel der Zeiten unterworfen.

Beispiel

Früher galt es als gutes Benehmen, wenn der jüngere Mensch den älteren Mensch stets zuerst grüßt. Heute hat es sich als Benehmensregel durchgesetzt, dass unabhängig vom Alter derjenige zuerst grüßt, der den anderen zuerst sieht.

In den unterschiedlichen Gruppen gibt es verschiedene Sitten. Man unterscheidet zum Beispiel zwischen Familiensitten, Orts- und Landesbräuchen, Volkssitten, aber auch Berufssitten und Handelsbräuchen.

Beispiel

Zum Geburtstag ein Geschenk mitbringen; ein Osterfeuer entzünden; die Berufs- und Standestracht der Zimmerleute; einen Maibaum aufstellen; der Handschlag beim Viehkauf usw.

Sitten und Bräuche ersparen demjenigen, der sie befolgt, eine Entscheidung. Er muss dann nicht immer erneut über Bagatellen nachdenken, sondern weiß schon, was zu tun ist. Sitten und Bräuche verleihen darüber hinaus dem Alltag eine Struktur, an der man sich „festhalten" kann.

Sittenregeln sind, im Gegensatz zu Rechtsregeln, grundsätzlich **nicht formuliert** und von daher eher **unbestimmt**. Auch die **Reaktion** der Gruppe auf einen Sittenverstoß ist tendenziell **unbestimmt und ungewiss**.

Wer den Nachbarn nicht grüßt, muss mit gesellschaftlicher Ächtung rechnen, wobei nicht genau feststeht, wie diese ausfällt.

Die Folgen eines Rechtsverstoßes sind demgegenüber relativ bestimmt und berechenbar.

Wer einen anderen schuldhaft schädigt, muss Schadensersatz leisten; wer eine Straftat begeht, wird prinzipiell bestraft.

Ausnahmsweise können auch die Folgen von Sittenverstößen klar umrissen sein, dann nämlich, wenn ein organisierter Verband über einen **klaren Sittenkodex (Konvention)** verfügt.

Noch im letzten Jahrhundert herrschte beim Adel (= organisierte Gruppe) die Sitte des Duellierens als Reaktion auf eine Ehrverletzung.

Rechtsnormen sind durchsetzbar, weil dem Staat ein Zwangs- und Vollstreckungsapparat zur Verfügung steht und der Staat auch körperlichen Zwang ausüben darf (Gewaltmonopol des Staates). Die Ahndung von Sittenverstößen muss **ohne Durchsetzungsapparat unter Verzicht auf Gewalt** erfolgen; dennoch kann auch die Sanktion auf einen Sittenverstoß sehr hart ausfallen, zum Beispiel wenn ein Kaufmann, der gegen Handelsbräuche verstößt, von den anderen Kaufleuten boykottiert wird.
Sittenregeln haben den großen Vorteil, dass sie **auch in unorganisierten Gruppen** funktionieren, Rechtsregeln bedürfen einer gewissen Gruppenorganisation, die zum Beispiel ständige Spruchinstanzen zur Verfügung stellt.
Die Sitte wird vom Recht beeinflusst und hat eine **Tendenz zur Verrechtlichung**, das heißt, einige Sittenregeln entwickeln sich zu verbindlichen und durchsetzbaren Rechtsregeln.

Weihnachtsgratifikation als Beispiel für **Verrechtlichung einer Sittenregel**: unter der Voraussetzung, dass ein Betrieb seinen Mitarbeitern eine Reihe von Jahren immer Weihnachtsgeld auszahlt (= betriebliche Übung), entsteht aus der Sitte des Weihnachtsgeldes ein gerichtlich einklagbares Gewohnheitsrecht.

Umgekehrt wird auch das Recht von der Sitte beeinflusst und bezieht sich in seinen **Leitbildern** auf die **Sitte zurück**.

Verkehrssitte als Beispiel für den **Rückbezug des Rechts auf die Sitte**: Die Verkehrssitte ist die herrschende Ansicht und herrschende Übung innerhalb einer bestimmten Gruppe und wird herangezogen, wenn unklar ist, was ein Vertrag bedeuten soll (Vertragsauslegung; § 157 BGB), oder wenn der Inhalt eines Schuldverhältnisses umrissen werden soll. Die Verkehrssitte hat auch im Handelsrecht Bedeutung; dort werden über § 346 HGB die Handelsbräuche in den gesetzlichen Anwendungsbereich des Handelsgesetzbuches einbezogen.

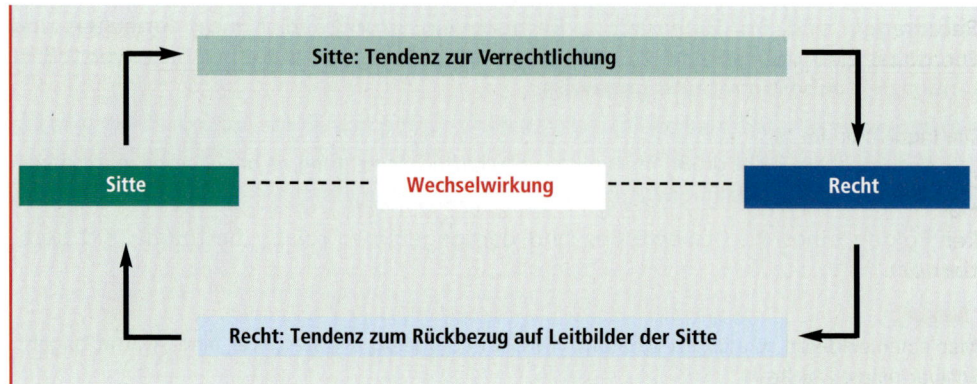

1.1.4 Moral und Recht

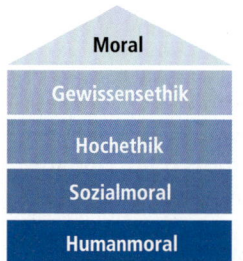

Unter der **Moral** oder **Sittlichkeit** ist die Gesamtheit der **inneren**, auf die **Gesinnung bezogenen, gut und böse unterscheidenden Verhaltensnormen** zu verstehen.

Das gesellschaftliche Moralgebäude lässt sich in vier „Stockwerke" einteilen.

Die **Gewissensethik** beinhaltet die **Idee des Guten** und richtet sich an das Gewissen jedes Einzelnen. Jeder soll nach seinem Gewissen gut handeln. Da diese Entscheidungen Einzelfallentscheidungen sind, können sie auch unterschiedlich ausfallen.

Die gefühlsmäßige Gewissensregung findet **im Inneren** des Menschen statt. Sie wird auch als **Gesinnung** oder **Wille** eines Menschen bezeichnet. Die gesellschaftliche Anerkennung als „gut" erfolgt aber erst, wenn die gute Gesinnung und das gute Verhalten zusammenkommen.

Das Recht ist demgegenüber eine Ordnung des äußeren Verhaltens. Dennoch kann auch das **Recht** nicht gänzlich auf **innere Motive** verzichten.

Beispiel

Im Strafrecht wird die Schuld eines Menschen oder dessen Absichten, als er die Tat begangen hat, berücksichtigt.

Die **Hochethik** besteht aus den sittlichen Verhaltensregeln, die von den **weltanschaulichen und religiösen Gemeinschaften** aufgestellt wurden. Die Gläubigen bzw. die Anhänger einer weltanschaulichen Lehre unterwerfen sich diesen Regeln freiwillig und haben einen Spielraum für eigene Entscheidungen. Als Zielvorgabe stellt die Hochethik maximale Anforderungen an ihre Mitglieder.

Beispiel

Die Forderung der christlichen Kirche: „Liebe deinen Nächsten wie dich selbst" ist eine maximale Anforderung an die Gläubigen, die diese freiwillig erfüllen können.

Eine Religion verlangt von ihren Mitgliedern außerdem die **Überzeugung** von der Richtigkeit und Billigkeit ihrer Lehre. Das Recht stellt dagegen keine maximalen Anforderungen und verlangt auch keine Überzeugung, dafür aber **Gehorsam**. Dieser Gehorsam wird notfalls über staatliche Maßnahmen erzwungen.

Recht und Religion müssen unbedingt voneinander getrennt werden. Das Recht im Dienst der Religion wird zum Gesinnungsterror.

Die Inquisition im Mittelalter oder der islamische „Gottesstaat" von heute.

Die **Sozialmoral** besteht aus den **Anschauungen der Gruppe hinsichtlich des guten Handels**. Hierunter fallen Grundwerte unseres Soziallebens wie Redlichkeit, Anständigkeit, Gewissenhaftigkeit, Hilfsbereitschaft, Rücksichtnahme usw. Die Sozialmoral orientiert sich an der sozialen Zweckmäßigkeit und hält eine Gruppe zusammen.

Man soll niemanden anlügen; man soll sich nicht ungehemmt egoistisch benehmen; man soll den Schwächeren, wie Behinderten, helfen usw.

Die Sozialmoral und das Recht haben dort Berührungspunkte, wo die rechtlichen Regelungen eine **moralische Anknüpfung** suchen. So nehmen rechtliche Regelungen zum Beispiel Bezug auf die guten Sitten (§§ 138, 826 BGB) oder auf Treu und Glauben (§ 242 BGB). Ebenso in der Sozialmoral verankert ist der Resozialisierungsgedanke im Strafrecht, also der Gedanke, dass ein Straftäter gebessert und wieder in die Gesellschaft aufgenommen werden soll.

Die **Humanmoral** ist schließlich der **Inbegriff aller moralischen Grundsätze**, die als gemeinsamer Nenner für alle menschlichen Gemeinschaften gelten.

Die Wahrung der Menschenrechte (Art. 1 f. GG) oder die Verwirklichung des Gerechtigkeitsprinzips.

Die Humanmoral dient idealerweise als **Leitfaden** für die Ausgestaltung des geschriebenen Rechts.

Recht	Sitte	Moral
regelt das äußere Verhalten der Menschen	Anstandsregeln und Gebräuche einer Gemeinschaft	auf die Gesinnung bezogene, gut und böse unterscheidende Verhaltensnormen
setzt organisierte Gruppe voraus	nicht formuliert	Gewissensregung findet innerlich statt
formulierte und in der Regel schriftlich fixierte Rechtssätze	auch in unorganisierter Gruppe	maximale Anforderungen
Folge auf Rechtsverstoß ist berechenbar und sicher	tendenziell unbestimmte Reaktion auf Sittenverstoß	kein Zwang, sondern freiwillige Erbringung
Durchsetzung der Rechtsnorm ist gleichfalls berechenbar und sicher	Durchsetzung wenig klar umrissen	
keine Maximalanforderungen, sondern Ausrichtung an Zweckmäßigkeit		

1.1.5 Aufgaben des Rechtes

1.1.5.1 Ordnungsfunktion des Rechtes

Das Recht hat die wichtige Funktion, ein geordnetes Zusammenleben der Menschen zu ermöglichen. Auch Sittenregeln schaffen eine Ordnung. In einer komplizierten und komplexen Gesellschaft, so wie wir sie haben, bedarf es darüber hinaus einer schriftlich niedergelegten, differenziert ausgearbeiteten, durch den Volkswillen legitimierten Regelordnung, so wie die Rechtsordnung eine darstellt. Nur das **Recht** stellt eine **allgemein verbindliche Ordnung** auf, die auch noch **zukünftige Probleme lösen kann**.

Das Recht schafft Ordnung

▶ im Verhältnis der Bürger untereinander,

▶ in der Beziehung zwischen dem Bürger und einem öffentlichen Hoheitsträger (= Behörde, Staatsorgan),

▶ in den Beziehungen zwischen den Hoheitsträgern untereinander (zum Beispiel zwischen Bund und Land oder zwischen Behörden).

1.1.5.2 Sicherheitsfunktion des Rechtes

Das Recht sichert die Freiheit. Im folgenden Beispielsfall scheint allerdings das Gegenteil zu stimmen.

Beispiel
Ein Autofahrer fährt mit seinem Auto zu schnell und bekommt eine Geldbuße. Der Autofahrer wird also in seiner Freiheit, schnell Auto zu fahren, beschränkt und dazu „motiviert", dieses Verhalten künftig zu unterlassen.

Um herauszufinden, inwiefern das **Recht** die **Freiheit sichert**, muss man genau fragen, wen das Recht schützen will und wovor das Recht schützen soll. Das Recht schützt in dreierlei Hinsicht.

▶ Erstens schützt es **vor Übergriffen anderer** Personen in die eigene Freiheitssphäre.

Beispiel
Der Geschwindigkeitsübertreter im Straßenverkehr aus dem obigen Beispiel bekommt die unangenehme Seite des Rechts zu spüren; die anderen Verkehrsteilnehmer werden jedoch vor den Gefahren durch das zu schnelle Fahren eines anderen geschützt. Das Recht soll also hier **(wen)** die Verkehrsteilnehmer **vor** einer Gefährdung durch den Geschwindigkeitsübertreter schützen.

▶ Zweitens schützt es **vor ungerechtfertigten Eingriffen des Staates** in die Freiheit des Einzelnen.

Beispiel
Auch der **Staat** greift in die Freiheit des Bürgers ein, zum Beispiel wenn er ihm verbietet, ein Haus im Naturschutzgebiet zu errichten; in diesem Fall ist das staatliche Verbot gerechtfertigt durch die Gesetze. In anderen Fällen können die Verbote des Staates auch ungerechtfertigt sein, zum Beispiel wenn der Hausbau untersagt wird, obwohl alle Vorschriften beachtet wurden. Mithilfe einer unabhängigen Justiz kann sich der Bürger gegen den Staat gerichtlich wehren. Vor allem die Grundrechte dienen dem Schutz des Bürgers vor dem Staat.

▶ Drittens räumt es **Gestaltungsspielräume zur Freiheitsbetätigung** ein.

Die Meinungsfreiheit im Sinne des Art. 5 GG ist ein Spielraum zur Freiheitsbetätigung.

Auf das Recht soll man sich verlassen können: Es soll **sicher** sein. Aus dem Prinzip der **Rechtssicherheit** lassen sich Einzelforderungen ableiten:

▶ Das Recht soll in seinem Inhalt **klar und verständlich** sein.

▶ Das Recht soll **bestimmt** sein.

▶ Das Recht soll möglichst **eindeutig** sein.

Unter diesen Voraussetzungen weiß jeder Bürger, welche Rechte ihm das Recht gibt und was passiert, wenn gegen das Recht verstoßen wird.
In engem Zusammenhang mit der Forderung, dass das Recht berechenbar sein soll, steht eine weitere, im Grundgesetz verankerte Forderung aus Art. 3 GG:

> „Alle Menschen sind vor dem Gesetz gleich.“

Darunter ist zu verstehen, dass **jeder in gleicher Weise durch die Normen des Rechts verpflichtet und berechtigt werden soll**. Auch diese Anforderung trägt dazu bei, dass das Recht sicher wird.
Es ist jedoch nicht immer gerecht, wenn ein Richter über die anspruchsbegründenden Merkmale der Normen hinaus bei der Entscheidungsfindung keine anderen Aspekte berücksichtigt.

Bei der Strafzumessung im Strafrecht macht es einen Unterschied, ob ein Dieb Ersttäter, jugendlich und reuevoll oder ob ein Dieb Wiederholungs- und Überzeugungstäter ist.

Rechtsregeln sind **abstrakt**. Sie behandeln häufig vorkommende Probleme, bringen diese in ein System und ordnen jedem Problem im Vorhinein eine als gerecht empfundene Lösung zu. Der **Richter** dagegen **entscheidet** über einen **konkreten Fall**, der selten hundertprozentig unter die vorhandenen Normen passt. Auch enthalten die Normen zuweilen absichtlich unbestimmt gehaltene Begriffe (sittenwidrig, arglistig, gegen Treu und Glauben), damit der Richter noch einen eigenen Wertungsspielraum hat. Die Aufgabe des Richters besteht darin, einerseits das **Gesetz anzuwenden (Rechtssicherheit und Gleichheit)** und andererseits durch Einbringung von Wertungen **dem Einzelfall gerecht zu werden (Einzelfallgerechtigkeit)**.
Die Aufgabe der Rechtsordnung insgesamt ist es, einen Kompromiss zwischen einem sicheren Recht und der Gerechtigkeit im Einzelfall anzustreben.

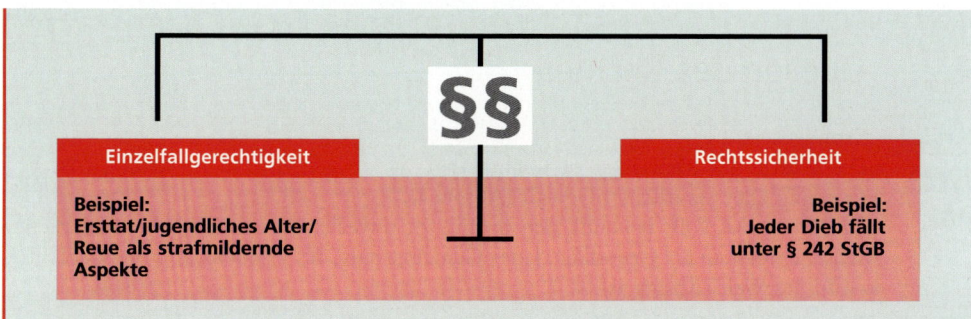

Einzelfallgerechtigkeit	Rechtssicherheit
Beispiel: Ersttat/jugendliches Alter/ Reue als strafmildernde Aspekte	**Beispiel:** Jeder Dieb fällt unter § 242 StGB

1.1.5.3 Ausgleichsfunktion des Rechtes

Die Rechtsordnung schafft einen Ausgleich zwischen den in einer Gesellschaft vorkommenden gegensätzlichen Interessen. Dadurch entsteht jener Zustand, den man als **Rechtsfrieden** bezeichnet. Um den inneren Frieden in einem Staatswesen herzustellen oder zu erhalten, muss die Rechtsordnung

▶ vorhandene **Konflikte lösen** und

▶ der Entstehung von neuen Konflikten **vorbeugen**.

Der Staat löst Konflikte, indem er dem Bürger ein **funktionsfähiges Gerichtssystem** zur Verfügung stellt. Dies hat für den Bürger den großen Vorteil, dass er sein Recht nicht selbst durchsetzen muss. Der Staat verlangt im Gegenzug vom Bürger den Verzicht auf die Ausübung von Gewalt (keine Privatjustiz, keine Privatrache). Nur der Staat darf unter bestimmten gesetzlichen Voraussetzungen Gewalt anwenden, um den Rechtsgehorsam zu erzwingen **(Gewaltmonopol des Staates)**. Deswegen gibt es sowohl im Zivilrecht als auch im Verwaltungsrecht zur Durchsetzung von Rechtsansprüchen die **Zwangsvollstreckung**. So kann zum Beispiel ein Zahlungsanspruch realisiert werden, indem beim Schuldner gepfändet wird. Im Strafrecht setzt der Staat Freiheitsstrafen im Wege des Strafvollzugs durch.

Der Staat stellt außerdem **Einrichtungen und Verfahren** zur Verfügung, die der Entstehung von Konflikten vorbeugen sollen. So besteht zum Beispiel die Tätigkeit eines Notars unter anderem darin, Verträge aufzusetzen, die einem späteren Streit vorbeugen sollen (Erbvertrag, Grundstückskaufvertrag). Im öffentlichen Recht gibt es Verfahren, die eine Bürgerbeteiligung vorsehen, zum Beispiel bei der Festsetzung eines Bebauungsplanes oder beim Bau einer Straße. Auch dies dient der Befriedung.

1.2 Quellen des Rechtes

Artikel 1 Grundgesetz:
„Die Würde des Menschen ist unantastbar. Sie zu achten und zu schützen ist Verpflichtung aller staatlichen Gewalt (Absatz I)."
„Das Deutsche Volk bekennt sich darum zu unverletzlichen und unveräußerlichen Menschenrechten als Grundlage jeder Gemeinschaft, des Friedens und der Gerechtigkeit in der Welt (Absatz II)."

Am 10. Dezember 1948 wurde von der Vollversammlung der Vereinten Nationen die **Allgemeine Erklärung der Menschenrechte** proklamiert. Dies stellte einen entscheidenden Schritt zur Anerkennung eines gemeinsamen Standards der Menschenrechte für alle Völker und Nationen dar.

1.2.1 Ungeschriebenes Recht

1.2.1.1 Naturrecht

Zu der Frage, woher das Recht kommt, sagen die **Gesetzespositivisten** (positives Recht = gesetztes Recht): „Das Recht ist die Gesamtheit der ordnungsgemäß zustande gekommenen Gesetze, egal was darin steht." Der Nachteil dieser Auffassung liegt auf der Hand. Da es auch schlechte, ungerechte und willkürliche Gesetze geben kann, hat man, wenn man solche Gesetze befolgt, ein schlechtes, ungerechtes und willkürliches Recht.

Beispiel

Als Willkürrecht sind die **Nürnberger Rassengesetze** vom September 1935 anzusehen, die u. a. das Verbot der Eheschließung zwischen Deutschen und Juden beinhalten. Noch menschenverachtender ist das **Wannsee-Protokoll** vom 20. Januar 1942, worin die „Endlösung" des sog. Judenproblems angedeutet wird.

Deshalb gibt es bereits seit der Antike eine entgegengesetzte Idee: die Lehre vom Naturrecht. Die Naturrechtler behaupten, dass es ein der menschlichen Vernunft entspringendes Recht gibt, das für alle Menschen gilt und das stärker und urprünglicher als jedes beispielsweise von einem Parlament gesetzte Recht ist. Dieser Gedanke spricht unmittelbar das Gerechtigkeitsgefühl an.

Weder der Gesetzespositivismus noch das Naturrecht sind für sich allein überzeugend. Sinnvoll ist aber die Kombination beider Prinzipien. Dem Gesetzespositivismus verdankt die Rechtsordnung so fundamentale Prinzipien wie Demokratie, Gleichheit, Freiheit und Rechtsstaatlichkeit, dem Naturrecht verdankt die Rechtsordnung die Entwicklung eines der Moral und der Menschlichkeit verbundenen Gedankenguts.

Artikel 1, Absätze I und II des Grundgesetzes sind ein Beispiel dafür, wie naturrechtliches Gedankengut in unserer Verfassung Aufnahme gefunden hat und damit Bestandteil des positiven Rechts wurde. Kein positives Recht ist dagegen die Menschenrechtsdeklaration der Vereinten Nationen, da sie nur Appellcharakter besitzt. Sie hat dennoch einen unschätzbaren Wert als Vorbild und Orientierungsmaßstab und ist eventuell der Wegbereiter für ein späteres, alle Nationen umfassendes Recht.

1.2.1.2 Gewohnheitsrecht

Fall: Apfeldiebstahl

Anton Klein stiehlt beim Nachbarn Ernst Bauer „gewohnheitsmäßig" Äpfel vom Baum. Hat Anton dadurch ein Gewohnheitsrecht begründet?

Historisch ging dem heutigen geschriebenen Recht ein ungeschriebenes Recht voraus, das dadurch entstand, dass es in der Bevölkerung **über lange Zeit ständig geübt** und irgendwann akzeptiert wurde. Indem die eine Generation der nächsten dieses Recht immer weiterreichte, entstand allmählich der Eindruck eines schon von jeher bestehenden, in dieser Art gebotenen Rechts. Ein Recht dieser Art nennt man **traditionelles Recht** oder **Gewohnheitsrecht**.

Das frühere Gewohnheitsrecht ist teilweise in unserem heutigen geschriebenen Recht aufgegangen und wirkt insofern auch heute noch indirekt weiter. Darüber hinaus hat das Gewohnheitsrecht heute kaum noch eigenständige Bedeutung. Lediglich **dort, wo das Gesetz nichts Gegenteiliges bestimmt**, kann Gewohnheitsrecht herangezogen werden und Grundlage einer gerichtlichen Entscheidung werden. Auf diese Weise wird Gewohnheitsrecht plötzlich zu verbindlichem und durchsetzbarem Recht.

Ein praktisch bedeutsames Beispiel für anerkanntes und notfalls durchsetzbares Gewohnheitsrecht ist das **Wegerecht**. Darunter versteht man das Recht, zu seinem eigenen Grundstück einen Zugang zu haben, notfalls auch über das Privatgrundstück anderer.

Lösung des Falls

Im Apfeldiebstahl hat Anton Klein kein Gewohnheitsrecht begründet. Zum einen fehlt es an der Übung und Akzeptanz aller, zum anderen ist der Diebstahl von Äpfeln nach § 242 StGB (Strafgesetzbuch) verboten.

 Gewohnheitsrecht entsteht durch ständige Übung und Akzeptanz. Ein Gericht kann Gewohnheitsrecht, das nicht gegen das Gesetz verstößt, zur Entscheidung heranziehen; dadurch wird das Gewohnheitsrecht verbindlich.

1.2.2   Geschriebenes Recht

EU-Kommission will weniger Gesetze

Brüssel: Die neue EU-Kommission will offenbar ihre Ankündigung wahrmachen und die Zahl der Gesetzesvorhaben spürbar einschränken. Der eigens für Bürokratieabbau zuständige Erste Vizepräsident Frans Timmermans hat am 19. Mai sein Konzept zu „Better Regulation" vorgestellt. Schwerpunkte sind dabei eine unabhängige Folgenabschätzung von Gesetzesvorhaben im Verlauf des Gesetzgebungsprozesses und die stärkere Einbeziehung von Interessengruppen. Damit folgt die EU-Kommission auch den Forderungen des DIHK zu mehr Bürokratieabbau und einer besseren Rechtsetzung. (Dihk)

Quelle: Dihk, in: Wirtschaft im Südwesten, IHK Juli/August 2015, S.74

Die Rechtsordnung umfasst eine Fülle geschriebener Normen, wobei der Trend zu immer mehr Regelungen anhält, obwohl bekannt ist, dass ein „Mehr" an Regelungen nicht unbedingt ein „Mehr" an Rechtsstaatlichkeit bedeuten muss. Um die Orientierung zu behalten, ist es deshalb wichtig, einen Überblick über die Arten der Normen und deren Verhältnis zueinander zu gewinnen.

1.2.2.1 Gesetz

Im Alltagssprachgebrauch versteht man unter einem **Gesetz** ein **Gesetzbuch** (lateinisch: Kodex). Der Jurist versteht unter einem Gesetz darüber hinaus jede **einzelne Regelung,** die in einem Gesetzbuch steht. Eine solche Regelung hat charakteristische Merkmale:

1. Formelles Kennzeichen

Die Regelung ergeht in der von der Verfassung vorgesehenen Form in einem fest vorgeschriebenen **Verfahren** durch die **zuständigen Verfassungsorgane.**
Der Entwurf eines Bundesgesetzes gelangt, nachdem er vom **Bundestag** beraten und beschlossen wurde, zum **Bundesrat** und anschließend zum **Bundespräsidenten.** Dieser fertigt das Gesetz aus (= Unterzeichnung) und verkündet es (= gibt das Gesetz bekannt).

2. Inhaltliche (= materielle) Kennzeichen

▶ Ein Gesetz ist **generell**, das heißt, es richtet sich an alle Staatsbürger gleichermaßen und nicht an einzelne Personen.

▶ Ein Gesetz ist **abstrakt**, das heißt, es regelt nicht lediglich einen Einzelfall, sondern bezieht sich auf ein Rechtsproblem, das in einer Vielzahl von Fällen immer wieder vorkommt.

▶ Ein Gesetz ist **allgemein verbindlich**, das heißt, es berechtigt und verpflichtet alle Bürger, die die gesetzlich genannten Voraussetzungen (= Tatbestandsmerkmale) erfüllen.

▶ Ein Gesetz entfaltet **Außenwirkung**, das heißt, es ist wirksam für jedermann.

Da die Bundesrepublik Deutschland ein föderaler Bundesstaat ist, der aus dem Bund und den Ländern besteht, muss man zwischen den **Bundesgesetzen** (vom Bundestag erlassen) und den **Landesgesetzen** (in den Länderparlamenten entstanden) unterscheiden.
Ob der Bund oder die Länder eine bestimmte Rechtsmaterie regeln dürfen, geht aus dem Grundgesetz, Artikel 73 ff. hervor.
Ein weiteres Abgrenzungskriterium ist die Unterscheidung zwischen dem **einfachen Recht** und dem **Verfassungsrecht**. Die Bundes- und Landesgesetze bezeichnet man als einfach, weil sie im Rang unter dem Verfassungsrecht, das heißt unterhalb unseres Grundgesetzes (= der Verfassung), stehen. Dies hat zur Folge, dass alle einfachen Gesetze, wie zum Beispiel das BGB, sich am Grundgesetz zu orientieren haben.

Beispiel

Ein drängendes Problem unserer Zeit ist die Abfallbeseitigung. Bund und Länder haben dementsprechend Gesetze zur Regelung des Müllproblems geschaffen. Der Bund hat die (sog. konkurrierende) Gesetzgebungszuständigkeit zur Regelung der Abfallbeseitigung (vgl. Art. 74 Nr. 24 GG). Dementsprechend gibt es als **Bundesgesetz** das Kreislaufwirtschafts- und Abfallgesetz. Es enthält **grundlegende Bestimmungen** zu den Fragen, was alles Abfall ist, wer ihn entsorgt und wie er entsorgt wird. Neben dem Bund sind die **Länder** dafür zuständig, die **Details der Abfallbeseitigung** zu regeln; sie füllen also die Spielräume aus, die ihnen das Abfallgesetz des Bundes lässt. Deshalb hat **jedes Bundesland ein eigenes Landesabfallgesetz** geschaffen. In § 6 des Landesabfallgesetzes von Baden-Württemberg findet man zum Beispiel geregelt, dass die Stadt- und Landkreise den in ihrem Gebiet anfallenden Abfall zu entsorgen haben.

Ein **Gesetz** ist eine generelle, abstrakte, allgemein verbindliche Regelung mit Außenwirkung (inhaltliche Anforderungen), die im Gesetzgebungsverfahren ordnungsgemäß zustande kam (formelles Erfordernis).

1.2.2.2 Rechtsverordnung

Auch die Rechtsverordnung ist generell, abstrakt, allgemein verbindlich und hat Außenwirkung. Sie unterscheidet sich somit in ihren inhaltlichen Voraussetzungen nicht vom Gesetz. Der Unterschied zwischen Gesetz und Rechtsverordnung ist formeller Art. Die **Rechtsverordnung** wird nämlich **nicht wie das Gesetz vom Parlament erlassen, sondern von der Verwaltung**. Die Verwaltung als vollziehende Gewalt im Staat ist eigentlich dazu da, Rechtsvorschriften auszuführen. Ausnahmsweise und um die Parlamente zu entlasten, darf auch die Verwaltung Normen erlassen: die Rechtsverordnungen. Die Rechtsverordnungen regeln diejenigen Details, auf die das Gesetz so ausführlich nicht eingehen kann.

Die Verwaltung darf nur Rechtsverordnungen erlassen, wenn sie **durch ein Gesetz** (das Ermächtigungsgesetz, vgl. Art. 80 GG) hierzu **ermächtigt** ist. Diese Ermächtigung muss angeben, zu welchem **Zweck**, mit welchem **Inhalt** und in welchem **Ausmaß** die Verwaltung ein bestimmtes Sachgebiet durch eine Rechtsverordnung regeln darf. Die Rechtsverordnung ist dem Gesetz untergeordnet. Wenn sich also eine Rechtsverordnung und eine gesetzliche Regelung widersprechen, so geht das Gesetz vor.

Beispiel

Das Müllproblem wird nicht nur in den Gesetzen von Bund und Ländern, sondern auch durch Rechtsverordnungen geregelt. Das Kreislaufwirtschafts- und Abfallgesetz des Bundes ermächtigt die Verwaltung, auf dem Gebiet der Abfallentsorgung Rechtsverordnungen wie etwa die Altölverordnung oder die Verpackungsverordnung zu erlassen.

Die Rechtsverordnung ist strikt von einer **Verwaltungsvorschrift** zu unterscheiden. Eine Verwaltungsvorschrift, die oftmals mit Begriffen wie Dienstanweisung, Richtlinie, Verfügung oder Erlass bezeichnet wird, betrifft lediglich den **innerdienstlichen** Betrieb einer Behörde und entfaltet **keine Rechtswirkung für die Allgemeinheit**. Dies bedeutet konkret, dass der Bürger aus einer Verwaltungsvorschrift keinen unmittelbaren Rechtsanspruch gegen eine Behörde ableiten kann.

 Eine **Rechtsverordnung** wird auf der Grundlage eines Ermächtigungsgesetzes erlassen, das Zweck, Inhalt und Ausmaß des Regelungsgegenstandes bestimmt. Die Rechtsverordnung ist strikt von der Verwaltungsvorschrift zu unterscheiden.

1.2.2.3 Satzung

Eine **Satzung** ist **eigenes Recht**, das **von juristischen Personen des öffentlichen Rechts**, das heißt von eigenständigen Organisationen, denen hoheitliche Befugnisse verliehen wurden (Gemeinden, Kreise, Universitäten, öffentlich-rechtliche Rundfunkanstalten), für die der Organisation angehörigen Personen geschaffen wird. Ein Beispiel ist eine Gemeindesatzung, eine Haushaltssatzung oder die Satzung einer öffentlich-rechtlichen Rundfunkanstalt. Die juristischen Personen dürfen dies, weil ihnen **vom Staat eine Satzungsbefugnis (Satzungsautonomie) verliehen** wurde.

Auch Satzungen regeln generell und abstrakt ein Rechtsgebiet. Anders als eine Rechtsverordnung regeln sie jedoch nicht die Details eines bestimmten Gesetzes, sondern eigenständig eine gewisse Materie. Durch die Satzungsautonomie sollen bestimmte gesellschaftliche Gruppen in die Lage versetzt werden, eigene Angelegenheiten, für die sie selbst die nötige Sachkunde haben, selbst zu organisieren.

Eine Satzung steht im Rang unterhalb der Gesetze und Rechtsverordnungen. Widerspricht eine Satzung einem Gesetz oder einer Rechtsverordnung, so ist sie nicht gültig.

Beispiel

Auf der untersten Ebene der Normenhierarchie wird das Müllproblem durch Satzungen geregelt. Nach dem Landesabfallgesetz Baden-Württemberg dürfen sich die Stadt- und Landkreise zu Abfallverbänden zusammenschließen. Als entsorgungspflichtige Körperschaften dürfen die Stadt- und Landkreise die mit der Abfallentsorgung zusammenhängenden Probleme durch eine Satzung regeln. Die **Satzung des Abfallzweckverbandes der beiden Landkreise Reutlingen und Tübingen** legt zum Beispiel fest,

▶ was als Abfall gilt,

▶ wer die Entsorgung betreibt,

▶ welche Entsorgungseinrichtungen zur Verfügung stehen,

▶ welche Gebühren, Abgaben und Entgelte für die Abfallentsorgung erhoben werden.

Die Satzung des Abfallzweckverbandes regelt das Müllproblem also ganz konkret und vor Ort.

 Satzungen werden von juristischen Personen des öffentlichen Rechts erlassen, die satzungsbefugt sind. Die Satzung ist eigenes Recht, das die juristische Person schafft.

1.2.2.4 Richterrecht

Die Rechtsprechung ist an Gesetz und Recht gebunden (Wortlaut des Art. 20 III GG). Es ist Aufgabe der Rechtsprechung, die Gesetze anzuwenden. Da die Gesetze aber nicht immer genau auf die konkreten Fälle „passen" und die Rechtsprechung auch an das Recht (= die Gerechtigkeit) gebunden ist, darf der **Richter** im Bedarfsfall **das Recht fortbilden**. Rechtsfortbildung bedeutet, dass der Richter beispielsweise eine Gesetzeslücke erkennt und im Wege der Auslegung (= Interpretation) schließt.

Beispiel

Im BGB gibt es keine konkrete Vorschrift, die jemanden schadensersatzpflichtig macht, der die Ehre einer Person schwer und nachhaltig verletzt. Dass es dennoch einen solchen **Persönlichkeitsschutz im Zivilrecht** gibt, geht auf die **rechtsfortbildende Betätigung der Gerichte** zurück.

Der Richter, der das Recht fortbildet, schafft dennoch keins, weil sich auch die **Rechtsfortbildungen innerhalb der von den Gesetzen gesteckten Grenzen** halten müssen. Die Leitsätze der von den Rechtsprechungsorganen gefällten Entscheidungen sind in unserer Rechtsordnung keine eigene Rechtsquelle.

Dies ist zum Beispiel im anglo-amerikanischen Recht anders. Dort besteht das Recht aus den Entscheidungen der Gerichte (case-law) und die Gesetze haben lediglich eine untergeordnete Bedeutung.

Von dem Prinzip, dass Gerichtsentscheidungen kein Recht schaffen, gibt es eine Ausnahme: Nach § 31 II BVerfGG (= Bundesverfassungsgerichtsgesetz) haben **einige Entscheidungen des Bundesverfassungsgerichts** Gesetzeskraft, das heißt sie wirken wie Gesetze.

Wenn das Bundesverfassungsgericht zum Beispiel die Nichtigkeit (= Ungültigkeit) eines Gesetzes feststellt, das dem Bundesverfassungsgericht zur Überprüfung vorgelegt wurde, so hat die Entscheidung, mit der die Nichtigkeit festgestellt wurde, Gesetzeskraft.

 Das durch die Rechtsprechung geschaffene **„Richterrecht"** ist grundsätzlich kein Recht und gehört nicht zu den Rechtsquellen.

1.2.2.5 Rangordnung der Rechtsquellen

Die **Normen** stehen in einem **Rangverhältnis**. Ganz oben steht die höchstrangige Norm, das Grundgesetz oder eine Landesverfassung, gefolgt von den Gesetzen, Rechtsverordnungen und Satzungen. Die Normen der Länder müssen sich an den Normen des Bundes orientieren und stehen deshalb im Rang unter den Bundesnormen. Normen mit niedrigerem Rang dürfen sich inhaltlich nicht in Widerspruch zu höherrangigen Normen setzen. Tun sie es dennoch, so ist die niedrigere Norm nichtig.

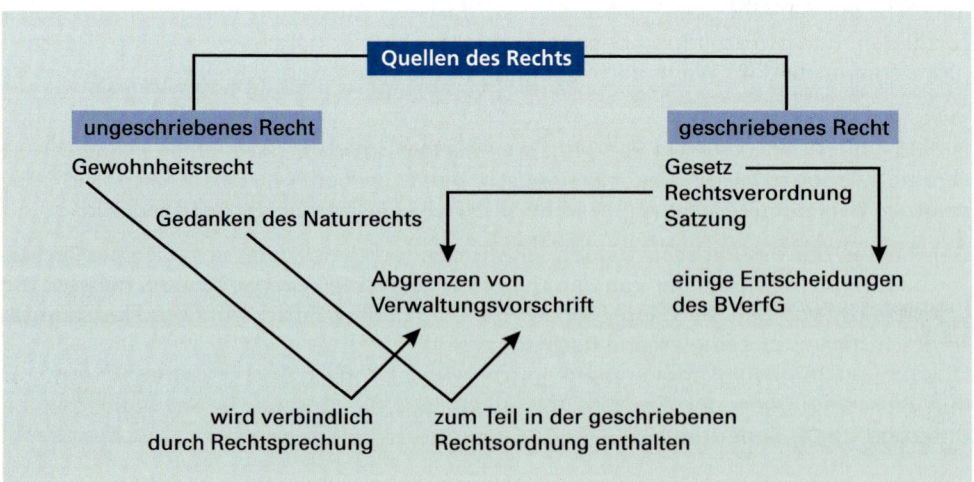

	Begriff/Zielsetzung	Normgeber	Bekanntgabe	Beispiele
Gesetz	generelle, abstrakte, allgemein verbindliche Regelung mit Außenwirkung **Ziel:** Grundregeln der Rechtsordnung durch ein Verfahren schaffen, das dem Volkswillen Rechnung trägt.	Bundestag bzw. die Länderparlamente	im Bundesgesetzblatt oder in den Gesetzblättern der Länder	**Verfassung** als „höchstes" Gesetz **BGB, Baugesetzbuch** (= Bundesgesetze) **Gemeindeordnung, Polizeigesetz** (= Landesgesetze)
Rechtsverordnung	Regelung wie das Gesetz, nur detaillierter und aufgrund einer Ermächtigung von der Verwaltung erlassen **Ziel:** Entlastung der Gesetzgebungsorgane, schnellere Herstellung und nicht zu viele Details in den Gesetzen	Verwaltung	im Bundesgesetzblatt oder in den Gesetzblättern der Länder, außerdem im Bundesanzeiger bzw. Staatsanzeiger	**Verordnung über Kleinfeuerungsanlagen** zum Bundesimmissionsschutzgesetz **1. Durchführungsverordnung** zum Polizeigesetz
Satzung	eigenes Recht einer juristischen Person des öffentlichen Rechts, also kein staatliches Recht wie bei der Rechtsverordnung **Ziel:** Eigene Regeln „vor Ort" sind sinnvoller wegen Nähe zum Regelungsgegenstand und größerer Sachkunde.	juristische Person des öffentlichen Rechts	in der Regel im Amtsblatt veröffentlicht	**Hundesteuersatzung** der Gemeinde **Haushaltssatzung** **Universitätssatzung**

1.3 Einteilungen des Rechtes

Fall: Verkehrsunfall

Karin Straub fährt mit überhöhter Geschwindigkeit, kommt von der Straße ab und schrammt das am Straßenrand parkende Auto des Bernd Vollmer. Welche Gerichte beschäftigen sich mit dem Fall Vollmer gegen Straub?

1.3.1 Öffentliches Recht und Privatrecht

Die Rechtsordnung besteht aus zwei großen Gebieten: dem öffentlichen Recht und dem Privatrecht. Das **öffentliche Recht** besteht aus denjenigen Rechtsnormen, die das **Verhältnis des Bürgers zum Staat oder das Verhältnis von Staatsorganen und Hoheitsträgern untereinander** betreffen.

Beispiel
Rechtsgebiete, die dem öffentlichen Recht angehören, sind das Staatsrecht, das Völkerrecht, das Strafrecht und das Verwaltungsrecht, zu dem auch das Sozialversicherungsrecht gehört.

Das **Privatrecht**, das auch **Zivilrecht** heißt, besteht demgegenüber aus den Rechtsnormen, die die **Rechtsverhältnisse der Bürger untereinander** regeln.

Beispiel
Zum Zivilrecht gehören das Bürgerliche Recht (BGB), das Handels- und Gesellschaftsrecht, das Urheberrecht usw.

Das **Verwaltungsrecht** als Teil des öffentlichen Rechtes ist gegenüber dem Privatrecht insbesondere dadurch gekennzeichnet, dass der **Bürger einem Hoheitsträger untergeordnet** ist.
Der Bürger muss zum Beispiel einem Verwaltungsakt Folge leisten. Wenn er dem nicht nachkommt, wird er vom Staat im Wege der Zwangsvollstreckung zum Gehorsam gezwungen.
Im Privatrecht herrscht dagegen zwischen den Bürgern ein Verhältnis der Gleichordnung. Beim Vertragsschluss sind beide Vertragspartner rechtlich gleichberechtigt. Kein Vertragspartner kann beispielsweise den anderen dazu zwingen, eine Unterschrift zu leisten.
Die Unterscheidung zwischen Privatrecht und öffentlichem Recht wirkt sich beim **Rechtsweg** aus: **Zivilrechtliche Streitigkeiten** kommen vor die Zivilgerichte und die Arbeitsgerichte, **öffentlich-rechtliche Streitigkeiten** vor die Verwaltungs-, Finanz-, Straf- und Sozialgerichte.

> ### Lösung des Falls
>
> *Im obigen Fall hat Karin Straub sich strafbar gemacht (gefährlicher Eingriff in den Straßenverkehr, Sachbeschädigung). Das Strafrecht gehört zum öffentlichen Recht. Karin Straub hat außerdem eine Ordnungswidrigkeit begangen (Fahren mit überhöhter Geschwindigkeit). Ordnungswidrigkeiten als „Verwaltungsunrecht" zählen gleichfalls zum öffentlichen Recht. Straftaten und Ordnungswidrigkeiten werden vor den Strafgerichten verhandelt. Die Frage, wieviel Schadensersatz Karin Straub an Bernd Vollmer für dessen beschädigtes Fahrzeug zu leisten hat, gehört dagegen zum Zivilrecht (u. a. Deliktsrecht des BGB). Die Schadensersatzstreitigkeit gehört dementsprechend vor das Zivilgericht.*

 Das **öffentliche Recht** gilt im Verhältnis Bürger/Staat oder Staat/Staat. Kennzeichnend ist die Über-/Unterordnung. Das **Privatrecht** gilt im Verhältnis Bürger/Bürger. Kennzeichnend ist die Gleichordnung.

1.3.2 Materielles Recht und formelles Recht

Das **materielle Recht** umfasst diejenigen Rechtsnormen, die eine **inhaltliche Aussage** über das geltende Recht treffen.

Inhalte von Normen können sein: ein Recht gewähren, einen Begriff definieren, Randbedingungen festlegen usw.

Neben dem materiellen Recht gibt es das formelle Recht. **Formelles Recht** bedeutet **Verfahrensrecht**. Das formelle Recht ist die Gesamtheit der Rechtsnormen, die die verschiedenen Gerichtsverfahren betreffen und die „Spielregeln" für einen Prozess aufstellen.

Verfahrensordnungen sind die Zivilprozessordnung, die Verwaltungsgerichtsordnung, das Sozialgerichtsgesetz, die Strafprozessordnung, das Arbeitsgerichtsgesetz usw.

Materielles und formelles Recht ergänzen sich. Das **materielle Recht** gibt Auskunft darüber, **welcher Rechtsanspruch einer Person zusteht**. Das **formelle Recht** sagt, auf welche Weise dieser **Anspruch durchgesetzt** werden kann. Deshalb heißt das formelle Recht auch Rechtsdurchsetzungsrecht.

 Materielles Recht enthält die inhaltlichen Aussagen der Rechtsordnung. **Formelles Recht** ist Rechtsdurchsetzungsrecht.

1.3.3 Zwingendes Recht und dispositives Recht

Rechtsnormen, die von den Beteiligten abgeändert werden dürfen, nennt man nachgiebiges Recht oder dispositives Recht.

Vom Vertragsrecht des BGB darf von den Vertragsparteien grundsätzlich abgewichen werden. Es handelt sich also um ein nachgiebiges Recht.

Rechtsnormen, von denen nicht abgewichen werden darf und die zwingend zu beachten sind, heißen zwingendes Recht.

Das Verfahrensrecht ist – im Gegensatz zum Vertragsrecht – grundsätzlich zwingendes Recht, von dem nicht abgewichen werden darf. Wer also prozessiert, muss sich an die Prozessspielregeln halten.

 Von **dispositivem Recht** darf abgewichen werden, **zwingendes Recht** ist unbedingt zu beachten.

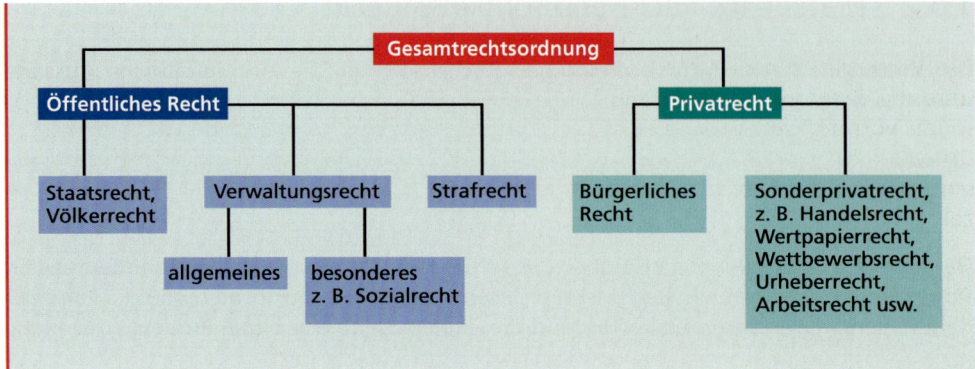

1.4 Anpassungen des Rechtes an veränderte Bedingungen

1.4.1 Anpassungen des Rechtes am Beispiel des BGB

Das BGB (Bürgerliches Gesetzbuch) wurde **1896** vom damaligen Reichstag **verabschiedet** und trat am **1. Januar 1900 in Kraft**.

Das BGB überlebte das Kaiserreich, die Weimarer Republik und den Nationalsozialismus. Es ist bis heute das Kernstück unseres Zivilrechts und aufgrund seiner Anpassungs- und Wandlungsfähigkeit auch heute noch „aktuell".

Seit dem Inkrafttreten des BGB haben umwälzende Veränderungen stattgefunden. Das BGB wurde deshalb an einigen Stellen inhaltlich geändert. Relativ konstant blieben das Sachenrecht, das Erbrecht sowie der Allgemeine Teil des BGB. Stark geändert hat sich dagegen das **Familienrecht**. An die Stelle des stark patriarchalischen Familienrechts zu Anfang unseres Jahrhunderts traten Regelungen, die **an der modernen partnerschaftlichen Beziehung orientiert** sind. Auch das **Schuldrecht** hat sein Gesicht in den letzten 100 Jahren stark verändert. Es wurde **um soziale Komponenten ergänzt**, die den Schutz des wirtschaftlich schwächeren Vertragspartners bezwecken (z. B. soziales Mietrecht, Verbraucherschutz).

Mit der **Schuldrechtsreform** zum 01.01.2002 erfolgte die bislang umfangreichste und umwälzendste Änderung des BGB seit seinem Bestehen. Das Schuldrecht des BGB wurde zum Teil umstrukturiert, um bislang gesetzlich nicht geregelte Institute sowie in Nebengesetzen enthaltene Normen ergänzt und den europäischen Vorgaben angepasst.

Ergänzt wurde das BGB auch dort, wo sich Regelungen als zu dürftig erwiesen. So reichten die Regelungen über den Dienstvertrag beispielsweise nicht aus, um dem **modernen Arbeitsleben** gerecht zu werden, weshalb arbeitsrechtliche **Spezialgesetze** geschaffen wurden.

Als äußerst hilfreich für eine Anpassung des BGB an die heutige Zeit erwiesen sich die **Generalklauseln**: Darunter versteht man Vorschriften, die absichtlich unbestimmt formuliert sind und dadurch Wertungsspielräume eröffnen, die dann von der Rechtsprechung ausgefüllt werden können (wie zum Beispiel **§ 242 BGB**). Schließlich wurden im Laufe der Zeit im Wege der Rechtsfortbildung Ansprüche geschaffen, welche diejenigen Lücken des BGB schließen sollten, die man erst im Nachhinein als solche erkannt hat.

1.4.2 Umsetzung von europäischem Recht

Die Vorschriften des europäischen Gemeinschaftsrechts sind ohne Weiteres auch in unserem eigenen Staat wirksam. Das Gemeinschaftsrecht hat in der Normenhierarchie sogar Vorrang vor dem einfachen Gesetzesrecht der Bundesrepublik Deutschland. Durch die Notwendigkeit, das europäische Recht in den Mitgliedsländern der europäischen Gemeinschaft umzusetzen, findet allmählich eine Anpassung des Rechts der Einzelstaaten an die in Europa üblichen Standards statt.

Aufgaben

1. Ein Brautpaar schließt vor dem Standesamt die Ehe. Anschließend fährt das Paar in der Kutsche zur Kirche. Die Braut trägt ein weißes Kleid mit einem Schleier. Bei der kirchlichen Trauung schwören beide, in guten und in schlechten Zeiten zusammenzuhalten, bis dass der Tod sie scheidet. Ordnen Sie die einzelnen Begebenheiten unter die Rubriken „Sitte", „Moral" und „Recht" und begründen Sie die jeweilige Zuordnung.

2. Der Mörder Axel Stahl bekommt eine Freiheitsstrafe von 20 Jahren. Begründen Sie, warum das Recht die Freiheit sichert, wo doch Stahl seine Freiheit verliert! Kommt in der Tatsache, dass Stahl eingesperrt wird, evtl. noch eine weitere Funktion des Rechts zum Ausdruck?

3. Beschreiben Sie, was es heißt, dem Einzelfall „gerecht" zu werden.

4. Gehört das Naturrecht zu unserer objektiven Rechtsordnung?

5. Was ist höherrangig und geht im Zweifel vor? Ein Landesgesetz oder eine Rechtsverordnung des Bundes?

6. Eine Behörde schließt mit einem Bürowarenhändler einen Kaufvertrag über den Kauf von 1 000 Radiergummis. Privatrecht oder öffentliches Recht?

7. In § 143 SGG (Sozialgerichtsgesetz) steht: Gegen Urteile der Sozialgerichte findet die Berufung an das Landessozialgericht statt. Ist dies eine Vorschrift des formellen oder materiellen Rechts? Befinden wir uns im öffentlichen Recht oder im Privatrecht?

8. Weshalb müssen Gesetze geändert werden?

2 Bürgerliches Recht – Allgemeiner Teil

2.1 Einführung in das BGB

2.1.1 Aufbau einer Rechtsnorm

Ein Gesetz, wie das BGB, besteht aus vielen einzelnen **Rechtsnormen**, die als Paragrafen bezeichnet werden. Diese Rechtsnormen lassen sich in zwei Gruppen unterteilen: Definitionsnormen und Anspruchsnormen.

Eine **Anspruchsnorm** verschafft einer Person einen **Rechtsanspruch** gegenüber einer anderen Person.

Beispiel

Anspruch auf Schadensersatz, Anspruch auf Unterlassen des nächtlichen Musizierens, Anspruch auf Lieferung und Eigentumsverschaffung an der Kaufsache usw.

Jede Anspruchsnorm setzt sich zusammen aus dem **Tatbestand** und einer **Rechtsfolge**. Zum Tatbestand zählen alle in der Norm aufgezählten Merkmale, die als Voraussetzungen zur Erfüllung dieser Norm genannt sind. Die Rechtsfolge ist die in der Norm genannte Folge, die bei Erfüllung des Tatbestandes eintritt.

Beispiel

In § 823 I BGB steht sinngemäß: Wer Leben, Körper, Gesundheit … eines anderen widerrechtlich und schuldhaft verletzt (Tatbestand), muss Schadensersatz leisten (Rechtsfolge).

Um entscheiden zu können, ob der Tatbestand einer Anspruchsnorm erfüllt ist, muss man überprüfen, ob ein reales Ereignis (= Lebenssachverhalt) unter die Merkmale der Norm passt. Diesen Vorgang nennt der Jurist **Subsumtion**.

Beispiel

Wenn bei einer Wirtshausschlägerei einem Gast das Nasenbein gebrochen wird, so erfüllt dieser Sachverhalt das Merkmal der Körperverletzung nach § 823 I BGB. Handelte der Schläger auch noch rechtswidrig und schuldhaft, so liegt der Tatbestand des § 823 I BGB vor. Als Rechtsfolge sieht § 823 I einen Schadensersatzanspruch zugunsten des Opfers vor.

Das System der Anspruchsnormen wird ergänzt durch **Definitionsnormen**. Dies sind Vorschriften, die selbst keine Ansprüche einräumen, aber zum Beispiel Begriffe definieren, die in Anspruchsnormen enthalten sind oder Randbedingungen nennen, die bei der Geltendmachung von Ansprüchen zu beachten sind.

Beispiel

§ 276 BGB definiert, was unter schuldhaftem Handeln zu verstehen ist; in § 249 BGB ist festgelegt, nach welchem Prinzip grundsätzlich Schadensersatz zu leisten ist.

Beim **Zitieren** der Rechtsnormen wird folgende Darstellung gewählt: Absätze innerhalb der Rechtsnorm werden in römischen Ziffern, Sätze in arabischen Ziffern und verschiedene Alternativen innerhalb eines Satzes mit der Abkürzung Alt. bezeichnet.

Beispiel

§ 130 I 1 BGB = Paragraf 130 Absatz 1, Satz 1 Bürgerliches Gesetzbuch; § 812 I 1, 1. Alt. = Paragraf 812 Absatz 1, Satz 1, 1. Alternative Bürgerliches Gesetzbuch

> **→** Anspruchsnormen räumen Rechtsansprüche ein und bestehen aus dem Tatbestand und einer Rechtsfolge.

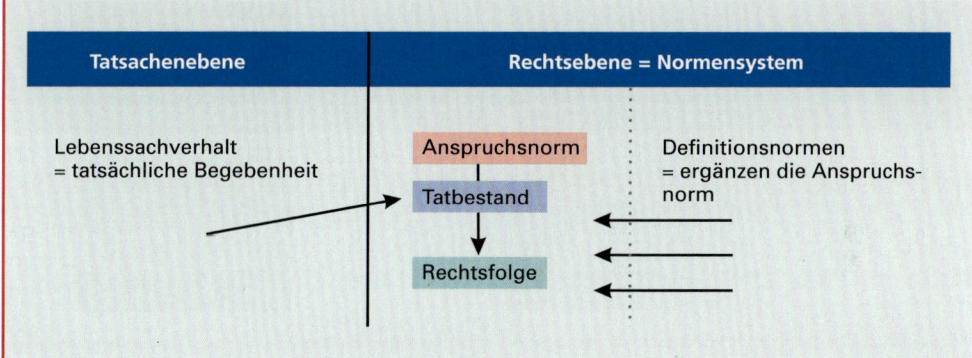

2.1.2 Allgemeine Vorschriften und Spezialvorschriften

Das BGB enthält allgemeine Vorschriften und spezielle Vorschriften. Dabei gilt die Anwendungsregel: **„Die spezielle Vorschrift verdrängt die allgemeine Vorschrift."**
Das Verhältnis zwischen „allgemein" und „speziell" dient als Aufbauprinzip des gesamten BGB. Das BGB besteht aus den fünf Büchern: Allgemeiner Teil, Schuldrecht, Sachenrecht, Familienrecht und Erbrecht.
Die Regelungen im Allgemeinen Teil des BGB gelten für alle übrigen Bücher des BGB, sofern dort nichts Abweichendes geregelt ist. Findet sich eine Vorschrift im zweiten bis fünften Buch des BGB, die eine speziellere Aussage trifft als die vergleichbare Vorschrift aus dem allgemeinen Teil des BGB, so geht die Spezialregelung der Regelung aus dem allgemeinen Teil vor.
Auch innerhalb des Buches Schuldrecht wird diese Gesetzestechnik angewandt. Der **allgemeine Teil des Schuldrechts** gilt für das gesamte Buch Schuldrecht und auch für die übrigen Bücher des BGB. Die Regelungen aus dem **besonderen Teil des Schuldrechts** können aber evtl. die Regelungen aus dem allgemeinen Teil des Schuldrechts verdrängen.

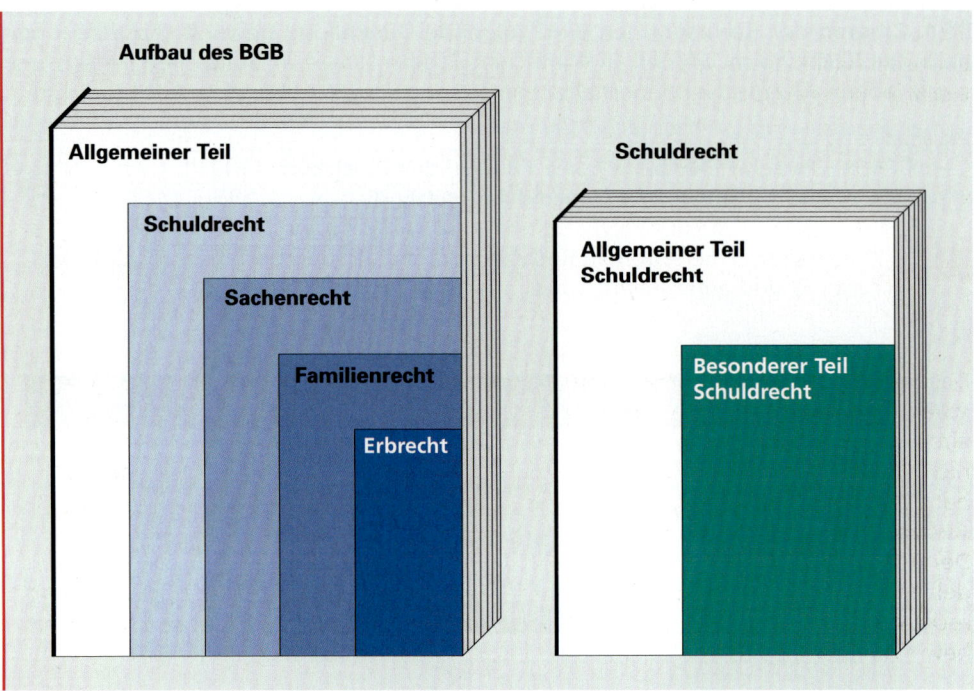

Aufbau des BGB

Allgemeiner Teil
Schuldrecht
Sachenrecht
Familienrecht
Erbrecht

Schuldrecht
Allgemeiner Teil Schuldrecht
Besonderer Teil Schuldrecht

 Das Zusammenspiel von allgemeiner Regelung und spezieller Regelung ist eine Gesetzestechnik. Die spezielle Regelung geht der allgemeinen Regelung vor.

2.1.3 Verpflichtungsgeschäft, Erfüllungsgeschäft und das Abstraktionsprinzip

Eine wichtige Unterscheidung prägt das gesamte BGB: die Trennung von **Verpflichtungsgeschäft** und **Erfüllungsgeschäft**.
Ein vollständig durchgeführtes Rechtsgeschäft lässt sich in zwei rechtlich bedeutsame Teile untergliedern.

1. Durch das schuldrechtliche **Verpflichtungsgeschäft** werden **Rechtspflichten begründet**. Verpflichtungsgeschäfte sind oftmals Verträge.

Beispiel
Ein Kaufvertrag erlegt sowohl dem Verkäufer als auch dem Käufer Pflichten auf.

2. Durch das sachenrechtliche **Erfüllungsgeschäft** (= Verfügungsgeschäft) werden die **Pflichten** aus dem Verpflichtungsgeschäft **erfüllt** und wird eine **tatsächliche Rechtsänderung herbeigeführt**.

Ein bedeutsames Erfüllungsgeschäft ist die Übereignung. Durch eine Übereignung geht das Eigentum an einem Gegenstand von einer Person auf eine andere über (= Rechtsänderung).

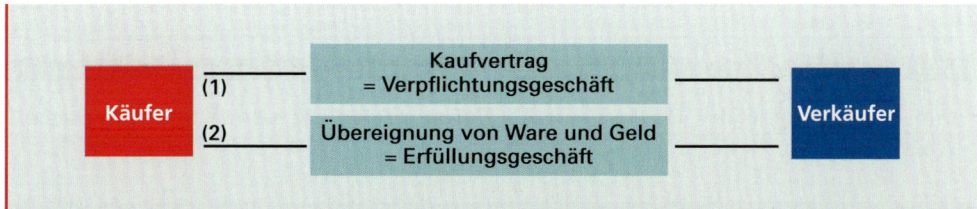

Das schuldrechtliche **Verpflichtungsgeschäft** und das sachenrechtliche **Erfüllungsgeschäft** sind **unabhängig voneinander wirksam**. Wenn beispielsweise der Kaufvertrag einen Mangel hat, so wird die Wirksamkeit einer stattgefundenen Übereignung davon nicht berührt. Sollte der Eigentumswechsel dagegen nicht vollzogen worden sein, so hat dies keinen Einfluss auf den Bestand des Kaufvertrages. Dieses Prinzip nennt man **Abstraktionsgrundsatz**.

Der Aufbau des BGB berücksichtigt den Abstraktionsgrundsatz. Das Schuldrecht behandelt in der Regel die Verpflichtungsgeschäfte (vor allem Verträge), und das Sachenrecht widmet sich denjenigen Rechtsvorgängen, die eine tatsächliche Rechtsänderung bewirken (z. B. Eigentumswechsel an beweglichen und unbeweglichen Sachen).

 Durch ein Verpflichtungsgeschäft werden Rechte und Pflichten begründet. Ein Erfüllungsgeschäft führt eine Rechtsänderung herbei. Verpflichtungs- und Erfüllungsgeschäft sind unabhängig voneinander wirksam.

2.1.4   Gesamtüberblick über das BGB

Einen Überblick über die fünf Bücher des BGB gibt das folgende Schaubild:

Buch	Titel	§§	wesentlicher Inhalt
1	Allgemeiner Teil	1–240	allgemeine Rechtsbegriffe und Regeln, auf die in den nachfolgenden Büchern Bezug genommen wird
2	Schuldrecht	241–853	Recht der Schuldverhältnisse, insbesondere Verträge
3	Sachenrecht	854–1296	rechtliche Zuordnung von Sachen (Eigentum), Rechte, die sich aus dem Eigentum ergeben
4	Familienrecht	1297–1921	Rechtsbeziehungen innerhalb der Familie
5	Erbrecht	1922–2385	Aufteilung des Vermögens einer Person nach deren Tod

2.2 Teilnahme am Rechtsverkehr

2.2.1 Rechtsfähigkeit natürlicher Personen

Fall 1: Kann Waldi erben?

Die vermögende Witwe Wulle, die keine Nachkommen hat, vermacht ihrem Dackel Waldi ihr gesamtes Vermögen. Geht das?

Fall 2: Vorfreude

Oma Schulte freut sich riesig, dass ihre Enkelin Rita ein Baby erwartet. Da Oma Schulte sonst keine Angehörigen mehr hat, setzt sie das noch ungeborene Kind sofort per Testament zu ihrem Universalerben ein. Noch bevor das Kind geboren wird, stirbt Oma Schulte unvermutet. Konnte das ungeborene Kind zum Zeitpunkt des Todes der Oma Erbe werden?

Wer Rechte und Pflichten geltend macht oder sich gegenüber einer anderen Person rechtlich verpflichtet, nimmt am Rechtsverkehr teil. Die **Fähigkeit, Träger von Rechten und Pflichten sein zu können**, nennt unsere Rechtsordnung **Rechtsfähigkeit**. Aus § 1 BGB geht hervor, dass **jeder Mensch ab seiner Geburt** rechtsfähig ist und am Rechtsverkehr teilnehmen darf. Wer noch nicht selbst am Rechtsverkehr teilnehmen kann (z. B. ein Baby), wird von anderen Personen (z. B. den Eltern) vertreten.

Lösung des Falls

Im Fall 1 soll Waldi Erbe werden. Um erben zu können, müsste Waldi rechtsfähig sein. Nach § 1 BGB sind nur Menschen rechtsfähig. Tiere können nicht Träger von Rechten und Pflichten sein. Waldi kann also nicht erben. Frau Wulle könnte jedoch eine natürliche Person (= Mensch) als Erbe einsetzen, die die Versorgung von Waldi als Erbauflage zu erfüllen hat.

Die Rechtsfähigkeit ist Ausdruck einer humanen Rechtskultur. Auch ein Mensch mit schwersten Missbildungen oder geistigen Behinderungen ist uneingeschränkt rechtsfähig. Seine Rechte werden bei Bedarf von anderen ausgeübt.
Die Rechtsfähigkeit beginnt nach § 1 BGB **mit der Vollendung der Geburt**. Dies bedeutet, dass ein ungeborenes Kind noch keine Rechtsfähigkeit besitzt.

Lösung des Falls

Im Fall 2 kann das Kind nur erben, wenn es zum Zeitpunkt des Erbfalls (= Tod der Oma) rechtsfähig ist. Da die Rechtsfähigkeit erst mit Vollendung der Geburt beginnt, ist das Kind als Ungeborener noch nicht rechtfähig. Danach hätte nicht das Kind geerbt, sondern die Enkelin Rita als nächste Angehörige. Weil es aber in unserer Rechtsordnung erwünscht ist, dass bereits das Ungeborene erben kann, gibt es im

Erbrecht die Sondervorschrift des § 1923 II BGB. Diese Vorschrift „tut so" (= Fiktion), als ob das Kind zum Zeitpunkt des Todes der Oma schon geboren gewesen wäre. Mithilfe dieser Fiktion (= etwas wird als wahr unterstellt) wird § 1 BGB überwunden, und das Baby ist schon vor seiner Geburt Erbe von Oma Schulte geworden.

2.2.2 Rechtsfähigkeit juristischer Personen

Fall 1: Der Erweiterungsbau

Eine Krankenkasse plant einen Erweiterungsbau für das Hauptgebäude. Deshalb kauft der Vorstand, Herr Manz, von Herrn Wiese ein bebaubares Grundstück neben dem Hauptgebäude. Ein Gründstückskaufvertrag ist erfüllt, sobald der neue Eigentümer des Grundstücks in das Grundbuch eingetragen ist. Wer wird das hier sein?

Im Rechtsverkehr genügt es nicht, dass nur natürliche Personen (= Menschen) miteinander in rechtliche Beziehungen treten. Damit auch Zusammenschlüssen von Personen oder einer Vermögensmasse Rechte und Pflichten zugeordnet werden können, wurde eine „Kunstfigur" geschaffen: die **juristische Person**. Die juristische Person ist ein **Zusammenschluss (Personenvereinigung oder Zweckvermögen), dem die Rechtsfähigkeit zuerkannt wurde**.

Eine juristische Person **handelt durch ihre Organe**. Die Organe einer Krankenkasse sind zum Beispiel die Vertreterversammlung (= „Sozialparlament"), der Vorstand und der Geschäftsführer. Hinter den Organen stehen somit Menschen, die für die juristische Person handeln können.

Lösung des Falls

Die Krankenkasse in Fall 1 ist eine juristische Person. Herr Wiese hat also mit der Krankenkasse, die als juristische Person Träger von Rechten und Pflichten sein kann, einen Grundstückskaufvertrag geschlossen. Dies wurde bewerkstelligt, indem für die Krankenkasse ihr vertretungsberechtigtes Organ, nämlich der Vorstand, gehandelt hat. Im Grundbuch steht später die Krankenkasse als neue Grundstückseigentümerin.

Es gibt juristische Personen des Privatrechts und juristische Personen des öffentlichen Rechts.

1. Juristische Personen des Privatrechts

▶ **Eingetragener Verein (Zusatz: e.V.)**

Er verfolgt beliebige nichtwirtschaftliche Ziele, entsteht durch einen Gründungsvertrag zwischen den Mitgliedern und erlangt seine Rechtsfähigkeit durch Eintragung in das Vereinsregister, das beim Amtsgericht geführt wird (§§ 21 ff. BGB).

Beispiel

Sängerbund e.V., der Schützenverein oder ein Fußballklub.

▶ **Wirtschaftlicher Verein**

Er ist auf Gewinnerzielung ausgerichtet und wird rechtsfähig durch staatliche Verleihung (= sogenannte Konzession). Der wirtschaftliche Verein des BGB wird verdrängt durch die besonderen Wirtschaftsvereine, die außerhalb des BGB geregelt sind: die **Kapitalgesellschaften**. Wichtige Kapitalgesellschaften sind die Aktiengesellschaft **(= AG)**, die Gesellschaft mit beschränkter Haftung **(= GmbH)** sowie die Kommanditgesellschaft auf Aktien **(= KGaA)**. Kapitalgesellschaften werden rechtsfähig mit der Eintragung in das Handelsregister, das beim Amtsgericht geführt wird.

Beispiel

Daimler AG, VW AG, Robert Bosch GmbH, Henkel KGaA

▶ **Privatrechtliche Stiftung** (§§ 80 ff. BGB)

Sie ist ein Beispiel für eine rechtlich verselbstständigte Vermögensmasse. Die Stiftung dient meist der Förderung wissenschaftlicher, kultureller oder sozialer Belange (= Stiftungszweck). Sie entsteht durch den Stiftungsakt und wird rechtsfähig durch eine staatliche Genehmigung. Als Stifter treten im Privatrecht oft Familien oder Unternehmen auf.

Beispiel

Robert Bosch Stiftung, Körber-Stiftung

▶ **Eingetragene Genossenschaft (kurz: e.G.)**

Sie ist im Genossenschaftsgesetz geregelt, verfolgt wirtschaftliche Zwecke und ist zur gegenseitigen Förderung ihrer Mitglieder eingerichtet. Eine Genossenschaft wird rechtsfähig mit der Eintragung in das Genossenschaftsregister.

Beispiel

Die meisten Volksbanken (= Genossenschaftsbanken); die Weingärtnergenossenschaften in den württembergischen oder badischen Weinanbaugebieten

2. Juristische Personen des öffentlichen Rechts

Juristische Personen des öffentlichen Rechts werden in Körperschaften, Anstalten und Stiftungen unterteilt. Eine genauere Darstellung folgt im Kapitel Verwaltungsrecht.

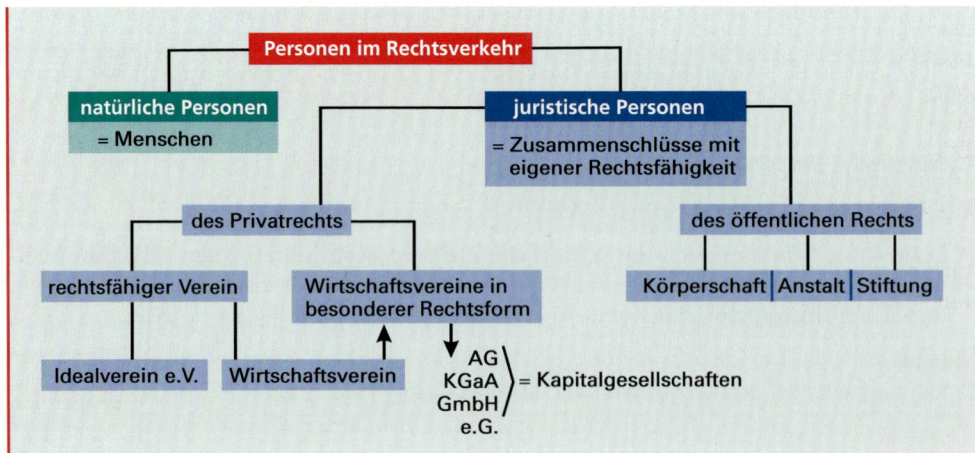

Unter der Rechtsfähigkeit versteht man die Fähigkeit, Träger von Rechten und Plichten sein zu können.

Natürliche Personen werden mit der Vollendung der Geburt rechtsfähig und verlieren die Rechtsfähigkeit mit dem Tod.

Juristische Personen werden durch die Eintragung in ein Register oder durch einen staatlichen Hoheitsakt (z. B. eine Genehmigung) rechtsfähig. Sobald sie sich auflösen, verlieren sie ihre Rechtsfähigkeit wieder.

Aufgaben

1. Warum wurde die Rechtsfigur der juristischen Person geschaffen? Nennen Sie Beispiele für juristische Personen.

2. Wann beginnt die Rechtsfähigkeit einer natürlichen Person? Gibt es Ausnahmen?

3. Frau Kunz kauft ein Kleid bei
   a)   der Designerin Elvira Schick,
   b)   der Bekleidungskette Trend GmbH.
   Wer ist jeweils ihr Vertragspartner geworden?

2.3   Geschäftsfähigkeit

2.3.1   Handlungsfähigkeit als Oberbegriff der Geschäftsfähigkeit

Der im BGB nirgendwo definierte Begriff der Handlungsfähigkeit bedeutet, dass ein Mensch durch **eigenes verantwortliches Handeln Rechtswirkungen hervorrufen** kann.

Beispiel

Ein fünfjähriges Kind kann Erbe werden, weil es Träger von Rechten und Pflichten ist. Es ist aber nicht in der Lage, diese Rechte selbst auszuüben, da ihm die Handlungsfähigkeit fehlt.

Eine Vorschrift aus dem Sozialrecht, die die Handlungsfähigkeit betrifft, ist § 36 SGB I. (Das SGB I ist vergleichbar mit dem „Allgemeinen Teil" des BGB).

Nach **§ 36 I SGB I** kann ein **Fünfzehnjähriger Anträge auf Sozialleistungen stellen** und **verfolgen** sowie **Sozialleistungen entgegennehmen**. Der Fünfzehnjährige kann also durch seine Handlungen Rechtswirkungen hervorrufen, ohne dass er die Zustimmung seiner Eltern benötigt.

Er könnte zum Beispiel eine Leistung aus dem Bereich der Ausbildungsförderung beantragen und diese Leistung auch entgegennehmen.

Die **Eltern** können die Handlungsfähigkeit des Jugendlichen allerdings durch schriftliche Erklärung gegenüber dem Leistungsträger **einschränken**. Die **Zustimmung** der Eltern ist außerdem erforderlich, wenn der Jugendliche einen Antrag zurücknehmen, auf Sozialleistungen verzichten oder ein Darlehen entgegennehmen möchte (§ 36 II

SGB I). Die Handlungsfähigkeit lässt sich in folgende **Unterbegriffe** gliedern, die im BGB definiert sind:

Die Delikts- und Verschuldensfähigkeit betreffen das Problem, ab welchem Alter und unter welchen Voraussetzungen eine Person für Schäden, die anderen entstehen, verantwortlich ist.

Im Zusammenhang mit dem Abschluss von Rechtsgeschäften interessiert vor allem die Geschäftsfähigkeit. Die **Geschäftsfähigkeit** ist die **Fähigkeit, Rechtsgeschäfte wirksam tätigen** zu können. Dies ist die Voraussetzung dafür, um am Geschäftsleben überhaupt teilnehmen zu können. Ein Rechtsgeschäft kommt zustande, indem die beteiligten Personen Willenserklärungen abgeben. Zwei übereinstimmende Willenserklärungen führen zum Vertragsschluss. Deshalb lässt sich noch genauer ausdrücken, was unter der Geschäftsfähigkeit zu verstehen ist: Sie ist die **Fähigkeit, durch die Abgabe von Willenserklärungen Rechtsfolgen herbeizuführen**, beispielsweise einen wirksamen Vertrag abzuschließen.

2.3.2 Stufen der Geschäftsfähigkeit

Fall: Alltag im Musikgeschäft

An einem Vormittag verkauft Harry, der Angestellte beim Musikgeschäft „Ohrwurm", folgende Produkte:
a) Der sechsjährige Udo kauft eine Hörspiel-CD mit Märchen und bezahlt den Geldbetrag in Höhe von 7,50 € bar. Ist das Rechtsgeschäft wirksam zustande gekommen?
b) Frank Rüstig, 28 Jahre, kauft die neueste Countrymusic-CD. Zu Hause bemerkt er, dass ihm der Titel doch nicht gefällt. Kann er das Geschäft rückgängig machen?
c) Die fünfzehnjährige Sabine R. erwirbt die neue CD ihres Lieblingsstars für 15,00 €. Wie sich herausstellt, sind ihre Eltern strikt gegen diese Art von Musik. Was passiert?

Der Abschluss von Rechtsgeschäften ist mit Verantwortung verbunden. Eine wichtige Gruppe von Rechtsgeschäften sind die Verträge. Durch einen Vertrag entstehen in der Regel für jeden Vertragspartner Rechte und Pflichten.

Für die Begründung von Rechten und Pflichten muss man die Fähigkeit zu verantwortlichem Handeln besitzen. Diese Fähigkeit hat nicht jede Person. Das Gesetz hat deshalb Stufen der Geschäftsfähigkeit geschaffen, die jeder Mensch aufgrund seines jeweiligen Lebensalters durchläuft.

voll geschäftsfähig	ab 18 J.
beschränkt geschäftsfähig	Minderjährige (7–17 J.)
geschäftsunfähig	Kind bis 7 J. (gleichgestellt sind dauerhaft Geisteskranke)

Geschäftsunfähige Personen haben nicht die Fähigkeit zu rechtsgeschäftlichem Handeln. Ihre Erklärungen sind daher unwirksam.

Lösung des Falls

Im Fall a) konnte der sechsjährige Udo keine wirksame Willenserklärung abgeben und daher auch kein wirksames Rechtsgeschäft abschließen.

Beschränkt geschäftsfähige Personen können nur bestimmte Rechtsgeschäfte allein wirksam tätigen. Für die anderen Geschäfte benötigen sie die Genehmigung einer vertretungsberechtigten Person.

Lösung des Falls

Im Fall c) darf die minderjährige Sabine das Geschäft nur allein vornehmen, wenn sie hierzu das ihr zu diesem Zweck überlassene Taschengeld verwendet (dazu später noch genauer). Andernfalls muss sie den Kaufvertrag von den Eltern genehmigen lassen.

Voll geschäftsfähige Personen begründen durch ihr Handeln Rechte und Pflichten, für die sie anschließend auch einstehen müssen.

Lösung des Falls

So hilft die Reue über den Vertragsabschluss dem erwachsenen Frank im Fall b) nicht aus dem Vertrag heraus. Ein Erwachsener muss sich vorher überlegen, was er tut.

2.3.2.1   Geschäftsunfähigkeit

Fall 1: Alltag im Pflegeheim

a) *Der Pflegeheimbewohner Hans Becker, der an der Alzheimer-Krankheit leidet, begibt sich ohne Erlaubnis der Heimleitung in ein nahe gelegenes Kaufhaus und kauft einen modernen PC.*

b) *Die Bewohnerin Erna Franz, die von Wahnvorstellungen gequält wird, verkauft in einem „lichten Augenblick" ihre Bauernkommode an einem Antiquitätenhändler.*

Fall 2: Die Zechtour

Nach einem erfolgreichen Geschäftsabschluss lädt der Vertreter Harry D. seinen Kollegen Andy K. in die Bar „Hawaii" ein. Nach einigen alkoholischen Getränken schwillt die Rechnung schnell auf 250,00 € an. Als Harry D. am nächsten Tag aufgefordert wird, den Betrag zu begleichen, weigert er sich, mehr als vier Flaschen Sekt zu bezahlen. Alle weiteren Getränke habe er in Volltrunkenheit konsumiert und könne sich daher an nichts erinnern.

Geschäftsunfähigkeit bedeutet, dass jemand nicht in der Lage ist, die **Bedeutung einer von ihm abgegebenen Willenserklärung einzusehen und nach dieser Einsicht zu handeln.** Die rechtliche Folge, die sich aus der Geschäftsunfähigkeit ergibt, ist sehr konsequent: Nach § 105 I BGB sind die Willenserklärungen eines Geschäftsunfähigen nichtig. **Nichtigkeit** bedeutet, dass ein Rechtsgeschäft von Anfang an ungültig ist. Es hat für die Rechtsordnung zu keinem Zeitpunkt bestanden.

Nach **§ 104 BGB** sind folgende Personen geschäftsunfähig:

▶ Personen, die das **siebente Lebensjahr noch nicht vollendet** haben (**§ 104 Nr. 1**),

▶ Personen mit **fortgesetzter krankhafter Störung der Geistestätigkeit**, welche eine freie Willensbildung verhindert (**§ 104 Nr. 2**).

Den geschäftsunfähigen Personen sind nach **§ 105 II BGB** gleichgestellt:
Personen, die Willenserklärungen im Zustand der **Bewusstlosigkeit** oder im Zustand einer **vorübergehenden Störung der Geistestätigkeit** (z. B. Rauschzustände, verursacht durch Drogen oder Alkohol) abgeben.

Kinder unter 7 Jahren sind ausnahmslos geschäftsunfähig, da sie in diesem Alter noch keinen eigenen und freien Willen bilden können. Die Willenserklärung eines Kindes ist daher immer nichtig (§ 104 Nr. 1 BGB).

Bei Personen mit fortgesetzter Störung der Geistestätigkeit wird, anders als bei Kindern, keine pauschale Anordnung der Geschäftsunfähigkeit getroffen. Die Geschäftsunfähigkeit muss individuell nach dem jeweiligen Gesundheitszustand bestimmt werden. Wesentlich ist, dass eine **dauerhafte Störung der Geistestätigkeit** (= fortgesetzte krankhafte Störung) festgestellt wird, die gerade die freie Willensbetätigung beeinträchtigt. Die Willenserklärungen dieser Personen sind bei einer dauerhaften Störung immer nichtig (§ 104 Nr. 2 BGB).

Personen, die an einer nur **vorübergehenden Störung der Geistestätigkeit** leiden, können in ihren „lichten Augenblicken" wirksam Geschäfte abschließen. Wenn sie allerdings in einer Phase der geistigen Störung ein Rechtsgeschäft tätigen, so ist dieses nichtig (§ 105 II BGB).

Lösung des Falls

Im Fall 1 a) leidet Herr Becker infolge der Alzheimer-Krankheit (= Zerstörung des Gehirns) an einer fortgesetzten krankhaften Störung der Geistestätigkeit. Der Kaufvertrag ist deshalb nach § 104 Nr. 2 BGB nichtig.
Im Fall 1 b) wird Frau Franz nur zeitweise von Wahnvorstellungen heimgesucht. Deswegen leidet sie an einer vorübergehenden Störung der Geistestätigkeit (§ 105 II BGB). Da Erna Franz den Kaufvertrag mit dem Antiquitätenhändler in einem ihrer „lichten Momente" abgeschlossen hat, tritt die Nichtigkeitsfolge des § 105 II BGB nicht ein und der Kaufvertrag ist gültig.

Nichtig sind auch Willenserklärungen, die jemand im Zustand der **Bewusstlosigkeit** abgegeben hat (§ 105 II BGB). Gemeint ist damit nicht die völlige Bewusstlosigkeit, da in diesem Zustand überhaupt keine Willenserklärung mehr abgegeben werden kann. Vielmehr reicht ein Zustand aus, in dem das Bewusstsein zum Beispiel durch den Konsum von Alkohol oder Drogen stark getrübt ist.

Lösung des Falls

Im Fall 2 war Harry D. nach der vierten Flasche Sekt, die er zusammen mit seinem Kollegen geleert hat, sichtlich betrunken. Alle weiteren Getränkebestellungen von Harry D. sind nach § 105 II BGB zu beurteilen. Die im Zustand der Volltrunkenheit abgegebenen Willenserklärungen des Harry D. sind nichtig. Daher muss er nur die ersten vier Flaschen Sekt auf der Rechnung bezahlen.

Erwachsene, die ganz oder teilweise geschäftsunfähig sind, benötigen einen **Betreuer**. Nach dem Betreuungsrecht (§§ 1896 ff. BGB) sollen als Betreuer nahe Angehörige oder ehrenamtlich tätige Personen eingesetzt werden. Den Wünschen der Betreuten ist soweit wie möglich Rechnung zu tragen. Die Anordnung der Betreuung hat keinen Einfluss auf die Geschäftsfähigkeit eines Betreuten. Ob dieser geschäftsfähig ist, ergibt sich allein aus den Vorschriften des BGB.

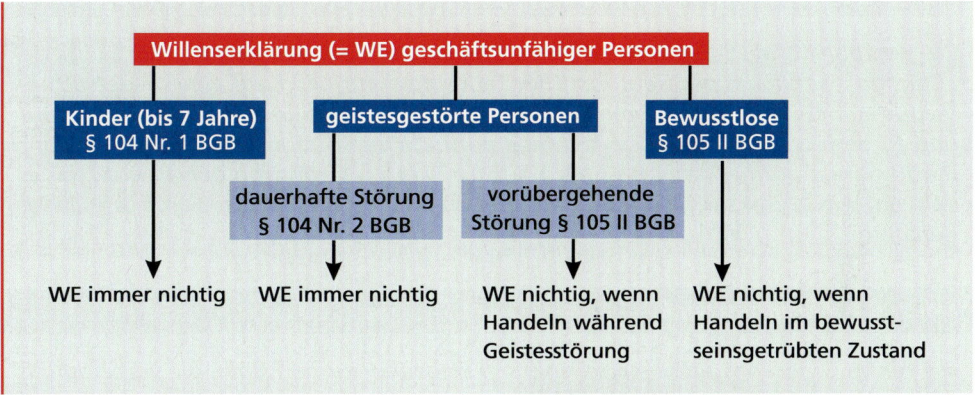

2.3.2.2 Gesetzliche Vertretung

Wer vollständig oder teilweise von der Teilnahme am Rechtsverkehr ausgeschlossen ist, braucht zur Wahrnehmung der eigenen Interessen einen Vertreter. Das Gesetz benennt an verschiedenen Stellen Personen, die zur Vertretung berechtigt und verpflichtet sind, weshalb man sie als **gesetzliche** Vertreter bezeichnet. Gesetzliche Vertreter sind

▶ **Eltern**, § 1629 BGB,

▶ **Vormund**, §§ 1773 ff. BGB,

▶ **Betreuer**, §§ 1896 ff. BGB.

Eltern vertreten ihre minderjährigen Kinder. Falls es nicht möglich ist, dass die Eltern ihre minderjährigen Kinder vertreten, handelt an deren Stelle ein Vormund. Für erwachsene Personen, die nicht selbst im Rechtsverkehr handeln können, wird ein Betreuer bestellt.

2.3.2.3 Beschränkte Geschäftsfähigkeit

Einverständnis der Eltern

Düsseldorf (tmn) — Für die meisten Bankgeschäfte brauchen Jugendliche bis 18 Jahre die Zustimmung ihrer Eltern. Das gilt zum Beispiel, wenn sie ein Girokonto eröffnen, Geld abheben oder überweisen wollen. Damit der Vertrag wirksam wird, reicht es aus, wenn ihn Mutter oder Vater genehmigen. Darauf weist die Verbraucherzentrale Nordrhein-Westfalen hin. Eine Ausnahme gilt für minderjährige Jugendliche, die schon arbeiten oder eine Ausbildung machen. „Sie dürfen ohne Zustimmung der Eltern ein Gehaltskonto eröffnen und auch den vollen Lohn abheben", sagt Markus Feck von der Verbraucherzentrale. Für Überweisungen und andere Bankgeschäfte brauchten aber auch sie die Erlaubnis der Eltern. Einen Kredit aufnehmen oder das Girokonto überziehen können Minderjährige sogar nur mit einer gerichtlichen Genehmigung. [...]

Quelle: dpa, in: Esslinger Zeitung, 18.10.2011, S. 31

Fall 1: Jeansjacke statt Schulmappe

Die vierzehnjährige Sarah erwirbt für 70,00 € eine schicke Jeansjacke in der Boutique „Chicago". Sarah hat das Geld von ihrer Tante Heidi für den Kauf einer neuen Schulmappe zum Geburtstag bekommen. Die Eltern von Sarah sind empört über den Kauf und fordern von der Boutique das Geld zurück. Die Boutique-Inhaberin Frau Lohr macht darauf aufmerksam, dass der Kauf für Sarah sehr günstig gewesen sei, da es sich um ein attraktives Sonderangebot gehandelt habe. Kann Sarah die Jacke behalten?

Fall 2: Das Abiturgeschenk

Die reiche Großtante Adelheid schenkt der siebzehnjährigen Gabi, die vorzeitig das Abitur bestanden hat und jetzt Medizin studieren möchte, ein Hausgrundstück in Heidelberg. Kann Gabi ohne Mitwirkung ihrer Eltern Eigentümerin des Hausgrundstücks werden?
Abwandlung:
Wäre der Fall anders zu beurteilen, wenn die Großtante das Hausgrundstück an Gabi nur verschenken will, wenn Gabi verspricht, nach dem Tod der Tante deren Grab zu pflegen?

Minderjährige (7–17 Jahre) sind in ihrer **Geschäftsfähigkeit beschränkt** (§ 106 BGB). Sie sind weder geschäftsunfähig, noch voll geschäftsfähig, sondern dürfen einige Geschäfte allein tätigen, andere nur mit Einwilligung der gesetzlichen Vertreter.
Eine zentrale Norm der Regelungen über die beschränkte Geschäftsfähigkeit ist **§ 107 BGB**. Dort heißt es:

> „Der Minderjährige bedarf zu einer Willenserklärung, durch die er nicht lediglich einen rechtlichen Vorteil erlangt, der Einwilligung seines gesetzlichen Vertreters."

Aus § 107 BGB folgt zweierlei:

1. Der Minderjährige, der eine rechtlich wirksame Willenserklärung abgeben will, bedarf **grundsätzlich** der **Einwilligung** des gesetzlichen Vertreters.

2. **Ausnahmsweise** benötigt er diese **Einwilligung nicht**, wenn er eine Willenserklärung abgibt, durch die er einen **lediglich rechtlichen Vorteil** erlangt.

Zustimmungsfreie Rechtsgeschäfte

Nach § 107 BGB kann der Minderjährige selbst wirksame Geschäfte vornehmen, die ihm einen lediglich rechtlichen Vorteil bringen. Ist das Geschäft dagegen nachteilig für den Minderjährigen, so bedarf es der Einwilligung des gesetzlichen Vertreters.

Ein **rechtlicher Vorteil** liegt darin, dass man seine **Rechtsposition verbessert**, zum Beispiel, indem man ein Recht erwirbt, das man vorher nicht besaß. Ein bloßer wirtschaftlicher Vorteil, zum Beispiel der Abschluss eines finanziell günstigen Geschäftes, reicht also nicht.

Verpflichtungsgeschäfte sind überwiegend dadurch gekennzeichnet, dass für beide Seiten Rechte und Pflichten entstehen. Da die Entstehung von Pflichten rechtlich nachteilig ist, kann ein Minderjähriger **grundsätzlich keine wirksame Willenserklärung** abgeben, die auf einen Vertragsschluss gerichtet ist. Von diesem Grundsatz gibt es eine **Ausnahme**: die **Schenkung** (§§ 516 ff. BGB). Die Schenkung ist ein Vertrag zwischen dem Schenker und dem Beschenkten, durch den lediglich für den Schenker die Pflicht entsteht, den Gegenstand der Schenkung an den Beschenkten zu übereignen. Für den Beschenkten entsteht keine Pflicht. Ein Minderjähriger kann deswegen wirksam eine Schenkung annehmen.

Lösung des Falls

Im Fall 2 ist ein wirksamer Schenkungsvertrag zwischen Gabi und Großtante Adelheid über das Hausgrundstück zustande gekommen, da durch die Annahme der Schenkung für Gabi keine rechtlichen Nachteile entstehen.
In der Abwandlung des Falles haben wir es mit einer Schenkung unter einer Auflage (hier: Grabpflege) zu tun, die einen rechtlichen Nachteil in Form einer Verpflichtung mit sich bringt. Daher konnte Gabi keine wirksame Willenserklärung abgeben und der Schenkungsvertrag ist nicht zustande gekommen.

Der **Erwerb von Rechten durch ein Verfügungsgeschäft** bringt dem Minderjährigen ausschließlich einen rechtlichen Vorteil. Deswegen kann ein Minderjähriger ohne Mitwirkung seiner Eltern **wirksam Eigentum erwerben**.

Lösung des Falls

Im Fall 2 handelt es sich sowohl um einen wirksamen Schenkungsvertrag als auch um eine wirksame Übereignung. Gabi hat mit der Übereignung das Eigentum am Hausgrundstück erworben.

In der Abwandlung von Fall 2 ist der Schenkungsvertrag unwirksam, da die Schen-
kung unter einer Auflage erfolgte. Die Übereignung ist dagegen wirksam, da sie
lediglich rechtliche Vorteile für Gabi bringt. Somit ist Gabi Eigentümerin des Haus-
grundstücks geworden. Im Unterschied zum obigen Fall hat Gabi hier das Eigentum
am Hausgrundstück „ohne Rechtsgrund", das heißt ohne wirksame schuldrechtliche
Verpflichtung, erworben. Falls die Tante daher die Übereignung bereuen sollte und
das Grundstück wiederhaben will, so kann sie das Eigentum nach den Vorschriften
über die ungerechtfertigte Bereicherung (§§ 812 ff.) von Gabi herausverlangen.

Auch der **Eigentumserwerb** kann **ausnahmsweise rechtliche Nachteile** mit sich bringen. Dies ist dann so, wenn mit dem Erwerb des Eigentums gleichzeitig persönliche
Verpflichtungen übernommen werden. In diesem Fall kann der Minderjährige nicht
ohne Mitwirkung der Eltern Eigentum erwerben.

Beispiel

Beim Erwerb eines Mietshauses tritt der Erwerber in die bestehenden Mietverträge ein, worin die
Übernahme einer persönlichen Verpflichtung liegt. Beim Erwerb einer Eigentumswohnung entstehen für den Erwerber Pflichten nach dem Wohnungseigentumsgesetz.

Eine weitere Gruppe von Rechtsgeschäften ist für den Minderjährigen weder vorteilhaft
noch nachteilig, weil sie **nur Rechtsfolgen für eine andere Person** als den Minderjährigen nach sich ziehen. Man nennt sie deshalb **neutrale Geschäfte**. Die neutralen Geschäfte
werden **den rechtlich vorteilhaften Geschäften gleichgestellt**, weil der Minderjährige
vor den Folgen eines solchen Geschäftes nicht geschützt werden muss. Deshalb kann
der Minderjährige neutrale Geschäfte selbst wirksam vornehmen.

Beispiel

Wenn ein Minderjähriger ein Rechtsgeschäft als **Vertreter** einer anderen Person vornimmt (lesen
Sie § 165 BGB), so wird nur die andere Person berechtigt und verpflichtet. Das Geschäft ist also
für den Minderjährigen neutral (= ohne Auswirkung). Gleichfalls neutral ist es für den Minderjährigen, wenn er als unbeteiligter **Dritter** (lesen Sie § 317 I BGB) eine Bestimmung über beispielsweise die Höhe des Kaufpreises eines Kaufvertrages zwischen zwei anderen Personen trifft.

Rechtsgeschäfte mit Zustimmung des gesetzlichen Vertreters

Rechtsgeschäfte, durch die der Minderjährige nicht einen ausschließlich rechtlichen
Vorteil erlangt, bedürfen grundsätzlich der Zustimmung des gesetzlichen Vertreters.
Das Gesetz unterscheidet dabei zwischen Verträgen und einseitigen Rechtsgeschäften.

Zustimmungsbedürftige Verträge

Möchte der Minderjährige eine für ihn nachteilige Willenserklärung abgeben, so
benötigt er prinzipiell die Einwilligung (lesen Sie nochmals § 107 BGB) der Eltern
(= gesetzliche Vertreter). Unter einer **Einwilligung** ist die **vorherige Zustimmung** (§ 183
BGB) der Eltern zum Abschluss eines Geschäftes zu verstehen. Ihre Einwilligung können
die Eltern sowohl dem Minderjährigen als auch dem Vertragspartner des Minderjährigen gegenüber erklären.

Möchte der Minderjährige ein Mofa kaufen, so muss er **vor** Abschluss des Kaufvertrages seine Eltern um ihre Zustimmung bitten. Stimmen die Eltern ihm gegenüber (bzw. dem Mofaverkäufer gegenüber) zu, so ist der anschließend abgeschlossene Kaufvertrag von vornherein gültig zustande gekommen.

Sollten die Eltern ihre Entscheidung bereuen, so können sie ihre **Einwilligung bis zur Vornahme** des Kaufvertrages **widerrufen** (§ 183, S. 1 BGB). Auch der Widerruf kann sowohl gegenüber dem Minderjährigen selbst oder gegenüber dessen Vertragspartner erfolgen.

Ist der Minderjährige gerade unterwegs zum Mofahändler, um den Kaufvertrag abzuschließen, und rufen die Eltern zwischenzeitlich den Verkäufer an und widerrufen die erteilte Einwilligung, so kann der Minderjährige anschließend keinen wirksamen Kaufvertrag mehr abschließen.

Ein **Spezialfall der Einwilligung** ist das **Taschengeld**. Die Eltern geben ihren minderjährigen Kindern deshalb Taschengeld, damit die Jugendlichen über diesen Betrag frei verfügen können. Die Gewährung von Taschengeld ist also eine „Generalzustimmung" für den Abschluss von Geschäften, die unter Einsatz dieser Mittel abgewickelt werden. Ebenso verhält es sich mit denjenigen Geldbeträgen, die Minderjährigen mit Zustimmung der Eltern von Dritten überlassen werden.

Der „Taschengeldparagraf" (§ 110 BGB) hat zwei Voraussetzungen:

1. Der Minderjährige muss **die vertragsmäßige Leistung tatsächlich bewirken**.

Wenn ein Minderjähriger einen MP3-Player von seinem Taschengeld kaufen möchte, so hat er die Leistung erst bewirkt, wenn er den **vollständigen Kaufpreis bezahlt** hat. Vereinbart der Minderjährige beispielsweise Ratenzahlung, weil er den Kaufpreis nach und nach von seinem Taschengeld „abstottern" möchte, so ist die Leistung erst mit Zahlung der letzten Rate bewirkt.

2. Der Minderjährige muss die ihm überlassenen Geldmittel ihrem **Zweck** entsprechend einsetzen.

Wurde dem Minderjährigen sein Taschengeld **zur freien Verfügung** überlassen und kauft er sich dafür Süßigkeiten, so hat er für dieses unbedeutende Alltagsgeschäft die (durch die Taschengeldgewährung zum Ausdruck kommende) Einwilligung seiner Eltern.
Bekommt der Minderjährige dagegen von seinen Eltern 100,00 €, um sich eine neue Hose zu kaufen (zweckgebundene Überlassung von Geldmitteln) und kauft sich statt der Hose ein exklusives Schweizer Taschenmesser, so handelt er ohne Einwilligung seiner Eltern und der Vertrag ist schwebend unwirksam.

Bewirkt ein Minderjähriger also eine vertragliche Leistung mit dem ihm hierfür zur Verfügung gestellten Taschengeld, so ist der Vertrag von Anfang an auch **ohne** nochmalige ausdrückliche **Einwilligung** der Eltern wirksam.
Schließt ein Minderjähriger ohne die erforderliche Einwilligung seiner Eltern einen Vertrag ab, so kann der Vertrag nach § 108 I BGB auch noch **nachträglich genehmigt** werden. Dabei versteht man unter einer Genehmigung eine nachträgliche Zustimmung (§ 184 I BGB). Die Eltern können es sich überlegen, ob sie den Vertrag genehmigen

wollen oder nicht. Solange diese Entscheidung noch aussteht, ist der Vertrag **schwebend unwirksam**. Ein schwebend unwirksamer Vertrag wird voll wirksam mit der Erteilung der Genehmigung oder endgültig unwirksam im Falle der Verweigerung der Genehmigung.

Lösung des Falls

Im Fall 1 hat Sarah den Kaufvertrag über die Jeansjacke ohne ausdrückliche Einwilligung ihrer Eltern abgeschlossen. Da Sarah die Jacke auch nicht mit eigenen Mitteln (Taschengeld) erworben hat (sie sollte das Geld der Tante nur für eine Schulmappe verwenden), ist der Kaufvertrag zunächst schwebend unwirksam. Der Vertrag könnte aber noch durch die Genehmigung der Eltern wirksam werden, falls diese von der Vorteilhaftigkeit des Geschäftes zu überzeugen sind. Verweigern die Eltern dagegen die Genehmigung, so wird der Kaufvertrag endgültig unwirksam.

Bei einem schwebend unwirksamen Vertrag hat der Vertragspartner des Minderjährigen ein Interesse daran, bald zu erfahren, ob der Vertrag gelten soll oder nicht. Deswegen gibt ihm § 108 II BGB die Möglichkeit, von den Eltern des Minderjährigen eine **Erklärung** darüber zu verlangen, **ob** sie den **Vertrag genehmigen** wollen oder ob sie die **Genehmigung verweigern**. Die Eltern haben nach Empfang dieser Aufforderung zwei Wochen Zeit, ihre Genehmigung gegenüber dem Vertragspartner des beschränkt Geschäftsfähigen zu erklären. Wenn die Eltern in dieser Zeit keine Erklärung abgeben, gilt die Genehmigung als verweigert.

Der Geschäftspartner des Minderjährigen muss nicht unter allen Umständen zwei Wochen lang darauf warten, ob die Eltern des Minderjährigen das Geschäft genehmigen oder nicht. Er kann seine Willenserklärung zum Vertragsschluss seinerseits **widerrufen** (§ 109 I BGB), allerdings nur, wenn er die **beschränkte Geschäftsfähigkeit** seines Vertragspartners **nicht kannte**. Wusste er dagegen von der Minderjährigkeit, so ist ein Widerruf nur möglich, wenn der Minderjährige ihm **vorgetäuscht** hat, dass die Eltern ihre **Einwilligung erteilt** hätten (§ 109 II BGB).

Einwilligungsbedürftige einseitige Rechtsgeschäfte

Neben den Vorschriften zu den Verträgen stehen die Vorschriften für die **einwilligungsbedürftigen einseitigen Rechtsgeschäfte**:
Ein einseitiges Rechtsgeschäft erfordert, anders als ein Vertrag, nur eine Willenserklärung. Für eine Kündigung genügt zum Beispiel die Abgabe der Kündigungserklärung. Ein **einseitiges Rechtsgeschäft**, das der Minderjährige **ohne Einwilligung** des gesetzlichen Vertreters vornimmt, ist **unwirksam** (§ 111, S. 1 BGB) und kann auch nicht nachträglich genehmigt werden. Dies ist sehr sinnvoll, da zum Beispiel derjenige, dem von einem Minderjährigen gekündigt wird, sich nicht im Unklaren über die Rechtslage befinden soll. Deswegen darf es **keine schwebende Unwirksamkeit** geben, wie sie durch die Möglichkeit nachträglicher Genehmigung entstünde.

Auch **mit Einwilligung** der Eltern kann bei einseitigen Rechtsgeschäften der Empfänger der Erklärung vom Minderjährigen die Vorlage einer **schriftlichen Einwilligung** verlangen. Andernfalls darf der Erklärungsempfänger die Erklärung **zurückweisen** (§ 111, S. 2 BGB), es sei denn, die Eltern haben ihn von der Einwilligung **in Kenntnis gesetzt**. In diesem Fall ist die Zurückweisung nicht möglich (§ 111, S. 3 BGB).

2.3.2.4 Teilgeschäftsfähigkeit

Fall: Früh selbstständig

Der siebzehnjährige EDV-Freak Hugo betreibt mit Einwilligung seiner Eltern und mit Genehmigung des Betreuungsgerichts einen Computerladen. Darf er ohne Einwilligung seiner Eltern einen Raum für den Laden anmieten, eine Ladenkasse kaufen und eine Verkäuferin einstellen?

In den §§ 112, 113 BGB sind Rechtsgeschäfte geregelt, für deren Vornahme der Minderjährige die volle Geschäftsfähigkeit besitzt.

▶ **Betrieb eines Erwerbsgeschäfts (§ 112 BGB)**

Wenn der gesetzliche Vertreter mit Genehmigung des Familiengerichts den Minderjährigen **zum selbstständigen Betrieb eines Erwerbsgeschäftes ermächtigt**, so ist der Minderjährige für die Vornahme sämtlicher Rechtsgeschäfte, die der Betrieb des Erwerbsgeschäftes mit sich bringt, voll geschäftsfähig. Mit dem Begriff Erwerbsgeschäft ist dabei jede selbstständige berufliche Betätigung des Minderjährigen gemeint, die dem Gelderwerb dient.

Lösung des Falls

Im vorliegenden Fall hat Hugo nach § 112 BGB für alle Rechtsgeschäfte, die die Führung eines Computerladens mit sich bringen, die volle Geschäftsfähigkeit. Er kann also ohne Einwilligung der Eltern den Raum mieten, die Ladenkasse kaufen und die Verkäuferin einstellen.

▶ **Eingehung eines Dienst- oder Arbeitsverhältnisses (§ 113 BGB)**

Ermächtigt der gesetzliche Vertreter den Minderjährigen **zur Eingehung eines Dienst- oder Arbeitsverhältnisses**, so hat der Minderjährige die **volle Geschäftsfähigkeit** für die Vornahme aller Geschäfte, die die Eingehung, Aufhebung oder Erfüllung des gestatteten Dienst- oder Arbeitsverhältnisses betreffen.

Beispiel

Der ermächtigte Minderjährige darf selbst Arbeitsverträge schließen und die Bedingungen aushandeln. Er darf auch den Arbeitsvertrag selbst abwickeln, indem er den Arbeitslohn mit rechtlicher Wirksamkeit entgegennimmt. Auch das Arbeitsverhältnis darf er selbst beenden (Kündigung).

Für Rechtsgeschäfte, die mit dem Arbeitsverhältnis eng zusammenhängen, ist der Minderjährige gleichfalls voll geschäftsfähig, zum Beispiel für die Eröffnung eines Gehaltskontos bei einem Kreditinstitut oder für den Beitritt zu einer Gewerkschaft.

2.3.2.5 Einwilligungsvorbehalt bei Willenserklärungen eines Betreuten

Nach dem **BGB** gibt es **keine Volljährigen, die beschränkt geschäftsfähig sind**. Wenn ein Volljähriger wegen einer Krankheit oder Behinderung seine Angelegenheiten nicht allein besorgen kann, bestellt das Betreuungsgericht einen **Betreuer** für ihn. Der Betreute kann, wenn er nicht gerade nach § 104 Nr. 2 BGB geschäftsunfähig ist, wirksame Rechtsgeschäfte vornehmen, da ihm die Anordnung der Betreuung seine

Geschäftsfähigkeit nicht nimmt. Es gibt allerdings eine Möglichkeit, die sich **praktisch wie die beschränkte Geschäftsfähigkeit** von Minderjährigen auswirkt: die **Anordnung eines Einwilligungsvorbehalts durch das Betreuungsgericht**.

Wenn das Betreuungsgericht (Abteilung des Amtsgerichts, die zuständig für Betreuungssachen ist) für eine bestimmte Gruppe von Rechtsgeschäften (z. B. Vermögenssorge) einen Einwilligungsvorbehalt anordnet, dann **benötigt der Betreute die Einwilligung seines Betreuers**, wenn er eine **wirksame Willenserklärung** in einer solchen geschäftlichen Angelegenheit abgeben will.

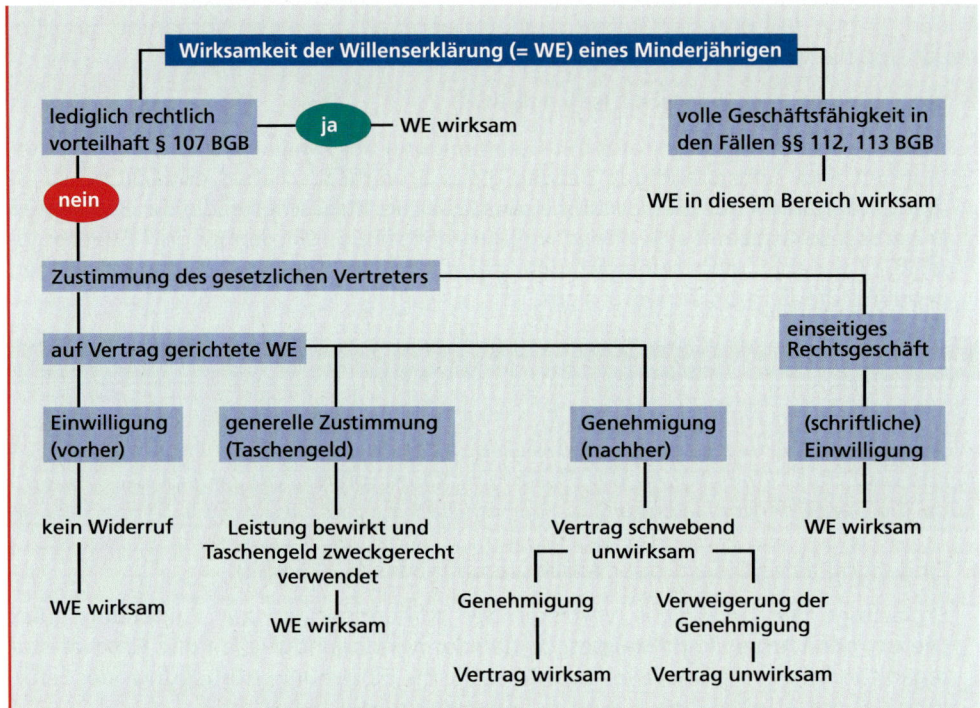

Die Geschäftsfähigkeit ist die Fähigkeit, durch die Abgabe von Willenserklärungen Rechtsfolgen herbeizuführen.

Die Willenserklärungen von geschäftsunfähigen Personen sind nichtig.

Willenserklärungen von beschränkt Geschäftsfähigen (= Minderjährigen), die ausschließlich rechtlich vorteilhaft für diese sind, sind wirksam. Nachteilige Willenserklärungen bedürfen der Einwilligung (= vorherige Zustimmung) oder der Genehmigung (= nachträgliche Zustimmung) des gesetzlichen Vertreters. Bis zur Erteilung der Genehmigung ist das Geschäft schwebend unwirksam. Geschäfte, die von Minderjährigen mit ihrem Taschengeld, das ihnen zu diesem Zweck gewährt wurde, bewirkt werden, sind wirksam, da das Taschengeld eine Generalzustimmung ist.

Willenserklärungen, die von Minderjährigen im Rahmen eines Rechtsgeschäftes nach den §§ 112, 113 BGB abgegeben werden, sind ohne Zustimmung des gesetzlichen Vertreters wirksam.

Aufgaben

1. Was versteht man unter Geschäftsfähigkeit?
   Benennen Sie die altersmäßigen Abstufungen der Geschäftsfähigkeit!

2. Sind geistesgestörte Menschen immer geschäftsunfähig? Begründen Sie Ihre Antwort.

3. Was versteht man unter der schwebenden Unwirkamkeit eines Rechtsgeschäftes?

4. Der sechzehnjährige Uwe bekommt von seiner Tante Erwine ein Grundstück geschenkt. Uwe soll auch in das Grundbuch als Eigentümer eingetragen werden. Geht das? Was passiert, wenn Uwes Eltern nicht einverstanden sind?

5. Die siebzehnjährige Caroline bekommt von Onkel Horst eine Eigentumswohnung geschenkt und übereignet. Ist das Einverständnis ihrer Eltern erforderlich?

6. Charlotte S., 15 Jahre, kauft sich von ihrem Taschengeld eine Musikanlage, die 1 200,00 € kosten soll. Da das Taschengeld für die sofortige Bezahlung der Anlage nicht ausreicht, vereinbart Charlotte mit dem Radiohaus Gerber Ratenzahlung (4 × 300,00 €). Mit der Zahlung der letzten Rate soll die Musikanlage Charlotte gehören. Als Charlotte 900,00 € bezahlt hat, sind Charlottes Eltern plötzlich gegen die Musikanlage und verbieten Charlotte den Erwerb. Rechtslage?

7. Die sechsjährige Lilli kauft sich von ihrem Taschengeld am Kiosk eine Tüte Gummibärchen. Die Eltern, die strikt gegen Gummibärchen sind, wollen später vom Kioskbesitzer das Geld zurückhaben. Rechtslage?

8. Der siebzehnjährige Torsten Weber hat seinen ersten Job als Kfz-Mechaniker angetreten, worauf seine Eltern sehr stolz sind. Da ihm der rüde Ton seines Meisters nicht passt, kündigt Torsten bereits zwei Wochen später. Damit sind die Eltern nicht einverstanden. Rechtslage?

2.4 Gegenstände des Rechtsverkehrs

2.4.1 Rechtsobjekte und Rechtssubjekte

Die natürlichen und juristischen Personen als Inhaber von Rechten nennt man **Rechtssubjekte**, da ihnen Rechte zugeordnet werden können.
Ein **Rechtsobjekt** ist demgegenüber der **Gegenstand (= Sache oder Recht)**, an dem ein Recht begründet wird.

Beispiel

Der Mensch ist kein Rechtsobjekt, sondern ausschließlich Rechtssubjekt. Ein Rechtsobjekt ist ein Grundstück (= unbewegliche Sache) oder ein Gartenstuhl (= bewegliche Sache). An beiden Gegenständen kann beispielsweise ein Eigentumsrecht begründet werden.

Neben den Sachen sind auch die Rechte Gegenstände, an denen wiederum Rechte begründet werden können.

Begründet man an einer Sache ein Recht, so kann man sich dies bildlich vorstellen, da die Sache körperlich vorhanden ist. Begründet man an einem Recht ein Recht, so existiert dieser Vorgang lediglich abstrakt in der Vorstellung.

Beispiel

Der Urheber (= Schöpfer) eines Romans hat das alleinige Urheberrecht am Roman, d. h., er allein darf darüber entscheiden, was mit dem Roman geschieht. Der Romanschriftsteller kann aber auch Verwertungsrechte an einen Verlag übertragen, der den Roman verlegt und vermarktet. Die Verwertungsrechte, die der Verlag (durch Lizenzvertrag) übertragen bekommt, sind Rechte an einem (Urheber-)Recht.

2.4.2 Sachen

Sachen sind **körperliche Gegenstände**, die **vom Menschen beherrschbar** sind (§ 90 BGB). Körperlich ist jeder Gegenstand, der Raum einnimmt. Da Sachen körperlich beherrscht werden können, ist an ihnen **Besitz** (= tatsächliche Sachherrschaft) möglich. Rechte kann man dagegen nicht besitzen, sondern nur innehaben.

Beispiel

Sachen sind sowohl feste Gegenstände als auch Flüssigkeiten und Gase, die in Behältern aufbewahrt werden (Heizöl im Tank; Erdgas im Behälter).

Der Mond ist inzwischen beherrschbar und damit zur Sache geworden. Die übrigen Himmelskörper sind nach wie vor keine Sachen.

§ 90 a BGB bestimmt für Tiere, dass sie keine Sachen sind. Das Tier soll als Mitgeschöpf des Menschen nicht mit den Sachen auf eine gleiche Stufe gestellt werden. Rechtlich hat § 90 a BGB keine eigenständige Bedeutung, da die Vorschriften des BGB für Sachen auf Tiere entsprechend anzuwenden sind. Tiere sind über das BGB hinaus aber noch durch besondere Gesetze, insbesondere das Tierschutzgesetz, geschützt.

Die gesetzliche Unterscheidung zwischen den **beweglichen** Sachen **(= Mobilien)** und den **unbeweglichen** Sachen **(= Immobilien)** ist von praktischer Bedeutung.

Das Eigentum an beweglichen Sachen wird grundsätzlich übertragen, indem man sich über den Eigentumswechsel einigt (= Einigungsvertrag) und die Sache übergibt (= Realakt). Grundstücke können nicht übergeben werden. Sie werden deshalb übereignet durch den Einigungsvertrag (= Auflassung) und die Eintragung des Eigentumswechsels in das Grundbuch. Gleichfalls unterschiedlich verläuft die Zwangsvollstreckung in bewegliche und unbewegliche Sachen. Bewegliche Sachen werden in der Regel gepfändet, Grundstücke in der Regel zwangsversteigert.

Hinsichtlich der beweglichen Sachen trifft das Gesetz eine weitere Unterscheidung: Es gibt **vertretbare** Sachen und **unvertretbare** Sachen (§ 91 BGB).

Vertretbar sind alle beweglichen Sachen, die im Rechtsverkehr üblicherweise nach Zahl, Maß oder Gewicht bestimmt werden. Sie weisen keine besonderen individuellen Eigenschaften auf und sind deswegen in der Regel ersetzbar.

Beispiel

Vertretbare Sachen sind Obst (Gewicht), Geldscheine (Zahl), Vorhangstoff (Maß), alle fabrikneuen, in Serie hergestellten Waren, wie zum Beispiel ein Auto, ein Kleid „von der Stange", ein TV-Gerät, eine Zahnbürste usw.

Unvertretbare Sachen sind solche, die so individuell sind, dass sie nicht ohne Weiteres gegen eine andere Sache derselben Art ausgetauscht werden können.

Unvertretbare Sachen sind ein Original von Picasso, ein einzeln angefertigtes Modellkleid oder der Rennwagen eines bestimmten Formel-1-Rennfahrers, aber zum Beispiel auch alle gebrauchten Sachen (Gebrauchtwagen, Second-Hand-Kleid), da sie durch den Gebrauch individuell abgenutzt wurden.

Diese Unterscheidung hat praktische Relevanz: Falls nämlich wegen der Zerstörung einer Sache Schadensersatz zu leisten ist, kommt bei vertretbaren Sachen die Lieferung einer gleichartigen Sache infrage, bei unvertretbaren Sachen bleibt von vornherein nur die Möglichkeit des Schadensersatzes in Geld.

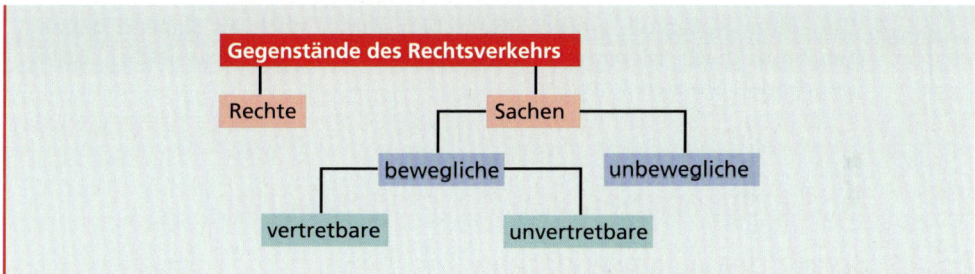

2.4.3 Rechte

Von den Rechten können die **Vermögensrechte** Gegenstand rechtlicher Herrschaftsmacht sein; über sie kann im **Rechtsverkehr verfügt** werden.

Keine Gegenstände des Rechtsverkehrs sind demgegenüber **Persönlichkeitsrechte oder Familienrechte**: Sie sind aufgrund ihres höchstpersönlichen Charakters **dem Rechtsverkehr entzogen**. Auch **Gestaltungsrechte** (= Rechte auf einseitige Änderung der Rechtslage, zum Beispiel ein Kündigungsrecht) sind keine Gegenstände des Rechtsverkehrs. Das folgende Schaubild vermittelt einen Überblick über die Vermögensrechte, die Gegenstände rechtsgeschäftlichen Handelns sind:

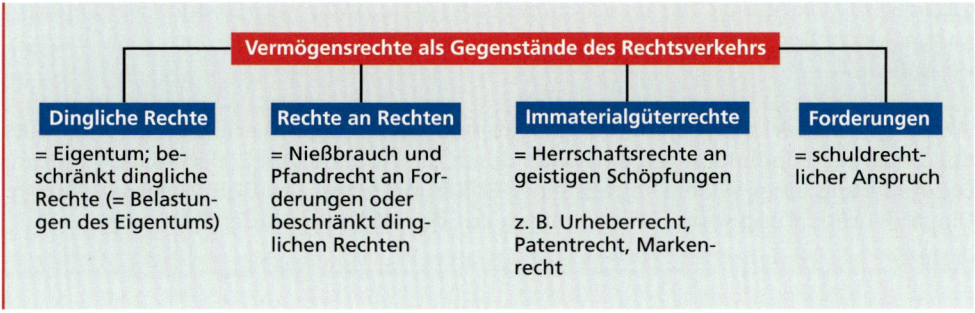

(Was man genau unter Eigentum, beschränkt dinglichen Rechten, Pfandrechten, Forderungen etc. versteht, wird an späterer Stelle noch ausführlich behandelt.)

Die Gegenstände des Rechtsverkehrs sind Sachen und Rechte. An ihnen lassen sich wiederum Rechte begründen.

Aufgaben

1. Welche der aufgezählten Sachen sind vertretbar, welche unvertretbar? Bitte begründen Sie jeweils kurz: Eisenerz/ein Second-Hand-Designer-Kleid/Flasche Parfüm vom Designer/Geld/ein Seerosenbild von Claude Monet.

2. Was versteht das Gesetz unter den unbeweglichen Sachen?

3. Erklären Sie den Unterschied zwischen Rechtsobjekten und Rechtssubjekten.

4. Bei einem Naturvolk werden Menschen immer noch als Sklaven gehalten. Sind diese Menschen Rechtsobjekte oder Rechtssubjekte? Bitte begründen Sie Ihre Antwort.

2.5 Zustandekommen von Rechtsgeschäften

2.5.1 Begriff der Willenserklärung

Fall 1: Begrüßung

Anton hebt in einer Versteigerung die Hand, um seinem Freund Benno am entgegengesetzten Ende des Saals zuzuwinken. Im selben Moment erhält er den Zuschlag für eine vergoldete Barockstanduhr. Muss er nun den Kaufpreis für die ersteigerte Uhr bezahlen?

Fall 2: Feuerwehrfest

Bernd unterschreibt beim Feuerwehrfest eine Liste, ohne genau hinzusehen. Er nimmt an, es handelt sich um eine Unterschriftensammlung zum Erhalt des alten Feuerwehrhauses. In Wirklichkeit hat er sich zum Feuerwehrausflug nach Südtirol verbindlich angemeldet und soll nun 150,00 € für die Busfahrt, Unterkunft und Verpflegung bezahlen.

Wer am Rechtsverkehr teilnehmen möchte und Rechtsfolgen herbeiführen will, muss den anderen Teilnehmern seinen Willen durch die Abgabe von Erklärungen kundtun. Die Äußerung eines Willens mittels einer Erklärung nennt das BGB **Willenserklärung**. Die Willenserklärung setzt sich zusammen aus dem **Willen** und der **Erklärung**.

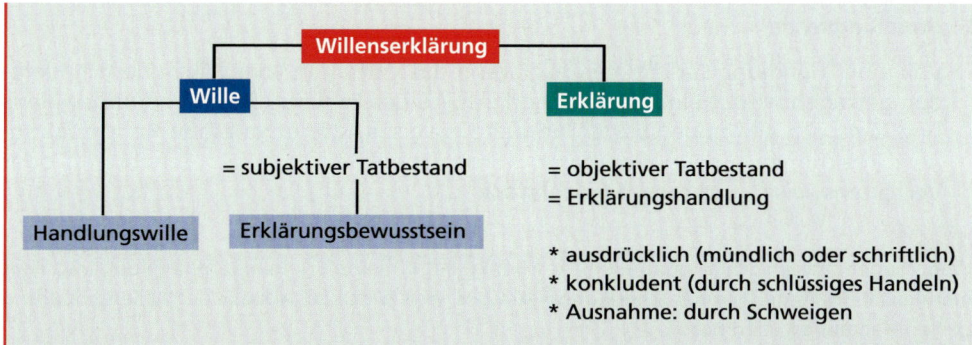

Derjenige Teil der Willenserklärung, der nach außen vernehmbar wird, ist die Erklärung. Der **Erklärungsteil** heißt auch **objektiver Tatbestand**. Die Abgabe einer Erklärung nach außen genügt noch nicht. Da die Erklärung nämlich rechtliche Folgen für den Erklärenden hat, ist es erforderlich, dass der Erklärende die Erklärung auch abgeben will. Die Umsetzung des eigenen Willens ist Voraussetzung für ein selbstbestimmtes Handeln. Der Wille bildet sich im Inneren einer Person und ist äußerlich für andere Personen nicht wahrnehmbar. Der **Willensteil** der Willenserklärung heißt auch **subjektiver Tatbestand**.

Objektiver Tatbestand der Willenserklärung

Wer eine Erklärung abgibt, handelt auf irgendeine Weise: Er vollzieht eine **Erklärungshandlung**. Die Handlung besteht in aller Regel darin, dass man den Erklärungsinhalt **in Worte fasst (= ausdrückliche Erklärung)**, die man einer anderen Person **mündlich** oder **schriftlich** mitteilt. Dies ist aber nicht die einzige Möglichkeit, eine Erklärung abzugeben. Eine Verständigung ohne Worte kann über Zeichen und Gesten erfolgen, die eine bestimmte sozialtypische Bedeutung haben, wie zum Beispiel ein Kopfnicken. Auch reale Handlungen haben oftmals eine eindeutige Aussage. Wenn beispielsweise jemand Geld kommentarlos auf die Ladentheke legt, so bedeutet dies in der Regel, dass die Übereignung des Kaufgegenstandes gegen Übereignung des geschuldeten Entgelts erfolgen soll. Eine Willenserklärung, die durch ein solches **schlüssiges Verhalten** abgegeben wird, heißt auch **konkludente** Willenserklärung.
In einem Schweigen liegt grundsätzlich keine Erklärungshandlung. Eine Ausnahme besteht nur dann, wenn infolge einer Vereinbarung oder eines allgemein anerkannten Brauchs das Schweigen eine Bedeutung haben soll.
Im Handelsrecht gibt es zwei Beispiele für ein rechtlich bedeutsames Schweigen: das kaufmännische Bestätigungsschreiben (§ 346 HGB) und die Annahme eines Antrags durch Schweigen nach § 362 HGB. Das kaufmännische Bestätigungsschreiben ist ein Handelsbrauch, bei dem einem Vertragsverhandlungspartner vom anderen Verhandlungspartner die schriftliche Zusammenfassung von geführten Vertragsgesprächen übersandt wird. Widerspricht der Empfänger nicht unverzüglich, so gilt sein Schweigen als Zustimmung zum Vertragsinhalt, der im Schreiben zusammengefasst ist.

Subjektiver Teil der Willenserklärung

Der Wille, eine rechtlich bedeutsame Erklärung im Rechtsverkehr abzugeben, muss in zweierlei Hinsicht vorhanden sein.

▶ **Handlungswille**

Von einer Handlung spricht man nur, wenn das Verhalten vom Willen des Handelnden getragen wird. Keine Handlungen infolge des **Fehlens eines Handlungswillens** sind demnach **alle unbewussten Verhaltensweisen**, wie etwa bloße Reflexreaktionen, Reaktionen auf unmittelbaren körperlichen Zwang (z. B. „Schubsen") oder Verhaltensweisen während des Schlafens.

Beispiel

Wenn Eugen also im Schlaf murmelt: „Ich schenke Peter meine Briefmarkensammlung", so liegt hierin nicht das Angebot eines Schenkungsvertrages, weil Eugen bei Abgabe der Willenserklärung keinen Handlungswillen hatte.

▶ **Erklärungsbewusstsein**

Das **Erklärungsbewusstsein** ist dann vorhanden, wenn dem Handelnden bewusst ist, dass er durch seine Handlung (z. B. ausdrückliche Erklärung, schlüssiges Verhalten) eine rechtsgeschäftlich bedeutsame Erklärung abgibt.

Der Erklärende handelt in der Regel mit dem Willen, sich rechtlich an die von ihm abgegebene Erklärung binden zu wollen. Dies nennt man den Rechtsbindungswillen. Der **Rechtsbindungswille** ist ein Unterfall des Erklärungsbewusstseins.
Problematisch sind die Fälle, in denen der Handelnde nicht weiß, dass sein Verhalten eine rechtliche Bedeutung hat.

Lösung des Falls

Als Anton im Fall 1 die Hand zum Gruß hebt, weiß er nicht, dass er in diesem Moment an der Versteigerung teilnimmt. Es fehlt Anton also diesbezüglich am Erklärungsbewusstsein. Deshalb ist das Handheben Antons keine Willenserklärung, sodass er keine Barockstanduhr erstanden hat.

Trotz fehlenden Erklärungsbewusstseins kann es manchmal gerechtfertigt sein, den Erklärenden an seine Erklärung zu binden, wenn andere darauf **vertraut** haben, dass es sich um eine rechtlich verbindliche Erklärung gehandelt hat.

Lösung des Falls

Im Fall 2 hätte Bernd bei hinreichender Aufmerksamkeit erkennen können, dass er die Südtirol-Anmeldeliste und nicht die Unterschriftensammlung zum Erhalt des alten Feuerwehrhauses unterschreibt. Da die Organisatoren der Südtirol-Reise auf den objektiven Tatbestand der Willenserklärung (= die Erklärung) vertrauen und andererseits Bernd aus reiner Nachlässigkeit nicht überprüft hat, ob die von ihm abgegebene Erklärung auch wirklich seinem Willen entspricht, scheint es hier gerechtfertigt, B. an seine Willenserklärung zu binden. B. kann die Willenserklärung jedoch durch Anfechtung (dazu noch später) nachträglich beseitigen. Allerdings muss er den Reiseveranstaltern dann evtl. den Vertrauensschaden ersetzen.

Ein Abgrenzungsproblem ergibt sich weiterhin in Fällen, in denen nicht klar ist, ob jemand sich rechtlich verpflichten will oder ob er lediglich aus **Gefälligkeit** handelt. Wer eine andere Person zu einem Skiwochenende in seine Berghütte einlädt, möchte sich in der Regel nicht rechtlich binden und Rechtspflichten auf sich nehmen. Daher hat der Eingeladene auch keinen Rechtsanspruch auf die Aufrechterhaltung der Einladung, falls der Gastgeber es sich anders überlegt.

2.5.2   Arten von Willenserklärungen und deren Wirksamwerden

Fall 1: Die Kündigung

Die Transtec GmbH muss ihrem Angestellten Hans Glück infolge Auftragsmangels kündigen. Sie schickt Herrn Glück das Kündigungsschreiben per Post. Das Schreiben liegt am 29. Mai in seinem Briefkasten. Wann ist das Schreiben Herrn Glück zugegangen, wenn

a) er den Brief am 29. Mai aus dem Briefkasten nimmt?

b) er seinen Briefkasten meist nur einmal wöchentlich leert und er den Brief daher erst am 6. Juni aus dem Briefkasten nimmt?

Fall 2: Schwerhörig

Frau Adam ist schwerhörig. Herr Maiwald vom Autohaus Mohr bietet Frau Adam einen gebrauchten Pkw für 15 000,00 € zum Kauf an. Ist die Willenserklärung des Herrn Maiwald Frau Mohr zugegangen, wenn

a) Herr Maiwald nichts von der Schwerhörigkeit von Frau Adam weiß und Frau Adam nicht zu erkennen gibt, dass sie dem Gespräch nicht folgen konnte?

b) Herr Maiwald weiß, dass Frau Adam schwerhörig ist und trotzdem leise und schnell spricht?

Willenserklärungen, die sich an eine andere Person richten, heißen **empfangsbedürftige Willenserklärungen**.

Beispiel
Eine Willenserklärung, die ein Vertragsangebot darstellt, ist empfangsbedürftig, da sie an den künftigen Vertragspartner gerichtet ist und von diesem zur Kenntnis genommen werden soll.

Bei **nicht empfangsbedürftigen Willenserklärungen** genügt es dagegen, dass eine Person ihren Willen äußert.

Beispiel
Ein Testament besteht aus Willenserklärungen, die keine Reaktion anderer Personen erfordern. Es genügt für die Wirksamkeit des Testaments, dass der Erblasser die Erklärungen abgibt.

Eine **nicht empfangsbedürftige Willenserklärung** wird **wirksam**, sobald sie **vollendet** ist und der Erklärende die Willenserklärung **für den Rechtsverkehr bestimmt**.

Beispiel
Das eigenhändige Testament ist wirksam, sobald es mit Anbringung der Unterschrift vom Erblasser fertiggestellt ist.

Für die **Wirksamkeit** von **empfangsbedürftigen Willenserklärungen** genügt es nicht, dass sie abgegeben werden. Da sie einer anderen Person gegenüber abzugeben sind, müssen sie dieser Person erst **zugehen**, bevor sie wirksam werden können. Dies ist in

§ 130 I 1 BGB geregelt. Diese Vorschrift bezieht sich allerdings nur auf Willenserklärungen, die **gegenüber räumlich abwesenden Personen** abgegeben werden. Eine Erklärung ist zugegangen, wenn sie so in den **Herrschaftsbereich** des Empfängers gelangt ist, dass dieser unter gewöhnlichen Umständen davon **Kenntnis erlangen konnte**.

Lösung des Falls

Im Fall 1 wurde die Kündigung von der Transtec GmbH abgegeben, indem der Brief zur Post gebracht wurde. Der Brief gelangte in den Herrschaftsbereich des Herrn Glück, sobald er in dessen Briefkasten lag.
Im Fall 1 a) hat Herr Glück tatsächlich Kenntnis von dem Brief genommen, weil er sofort den Briefkasten geleert hat. Der Brief ist ihm also am 29. Mai zugegangen.
Im Fall 1 b) hat Herr Glück nicht tatsächlich Kenntnis von der Kündigung genommen, da er den Briefkasten nicht geleert hat. Dieses Verhalten hilft Hern Glück allerdings nicht, da es für den Zugang einer Willenserklärung bereits reicht, dass der Empfänger die Möglichkeit der Kenntnisnahme hatte. Wenn ein Brief den Empfänger zur gewöhnlichen Tageszeit erreicht, ist die Möglichkeit der Kenntnisnahme gegeben. Daher ist auch im Fall b) das Kündigungsschreiben dem Herrn Glück am 29. Mai zugegangen.

§ 130 I 1 BGB findet entsprechende Anwendung, wenn eine **empfangsbedürftige Willenserklärung gegenüber einer Person** abzugeben ist, **die anwesend** ist. Dies bedeutet: Eine mündliche Willenserklärung ist beim anwesenden Empfänger angekommen, sobald er sie **wahrgenommen** hat. Eine Willenserklärung, die in einem Schriftstück fixiert ist, ist beim Empfänger angekommen, sobald ihm das **Schriftstück übergeben** wurde.

Lösung des Falls

Im Fall 2 a) ist die Erklärung des Herrn Maiwald Frau Adam zugegangen, da Herr Maiwald nicht damit rechnen konnte, dass Frau Adam ihn nicht verstanden hat, zumal sie ihn nicht darauf aufmerksam gemacht hat.

Im Fall 2 b) ist die Erklärung des Herrn Maiwald Frau Adam dagegen nicht zugegangen, da Herr Maiwald die ihm bekannte Schwerhörigkeit der Frau Adam zu seinen Gunsten ausnutzen wollte.

Solange eine Willenserklärung **dem Empfänger noch nicht zugegangen ist**, kann sie vom Absender widerrufen werden (§ 130 I 2 BGB). Der **Widerruf** der Willenserklärung **beseitigt die Willenserklärung**. Die Regelung des § 130 I 2 BGB ist sachgerecht, da der Absender einer Willenserklärung die Möglichkeit haben soll, es sich anders zu überlegen, solange der Empfänger der Willenserklärung noch keine Kenntnis von der Willenserklärung genommen hat. Eine schriftliche Bestellung kann also beispielsweise telefonisch oder per Fax widerrufen werden, solange der Brief beim Empfänger noch nicht angekommen ist.

Wirksamwerden einer WE (= Willenserklärung)

empfangsbedürftige WE

nicht empfangsbedürftige WE

wirksam, sobald vollendet und
Abgabe in den Rechtsverkehr

Zugang

bei anwesender Person

Mündliche WE wurde wahrgenommen
bzw. schriftliche WE wurde übergeben.

bei abwesender Person

WE ist in den Herrschaftsbereich des
Empfängers gelangt und der Empfänger
konnte unter gewöhnlichen Umständen
von der WE Kenntnis erlangen.

 Eine Willenserklärung ist zugegangen, wenn sie von einer anwesenden Person wahrgenommen wurde oder in den Herrschaftsbereich einer abwesenden Person gelangt ist und diese die Möglichkeit der Kenntnisnahme hatte.

Aufgaben

1. Nennen Sie die Bestandteile einer Willenserklärung. Warum beinhaltet eine Willenserklärung eine objektive und eine subjektive Seite?

2. Arbeitgeber Greiner schickt seinem Angestellten Karl-Friedrich Knörz ein Kündigungsschreiben. Auf das Briefkuvert schreibt die unachtsame Sekretärin aus Versehen Klaus-Friedrich Hörz. Ist die Kündigung wirksam erklärt worden, wenn das Schreiben am nächsten Vormittag im Briefkasten des Karl-Friedrich Knörz liegt?

2.6   Arten der Rechtsgeschäfte

Rechtsgeschäfte lassen sich danach unterscheiden, ob sie Rechte und Pflichten begründen (Verpflichtungsgeschäfte) oder ob sie eine Rechtsänderung bewirken (Erfüllungsgeschäfte). Dieser Unterschied wurde bereits im Zusammenhang mit dem Abstraktionsgrundsatz erklärt.

Rechtsgeschäfte lassen sich aber auch danach einteilen, **wie viele Willenserklärungen** notwendig sind, um das Rechtsgeschäft zustande zu bringen.

Für ein **einseitiges Rechtsgeschäft** wird lediglich die **Willenserklärung einer Person** benötigt. Diese Willenserklärung ist entweder an einen Empfänger gerichtet (= empfangsbedürftige Willenserklärung), oder sie braucht keinen Adressaten (= nichtempfangsbedürftige Willenserklärung).

Beispiel

Eine empfangsbedürftige Willenserklärung ist die Kündigung, eine nichtempfangsbedürftige Willenserklärung ist das Testament.

Eine besondere Gruppe innerhalb der einseitigen Rechtsgeschäfte bilden die **Gestaltungsrechte**. Durch sie kann eine Person durch Abgabe einer Willenserklärung eine **Rechtslage einseitig ändern**.

Beispiel

Kündigung, Aufrechnung und Anfechtung

Wird also beispielsweise ein Mietverhältnis ordnungsgemäß gekündigt, so geschieht dies durch eine Willenserklärung des Kündigenden (= Kündigungserklärung) mit der Folge, dass das Mietverhältnis aufgelöst wird.

Mehrseitige Rechtsgeschäfte sind Verträge und Beschlüsse.

Ein **Vertrag** kommt durch **zwei übereinstimmende Willenserklärungen**, die Antrag und Annahme heißen, zustande. In der Regel umfasst ein Vertragsverhältnis zwei Personen. Bei einem **Beschluss** bekunden mehrere Personen einer Personengemeinschaft einen gemeinsamen Willen, wie zum Beispiel bei der Gründung eines Vereins.

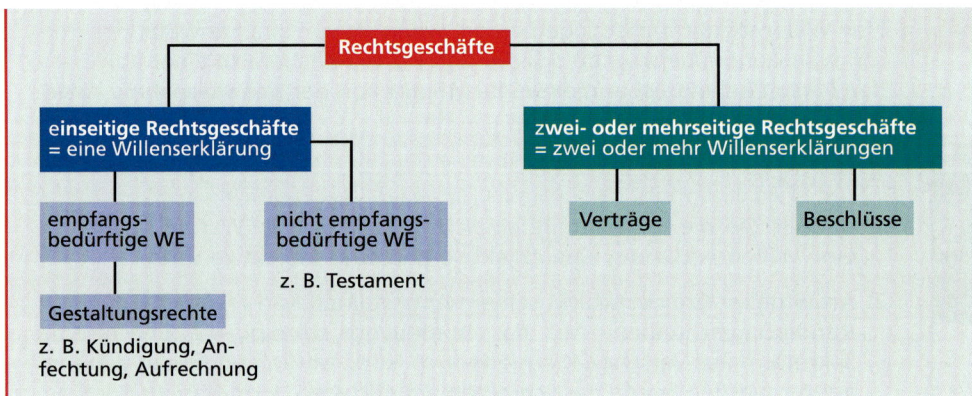

2.7 Vertragsfreiheit und ihre Grenzen

2.7.1 Prinzip der Privatautonomie

Im Privatrecht herrscht das Prinzip der **Privatautonomie**. Darunter ist die Befugnis jeder Person zu verstehen, ihre rechtlichen Angelegenheiten in Selbstbestimmung und ohne Bevormundung regeln zu dürfen. Dies geschieht gewöhnlich durch den Abschluss von Verträgen, weshalb das Prinzip der Privatautonomie auch als **Vertragsfreiheit** bezeichnet wird.

Die Vertragsfreiheit wird dadurch verwirklicht, dass

▶ jede Privatperson frei darüber entscheidet, ob sie mit einer anderen Person oder einem rechtlichen Zusammenschluss einen Vertrag abschließt (= **Abschlussfreiheit**),

▶ der Inhalt eines Vertrages von den Vertragsparteien beliebig gestaltet werden kann (= **Inhaltsfreiheit**),

▶ die Wirksamkeit von Rechtsgeschäften nicht davon abhängig gemacht wird, dass bestimmte Formen (z. B. Schriftform) eingehalten wurden (= **Formfreiheit**).

Das Prinzip der Privatautonomie setzt voraus, dass sich **„gleich starke" Vertragspartner** gegenüberstehen, die ihre jeweiligen Interessen vertreten und in das Vertragswerk einbringen. Das freie Spiel der Kräfte soll also dafür sorgen, dass gerechte und ausgewogene, frei ausgehandelte Vereinbarungen das Privatrecht bestimmen.

Leider ist aber oft das Gegenteil der Fall. So führt die **Konzentration wirtschaftlicher Macht** in wenigen Unternehmen dazu, dass die Einzelperson als Vertragspartner eines Großkonzerns ihre Vertragsinteressen nicht mehr realisieren kann. **Monopolstellungen** auf dem Markt führen dazu, dass Personen, die auf den Bezug dieser Leistungen angewiesen sind, faktisch zum Vertragsschluss „gezwungen" werden. Auch das größere **Know-how** des wirtschaftlich stärkeren Vertragspartners ist ein Problem. Wer eine ganze Rechtsabteilung zur Verfügung hat, kann sich leicht Vertragsinhalte erarbeiten, die der andere Teil vielleicht gar nicht durchschaut. In diesem Zusammenhang steht auch das Problem mit dem „Kleingedruckten", das der Verbraucher oft überliest.

Diese realen Verhältnisse kann die Rechtsordnung nicht ignorieren. Um die Privatautonomie zu erhalten, müssen **die Abschluss-, Inhalts- und Formfreiheit beschränkt** und das ursprüngliche Kräftegleichgewicht wieder hergestellt werden.

2.7.2 Abschlusszwang

Fall: Busfahrkarte

Der ungepflegt aussehende, wohnsitzlose Bertram Müller möchte eine Busfahrkarte bei den städtischen Verkehrsbetrieben erwerben. Dürfen ihm die städtischen Verkehrsbetriebe den Verkauf einer Fahrkarte verweigern, nur weil er so ungepflegt aussieht?

Die Freiheit, Verträge zu schließen oder nicht, ist bei **marktbeherrschenden Privatunternehmen** sowie bei **öffentlichen Monopolunternehmen** eingeschränkt. So sind zum Beispiel öffentlich-rechtliche oder gleichgestellte Unternehmen wie die Eisenbahnen, Energieversorgungsunternehmen oder Beförderungsunternehmen durch entsprechende gesetzliche Regelungen **zum Abschluss von Verträgen verpflichtet**.
Auch ein privates Unternehmen mit einer Monopolstellung auf dem Markt darf den Vertragsschluss nicht willkürlich, d. h. ohne sachlichen Grund, ablehnen. Es besteht auch hier ein Abschlusszwang, solange der Kunde das Vertragsübliche verlangt. Diese Grundsätze zum Abschlusszwang wurden von der Rechtsprechung zum Schutz des Verbrauchers entwickelt.

Ein Abschlusszwang für die sogenannten zivilrechtlichen „Massengeschäfte", das sind solche, bei denen es auf die Person des Schuldners typischerweise nicht ankommt, kann sich zudem aus dem Allgemeinen Gleichbehandlungsgesetz (AGG) herleiten. Dieses untersagt Benachteiligungen wegen Rasse, ethnischer Herkunft, Geschlecht, Religion, Weltanschauung, Behinderung, Alter und sexueller Identität (§§ 19, 1 ff. AGG).

Lösung des Falls

Im vorliegenden Fall darf Bertram Müller seitens der städtischen Verkehrsbetriebe der Kauf einer Busfahrkarte nicht verweigert werden. Die Pflicht zum Vertragsabschluss ergibt sich aus § 22 Personenbeförderungsgesetz.

2.7.3 Inhaltskontrolle

Fall: Kaffeefahrt

Frau Wöhler unterschreibt auf einer Kaffeefahrt einen Kaufvertrag über eine Bett-decke des Bettdeckenherstellers Fa. Kuschelweich. Über ihr Widerrufsrecht wird sie ordnungsgemäß belehrt. Im „Kleingedruckten" steht, dass die Fa. Kuschelweich für Fehler der Ware nicht einstehen muss. Nachdem Frau Wöhler die Bettdecke geliefert bekommen hat, stellt sie fest, dass der Stoff an mehreren Stellen Löcher aufweist. Was kann Frau Wöhler tun, wenn
a) sie sofort handelt,
b) sie zunächst sechs Wochen untätig bleibt?

Nach dem Leitbild des BGB ist es vorgesehen, dass Vertragsbedingungen individuell aus-gehandelt werden. Unsere moderne Massengesellschaft hat jedoch einen anderen Weg beschritten: Der wirtschaftlich stärkere und kompetentere Vertragspartner schafft sich Formularverträge, die zur Abwicklung gleichartiger Rechtsgeschäfte schon vorbereitet in der Schublade liegen. Eine vorformulierte Vertragsklausel, die eine Vertragspartei der anderen einseitig auferlegt, heißt **„Allgemeine Geschäftsbedingung"** (= AGB).

AGB werden aus Rationalisierungsgründen in der Regel bei Verträgen mit Endverbrau-chern verwendet. Sie bergen die große Gefahr, dass sie den Verwender unangemessen begünstigen und den Verbraucher dementsprechend benachteiligen. Der Verbraucher ist meist damit überfordert, die AGB zu durchschauen; ein unerfahrener Verbraucher übersieht das oftmals „Kleingedruckte" zudem leicht.
Zum Schutz des Verbrauchers gibt es deshalb die §§ 305–310 BGB. Diese Vorschriften kontrollieren AGB unter anderem im Hinblick darauf, ob sie einen mit der Rechtsord-nung in Einklang zu bringenden Inhalt haben (= **Inhaltskontrolle**).

Nach § 309 BGB sind zum Beispiel einige Klauseln verboten:

▶ Preiserhöhungen für Waren oder Leistungen, die vier Monate nach Vertragsschluss erbracht oder geliefert werden (§ 309 Nr. 1 BGB).

▶ Eine Bestimmung, durch die der Verwender von der gesetzlichen Obliegenheit frei-gestellt wird, den anderen Vertragsteil zu mahnen oder ihm eine Frist für die Leis-tung oder Nacherfüllung zu setzen (§ 309 Nr. 4 BGB).

▶ Eine Bestimmung, durch die bei Verträgen über Lieferungen neu hergestellter Sachen und über Werkleistungen die Ansprüche gegen den Verwender wegen eines Mangels insgesamt oder bezüglich einzelner Teile ausgeschlossen, auf die Einräu-mung von Ansprüchen gegen Dritte beschränkt oder von der vorherigen gerichtli-chen Inanspruchnahme Dritter abhängig gemacht werden (§ 309 Nr. 8 b) aa) BGB).

▶ Bestimmungen, die die Laufzeit eines Dauerschuldverhältnisses über mehr als zwei Jahre erstrecken (§ 309 Nr. 9 a) BGB).

Vor der Überprüfung des Inhalts einer AGB-Klausel muss festgestellt werden, ob eine AGB überhaupt wirksam in den Vertrag einbezogen wurde. Der Verwender der AGB muss beim Vertragsschluss ausdrücklich oder auf andere Weise auf die AGB hinweisen. Fehlt ein solcher Hinweis, so ist die AGB von vornherein kein Vertragsbestandteil (§ 305 II BGB).

Ausreichend ist, wenn auf einem Formular unmittelbar über der Datums- und Unterschriftzeile gut lesbar auf die umseitig abgedruckten AGB verwiesen wird. Auch ein deutlich sichtbar aufgehängter Aushang über die AGB in einem Geschäft genügt, um die AGB in den Vertrag mit den Kunden einzubeziehen.

Eine AGB, die einen überraschenden Inhalt aufweist (= **Überraschungsklausel**), mit dem der Vertragspartner nicht rechnen konnte und musste, ist bereits aus diesem Grunde unwirksam (§ 305 c BGB). Überraschend ist insbesondere, wenn die Hauptpflichten eines üblichen Vertragstyps durch die AGB abgeändert werden.

Ein Makler lässt sich durch AGB einen Anspruch auf Provision auch für den Fall versprechen, dass er nicht als Vermittler tätig wird. Ein Käufer wird in den AGB zu einem Kaufvertrag dazu verpflichtet, mit der Kaufsache auch die Hilfs- und Betriebsstoffe beim selben Verkäufer zu beziehen.

Bei einer Prüfung, ob eine AGB gegen das Gesetz verstößt, kann man schematisch vorgehen:

Frage	§	Antwort
Finden die §§ 305 ff. BGB auf den vorliegenden Vertrag überhaupt **Anwendung**?	310 BGB	Die Regelungen über AGB finden z. B. keine Anwendung bei Verträgen des Erb-, Gesellschafts- und Familienrechts.
Finden die §§ 305 ff. BGB **Anwendung auf die Person**, um die es geht?	310 BGB	Die §§ 305 II, III, 308 Nr. 1, 2 bis 8, 309 finden z. B. keine Anwendung auf AGB, die gegenüber einem Unternehmer, einer juristischen Person des öffentlichen Rechts oder einem öffentlich-rechtlichen Sondervermögen verwendet werden.
Ist die Klausel überhaupt eine **AGB**?	305 I BGB	AGB liegt vor, wenn ▶ die Vertragsklausel für eine Vielzahl von Fällen entworfen wurde, ▶ die Klausel von einer Seite vorgelegt wird, damit sie die andere Seite akzeptiert.
Wurde die AGB wirksam in den Vertrag **einbezogen**?	305 II, 305 a BGB	AGB sind wirksam in den Vertrag einbezogen, wenn ▶ Verwender der AGB den Vertragspartner bei Vertragsschluss ausdrücklich auf die AGB hinweist, ▶ die andere Seite in zumutbarer Weise von der AGB Kenntnis nehmen kann.
Ist die AGB so **überraschend**, dass sie nicht Vertragsbestandteil wurde?	305 c BGB	AGB wird nicht Vertragsbestandteil, wenn sie einen so ungewöhnlichen Inhalt hat, dass der Vertragspartner mit diesem nicht rechnen musste.
Inhaltskontrolle ▶ Einzelaufzählungen ▶ Generalklausel	309 BGB 308 BGB 307 BGB	Zwingend verbotene Inhalte von AGB In der Regel verbotene AGB-Inhalte AGB, die den Vertragspartner unangemessen benachteiligen

Sind AGB-Klauseln nicht wirksam in den Vertrag einbezogen worden oder aus anderem Grund unwirksam, so bleibt der Vertrag im Übrigen wirksam (§ 306 BGB). Die unzulässige Klausel wird gegen eine wirksame Klausel ausgetauscht.

Gleichfalls dem Schutz des Verbrauchers dienen die §§ 312 ff. BGB, welche diejenigen Rechtsgeschäfte betreffen, bei denen der Vertragsschluss zwischen Unternehmer und Verbraucher außerhalb von Geschäftsräumen erfolgt sowie eine Reihe von Rechtsgeschäften, die einen Verbraucher aufgrund der Art der Durchführung in eine nachteilige Situation bringen können. Dies sind:

▶ außerhalb von Geschäftsräumen geschlossene Verträge, d. h. Verkäufe an der Haustür oder im Rahmen anderer Verkaufsveranstaltungen (sogenannte Haustürgeschäfte, § 312 b BGB);

▶ Fernabsatzverträge, d. h. Verträge, die unter Verwendung von Fernkommunikationsmitteln abgeschlossen werden (§ 312 c BGB);

▶ Verträge im elektronischen Geschäftsverkehr, d. h. Verträge, bei denen der Vertragsschluss auf elektronischem Wege erfolgt, etwa über einen Internetshop (§ 312 i BGB).

Um den Verbraucher vor den nachteiligen Folgen einer Überrumpelung oder eines zu leichtfertigen Kaufentschlusses zu schützen, steht ihm ein Widerrufsrecht zu. Die auf den Vertragsschluss gerichtete Willenserklärung des Verbrauchers wird erst voll wirksam, wenn der Verbraucher seine Willenserklärung nicht binnen einer Frist von 14 Tagen widerruft. Bis dahin ist die Erklärung des Verbrauchers schwebend unwirksam. Die Widerrufsfrist beträgt 14 Tage, falls der Verbraucher über sein Widerrufsrecht ausreichend belehrt wurde. Zur Erfüllung dieser Informationspflicht steht es dem Unternehmer frei, eine amtliche Muster-Widerrufsbelehrung zu verwenden, die er dem Verbraucher in Textform übersendet (siehe Anlage 1 zu Art. 246 a § 1 Abs. 2 Satz 2 EGBGB = Einführungsgesetz zum BGB). Bei unterbliebener oder ungenügender Widerrufsbelehrung beträgt die Widerrufsfrist längstens 12 Monate und 14 Tage (§§ 355, 356 BGB). Die Widerrufsfrist läuft grundsätzlich ab dem Vertragsschluss (§ 355 II BGB). Bei einem Verbrauchsgüterkauf beginnt die Widerrufsfrist mit dem Tag, an welchem der Verbraucher die Ware in Empfang nimmt (§ 356 II BGB).

Wenn der Verbraucher von seinem Widerrufsrecht Gebrauch machen will, muss er den Widerruf gegenüber dem Unternehmer erklären. Den Widerruf kann er entweder selbst formulieren oder hierzu ein amtliches Muster-Widerrufsformular benutzen. Der Widerruf kann dann per E-Mail, Fax oder Brief an den Unternehmer übermittelt oder auch mündlich erklärt werden. Nicht ausreichend wäre jedoch die kommentarlose Rücksendung der Ware. Nach Mitteilung des Widerrufs muss der Verbraucher binnen 14 Tagen die Ware an den Unternehmer zurückschicken. Der Unternehmer ist im Falle des Widerrufs dazu verpflichtet, dem Verbraucher binnen 14 Tagen nach Widerruf den Verkaufspreis inklusive der Versandkosten zurückzuerstatten.

Der Verbraucher muss im Falle des Widerrufs die Kosten der Rücksendung der Ware tragen, sofern er vom Unternehmer über diese Tatsache informiert wurde. Bei hohen Rücksendekosten, z. B. weil die bestellten Waren besonders sperrig sind, muss der Unternehmer dem Verbraucher vor dem Kauf zumindest eine Vorstellung von den Kosten der Rücksendung übermitteln. Die Hinsendekosten der Ware trägt hingegen der Unternehmer.

Auch die Regelungen zum Verbraucherdarlehen und zu den verbundenen Geschäften sind verbraucherschützend ausgestaltet.

Frau Wöhler hat mit der Fa. Kuschelweich einen Kaufvertrag abgeschlossen. Dieser Vertrag ist ein Außergeschäftsraumvertrag (so genanntes Haustürgeschäft) da nicht nur der unmittelbare Wohnbereich, sondern auch Verkaufsgeschäfte im Rahmen von Freizeitveranstaltungen unter dem Begriff des Haustürgeschäfts fallen. Frau Wöhler hat daher ein Widerrufsrecht, über das sie auch ordnungsgemäß belehrt wurde. Die Widerrufsfrist beginnt in der Regel ab dem Vertragsschluss zu laufen, bei einem Verbrauchsgüterkauf (Kauf einer beweglichen Sache durch einen Verbraucher) sogar erst ab Lieferung der Ware. Frau Wöhler kann daher auf jeden Fall den Kaufvertrag rückgängig machen, indem sie eine Widerrufserklärung abgibt.

Da Frau Wöhler nicht rechtzeitig ihr Widerrufsrecht ausgeübt hat, ist ein Kaufvertrag zwischen ihr und der Fa. Kuschelweich zustande gekommen. Dieser Vertrag enthält im Kleindruck vorformulierte Klauseln, die von der Verwenderin Fa. Kuschelweich einseitig eingebracht wurden. Unter der Voraussetzung, dass auf diese Klauseln beim Abschluss des Kaufvertrages ausdrücklich hingewiesen wurde, sind die Klauseln Vertragsbestandteil geworden. Wenn eine Kaufsache fehlerhaft ist, darf ein Käufer normalerweise Gewährleistungsansprüche geltend machen und beispielsweise eine fehlerfreie Sache verlangen oder vom Kaufvertrag zurücktreten. Die Fa. Kuschelweich hat in ihren AGB eine Freizeichnungsklausel eingefügt, wonach sie für Gewährleistungsansprüche des Käufers nicht einstehen muss. Diese Klausel ist nach § 309 Nr. 8b) aa) BGB unwirksam, weil der Ausschluss von Gewährleistungsansprüchen als unangemessene Benachteiligung eines Käufers gesehen wird. Frau Wöhler kann also ihre Gewährleistungsansprüche ausüben, d. h. auf Nachbesserung bestehen und wenn dies nicht geht, den Vertrag rückgängig machen.

2.7.4   Formzwang

Die Landwirte Haller und Kohlmann sind der Ansicht, dass unter Männern das Wort gilt. Außerdem wollen sie kein Geld für den Notar ausgeben. Deswegen schließen sie ohne Hinzuziehung eines Notars einen Grundstückskaufvertrag.
Anschließend übereignet Haller dem Kohlmann das Grundstück und Kohlmann wird als Eigentümer in das Grundbuch eingetragen. War es schädlich, dass der Notar nicht aufgesucht wurde?

Willenserklärungen und Rechtsgeschäfte bedürfen **in der Regel keiner besonderen Form**, um wirksam zu sein. Von diesem Grundsatz macht das Gesetz in begründeten Fällen **Ausnahmen**, indem es die Einhaltung **bestimmter Formen,** wie zum Beispiel der Schriftform oder einer notariellen Beurkundung verlangt. Formvorschriften bezwecken

▶ **Abschlussklarheit**, d. h., der Zeitpunkt des Abschlusses eines Rechtsgeschäftes und die Beteiligten sind festgehalten,

▶ **Inhaltsklarheit**, d. h., der Inhalt des Rechtsgeschäfts ist klar formuliert und festgehalten,

▶ **Übereilungsschutz**, indem die Einhaltung vorgeschriebener Formen keine spontanen Geschäftsabschlüsse zulässt,

▶ **fachmännische Beratung**, wenn beispielsweise vorgeschrieben ist, dass ein Notar eine Urkunde aufsetzen muss,

▶ **Beweissicherung**, falls das vorgenommene Rechtsgeschäft später zum Streitpunkt wird und ein Schriftstück oder eine Urkunde zur Beweiserhebung über den Sachverhalt herangezogen werden kann.

Die **Schriftform** verlangt die eigenhändige Unterschrift des Ausstellers einer Erklärung (§ 126 I BGB).

Beispiel

Erstellung eines Bürgschaftsversprechens oder eines Schuldanerkenntnisses, Beendigung eines Arbeitsverhältnisses. Beim selbst verfassten Testament muss nicht nur die Unterschrift, sondern das ganze Schriftstück eigenhändig geschrieben sein.

Die eigenhändige Unterschrift kann durch eine über das Internet übermittelte **elektronische** Unterschrift ersetzt werden (§ 126 a BGB, **elektronische Form**). Hierbei muss gewährleistet sein, dass Herkunft, Vollständigkeit und Richtigkeit der über das Netz übermittelten Willenserklärung feststellbar sind. Dies geschieht mithilfe einer elektronischen Signatur, d. h. einem elektronisch erzeugten Zusatz, der an ein Dokument angehängt wird.
Die Voraussetzungen für eine qualifizierte elektronische Signatur sind in einem eigenen Gesetz festgelegt (§ 126 a BGB i.V.m. Signaturgesetz). Für die Vergabe und Verwaltung von Signaturen sind Zertifizierungsstellen zuständig. In Ausnahmefällen, die im Gesetz ausdrücklich benannt sind, darf die eigenhändige Unterschrift nicht durch die elektronische Unterschrift ersetzt werden.

Beispiel

Bürgschaftserklärungen, Schuldversprechen und Schuldanerkenntnis, Beendigung eines Arbeitsverhältnisses müssen eigenhändig unterschrieben werden.

Unterhalb der Schriftform rangiert die **Textform** (§ 126 b BGB). Sie setzt eine lesbare Erklärung voraus, in der die Person des Erklärenden genannt ist und die auf einem dauerhaften Datenträger abgegeben wird. Ein dauerhafter Datenträger ist jedes Medium, das eine angemessen lange Aufbewahrung und Speicherung der Erklärung erlaubt und dazu geeignet ist, die Erklärung unverändert wiederzugeben (§ 126 b BGB). Die Textform trägt dem Bedürfnis Rechnung, dass bei der Übermittlung von Massenerklärungen des modernen Geschäftsverkehrs die Schriftform nicht eingehalten werden kann.

Beispiel

Bei Garantieerklärungen kann der Verbraucher verlangen, dass diese ihm (zumindest) in Textform vorgelegt werden (§ 477 BGB).

Wird eine **öffentliche Beglaubigung** (§ 129 BGB) verlangt, so bestätigt ein Notar, dass die Unterschrift auf einem Schriftstück tatsächlich diejenige des Erklärenden ist (= Beglaubigung).

Beispiel

Anmeldung zum Handels- oder Vereinsregister

Die strengste Form ist die **notarielle Beurkundung**. Hier wird die gesamte Urkunde von einer Urkundsperson erstellt. Dadurch kann der gesamte Urkundsinhalt den inhaltlich dargestellten Vorgang beweisen. Wie die Beurkundung selbst zu erfolgen hat, richtet sich nach dem Beurkundungsgesetz. Von einer vor dem Notar abzugebenden Erklärung wird eine Niederschrift gefertigt, die der Notar vorliest und die von den Beteiligten anschließend genehmigt und unterschrieben werden muss.

Abschluss eines Grundstückskaufvertrages

Die Nichtbeachtung einer gesetzlichen Formvorschrift führt nach § 125 BGB zur **Nichtigkeit** des gesamten Rechtsgeschäfts. Dies bedeutet, dass das Rechtsgeschäft von Anfang an als nicht existent betrachtet wird. In manchen Fällen sieht das Gesetz jedoch auch eine **Heilung** vor, wenn eine vorgeschriebene Formvorschrift nicht beachtet wurde. Heilung heißt, dass der Formverstoß sich dann nicht mehr auf das Rechtsgeschäft auswirkt.

Lösung des Falls

Im obigen Fall schließen Haller und Kohlmann ohne Hinzuziehung eines Notars einen Grundstückskaufvertrag ab. Nach § 311 b I BGB hätte der Abschluss dieses Vertrages notariell beurkundet werden müssen. Die Nichtbeachtung dieser Form führt zur Nichtigkeit des Rechtsgeschäftes nach § 125 BGB. Allerdings gibt es auch noch den Satz 2 des § 311 b I BGB. Dort steht, dass ein Vertrag, bei dem die erforderliche Form nicht eingehalten wurde, geheilt werden kann. Die Heilung kommt zustande, indem die Übereignung des Grundstücks vollzogen wird: durch Einigung und durch Eintragung des neuen Eigentümers in das Grundbuch. Mit der Eintragung von Kohlmann in das Grundbuch ist also der zunächst formnichtige Vertrag geheilt und damit voll wirksam.

Form	Norm	Begriff	Beispiele
Schriftform	§ 126 BGB	eigenhändige Unterschrift	Testament, Bürgschaft
elektronische Form	§ 126 a BGB, Signaturgesetz	Eine qualifizierte elektronische Signatur kann die eigenhändige Unterschrift ersetzen.	
Textform	§ 126 b BGB	Fixierung einer Erklärung in lesbar zu machenden Zeichen	Garantieerklärung
öffentliche Beglaubigung	§ 129 BGB	Notar bestätigt, dass die Unterschrift vom Unterzeichner stammt.	Ausschlagung einer Erbschaft
notarielle Beurkundung	§ 128 BGB, Beurkundungs-gesetz	Vom Notar erstellte Urkunde, beweist gesamten Urkundsinhalt.	Grundstückskauf, Ehevertrag, Erbvertrag

 Die Privatautonomie wird geschützt durch Formvorschriften, verbraucherschützende Vorschriften und die Kontrolle von Monopolisten.

Die Vertragsfreiheit und ihre Beschränkungen

Privatautonomie ⟷ **Schutz des Verbrauchers**

- Schutz des wirtschaftlich Schwächeren
- Schutz des weniger gut Informierten
- Schutz des Abhängigeren

Schutz bei Verbraucherkrediten

Formvorschriften

Schutz bei besonderen Vertriebs-
formen (Haustürgeschäfte, Fernabsatzverträge, E-Commerce-Verträge)

Schutz bei Verwendung von AGB

Aufgaben

1. Was versteht man unter dem Prinzip der Privatautonomie?

2. Wo wird die Privatautonomie beschränkt und welchen Zweck haben diese Schranken?

3. Unterscheiden Sie: Schriftform/öffentliche Beglaubigung/notarielle Beurkundung.

4. Frau Grün verspricht ihrem Lebensgefährten Windig in Anwesenheit von dessen Freund Weller, für ihn zu bürgen, damit er einen Kredit bei der Bank bekommt. Später bereut sie diese mündliche Zusage. Ist Frau Grün an ihr Bürgschaftsversprechen gebunden, zumal es einen Zeugen für den Vorgang gibt?

5. Die Studentin Wilma Uhl aus Tübingen ist überzeugte Atomkraftgegnerin und hat deshalb schon mehrfach vor den Technischen Werken Stuttgart (TWS) demonstriert. Als sie ihren Wohnsitz nach Stuttgart verlegt, möchte sie ihren Strom von den TWS geliefert bekommen. Müssen die TWS einen Stromlieferungsvertrag mit Wilma Uhl abschließen?

6. Geschäftsführer Heinz Mohr kauft für die Mohr GmbH drei Gartenberieselungsanlagen, um die Grünflächen des Betriebsgeländes zu befeuchten. Zum Kaufvertrag gehören die umseitig abgedruckten AGB, auf die die Fa. Siebeck ausdrücklich hinweist. In der AGB-Klausel Nr. 7 steht, dass die Mohr GmbH verpflichtet ist, die Reparatur- und Wartungsdienste am Kaufgegenstand für die nächsten zehn Jahre ausschließlich von der Firma Siebeck wahrnehmen zu lassen. Heinz Mohr, dem der Inhalt der Klausel erst später bewusst wird, ist empört. Er fragt, ob diese AGB-Klausel gültig ist.

2.8 Nichtigkeit von Willenserklärungen und Rechtsgeschäften

2.8.1 Anfechtung

Fall 1: 30 T-Shirts

Frau Hoch möchte bei einem Versandhaus 3 T-Shirts bestellen. Auf das Bestellformular schreibt sie aus Versehen 30 T-Shirts. Als die 30 T-Shirts ankommen, ist Frau Hoch entsetzt. Kann sie noch etwas tun?

Fall 2: Flüchtigkeitsfehler

Herbert ist Azubi bei „Farben Keller". Weil der Chef in Zeitdruck ist, beauftragt er Herbert damit, dem Malergeschäft Kahn 150 Liter Dispersionsfarbe zum Sonderpreis von 380,00 € zum Kauf anzubieten. Weil Herbert nicht so genau zugehört hat, faxt er das Sonderangebot an die Firma Hahn. Die Firma Hahn nimmt den Antrag sofort an. Kann sich „Farben Keller" noch von dem Kaufvertrag lösen?

Bei einer fehlerfreien Willenserklärung stimmen der objektive Teil der Willenserklärung (= Erklärung) und der subjektive Teil der Willenserklärung (= Wille) überein. Fallen **Wille und Erklärung** dagegen **auseinander**, so liegt eine **fehlerhafte Willenserklärung** vor. Nicht nur Willenserklärungen, **auch ganze Rechtsgeschäfte** können nach einer Reihe von Vorschriften des BGB **von Anfang an unwirksam (= nichtig)** sein.

Weicht die nach außen abgegebene Erklärung bewusst vom wahren, inneren Willen des Erklärenden ab, so tritt bereits von Gesetzes wegen, also ohne weiteres Zutun der Beteiligten, die Rechtsfolge der Nichtigkeit dieser Erklärungen ein (§§ 116 ff. BGB). Anders ist die Lage, wenn jemand durch eine Drohung oder eine Täuschung zur Abgabe einer Willenserklärung veranlasst wurde oder wenn er sich bei der Abgabe seiner Willenserklärung ganz einfach geirrt hat. Im Falle des Irrtums oder der Täuschung **weicht die abgegebene Erklärung nicht bewusst vom wahren Willen ab**. Eine solche fehlerhafte Willenserklärung ist **nicht automatisch nichtig**, sondern derjenige, der sie abgegeben hat, kann sie **beseitigen**. Dies geschieht **durch die Ausübung eines Anfechtungsrechtes** (= Gestaltungsrecht). Zur Ausübung der Anfechtung benötigt man:

▶ einen **Anfechtungsgrund**, d. h. eine Gesetzesvorschrift, die ein Anfechtungsrecht gibt; solche Vorschriften sind die §§ 119, 123 BGB,

▶ eine **Anfechtungserklärung**, die nach § 143 BGB gegenüber dem Empfänger der fehlerhaften Willenserklärung abzugeben ist,

▶ die **rechtzeitige Erklärung** der Anfechtung **innerhalb** der in den §§ 121, 124 BGB genannten **Anfechtungsfristen**.

Eine erfolgreich durchgeführte Anfechtung hat zur **Folge**, dass das betroffene Rechtsgeschäft **rückwirkend beseitigt** wird. Das Rechtsgeschäft gilt **als von Anfang an unwirksam**, so als ob es nie bestanden hätte (§ 142 BGB). Wird das Anfechtungsrecht nicht ausgeübt, so bleibt das Rechtsgeschäft dagegen bestehen.

Die Anfechtung ist ein Kompromiss zwischen dem Prinzip des Vertrauensschutzes und der Berücksichtigung des wahren Willens des Erklärenden. Im Prinzip sollen einmal abgegebene Erklärungen mit Rücksicht auf den Empfänger gültig bleiben. Nur in einzelnen sachlich gerechtfertigten Fällen soll sich der Erklärende mit Rücksicht auf seinen wahren Willen von seiner Willenserklärung wieder befreien können.

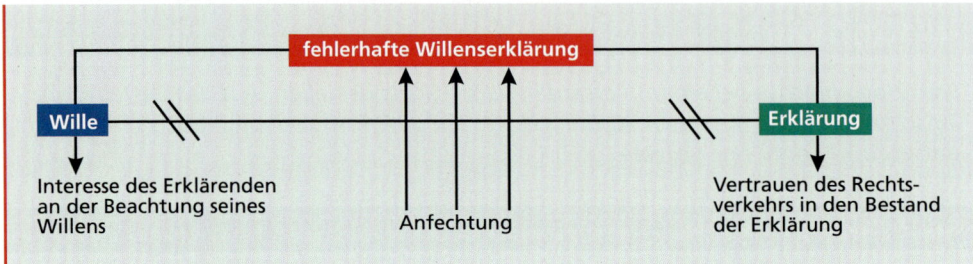

2.8.1.1 Irrtumsanfechtung

Erklärungsirrtum: § 119 I, 2. Alternative

Wenn der **Erklärende etwas anderes äußert, als er eigentlich erklären will,** so liegt ein Erklärungsirrtum vor.

> **Lösung des Falls**
>
> *Beim Verschreiben oder Versprechen wird etwas anderes nach außen als Erklärung abgegeben, als es vom Erklärenden gewollt ist. Auch im Fall 1 liegt ein Verschreiben und somit ein Erklärungsirrtum vor. Dieser Irrtum berechtigt Frau Hoch zur Anfechtung nach § 119 I, 2. Alt. BGB.*

Ein Erklärungsirrtum liegt auch vor, wenn zur **Übermittlung** der Erklärung ein **Bote eingesetzt** wird, der die Willenserklärung bei der Weitergabe verfälscht (lesen Sie § 120 BGB). Das ist dann so, als ob sich der Erklärende selbst versprochen oder verschrieben hätte.

> **Lösung des Falls**
>
> *Im Fall 2 kann „Farben Keller" sich von dem Kaufvertrag mit Firma Hahn lösen, indem „Farben Keller" das Kaufangebot gegenüber der Firma Hahn anficht. Der Anfechtungsgrund ist ein Erklärungsirrtum, da „Farben Keller" über Azubi Herbert als Boten etwas anderes erklärt hat, als eigentlich gewollt war.*

Da der Empfänger der Erklärung nicht erkennen kann, dass der Erklärende sich geirrt hat, verdient er Schutz. Falls ihm ein Schaden entstanden ist, indem er auf den Bestand der Willenserklärung vertraut hat (= **Vertrauensschaden**), so ist ihm dieser nach § 122 BGB zu ersetzen. Der Vertrauensschaden kann die aufgewandten Kosten, aber auch die Nachteile erfassen, die durch das Nichtzustandekommen eines anderen Geschäftes entstehen. Nach § 122 II BGB ist der Schadensersatzanspruch allerdings ausgeschlossen, wenn der Geschädigte den Anfechtungsgrund kannte oder fahrlässig nicht kannte.

Im Fall 1 muss Frau Hoch dem Versandhaus den Transport der 30 T-Shirts bezahlen, da die T-Shirts im Vertrauen auf die Richtigkeit des Vertrages geschickt wurden. Im Fall 2 kann die Firma Hahn von „Farben Keller" gleichfalls den Ersatz des Vertrauensschadens verlangen, wenn beispielsweise Hahn wegen des Kaufvertrags mit „Farben Keller" sich nicht anderweitig mit Dispersionsfarbe eingedeckt hat und deswegen einen geschäftlichen Verlust erleidet.

Der Anfechtende wird daher immer abwägen, ob es vorteilhafter ist, aus dem Vertrag auszusteigen und eventuell Schadensersatz zu leisten, oder ob es sinnvoller ist, den Irrtum zu akzeptieren.

Inhaltsirrtum: § 119 I, 1. Alternative

Wenn der Erklärende **eine Erklärung abgibt, die eine andere Bedeutung hat, als er fälschlicherweise annimmt**, so liegt ein Inhaltsirrtum vor. Der Erklärende weiß, **was** er sagt, aber nicht, was er **damit** sagt.

Beispiel

Der Bayer Ludwig Pichlmoser bestellt in einem Restaurant in Sachsen nach der Speisekarte einen Broiler in der Annahme, dass dies eine Schweinshaxe ist. Stattdessen wird ihm ein Brathähnchen serviert.

Auch in diesem Irrtumsfall kann sich der Erklärende mittels Anfechtung von seiner Erklärung befreien. Er muss aber dem Anfechtungsgegner den eventuell entstandenen Vertrauensschaden nach § 122 BGB ersetzen.

Eigenschaftsirrtum: § 119 II

Ein **Irrtum im Motiv**, das heißt über den Beweggrund einer Handlung, begründet **in der Regel kein Anfechtungsrecht**. Ein Motivirrtum ist unbeachtlich. Dies ist richtig so, weil die Folgen fehlgeschlagener Erwartungen jeder selbst tragen und nicht etwa einem Vertragspartner aufbürden soll.

Beispiel

Wenn Sybille in Erwartung ihrer baldigen Heirat (= Motiv) eine neue Schlafzimmereinrichtung kauft, so kann sie den Kaufvertrag hinterher nicht mit der Begründung anfechten, dass sie nun doch nicht heiraten werde.

§ 119 II BGB macht eine Ausnahme von dem Grundsatz, dass Irrtümer im Motiv unbeachtlich sind. Nach § 119 II BGB berechtigt der **Irrtum über eine verkehrswesentliche Eigenschaft einer Person oder einer Sache (= Eigenschaftsirrtum)** zur Anfechtung. Ein solcher Irrtum ist aber genau genommen ein Irrtum über den Beweggrund für den Abschluss eines Rechtsgeschäftes.

Unter den verkehrswesentlichen Eigenschaften einer Person oder einer Sache versteht man **alle unmittelbar wertbildenden Faktoren,** die zur Grundlage des Geschäftes gemacht wurden. Bei einer Person können zum Beispiel Eigenschaften wie Alter, Sachkunde, Zuverlässigkeit, Fehlen von Vorstrafen etc. zur Grundlage eines Geschäftes gemacht werden.

Wenn der Kunsthistoriker Stiefelknecht damit betraut wird, ein Gutachten über die Echtheit eines alten Gemäldes zu erstellen, so ist die Sachkunde des Herrn Stiefelknecht eine verkehrswesentliche Eigenschaft, die zur Grundlage der Vertragsbeziehung gemacht wurde.

Bei einer Sache sind Faktoren, die den Wert bestimmen, zum Beispiel das Alter der Sache, die Leistung, die Originalität, die Größe usw.

Für den Wert eines Pkw sind beispielsweise Baujahr und Fahrleistung relevant, für die Qualität von Weinen Jahrgang und Lage.

Liegt also ein Irrtum über eine solche verkehrswesentliche Eigenschaft vor, so darf die Erklärung nach § 119 II BGB angefochten werden. Auch hier ist aber ein eventuell eingetretener Vertrauensschaden nach § 122 BGB zu ersetzen.

2.8.1.2 Anfechtung wegen widerrechtlicher Drohung und arglistiger Täuschung

Anfechtung wegen widerrechtlicher Drohung: § 123 I BGB

Wenn jemand nur deshalb eine Erklärung abgibt, weil er widerrechtlich bedroht wird, so kann er seine Willenserklärung anfechten und damit rückwirkend beseitigen.
Unter einer **Drohung** versteht man das **Inaussichtstellen eines Übels**, dessen Eintritt vom Drohenden **realisiert** werden kann.

Ein hoch verschuldeter Ehemann möchte, dass seine vermögende Ehefrau bei der Bank für ihn bürgt, damit er einen weiteren Kredit bekommt. Er droht seiner Frau mit Gewalt für den Fall, dass diese die Bürgschaftserklärung nicht abgibt. Da der Mann seine Frau nicht zum ersten Mal geschlagen hat, muss die Frau damit rechnen, dass er seine Drohung auch in die Tat umsetzt.

Das Anfechtungsrecht entsteht dann, wenn der Bedrohte die Drohung ernst nimmt und aufgrund der Drohung eine Willenserklärung abgibt, die er sonst nicht abgegeben hätte. Die **Drohung** muss also **ursächlich (= kausal) für die Abgabe der Willenserklärung** gewesen sein.

Wenn im obigen Beispiel die Frau die Bürgschaftserklärung aus Angst vor der Gewalttätigkeit ihres Mannes unterschreibt, so war die Drohung ursächlich für die Abgabe dieser Willenserklärung.

Schließlich ist nach § 123 I BGB noch erforderlich, dass die **Drohung widerrechtlich**, das heißt **entgegen den Prinzipien unserer Rechtsordnung** erfolgt ist. Widerrechtlich kann eine Drohung sein, wenn

▶ das angedrohte **Übel unerlaubt** ist, so wie das Androhen von Gewalt,

▶ der angestrebte **Zweck widerrechtlich** ist, wenn beispielsweise eine Falschaussage vor Gericht erzwungen werden soll,

▶ die **Zweck-Mittel-Relation widerrechtlich** ist.

Achim droht Bernhard, er werde ihn wegen seiner Steuerhinterziehung anzeigen, falls er nicht die gewünschte Bürgschaftserklärung unterzeichne. Sofern Bernhard wirklich Steuern hinterzogen hat, ist es durchaus zulässig, dass Achim mit einer Strafanzeige droht. Für sich gesehen gleichfalls zulässig ist es, dass Achim versucht, Bernhard als Bürgen zu gewinnen. Unzulässig ist aber die **Verknüpfung** zwischen dem **Mittel (= Übel)** der Strafanzeige mit dem **Zweck**, Bernhard als Bürgen zu bekommen.

Anfechtung wegen arglistiger Täuschung: § 123 II BGB

Jemand, der durch eine arglistige Täuschung zur Abgabe einer Willenserklärung veranlasst wurde, kann diese Willenserklärung anfechten und damit rückwirkend beseitigen. Unter einer **Täuschungshandlung** versteht man jedes **Tun** oder jedes **Nicht-Tun (= Unterlassen)**, das dazu führt, in einer anderen Person eine unrichtige Vorstellung hervorzurufen oder wach zu halten.

Wer einen Unfallwagen als „neuwertig" verkauft, täuscht durch ein **aktives Tun**. **Ein Verschweigen von Tatsachen (= Unterlassen)** stellt nur dann eine Täuschungshandlung dar, wenn eine **Pflicht zur Aufklärung** bestand. So zum Beispiel, wenn der Käufer eines Autos zu erkennen gibt, dass er auf keinen Fall einen Unfallwagen kaufen möchte. Schweigt der Verkäufer daraufhin, so täuscht er durch sein Nicht-Tun.

Die Abgabe der Willenserklärung, die angefochten werden soll, muss durch diese Täuschungshandlung veranlasst worden sein. Anders ausgedrückt: Die **Täuschung muss ursächlich (= kausal) sein für die Abgabe der Willenserklärung**.

Wenn der Autokäufer das Auto unter anderem gerade deswegen kauft, weil es angeblich neuwertig ist, so ist die Täuschung seitens des Verkäufers über die Neuwertigkeit des Autos als ursächlich für die Annahme des Kaufvertragsangebotes durch den Käufer anzusehen.

Arglist bedeutet, dass der Täuschende **weiß und will (= Vorsatz)**, dass der Getäuschte durch die Täuschung zur Abgabe seiner Willenserklärung veranlasst wird. Nicht unbedingt erforderlich ist, dass der Täuschende sicher ist, dass seine Behauptungen unwahr sind. Es genügt schon, wenn er **blindlings etwas behauptet**, nur um den anderen zur Abgabe einer bestimmten Willenserklärung zu bewegen.

Im Autobeispiel würde es also bereits ausreichen, wenn der Verkäufer versichert, dass das Auto kein Unfallfahrzeug ist, **ohne zu wissen, ob diese Behauptung auch stimmt**. Stellt sich hinterher heraus, dass das Fahrzeug ein Unfallwagen ist, so kann der Käufer den Kaufvertrag wegen arglistiger Täuschung anfechten.

Bei einer Anfechtung aufgrund des **§ 123 I und II BGB ist** im Gegensatz zur Irrtumsanfechtung nach § 119 BGB vom Anfechtenden **kein Vertrauensschaden nach § 122 BGB zu ersetzen**. Dies ist auch gerechtfertigt, da ein arglistiger oder zum Mittel der Drohung greifender Geschäftspartner keinen Vertrauensschutz verdient.

2.8.1.3 Anfechtungsfristen

Die Anfechtung muss innerhalb der **Anfechtungsfristen** der §§ 121, 124 BGB erfolgen:

▶ Gemäß § 121 BGB hat eine **Anfechtung**, die **aufgrund eines Irrtumsfalles nach § 119 BGB** ausgeübt wird, sofort nach Kenntnis des Anfechtungsgrundes zu erfolgen. Mit **„sofort"** meint das Gesetz: „ohne schuldhaftes Verzögern".

▶ Eine **Anfechtung nach § 123 BGB** wegen einer Täuschung oder Drohung muss nach § 124 BGB **innerhalb eines Jahres** ausgeübt werden. Die Frist beginnt ab der Entdeckung der Täuschung bzw. ab Beendigung der Bedrohung zu laufen.

 Die Anfechtung ist ein Gestaltungsrecht, das durch die fristgerechte Abgabe einer Anfechtungserklärung ausgeübt wird und ein Rechtsgeschäft rückwirkend vernichtet.

	§ 119 BGB			§ 123 BGB	
	Erklärungs-irrtum	Inhaltsirrtum	Eigenschafts-irrtum	widerrecht-liche Drohung	arglistige Täuschung
Begriff	Erklärender äußert etwas anderes, als er erklären will.	Erklärender gibt eine Erklärung ab, die eine andere Bedeutung hat, als er annimmt.	Irrtum über verkehrswesentliche Eigenschaft einer Sache oder einer Person	Abgabe einer Willenserklärung aufgrund einer widerrechtlichen Drohung	Abgabe einer Willenserklärung aufgrund einer arglistigen Täuschung
Beispiel	Versprechen, Verschreiben	Irrtum über Wortbedeutung, z. B. Verwechslung von Porree und Chicorée	Irrtum über Eigenschaft einer Person, z. B. Spielsüchtiger als Kassierer einer Bank	Androhen von Gewalt, falls Unterschrift nicht erfolgt	Manipulation des Tachos (km-Stand) eines gebrauchten Pkw

	§ 119 BGB			§ 123 BGB	
	Erklärungs-irrtum	Inhaltsirrtum	Eigenschafts-irrtum	widerrecht-liche Drohung	arglistige Täuschung
Norm (BGB)	§ 119 I, 2. Alternative	§ 119 I, 1. Alternative	§ 119 II	§ 123 I	§ 123 II
Rechtsfolge	Anfechtbarkeit der Willenserklärung/erforderlich ist Anfechtungserklärung				
Frist	Anfechtung nach Kenntnis sofort (§ 121 BGB)			Anfechtung innerhalb eines Jahres (§ 124 BGB)	
Vertrauens-schaden	zu ersetzen nach § 122 BGB				

2.8.2   Nichtige Rechtsgeschäfte

Das Zivilrecht beschränkt sich grundsätzlich darauf, die Voraussetzungen für das rechts-geschäftliche Handeln zu benennen. Rechtsgeschäfte, die nach diesen Regeln zustande gekommen sind, werden prinzipiell nicht im Nachhinein für unwirksam erklärt. Dies lässt sich aber nicht in jedem Fall durchhalten. Ein ordnungsgemäß zustande gekomme-nes Rechtsgeschäft kann nämlich trotzdem einen von der Rechtsordnung nicht gewoll-ten Inhalt haben. Zwei solcher Fallgruppen, in denen das Gesetz Rechtsgeschäfte wegen ihres unzulässigen Inhalts für nichtig erklärt, sind in § 134 und § 138 BGB enthalten.

2.8.2.1   Verstoß gegen ein gesetzliches Verbot

Fall 1: Das Zusatzeinkommen

Der Maurer Udo Roller ist seit drei Monaten arbeitslos. Obwohl er Arbeitslosengeld erhält, arbeitet er täglich acht Stunden für das Bauunternehmen Hackel auf der Großbaustelle in Uhlheim. Udo Roller macht der Agentur für Arbeit hierüber keine Mitteilung und verstößt damit gegen seine Mitwirkungspflicht gegenüber der Behörde gem. § 60 I Nr. 2 SGB I. Hackel wiederum beschäftigt Udo Roller, obwohl er weiß, dass Roller eigentlich als Arbeitsloser gemeldet ist. Ist der Arbeitsvertrag zwi-schen Roller und Hackel trotzdem wirksam?

Fall 2: Parteiwechsel

Der Abgeordnete Ziesel gibt gegenüber seiner Partei eine privatrechtliche Erklärung ab, wonach er sich verpflichtet, bei einem Parteiwechsel sein Mandat niederzulegen. Ist diese Erklärung wirksam?

Rechtsgeschäfte, die gegen ein gesetzliches Verbot verstoßen, sind nach § 134 BGB nich-tig, soweit sich aus dem Gesetz nichts anderes ergibt. Ein **Verbotsgesetz (= gesetzliches**

Verbot) ist dabei jede Vorschrift, die eine rechtsgeschäftliche Regelung wegen ihres Inhalts oder der Art ihres Zustandekommens untersagt. Da unsere Rechtsordnung eine Einheit bildet, kann das Verbot sämtlichen Rechtsgebieten, also auch zum Beispiel dem öffentlichen Recht, entstammen. Eine Verbotsvorschrift kann geschrieben, aber auch ungeschrieben (Gewohnheitsrecht) sein. Das Verbot muss auch nicht ausdrücklich als solches formuliert sein. Es genügt bereits, dass sich der Verbotscharakter aus dem Zusammenhang ergibt.

Einfach sind diejenigen Verbote zu handhaben, **aus denen unmittelbar hervorgeht, wie sich der Verstoß gegen das Verbot auf das getätigte Rechtsgeschäft auswirken soll.**

Beispiel

Die Ehe unter Verwandten ist nach § 1307 BGB verboten. Rechtsfolge eines Verstoßes ist die Nichtigkeit einer solchen Ehe.

Die **meisten Verbote** beschränken sich jedoch darauf, ein bestimmtes Verhalten zu verbieten und treffen **keine Aussage, welchen Einfluss die Nichtbeachtung des Verbots auf das zivilrechtliche Geschäft haben soll.** Hier ist der Jurist gefragt. Er ermittelt im Wege der **Auslegung**, welchen Sinn und Zweck das Verbot hat und wie es sich danach auf das Rechtsgeschäft auswirken soll. Darüber hinaus gibt es von der **Rechtsprechung** aufgestellte **Faustregeln** für die Anwendung des § 134 BGB. Sie lauten:

▶ Ein Rechtsgeschäft, das gegen ein Verbot verstößt, ist in der Regel nach § 134 BGB nichtig, wenn sich das Verbot gegen beide am Rechtsgeschäft beteiligten Personen richtet.

▶ Ein Rechtsgeschäft, das gegen ein Verbot verstößt, ist in der Regel nichtig, wenn das Verbot den **Inhalt** des Vertrags missbilligt.

Lösung des Falls

Im Fall 1 verstoßen sowohl Udo Roller als auch die Firma Hackel gegen das Gesetz zur Bekämpfung der Schwarzarbeit. Unter Schwarzarbeit versteht man die Erbringung von Arbeitsleistungen ohne die gesetzlich vorgeschriebene Anmeldung bei der zuständigen Behörde oder ohne erforderliche Genehmigung seitens der Behörde. Roller arbeitet „schwarz", weil er seine Beschäftigung weder der Agentur für Arbeit noch den Trägern der Sozialversicherung anzeigt. Hackel beschäftigt Roller „schwarz", weil er ihn in Kenntnis der unterlassenen Meldungen bei der Behörde beschäftigt. Da Roller und Hackel also beide gegen das Gesetz zur Bekämpfung der Schwarzarbeit verstoßen, hat dieser beidseitige Verstoß nach § 134 BGB die Nichtigkeit des privatrechtlichen Arbeitsvertrages zwischen Roller und Hackel zur Folge.

Lösung des Falls

Im Fall 2 ist das Verbot, gegen das hier verstoßen wird, Art. 38 I 2 GG. Dieser Artikel unserer Verfassung beinhaltet den „Grundsatz des freien Mandats". Der Grundsatz des freien Mandats besagt, dass ein Abgeordneter an keine Aufträge und Weisungen gebunden, sondern nur seinem eigenen Gewissen unterworfen ist. Dementsprechend darf ein Ausscheiden eines Abgeordneten aus der eigenen Partei und

*Fraktion nicht damit geahndet werden, dass der Abgeordnete sein Mandat nieder-
legen muss. Die privatrechtliche Erklärung des Abgeordneten Ziesel, in der er sich
für den Fall des Parteiwechsels zur Niederlegung des Mandats verpflichtet, verstößt
ihrem Inhalt nach also gerade gegen das Verbot des Art. 38 I 2 GG. Deswegen ist
die Erklärung des Abgeordneten Ziesel nach § 134 BGB nichtig.*

Hinsichtlich der Nichtigkeitsfolge aus § 134 BGB muss man unbedingt den Abstraktionsgrundsatz berücksichtigen und zwischen dem Verpflichtungsgeschäft und dem Verfügungsgeschäft unterscheiden. Wenn sich das Verbotsgesetz **(nur) gegen den Inhalt**
des Rechtsgeschäfts richtet, so führt der Verstoß gegen das Verbotsgesetz in der Regel
zur **Nichtigkeit des Verpflichtungsgeschäfts**. Wenn das Verbot sich auch darauf
erstreckt, dass **eine Verschiebung von Gütern unterbleiben** soll, so ist nicht nur das
Verpflichtungsgeschäft, sondern **auch das Verfügungsgeschäft nichtig**.

Beispiel

Ein Unternehmer bietet seinem Tennisfreund, dem Finanzbeamten Unruh, 10 000,00 € an, falls
Unruh sich bereit erklärt, die Steuererklärung des Unternehmers sehr wohlwollend zu prüfen.
Hier wurde die Strafnorm des § 333 StGB (= Vorteilsgewährung) erfüllt. Der Verstoß gegen § 333
StGB hat nicht nur die Nichtigkeit der Vereinbarung zur Folge; auch die Übereignung der
10 000,00 € vom Unternehmer an den Finanzbeamten (= Verfügungsgeschäft) ist nach § 134 BGB
nichtig. Dies ist deshalb der Fall, weil das Verbot aus § 333 StGB sich auch gegen die Verschiebung
von Gütern (hier: der Verschiebung des Geldes) richtet.

Im **Sozialrecht** wird **§ 134 BGB** durch die Vorschrift des **§ 32 SGB I ergänzt**. Dort heißt es:

> „Privatrechtliche Vereinbarungen, die zum Nachteil des Sozialleistungsberechtigten
> von Vorschriften dieses Gesetzbuchs abweichen, sind nichtig."

Für die Nichtigkeit privatrechtlicher Vereinbarungen, die gegen Normen des Sozial-
rechts verstoßen, genügt es also bereits, dass diese Vereinbarungen **nachteilig** für denjenigen sind, der berechtigterweise Sozialleistungen beziehen darf.

Beispiel

Nichtig nach § 32 SGB I ist eine privatrechtliche Vereinbarung zwischen einem Arbeitnehmer und
seinem Arbeitgeber, durch die der Arbeitnehmer auf die Entgeltfortzahlung im Krankheitsfall
verzichtet. Diese Vereinbarung wäre ein Nachteil für den Arbeitnehmer, da er dann sofort bei
einer Erkrankung Krankengeld beziehen müsste, was sich nachteilig auf die Gesamtdauer der
sozialen Sicherung für den Fall der Krankheit auswirken würde (§ 48 SGB V).

2.8.2.2 Verstoß gegen die guten Sitten

Fall: Mitarbeiter aus Osteuropa

*Bauunternehmer Röhrig beschäftigt zahlreiche Ukrainer und Russen, die kaum
Deutsch sprechen, für wenig Geld auf einigen Großbaustellen in Berlin. Er vermietet
ihnen Wohncontainer (20 qm, keine Heizung) für 400,00 € im Monat. Können die
städtischen Aufsichtsbehörden etwas gegen die Mietverträge unternehmen?*

Nach § 138 I BGB ist ein Rechtsgeschäft, das gegen die guten Sitten verstößt, nichtig. Was man unter den guten Sitten versteht, ist nach ständiger Rechtsprechung am **„Rechts- und Anstandsgefühl aller billig und gerecht Denkenden"** zu messen. Über diese sehr allgemeine Formulierung hinaus hat die Rechtsprechung im Laufe der Zeit **Fallgruppen** benannt, bei denen Sittenwidrigkeit vorliegen kann. Ein Rechtsgeschäft kann demnach sittenwidrig sein:

▶ in Fällen des **Machtmissbrauchs**, wenn eine Vertragsseite ihre **Monopolstellung ausnutzt**

Beispiel

Die Energieversorgungswerke Butzenhausen nutzen ihre Monopolstellung aus, wenn sie die Strompreise höher ansetzen, als dies sachlich gerechtfertigt ist. Die Stadt Wolpersheim erhöht die Standgelder für Süßwarenstände in der Stadt derart, dass die Existenz der Betreiber gefährdet ist.

▶ bei **übermäßiger Sicherung eines Gläubigers**

Beispiel

Die Volksbank verlangt vom Unternehmer Lutz zur Sicherheit für ein gewährtes Darlehen in Höhe von 50 000,00 € die Sicherungsübereignung sämtlicher Produktionsmaschinen. Den Gläubigern Bechtel, Arnold und Hennig, denen Lutz gleichfalls Geld schuldet, sind damit alle Haftungsobjekte entzogen.

▶ bei **Eingehung von Knebelungsverträgen**, durch die ein Vertragspartner in seiner persönlichen oder wirtschaftlichen Freiheit gravierend eingeschränkt wird

Beispiel

Zwischen der Hirschbrauerei und dem Gastwirt Lufer besteht ein Bierbezugsvertrag, nach dem Lufer verpflichtet ist, für die nächsten 40 Jahre ausschließlich „Hirschbräu" auszuschenken.

▶ bei Verstößen gegen die **sittlich-moralischen Grundsätze im Rahmen enger persönlicher Beziehungen**

Beispiel

Rentner Hans Tormann setzt seine Geliebte Angelika Brenner testamentarisch zu seiner Alleinerbin ein, weil Angelika Brenner bereits geäußert hat, dass sie Hans Tormann andernfalls verlassen werde.

Die aufgezählten **Sittenverstöße** erfüllen den **objektiven Tatbestand** des § 138 I BGB, das heißt die äußerlich wahrnehmbaren Kriterien der Sittenwidrigkeit. Dies genügt aber noch nicht, um Sittenwidrigkeit im Sinne des § 138 I BGB anzunehmen. Hinzu kommen muss nämlich auch noch die **Kenntnis des Handelnden von den Umständen, aus denen sich die Sittenwidrigkeit ergibt** (= subjektive Voraussetzung des § 138 I BGB).

Liegt ein Fall des § 138 I BGB vor, so ist das als sittenwidrig eingestufte **Verpflichtungsgeschäft nichtig**. Das **Verfügungsgeschäft** ist in aller Regel als **sittlich-neutral** zu bewerten und damit **grundsätzlich wirksam**.

Lohnwucher in der Rechtsanwaltskanzlei

Die Vereinbarung eines Stundenlohnes von weniger als zwei Euro ist regelmäßig sittenwidrig und damit gemäß § 138 BGB rechtsunwirksam, wenn die Vergütung mehr als 50% hinter der üblichen Vergütung zurückbleibt. Es liegt dann ein besonders grobes Missverhältnis zwischen der Leistung des Arbeitnehmers und der Gegenleistung des Arbeitgebers vor, das den Schluss auf eine verwerfliche Gesinnung des Arbeitgebers erlaubt.

In dem hier vom Landesarbeitsgericht Berlin-Brandenburg entschiedenen Fall beschäftigte der Arbeitgeber, ein Rechtsanwalt, zwei Empfänger von Leistungen nach dem Sozialgesetzbuch Zweites Buch (SGB II) mit Bürohilfstätigkeiten gegen ein Entgelt von 100,00 € im Monat, was bei der abverlangten Arbeitsleistung einen Stundenlohn von weniger als zwei Euro ergab. Das Jobcenter machte aus übergegangenem Recht weitere Lohnansprüche geltend; es liege eine sittenwidrige Lohnvereinbarung vor, die den Arbeitgeber zur Zahlung der üblichen Vergütung verpflichte. Das Landesarbeitsgericht Berlin-Brandenburg hat der Klage des Jobcenters im Wesentlichen stattgegeben:

Die Lohnvereinbarungen führten zu einem besonders groben Missverhältnis zwischen der Leistung des Arbeitnehmers und der Gegenleistung des Arbeitgebers; die für einen Lohnwucher erforderliche verwerfliche Gesinnung des Arbeitgebers werde bei dieser Sachlage unterstellt. Die Arbeitsleistungen seien für den Arbeitgeber von wirtschaftlichem Wert gewesen; sie hätten ansonsten von ihm selbst oder seinen festangestellten Mitarbeitern ausgeführt werden müssen. Auch entlaste es den Arbeitgeber nicht, dass er den Leistungsempfängern eine Hinzuverdienstmöglichkeit habe einräumen wollen; denn dies berechtige ihn nicht, Arbeitsleistungen in einem Umfang abzufordern, der zu dem geringen Stundenlohn führte.

Landesarbeitsgericht Berlin-Brandenburg, Urteile vom 7. November 2014 – 6 Sa 1148/14 und 6 Sa 1149/14

Quelle: www.rechtslupe.de/arbeitsrecht/lohnwucher-in-der-rechtsanwaltskanzlei-385328 am 19. November 2014, abgerufen am 26.05.2016

§ 138 II BGB behandelt einen **Spezialfall** des sittenwidrigen Rechtsgeschäfts, den sogenannten **Wucher**. Beim wucherischen Rechtsgeschäft verfolgt der Handelnde im Unterschied zu § 138 I BGB eine ganz **besondere Absicht** (= subjektives Element): Er möchte Vermögensvorteile erlangen, indem er die Zwangslage, Unerfahrenheit, einen Mangel an Urteilsvermögen oder eine erhebliche Willensschwäche einer anderen Person ausnutzt.

Wird vor diesem Hintergrund ein gegenseitig verpflichtender Schuldvertrag und ein auf diesem Schuldvertrag basierendes Verfügungsgeschäft abgeschlossen, so ist „Wucher" anzunehmen, wenn

▶ die Leistung des einen Vertragspartners in **auffälligem Missverhältnis** zur **Gegenleistung** des anderen Vertragspartners steht (= wenn der Wert der Gegenleistung mehr als das Doppelte von dem beträgt, was für diese Leistung üblich und angemessen wäre).

Lösung des Falls

Im Fall ist die Unterkunft im Wohncontainer um ein Vielfaches zu teuer bezahlt. Wenn man davon ausgeht, dass die Unterbringung im Wohncontainer eine Miete von ca. 100,00 € im Monat rechtfertigt, so ist eine Mietforderung von 400,00 € weit mehr als das Doppelte vom Wert der Leistung.

▶ der benachteiligte Partner besonders **schutzbedürftig** ist infolge einer Zwangslage, seiner Unerfahrenheit, einer Willensschwäche usw.

Lösung des Falls

Im Fall sind die Arbeiter aus Osteuropa geschäftlich unerfahren und der deutschen Sprache nicht mächtig. Sie sind daher besonders schutzbedürftig.

▶ der begünstigte Vertragspartner den übermäßigen Vermögensvorteil durch **bewusste Ausnutzung der Schwächen** des schutzbedürftigen Partners erlangt.

Lösung des Falls

Im Fall kann Röhrig die Wuchermieten nur durchsetzen, weil er sich die Unerfahrenheit der Russen und Ukrainer zunutze macht. Damit nutzt er bewusst die Schwächen seiner Vertragspartner aus.

Liegt Wucher vor, so ist das Rechtsgeschäft nach § 138 II BGB **nichtig**.

Lösung des Falls

Im Fall sind alle drei Voraussetzungen des Wuchers erfüllt: der stark überhöhte Mietzins, die Schutzbedürftigkeit der Vertragspartner und die bewusste Ausnutzung derer Schwächen. Daher sind die Mietverträge über 400,00 € nichtig. Nach der Rechtsprechung ist der Mietvertrag zu einem angemessenen Mietzins aufrechtzuerhalten. Daher ist von einem Mietvertrag für 100,00 €/Monat auszugehen.

Neben dem Mietwucher gibt es zum Beispiel auch noch den Preiswucher bei Kaufverträgen oder den Zinswucher bei Darlehensverträgen. Bei Zinsen liegt die Wuchergrenze etwa beim Zweifachen des üblichen Marktzinses.

 Verstößt ein Rechtsgeschäft gegen ein gesetzliches Verbot oder ist es sittenwidrig, so ist das Geschäft ohne weiteres Zutun nichtig.

Aufgaben

1. Warum ist eine Willenserklärung fehlerhaft, die aufgrund eines Irrtums abgegeben wurde?

2. Weshalb hat sich das Gesetz dafür entschieden, dass Irrtümer im Motiv grundsätzlich unbeachtlich sein sollen?

3. Was ist ein Verbotsgesetz? Nennen Sie Beispiele und erläutern Sie die Bedeutung eines Verbotsgesetzes für das Zivilrecht.

4. Frau Kleinschmidt lässt sich von „Rechtsanwalt" Hufnagel rechtlich beraten. Später findet Sie heraus, dass Hufnagel überhaupt kein Rechtsanwalt ist. Muss Frau Kleinschmidt Hufnagel für seine anwaltliche Tätigkeit bezahlen?

5. Willi Schellhorn gewährt Fritz Kienast ein größeres Darlehen, weil er die Baufirma Kienast für solide und zahlungskräftig hält. Später erfährt Schellhorn, dass Kienast schon einmal Insolvenz angemeldet hat und eine Menge Schulden hat. Kann Schellhorn die Darlehensgewährung rückgängig machen? Wenn ja, wie?

6. Schokoladenfabrikant Brösel bietet der Süßwarenhandlung Kost Krokantschokoladeneier zum Kauf an. Brösel will ein Ei für 5,00 € pro Stück anbieten, verschreibt sich aber und bietet es für 0,50 € pro Stück an. Kost nimmt das Angebot hocherfreut an. Was kann Brösel tun?

7. Frau Sperling hat in ihrer Firma Geld unterschlagen. Ihr Chef, Herr Braun, fordert sie auf, ein Schriftstück zu unterzeichnen, auf dem sie ihre Schuld anerkennt (= Schuldanerkenntnis, § 781 BGB). Andernfalls werde er Strafanzeige erstatten. Frau Sperling unterzeichnet das Schriftstück. Später möchte sie das Schuldanerkenntnis nach § 123 BGB anfechten. Liegt der Anfechtungsgrund des § 123 BGB vor?

8. Carla Berger hat mit ihrem Handarbeitsladen Geschäftseinbußen in erheblichem Umfang erlitten und benötigt einen Überbrückungskredit. Da sie keine Sicherheiten zu bieten hat, lehnen die Banken es ab, ihr Kredit zu geben. Deshalb wendet sich Carla Berger an den privaten Geldvermittler Gerd Hinze, der ihr 30 000,00 € zu einem monatlichen Zins von 15 % überlässt. Später möchte Carla Berger die Zinsen nicht in dieser Höhe bezahlen. Rechtslage?

2.9 Stellvertretung

2.9.1 Begriff und Bedeutung

Fall: Diakonie- und Sozialstation

Herr Kurz leitet die Diakonie- und Sozialstation der Stadt Esslingen. Für den mobilen Hilfsdienst benötigt die Station dringend ein Transportfahrzeug. Herr Kurz entschließt sich zum Kauf eines Kleinbusses beim Autohändler Ackermann. Wer sind die Vertragspartner des geschlossenen Kaufvertrages?

Wer im Rechtsverkehr eine Willenserklärung abgibt, handelt meistens für sich selbst und die Wirkungen des abgeschlossenen Rechtsgeschäfts treten bei ihm selbst ein. Es gibt aber Situationen, die es erforderlich machen, dass eine Hilfsperson im Namen und mit Wirkung für eine andere Person handelt. Denkbar ist zum Beispiel, dass die Person, für die das Rechtsgeschäft abgeschlossen wird, verhindert ist oder sich den geplanten Geschäftsabschluss allein nicht zutraut.

Beispiel

Der Inhaber eines Lebensmittelgeschäftes benötigt Hilfspersonen, die für ihn handeln dürfen, da er nicht alle Kunden selbst bedienen kann.

Auch das geschäftsunfähige Kind, das noch nicht selbst Rechtsgeschäfte abschließen darf, braucht einen (gesetzlichen) Vertreter; in aller Regel sind dies seine Eltern.

Die juristischen Personen können von vornherein nur über ihre Organe am Rechtsverkehr teilnehmen. Sie benötigen immer natürliche Personen, die für die juristische Person handeln.

Beispiel

Die allgemeine Ortskrankenkasse Nürtingen kauft Bürobedarf ein. Den Kaufvertrag unterschreibt ein befugter Mitarbeiter, der namens und im Auftrag der Ortskrankenkasse handelt.

Wenn eine Hilfsperson (= der **Vertreter**) im Namen einer anderen Person (= dem **Vertretenen**) eine Willenserklärung gegenüber einer dritten Person abgibt und hierzu befugt ist (= **Vertretungsmacht**), spricht man von Stellvertretung.

Die Stellvertretung ist in den §§ 164 ff. BGB geregelt. Ihre Hauptmerkmale sind:

▶ **Vertretungsmacht** des Vertreters,

▶ **Willenserklärung des Vertreters,**

▶ Vertreter handelt **im Namen** des Vertretenen.

Entscheidend bei der Stellvertretung ist, dass das Rechtsgeschäft, das der Vertreter mit der dritten Person tätigt, für den Vertretenen wirkt.

Lösung des Falls

Im vorliegenden Fall ist Herr Kurz der Vertreter. Er soll für die Sozialstation der Stadt Esslingen ein Auto kaufen. Die Stadt Esslingen, zu der die Sozialstation organisatorisch gehört, ist die Vertretene. Sie lässt sich bei dem Kauf des Kleinbusses von Herrn Kurz vertreten. Der Autohändler Ackermann ist die dritte Person, mit der das Geschäft abgeschlossen werden soll. Wenn der Vertreter Herr Kurz im Namen der Stadt Esslingen den Kaufvertrag über den Kleinbus mit Ackermann abschließt, so ist ein Vertrag zwischen Ackermann und der Stadt Esslingen zustande gekommen.

2.9.2   Vertretungsmacht

Damit eine Willenserklärung, die ein Vertreter abgibt, für den Vertretenen wirkt, muss der Vertreter befugt sein, im Namen und mit Wirkung für den Vertretenen zu handeln. Diese Befugnis heißt **Vertretungsmacht**.
Die **rechtsgeschäftlich erteilte Vertretungsmacht** nennt man **Vollmacht** (§ 167 BGB). Daneben gibt es die **gesetzliche Vertretungsmacht**. Sie beruht darauf, dass nach dem Gesetz eine Person der (gesetzliche) Vertreter einer anderen Person sein soll.

2.9.2.1   Rechtsgeschäftlich erteilte Vertretungsmacht

Fall: Selbstbewusster Azubi

Martin Hack ist Azubi beim Reisebüro Sailer. Bei Kundengesprächen tritt er sehr selbstsicher auf. Er nimmt ganz selbstverständlich an, dass er dazu befugt ist, Reiseverträge abzuschließen und Kundengelder entgegenzunehmen. Die Chefin, Frau Sailer, unternimmt gegen das eigenmächtige Verhalten ihres Azubis nichts. Ist sie an die Rechtsgeschäfte gebunden, die Martin Hack in ihrem Namen abschließt?

Vollmacht nach dem BGB

Eine **Vollmacht** ist eine **Willenserklärung**, die der Vollmachtgeber (= der Vertretene) gegenüber seinem Vertreter oder gegenüber dem Dritten (= Geschäftspartner) abgibt. Je nachdem, wem gegenüber der Vollmachtgeber seine Willenserklärung abgibt, unterscheidet man zwischen einer Innenvollmacht und einer Außenvollmacht.

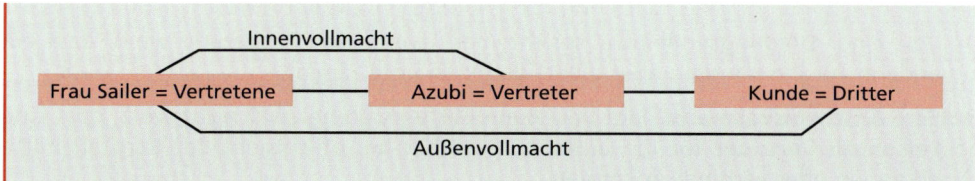

Bei der **Innenvollmacht** bevollmächtigt der Vertretene den Vertreter (§ 167 I, 1. Alternative BGB).

Bei der **Außenvollmacht** teilt der Vertretene dem Dritten mit, dass er den Vertreter dazu bevollmächtigt habe, bei ihm ein Geschäft vorzunehmen (§ 167 I, 2. Alternative BGB). Der Außenvollmacht gleichgestellt ist der Fall, dass die Bevollmächtigung eines Vertreters öffentlich bekannt gemacht wird, zum Beispiel durch ein Inserat in der Zeitung. Die **Vollmachtserklärung** ist grundsätzlich **formlos** gültig (§ 167 II BGB). Dies gilt auch, wenn das Geschäft, für das die Vollmacht erteilt wurde, einer bestimmten Form bedarf.

Beispiel

Wenn der Angestellte einer Immobilienfirma dazu bevollmächtigt wird, für diese ein Grundstück zu kaufen, so bedarf die Vollmacht, die den Angestellten zum Abschluss des Grundstückskaufvertrages berechtigt, keiner besonderen Form.

Nur ausnahmsweise bedarf die Bevollmächtigung einer Form. Ein Beispiel ist die Bevollmächtigung zur Ausschlagung einer Erbschaft (§ 1945 III BGB).
Bei der BGB-Vollmacht steht der **Umfang der Vollmacht**, d. h. zu welchen Handlungen die Vollmacht ermächtigt, **nicht fest**. Der Umfang der Vollmacht bestimmt sich allein danach, was zwischen dem Vertreter und dem Vertretenen vereinbart wurde. Der Umfang der Vollmacht muss notfalls im Wege der Auslegung ermittelt werden. **Nach dem Umfang der Vollmacht** unterscheidet man:

▶ **Generalvollmachten** für alle Rechtsgeschäfte, bei denen eine Vertretung möglich ist

Beispiel

Großvater Schmidt bevollmächtigt seinen Enkel Ernst, der Jura studiert hat, alle rechtlichen Angelegenheiten für ihn zu erledigen.

▶ **Spezialvollmachten**, die für ganz bestimmte Rechtsgeschäfte speziell eingeräumt werden

Beispiel

Die Bauträgergesellschaft Wohnbau GmbH bevollmächtigt ihren Mitarbeiter Theo Krause zum Kauf des Grundstücks in Erbbach mit der Flurstück-Nr. 23.

▶ **Gattungsvollmachten**, die für bestimmte Arten (= Gattungen) von Rechtsgeschäften erteilt werden

Beispiel

Azubi Paul darf im Elektrowarengeschäft Meier alle Kaufverträge mit der Ladenkundschaft abschließen.

Eine Vollmacht kann auch die Befugnis beinhalten, dass der Bevollmächtigte eine **Untervollmacht** erteilen darf.

Eine Bevollmächtigung findet normalerweise mittels einer ausdrücklichen oder konkludenten Willenserklärung statt. Darüber hinaus gibt es Fälle, in denen für den Rechtsverkehr der Eindruck entsteht, eine Person handle als Vertreter einer anderen, obwohl keine Vollmachtserteilung mittels einer Willenserklärung vorliegt:

▶ Von einer **Duldungsvollmacht** spricht man, wenn der Vertretene weiß, dass ein anderer für ihn handelt, aber nichts dagegen unternimmt.

▶ Eine **Anscheinsvollmacht** liegt vor, wenn der Vertretene zwar nicht weiß, dass eine Person als Vertreter für ihn auftritt, dies aber bei pflichtgemäßer Sorgfalt hätte erkennen oder verhindern können.

In beiden Fällen muss sich der Vertretene das Handeln der dritten Person zurechnen lassen.

Lösung des Falls

In unserem Fall wurde Martin Hack von seiner Chefin Frau Sailer nicht durch eine ausdrückliche oder konkludente Willenserklärung bevollmächtigt, im Namen des Reisebüros Verträge mit den Kunden zu schließen. Dass Martin dies dennoch tat, war Frau Sailer bekannt. Dennoch unternahm sie nichts gegen das Verhalten ihres Azubis und duldete damit dessen Verhalten. Deswegen geht man hier mit Rücksicht auf den Rechtsverkehr von einer Duldungsvollmacht aus. Demnach sind zwischen den Kunden und dem Reisebüro Verträge, die von Azubi Martin Hack als Stellvertreter vermittelt wurden, zustande gekommen.

In der Regel liegt der Vollmachtserteilung ein Vertragsverhältnis zwischen dem Vollmachtgeber und dem Bevollmächtigten zugrunde. Das **zugrunde liegende Vertragsverhältnis (= Grundgeschäft)** ist oftmals ein **Auftrag** oder ein **Arbeitsvertrag**.

Beispiel

Dora Noll ist Mitarbeiterin in der Galerie Peters. Sie ist unter anderem auch verantwortlich für Neuerwerbungen. Zwischen ihr und ihrem Chef, Herrn Martin Peters, besteht zum einen ein Arbeitsvertrag, zum anderen ist Dora bevollmächtigt, im Namen des Herrn Peters Kunstobjekte bis zu einem Höchstbetrag von 10 000,00 € einzukaufen.

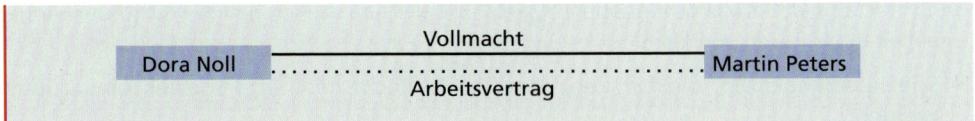

Das Grundgeschäft muss streng von der Vollmacht getrennt werden. **Vollmacht und Grundgeschäft** sind **unabhängig voneinander wirksam**. Dieser Grundsatz wird durch § 168 Satz 1 BGB allerdings durchbrochen: Dort heißt es, dass eine Vollmacht mit dem zugrunde liegenden Rechtsverhältnis erlischt.

Beispiel

Wenn das Arbeitsverhältnis zwischen Dora und Herrn Peters zu Ende ist, hat Dora auch keine Vollmacht mehr, für Herrn Peters einzukaufen.

Das Gesetz nennt als Gründe für das Erlöschen einer Vollmacht

▶ das Erlöschen der Vollmacht mit dem **zugrunde liegenden Rechtsgeschäft** (§ 168 Satz 1 BGB),

▶ das Erlöschen der Vollmacht durch **Widerruf der Vollmacht** (§ 168 Satz 2 BGB),

▶ das Erlöschen der Vollmacht durch **Zeitablauf**, falls sie befristet erteilt wurde,

▶ das Erlöschen der Vollmacht durch **Bedingungseintritt**, falls sie unter einer auflösenden Bedingung stand.

Prokura und Handlungsvollmacht

Fall 1: Günstiger Kaffee

Der Prokurist Schmidt des Bekleidungsfabrikanten Seidel kauft 50 Säcke Kaffee, weil er das Geschäft für überaus günstig hält. Muss Seidel das Geschäft gegen sich gelten lassen?
Variante: Wäre der Fall anders zu beurteilen, wenn der Generalbevollmächtigte Gerold des Bekleidungsfabrikanten Seidel die 50 Säcke Kaffee kaufen würde?

Fall 2: Ein ungewöhnliches Geschäft

Veronika Hansen ist im Spielwarengeschäft Neubert angestellt, um Spielwaren zu verkaufen. Eines Tages verkauft sie der begeisterten Kundin Frau Taub ein Regal, das zum Mobiliar des Ladens gehört. Ist ein Kaufvertrag zwischen dem Spielwarengeschäft Neubert und Frau Taub zustande gekommen?

Im täglichen Geschäftsleben kann es vorteilhaft sein, wenn der Umfang einer Vollmacht von vornherein klar umrissen ist und der Geschäftspartner sich darauf verlassen kann, dass der Vertreter ein Geschäft für den Vertretenen abschließen darf. Deswegen gibt es im Handelsrecht zwei Arten von Vollmachten, deren Reichweite durch das Gesetz umrissen ist: die **Prokura** und die **Handlungsvollmacht**.

Ein Prokurist ist jemand, dem von einem Kaufmann eine spezielle handelsrechtliche Vollmacht, die **Prokura**, erteilt wurde. Der Prokurist, der im Namen der Firma des von ihm vertretenen Kaufmanns etwas unterschreibt, macht seine Stellung meist mit dem Zusatz **„ppa"** (= per procura) deutlich. Ein Prokurist wird außerdem vom Inhaber des Handelsgeschäftes in das Handelsregister eingetragen.

Die Prokura unterscheidet sich von der BGB-Vollmacht dadurch, dass ihr **Umfang gesetzlich festgelegt** ist. **§ 49 HGB nennt die Befugnisse, die ein Prokurist hat:**

▶ Danach darf der Prokurist alle Arten von gerichtlichen und außergerichtlichen Geschäften und Rechtshandlungen vornehmen, die der Betrieb eines Handelsgewerbes mit sich bringt (§ 49 I HGB).

▶ Grundstücke veräußern und belasten darf der Prokurist allerdings nur, wenn ihm dies ausdrücklich erlaubt wurde (§ 49 II HGB).

Im Fall 1 muss Seidel den Kaufpreis für den Kaffee nach § 433 II BGB bezahlen, da Prokurist Schmidt als Vertreter des Seidel einen wirksamen Kaufvertrag mit Wirkung für Seidel geschlossen hat. Der Umfang der Prokura erstreckt sich nämlich auf alle Geschäfte, die der Betrieb eines beliebigen Handelsgewerbes mit sich bringt.

Von einer **Filialprokura** spricht man, wenn die Prokura auf eine oder mehrere Zweig-niederlassungen des Unternehmens beschränkt ist (§ 50 III HGB). Eine **Gesamtprokura** liegt vor, wenn eine Prokura von mehreren Prokuristen gemeinsam ausgeübt wird (§ 48 II HGB). Gemeinsame Ausübung bedeutet, dass jeder Prokurist nur im Einverneh-men mit den anderen Prokuristen rechtswirksam handeln kann. Wird eine Prokura als Gesamtprokura erteilt, so muss dies gleichfalls in das Handelsregister eingetragen wer-den (§ 53 I 2 HGB).

Die Prokura erlischt, wie eine Vollmacht nach dem BGB, durch Wegfall des Grundge-schäftes. Wenn also dem Prokuristen gekündigt wird, endet mit dem Arbeitsverhältnis auch die Prokura. Das Erlöschen der Prokura wird dann im Handelsregister vermerkt. Weitere Erlöschensgründe sind zum Beispiel der Tod des Prokuristen oder die endgül-tige Aufgabe bzw. Veräußerung des Handelsgewerbes.

Ein **Handlungsbevollmächtigter** ist jemand, dem **von einem Kaufmann** eine **Vollmacht** erteilt worden ist, **ohne dass es sich um eine Prokura handelt** (§ 54 HGB). Die Hand-lungsvollmacht heißt so, weil sie sich auf Geschäfte im Rahmen eines kaufmännischen Unternehmens (= einer „Handlung") bezieht.

Der **Umfang einer Handlungsvollmacht** ist in § 54 HGB **grob umrissen**:

▶ Wird die **Handlungsvollmacht als Generalvollmacht** erteilt, so darf der Handlungs-bevollmächtige alle Rechtsgeschäfte und Rechtshandlungen vornehmen, die der Betrieb des **betreffenden Handelsgewerbes gewöhnlich** mit sich bringt.

Wenn also im Fall 1 der Generalbevollmächtigte Gerold für Seidel 50 Säcke Kaffee kauft, so ist dies ein ungewöhnliches Geschäft im Betrieb des betreffenden Handels-gewerbes (= Bekleidung) und Seidel wurde folglich nicht zum Partner eines Kauf-vertrages mit dem Kaffeehändler.

▶ Die **Handlungsvollmacht** kann auch **als Spezial- oder Gattungsvollmacht** erteilt wer-den. Der Handlungsbevollmächtige darf dann nur Geschäfte abschließen, die sich **gewöhnlich** in den **Kreis der Geschäfte** einordnen lassen, zu deren Abschluss er bevollmächtigt ist.

Im Fall 2 hat die Verkäuferin Veronika Hansen eine Handlungsvollmacht in der Form einer Gattungsvollmacht, da sie für ihren Chef eine bestimmte Art von Geschäften (= Verkauf von Spielwaren) vornehmen darf. Verkauft sie also ein Regal, so ist dies ein außergewöhnliches Rechtsgeschäft, für dessen Vornahme sie keine Vertretungs-macht besitzt.

Der Abschluss von Geschäften, die für den Kaufmann besonders gefährlich sind (Auflistung in § 54 II HGB), ist dem Handlungsbevollmächtigten verwehrt. Der Handlungsbevollmächtigte darf ohne gesonderte Erteilung einer Vollmacht keine

▶ Grundstücke veräußern oder belasten,

▶ Wechselverbindlichkeiten eingehen,

▶ Darlehen aufnehmen,

▶ Prozesse führen.

Die Handlungsvollmacht erlischt mit dem Grundgeschäft. Wenn also die Verkäuferin des Spielwarengeschäftes entlassen wird, so endet mit dem Arbeitsverhältnis auch ihre Handlungsvollmacht.

Vertretung durch einen Bevollmächtigten im sozialrechtlichen Verwaltungsverfahren

Aus § 13 SGB X (= 10. Buch des SGB; enthält die Regeln über das Verwaltungsverfahren im Sozialrecht) ist zu entnehmen, dass eine Person, die an einem **sozialrechtlichen Verfahren** beteiligt ist, **sich durch einen Bevollmächtigten vertreten lassen kann**. Der Bevollmächtigte darf dann mit Wirkung für die beteiligte Person alle Verfahrenshandlungen vornehmen, wie zum Beispiel Anträge stellen, Erklärungen abgeben und entgegennehmen, an einer Anhörung teilnehmen etc. Ausgenommen von der Vertretung ist die Abgabe höchstpersönlicher Erklärungen.

Beispiel

Es ist keine Vertretung möglich, wenn es sich um die Mitwirkungspflichten (§ 21 SGB X) eines Leistungsberechtigten handelt. Wer Sozialleistungen beantragt, muss in der Regel persönlich beim Sozialleistungsträger erscheinen, sich unter Umständen ärztlichen oder psychologischen Untersuchungen unterziehen und alle erforderlichen Tatsachen mitteilen.

Die Vollmacht wird dem Bevollmächtigten **rechtsgeschäftlich übertragen**. Es handelt sich also bei § 13 SGB X nicht um einen Fall der gesetzlichen Vertretung. Der Bevollmächtigte muss handlungsfähig im Sinne des § 11 SGB X sein.
Die Vollmacht für das Verwaltungsverfahren dauert so lange, wie das Verfahren dauert. Bei einem Verfahren, das mit einem Urteil abgeschlossen wird, endet die Vollmacht mit der Rechtskraft des Urteils.
Der in § 13 SGB X außer dem Bevollmächtigten angesprochene **Beistand** unterscheidet sich vom Bevollmächtigten dadurch, dass er **nicht anstelle** einer Person, sondern **neben** der beteiligten Person im Verfahren auftritt.

BGB-Vollmacht	Umfang der Vollmacht muss vereinbart werden.
Prokura	Umfang der Vollmacht steht nach § 49 HGB fest. = jedes Handelsgewerbe des Vollmachtgebers = gerichtliche und außergerichtliche Tätigkeit Belastung und Veräußerung von Grundstücken nur mit ausdrücklicher Erlaubnis

BGB-Vollmacht	Umfang der Vollmacht muss vereinbart werden.
Handlungsvollmacht	Umfang der Vollmacht ist in § 54 HGB grob umrissen. = nur dasjenige Handelsgewerbe, in dessen Rahmen die Vollmacht erteilt wurde Generalvollmacht = zum betreffenden Handelsgewerbe gehörig Gattungsvollmacht = gewöhnlicher Geschäftskreis Spezialvollmacht = für einzelnes Geschäft

2.9.2.2 Gesetzliche Vertretungsmacht

Bei der gesetzlichen Vertretung erhält der Vertreter seine Vertretungsmacht nicht vom Vertretenen eingeräumt, sondern die **Vertretungsmacht** ergibt sich **aus dem Gesetz**.

Die gesetzlichen Vertreter einer natürlichen Person können
► Eltern,   ► Vormund,   ► Betreuer sein.

Aber auch die **Organe der juristischen Personen** besitzen nach § 26 BGB die Stellung von gesetzlichen Vertretern. Werden also Willenserklärungen von den Organen einer juristischen Person abgegeben, so wirken diese Erklärungen für und gegen die juristische Person.

Das **oberste Organ** jedes **Versicherungsträgers** (= Berufsgenossenschaften, Krankenkassen, Rentenversicherung, Bundesagentur für Arbeit) ist die **Vertreterversammlung** (= „Sozialparlament"). Die Vertreterversammlung beschließt zum Beispiel die Satzung des Versicherungsträgers (§§ 31, 33 SGB IV).

Der von der Vertreterversammlung gewählte **Vorstand** hat nach § 35 SGB IV folgende Aufgaben:

► Der Vorstand verwaltet den Versicherungsträger.

► Der Vorstand vertritt den Versicherungsträger gerichtlich und außergerichtlich.

► Der Vorstand erlässt Richtlinien.

Willenserklärungen des Vorstands wirken unmittelbar für und gegen den Versicherungsträger.

Der **Geschäftsführer** und sein Stellvertreter werden auf Vorschlag des Vorstands von der Vertreterversammlung gewählt, bei den Unfallkassen ausnahmsweise durch die zuständige Verwaltungsbehörde bestellt. Ein Versicherungsträger mit mehr als einundhalb Millionen Versicherten darf bis zu drei Geschäftsführer haben. Der Geschäftsführer hat nach § 36 SGB IV folgende Aufgaben:

► Der Geschäftsführer führt die laufenden Verwaltungsgeschäfte.

► Der Geschäftsführer vertritt den Versicherungsträger gerichtlich und außergerichtlich, sofern es um die laufenden Verwaltungsgeschäfte geht.

Unter den laufenden Verwaltungsgeschäften versteht man alle regelmäßig wiederkehrenden Geschäfte, die zum Alltagsgeschäft gehören.

Beispiel

Zu den laufenden Verwaltungsgeschäften gehören die Leitung und Beaufsichtigung des Dienstbetriebes, die Verwaltung der Kassen und Betriebsmittel, Entscheidungen über die Leistungsgewährung, Geltendmachung von Forderungen usw.

Nicht zum Alltag gehören dagegen Grundstücksgeschäfte oder Geschäfte über die Anlage des Vermögens. Sie fallen in die Kompetenz des Vorstands.

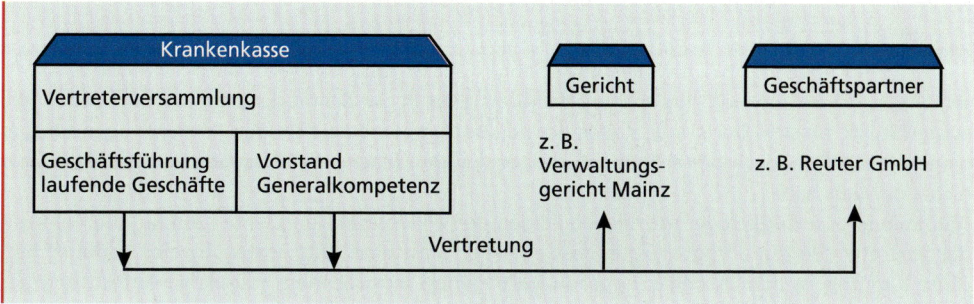

2.9.3 Eigene Willenserklärung des Vertreters

Fall 1: Tintenstrahldrucker

Axel möchte Robert seinen Tintenstrahldrucker verkaufen. Robert will den Drucker für 100,00 € erwerben. Da Axel in nächster Zeit verhindert ist, schickt er seinen siebzehnjährigen Freund Bernd zu Robert:
a) Bernd kommt zu Robert und sagt: „Ich nehme dein Angebot im Namen von Axel an."
b) Bernd kommt zu Robert und sagt: „Ich soll dir von Axel ausrichten, dass Axel an deinem Angebot Interesse hat."
Ist in beiden Fällen ein Kaufvertrag zustande gekommen? Wenn ja, zwischen wem?

Der **Stellvertreter** übermittelt nicht lediglich eine fremde Willenserklärung, wie ein Bote, sondern gibt eine **eigene Willenserklärung** ab.
Da der Vertreter eine eigene Willenserklärung abgibt, muss er **geschäftsfähig** sein. Die beschränkte Geschäftsfähigkeit genügt bereits (§ 165 BGB). Da die Rechtsfolgen des Geschäftes den Vertreter nicht treffen, kann auch ein Minderjähriger Vertreter sein.

Lösung des Falls

Im Fall 1 a) handelt Bernd als Stellvertreter von Axel, da er eine eigene Willenserklärung im Namen von Axel abgibt. Damit ist der Kaufvertrag zwischen Robert und Axel zustande gekommen.
Im Fall 1 b) handelt Bernd als Bote von Axel, da er Robert lediglich eine fremde Willenserklärung überbringt. Den Kaufvertrag müssen Axel und Robert später noch selbst abschließen.

Gibt der Vertreter eine fehlerhafte Willenserklärung ab, so muss sie der Vertretene wie eine eigene Willenserklärung gegen sich gelten lassen. Wenn sich der Vertreter beispielsweise verschreibt und statt 15 Kisten Orangen aus Versehen 150 Kisten Orangen bestellt, so ist der Vertretene an diese Willenserklärung seines Vertreters gebunden. Er kann die Willenserklärung aber (hier nach § 119 I; Erklärungsirrtum) anfechten, so als ob er selbst die fehlerhafte Willenserklärung abgegeben hätte.

Auch bei Umständen, bei denen es auf die Kenntnis oder das Kennenmüssen ankommt, ist entscheidend, ob der Vertreter die Umstände kannte oder kennen musste (§ 166 I BGB).

Goldschmied Vogt, der bei Juwelier Jasper angestellt ist und für diesen auch Schmuck verkauft, setzt statt echter Juwelen hin und wieder Glassteine in die Schmuckstücke ein und behält die echten Steine für sich. Der Kunde Keller, der den Betrug bemerkt, ficht den Kaufvertrag mit Jasper wegen § 123 BGB an. Jasper entgegnet, dass er von den Machenschaften des Goldschmieds Vogt nichts gewusst habe.

Hier kommt es bezüglich der rechtlichen Folgen der Willenserklärung beim Kauf auf die Kenntnis des Vertreters Vogt an. Vogt wusste, dass er Keller Glassteine statt echter Juwelen verkauft hat. Diese Kenntnis ist dem Juwelier Jasper (= Vertretener) zuzurechnen, sodass die Anfechtung des Kaufvertrags durch Keller nach § 123 BGB gegenüber Jasper durchgreift.

Umgekehrt macht es § 166 I BGB natürlich auch möglich, dass ein Geschäftsherr die Arglosigkeit seines Vertreters ausnutzt, um eigene „üble" Geschäfte durchzuführen und sich das Unwissen seines Vertreters anrechnen zu lassen.

Angenommen, im obigen Beispiel wechselt Jasper selbst die Steine aus und der unwissende Vogt verkauft die Schmuckstücke an die Kunden. Käme es hier auf das Wissen des Vertreters Vogt an, so wäre eine Anfechtung nicht möglich, da der Vertreter in diesem Fall arglos ist.

Damit dies nicht passieren kann, gibt es § 166 II BGB. Der Vollmachtgeber kann sich nämlich nicht auf die Unkenntnis des Vertreters berufen, wenn der Vertreter rechtsgeschäftlich bestellt ist und nach den Weisungen des Vollmachtgebers (= des Vertretenen) handelt. Da sich Jasper also nicht auf die Unkenntnis des Vogt berufen kann, greift die Anfechtung des Keller gegenüber Jasper durch.

2.9.4 Handeln in fremdem Namen

Fall 1: 500 g Salami

Die Haushälterin Hilde kauft für ihre Chefin Frau Oppenheim 500 g Salami für das Abendessen. Im Laden sagt sie nicht extra, dass sie die Salami für Frau Oppenheim kauft.

Fall 2: Konzertbesuch

Der verheiratete Gerd Kowalski bestellt für sich und seine Freundin Susanne Bimsheim unter dem Namen Meier zwei Konzertkarten beim Verkehrsverein.

Ein Stellvertreter gibt zwar eine eigene Erklärung ab, aber **in fremdem Namen**. Der Stellvertreter muss zum Ausdruck bringen, dass er für eine andere Person handelt. Dieses Prinzip nennt man auch **Offenkundigkeitsprinzip**. Der Vertreter kann entweder ausdrücklich sagen: „Ich handle für ...", oder seine Vertreterstellung muss sich zumindest aus den äußeren Umständen ergeben, so beispielsweise, wenn er schon häufiger gegenüber einer dritten Person als Vertreter seines Vollmachtgebers aufgetreten ist.

Ein **Vertreter, der nicht kenntlich macht, dass er für den Vertretenen handelt**, wird aus dem Geschäft, das er abschließt, **selbst berechtigt und verpflichtet**.

Dies gilt jedoch nicht für die **Bargeschäfte des täglichen Lebens**. Bei ihnen wird der **Vertretene selbst verpflichtet, auch wenn der Vertreter seine Vertreterstellung nicht offenlegt.**

Lösung des Falls

Im Fall 1 legt Hilde nicht offen, dass sie für Frau Oppenheim handelt. Dennoch kommt der Kaufvertrag über die Salami zwischen dem Lebensmittelgeschäftsinhaber und Frau Oppenheim zustande.

Der Grund für diese Ausnahme besteht darin, dass es bei solchen alltäglichen Geschäften dem Geschäftspartner gleichgültig ist, mit wem er das Geschäft abschließt. Auf die Offenlegung der Vertretung wird insofern verzichtet.

Das Handeln in fremdem Namen (= Vertretung) muss abgegrenzt werden vom **Handeln unter fremdem Namen**. Wer statt seines eigenen einen anderen Namen beim Abschluss eines Geschäftes angibt, wird aus diesem Geschäft verpflichtet, sofern es dem Geschäftspartner egal ist, mit wem er das Geschäft abschließt.

Lösung des Falls

So ist es im Fall 2. Dem Verkehrsverein ist es gleichgültig, ob die Konzertkarten an Kowalski oder an Meier verkauft werden.

Anders ist die Sachlage allerdings, wenn der Geschäftspartner mit einer bestimmten Person ein Geschäft abschließen will und eine andere Person im Namen der erwünschten Person auftritt.

Beispiel

Wenn ein Konzertveranstalter gern das Stimmwunder Walter Vogelsang unter Vertrag nehmen möchte und ein anderer stellt sich als Walter Vogelsang vor, so liegt eine **Identitätstäuschung** vor. Zwischen dem Konzertveranstalter und dem Betrüger ist dann kein Vertrag zustande gekommen.

2.9.5   Grenzen der Stellvertretung

Die Stellvertretung ist bei **höchstpersönlichen Geschäften** ausgeschlossen. So kann man sich zum Beispiel bei der Eheschließung nicht vertreten lassen. Auch ein Testament muss persönlich errichtet werden.

Die **Vertretungsmacht der Eltern** gegenüber ihren Kindern ist gleichfalls Beschränkungen unterworfen:

▶ Keine Vertretungsmacht haben die Eltern in Fällen, in denen die Kindesinteressen besonders gefährdet sind (eine Aufzählung enthält § 1629 II BGB in Verbindung mit § 1795 BGB).

▶ Nach § 1643 BGB in Verbindung mit den §§ 1821, 1822 BGB, müssen die Eltern bei der Vornahme wirtschaftlich besonders schwerwiegender Geschäfte für ihre Kinder die Genehmigung des Familiengerichts einholen.

Eine weitere **Beschränkung**, diesmal der **rechtsgeschäftlich erteilten Vertretungsmacht**, stellt die Vorschrift des § 181 BGB dar. Nach dieser Norm sind **Insichgeschäfte grundsätzlich verboten**. Darunter sind Geschäfte zu verstehen, bei denen auf beiden Seiten dieselbe Person vorkommt. Dies ist über die Figur der Stellvertretung in zwei Konstellationen denkbar:

▶ Eine Person tritt auf der einen Seite des Geschäftes als Vertreter auf. Dieselbe Person ist gleichzeitig Geschäftspartner (= Dritter).

Beispiel

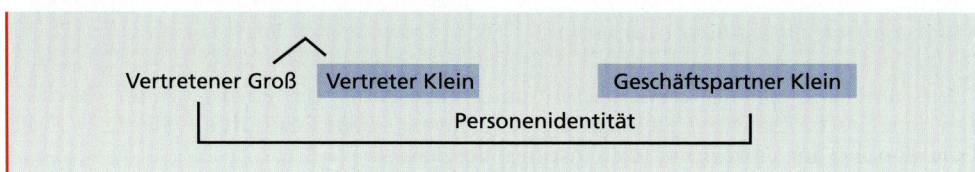

▶ Eine Person tritt auf der einen Seite des Geschäftes als Stellvertreter auf; dieselbe Person ist gleichzeitig Stellvertreter des Geschäftspartners.

Beispiel

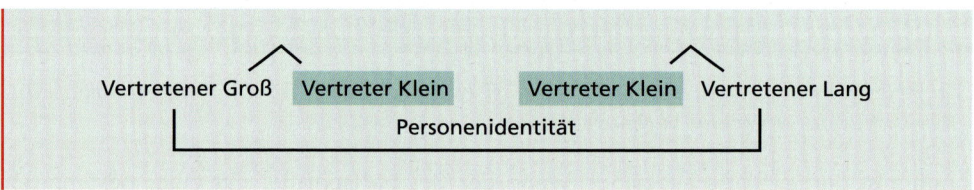

Wenn eine Person als Doppelvertreter auftritt oder als Stellvertreter eines anderen ein Geschäft mit sich selbst abschließt, sind Interessenkonflikte unvermeidbar. Deswegen sind solche Insichgeschäfte grundsätzlich nicht erlaubt.

2.9.6   Handeln ohne Vertretungsmacht

Fall 1: Wohnwelt

a) *Frau Finkbeiner ist im Möbelcenter Wohnwelt zuständig für den Einkaufsbereich „Schlafzimmer". Ihr Chef, Herr Birk, hat sie bevollmächtigt, für das Möbelcenter Schlafzimmereinrichtungen bis zu einem Höchstbetrag von 30 000,00 € pro Schlafzimmer einzukaufen. Auf der Möbelmesse in Köln trifft Frau Finkbeiner Herrn Riester von der Firma Design-Möbel GmbH. Sie bestellt ein komplettes Designer-Schlafzimmer für 60 000,00 €. Herr Birk ist strikt gegen diese Art von Einrichtungen. Rechtslage?*

b) *Herr Bullrich arbeitet in der Marketing-Abteilung des Wohncenters und ist bevollmächtigt, Werbemittel zu besorgen. Auf der Messe in Köln nimmt er für das Möbelcenter ein Schnäppchen wahr und kauft eine sehr günstige Couchgarnitur in der Trendfarbe Dunkelblau ein. Rechtslage?*

Georg Fischer beklagt sich bei Fred Wenzel über seine Mieterin Klara Teurer und deren unverschämtes Verhalten. Der hilfsbereite Fred Wenzel nimmt die Sache selbst in die Hand und kündigt der Mieterin Klara Teurer im Namen des Georg Fischer, obwohl er hierfür überhaupt keine Vertretungsmacht besitzt.

Ein Vertreter handelt **ohne Vertretungsmacht**, wenn

▶ er noch niemals zur Vertretung befugt gewesen ist,

▶ die Vertretungsmacht zum Zeitpunkt des Handelns bereits erloschen ist,

▶ er die Grenzen seiner Vertretungsmacht überschreitet.

Da ohne Vertretungsmacht auch **keine Stellvertretung** vorliegt, wird der **Vertretene** aus einem solchen Rechtsgeschäft seines unbefugt handelnden Vertreters **nicht verpflichtet** (§ 164 I 1 BGB). Andererseits liegt aber **auch kein Rechtsgeschäft des Vertreters** vor, da dieser ja nicht in seinem eigenen Namen, sondern im Namen des vermeintlich Vertretenen gehandelt hat. Eine Lösung für diese Situation bieten die §§ 177 ff. BGB an. Sie beinhalten eine ähnlich differenziert ausgearbeitete Lösung wie die Vorschriften über die Wirksamkeit von Willenserklärungen beschränkt geschäftsfähiger Personen. Auch die §§ 177 ff. BGB unterscheiden zwischen den Verträgen (§§ 177, 178 BGB) und den einseitigen Rechtsgeschäften (§ 180 BGB).

Verträge

Nach § 177 I BGB ist ein **Vertrag, den ein Vertreter ohne Vertretungsmacht geschlossen hat, schwebend unwirksam**. Derjenige, für den der Vertreter angeblich gehandelt hat (= der Vertretene), kann aber darüber entscheiden, ob er den schwebend unwirksamen Vertrag mittels **Genehmigung** (§ 182 I BGB) wirksam machen möchte. Wird der Vertrag genehmigt, so ist der Vertretene aus dem Vertrag mit dem Dritten berechtigt und verpflichtet.

Ist der Vertrag seinem Inhalt nach für den Vertretenen nicht so günstig, so wird sich dieser dafür entscheiden, den Vertrag nicht zu genehmigen. In diesem Fall kommt kein Vertrag zwischen dem Vertretenen und dem Dritten zustande. Der getäuschte Dritte kann sich in diesem Fall nur noch an den Vertreter ohne Vertretungsmacht halten. Da der Vertreter ohne Vertretungsmacht den Eindruck erweckt hat, es läge eine wirksame Stellvertretung vor, ist es richtig, dass er gegenüber dem Dritten nach § 179 BGB haftet. Der **Dritte** kann aus § 179 BGB **vom Vertreter ohne Vertretungsmacht** wahlweise die **Erfüllung des Vertrages** oder **Schadensersatz wegen Nichterfüllung** verlangen. Diesen Anspruch hat der Dritte aber nur, wenn er nicht wusste, dass der Vertreter keine Vertretungsmacht hatte. Andernfalls ist der Dritte nämlich nicht schutzwürdig (§ 179 III BGB). Tritt ein Minderjähriger als Vertreter ohne Vertretungsmacht auf, so kann er aus dem abgeschlossenen Geschäft grundsätzlich nicht selbst verpflichtet werden (§ 179 III BGB).

Im Fall 1 a) durfte Frau Finkbeiner nur Kaufverträge über Schlafzimmereinrichtungen bis 30 000,00 € abschließen. Mit dem Kauf eines Schlafzimmers zum Preis von 60 000,00 € überschritt sie die Grenzen ihrer Vertretungsmacht. Da Herrn Birk der Einkauf sowieso nicht gefällt, wird er den Vertrag wohl kaum genehmigen wollen. Ein Vertrag zwischen dem Möbelcenter und der Design-Möbel GmbH ist in diesem Fall nicht zustande gekommen. Frau Finkbeiner haftet der Design-Möbel GmbH als Vertreterin ohne Vertretungsmacht aus § 179 BGB. Nach dieser Vorschrift hat die Design-Möbel GmbH die Wahl, ob sie von Frau Finkbeiner die Vertragserfüllung oder Schadensersatz wegen Nichterfüllung verlangt.

Im Fall 1 b) hat Herr Bullrich gleichfalls ohne Vertretungsmacht gehandelt, da er in der Marketing-Abteilung arbeitet und noch nie eine Vollmacht für den Einkauf von Einrichtungsgegenständen besaß. Sollte sich der Einkauf des Herrn Bullrich jedoch als überaus vorteilhaft für das Möbelcenter herausstellen, so könnte der Vertrag noch im Nachhinein durch das Möbelcenter genehmigt werden. Damit würde der schwebend unwirksame Kaufvertrag über die Couchgarnitur nachträglich wirksam werden.

Einseitige Rechtsgeschäfte

Bei einseitigen Rechtsgeschäften ist es nach § 180 Satz 1 BGB nicht möglich, dass der Vertretene das Rechtsgeschäft des Vertreters ohne Vertretungsmacht genehmigt. Aus Gründen der Rechtsklarheit soll hier ein Schwebezustand vermieden werden.

Im Fall 2 ist die Kündigung des Fred Wenzel gegenüber Klara Teurer namens des Georg Fischer unwirksam, da Fred Wenzel keine Vertretungsmacht hatte. Selbst wenn Georg Fischer die Kündigungserklärung durch Wenzel „recht kommt", kann er das einseitige Rechtsgeschäft nicht durch seine Genehmigung wirksam machen.

Nur ausnahmsweise kann ein einseitiges Rechtsgeschäft vom Vertretenen genehmigt werden. Nach § 180 S. 2 BGB ist dies dann der Fall, wenn der Dritte die von dem Vertreter behauptete Vertretungsmacht nicht beanstandet hat oder wenn der Dritte sogar einverstanden damit war, dass der Vertreter ohne Vertretungsmacht gehandelt hat.

Beispiel

Wenn also im Fall 2 die Mieterin Klara Teurer ohnehin selbst kündigen wollte, weil sie die Zustände im Haus von Georg Fischer unerträglich findet und es ihr folglich egal ist, ob Wenzel im Namen des Vermieters Fischer die Kündigung erklären durfte oder nicht, so kann Georg Fischer die Kündigung durch eine Genehmigung wirksam machen.

Das Gleiche gilt nach § 180 Satz 3 BGB, wenn der Vertreter ohne Vertretungsmacht damit einverstanden ist, dass ein einseitiges Rechtsgeschäft ihm gegenüber vorgenommen wird.

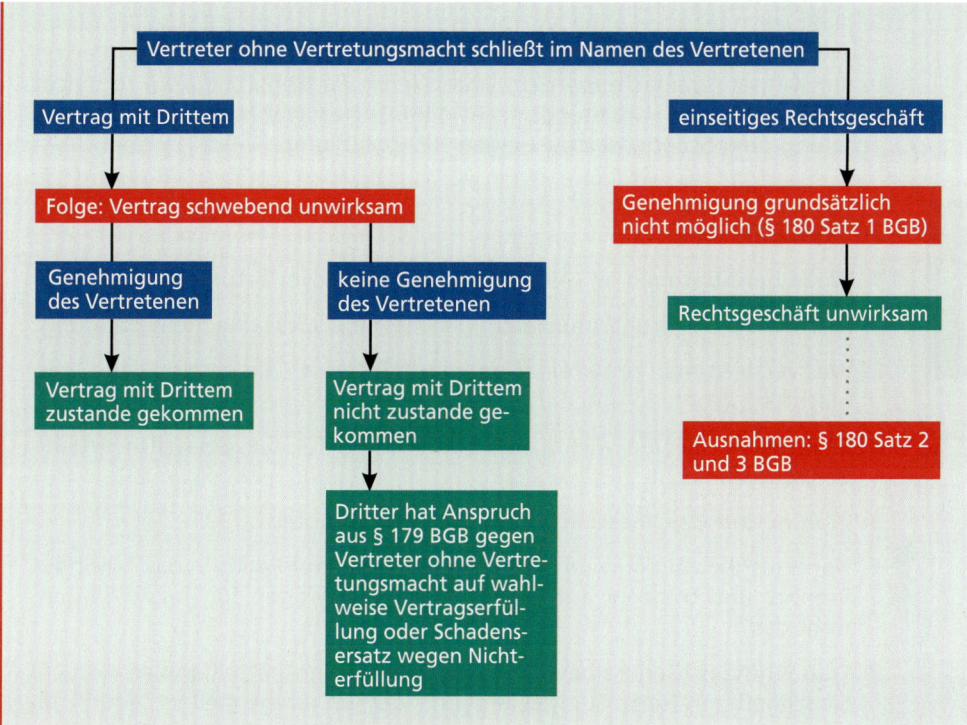

Vertreter ohne Vertretungsmacht schließt im Namen des Vertretenen

Vertrag mit Drittem

einseitiges Rechtsgeschäft

Folge: Vertrag schwebend unwirksam

Genehmigung grundsätzlich nicht möglich (§ 180 Satz 1 BGB)

Genehmigung des Vertretenen

keine Genehmigung des Vertretenen

Rechtsgeschäft unwirksam

Vertrag mit Drittem zustande gekommen

Vertrag mit Drittem nicht zustande gekommen

Ausnahmen: § 180 Satz 2 und 3 BGB

Dritter hat Anspruch aus § 179 BGB gegen Vertreter ohne Vertretungsmacht auf wahlweise Vertragserfüllung oder Schadensersatz wegen Nichterfüllung

> Eine wirksame Stellvertretung besteht aus den drei Merkmalen

▶ Vertretungsmacht,
▶ Willenserklärung,
▶ Handeln des Vertreters im Namen des Vertretenen.

Eine wirksame Stellvertretung hat zur Folge, dass ein Rechtsgeschäft zwischen dem Vertretenen und einer dritten Person als Geschäftspartner zustande kommt.

Die Vertretungsmacht kann durch ein Rechtsgeschäft übertragen werden und heißt dann Vollmacht. Neben der Vollmacht nach dem BGB gibt es noch die handelsrechtlichen Vollmachten, nämlich die Prokura und die Handlungsvollmacht. Bei ihnen ist der Umfang der Vollmacht gesetzlich festgelegt. Auch im sozialrechtlichen Verfahren kann man sich durch einen Bevollmächtigten vertreten lassen. Neben den rechtsgeschäftlich übertragenen Vollmachten gibt es die gesetzliche Vertretungsmacht. Der gesetzlichen Vertretungsmacht gleichgestellt ist die Vertretung juristischer Personen mittels ihrer Organe.

Da ein Vertreter eine eigene Willenserklärung abgibt, muss sich der Vertretene die Willensmängel oder besonderen Kenntnisse seines Vertreters zurechnen lassen.

Der Vertreter muss deutlich machen, dass er im Namen des Vertretenen handelt. Macht er dies nicht offenkundig, so wird er selbst aus dem abgeschlossenen Rechtsgeschäft verpflichtet. Keine Offenlegung ist erforderlich bei den Bargeschäften des täglichen Lebens.

Schließt ein Vertreter ohne Vertretungsmacht einen Vertrag, so ist dieser schwebend unwirksam. Der Vertrag kann durch Genehmigung des Vertretenen wirksam gemacht werden. Unterbleibt die Genehmigung, so haftet der Vertreter ohne Vertretungsmacht dem Dritten wahlweise auf Vertragserfüllung oder Schadensersatz wegen Nichterfüllung.

Aufgaben

1. Wozu benötigt man im Geschäftsleben die Stellvertretung?

2. Nennen Sie die drei Voraussetzungen für eine wirksame Stellvertretung.

3. Was versteht man unter einer Vollmacht? Kennen Sie verschiedene Vollmachten? Wodurch unterscheiden sich diese Vollmachten voneinander?

4. Beschreiben Sie die wichtigsten Fallgruppen für die gesetzlich erteilte Vertretungsmacht.

5. Warum sind Insichgeschäfte grundsätzlich verboten?

6. Herr Paschke schickt seine dreizehnjährige Tochter Saskia in das Autohaus Brenner und trägt ihr auf, einen neuen Sportwagen für ihn zu kaufen. Geht das?

7. Frau Schütz ist Generalbevollmächtigte des Lebensmittelhändlers Rettich. Sie schließt mit Herrn Stengel, Prokurist des Gewürzherstellers „Grün", im Namen von Rettich einen Kaufvertrag über 1 000 Kräutersalz-Packungen ab. Wer sind die Vertragspartner des Kaufvertrages?

8. Frau Perl ist Verkäuferin der Schmuckabteilung eines großen Warenhauses. Ihr ist bekannt, dass für die Kosmetikabteilung ein(e) Auszubildende(r) gesucht wird. Als sich die siebzehnjährige Sabine Baum im Kaufhof umschaut und Interesse an dem Ausbildungsplatz bekundet, sagt Frau Perl ihr kurzentschlossen zu. Hochbeglückt geht Sabine nach Hause. Hat sie jetzt einen Ausbildungsplatz im Warenhaus?

9. Bruno beauftragt und bevollmächtigt seinen Freund Franz, für ihn beim Hundezüchter Burr einen Dackelwelpen für 800,00 € zu besorgen. Noch bevor Franz den Hund gekauft hat, überlegt Bruno es sich anders und teilt Franz mit, dass er den Auftrag zum Kauf des Dackelwelpens widerrufe. Was passiert, wenn Franz trotzdem im Namen von Bruno einen Dackelwelpen bei Hundezüchter Burr kauft?

2.10 Fristen, Termine und deren Berechnung

2.10.1 Bedeutung von Zeitbestimmungen

Die Festlegung der Zeit hat innerhalb unserer Kultur einen hohen Stellenwert. Der gegenwärtig gebräuchliche Kalender wurde im Jahre 1582 von Papst Gregor XIII. **(Gregorianischer Kalender)** eingeführt. Die Uhrzeit richtet sich nach dem Zeitgesetz. Danach gilt in Deutschland die **mitteleuropäische Zeit**.

Bei der Durchführung von Rechtsgeschäften spielen zeitliche Bestimmungen eine große Rolle. So zum Beispiel, wenn eine Vertragspartei der anderen einen Termin nennt, bis zu dem eine bestimmte Leistung erbracht sein muss. Aber auch in gerichtlichen oder behördlichen Anordnungen kommen Termine oder Fristen vor. Desgleichen enthalten auch viele gesetzliche Vorschriften Zeitbestimmungen, wie zum Beispiel die §§ 121, 124 BGB für die Anfechtung von Willenserklärungen nach den §§ 119, 123 BGB. Die §§ 187–193 BGB enthalten Auslegungsregeln darüber, wie solche Frist- oder Terminbestimmungen zu verstehen sind. Diese Vorschriften gelten nicht nur für das Zivilrecht, sondern für alle Rechtsgebiete, also zum Beispiel auch für das Verwaltungsrecht oder das Strafrecht. Für das Recht der Sozialversicherung gelten die Regelungen des BGB gleichfalls; sie sind dort teilweise ergänzt oder eingeschränkt durch spezielle Vorschriften des SGB X (= 10. Buch des Sozialgesetzbuches).

Unter einer **Frist** ist ein **abgegrenzter Zeitraum** zu verstehen, der **bestimmt** bezeichnet ist oder den man jedenfalls bestimmt bezeichen kann. Dieser Zeitraum muss **nicht unbedingt zusammenhängend** verlaufen. Ein **Termin** ist demgegenüber ein bestimmter **Zeitpunkt**, zu dem etwas geschieht oder an dem etwas bewirkt werden soll.

Beispiel

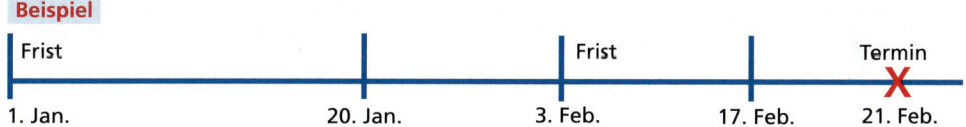

Die Zeiträume vom 1. Januar bis 20. Januar und vom 3. Februar bis zum 17. Februar sind jeweils Fristen. Der Zeitpunkt des 21. Februar ist ein Termin.

2.10.2 Berechnung der Fristen nach dem BGB und dem SGB X

Im BGB und auch in anderen Rechtsgebieten werden Fristen nach **ganzen Kalendertagen** berechnet (= Zivilkomputation), da die Berücksichtigung von Stunden oder gar Minuten zu aufwendig wäre. Eine Frist hat also immer einen ganzen Tag als Fristbeginn oder Fristende. Die **gesetzlichen Fristen** lassen sich unterteilen in **verfahrensrechtliche Fristen** (z. B Antragsfristen, Rechtsbehelfsfristen) und **Fristen, die dem materiellen Recht entnommen sind**, wie zum Beispiel die im Anschluss noch zu erörternden Verjährungsfristen.

2.10.2.1 Fristbeginn

Nach § 187 BGB ist beim Fristbeginn zu unterscheiden zwischen:

1. Fristen, deren Lauf mit dem Ereignis eines bestimmten Tages beginnen.

Beispiel

Anfechtungsfrist läuft ab Kenntnis des Anfechtungsgrundes, Rechtsmittelfrist läuft ab Verkündung des Urteils.

2. Fristen, die ohne Ereignis zu laufen beginnen.

Beispiel

Ein befristetes Arbeitsverhältnis beginnt mit dem 1. Arbeitstag und endet mit dem letzten.

Bei Fristen, an deren Anfang ein Ereignis steht, wird nach § 187 I BGB der **Ereignistag nicht mitgerechnet**.

Wird also zum Beispiel ein Gerichtsbescheid durch die Post mit Zustellungsurkunde zugestellt, so wird der Tag der Zustellung (= Ereignistag) bei der Fristberechnung nicht mitgerechnet.

Beispiel
Ist der Zustellungstag der 4. Juni, so beginnt die Frist am 5. Juni zu laufen, wobei der 4. Juni um Mitternacht endet und der 5. Juni nach Mitternacht beginnt.

Im Sozialrecht findet sich in § 26 SGB X gleichfalls eine Regelung über Fristen und Termine. § 26 I SGB X verweist pauschal auf die Regelungen des BGB, soweit die folgenden Absätze des § 26 keine abweichenden Regelungen enthalten. § 26 II SGB X trifft eine Aussage zum Fristbeginn. Der Grundgedanke des § 187 I BGB wird hier auf behördliche Fristen angewendet. Danach beginnt eine Frist, die von einer Behörde gesetzt wird, mit dem Tag zu laufen, der auf die Bekanntgabe der Frist folgt.

Beispiel
Setzt eine Behörde eine zweiwöchige Frist, um Beweismittel beizubringen (§ 21 II SGB X), so beginnt die Frist einen Tag nach der Bekanntgabe dieser Frist zu laufen. Eine Behörde darf aber auch einen anderen Fristbeginn bestimmen, zum Beispiel ab einem bestimmten, festgelegten Datum.

Bei Fristen, die **ohne Ereignis** zu laufen beginnen und für die dementsprechend der Beginn eines Tages als Fristanfang maßgeblich ist, wird dieser **Tag** nach § 187 II 1 BGB bei der Frist **mitberechnet**.

Beispiel
Das Gesetz nennt in § 187 II 2 BGB selbst ein Beispiel. Bei der Berechnung des Lebensalters wird der Tag der Geburt mitgezählt.

2.10.2.2 Fristende

In § 188 BGB ist geregelt, zu welchem Zeitpunkt eine Frist endet.
Eine **Tagesfrist** (= Frist, die nach Tagen berechnet wird) endet um Mitternacht des letzten Tages der Frist (§ 188 I BGB).

Damit zum Beispiel eine Frist, die ein Gericht setzt, voll ausgenutzt werden kann, haben die Gerichte **Nachtbriefkästen** angebracht. Dort kann man bis Mitternacht noch Briefe einwerfen, die in ein Behältnis für den Tag kommen, der noch bis Mitternacht dauert. Nach Mitternacht legt sich eine Klappe um, sodass die dann eingeworfene Post in den Behälter für den neu angebrochenen Tag kommt.

Eine **Wochen- oder Monatsfrist mit Ereignistag** endet mit Ablauf des Tages, der durch Benennung oder Zahl dem Ereignistag des letzten Monats oder der letzten Woche entspricht (§ 188 II BGB).

Wenn der Ereignistag (z. B. der Tag der Zustellung) der 3. Januar ist und die Frist einen Monat beträgt, so endet die Frist am 3. Februar, 00:00 Uhr.
Wenn der Ereignistag ein Montag ist und die Frist eine Woche beträgt, so endet die Frist am Montag der darauffolgenden Woche um 00:00 Uhr.

Eine **Wochen- oder Monatsfrist ohne Ereignistag** endet mit Ablauf des Tages der letzten Woche oder des letzten Monats, welcher dem Tag vorhergeht, der durch Benennung oder Zahl dem Anfangstag der Frist entspricht (§ 188 II BGB).

Wenn ein Arbeitsverhältnis vom 3. Januar an einen Monat dauern soll, so endet es am 2. Februar, 00:00 Uhr.

2.10.2.3 Sonn-/Feiertage und Samstage

§ 193 BGB trifft eine besondere Regelung für Samstage, Sonntage und Feiertage. Um das Wochenende und Feiertage von Rechtsgeschäften „freizuhalten", wird die Abgabe von Willenserklärungen oder die Bewirkung von Leistungen, die auf einen Feiertag oder das Wochenende fallen, einfach **um einen Tag verschoben**.

Eine Frist, die eigentlich am Samstag oder Sonntag enden würde, endet dann erst am Montag. Eine Frist, die eigentlich am 2. Weihnachtsfeiertag enden würde, endet dann einen Tag darauf.

§ 26 III SGB X erweitert § 193 BGB auf alle Fristen, die im Sozialrecht vorkommen. Während § 193 BGB sich lediglich auf Fristen bezieht, die die Abgabe von Willenserklärungen bzw. das Bewirken von Leistungen zum Inhalt haben, bezieht sich § 26 III SGB X auch auf sämtliche **Verfahrenshandlungen,** die von einer Frist betroffen sind.
Eine weitere Besonderheit enthält § 26 IV SGB X. Die im BGB übliche **Fristverlängerung** bei Fristende am Samstag, Sonntag oder Feiertag ist im Sozialrecht **nicht anwendbar auf die Berechnung der Dauer von befristeten Sozialleistungen.**

Wenn ein Arbeitnehmer Anspruch auf Krankengeld hat und seine Krankheit von Montag bis zum nächsten Sonntag dauert, so wird die Zahlung des Krankengeldes pünktlich am Sonntag eingestellt.

2.10.2.4 Auslegungshilfen bei Zeitangaben

Formulierungen, mit denen Zeiträume bezeichnet werden, tauchen immer wieder im Geschäftsleben auf. Um von vornherein Missverständnisse zu vermeiden, stellt das BGB **Auslegungsregeln** zur Verfügung, aus denen ersichtlich wird, wie solche **Zeitbegriffe** zu verstehen sind. Einen Überblick vermittelt die folgende Tabelle:

Vorschrift	Redewendung	Interpretation
§ 189 BGB	$\frac{1}{2}$ Jahr	= 6 Monate
	$\frac{1}{4}$ Jahr	= 3 Monate
	$\frac{1}{2}$ Monat	= 15 Tage
§ 192 BGB	Anfang des Monats Mitte des Monats Ende des Monats	= 1. des Monats = 15. des Monats = letzter Tag des Monats
§ 191 BGB	Für Zeiträume, die nicht zusammenhängend verlaufen: Monat Jahr	 = 30 Tage = 365 Tage

Nach § 189 II BGB (bitte lesen) kann man außerdem die Frage beantworten, wann 1,5 Monate verstrichen sind. Danach ist zuerst der Monat zu berücksichtigen und anschließend der halbe Monat (= 15 Tage).

Beispiel

Wann endet eine Frist ohne Ereignistag von 1,5 Monaten, die genau am 18. Januar beginnt?

18. Jan.	17. Feb.	4. März
1 Monat	15 Tage	

Eine Monatsfrist ohne Ereignistag, die am 18. Januar beginnt, endet am 17. Februar. Wenn ab dem 17. Februar noch 15 Tage hinzugezählt werden (Februar = 28 Tage), endet die Frist von insgesamt 1,5 Monaten am 4. März.

2.10.2.5 Fristverlängerung

Eine besondere Vorschrift für das Sozialrecht ist § 26 VII SGB X. Aus dieser Bestimmung geht hervor, dass eine Behörde **die von ihr selbst gesetzte Frist verlängern** darf. Dies gilt jedoch **nicht** für **gesetzliche Fristen**, das heißt solche, die sich aus dem Gesetz ergeben. Bei ihnen ist eine Verlängerung nach Fristablauf nicht erlaubt.

2.11 Verjährung von Ansprüchen

2.11.1 Begriff und Zweck der Verjährung

Unsere Rechtsordnung hat sich dafür entschieden, dass Rechtsansprüche nicht beliebig lange durchsetzbar sein sollen. Aus diesem Grunde gibt es die **Verjährung**. Die Verjährung **entkräftet einen Anspruch durch Zeitablauf**. Derjenige, der einen Anspruch zu erfüllen hat, weil er beispielsweise durch einen Vertrag zur Zahlung eines bestimmten Geldbetrages verpflichtet ist, darf nach Ablauf der Verjährungsfrist die **Leistung dauerhaft verweigern**. Grundsätzlich sind alle vertraglichen und gesetzlichen Ansprüche der Verjährung unterworfen. Es gibt allerdings auch unverjährbare Ansprüche, wie zum Beispiel die familienrechtlichen Ansprüche im Sinne des § 194 II BGB oder die Ansprüche aus Rechten, die im Grundbuch eingetragen sind (§ 902 BGB).

Die Verjährung hat folgenden Sinn:

▶ Der Schuldner soll davor geschützt werden, dass gegen ihn veraltete Ansprüche geltend gemacht werden. Wenn Ansprüche nämlich zu weit zurückliegen, so kann der Schuldner oftmals nicht mehr **beweisen**, ob der Anspruch berechtigt ist oder nicht bzw. welchen genauen Inhalt der Anspruch hat.

▶ Durch die Undurchsetzbarkeit von Ansprüchen, die sehr weit zurückliegen, wird das Recht für den Schuldner „sicher", da er weiß, ab wann er mit der Geltendmachung bestimmter Forderungen nicht mehr zu rechnen braucht. Umgekehrt weiß auch der Gläubiger, bis wann er seine Ansprüche geltend machen muss. Damit dient die Verjährung der **Sicherheitsfunktion** des Rechts.

▶ Die Verjährung hat über den Schuldnerschutz hinaus eine friedensstiftende Funktion für die Gesamtrechtsordnung (= **Friedensfunktion**). Rechtszustände, die lange von Gläubiger und Schuldner so belassen wurden, sollen irgendwann einmal auch so bleiben. Kurze Verjährungsfristen zwingen zudem die Parteien zur zügigen Abwicklung von Rechtsgeschäften. Auch dies wirkt letztlich befriedend.

2.11.2 Wirkung der Verjährung

Die Verjährung ist eine **Einrede** (§ 214 BGB). Dies bedeutet, dass der Rechtsanspruch in seiner Existenz unangetastet bleibt. Derjenige, der sich auf die Einrede der Verjährung beruft, darf seine Leistung aber dauerhaft verweigern. Da ein verjährter Anspruch nach wie vor besteht, ergeben sich hieraus Konsequenzen:

▶ Im Prozess muss der Schuldner, gegen den der Gläubiger eine verjährte Forderung geltend macht, die **Einrede** der Verjährung **erheben**, das heißt sich auf die Verjährung ausdrücklich berufen. Tut er dies nicht, so muss er (die nach wie vor bestehende) Forderung begleichen.

▶ Ein Schuldner, der eine verjährte Forderung beglichen hat, kann später vom Gläubiger **keine Rückzahlung** verlangen, da er ja auf eine existente Forderung geleistet hat.

2.11.3 Verjährungsfristen

Der Zeitraum, innerhalb dessen ein Anspruch verjährt, ist nicht für alle Ansprüche gleich lang. Bei der Entscheidung, wie lange eine Verjährungsfrist sein soll, muss der Gesetzgeber die jeweiligen Interessen des Schuldners und Gläubigers berücksichtigen.

Beispiel

Gewährleistungsansprüche des Käufers aus einem Kaufvertrag verjähren in einem überschaubaren Zeitraum von zwei Jahren, damit der Verkäufer weiß, bis wann er mit Beanstandungen des Käufers zu rechnen hat. Ein Herausgabeanspruch des Eigentümers gegenüber dem Besitzer einer Sache verjährt erst in 30 Jahren, da das Eigentum eine vom Gesetz stark geschützte Rechtsposition ist und einem Eigentümer die Durchsetzung seiner hieraus resultierenden Rechte sehr lange möglich sein soll.

Im Gesetz findet sich ein System von Verjährungsfristen:

▶ regelmäßige Verjährungsfrist: §§ 195, 199 BGB,

▶ Sonderverjährungsfristen: §§ 196, 197 BGB,

▶ gewährleistungsrechtliche Sonderverjährung (§ 438 BGB für den Kaufvertrag).

2.11.3.1 Regelmäßige Verjährungsfrist und Maximalfristen

Regelmäßige Verjährungsfrist

Die **regelmäßige** Verjährungsfrist beträgt nach § 195 BGB drei Jahre. Man spricht auch von **Einheitsverjährung**, da von dieser Regelfrist grundsätzlich alle Ansprüche außer die in den §§ 196, 197 BGB aufgezählten Ansprüche und soweit keine sonstige Spezialregel eingreift, erfasst sind.

Beispiel

In drei Jahren verjähren rechtsgeschäftliche Ansprüche auf die Primärleistung, wie etwa der Anspruch auf die Sache oder das Entgelt beim Kaufvertrag.

Nach § 199 I BGB beginnt die regelmäßige Verjährungsfrist ab dem Schluss des Jahres zu laufen, in dem der Anspruch entstanden ist (**Ultimoverjährung**). Diese Verlagerung des Verjährungsbeginns auf das Jahresende soll dem Gläubiger seine Fristenüberwachung erleichtern. § 199 I BGB beinhaltet aber noch ein weiteres Kriterium für den Beginn der regelmäßigen Verjährungsfrist. Die regelmäßige Verjährungsfrist beginnt nämlich erst ab dem Jahresende desjenigen Jahres zu laufen, in welchem der Gläubiger von den anspruchsbegründenden Tatsachen und der Person des Schuldners Kenntnis erlangt hat bzw. ohne grobe Fahrlässigkeit hätte erlangen müssen (**subjektives Verjährungssystem**).

Beispiel

Herr Hülse schuldet Herrn Gerstner aus einem Kaufvertrag, der am 05.02.2013 abgeschlossen wurde, die Zahlung von 5 000,00 €. Die Verjährung der fälligen Kaufpreisforderung würde objektiv am Ende des Jahres 2013 zu laufen beginnen. Da Herr Gerstner als Vertragspartner von der Kaufpreisforderung weiß (subjektive Kenntnis), ist auch das subjektive Kriterium des § 199 I erfüllt und die Regelverjährung beginnt tatsächlich am Ende des Jahres 2013.

Da der Fristbeginn subjektiv bestimmt wird, kann er in jedem Fall anders sein.

Beispiel

Falls Herr Gerstner im Jahr 2013 verstirbt und die Erben als seine Rechtsnachfolger den Kaufvertrag erst im Juni 2014 in den Unterlagen des Verstorbenen finden, so beginnt der Fristenlauf erst am Ende des Jahres 2014.

Das subjektive Verjährungssystem soll einen Ausgleich für die sehr kurz gehaltene regelmäßige Verjährungsfrist herstellen. Ein Anspruch soll nicht verjähren können, bevor der Gläubiger überhaupt weiß bzw. wissen kann, dass ihm ein solcher zusteht.

Maximalfristen

Fall: Chemieunfall

Chemiearbeiter Schulze atmet am 01.06.1980 bei seiner Arbeit im Chemiewerk Meyer AG giftige Substanzen ein, die 20 Jahre später eine Krebserkrankung bei Herrn Schulze verursachen. Ist der Anspruch wegen der Gesundheitsverletzung von Herrn Schulze gegenüber seinem Arbeitgeber bereits verjährt?

Variante zum Fall:

Herr Schulze erkrankt erst im Jahr 2009 an Krebs. Wann tritt Verjährung ein?

Infolge des subjektiven Verjährungssystems besteht die Gefahr, dass Ansprüche, von denen der Gläubiger nie erfährt, „faktisch" nie verjähren.

Beispiel

Ein Unbekannter kratzt Rillen in den Lack von Frau Müllers Auto. Wenn Frau Müller niemals herausfindet, wer den Schaden verursacht hat, so kann sie mangels Kenntnis von der Person des Schuldners ihren Schadensersatzanspruch nicht geltend machen und dieser würde nach einem rein subjektiven Verjährungssystem nie verjähren.

Im Interesse der Rechtssicherheit und Rechtsbefriedung ist die regelmäßige Verjährungsfrist deswegen durch **Maximalfristen** begrenzt, nach deren Ablauf ein Anspruch **auf jeden Fall verjährt** ist. Solche Maximalfristen finden sich in § 199 II bis IV BGB. Dort wird unterschieden zwischen Schadensersatzansprüchen, die in spätestens 10 bis 30 Jahren verjähren (§ 199 II, III BGB), Ansprüchen, die auf einem Erbfall beruhen und in spätestens 30 Jahren verjähren (§ 199 III a BGB) und sonstigen Ansprüchen, für welche eine Verjährungshöchstfrist von 10 Jahren gilt (§ 199 IV BGB).

▶ Schadensersatzansprüche, die auf der Verletzung des Lebens, des Körpers, der Gesundheit oder der Freiheit beruhen, verjähren unabhängig von der Kenntnis des Gläubigers spätestens in 30 Jahren ab dem Ereignis, das den Schaden ausgelöst hat (§ 199 II BGB).

Lösung des Falls

Für den Anspruch von Herrn Schulze wegen der Gesundheitsverletzung ist die regelmäßige Verjährungsfrist nach § 195 BGB sowie die Maximalfrist aus § 199 II BGB maßgeblich. Die Maximalfrist begann ab dem schädigenden Ereignis am 01.06.1980 zu laufen und endete 30 Jahre später am 01.06.2010. Die regelmäßige Verjährungsfrist begann ab Kenntnis des Herrn Schulze von seiner Erkrankung ab Ende 2000 zu laufen und endete 3 Jahre später im Jahr 2003. Da hier die regelmäßige Verjährungsfrist vor der Maximalfrist abläuft, gilt die regelmäßige Verjährungsfrist und der Anspruch des Herrn Schulze verjährt Ende 2003. Eine Maximalfrist kommt nur zum Tragen, falls die regelmäßige Verjährungsfrist über diese hinausreicht.

Lösung der Fallvariante

Wie im Fall oben, beginnt die Maximalfrist am 01.06.1980 und endet am 01.06.2010. Die regelmäßige Verjährungsfrist beginnt hier allerdings mit Kenntnis des Herrn Schulze erst im Jahr 2009 und endet drei Jahre später im Jahr 2012. Hier läuft also die regelmäßige Verjährungsfrist erst nach der Maximalfrist ab. Für die Verjährung des Anspruchs gilt die Maximalfrist, da sie für den geltend gemachten Anspruch die höchste Frist ist, die das Gesetz gewährt.

▶ Die übrigen Schadensersatzansprüche, die nicht auf einer Verletzung höchstpersönlicher Rechtsgüter beruhen und bei denen der Schaden bereits eingetreten ist, verjähren in spätestens zehn Jahren ab dem Schadenseintritt (§ 199 III Nr. 1 BGB).

Beispiel

Frau Günther fährt am 10.01.2008 in den Gartenzaun von Frau Frenzel, der sofort umfällt. Frau Frenzel erfährt erst im Jahr 2010, dass Frau Günther die Verursacherin des Schadens ist. Die regelmäßige Verjährungsfrist beginnt Ende 2010 und endet mit Ablauf des Jahres 2013. Die Maximalfrist aus § 199 III Nr. 1 BGB beginnt ab Eintritt des Sachschadens am 10.01.2008 und endet am 10.01.2018. Der Anspruch auf Ersatz des Sachschadens verjährt Ende 2013 mit Ablauf der regelmäßigen Verjährungsfrist.

▶ In den Fällen, in denen der Schaden noch nicht eingetreten ist, verjähren sonstige Schadensersatzansprüche spätestens in 30 Jahren ab der schädigenden Handlung (§ 199 III Nr. 2 BGB).

▶ Auch erbrechtliche Ansprüche unterliegen der Regelverjährung von drei Jahren. Für Ansprüche, die auf einem Erbfall beruhen oder deren Geltendmachung die Kenntnis einer Verfügung von Todes wegen voraussetzen, gilt eine Verjährungshöchstfrist von 30 Jahren (§ 199 III a BGB).

▶ Für sonstige Ansprüche, die keine Schadensersatzansprüche sind, gilt nach § 199 IV BGB eine Maximalfrist von 10 Jahren ab Anspruchsentstehung.

Ein Bereicherungsanspruch, der am 17.06.2006 entsteht und von dessen Existenz der Gläubiger am 01.03.2010 Kenntnis erlangt, würde nach der regelmäßigen Verjährungsfrist Ende 2013 verjähren. Die Maximalfrist läuft dagegen erst am 17.06.2016 ab. Der Anspruch ist hier mit Ablauf der regelmäßigen Verjährungsfrist Ende 2013 verjährt.

2.11.3.2 Sonderverjährungsfristen

Für einige Ansprüche bestimmt das Gesetz **Sonderverjährungsfristen**, die von der Regelverjährung nach § 195 BGB abweichen (§§ 196, 197 BGB).
Nach § 196 BGB verjähren die Rechte an einem Grundstück in zehn Jahren.

Ansprüche auf Übertragung des Eigentums an einem Grundstück, beispielsweise wegen einer „stehengelassenen" Grundschuld, Ansprüche auf Begründung, Übertragung, Aufhebung eines Rechts an einem Grundstück, Ansprüche auf Änderung des Inhalts an einem solchen Recht.

Eine dreißigjährige kenntnisunabhängige Verjährungsfrist gilt nach § 197 BGB für

▶ Herausgabeansprüche aus dinglichen Rechten, wie zum Beispiel dem Herausgabeanspruch gemäß § 985 BGB aus Eigentum,

▶ Beseitigungs- und Unterlassungsansprüche, wie zum Beispiel aus § 1004 BGB,

▶ rechtskräftig festgestellte und ähnliche Ansprüche,

▶ Ansprüche aus vollstreckbaren Vergleichen oder vollstreckbaren Urkunden,

▶ Schadensersatzansprüche, die auf der vorsätzlichen Verletzung des Lebens, des Körpers, der Gesundheit, der Freiheit oder der sexuellen Selbstbestimmung beruhen.

2.11.4 Hemmung und Neubeginn der Verjährung

Fall 1: Zu spät?

Hermine Schwarz reicht am 21.12.2016 eine Klage beim Amtsgericht Stuttgart ein, mit der sie Gudrun Weiss auf Zahlung einer Kaufpreisforderung in Höhe von 5 000,00 € verklagt. Die Klage wird Gudrun Weiss am 31.12.2016 zugestellt. Gudrun Weiss wendet ein, dass die Forderung mit Ablauf des 31.12.2016 verjährt war. Sie müsse nun nicht mehr an Hermine Schwarz bezahlen. Hat Gudrun Weiss recht?

Fall 2: Verhandlungen

Frau Sommer stellt einen Defekt ihrer Waschmaschine fest und ruft eine Woche vor Ablauf der gesetzlichen Gewährleistungspflicht beim Verkäufer Herrn Schmidt an. Frau Sommer und Herr Schmidt vereinbaren, dass der Defekt von Herrn Schmidt zuerst begutachtet werden soll, um feststellen zu können, ob nach Art des Defekts ein Sachmangelgewährleistungsanspruch von Frau Sommer überhaupt infrage kommt. Eine Woche später will Herr Schmidt von eventuellen Ansprüchen von Frau Sommer nichts mehr wissen, da ihre Gewährleistungsansprüche ohnehin verjährt seien.

2.11.4.1 Begriff

Eine Verjährungsfrist kann durch den Eintritt bestimmter Ereignisse gehemmt werden. **Hemmung** bedeutet, dass ein gewisser Zeitraum nicht in die Verjährungsfrist mit eingerechnet wird. Vom **Neubeginn** der Verjährung spricht man, wenn ein Ereignis den Lauf einer Verjährungsfrist nochmals von Anfang an neu in Gang setzt. Im Gesetz stellen die Tatbestände, die eine Hemmung der Verjährung herbeiführen, den Regelfall dar.

2.11.4.2 Hemmungstatbestände

Die Verjährung ist nach den §§ 203 ff. BGB gehemmt,

▶ solange sich Gläubiger und Schuldner eines Anspruchs in **Vertragsverhandlungen** über den Anspruch befinden (§ 203 BGB). Um den Gläubiger zu schützen, ist in § 203 BGB eine besondere **Ablaufhemmung** vorgesehen. Danach tritt die Verjährung des Anspruchs frühestens drei Monate nach Ende der Verhandlungen ein.

▶ sobald der Anspruch **gerichtlich geltend gemacht** wird (§ 204 BGB). Dies kann zum Beispiel durch die Erhebung einer Klage oder durch Zustellung eines Mahnbescheids geschehen. Nach § 204 II S. 1 BGB endet die Hemmung erst sechs Monate nach einer rechtskräftigen Entscheidung oder anderen Verfahrensbeendigung (**Ablaufhemmung**). Durch diese Nachfrist soll dem Gläubiger nach Verfahrensabschluss in jedem Fall die Möglichkeit verbleiben, unbehelligt vom Verjährungslauf weitere Rechtsverfolgungsmaßnahmen einzuleiten.

▶ solange der Gläubiger innerhalb der letzten sechs Monate der Verjährungsfrist durch **höhere Gewalt** an der Rechtsverfolgung gehindert ist (§ 206 BGB).

▶ solange der Schuldner aufgrund einer Parteivereinbarung zur Leistungsverweigerung berechtigt ist, zum Beispiel weil ihm die Leistung vom Gläubiger gestundet wurde (§ 205 BGB).

Lösung des Falls 1

Die Klageerhebung führt nach § 204 I Nr. 1 BGB zu einer Hemmung der Verjährung. Die Hemmung tritt bereits mit der Klageerhebung ein, also mit Zustellung der Klageschrift an Gudrun Weiss am 31.12.2016 (siehe § 253 Zivilprozessordnung). Damit ist der Lauf der Verjährungsfrist vorliegend gehemmt und Hermine Schwarz kann ihre Forderung gerichtlich durchsetzen. Die Hemmung endet nach § 204 II BGB sechs Monate, nachdem eine rechtskräftige Entscheidung ergangen ist.

Lösung des Falls 2

Als Frau Sommer bei Herrn Schmidt anruft, sind ihre Sachmängelgewährleistungsrechte noch nicht verjährt. Durch die Aufnahme von Vertragsverhandlungen gem. § 203 BGB ist eventuell eine Hemmung der Verjährung eingetreten. Da Frau Sommer und Herr Schmidt eine Begutachtung der Waschmaschine vereinbart haben, sind sie in Verhandlungen über anspruchsbegründende Umstände getreten. Damit trat eine Hemmung der Verjährung ein, die erst drei Monate nach Beendigung der Verhandlungen endet. Frau Sommer hat also noch genügend Zeit, um eventuelle Gewährleistungsansprüche geltend zu machen.

2.11.4.3 Neubeginn der Verjährung

Erkennt ein Schuldner den Anspruch des Gläubigers an (**Anerkenntnis**), so führt dies zu einem Neubeginn der Verjährung (§ 212 BGB).

Beispiel

Der Schuldner kann einem Anspruch ausdrücklich, aber auch durch Vornahme von Abschlagszahlungen, Zinszahlungen, Sicherheitsleistungen etc. dem Gläubiger gegenüber anerkennen.

Ein Neubeginn der Verjährung kann außerdem durch die **Vornahme von Vollstreckungshandlungen** bewirkt werden (§ 212 BGB).

Beispiel

Sobald eine gerichtliche oder behördliche Vollstreckungshandlung vorgenommen oder beantragt wird, beginnt die Verjährung neu zu laufen.

2.11.5 Verjährungsfristen im Sozialrecht

Im Sozialrecht beträgt die regelmäßige Verjährungsfrist für Ansprüche auf Sozialleistungen vier Jahre (§ 45 SGB I). Spezielle Verjährungsfristen für den Bereich der Sozialversicherung finden sich in den §§ 25, 27 SGB IV. Einen Kurzüberblick über diese Fristen gibt das folgende Schaubild.

	Norm	Antwort	Verjährungsfrist
SGB I = **Allgemeiner Teil**	§ 45	Ansprüche auf Sozialleistungen	4 Jahre
SGB IV = **Sozialversiche-** **rung**	§ 25 I 1	▶ Ansprüche auf Beiträge der Sozialversicherung, wenn sie nicht vorsätzlich vorenthalten wurden.	4 Jahre
	§ 25 I 2	▶ Ansprüche auf Beiträge der Sozialversicherung, die vorsätzlich vorenthalten wurden.	30 Jahre
	§ 27 II 1	▶ Erstattungsanspruch (§ 26) gegen den Versicherungsträger wegen zu Unrecht entrichteter Beiträge.	4 Jahre

Die Verjährungsfrist beginnt bei den Ansprüchen nach § 25 SGB IV mit dem Ablauf des Kalenderjahres, in dem die Ansprüche fällig geworden sind, zu laufen. Bei § 27 SGB IV ist der Beginn der Verjährungsfrist der Ablauf des Kalenderjahres, in dem die Beiträge entrichtet wurden. Bei § 45 SGB I ist als Beginn der Verjährungsfrist der Ablauf des Kalenderjahres entscheidend, in dem die Ansprüche entstanden sind.

System der Verjährungsfristen
regelmäßige Verjährungsfrist: §§ 195, 199 BGB Begrenzung durch Maximalfristen: §§ 199 II–IV BGB
Sonderverjährungsfristen: §§ 196, 197 BGB
gewährleistungsrechtliche Sonderverjährung: z. B. § 438 BGB

Die Verjährung ist eine Einrede, die vom Schuldner geltend gemacht werden muss.

Aufgaben

1. Frau Flink, eine Angestellte der AOK Tübingen, bemerkt im Juli 2016, dass von dem Krankenkassenmitglied Hermine Wimmer im Jahr 2012 aus Versehen 250,00 € zu wenig Krankenkassenbeiträge verlangt wurden. Die Krankenkasse möchte, dass Frau Wimmer den Betrag nachbezahlt. Wann tritt Verjährung ein?

2. Ursel Frey verkauft im Mai 2009 durch notariell beurkundeten Kaufvertrag ein Grundstück an Lothar Maus. Aufgrund privater Schwierigkeiten verlangt Lothar Maus erst sieben Jahre später die Auflassung. Ursel Frey, die zwischenzeitlich ihre Meinung geändert hat, weigert sich, die Auflassung zu erklären, da der Anspruch des Lothar Maus ohnehin schon verjährt sei.

3   Bürgerliches Recht – Recht der Schuldverhältnisse

3.1   Begriff des Schuldverhältnisses

Das 2. Buch des BGB (kurz: Schuldrecht) handelt von den Schuldverhältnissen. In § 241 BGB ist zu lesen: „Kraft des Schuldverhältnisses ist der Gläubiger berechtigt, von dem Schuldner eine Leistung zu fordern." Die einfachste Form eines Schuldverhältnisses ist ein Rechtsverhältnis zwischen zwei Personen, das die eine Person berechtigt, von der anderen Person eine Leistung zu verlangen (= einseitig verpflichtender Vertrag).

Beispiel

Angelika verlangt aufgrund eines Schenkungsvertrages das versprochene Geschenk von Waltraud heraus.

Die berechtigte Person heißt **Gläubiger**, die verpflichtete Person nennt man **Schuldner**.

Unter einer **Forderung** oder einem Anspruch versteht man das **Recht des Gläubigers, vom Schuldner eine Leistung zu verlangen.** Ein solches Forderungsrecht besteht nur gegenüber dem Schuldner und wird deshalb auch als **relatives Recht** bezeichnet.

Beispiel

Wenn Maier der Gläubiger und Müller der Schuldner einer Kaufpreisforderung in Höhe von 10 000,00 € ist, so kann Maier nur von Müller die Zahlung der 10 000,00 € verlangen.

Der Gegensatz zu einem relativen Recht (= schuldrechtliche Forderung) ist ein **absolutes Recht,** das gegenüber jedermann gilt. Ein Hauptbeispiel ist das **Eigentum**. Der Eigentümer einer Sache kann von jeder Person die Respektierung seines Eigentums verlangen.

Die zu erbringende **Leistung**, die aus der Sicht des Schuldners die Schuld, aus der Sicht des Gläubigers das Geschuldete ist, kann in einer **Tätigkeit** oder in einem **Unterlassen** bestehen.

Beispiel

Leistungen, die durch eine Tätigkeit erbracht werden, sind die Zahlung eines Geldbetrages, die Verrichtung einer Dienstleistung (Auto waschen) oder die Übergabe der geschuldeten Ware. Ein geschuldetes Unterlassen ist das Unterlassen des verbotenen Klavierspielens in einem Mietshaus um Mitternacht.

3.2   Schuldrecht des BGB im Überblick

Das 2. Buch des BGB besteht aus sieben Abschnitten, wobei es sich durchgesetzt hat, dass die ersten sechs Abschnitte als allgemeiner Teil des Schuldrechts und der siebente Teil als besonderer Teil des Schuldrechts bezeichnet wird.

Der allgemeine Teil des Schuldrechts enthält diejenigen Regeln, die für alle oder mehrere Schuldverhältnisse gelten. Dazu gehören Regeln über die richtige Erfüllung von Schuldverhältnissen, über auftretende Störungen, über die beteiligten Personen usw.

Im besonderen Teil des Schuldrechts hat der Gesetzgeber einzelne Schuldverhältnisse geregelt. Dazu gehören Verträge, einseitige Rechtsgeschäfte und gesetzliche Schuldverhältnisse.

Als Folge der Vertragsfreiheit gibt es darüber hinaus viele Vertragstypen, die nicht im BGB zu finden sind, aber im Geschäftsleben eine große Bedeutung haben. Dazu gehören:

▶ Hotelvertrag zwischen Gastwirt und Kunde,

▶ Bankvertrag zwischen Kreditinstitut und Kunde,

▶ Leasingvertrag zwischen Leasinggeber und Leasingnehmer,

▶ Baubetreuungsvertrag zwischen Baubetreuer und Bauherr,

▶ Automatenaufstellvertrag zwischen Automatenaufsteller und Gastwirt usw.

Der allgemeine Teil des Schuldrechts gilt nicht nur für den besonderen Teil des Schuldrechts, sondern für das gesamte BGB.

Beispiel

Der Anspruch eines Vermächtnisnehmers gegen den Erben aus § 2174 BGB ist ein schuldrechtlicher Anspruch, für den die Regeln des Schuldrechts gelten.

Neben dem BGB gibt es zahlreiche andere Gesetze, in denen gleichfalls Schuldverhältnisse vorkommen, wie zum Beispiel das Wechselgesetz oder das Straßenverkehrsgesetz. Auch für diese Gesetze gilt der allgemeine Teil des Schuldrechts des BGB, sofern dort keine speziellere Regelung eine Regel des allgemeinen Schuldrechts verdrängt.

3.3 Entstehung von Schuldverhältnissen

3.3.1 Vertragliche und gesetzliche Schuldverhältnisse

Schuldverhältnisse entstehen entweder durch ein Rechtsgeschäft (= vertragliches Schuldverhältnis) oder kraft einer gesetzlichen Regelung (= gesetzliches Schuldverhältnis). Beim vertraglichen Schuldverhältnis kann man sich heraussuchen, mit wem man ein Schuldverhältnis begründet, beim gesetzlichen Schuldverhältnis hängt es von den gesetzlichen Merkmalen ab, wem gegenüber man verpflichtet ist.

Beispiel

Der Verkäufer sucht sich den Käufer als Partner eines Kaufvertrages heraus (= vertragliches Schuldverhältnis). Wer die Sache einer anderen Person beschädigt, schuldet dem Eigentümer der beschädigten Sache aufgrund der Vorschrift des § 823 I BGB Schadensersatz (= gesetzliches Schuldverhältnis).

3.3.2 Rechtsgeschäftliche Begründung eines Schuldverhältnisses

Ein Schuldverhältnis kann durch einen Vertrag, aber auch durch ein einseitiges Rechtsgeschäft begründet werden.

Beispiel

Verträge: Kaufvertrag, Werkvertrag, Dienstvertrag, Schenkungsvertrag, Maklervertrag, Bürgschaft, Mietvertrag usw.

Einseitige Rechtsgeschäfte: Die Auslobung ist das Versprechen einer Belohnung durch eine einseitige öffentliche Erklärung. Eine Stiftung erfolgt durch eine einseitige Erklärung, den Stiftungsakt.

Die **Hauptgruppe der Schuldverhältnisse** sind **Verträge**. Die Verträge lassen sich unterteilen in solche, die beide Vertragspartner zu einer Leistung verpflichten (= gegenseitige Verträge), und solche, die nur einen Vertragspartner zu einer Leistung verpflichten (= einseitig verpflichtende Verträge).

Die meisten Verträge sind gegenseitig. **Gegenseitige Verträge** bezwecken den **Austausch von Leistungen**. Die Leistung des einen Partners ist die Gegenleistung für die Leistung des anderen Partners. Beim gegenseitigen Vertrag sind beide Vertragspartner gleichzeitig Gläubiger und Schuldner. Beim Kaufvertrag ist der Verkäufer Gläubiger der Kaufpreisforderung und schuldet gleichzeitig die Eigentumsverschaffung an einer Ware, die frei von Sach- und Rechtsmängeln ist; der Käufer ist der Schuldner bezüglich der Zahlung des Kaufpreises und gleichzeitig Gläubiger als Empfänger der Ware. Gegenseitige Verträge gehören zur Gruppe der **entgeltlichen Verträge**, da die Leistung des einen Teils nur gegen eine Gegenleistung (= Entgelt) erfolgt.

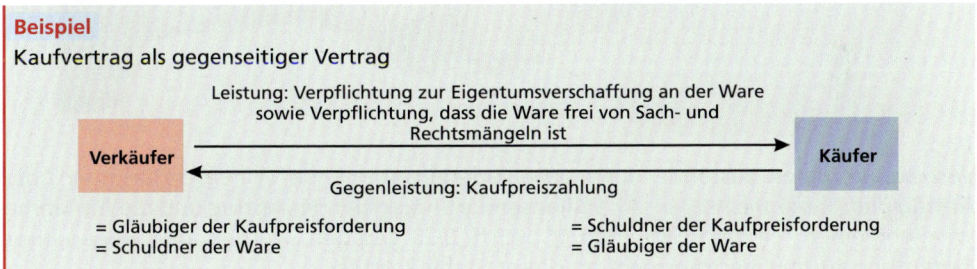

Beispiel
Kaufvertrag als gegenseitiger Vertrag

Neben den gegenseitigen Verträgen gibt es auch solche, die nur eine Person zu einer Leistung verpflichten (= **einseitig verpflichtende Verträge**). Da die Leistung ohne Gegenleistung erfolgt, spricht man auch von **unentgeltlichen** Verträgen.

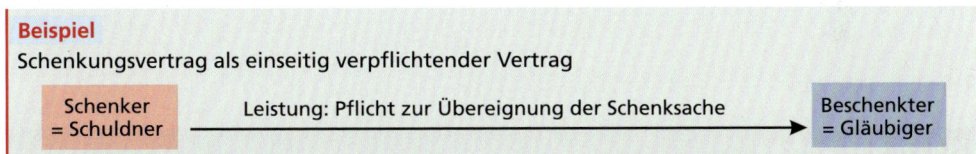

Beispiel
Schenkungsvertrag als einseitig verpflichtender Vertrag

Die Unterscheidung zwischen den gegenseitigen Austauschverträgen und den einseitig verpflichtenden Verträgen ist praktisch bedeutsam: Nur für die gegenseitigen Verträge gelten die Sonderregeln der §§ 320 ff. BGB.

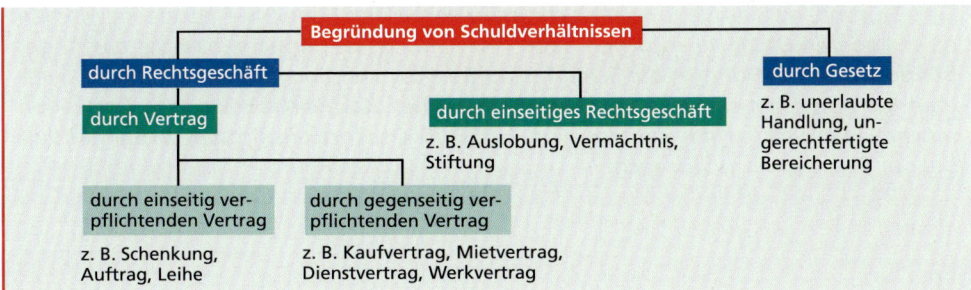

3.3.3 Zustandekommen eines Vertrages

Verträge kommen zustande durch zwei übereinstimmende Willenserklärungen, die **Antrag und Annahme** heißen. Als Willenserklärungen sind der Antrag und die Annahme im allgemeinen Teil des BGB in den §§ 145 ff. BGB geregelt, werden aber wegen ihrer Bedeutung für das Vertragsrecht an dieser Stelle erörtert.

Vertrag		
Willenserklärung: **Antrag**	=	Willenserklärung: **Annahme**

3.3.3.1 Antrag

Fall 1: Die Brosche

In der Schaufensterauslage des Juweliergeschäftes Dohm liegt eine besonders schöne Brosche für 1 000,00 €. Frau Stör sieht die Brosche, geht sofort in das Juweliergeschäft und möchte das Schmuckstück für 1 000,00 € kaufen. Der Juwelier Dohm teilt Frau Stör mit, dass er die Brosche nicht mehr verkaufen könne, weil er sie inzwischen einer anderen Dame versprochen habe. Frau Stör ist der Ansicht, dass sie das Angebot des Juweliers Dohm in der Schaufensterauslage soeben angenommen habe, weshalb sie und Herr Dohm nunmehr Partner eines Kaufvertrages seien. Deswegen möchte Frau Stör gegen Zahlung von 1 000,00 € sofort die Brosche ausgehändigt bekommen. Hat Frau Stör recht?

Der Vertreter Eil bestellt beim Gastwirt Bichler des Landgasthauses „Zum Goldoch-sen" telefonisch ein Gästezimmer der Mittelklasse für den kommenden Dienstag. Als Herr Eil am Dienstag eintrifft, hat Herr Bichler für ihn ein Zimmer für 40,00 € reserviert. Dieses lehnt Vertreter Eil mit der Begründung ab, dass er allenfalls ein Zimmer in der Preisklasse von 25,00 € gewünscht hätte.

Der **Antrag** wird auch **Angebot** oder ausführlicher: **Vertragsangebot** genannt. Das Gesetz selbst verwendet den Begriff Antrag, weshalb er auch in der folgenden Darstel-lung verwendet wird.

Wer einen Vertrag zustande bringen möchte, gibt in der Regel ein Vertragsangebot, also einen **Antrag** ab. Ein solcher Antrag ist eine empfangsbedürftige Willenserklä-rung, durch die einem anderen **ein Vertragsschluss so angeboten wird, dass mit des-sen „Ja" (= der Annahme) der Vertrag zustande gekommen ist.**

Beispiel

In der Äußerung: „Ich wäre nicht abgeneigt, diesen Gegenstand zu kaufen", liegt kein Antrag, da mit dem „Ja" der Gegenseite noch kein Vertrag zustande kommt.

Der Anbietende ist nach § 145 BGB an seinen Antrag **gebunden**, das heißt, wenn sein Antrag angenommen wird, kann er hinterher nicht mehr sagen, er habe es sich jetzt anders überlegt und wolle doch keinen Vertrag. Lehnt der Antragsempfänger den Antrag dagegen ab, so **erlischt** der Antrag (§ 146 BGB). Der gleiche Gegenstand kann dann wieder einem neuen Interessenten angeboten werden.

Ein Antrag ist also eine bedeutsame Erklärung, mit der sich der Antragende festlegt. Eine solche Erklärung muss Mindestvoraussetzungen aufweisen, damit sie **Bindungs-wirkung** entfaltet:

▶ Der Antrag muss einen klaren und bestimmten Inhalt haben, da er sonst nicht ange-nommen werden kann.

▶ Neben einer genauen Beschreibung der Ware oder Dienstleistung sollten auch Neben- oder Serviceleistungen (z. B. Garantien, Hilfsdienste, Zahlungsbedingungen, Lieferbedingungen) Inhalt des späteren Vertrages werden.

Je präziser bereits der Antrag formuliert ist, desto geringere Probleme treten beim Vertragsabschluss und bei der späteren Vertragsabwicklung auf.

Darüber hinaus ist ein **Antrag** aber nur **bindend,**

▶ **wenn** sich der Antragende auch **binden wollte** oder

▶ **wenn** der Empfänger die Erklärung **als verbindliches Angebot auffassen durfte**, was im Wege der **Auslegung** gem. §§ 133, 157 BGB zu ermitteln ist. Darunter versteht man die Interpretation einer Willenserklärung aus der Sicht eines verständigen Emp-fängers (= Auslegung nach dem objektivierten Empfängerhorizont).

Um den Bindungswillen geht es im Fall 1. Die maßgebliche Frage lautet: Wollte der Juwelier Dohm sich durch das Anbieten der Brosche für 1 000,00 € in der Schaufensterauslage wirklich binden? Ein Bindungswille des Juweliers ist hier nach objektiven Maßstäben eindeutig zu verneinen, da Herr Dohm nicht gezwungenermaßen mit jedem Passanten, dem die Brosche gefällt, einen Vertrag schließen möchte. Vielmehr möchte er selbst entscheiden können, wem er seine Brosche verkaufen will. Daher ist erst der von Frau Stör geäußerte Wunsch, die Brosche kaufen zu wollen, ein Antrag. Diesen Antrag hat Juwelier Dohm nicht angenommen, weshalb zwischen ihm und Frau Stör kein Kaufvertrag zustande gekommen ist. Das Präsentieren von Ware im Schaufenster ist also selbst kein Antrag, sondern lediglich die „Einladung" zur Abgabe eines Antrags durch einen Kaufinteressenten.

Gleichfalls keine rechtlich bindenden Anträge, sondern lediglich „Einladungen" zur Abgabe eines Antrags sind die in Zeitungsanzeigen, Werbeprospekten und Katalogen an die Allgemeinheit gerichteten Anpreisungen. Erst der Kaufwillige stellt hier den Antrag. Dieser Antrag kann dann vom Händler immer noch abgelehnt werden, beispielsweise weil die Ware bereits ausverkauft ist.

Um die Frage, wann man eine Erklärung aus Empfängersicht als verbindliches Angebot werten darf, geht es im Fall 2. Hier stellt sich heraus, dass der Gast Herr Eil sich an seinen Antrag (= „Ich bestelle für das Wochenende ein Mittelklasse-Zimmer") nicht gebunden fühlt. Da auch ein Antrag eine Willenserklärung ist, muss die Erklärung des Vertreters Eil nach den Grundsätzen der §§ 133, 157 BGB ausgelegt werden. Die entscheidende Frage lautet also: Konnte der Gastwirt Bichler als objektiver verständiger Empfänger die Erklärung des Herrn Eil als bindenden Antrag werten? Dies ist hier zu bejahen, da Herr Eil keinerlei Anhaltspunkte dafür geliefert hat, dass seine Preisvorstellungen bis exakt 25,00 € gehen und er ein Zimmer nur für 25,00 € nehmen möchte. Mit der Vertragsannahme durch Gastwirt Bichler, die konkludent in der Reservierung des Zimmers für Herrn Eil liegt, ist somit ein Beherbergungsvertrag zwischen Herrn Eil und Gastwirt Bichler zustande gekommen.

Ein Antrag kann auch einem schlüssigen Verhalten entnommen werden (konkludente Willenserklärung).

Beispiel

An der Tankstelle gibt der Autofahrer durch das Ergreifen der Zapfpistole einen Antrag durch schlüssiges Handeln, gerichtet auf den Kauf von Benzin, ab. Der Tankstellenpächter nimmt den Antrag durch Entsperren der Tankzapfsäule, gleichfalls durch schlüssiges Handeln, an.

Auch die Annahme des Antrags kann konkludent erfolgen, wie im obigen Beispiel zur Zimmerreservierung.

3.3.3.2 Annahme

Fall 1: Südwestmesse in Schwenningen

Herr Löhne besucht die Südwestmesse in Schwenningen. Er trägt sich mit dem Gedanken, einen Rasentraktor zu kaufen. Herr Schnell bietet ihm im Verkaufsgespräch an seinem Stand das Modell „Toledo 3000" zum Sondermesspreis von 2 250,00 € an. Herr Löhne will das Vorhaben zuvor noch mit seiner Frau besprechen und stimmt noch nicht zu. Zwei Tage später will Herr Löhne den Vertrag abschließen, stellt aber fest, dass der Verkäufer aufgrund der gestiegenen Nachfrage jetzt den Listenpreis in Höhe von 2 700,00 € verlangt. Kann Herr Löhne den Abschluss des Kaufvertrags zu den vorher angebotenen 2 250,00 € verlangen?

Fall 2: Fruchtkontor Hamburg

Das Fruchtkontor Hamburg bietet am 30. Mai per Fax dem Früchtegroßhandel Brugmann in Tübingen „50 Kisten Südfrüchte" an. Wie lange ist das Fruchtkontor an diesen Antrag gebunden?

Sobald der bindende Antrag abgegeben ist, beginnt Zeit zu verstreichen. Der Antrag muss den Empfänger erreichen (= Transportzeit), der Empfänger muss es sich überlegen, ob er den Antrag annehmen soll (= Überlegenszeit) und die Antwort des Empfängers muss wieder zurück zum Anbietenden (= Übermittlungszeit).

Es liegt im Interesse des Anbieters, dass der **Zeitraum zwischen Antrag und Annahme möglichst kurz** ist, da er in dieser Zeit an seinen Antrag gebunden ist und niemand anderem dasselbe anbieten kann. Andererseits hat es der Anbieter auch selbst in der Hand, zum Beispiel die Transportzeit für seinen Antrag zu verkürzen, indem er ein schnelles Transportmittel wie ein Telegramm, ein Fax, das Telefon oder den Computer wählt. Außerdem legt er dem Empfänger mit der Wahl eines schnellen Transportmittels nahe, gleichfalls ein schnelles Transportmittel für die Rückantwort zu wählen.

Unter **Anwesenden** muss der **Antrag sofort**, d. h. ohne Zögern, **angenommen** werden (§ 147 I 1 BGB). Wenn der Antrag nicht sofort angenommen wird, erlischt er und ist rechtlich nicht mehr existent. Auch ein Telefongespräch ist ein Gespräch unter Anwesenden (vgl. § 147 I 2 BGB). Wird also die Telefonleitung unterbrochen, so erlischt in der Regel ein Antrag.

Lösung des Falls

Im Fall 1 ist der Antrag von Herrn Schnell bereits mit dem Ende des Verkaufsgespräches erloschen. Herr Löhne hätte nämlich sofort zustimmen müssen, um sich den Sondermesspreis zu sichern.

Unter **Abwesenden** muss der **Antrag innerhalb der Zeit angenommen** werden, die der Antragende für den Eingang der Antwort **regelmäßig erwarten darf** (§ 147 II BGB). Innerhalb welchen Zeitraums der Antragende die Antwort erwarten darf, richtet sich nach den Umständen des **Einzelfalls**. Noch einfacher ist die Sachlage, wenn der Antrag von vornherein nur befristet gelten soll, wenn beispielsweise die Annahme bis zu einem bestimmten Termin erklärt werden muss. Nach dem Verstreichen des genannten Termins ist eine Annahme verspätet (§ 148 BGB).

Lösung des Falls

Im Fall 2 hat das Fruchtkontor ein schnelles Transportmittel zur Übermittlung des Antrags gewählt (= Fax). Deshalb darf Hamburg mit einer raschen Rückantwort auf ähnlich schnellem Wege rechnen. Hinzu kommt noch, dass für den Empfänger des Antrags erkennbar ist, dass es sich um verderbliche Ware handelt, für deren Kauf man sich schnell entscheiden muss. Deshalb darf das Fruchtkontor Hamburg hier mit einer Antwort am selben Tag, spätestens aber am nächsten Tag rechnen.

Wenn die Annahme zu spät erfolgt, ist sie rechtlich keineswegs unbedeutsam. § 150 BGB wertet eine **verspätete Annahme** als einen **neuen Antrag**.

Beispiel

Wenn also im obigen Südfrüchte-Beispiel die Annahmeerklärung des Früchtegroßhandels Brugmann erst nach einer Woche eintrifft, so ist die Annahme verspätet. Da die **verspätete Annahme** durch Brugmann als **neuer Antrag** von Brugmann zu verstehen ist, könnte das Fruchtkontor diesen Antrag durch Brugmann **seinerseits annehmen** und auf diese Weise den Vertragsabschluss zustande bringen. Hat das Fruchtkontor kein Interesse mehr am Antrag von Brugmann, weil ein Vertrag evtl. schon mit jemand anderem abgeschlossen wurde, so kann das Fruchtkontor Hamburg den Antrag von Brugmann einfach ignorieren.

Eine **Ausnahme** zu dem Grundsatz, dass eine verspätete Annahme ein neues Vertragsangebot ist, enthält § 149 BGB. Ist die **Verspätung** nämlich **nicht auf das Verhalten des Annehmenden zurückzuführen und weiß der Anbietende dies auch**, so gilt die Annahme (sofern der Anbietende sich nicht äußert) als nicht verspätet. Will der Anbietende sich dagegen von seinem Angebot befreien, so muss er dem Annehmenden die Verspätung anzeigen: Nur dann ist der Antrag erloschen.

Beispiel

Wenn also die verspätete Annahmeerklärung von Brugmann im Südfrüchte-Fall auf einen Post- und Fernmeldestreik zurückzuführen ist und das Fruchtkontor Hamburg dies auch weiß, so muss das Fruchtkontor, falls es seinen Antrag nicht mehr aufrechterhalten will, dem Früchtegroßhandel Brugmann die Verspätung mitteilen. Andernfalls gilt die Annahme des Früchtegroßhandels Brugmann als rechtzeitig und ein Vertrag zwischen dem Fruchtkontor und Brugmann wäre zustande gekommen.

Was geschieht aber, wenn die **Annahme** zwar rechtzeitig erklärt wird, sich aber **inhaltlich nicht mit dem Antrag deckt?** Ein Vertragsschluss kommt hier nicht zustande, da sich bei einem Vertragsschluss der Antrag und die Annahme decken müssen.

In der **Annahmeerklärung** ist aber nach § 150 II BGB ein **neuer Antrag** zu sehen. Wird dieser neue Antrag dann angenommen, so ist ein Vertrag zustande gekommen.

Alfred bietet Erwin seinen Gebrauchtwagen für 4700,00 € an. Erwin sagt: „Ich nehme den Wagen für 4000,00 €." In diesem Fall ist mangels Übereinstimmung von Antrag und Annahme kein Kaufvertrag zustande gekommen. In der Annahmeerklärung von Erwin (4000,00 €) liegt aber gleichzeitig ein neuer Antrag. Sagt deshalb Alfred: „Okay, also dann eben 4000,00 €", so ist zwischen Alfred und Erwin ein Kaufvertrag über 4000,00 € zustande gekommen.

Die Annahmeerklärung ist, wie der Antrag auch, eine empfangsbedürftige Willenserklärung. Eine empfangsbedürftige Willenserklärung muss dem anderen Teil zugehen. Nach § 151 BGB ist der **Zugang der Annahmeerklärung ausnahmsweise nicht erforderlich**, wenn eine Annahmeerklärung **nach der Verkehrssitte nicht zu erwarten** ist **oder** wenn der Anbietende auf eine Annahmeerklärung **verzichtet** hat.

Beispiel

Wenn ein Gast telefonisch ein Hotelzimmer reservieren lässt, gibt der Gastwirt seinen Annahmewillen durch Bereitstellen des Zimmers kund. Dass diese Erklärung dem Gast zugeht, ist nach § 151 BGB nicht erforderlich.

Ein Verzicht auf den Zugang der Annahmeerklärung liegt im Geschäftsleben zum Beispiel auch vor, wenn Waren „express" bestellt werden.

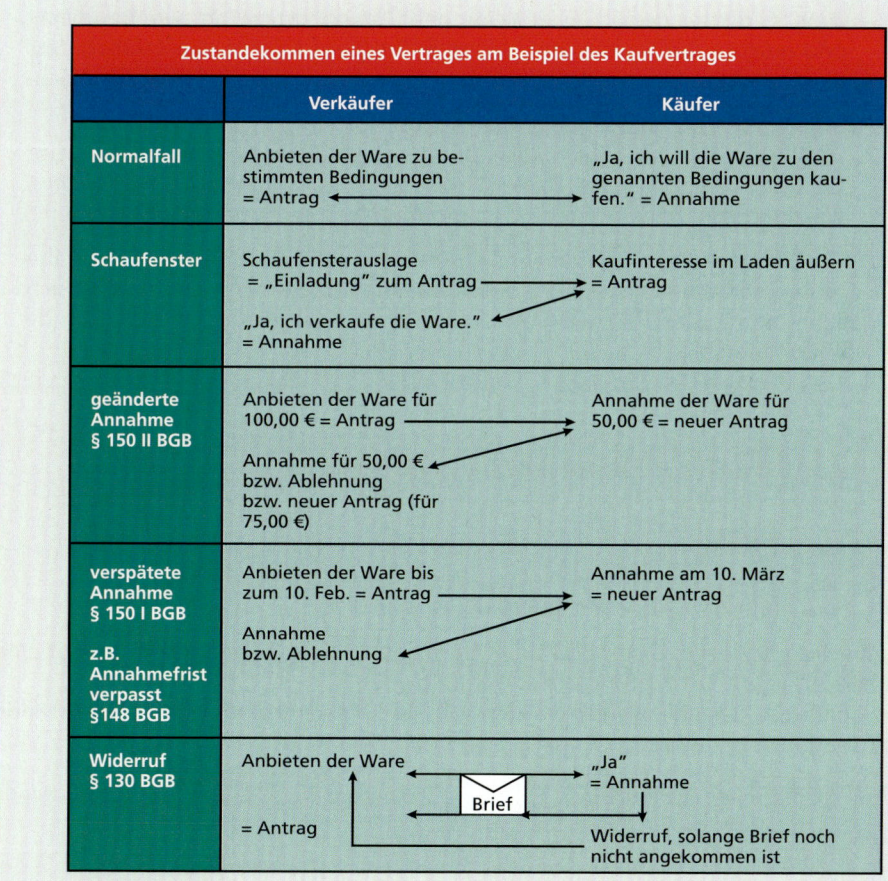

Zustandekommen eines Vertrages am Beispiel des Kaufvertrages

	Verkäufer	Käufer
Normalfall	Anbieten der Ware zu bestimmten Bedingungen = Antrag ⟵	„Ja, ich will die Ware zu den genannten Bedingungen kaufen." = Annahme
Schaufenster	Schaufensterauslage = „Einladung" zum Antrag → „Ja, ich verkaufe die Ware." = Annahme	Kaufinteresse im Laden äußern = Antrag
geänderte Annahme § 150 II BGB	Anbieten der Ware für 100,00 € = Antrag → Annahme für 50,00 € bzw. Ablehnung bzw. neuer Antrag (für 75,00 €)	Annahme der Ware für 50,00 € = neuer Antrag
verspätete Annahme § 150 I BGB **z.B. Annahmefrist verpasst §148 BGB**	Anbieten der Ware bis zum 10. Feb. = Antrag → Annahme bzw. Ablehnung	Annahme am 10. März = neuer Antrag
Widerruf § 130 BGB	Anbieten der Ware = Antrag	„Ja" = Annahme Brief Widerruf, solange Brief noch nicht angekommen ist

Ein Vertrag kommt zustande durch einen Antrag und dessen Annahme. Der Anbietende ist an seinen Antrag gebunden, den der Annehmende allerdings rechtzeitig annehmen muss. Eine verspätete Annahme gilt als neuer Antrag. Eine Annahme, die sich mit dem Antrag inhaltlich nicht deckt, ist gleichfalls als neuer Antrag zu werten.

Aufgaben

1. Warum nennt man ein Schuldverhältnis ein relatives Rechtsgeschäft?

2. Erklären Sie die Begriffe: Gläubiger, Schuldner, Forderung.

3. Was versteht man unter einem gegenseitigen Vertrag? Sind entgeltliche Verträge gegenseitige Verträge? Begründen Sie kurz.

4. Erklären Sie den Unterschied zwischen einem gesetzlichen und einem vertraglichen Schuldverhältnis.

5. Wodurch kommt ein Vertrag zustande?

6. Frau Kilian sieht im Werbeprospekt des Baumarktes eine Gartenbank für 29,90 €, die ihr gefällt. Frau Kilian geht am nächsten Tag zum Baumarkt und möchte die Gartenbank aus dem Prospekt kaufen. Sie erfährt, dass die Gartenbank ausverkauft ist. Hat Frau Kilian Anspruch auf die Nachlieferung einer gleichen Gartenbank?

7. Frau Kilian ist evtl. bereit, auch eine teurere Gartenbank zu kaufen. Der Verkäufer zeigt ihr eine Bank für 49,90 €. Frau Kilian sagt: „Für 40,00 € würde ich die Bank nehmen." Ist ein Kaufvertrag zustande gekommen?

8. Großhändler Kurz teilt seinem Kunden Schnell telefonisch mit, er habe momentan einen Posten Ware sehr günstig abzugeben. Schnell zeigt sich sehr interesssiert. Ist ein Vertrag zwischen Schnell und Kurz zustande gekommen?

3.4 Schuldverhältnisse aus Verträgen

3.4.1 Kaufvertrag

3.4.1.1 Verschiedene Kaufvertragstypen

Der Kaufvertrag bezweckt die endgültige Übertragung eines Vermögensgutes auf eine andere Person gegen Entrichtung eines Geldbetrages.
Als Vermögensgut, das übertragen werden soll, sind die verschiedensten Gegenstände denkbar. Man unterscheidet

▶ Grundstückskauf (§ 311 b BGB),

▶ Kauf von Rechten (z. B. Kauf einer Forderung),

▶ Kauf von Sach- und Rechtsgesamtheiten (z. B. Kauf eines Unternehmens),

▶ Kauf einer Chance (z. B. Kauf einer Forderung, die erst künftig entsteht),

▶ Handelskauf (= Kaufvertrag, der zugleich ein Handelsgeschäft ist, §§ 373–381 HGB).

Kaufverträge lassen sich auch danach unterscheiden, auf welche Weise der Verpflichtung zur Kaufpreiszahlung nachgekommen wird. Neben den Kaufverträgen, bei denen gleich in bar bezahlt wird, gibt es

▶ Kaufverträge, bei denen Ratenzahlung vereinbart ist, und

▶ Kaufverträge, die von Dritten, insbesondere einer Bank, über einen Verbraucherdarlehensvertrag finanziert werden.

Von einem verbundenen Vertrag spricht man, wenn der Kaufvertrag und der Darlehensvertrag eine wirtschaftliche Einheit bilden. Dies ist der Fall, wenn das Darlehen der Finanzierung des Kaufvertrages dient.

3.4.1.2 Zustandekommen des Kaufvertrages

So wie jeder Vertrag kommt auch der Kaufvertrag durch Angebot und Annahme zustande. Besonderheiten gibt es beispielsweise bei den **außerhalb von Geschäftsräumen geschlossenen Verträgen (sogenannte Haustürgeschäfte)** und den **drittfinanzierten Kaufverträgen**. Bei ihnen wird der Vertrag erst gültig, wenn zusätzlich zu Angebot und Annahme **innerhalb einer Frist von zwei Wochen kein Widerruf** seitens des Käufers erfolgt (§§ 355 ff. BGB). Das Widerrufsrecht dient dem Schutz des Käufers. Der Käufer soll sich noch zwei Wochen lang überlegen können, ob er den Vertragsschluss auch wirklich will.

Beispiel
Der Käufer, der an der Haustür überrumpelt wurde und den Kaufvertrag fristgerecht widerruft, kommt aus dem Kaufvertrag wieder heraus.

Beispiel
Der fristgerechte Widerruf beim verbundenen Vertrag führt dazu, dass der Käufer sowohl aus dem Kaufvertrag als auch aus dem Verbraucherdarlehensvertrag wieder aussteigen kann.

3.4.1.3 Formvorschriften beim Kaufvertrag

Für Kaufverträge gibt es eine Reihe von Formvorschriften, die den Grundsatz der Formfreiheit für Verträge durchbrechen:

▶ notarielle Beurkundung eines Grundstückkaufvertrags, § 311 b BGB,

▶ notarielle Beurkundung eines Vertrages, durch den ein Erbe die angefallene Erbschaft verkauft (§ 2371 BGB).

3.4.1.4 Kaufvertrag als Austauschvertrag

Beim Kaufvertrag, aber auch anderen Verträgen, muss man unterscheiden:

▶ Hauptleistungspflichten,

▶ Nebenleistungspflichten,

▶ Sorgfaltspflichten.

Die **Hauptleistungspflichten** sind solche, die nach dem Willen der Vertragsparteien der wesentliche Inhalt des Vertrages sind.

Beim **Sachkauf** ist der Verkäufer verpflichtet, dem Käufer die **Sache zu übergeben und das Eigentum an ihr zu verschaffen** (§ 433 I 1 BGB). Der Verkäufer ist außerdem dazu verpflichtet, dem Käufer die Sache **frei von Sach- und Rechtsmängeln** zu verschaffen (§ 433 I 2 BGB). Der Käufer ist verpflichtet, den vereinbarten **Kaufpreis zu entrichten** (§ 433 II BGB). Diese Pflichten sind wesentlicher Inhalt jedes Kaufvertrages und damit immer Hauptleistungspflichten. Da der Kaufvertrag ein Austauschvertrag ist, stehen diese Hauptleistungspflichten im Gegenseitigkeitsverhältnis. Dies bedeutet, dass die eine Leistung (= die Übergabe der Kaufsache) nur erfolgt, damit auch die Gegenleistung (= Kaufpreiszahlung) bewirkt wird.

Unter den **Nebenleistungspflichten** versteht man solche Pflichten, die eine sinnvolle Durchführung des Vertrages und damit die Erfüllung der Hauptleistungspflichten ermöglichen.

Nebenleistungspflichten des Verkäufers beim Sachkauf können sein: das Verpacken der Ware, Auskünfte über Bedienbarkeit oder Pflege der Kaufsache usw.

Eine Nebenleistungspflicht des Käufers, der eine bewegliche Sache erwirbt, ist in der Regel die Abnahme (= Entgegennahme) der Ware; als weitere Nebenleistungspflicht des Käufers wird manchmal vereinbart, dass der Käufer das Verpackungsmaterial an den Verkäufer zurückgeben soll, z. B. Rückgabe der Flaschen an die Brauerei.

Die Nebenleistungspflichten stehen nicht im Gegenseitigkeitsverhältnis, weil eine Nebenleistung nicht erbracht wird, um eine andere Nebenleistung zu bekommen. Die Nebenleistungspflichten sind aber genauso wie die Hauptleistungspflichten durchsetzbar und erforderlichenfalls einklagbar.

Eine weitere Gruppe von Pflichten innerhalb eines Vertragsverhältnisses sind die **Sorgfaltspflichten**. Ein Vertragspartner, der eine Leistung im Rahmen eines Schuldverhältnisses zu erbringen hat, muss dafür Sorge tragen, dass der andere Vertragspartner nicht zu Schaden kommt. Dies folgt aus dem Grundsatz von Treu und Glauben, der das Privatrecht prägt.

Im Gemüseladen müssen die Gemüse- und Obstreste vom Fußboden entfernt werden, damit niemand stürzt; an Verpackungskisten aus Holz müssen hervorstehende Nägel umgebogen oder hineingeklopft werden, damit sich der Kunde nicht verletzt usw.

Pflichten des Verkäufers (= Rechte des Käufers) und Pflichten des Käufers (= Rechte des Verkäufers) beim Sachkauf:

	Verkäufer	Käufer
Hauptleistungspflichten	Waren übereignen, Ware muss frei von Sach- und Rechtsmängeln sein	Kaufpreis bezahlen
Nebenleistungspflichten	z. B. Bedienungsanleitung mitgeben, Ware verpacken	z. B. Ware mitnehmen
Sorgfaltspflichten	z. B. Unfallgefahren im Verkaufsraum vermeiden	

Nicht nur Sachen, sondern auch Rechte können Gegenstand eines Kaufvertrages sein. Die Hauptleistungspflicht des Verkäufers besteht in diesem Fall darin, dem Verkäufer das Recht zu verschaffen, wobei das Recht frei von den Rechten anderer Personen sein muss (§ 453 BGB). Der Käufer verpflichtet sich im Gegenzug zur Kaufpreiszahlung.

Beispiel

Verkauf von Wertpapieren, von dinglichen Rechten (Hypothek) oder eines Patentrechts

Nahe verwandt mit dem Kaufvertrag ist der **Tauschvertrag**, auf den das Kaufrecht entsprechend anwendbar ist (§ 480 BGB). Beim Tausch verpflichten sich die Parteien gegenseitig zum Austausch von Sachen oder Rechten. Im Gegensatz zum Kaufvertrag wird beim Tausch also kein Geld geschuldet, sondern nur Ware gegen Ware. Wegen der bargeldlosen Abwicklung sind Tauschgeschäfte vor allem mit Partnern aus Ländern üblich, in denen Devisenknappheit herrscht.

 Der Kaufvertrag bezweckt die Veräußerung von Gegenständen gegen Entgelt.

3.4.2   Schenkungsvertrag

Fall 1: Das unpassende Geschenk

Frau Schneider, die unter einer Katzenallergie leidet, bekommt von ihrer Nichte Anita ein Kätzchen geschenkt. Muss sie es annehmen?

Fall 2: Das geschenkte Grundstück

Walter Bartels schenkt seinem Sohn Johannes Bartels ein Grundstück. Johannes Bartels wird als neuer Eigentümer in das Grundbuch eingetragen. War das Schenkungsversprechen des Walter Bartels formbedürftig? Wenn ja, was passiert bei Nichtbeachtung der Form?

Eine Schenkung ist ein Vertrag, durch den der Schenker einseitig verpflichtet wird, dem Beschenkten eine unentgeltliche Zuwendung zu machen (§ 516 BGB). Die Schenkung bedarf als Vertrag eines Angebots und dessen Annahme. Der Vertragscharakter der Schenkung ist sinnvoll, da sich auf diese Weise niemand ein Geschenk aufdrängen lassen muss.

Lösung des Falls

Im Fall 1 macht Anita Frau Schneider ein Schenkungsangebot, das Frau Schneider auch ablehnen kann. Wegen der fehlenden Annahme ist in diesem Fall kein Schenkungsvertrag zustande gekommen. Anita muss das Kätzchen wieder mitnehmen.

Vertragsgegenstand des Schenkungsvertrages ist eine **Zuwendung**. Eine Zuwendung liegt vor, wenn der Schenker sein Vermögen verringert und gleichzeitig das Vermögen des Beschenkten um dasselbe Maß vermehrt wird. Keine Zuwendung ist es deswegen, wenn jemandem ein Gegenstand unentgeltlich zum Gebrauch überlassen wird. Hier handelt es sich vielmehr um eine **Leihe**.

Schenker und Beschenkter müssen sich einig sein, dass die Zuwendung **unentgeltlich** erfolgt. Wird der Gegenstand nämlich gegen Entgelt übergeben, so handelt es sich um einen Kaufvertrag.

Eine Warnfunktion erfüllt die **Formvorschrift des § 518 I BGB**. Beim Schenkungsvertrag muss die Willenserklärung des Schenkers notariell beurkundet werden. Dies soll den Schenker davor bewahren, übereilt und leichtfertig Schenkungsversprechungen abzugeben. Ausnahmsweise keiner Form bedarf die Handschenkung. Darunter versteht man einen Schenkungsvertrag, der sofort vollzogen wird. Der Vollzug des Schenkungsvertrages besteht darin, dass das Geschenk sogleich übereignet wird, was bei beweglichen Sachen leicht möglich ist. Ein Formverstoß kann auch noch nachträglich geheilt werden, indem das Schenkungsversprechen nachträglich vollzogen (= erfüllt) wird (§ 518 II BGB).

Lösung des Falls

Im Fall 2 schenkt Walter Bartels seinem Sohn ein Grundstück. Nach § 311 b BGB sind Verträge, die den Erwerb oder die Übertragung von Grundstückseigentum bezwecken, beim Notar zu beurkunden. Da also der gesamte Vertrag beurkundungspflichtig ist, gilt dies auch für das Schenkungsversprechen von Walter Bartels sowie die Annahme der Schenkung durch Johannes Bartels. Solange Johannes Bartels noch nicht Eigentümer des Grundstücks geworden ist, ist die Grundstücksschenkung daher formnichtig. Sowohl § 518 II BGB als auch § 311 b BGB sehen eine Heilung des Formmangels durch den Vollzug des Rechtsgeschäftes vor. Durch die Eintragung des Johannes Bartels in das Grundbuch wird die an sich formnichtige Schenkung also geheilt.

Unter bestimmten Voraussetzungen kann sich ein Schenker von seinem Schenkungsversprechen wieder befreien. Wenn der Schenker selbst in Not gerät (z. B. Verarmung), so kann er das Geschenk (§ 528 BGB in Verbindung mit §§ 812 ff. BGB) wieder zurückverlangen. Auch ein Widerruf eines Schenkungsversprechens ist möglich, falls sich der Beschenkte des groben Undanks oder einer schweren Verfehlung gegen den Schenker oder einen nahen Angehörigen des Schenkers schuldig macht (§ 530 I BGB).

Pflichten des Schenkers (= Rechte des Beschenkten) und Pflichten des Beschenkten (= Rechte des Schenkers) beim Schenkungsvertrag:

	Schenker	Beschenkter
Hauptleistungspflicht	unentgeltliche Zuwendung des Geschenkes	
Nebenleistungspflichten		z. B. Geschenk abholen
Sorgfaltspflichten	z. B. Geschenk in verkehrssicheren Zustand versetzen	

 Der Schenkungsvertrag beinhaltet die unentgeltliche Veräußerung von Gegenständen.

3.4.3 Bürgschaftsvertrag

Fall: Der gutmütige Onkel

Albrecht Goll möchte ein Café eröffnen und benötigt u. a. noch eine Theke und eine Kasse. Deshalb möchte er bei der Sparkasse ein Darlehen in Höhe von 25 000,00 € aufnehmen. Da Albrecht Goll keine Sicherheiten (z. B. Grundstück) vorweisen kann, will die Sparkasse den Kredit nur gewähren, wenn Albrecht Goll seinen vermögenden Onkel als Bürgen gewinnt. Der Onkel erklärt sich zur Bürgschaft bereit. Er möchte nun wissen,

a) mit wem er den Bürgschaftsvertrag schließen muss,
b) in welchem Fall er zahlen muss,
c) ob er sein Geld evtl. wiederbekommen kann.

Die Bürgschaft gehört in die Gruppe der **Sicherungsgeschäfte**, die der Absicherung gegen bestimmte Geschäftsrisiken dienen. Der Gläubiger einer Geldforderung trägt das Risiko, sein Geld nicht zu bekommen, beispielsweise weil sein Schuldner insolvent ist oder sich in das Ausland absetzt, wo ihn der Gläubiger nicht mehr finden kann. Das BGB stellt deshalb eine Reihe von Sicherungsgeschäften zur Verfügung, im Schuldrecht beispielsweise die Bürgschaft, den Eigentumsvorbehalt und den Schuldbeitritt, im Sachenrecht beispielsweise die Grundpfandrechte, die Sicherungsübereignung und die Sicherungsabtretung.

Der Bürgschaftsvertrag ist ein Schuldvertrag, aus dem der **Bürge einseitig verpflichtet** wird, für die Erfüllung der Verbindlichkeit eines Dritten einzustehen (§ 765 I BGB). Der Bürgschaftsvertrag wird zwischen dem Bürgen und dem Gläubiger des Dritten abgeschlossen.

Beispiel

Im Fall a) wird der Bürgschaftsvertrag zwischen dem Onkel (= Bürge) und der Sparkasse (= Gläubigerin des Albrecht Goll als dritter Person) abgeschlossen.

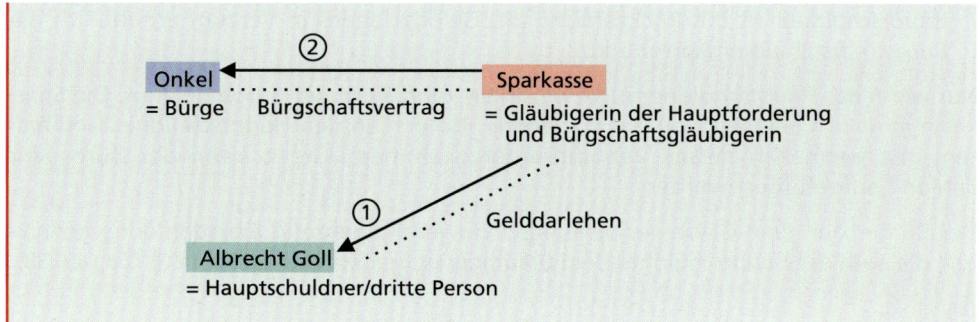

Der Bürge, hier der Onkel, muss für den Fall der Zahlungsunfähigkeit des Hauptschuldners Albrecht Goll die geschuldeten 25 000,00 € aus dem Gelddarlehen an die Sparkasse bezahlen. Damit verringert sich das Risiko der Sparkasse, auf ihrer Forderung sitzen zu bleiben. Weil durch die Bürgschaft der gewährte Kredit gesichert wird, ist die Bürgschaft in diesem Fall ein Kreditsicherungsvertrag.

Der Bürge, der nur Nachteile aus seiner Bürgenstellung hat, wird in der Regel durch persönliche Motive zur Übernahme einer Bürgschaft bestimmt, zum Beispiel, um einem Verwandten zu helfen. Weil die Bürgschaft für den Bürgen so gefährlich ist, bedarf die Bürgschaftserklärung des Bürgen der Schriftform (§ 766 S. 1 BGB, Heilungsmöglichkeit nach § 766 S. 3 BGB). Die elektronische Form ist ausgeschlossen (§ 766 S. 2 BGB). Die Schriftform soll vor einer übereilten Entscheidung schützen. Ausnahmsweise keine Schriftform ist erforderlich, wenn der Bürge Kaufmann ist und die Bürgschaft ein Handelsgeschäft darstellt (§ 350 HGB).

Lösung des Falls

Im Fall a) muss der Onkel seine Bürgschaftserklärung gegenüber der Sparkasse schriftlich abgeben.

Eine Bürgschaft ist abhängig vom Bestand der Hauptforderung (= in unserem Beispiel der Darlehensforderung). Ohne Hauptforderung besteht auch keine Forderung des Gläubigers (= der Sparkasse) gegen den Bürgen (= den Onkel) aus dem Bürgschaftsvertrag (§ 767 I 1 BGB). Dies ist konsequent, da der Zweck der Bürgschaft sich in der Sicherung der Hauptforderung erschöpft. Die Abhängigkeit zwischen Hauptforderung und Bürgschaft hat verschiedene Auswirkungen:

▶ Bei Erlöschen der Hauptforderung erlischt automatisch auch die Bürgschaftsschuld.

▶ Bei Verminderung der Hauptschuld (z. B. Hauptschuldner zahlt an die Bank einen Teil der Darlehensschuld zurück), vermindert sich auch die Bürgschaftsschuld entsprechend.

▶ Bei Erhöhung der Hauptforderung wegen gesetzlicher Zahlungspflichten (z. B. Hauptschuldner ist mit Rückzahlung des Gelddarlehens in Verzug) erhöht sich die Bürgschaftsschuld entsprechend.

Nur wenn der Hauptschuldner nicht bezahlen kann, wird der Bürge belangt. Die Sparkasse muss sich bei Fälligkeit des Darlehens also erst an den Hauptschuldner Goll halten. Erst wenn sich dessen Zahlungsunfähigkeit herausstellt, kann der Bürge zur Zahlung aufgefordert werden.

Der Bürge kann dem Gläubiger diejenigen **Einwendungen und Einreden** entgegenhalten, die auch der Hauptschuldner dem Gläubiger entgegenhalten könnte (§ 768 I 1 BGB).

Beispiel

Wenn die Kreissparkasse den Gelddarlehensschuldner Goll erst in Anspruch nimmt, wenn das Gelddarlehen bereits verjährt ist, so kann sich auch der in Anspruch genommene Bürge auf die Einrede der Verjährung berufen.

Der Bürge kann dem Gläubiger auch diejenigen Einreden und Einwendungen entgegenhalten, die sich aus dem Bürgschaftsvertrag ergeben.

Falls der Bürge aufgrund einer Täuschung den Bürgschaftsvertrag unterschrieben hat, kann er den Bürgschaftsvertrag nach § 123 BGB anfechten.

Eine besondere Einrede des Bürgen ist die **Einrede der Vorausklage**. Darunter versteht man das Recht des Bürgen, die Befriedigung des Gläubigers solange zu verweigern, bis der Gläubiger erfolglos die Zwangsvollstreckung in das Vermögen des Hauptschuldners versucht hat (§ 771 BGB). Die Einrede der Vorausklage steht dem Bürgen nicht zu, wenn

▶ er sich als Selbstschuldner verbürgt hat (§ 773 I Nr. 1 BGB; selbstschuldnerische Bürgschaft als Regelfall in der Praxis),

▶ der Bürge ein Kaufmann ist und die Bürgschaft ein Handelsgeschäft darstellt (§ 349 HGB).

Noch weiter gehender ist die Vereinbarung einer **Ausfallbürgschaft**. Hier darf der Bürge nur in Anspruch genommen werden, wenn der Gläubiger sämtliche Möglichkeiten in Zwangsvollstreckung und Insolvenz wahrgenommen hat und alle denkbaren Sicherheiten verwertet wurden. Ist der Gläubiger mit seiner Forderung trotz dieser Maßnahmen ganz oder teilweise ausgefallen, so kann er sich an den Bürgen halten.

Lösung des Falls

Im Fall b) muss der Onkel zahlen, wenn die Sparkasse berechtigt ist, die Gelddarlehensschuld von Albrecht Goll zurückzuverlangen und Albrecht nicht zahlen kann. Falls der Onkel sich nicht als Selbstschuldner verbürgt hat, kann er von der Sparkasse verlangen, dass sie zuerst die Zwangsvollstreckung in das Vermögen von Goll versucht (Einrede der Vorausklage).

Der Bürge, der vom Gläubiger in Anspruch genommen wurde und die Schuld des Hauptschuldners beglichen hat, kann anschließend vom Hauptschuldner Ersatz verlangen. Das Gesetz verschafft dem Bürgen einen diesbezüglichen Anspruch, indem es den ursprünglichen Anspruch des Gläubigers gegen den Hauptschuldner kraft Gesetzes auf den Bürgen übergehen lässt (= gesetzlicher Forderungsübergang, § 774 BGB). Dies nutzt dem Bürgen zwar im Moment wenig, da der Hauptschuldner ja nicht leistungsfähig ist; sollte der Schuldner aber später wieder zu Geld kommen, so kann sich der Bürge das Geleistete wieder vom Hauptschuldner zurückholen.

Lösung des Falls

Im Fall c) kann der Onkel, der die Schuld des Neffen beglichen hat, das Geld anschließend von seinem Neffen einfordern. Der Anspruch auf Zahlung von 25 000,00 €, den ursprünglich die Bank gegen den Neffen hatte, ist nach § 774 BGB auf den Onkel übergegangen. Sollte Albrecht Goll also wieder zu Geld kommen, so hat der Onkel noch eine Chance, es wiederzubekommen.

Eine Bürgschaft erlischt

▶ mit Erlöschen der Hauptschuld, z. B. wenn die Hauptschuld erfüllt wird,

▶ wenn der Gläubiger ein die Forderung sicherndes Recht aufgibt, z. B. eine Hypothek zurück überträgt (§ 776 BGB),

▶ wenn ein neuer Schuldner die Hauptschuld übernimmt (§ 418 I 1 BGB),

▶ mit Zeitablauf, falls der Bürge sich nur für eine bestimmte Zeit verbürgt hat (§ 777 BGB).

 Die Bürgschaft führt zu einer Haftung gegenüber dem Gläubiger eines Dritten (= Hauptschuldner).

3.4.4 Mietvertrag

Fall: Leihwagen umsonst?

Werner Brodbeck leiht sich beim Autoverleih Preller einen Pkw aus. Bevor er den Wagen wieder zurückgibt, erfährt er am Stammtisch von einer Bekannten, die Anwaltsgehilfin ist, dass beim Leihvertrag der Entleiher dem Leiher kein Geld für die Gebrauchsüberlassung schuldet. Muss Herr Brodbeck für das Leihauto Geld an das Autohaus Preller bezahlen und wenn ja, warum?

Der Mietvertrag gehört zusammen mit der Leihe und der Pacht in die Gruppe der **Gebrauchsüberlassungsverträge**. Im Unterschied zum Kaufvertrag oder Schenkungsvertrag geht es nicht um die Veräußerung eines Gegenstandes, sondern darum, einen Gegenstand einer anderen Person auf gewisse Zeit zu deren Gebrauch zu überlassen.
Der Mietvertrag ist ein gegenseitiger Vertrag. Der Vermieter verpflichtet sich, dem Mieter den **Gebrauch einer Sache auf Zeit zu gewähren**; der Mieter verpflichtet sich im Gegenzug den vereinbarten **Mietzins** zu zahlen (§ 535 BGB). Diese Pflichten sind **Hauptleistungspflichten**.
Der vermietete Gegenstand ist immer eine Sache. Praktisch relevant ist vor allem die Vermietung von unbeweglichen Sachen, also von Grundstücks- und Wohnungseigentum. Der Mietvertrag ist grundsätzlich formfrei. Ausnahmsweise ist die Schriftform erforderlich, wenn ein Mietvertrag über ein Grundstück oder über Räume für länger als ein Jahr geschlossen wird (§§ 550, 578 BGB). Die Nichtbeachtung der Schriftform hat zur Folge, dass der Mietvertrag als für unbestimmte Zeit geschlossen gilt (§ 550 BGB).

Die Hauptleistungspflicht des Vermieters zur **Gebrauchsüberlassung** umfasst mehrere Einzelverpflichtungen:

▶ Der Vermieter muss dem Mieter die tatsächliche Gebrauchsmöglichkeit verschaffen, z. B. den Wohnungsschlüssel der Mietwohnung aushändigen.

▶ Die Mietsache muss sich in einem Zustand befinden, der den vertragsgemäßen Gebrauch zulässt. Zum Beispiel darf eine Wohnung keine baulichen Mängel aufweisen (z. B. undichtes Dach).

▶ Der Vermieter muss den vertragsgemäßen Gebrauch dulden, beispielsweise es zulassen, dass der Mieter einer Wohnung in die Wände Nägel einschlägt, um Bilder aufzuhängen.

▶ Der Vermieter muss die Mietsache in einem vertragsgemäßen Zustand erhalten, beispielsweise indem er in der Mietwohnung eine notwendige Reparatur der Wasserrohre durchführen lässt. Die Instandhaltungspflicht des Vermieters wird in Mietverträgen allerdings oft dahingehend abgeändert, dass auf den Mieter die Vornahme der sogenannten Schönheitsreparaturen (Tapezieren, Anstreichen) abgewälzt wird.

Den **Vermieter** treffen außerdem **Nebenpflichten**, etwa dem Mieter notwendige Aufwendungen zu ersetzen, die dieser an der Mietsache gemacht hat (z. B. Dach repariert), oder zu dulden, dass der Mieter nach Beendigung der Mietzeit selbst angebrachte Einrichtungen wieder entfernt. Zu den Sorgfaltspflichten des Vermieters gehört es, den Mieter über mögliche Gefährdungen, die von der Mietsache ausgehen, aufzuklären.

Der Mieter muss vor allem den **Mietzins** bezahlen. Bei der Grundstücks- und Wohnraummiete ist der Mietzins normalerweise in regelmäßigen Abständen zu leisten. Nach dem Gesetz muss zuerst der Vermieter den Gebrauch gewähren und erst dann der Mieter den Mietzins bezahlen (= Ende des Monats). In der Praxis wird aber meist eine abweichende Regelung getroffen, wonach der Mietzins im Voraus zu entrichten ist.

Nach dem BGB kann die Höhe des Mietzinses grundsätzlich frei vereinbart werden. Für Gebiete mit angespanntem Wohnungsmarkt dürfen die Bundesländer nach § 556 d BGB (Verordnungsermächtigung) durch Rechtsverordnung bestimmen, dass die Miete zu Beginn des Mietverhältnisses die ortsübliche Vergleichsmiete um höchstens 10 Prozent übersteigen darf (so genannte Mietpreisbremse). Mietzinserhöhungen während eines bestehenden Mietverhältnisses sind nur unter den eingeschränkten Bedingungen der §§ 557–561 BGB möglich.

Beispiel
Dem Schutz des Schwächeren dient auch der soziale Wohnungsbau, der im Wohnraumförderungsgesetz vom 13.09.2001 geregelt ist.

Auch den **Mieter** treffen **Nebenpflichten** aus dem Mietvertrag. Er darf die Mietsache nur so benutzen, wie es dem vertragsgemäßen Gebrauch entspricht. Ein Wohnungsmieter darf also zum Beispiel keine Geschäftsräume in der Wohnung einrichten oder ohne Erlaubnis des Vermieters einen Teil der Wohnung untervermieten. Außerdem hat der Mieter Obhuts- und Sorgfaltspflichten. Er muss beispielsweise die Wohnung pfleglich behandeln (Lüften, Putzen usw.) und dem Vermieter eventuelle Mängel anzeigen. Auch muss der Mieter dulden, dass der Vermieter die Wohnung aus begründetem Anlass betritt (z. B. um Instandhaltungsarbeiten zu veranlassen oder um die Wohnung einem Nachfolger zu zeigen). Nach Beendigung der Mietzeit hat der Mieter die Mietsache in ordnungsgemäßem Zustand zurückzugeben.

Pflichten des Vermieters (= Rechte des Mieters) und Pflichten des Mieters (= Rechte des Vermieters):

	Vermieter	Mieter
Hauptleistungspflichten	Gebrauchsüberlassung	Mietzins entrichten
Nebenleistungspflichten	z. B. Aufwendungsersatz	z. B. Mietsache pflegen

Es gibt verschiedene Möglichkeiten, einen Mietvertrag zu beenden (§ 542 BGB). Ein Mietvertrag, der für eine bestimmte Zeit abgeschlossen wurde, endet mit **Ablauf des vereinbarten Zeitraums**. Mietverhältnisse, die auf unbestimmte Zeit abgeschlossen wurden, enden in aller Regel durch eine Kündigung. Die Kündigung ist wie die Anfechtung ein Gestaltungsrecht und wird durch Abgabe einer einseitigen Erklärung ausgeübt.

Die **ordentliche Kündigung** (§§ 573 ff. BGB) ist der Normalfall einer Beendigung des Mietverhältnisses. Sie heißt „ordentlich", weil sie unter Einhaltung der im Gesetz genannten Kündigungsfristen erfolgt. Das Recht des Vermieters zur ordentlichen Kündigung ist durch Aspekte des Mieterschutzes eingeschränkt.

Die **außerordentliche fristlose Kündigung** führt zur sofortigen Auflösung des Mietverhältnisses. Nach § 543 BGB haben beide Parteien das Recht zur außerordentlichen fristlosen Kündigung, falls die Fortsetzung des Mietverhältnisses, beispielsweise wegen Vertragsverletzungen einer Partei, unzumutbar ist. Neben der außerordentlichen fristlosen Kündigung gibt es auch noch die **außerordentliche befristete Kündigung**, bei der ein Mietverhältnis aufgrund besonderer Umstände nach Ablauf einer Frist endet.

Weitere Gebrauchsüberlassungsverträge neben der Miete sind die Pacht und die Leihe.

Ein **Pachtvertrag** ist ein gegenseitiger Vertrag, durch den sich der Verpächter zur Gebrauchsüberlassung der Pachtsache und zur Überlassung der Früchte, die der Pächter zieht, verpflichtet. Der Pächter wiederum verpflichtet sich zur Entrichtung des Pachtzinses (§ 581 BGB).

Der Pächter einer Obstwiese darf die Wiese als solche benutzen und außerdem die Erträge ernten und verbrauchen.

Bei der **Leihe** gestattet der Verleiher dem Leiher den Gebrauch einer Sache, ohne dafür ein Entgelt zu verlangen. Die Leihe ist kein gegenseitiger Vertrag, da der Gebrauchsüberlassung keine Gegenleistung gegenübersteht (§ 598 BGB).

Ein Leihvertrag liegt vor, wenn Studentin Claudia ihrer Kommilitonin Andrea ihren PC ausleiht, damit Andrea ihre Diplomarbeit tippen kann, und dafür kein Geld von Andrea verlangt.

Lösung des Falls

Im Fall handelt es sich trotz der missverständlichen Bezeichnung „Autoverleih" nicht etwa um einen Leihvertrag zwischen Autohaus Preller und Werner Brodbeck. Da die Gebrauchsüberlassung einer Sache (= des Autos) gegen Bezahlung vereinbart war, liegt in Wahrheit ein Mietvertrag vor. Werner Brodbeck schuldet dem Autohaus also die Entrichtung des Mietzinses.

Eine besondere, im Gesetz nicht geregelte Form der Gebrauchsüberlassung ist der **Leasingvertrag** (to lease = mieten), der mietrechtliche Elemente enthält.

Autoleasing: Der Leasingnehmer (= Nutzer des Fahrzeugs) zahlt die Leasingraten und trägt das Risiko für das Fahrzeug (Instandhaltung, Unfallgefahr). Der Leasinggeber ist weiterhin Eigentümer des Fahrzeugs.

Im Gegensatz zum Kaufvertrag ist in aller Regel kein Eigentumserwerb an der Leasingsache beabsichtigt. In Ausnahmefällen hat der Leasingnehmer nach Ablauf der vereinbarten Zeit ein Ankaufsrecht.

 Unter Miete versteht man die entgeltliche, unter Leihe die unentgeltliche Gebrauchsüberlassung von Sachen.

3.4.5 Darlehensvertrag

Beim Darlehensvertrag unterscheidet man das Sachdarlehen vom Gelddarlehen.

▶ Beim **Gelddarlehen** (§§ 488 ff. BGB) verpflichtet sich der Darlehensgeber, dem Darlehensnehmer einen bestimmten Geldbetrag zur Verfügung zu stellen. Im Gegenzug verpflichtet sich der Darlehensnehmer zur Rückerstattung des Geldbetrags zum Fälligkeitstermin sowie zur Zahlung der vereinbarten Zinsen.

▶ Beim **Sachdarlehen** (§§ 607 ff. BGB) verpflichtet sich der Darlehensgeber zur Überlassung einer vertretbaren Sache. Der Darlehensnehmer verpflichtet sich zur Rückerstattung von Sachen gleicher Art, Güte und Menge zum vereinbarten Zeitpunkt sowie zur Zahlung eines Darlehenentgelts.

Wirtschaftlich bedeutsam ist vor allem das Gelddarlehen.

Beispiel

Eine Bank gewährt einem Kunden ein Gelddarlehen in Höhe von 50 000,00 € mit einer Laufzeit von drei Jahren. Die Bank muss das Darlehen verschaffen (= Gutschrift auf Empfängerkonto). Der Kunde muss den Darlehenszins entrichten und die Darlehensschuld nach der vereinbarten Zeit zurückzahlen.

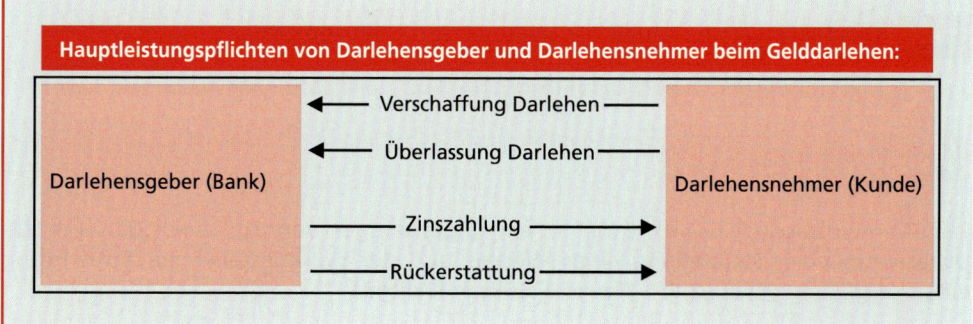

Hauptleistungspflichten von Darlehensgeber und Darlehensnehmer beim Gelddarlehen:

Darlehensgeber (Bank)

← Verschaffung Darlehen

← Überlassung Darlehen

Zinszahlung →

Rückerstattung →

Darlehensnehmer (Kunde)

 Vertragsgegenstand des Darlehens ist die Überlassung von Geld oder anderen vertretbaren Sachen gegen Rückerstattung bei Fälligkeit sowie die Entrichtung von Zinsen bzw. einem Darlehensentgelt.

3.4.6 Dienstvertrag

Der Dienstvertrag (§§ 611 ff. BGB) ist ein gegenseitiger Vertrag, bei dem sich die eine Seite zur **Leistung von Diensten** und die andere Seite zur **Entrichtung einer Vergütung** verpflichtet (= **Hauptleistungspflichten)**. Dienste können dabei alle Tätigkeiten sein, egal, ob sie nur einmal erfolgen oder auf Dauer angelegt sind, ob sie besondere Fachkenntnis erfordern oder nicht.

Praktisch wichtig ist die Unterscheidung zwischen dem **unabhängigen** Dienstvertrag und dem **abhängigen** Dienstvertrag. Beim unabhängigen Dienstvertrag führt der Dienstverpflichtete die vereinbarte Tätigkeit selbstständig und eigenverantwortlich aus.

Beispiel

Ein unabhängiger Dienstvertrag besteht zwischen dem Arzt mit eigener Praxis und seinen Patienten, zwischen dem Rechtsanwalt und seiner Mandantschaft.

Beim abhängigen Dienstvertrag erbringt der Dienstverpflichtete die Tätigkeit nicht selbstständig und eigenverantwortlich, sondern unterliegt den Weisungen seines Dienstherrn. In der Regel arbeitet der Dienstverpflichtete im Wirtschaftsbetrieb des Dienstherrn. Diese spezielle Art des Dienstvertrages heißt **Arbeitsvertrag**. Den Dienstherrn nennt man Arbeitgeber, den Dienstverpflichteten Arbeitnehmer und das zu zahlende Entgelt den Arbeitslohn oder das Gehalt. Der Arbeitsvertrag wurde aufgrund seiner großen Bedeutung zusätzlich durch zahlreiche Sondergesetze geregelt, die vor allem dem Schutz des Arbeitnehmers dienen.

Beispiel

Kündigungsschutzgesetz, Mutterschutzgesetz usw.

Die Regeln der §§ 611 ff. BGB gelten für den Arbeitsvertrag immer dann, wenn sich aus diesen Sondergesetzen nichts Abweichendes ergibt. (Eine eingehende Darstellung des Arbeitsvertrages folgt noch im Abschnitt über das Arbeitsrecht.)

 Der Dienstvertrag regelt die Leistung von Diensten gegen Entgelt.

3.4.7 Werkvertrag

Der Werkvertrag (§§ 631 ff. BGB) ist ein gegenseitiger Vertrag, durch den sich ein Unternehmer zur **Herstellung eines Werkes** und der Werkbesteller zur **Entrichtung einer Vergütung** verpflichtet **(Hauptleistungspflichten)**.

Unter der Herstellung eines Werkes versteht man in erster Linie die Herstellung oder Veränderung von Sachen. Der Werkvertrag ist vor allem auf die Handwerkerleistungen zugeschnitten.

Beispiel

Maurerarbeiten beim Hausbau, Fernsehgerätreparatur, Sofa aufpolstern lassen, Schuhe neu besohlen lassen etc.

Neben den Handwerkerleistungen kommen aber auch andere Tätigkeiten als Gegenstand eines Werkvertrages in Betracht. Da auch der Dienstvertrag die Erbringung einer

Tätigkeit zum Gegenstand hat, muss man genau zwischen dem Dienstvertrag und dem Werkvertrag unterscheiden:

▶ Beim Dienstvertrag wird **nur die Dienstleistung** als solche geschuldet.

Der Arbeitnehmer Karl Meier ist verpflichtet, täglich 8 Stunden für seinen Arbeitgeber, einen Autohersteller, Motoren zu montieren. Er ist aber nicht verantwortlich für den Arbeitserfolg. Er schuldet nur die Erbringung der Arbeitsleistung.

▶ Beim Werkvertrag wird **ein bestimmter Arbeitserfolg** geschuldet. Für den Eintritt dieses Erfolges trägt der Werkhersteller die Verantwortung.

Ein Architektenvertrag, ein Beförderungsvertrag oder ein Vertrag über die Erbringung einer künstlerischen oder wissenschaftlichen Leistung (z. B. ein Privatgutachten erstellen oder ein Porträt malen oder einen Text übersetzen) ist in aller Regel ein Werkvertrag. In allen Fällen wird ein bestimmter Arbeitserfolg geschuldet: das fertige Haus, die Ankunft am Zielort, das fertige Porträt usw.

Die Hauptleistungspflicht des Werkunternehmers ist die Herstellung des Werkes. Der Werkunternehmer schuldet dem Besteller die **mangelfreie Herstellung** des Werkes. Andernfalls wurde der Vertrag nicht ordnungsgemäß erfüllt. Damit ist der **Unternehmer verantwortlich für den Eintritt des Arbeitserfolges**.

Außerdem hat der Unternehmer gegenüber dem Besteller Nebenpflichten, wie etwa eine fachmännische Beratung oder die sachgemäße Behandlung von überlassenen Gegenständen.

Polstermeister Nagel darf das Sofa von Frau König, das er aufpolstern soll, nicht in einem feuchten Keller aufbewahren.

Die Hauptleistungspflicht des Bestellers ist die Entrichtung der vereinbarten Vergütung. Die **Vergütung** wird **fällig** ab dem Zeitpunkt, zu dem der Besteller das Werk abgenommen hat. **Abnahme** bedeutet, dass der Besteller das Werk entgegennimmt und als vertragsgemäß billigt. Die Abnahme ist eine weitere **Hauptleistungspflicht** des Bestellers. Daneben treffen auch den Besteller **Schutz- und Sorgfaltspflichten** gegenüber dem Werkunternehmer.

Der Bauherr, der auf seinem Rohbau Handwerker mit diversen Arbeiten betraut, muss Unfallgefahren beseitigen, z. B. Schächte absichern, Treppenläufe mit provisorischen Geländern versehen usw.

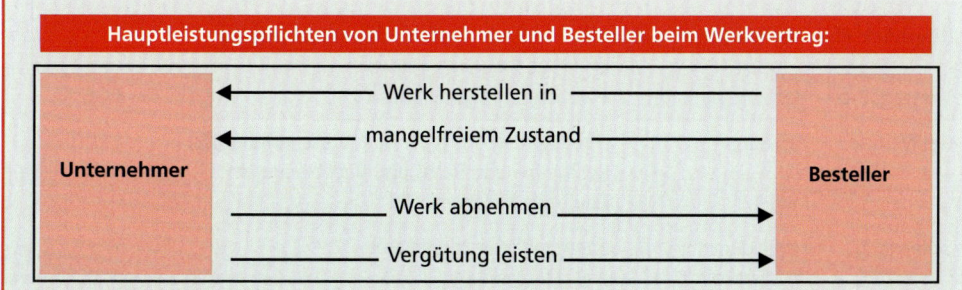

Hauptleistungspflichten von Unternehmer und Besteller beim Werkvertrag:

Unternehmer ◀— Werk herstellen in —
◀— mangelfreiem Zustand —
— Werk abnehmen —▶ Besteller
— Vergütung leisten —▶

Auf Verträge, die eine **Verpflichtung zur Lieferung herzustellender oder zu erzeugender beweglicher Sachen** enthalten, ist nach § 651 BGB das Kaufrecht anzuwenden. Wird der Vertrag zwischen einem Verbraucher und einem Unternehmer geschlossen, so sind auch die Vorschriften zum Verbrauchsgüterkauf zu beachten (§§ 474 ff. BGB).

Ob die Lieferung des Stoffes, aus dem die Sache hergestellt wird, durch den Unternehmer oder durch den Besteller vorgenommen wird, macht für die Anwendbarkeit des Kaufrechts keinen Unterschied.

Auch auf den sogenannten **Werklieferungsvertrag**, bei dem eine nichtvertretbare Sache aus dem Material des Unternehmers gefertigt wird, ist das Kaufrecht anzuwenden.

Der Schneider fertigt aus einem Stoff aus seinem Lagerbestand einen Maßanzug für seinen Kunden.

Wird das Werk aus Zutaten gefertigt, die dem Unternehmer gehören, ist daran zu denken, dass das Werk nach Fertigstellung dem Unternehmer gehört. Deswegen muss der Unternehmer dem Besteller das Werk nach Fertigstellung übereignen. Dies geschieht durch Einigung über den Eigentumsübergang und die Übergabe des Werkes.

Für einen Vertrag nach § 651 BGB gilt beim Auftreten von Mängeln eine Besonderheit: die Rechte des Bestellers (Käufers) wegen eines Mangels sind ausgeschlossen, wenn der Mangel der Sache auf einen vom Besteller gelieferten Stoff zurückzuführen ist (§ 651 S. 2 BGB in Verbindung mit § 442 I 1 BGB). Ansonsten gelten beim Auftreten von Mängeln die üblichen Regeln des Kaufrechts bzw. des Verbrauchsgüterkaufs.

§ 651 S. 3 BGB nennt noch weitere Vorschriften, die auf einen Vertrag gemäß § 651 BGB anzuwenden sind.

 Durch den Werkvertrag wird die Herstellung eines Werkes versprochen.

Überblick über die Vertragstypen des BGB:

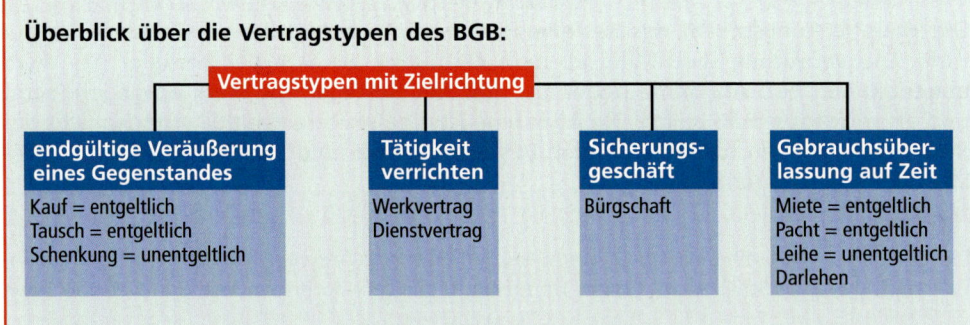

Überblick über die Hauptleistungspflichten aus verschiedenen Verträgen:

Vertragstyp	Vertragsparteien	Hauptleistungspflichten	BGB §§
Kaufvertrag	Verkäufer	Übereignung der Ware oder Verschaffung des Rechts frei von Sach- und Rechtsmängeln	433 ff.
	Käufer	Kaufpreis bezahlen	
Schenkung	Schenker	unentgeltliche Zuwendung	516 ff.
	Beschenkter		

Vertragstyp	Vertragsparteien	Hauptleistungspflichten	BGB §§
Bürgschaft	Bürge, Gläubiger des Hauptschuldners	haftet für den Hauptschuldner	765 ff.
Mietvertrag	Vermieter Mieter	Gebrauchsüberlassung der Mietsache auf Zeit Mietzins	535 ff.
Gelddarlehen	Darlehensgeber Darlehensnehmer	Überlassung von Geld Rückzahlung des Geldes und Zahlung des Darlehenszinses	488 ff.
Dienstvertrag	Dienstherr Dienstverpflichteter	Vergütung bezahlen Dienste leisten	611 ff.
Werkvertrag	Unternehmer Besteller	Werk in mangelfreiem Zustand herstellen Werk abnehmen und Vergütung leisten	631 ff.

Aufgaben

1. Was kann Gegenstand eines Kaufvertrages sein?

2. Nennen Sie die Hauptleistungspflichten von Käufer und Verkäufer beim Kaufvertrag.

3. Was versteht man unter Neben- und Sorgfaltspflichten? Nennen Sie Beispiele für den Kaufvertrag.

4. Wie lassen sich Werk- und Dienstvertrag voneinander abgrenzen?

5. Zu welcher großen Gruppe von Rechtsgeschäften gehören ihrem Inhalt nach sowohl der Mietvertrag als auch der Darlehensvertrag?

3.5 Leistungsstörungen

3.5.1 Überblick über die Arten der Leistungsstörungen

Ein Schuldverhältnis kann nur dann störungsfrei abgewickelt werden, wenn die Vertragsparteien die übernommenen Leistungspflichten vereinbarungsgemäß erfüllen. Kommt eine Vertragspartei ihrer Leistungspflicht **gar nicht**, **zu spät** oder nur **mangelhaft** nach, so spricht man von einer **Leistungsstörung**. Auch die aus einem Schuldverhältnis erwachsenden Neben- und Sorgfaltspflichten müssen von den Vertragsparteien beachtet werden.

Man unterscheidet folgende Arten von Leistungsstörungen:

▶ **Unmöglichkeit**:
Der Schuldner kann die Leistung nicht erbringen (§§ 275, 280, 283, 285, 323, 326 BGB).

▶ **Nicht-Rechtzeitig-Leistung**:
– **Schuldnerverzug**: Der Schuldner kann die Leistung nicht rechtzeitig erbringen (§§ 280, 281, 284, 286, 323 BGB).
– **Gläubigerverzug**: Der Gläubiger kann die Leistung des Schuldners, die dieser ihm ordnungsgemäß angeboten hat, nicht rechtzeitig annehmen (§ 326 II 2. HS. BGB).

▶ **Schlechterfüllung, Verletzung von Neben- und Sorgfaltspflichten**:
Der Schuldner erbringt die Hauptleistung nicht in der geschuldeten Qualität oder verletzt Neben- und Sorgfaltspflichten aus einem Schuldverhältnis (§ 280 BGB).

▶ **Spezielles Mängelgewährleistungsrecht**:
Der Gegenstand eines Kaufvertrages (Kaufsache) oder der Gegenstand eines Werkvertrages (Werk) ist mangelhaft. Das Gewährleistungsrecht von Kauf- und Werkvertrag enthält Spezialregelungen, die auf das allgemeine Leistungsstörungsrecht verweisen.

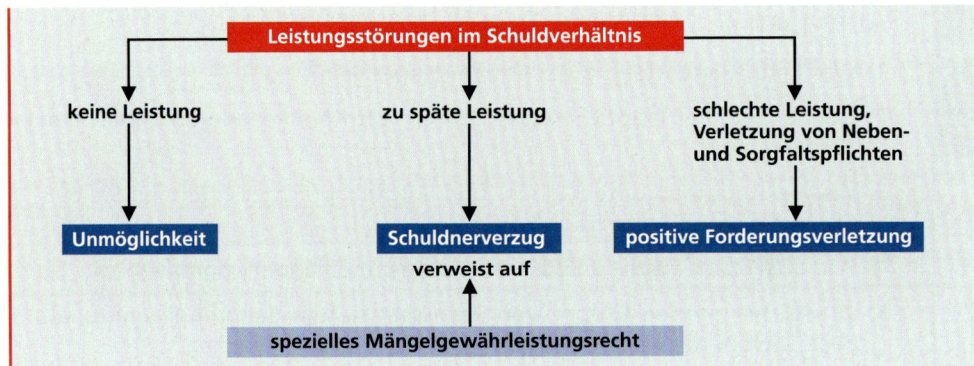

Zentrale Anspruchsgrundlage des Leistungsstörungsrechts ist § 280 I BGB. Diese Norm gewährt Schadensersatz für jede schuldhafte Pflichtverletzung, wobei vom Begriff der Pflichtverletzung sämtliche Leistungsstörungen erfasst sind. Über das Leistungsstörungsrecht hinaus ist § 280 I BGB aber auch Grundnorm für jeden sonstigen Schadensersatzanspruch, der aus der Verletzung einer Pflicht aus einem Schuldverhältnis resultiert.

Beispiel
Der Verkäufer einer mangelhaften Kaufsache kann nach § 280 I BGB in Verbindung mit den einschlägigen Spezialvorschriften Schadensersatz vom Verkäufer verlangen.

Nicht nur bestehende, sondern auch schon vorvertragliche Schuldverhältnisse können Verantwortlichkeiten der Vertragsparteien begründen. Nach §§ 280 I, 311 II, III BGB **(culpa in contrahendo)** entsteht bereits durch die Aufnahme von Vertragsverhandlungen oder durch die Herstellung vergleichbarer Kontakte ein **vorvertragliches Schuldverhältnis**, welches durch das Fehlen von Primärleistungsansprüchen gekennzeichnet ist. Es bestehen aber bereits leistungsbezogene Nebenpflichten.

Beispiel
Der Gemüsehändler trägt die Verantwortung, wenn ein kaufwilliger Kunde auf einer Bananenschale im Geschäft des Händlers ausrutscht, da er für einen begehbaren Ladenraum sorgen muss.

3.5.2 Unmöglichkeit

3.5.2.1 Anfängliche Unmöglichkeit und anfängliches Unvermögen

Fall 1: Doch nicht unfallfrei

Gebrauchtwagenhändler Liebig möchte an Frau Münzenmeyer einen Gebraucht-
wagen als unfallfrei verkaufen. Der Wagen hat aber schon vor Abschluss des Kauf-
vertrages einen Unfall gehabt.

Ist ein Vertrag von vornherein auf eine unmögliche Leistung gerichtet, so bezeichnet man diese Form der Leistungsstörung als **anfängliche Unmöglichkeit**. Die Leistungser-bringung ist unmöglich, wenn sie von niemandem erbracht werden kann.

Gesetzlich gleichgestellt sind die Fälle des **anfänglichen Unvermögens**, d. h., der Ver-trag ist auf eine Leistung gerichtet, die speziell vom Schuldner nicht erbracht werden kann.

Liegt ein Fall der anfänglichen Unmöglichkeit vor, so wird der Schuldner gemäß § 275 I BGB von seiner Pflicht zur Leistung befreit und verliert zugleich seinen Anspruch auf die Gegenleistung. Auf diese Weise entsteht ein **Schuldverhältnis ohne Primärleis-tungspflichten** (siehe auch § 311 a I BGB).

Falls der Schuldner das Leistungshindernis bei Vertragsschluss kannte bzw. nicht kannte und diese Unkenntnis zu vertreten hat, kann der Gläubiger nach § 311 a II BGB vom Schuldner wahlweise Schadensersatz statt der Leistung oder Ersatz seiner vergeblichen Aufwendungen verlangen.

Lösung des Falls 1

Es handelt sich hier um einen Fall der anfänglichen Unmöglichkeit, da der Kaufver-
trag auf eine Leistung gerichtet ist (Übergabe eines unfallfreien Pkw), deren Erbrin-
gung für jedermann unmöglich ist. Daher entfallen nach § 275 I BGB die
Primärleistungspflichten des Schuldverhältnisses. Falls der Verkäufer davon wusste,
dass der Pkw einen Unfall gehabt hatte, so ist er dem Käufer schadensersatzpflichtig
(§ 311 a BGB).

3.5.2.2 Nachträgliche Unmöglichkeit

Fall 2: Unfall vor der Übergabe

Gebrauchtwagenhändler Liebig verkauft an Frau Münzenmeyer einen Pkw als
unfallfrei, der bislang noch keinen Unfall hatte. Nach Abschluss des Kaufvertrages,
aber noch vor Übergabe des Wagens an Frau Münzenmeyer wird das Fahrzeug
durch einen Unfall beschädigt.

Wird die Vertragserfüllung nach Abschluss eines Vertrages unmöglich, so **entfallen** die **Primärleistungspflichten** des Vertrages: Nach § 275 I BGB entfällt die Leistungspflicht, nach § 326 I 1. HS. BGB die Gegenleistungspflicht.

Hat der Schuldner die nachträgliche Unmöglichkeit **zu vertreten**, so stehen dem Gläubiger wahlweise eine Reihe weiterer Rechte zu:

▶ Nach § 326 IV BGB kann der Gläubiger vom Vertrag Abstand nehmen, d h., er tut einfach nichts und fordert für den Fall, dass er seine Gegenleistung schon erbracht hat, diese einfach zurück.

▶ Falls der Schuldner einen Ersatz oder Ersatzanspruch erlangt hat, wie zum Beispiel einen Anspruch auf eine Versicherungsleistung, so kann der Gläubiger nach § 285 BGB anstelle der unmöglichen Leistung Herausgabe dieses Surrogats verlangen.

▶ Nach §§ 280 I S. 1, 283 S. 1 BGB kann der Gläubiger Schadensersatz statt der Leistung verlangen.

▶ Nach §§ 323 I, 326 V BGB kann der Gläubiger vom Vertrag zurücktreten.

▶ Nach § 284 BGB kann der Gläubiger Ersatz für sogenannte „frustrierte Aufwendungen" verlangen.

Lösung des Falls 2

Da der als unfallfrei verkaufte Pkw nach Vertragsabschluss, aber noch vor Erfüllung des Vertrages durch einen Verkehrsunfall beschädigt wird, handelt es sich um einen Fall der nachträglichen Unmöglichkeit. Aufgrund des Wegfalls der Primärleistungspflichten ist der Verkäufer Liebig nicht mehr verpflichtet, einen unfallfreien Pkw zu übereignen. Auch die Käuferin Frau Münzenmeyer ist nicht mehr verpflichtet, den Kaufpreis zu bezahlen. Falls der Verkäufer Liebig den Unfall zu vertreten, d. h. verschuldet hat, stehen der Käuferin eine Reihe weiterer Rechte zu.

3.5.3   Schuldnerverzug

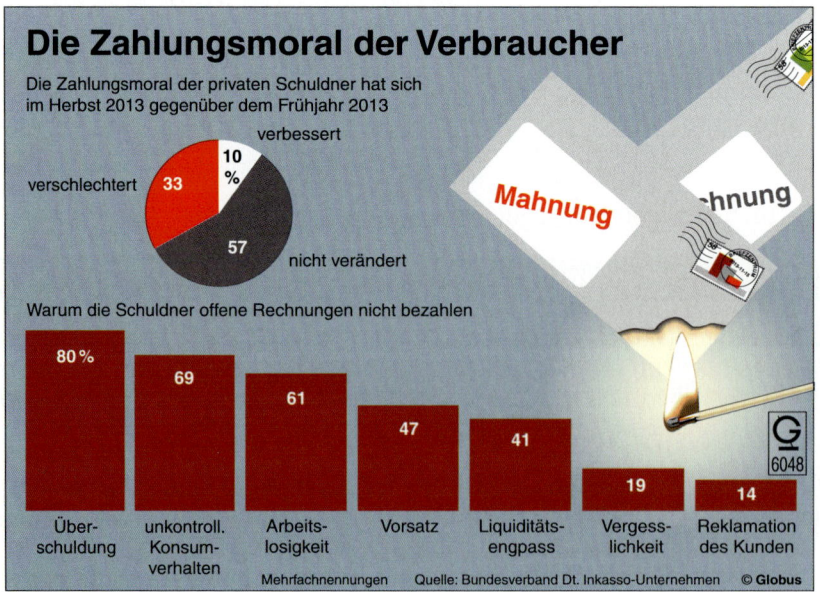

Fall 1: Hilfsbereit

Hobby-Handwerker Anton leiht seinem Kumpel Willi für drei Tage seine Kreissäge aus. Willi gibt die Säge trotz Mahnung nicht rechtzeitig zurück. Anton muss sich ein Ersatzgerät ausleihen und bezahlt dafür 50,00 €. Anton möchte diese Kosten von Willi erstattet haben.

Fall 2: Unpünktliche Lieferung

Herr Konrad betreibt ein Fernsehfachgeschäft. Lieferant Haller verspricht die Anlieferung von fünf Fernsehern innerhalb von vier Tagen, sobald Herr Konrad die Fernseher abruft. Herr Konrad meldet sich am 25.02. bei Haller mit der Bitte um Zusendung der Geräte. Haller liefert erst sieben Tage später mit der Folge, dass Herrn Konrad die Kunden abspringen und er einen Verlust in Höhe von 2 500,00 € erleidet. Kann Herr Konrad Schadensersatz vom Lieferanten Haller bekommen?

Fall 3: Drei Dosen Kaviar

Fabrikant Schulz bestellt bei Feinkosthändler Edel für eine Exklusivparty drei Dosen Kaviar. Edel, der den Kaviar nicht vorrätig hat, bestellt ihn bei Großhändler Moltke. Da Moltke nicht rechtzeitig liefert, mahnt Edel ihn zur Lieferung. Als die Mahnung nichts nutzt, setzt Edel Großhändler Moltke eine letzte Frist und droht Moltke mit der Verweigerung der Annahme jenseits dieser Frist. Edel möchte wissen, ob er von Moltke die Kosten für einen teuren Deckungskauf in Höhe von 1 200,00 € verlangen kann.

3.5.3.1 Begriff

Unter Schuldnerverzug versteht man die unentschuldigte Leistungsverzögerung durch den Schuldner. Entscheidend ist, dass der Schuldner die Leistung noch erbringen kann. Ist die Leistungserbringung nämlich aufgrund der zeitlichen Verzögerung nicht mehr möglich, so liegt kein Fall der Nicht-Rechtzeitig-Leistung, sondern ein Fall der Unmöglichkeit vor.

Beispiel

Wenn die für den Messetermin versprochene Anzeigetafel erst nach der Messe geliefert wird, so ist das ganze Geschäft aufgrund dieser Verzögerung sinnlos geworden. Die Leistung ist nicht mehr nachholbar und es liegt ein Fall von Unmöglichkeit vor. Geschäfte, bei denen die pünktliche Erfüllung der Vertragspflicht für das Gelingen den Ausschlag gibt, nennt man absolute Fixgeschäfte.

Beim Schuldnerverzug ist die Leistung dagegen vom Schuldner noch erbringbar.

Beispiel

Der Schuldner Georg Becher schuldet seinem Bruder Horst Becher die pünktliche Rückzahlung eines Darlehens in Höhe von 10 000,00 € zum 25. August. Zahlt Georg nicht pünktlich, so kann er die Zahlung noch zu einem späteren Zeitpunkt erbringen. Zwischenzeitlich muss er seinem Bruder allerdings Verzugszinsen bezahlen.

3.5.3.2 Voraussetzungen des Schuldnerverzugs

Der Verzug des Schuldners hat nach den §§ 280 I, II, 286 BGB als Voraussetzungen:

- Fälligkeit der Leistung,
- einredefreie Leistung,
- Nachholbarkeit der Leistung,
- Mahnung oder kalendermäßige Bestimmung der Leistungszeit,
- Verschulden.

Fälligkeit der Leistung

Beispiel

Die Leistung, die der Schuldner zu erbringen hat, muss fällig sein. Unter der Fälligkeit versteht man den Zeitpunkt, zu welchem die Leistung vom Schuldner erbracht werden muss. Der Fälligkeitszeitpunkt ergibt sich aus

- dem konkreten Vertrag,
- aus einer Spezialregelung,
- aus den Begleitumständen.

Lässt sich hieraus die Leistungszeit nicht bestimmen, so ist die Leistung sofort fällig (§ 271 I BGB).

Beispiel

Enthält ein Mietvertrag die Angabe, dass der Mietzins am dritten Tag des Monats zu zahlen ist, so ist der Mietzins zu diesem Zeitpunkt fällig. Wer Brötchen beim Bäcker kauft, muss den Kaufpreis sofort bezahlen, da dies beim Bäcker so üblich ist und außerdem im Zweifel eine Leistung sofort fällig ist.

Einredefreie Leistung

Die Leistung, die der Schuldner zu erbringen hat, muss einredefrei sein. Dies ist eine ungeschriebene Voraussetzung des Schuldnerverzugs. Dem Schuldner darf keine Einrede zustehen, die ihn dazu berechtigt, die Leistung zu verweigern.

Beispiel

Der Schuldner, der eine fällige Kaufpreisforderung von 1 000,00 € nicht bezahlt, kommt nicht in Verzug, wenn die Kaufpreisforderung bereits verjährt ist.

Nachholbarkeit der Leistung

Die vom Schuldner zu erbringende Leistung muss noch nachholbar sein. Darunter versteht man, dass die Leistung fortdauernd erbringbar ist. Andernfalls handelt es sich um einen Fall der Unmöglichkeit der Leistung und die Verzugsregeln sind nicht anwendbar.

Beispiel

Nicht nachholbar ist eine Leistung, wenn der Gegenstand der Leistung zerstört ist. Immer nachholbar ist die Leistung einer Geldsumme.

Mahnung oder kalendermäßige Bestimmung der Leistungszeit

Die Mahnung ist eine Erklärung des Gläubigers gegenüber dem Schuldner, durch die der Gläubiger deutlich macht, dass er auf baldiger Leistung besteht. Da eine Mahnung keiner besonderen Form bedarf, kann sie schriftlich, mündlich, aber auch konkludent abgegeben werden.

Beispiel

Die bloße Zusendung einer Rechnung ist für sich allein noch keine Mahnung, sondern lediglich eine Mitteilung über einen geschuldeten Betrag. Anders sieht es bei der wiederholten Zusendung einer Rechnung aus. Hierin ist in der Regel eine Mahnung zu sehen.

Die Mahnungserklärung muss dem Schuldner zugehen (§ 130 BGB analog). Da es entscheidend auf den Zugang der Mahnung ankommt (Frist mit Ereignistag, § 187 I BGB), ist der erste Verzugstag der auf den Zugang folgende Tag.

Eine Mahnung ist nach § 286 II BGB entbehrlich, wenn

▶ der Schuldner die Leistung ernsthaft und endgültig verweigert (§ 286 II Nr. 3 BGB). Eine Mahnung wäre in einem solchen Fall eine reine Förmlichkeit.

▶ besondere Gründe den Verzugseintritt rechtfertigen (§ 286 II Nr. 4 BGB). Gemeint sind damit Fälle, bei denen unter dem Gesichtspunkt von Treu und Glauben eine Mahnung unzumutbar ist, zum Beispiel wenn sich der Schuldner auf der Flucht befindet.

▶ für die Leistung eine Zeit nach dem Kalender bestimmt ist (§ 286 II Nr. 1 BGB). Wurde nämlich schon bei Vertragsschluss ein Termin für die Leistung festgelegt, so kann sich der Schuldner diesen Termin im Kalender notieren und eine gesonderte Mahnung ist entbehrlich.

▶ Entbehrlich ist die Mahnung auch in den Fällen, in denen der Leistungszeitpunkt ab einem vorangegangenen Ereignis bzw. ab einer Kündigung berechnet werden kann (§ 286 II Nr. 2 BGB). Für die Festlegung des Leistungszeitpunkts genügen also auch Vereinbarungen wie „zwei Wochen nach Lieferung" oder „zwei Wochen nach Rechnungserteilung".

Für Geldforderungen gibt es eine Sonderregel in § 286 III S. 1 BGB. Danach kommt der Schuldner einer Geldforderung spätestens 30 Tage nach Fälligkeit der Forderung und Zugang einer Rechnung oder gleichwertigen Zahlungsaufforderung in Verzug. Auf diese gesetzliche Regelung muss ein Verbraucher in der Rechnung ausdrücklich hingewiesen werden.

Beispiel

Paul hat gegenüber Kurt eine fällige Geldforderung und schickt ihm eine Rechnung. In der Rechnung weist Paul darauf hin, dass Kurt spätestens 30 Tage nach Zugang der Rechnung in Verzug kommt. Wenn Kurt nicht zahlt, kann Paul seinen Schuldner Kurt sofort mahnen und Kurt damit in Verzug setzen. Falls Paul sich dafür entscheidet, Kurt nicht zu mahnen, kommt Kurt spätestens nach Ablauf von 30 Tagen nach Erhalt der Rechnung auch ohne Mahnung automatisch in Verzug.

Verschulden (= Vertretenmüssen)

Nach § 286 IV BGB kommt der Schuldner nicht in Verzug, wenn er die Verzögerung der Leistung nicht verschuldet hat. Dies ist dann der Fall, wenn dem Schuldner weder Vorsatz noch Fahrlässigkeit zur Last zu legen sind (§ 276 BGB).

Beispiel

Fahrlässigkeit, d. h. die Nichtbeachtung der im Rechtsverkehr erforderlichen Sorgfalt, ist dem Schuldner auch dann vorzuwerfen, wenn er den Leistungstermin vergessen hat oder wegen Arbeitsüberlastung versäumt hat. Keinen Schuldvorwurf trifft den Schuldner, wenn er infolge höherer Gewalt, wie einer Notoperation, seine Angelegenheiten vorübergehend nicht wahrnehmen konnte.

3.5.3.3 Rechtsfolgen des Verzugs

Wenn der Schuldner verspätet leistet, muss er dem Gläubiger den durch den Verzug entstandenen Schaden (= **Verzögerungsschaden**) ersetzen (§§ 280 I, 286 BGB).

Lösung des Falls 1

Anton könnte die 50,00 € als Verzögerungsschaden gem. §§ 280 I, II, 286 BGB von Willi verlangen. Der Grundtatbestand des § 280 I BGB setzt voraus, dass Willi schuldhaft eine Pflicht aus dem Vertragsverhältnis mit Anton verletzt hat. Willi ist seiner Rückgabepflicht nicht rechtzeitig nachgekommen und hat dies auch zu vertreten. Ein Anspruch auf Ersatz des Verzögerungsschadens setzt zusätzlich voraus, dass § 286 BGB erfüllt ist. Der Schuldner Willi hat schuldhaft auf einen fälligen Anspruch trotz Mahnung nicht rechtzeitig geleistet. Damit sind die Voraussetzungen des Schuldnerverzugs erfüllt und Willi muss an Anton 50,00 € bezahlen.

Wenn der Schuldner mit einer Geldsumme in Verzug ist, so kann der Gläubiger als Verzugsschaden die **Verzugszinsen** verlangen (§ 288 BGB). Diese betragen mindestens 5 % über dem Basiszinssatz. Bei Rechtsgeschäften, bei denen kein Verbraucher beteiligt ist, betragen sie 9 % über dem Basiszinssatz. Der Basiszinssatz ist in § 247 BGB variabel geregelt. Ein Gläubiger, der wegen der Zahlungsverzögerung durch seinen Schuldner einen Bankkredit in Anspruch nehmen muss, kann die Zinsen dieses Kredits als Verzugsschaden verlangen.

Ist der Schuldner mit der Anlieferung von Ware im Verzug, so muss er als Ersatz des Verzugsschadens denjenigen Zustand herstellen, der bestehen würde, wenn der Verzug nicht eingetreten wäre.

Wenn die Ware bei pünktlicher Lieferung hätte weiterverkauft werden können, so gehört zum Verzugsschaden auch der Ersatz des Gewinns, der durch den Weiterverkauf hätte erzielt werden können.

Lösung des Falls 2

Herr Haller hat auf den Abruf am 25.02. hin nicht innerhalb von vier Tagen geliefert und somit eine Pflichtverletzung im Sinne von § 280 I BGB begangen, die er auch verschuldet hat. Da Herr Konrad den Ersatz des Schadens begehrt, der ihm aufgrund der Verzögerung entstanden ist, müssen zudem die Voraussetzungen des Verzugs vorliegen (§ 280 II, 286 BGB). Herr Haller ist Schuldner eines fälligen Anspruchs des Herrn Konrad. Herr Haller hat Herrn Konrad allerdings weder gemahnt noch ihm eine kalendermäßig bestimmbare Zeitangabe vorgegeben. Vereinbart war nur die Lieferung „vier Tage nach Abruf". Nach § 286 II Nr. 2 BGB genügt es jedoch, wenn ein Ereignis wie eine Lieferung oder Rechnungserteilung zum Ausgangspunkt einer kalendermäßigen Berechnung gemacht werden kann. Dies ist hier der Fall, da die Lieferung vier Tage ab einem Ereignis, hier dem Abruf, erfolgen sollte. Herr Konrad kann daher Ersatz des Verzögerungsschadens in Höhe von 2 500,00 € nach §§ 280 I, II, 286 BGB verlangen, wozu auch der entgangene Gewinn zählt.

§ 287 BGB nennt zwei weitere Verzugsfolgen:

▶ Nach § 287 S. 1 BGB haftet der Schuldner während des Verzugs für jede Fahrlässigkeit.

▶ Nach § 287 S. 2 BGB haftet der Schuldner während des Verzugs auch für Schäden, die durch Zufall entstanden sind.

Wenn der Schuldner weiterhin nicht leistet, so kann der Gläubiger schließlich nach erfolgloser Bestimmung einer angemessenen Frist zur Leistung (Nachfristsetzung)

▶ Schadensersatz statt der Leistung verlangen (§§ 280 III, 281 BGB),

▶ bei gegenseitigen Verträgen vom Vertrag zurücktreten (§ 323 BGB),

▶ weiterhin Erfüllung verlangen.

Erforderlich ist aber, dass der Gläubiger dem Schuldner eine **angemessene Frist zur Leistung oder zur Nacherfüllung** bestimmt hat (§ 281 I BGB). Die Fristsetzung ist entbehrlich, wenn der Schuldner die Leistung ernsthaft und endgültig verweigert (§ 281 II BGB). Kommt nach der Art der Pflichtverletzung eine Fristsetzung nicht in Betracht, so tritt an deren Stelle eine Abmahnung (§ 281 III BGB).

Nach ergebnislosem Ablauf der Frist kann sich der Gläubiger immer noch entscheiden, ob er lieber Vertragserfüllung oder Schadensersatz statt der Leistung wählt oder ob er stattdessen vom Vertrag zurücktreten will. Sobald der Gläubiger die Rücktrittserklärung abgibt, wird das Schuldverhältnis mit der gestaltenden Wirkung der Rücktrittserklärung in ein Rückgewährschuldverhältnis umgewandelt.

Edel könnte gegen Moltke einen Anspruch auf Schadensersatz statt der Leistung in Höhe von 1 200,00 € aus §§ 280 I, III, 281 I 1 BGB haben. Eine schuldhafte Verletzung vertraglicher Pflichten durch Moltke im Sinne von § 280 I BGB ist unproblematisch zu bejahen. Der geltend gemachte Schaden in Höhe von 1 200,00 € aus dem getätigten Deckungskauf ist kein Verzögerungsschaden, da er nicht infolge des Verzugs eintrat. Edel begehrt vielmehr Schadensersatz für einen Deckungskauf, den er statt der ausgebliebenen Leistung getätigt hat. Ein Schadensersatzanspruch statt der Leistung erfordert gem. § 280 III in Verbindung mit § 281 I 1 BGB das Vorliegen weiterer Tatbestandsmerkmale. Der Gläubiger Edel müsste dem Schuldner Moltke nämlich eine angemessene Frist zur Leistung gesetzt haben. Dies ist vorliegend geschehen. Dass Edel Moltke damit gedroht hat, die Annahme der Leistung nach Ablauf der Frist zu verweigern, ist für eine gültige Fristsetzung nicht (mehr) notwendig. Edel kann daher von Moltke 1 200,00 € als Schadensersatz statt der Leistung einfordern.

Schuldnerverzug:
- Fälligkeit der Leistung
- einredefreie Leistung
- Nachholbarkeit der Leistung
- Mahnung oder kalendermäßige Bestimmung der Leistungszeit
- Verschulden

Aufgaben

1. Was versteht man unter den Leistungsstörungen und welche Arten von Leistungsstörungen kennen Sie?

2. Welche Situation liegt beim Schuldnerverzug vor?

3. Nennen Sie die Voraussetzungen des Schuldnerverzugs.

4. Lisa Fritsch hat einen Wasserrohrbruch in ihrem Friseursalon. Sie ruft Klempner Hugo Bötsch frühmorgens an und bittet ihn dringend um seine Hilfe. Frau Fritsch weist den Klempner nachdrücklich darauf hin, dass sie den Salon spätestens um 10:00 Uhr öffnen muss, um Umsatzeinbußen zu vermeiden. Hugo Bötsch erscheint dennoch erst gegen 15:00 Uhr. Lisa Fritsch hat Umsatzeinbußen in Höhe von 500,00 € zu beklagen und möchte diesen Betrag von Herrn Bötsch ersetzt haben.

5. Anke schreibt Beate eine Rechnung ohne Fälligkeitstermin. Zehn Tage später schickt Anke der Rechnung eine Mahnung hinterher. Beate zahlt immer noch nicht. Ab wann darf Anke von Beate Verzugszinsen verlangen?

3.6 Sachmängelgewährleistung beim Kauf

Fall 1: Es ist nicht alles Gold, was glänzt

Vera Liebermann kauft im Trödelladen von Jana Vieth eine goldene Spieluhr. Später stellt sich heraus, dass die Spieluhr nicht aus Gold, sondern lediglich vergoldet ist, was die Verkäuferin nicht wusste. Vera Liebermann hält die Spieluhr für mangelhaft und tritt vom Kaufvertrag zurück.

Fall 2: Augen auf beim Autokauf

Karl Zeiss kauft einen 12 Jahre alten Pkw mit hohem Kilometerstand auf dem Tacho. Wenige Monate nach dem Kauf bricht die Kurbelwelle, was der Mechaniker auf das Alter und die Abnutzung des Fahrzeugs zurückführt. Karl Zeiss tritt sogleich vom Vertrag zurück und möchte den Kaufpreis zurückerstattet haben.

Fall 3: Teures Benzin

Frau Pohl kauft beim Autohändler Meyer ohne besondere Vereinbarungen einen Kleinwagen. Im Autohaus Meyer liegen Broschüren auf der Verkaufstheke, die das ausgewählte Modell mit 6 Liter pro 100 km als besonders sparsam im Benzinverbauch ausweisen. Frau Pohl stellt fest, dass das gekaufte Fahrzeug 8 Liter Benzin pro 100 km verbraucht. Könnte sie im nachhinein vom Autohaus verlangen, dass ihr Auto für einen geringeren Benzinverbrauch nachgerüstet wird, wenn dies technisch möglich ist?

Fall 4: Nicht genau dasselbe

Bruno Spirelli kauft beim Händler Roth ein gebrauchtes Motorrad, das er sich nach Fahrgestellnummer genau herausgesucht hat, und bezahlt dafür 10 000,00 €. Roth liefert an Spirelli ein zwar sehr ähnliches, aber anderes Motorrad und weigert sich, an Spirelli das geschuldete Motorrad herauszugeben. Kann Spirelli von Roth Schadensersatz verlangen, wenn man davon ausgehen kann, dass das geschuldete Motorrad einen Wert von 15 000,00 € hat, das gelieferte dagegen nur einen Wert von 10 000,00 €?

3.6.1 Rechte und Pflichten aus dem Kaufvertrag

Der Verkäufer ist verpflichtet, dem Käufer die Kaufsache **frei von Sach- und Rechtsmängeln** zu verschaffen (§ 433 I 2 BGB). Liefert der Verkäufer dem Käufer einen mangelhaften Kaufgegenstand, so liegt hierin eine Pflichtverletzung des Kaufvertrages, und die Vorschriften des allgemeinen Leistungsstörungsrechts sind anwendbar.

Beispiel

Bei unbehebbaren Sachmängeln liegt ein Fall der Unmöglichkeit vor, und der Käufer kann folglich Ansprüche aus dem allgemeinen Leistungsstörungsrecht geltend machen.

Bei behebbaren Sachmängeln finden die Spezialvorschriften der Sachmängelgewährleistung beim Kauf (§§ 437 ff. BGB) Anwendung.

3.6.2 Vorliegen eines Sachmangels

Eine Kaufsache ist mangelhaft, wenn sie im Zeitpunkt des Gefahrübergangs nicht die **vertraglich vereinbarte Beschaffenheit** aufweist (subjektiver Fehlerbegriff, § 434 I BGB).

Beispiel

Frau Kruse kauft Mikrowellengeschirr. Die Ware ist mangelhaft, wenn sie sich nicht für das Aufwärmen von Speisen in der Mikrowelle eignet.

Fehlt eine solche Beschaffenheitsvereinbarung, so kann sich ein Mangel auch aus objektiven Kriterien herleiten:

▶ Die Kaufsache ist mangelhaft, wenn sie sich nicht für die vertraglich vorausgesetzte Verwendung eignet (§ 434 I Nr. 1 BGB).

Beispiel

Die Lebensmittel eignen sich nicht zum Verzehr, oder ein Fahrzeug ist fahruntauglich.

▶ Die Kaufsache ist mangelhaft, wenn sie sich nicht für die gewöhnliche Verwendung eignet und keine Beschaffenheit aufweist, die bei Sachen gleicher Art üblich ist (§ 434 I Nr. 2 BGB).

Beispiel

Der PC läuft nur für zwei Stunden und braucht danach eine Betriebspause.

Lösung des Falls 2

Fraglich ist hier, ob sich der Käufer Karl Zeiss auf einen Sachmangel des Pkw berufen kann. Zwischen den Vertragsparteien wurde weder vertraglich eine besondere Beschaffenheit des Fahrzeugs vereinbart noch eine besondere Verwendung vorausgesetzt. Daher bleibt zur Prüfung noch § 434 I Nr. 2 BGB. Der Pkw wäre demnach mangelhaft, wenn er sich nicht für die gewöhnliche Verwendung eignet und keine Beschaffenheit aufweist, die bei Sachen gleicher Art üblich ist. Vergleichsmaßstab für gebrauchte Sachen sind andere gebrauchte Sachen von gleicher Art und Abnutzungsgrad. Ein Getriebeschaden ist bei einem 12 Jahre alten Pkw im Vergleich zu anderen, ebenso alten und häufig gefahrenen Fahrzeugen durchaus üblich. Demnach liegt hier kein Sachmangel vor, und Karl Zeiss kann keine Sachmängelgewährleistungsrechte geltend machen.

Hersteller, Verkäufer und dessen Gehilfen müssen für öffentliche Äußerungen, insbesondere **Werbeaussagen** zur Beschaffenheit der Kaufsache, einstehen (§ 434 I Satz 3 BGB). Der Käufer kann verlangen, dass die Kaufsache die in der Werbung versprochenen

Eigenschaften aufweist. Dies gilt nicht, wenn der Verkäufer diese Aussagen nicht kannte oder kennen musste oder wenn eine Werbeaussage für eine Kaufentscheidung nicht kausal war.

Wird ein Regenmantel in der Werbung des Herstellers als extrem wetterfest angepriesen, so ist es ein Mangel, wenn die Nähte im Regen das Wasser durchlassen. Ein Verkäufer könnte sich allenfalls bei der ersten Kundenreklamation darauf berufen, von der Herstellerwerbung nichts gewusst zu haben; nach der ersten Reklamation ist sie ihm jedenfalls bekannt.

Auch **mangelhaft ausgeführte Montagearbeiten** können einen Sachmangel begründen (§ 434 II S. 1 BGB).

Herr Sperling kauft einen Schlafzimmerschrank im Möbelhaus und lässt ihn sich nach Hause liefern und aufbauen. Werden die Schrankscharniere durch unsachgemäße Montage beschädigt, so liegt ein Sachmangel vor.

Wird die Sache aufgrund einer **fehlerhaften Montageanleitung** falsch zusammengebaut, liegt gleichfalls ein Sachmangel vor (§ 434 II S. 2 BGB, IKEA-Klausel).

Herr Sperling baut den Schrank zu Hause nach der Montageanleitung selbst zusammen. Da die Anleitung fehlerhaft ist, bohrt Herr Sperling an der falschen Stelle Schraubenlöcher in das Holz.

Dem Sachmangel gleichgestellt sind die Fälle, in denen eine **andere Sache** oder eine **zu geringe Menge** geliefert wird (§ 434 III BGB).

Herr Bauer bekommt statt der bestellten 5 kg Boskop-Äpfel 4 kg Jona-Gold-Äpfel geliefert. Die Apfellieferung ist mangelhaft, weil es erstens nicht die richtigen und zweitens zu wenig Äpfel sind.

Maßgeblicher Zeitpunkt zur Beurteilung der Mangelhaftigkeit der Sache ist der Zeitpunkt des **Gefahrübergangs**. Damit ist jener Augenblick gemeint, zu dem der Käufer das Risiko einer zufälligen Zerstörung oder Verschlechterung der Kaufsache selbst tragen muss. Der Käufer muss dann den Kaufpreis bezahlen, obwohl er die Kaufsache nicht mehr hat, weil diese ohne Verschulden von Verkäufer und Käufer zugrunde ging. Der Zeitpunkt des Gefahrübergangs ist beim Kauf beweglicher Sachen die Übergabe der Sache vom Verkäufer an den Käufer (§ 446 I 1 BGB).

Gabi Baier kauft eine Hi-Fi-Stereoanlage unter Eigentumsvorbehalt, d. h., bis zur vollständigen Kaufpreiszahlung bleibt der Verkäufer Eigentümer der Anlage. Gabi nimmt die Anlage mit nach Hause und trägt damit ab Übergabe der Anlage die Preisgefahr. Wird ihr die Anlage zum Beispiel aus der Wohnung gestohlen, so muss sie den Kaufpreis bezahlen, obwohl sie keine Stereoanlage mehr hat.

Beim **Versendungskauf** (§ 447 BGB) erfolgt die Versendung der Kaufsache auf Wunsch und Gefahr des Käufers. Sobald der Verkäufer die Kaufsache an eine Transportperson an seinem Wohn- oder Geschäftssitz übergibt, geht die Gefahr auf den Käufer über.

Ein Fahrradhändler aus Neuenahr versendet ein Fahrrad auf Wunsch des Käufers an dessen Wohnsitz in Altenburg. Hierzu übergibt der Verkäufer das Fahrrad der Deutschen Bahn AG in Neuenahr. Wird das Fahrrad unterwegs zerstört, weil der Zug entgleist, muss der Käufer den Kaufpreis bezahlen, obwohl kein Fahrrad mehr bei ihm ankommt.

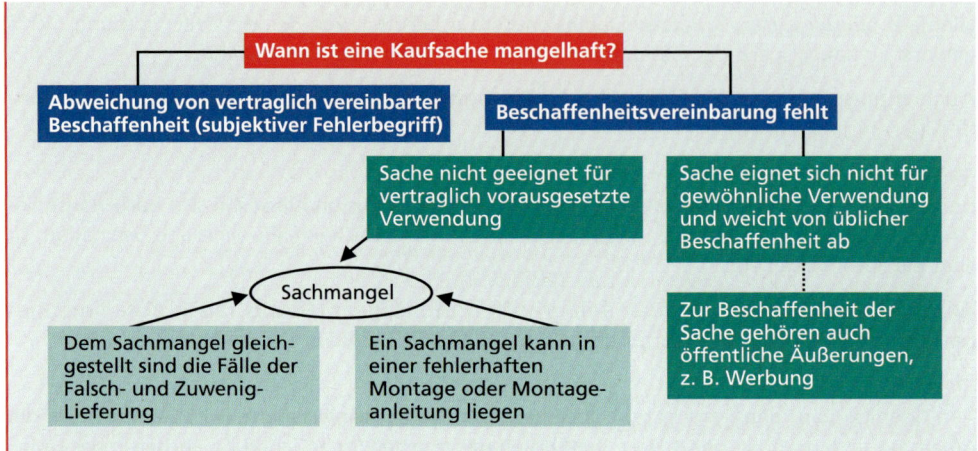

3.6.3 Rechte des Käufers bei Mängeln

3.6.3.1 Überblick

Beim Vorliegen eines Mangels hat der Käufer nach § 437 BGB folgende Rechte:

▶ Nacherfüllung: § 437 Nr. 1 BGB,

▶ Rücktritt: § 437 Nr. 2 BGB,

▶ Minderung: § 437 Nr. 2 BGB,

▶ Schadensersatz: § 437 Nr. 3 BGB,

▶ Ersatz vergeblicher Aufwendungen: § 437 Nr. 3 BGB.

Von diesen Rechten ist einzig das Minderungsrecht eine Besonderheit des Kaufrechts. Die übrigen Rechte sind nach den allgemeinen Regeln des Schuldrechts ausgestaltet.

Die aufgezählten Käuferrechte stehen nicht gleichberechtigt nebeneinander. Der Käufer darf Rücktritt, Minderung und Schadensersatz nur verlangen, wenn er dem Verkäufer eine **Frist zur Nacherfüllung** gesetzt hat. Die Nacherfüllung hat also Vorrang vor allen übrigen Rechten. Man spricht auch von einem Recht des Verkäufers zur zweiten Andienung.

Der Käufer eines defekten Gerätes muss dem Verkäufer zuallererst die Reparatur bzw. den Austausch des defekten Gerätes gestatten. Erst wenn dies misslingt, darf er beispielsweise vom Vertrag zurücktreten.

3.6.3.2 Nacherfüllungsanspruch

Der Käufer einer mangelhaften Sache muss dem Verkäufer zuerst die Gelegenheit zur Nacherfüllung geben. Dabei kann der Käufer wählen zwischen

▶ Beseitigung des Mangels: §§ 437 Nr. 1, 439 I 1. Alt. BGB,

▶ Lieferung einer mangelfreien Sache: §§ 437 Nr. 1, 439 I 2. Alt, IV BGB.

Die Wahlfreiheit des Käufers wird beschränkt durch ein Verweigerungsrecht des Verkäufers. Der Verkäufer darf eine Variante der Nacherfüllung ablehnen, falls die Kosten unverhältnismäßig sind.

Beispiel

Bei Billigprodukten sind Reparaturen oftmals zu teuer. Hier ist nur der Austausch der Ware sinnvoll.

Notfalls darf der Verkäufer auch beide Nacherfüllungsvarianten ablehnen (§ 439 III BGB). Der Käufer kann dann seine übrigen Rechte wahrnehmen.

> **Lösung des Falls 3**
>
> *Frau Pohl, die ihr Auto auf einen geringeren Benzinverbrauch umrüsten lassen will, macht einen Anspruch auf Nacherfüllung gem. §§ 439, 437 Nr. 1, 434 BGB geltend. Voraussetzung für den Anspruch ist, dass das Auto einen Mangel aufweist. Eine ausdrückliche Vereinbarung über einen sparsamen Benzinverbrauch wurde nicht getroffen. Der Pkw ist durch den höheren Benzinverbrauch auch nicht in seiner gewöhnlichen Verwendung oder üblichen Beschaffenheit beeinträchtigt. Infrage kommt aber ein Mangel gem. § 434 I 2 Nr. 2 BGB, da der tatsächliche Benzinverbrauch von den Angaben in der Broschüre abweicht. Der Verkäufer behauptet zwar, von dieser Broschüre des Herstellers keine Kenntnis zu haben – dieser Einwand nutzt ihm aber nichts, da die Broschüre in seinem Hause auslag und seine Unkenntnis zumindest auf Fahrlässigkeit beruht. Frau Pohl hatte die Möglichkeit, Kenntnis von der Broschüre zu nehmen. Ob sie die Werbeaussage kannte und diese mitursächlich für ihre Kaufentscheidung war, müsste notfalls der Verkäufer beweisen. Der Pkw hat aufgrund seines zu hohen Benzinverbrauchs einen Sachmangel und Frau Pohl kann Nachbesserung verlangen. Sollte die gewünschte Umrüstung daher wirtschaftlich zumutbar sein, so muss der Verkäufer sie ausführen.*

3.6.3.3 Rücktritt

Der Käufer einer mangelhaften Kaufsache kann nach §§ 437 Nr. 2, 323, 326 V BGB vom Vertrag zurücktreten. Das **Rücktrittsrecht** ist ein **Gestaltungsrecht**, d. h., mit Abgabe der Rücktrittserklärung ist der Rücktritt bewirkt und das Schuldverhältnis wird in ein Rückgewährschuldverhältnis umgewandelt. Vor Erklärung des Rücktritts muss der Käufer dem Verkäufer eine Frist zur Nacherfüllung setzen. Diese Fristsetzung kann gemäß §§ 323 II, 440 BGB entbehrlich sein, wenn schon von vornherein ersichtlich ist, dass die Fristsetzung zwecklos wäre.

Eine Fristsetzung ist entbehrlich, wenn der Verkäufer die Nacherfüllung ernsthaft und endgültig verweigert.

Der Käufer darf nicht vom Vertrag zurücktreten, wenn die Pflichtverletzung des Verkäufers unerheblich ist (§ 323 V 2 BGB). Hier bleibt dem Käufer nur die Minderung.

Lösung des Falls 1

Zu prüfen ist als erstes ein Anspruch von Vera Liebermann auf Nacherfüllung gem. §§ 439, 437 Nr. 1, 434 BGB. Da beim Kauf einer goldenen Spieluhr das „echte Gold" mit zur vertraglich vereinbarten Beschaffenheit gehört, ist von einem Sachmangel der Kaufsache auszugehen. Die Käuferin ist zunächst auf ihren Nacherfüllungsanspruch verwiesen, da der Verkäufer ein Recht zur zweiten Andienung hat. Eine Nachbesserung ist hier allerdings gem. § 275 I BGB unmöglich, da man aus einer vergoldeten Spieluhr keine goldene machen kann. Auch eine Ersatzlieferung scheidet aus, weil es sich bei der goldenen Spieluhr um eine nicht vertretbare Sache handelt. Daher steht der Käuferin der Weg zur Ausübung ihres Rücktrittsrechts nach §§ 437 Nr. 2, 434 I 1, 326 V, 275 BGB offen (für den Fall der Unmöglichkeit der Nacherfüllung folgt das Rücktrittsrecht nicht aus § 323 I BGB, sondern aus § 323 V BGB). Eine Fristsetzung war hier entbehrlich, da eine solche keinen Sinn gehabt hätte. Vera Liebermann konnte daher wirksam vom Kaufvertrag zurücktreten.

3.6.3.4 Minderung

Minderung bedeutet, dass der Käufer **eine dem Mangel angemessene Herabsetzung des Kaufpreises** verlangen kann. Zuvor muss der Käufer den Verkäufer allerdings unter Fristsetzung zur Nacherfüllung auffordern.

Die Minderung ist ebenso wie der Rücktritt ein **Gestaltungsrecht** und wird durch die Abgabe einer Minderungserklärung ausgeübt, wodurch die Minderung bewirkt wird. Der geminderte Kaufpreis lässt sich nach folgender Formel berechnen:

$$\text{Geminderter Kaufpreis} = \frac{\text{Wert der Kaufsache mit Mangel} \times \text{Kaufpreis}}{\text{Wert der Kaufsache ohne Mangel}}$$

Frau Stahl erwirbt 10 Flaschen „Sonnenberger Spätlese" für 60,00 €. Später stellt sich heraus, dass es sich um verpanschten Wein handelt. Zehn Flaschen verpanschter Wein sind 25,00 € wert, zehn Flaschen mangelfreier Wein sind 50,00 € wert. Der geminderte Kaufpreis beträgt

$$\frac{25,00 \, € \times 60,00 \, €}{50,00 \, €} = 30,00 \, €.$$

Der Käufer darf auch bei unerheblichen Mängeln mindern (§ 441 I 2 BGB).

3.6.3.5 Schadensersatz

Der Käufer kann wegen der Mangelhaftigkeit der Sache nach §§ 437 Nr. 3, 440 BGB Schadensersatz verlangen.

▶ Vom **„kleinen Schadensersatzanspruch" (= Schadensersatz statt der Leistung)** spricht man, wenn der Käufer den Ersatz der Kosten begehrt, die erforderlich sind, um den Mangel zu beseitigen (§§ 280 I 1, 281 I 1, 437 Nr. 3 Alt.1 BGB).
Ein Anspruch des Käufers auf den „kleinen Schadensersatz" setzt kein Verschulden des Verkäufers voraus. Notwendig ist aber die vorherige Fristsetzung zur Nacherfüllung (Schadensersatz als subsidiärer Rechtsbehelf).

▶ Vom **„großen Schadensersatzanspruch" (= Schadensersatz statt der ganzen Leistung)** spricht man, wenn der Käufer die Zahlung von Schadensersatz in Höhe des Wertes der Sache in mangelfreiem Zustand Zug um Zug gegen Rückgabe der mangelhaften Sache begehrt (§§ 280 I 1, 281 I 1, 3, 437 Nr. 3 Alt. 1 BGB).

Auch hier ist die Setzung einer Frist zur Nacherfüllung notwendig. Anders als beim „kleinen Schadensersatz" kann der Käufer den Schadensersatz statt der ganzen Leistung jedoch nur bei einer erheblichen Pflichtverletzung des Verkäufers verlangen (§ 281 I 3 BGB).

> **_Lösung des Falls 4_**
>
> _Spirelli könnte gegenüber Roth einen Anspruch auf Schadensersatz nach §§ 280 I, III, 281 I, 437 Nr. 3 1. Alt., 434 III BGB haben. Dazu müsste zunächst ein Sachmangel vorliegen. Eine Falschlieferung stellt nach § 334 III BGB einen Sachmangel dar. Roth hat zudem den zentralen Haftungtatbestand des § 280 I BGB verwirklicht, da er das geschuldete Motorrad nicht geliefert hat und diese Pflichtverletzung auch zu vertreten hat. Für einen Anspruch auf Schadensersatz statt der Leistung müssen die zusätzlichen Voraussetzungen der §§ 280 III, 281 BGB erfüllt sein. § 281 verlangt für einen Anspruch auf Schadensersatz statt der Leistung den erfolglosen Ablauf einer vom Käufer gesetzten Nacherfüllungsfrist. Spirelli hat hier keine Frist gesetzt. Eine Fristsetzung war im konkreten Fall allerdings nach § 281 II 1. Alt. entbehrlich, da Roth die Leistung ernsthaft und endgültig verweigert hat. Da es sich vorliegend um eine erhebliche Pflichtverletzung handelt, ist der Weg für einen Schadensersatzanspruch von Spirelli gegen Roth frei. Wählt Spirelli den „großen Schadensersatz", so kann er von Roth gegen Rückgabe des erhaltenen Motorrads die Rückzahlung des Kaufpreises zuzüglich 5 000,00 € verlangen. Wählt Spirelli dagegen den „kleinen Schadensersatz", so kann er das gelieferte Motorrad behalten und noch die Wertdifferenz in Höhe von 5 000,00 € verlangen._

3.6.3.6 Ersatz der Mehrkosten

Der Käufer kann unter den Voraussetzungen der §§ 280 I 1, 437 Nr. 3 Alt. 2 BGB auch den Ersatz der Mehrkosten verlangen, die auch bei ordnungsgemäßer Vertragserfüllung eingetreten wären.

Da die angelieferten Speisen verdorben sind, fällt die Party aus – die Kosten für den angemieteten Tanzsaal wären aber auch so angefallen.

3.6.3.7 Verjährung der Rechte des Käufers bei Mängeln

Die Mängelgewährleistungsrechte des Käufers verjähren nach § 438 I Nr. 3 **kenntnisunabhängig** in **zwei Jahren** ab dem Zeitpunkt des Gefahrübergangs, also bei beweglichen Sachen in zwei Jahren ab der Übergabe (§ 438 II BGB).
Hat der Verkäufer einen Mangel arglistig verschwiegen, so beginnt die regelmäßige Verjährungsfrist (drei Jahre) mit Kenntnis des Käufers (§ 438 III BGB) zu laufen.
Rücktritt und Minderung unterliegen als Gestaltungrechte nicht der Verjährung. Um einen Gleichlauf mit den übrigen Käuferansprüchen zu erreichen, ordnet § 438 IV, V BGB die Undurchsetzbarkeit dieser Gestaltungrechte nach den für die Verjährung geltenden Regeln an.

Sachmängel: Verkürzung der Verjährungsfrist in den AGB

Vorsicht bei der Formulierung

Die Gewährleistungsfrist für Sachmängel kann durch die allgemeinen Geschäftsbedingungen (AGB) auf ein Jahr verkürzt werden, jedenfalls bei gebrauchten Sachen und im unternehmerischen Geschäftsverkehr. Bei der Formulierung ist aber Vorsicht geboten: Mit einem Urteil vom 29.04.2015 (VIII ZR 104/14) hat der Bundesgerichtshof (BGH) entschieden, dass die Verkürzung der Verjährungsfrist in den AGB des Zentralverbandes des Kraftfahrzeuggewerbes (ZdK) intransparent und damit unwirksam ist.

Die ABG des Zdk sehen in den Regelungen zu Sachmängeln eine auf ein Jahr verkürzte Verjährungsfrist für Ansprüche vor, wobei die Regelungen zu Sachmängeln nicht für Ansprüche aus Schadensersatz gelten sollen. Laut BGH geht aus dieser Regelung nicht deutlich hervor, innerhalb welcher Frist Schadensersatzansprüche wegen Verletzung einer Nacherfüllungspflicht bei Sachmängeln verlangt werden können.

Die Unwirksamkeit einer AGB-Regelung hat zur Folge, dass die gesetzlichen Regelungen greifen, das heißt, die gesetzliche Verjährungsfrist – grundsätzlich zwei Jahre – für sämtliche Mängelansprüche. Damit ist die in den AGB beabsichtigte Verkürzung der Verjährungsfrist also insgesamt unwirksam.

Unternehmer, die in ihren AGB die Gewährleistungsfrist auf ein Jahr verkürzen möchten, sollten daher ausdrücklich klarstellen, dass alle Schadensersatzansprüche der gesetzlichen Verjährungsfrist unterliegen. Zudem sollte aufgenommen werden, dass ein Schadensersatzanspruch, der auf einer verweigerten Nacherfüllung beruht, nur dann innerhalb der gesetzlichen Verjährungsfrist (von zwei Jahren) geltend gemacht werden kann, wenn die Nacherfüllung innerhalb der verkürzten Frist für Mängelansprüche (also innerhalb eines Jahres ab Lieferung) verlangt worden ist.

Quelle: Barbara Mayer, Friedrich Graf von Westphalen & Partner, in: Wirtschaft im Südwesten, Juni 2015, S. 56

3.6.4 Verbrauchsgüterkauf

Im BGB finden sich in den § 474 ff. BGB besondere Regeln für den **Verbrauchsgüterkauf**. Ein solcher liegt vor, wenn ein Verbraucher von einem Unternehmer (§§ 13, 14 BGB) eine bewegliche Sache kauft (§ 474 I BGB).

Keine Verbrauchsgüterkäufe sind also Verträge zwischen Unternehmen, zwischen Verbrauchern, zwischen einem Verbraucher als Verkäufer und einem Unternehmer als Käufer.

Die Regeln über den Verbrauchsgüterkauf sind überwiegend zwingendes Recht, d. h., eine Abweichung vom Gesetz zulasten des Käufers ist unzulässig. Bei **gebrauchten Sachen** darf ausnahmsweise vom Gesetz abgewichen werden. Hier darf die Verjährungsfrist der Mängelgewährleistungsansprüche auf ein Jahr herabgesetzt werden (§ 475 II BGB).
Das Vorliegen eines Sachmangels bei Übergabe der Kaufsache muss grundsätzlich vom Käufer bewiesen werden. Für den Verbrauchsgüterkauf enthält § 476 BGB eine **Beweislastumkehr**. Zeigt sich nämlich innerhalb von 6 Monaten seit dem Gefahrübergang ein Sachmangel, so wird vermutet, dass die Sache bereits bei Gefahrübergang mangelhaft war. Diese Vermutung greift nicht ein, wenn sie mit der Art der Sache oder der Art des Mangels nicht vereinbar ist.

Bei schnell verderblichen Waren oder Gebrauchtwaren kann diese Vermutung nicht herangezogen werden.

Die Vorschrift über den Gefahrübergang beim Versendungskauf (§ 447 BGB) ist nicht anwendbar auf den Verbrauchsgüterkauf. Beim Verbrauchsgüterkauf trägt der Unternehmer (Verkäufer) das Versandrisiko.
Macht der Verkäufer dem Käufer Zusagen, die über die gesetzlich verbürgten Rechte hinausgehen (**Garantie**), so muss eine solche Garantieerklärung nach § 477 BGB einfach und verständlich abgefasst sein (Transparenzgebot). Gegen Verstöße können die Verbraucherschutzverbände vorgehen.

Herstellergarantie, Beschaffenheitsgarantie, Haltbarkeitsgarantie

Käuferrechte wegen Sachmängeln:

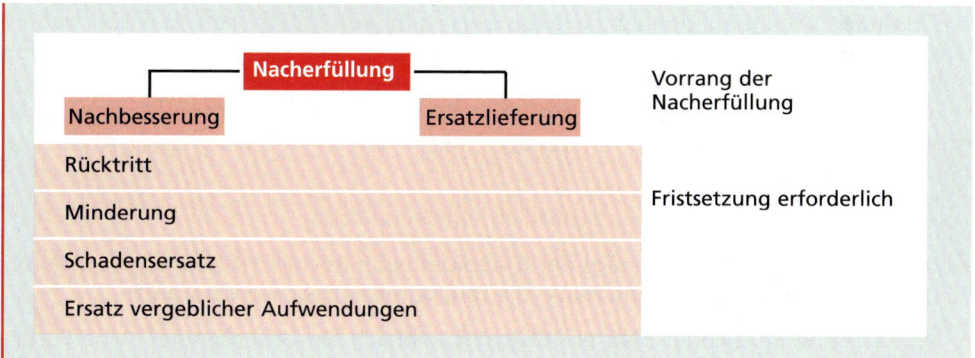

Aufgaben

1. Wann verjährt ein Sachmängelgewährleistungsanspruch im Kaufrecht?

2. Wann liegt ein Sachmangel vor?

3. Was bedeutet es, wenn man im Kaufrecht von einem Recht des Verkäufers auf „zweite Andienung" spricht?

4. Paul Ehrlich kauft für seinen Sohn Gert eine Kinderrutsche, die er in Einzelteilen mit beigefügter Montageanleitung erhält. Die Anleitung ist falsch. Da Herr Ehrlich handwerklich begabt ist, kann er die Kinderrutsche dennoch einwandfrei aufstellen. Da er sich aber trotzdem über die falsche Anleitung ärgert, will er den Kaufpreis mindern. Wie wäre es, wenn Paul Ehrlich die Kinderrutsche schief zusammenbaut, weil er der falschen Montageanleitung folgt?

5. Herr Sorge kauft sich einen Videorekorder. Die Bedienungsanweisung ist völlig unverständlich, weshalb es Herrn Sorge nicht gelingt, den Videorekorder zu betätigen. Welche Käuferrechte hat Herr Sorge?

3.7 Übergang von Forderungen

Fall: Sicherungsabtretung

Die Bank gewährt Herrn Siebel einen Kredit in Höhe von 30 000,00 €. Da Herr Siebel der Bank keine sonstigen Sicherheiten bieten kann, tritt er eine Forderung aus einem Kaufvertrag auf Zahlung von 30 000,00 € gegenüber seinem Schuldner Herrn Blum zur Sicherheit an die Bank ab. Herr Blum hat bei Herrn Siebel einen Baukran erworben. Als Herr Siebel den Kredit nicht vereinbarungsgemäß an die Bank zurückzahlt, verlangt sie von Herrn Blum 30 000,00 €. Herr Blum, der einen schwerwiegenden Defekt am Baukran festgestellt hat, möchte höchstens 20 000,00 € bezahlen. Kann Herr Blum den Mangel des Baukrans der Bank entgegenhalten?

3.7.1 Vertraglicher Forderungsübergang

Forderungen kann man, genauso wie das Eigentum, auf andere Personen übertragen. Der Verkäufer, der eine Kaufpreisforderung gegenüber dem Käufer auf Bezahlung von 1 000,00 € hat, kann diese Kaufpreisforderung an eine dritte Person übertragen, die an seiner Stelle vom Käufer die Zahlung von 1 000,00 € verlangen kann. Der Vorgang, durch den eine Forderung auf eine andere Person übertragen wird, heißt **Abtretung** (§§ 398 ff. BGB).

Forderungsabtretungen sind wirtschaftlich sehr bedeutsam:

▶ Beim **Diskontgeschäft** überträgt der Gläubiger einer noch nicht fälligen Wechselforderung den Wechsel auf eine Bank, die ihm dafür den Barwert bezahlt.

▶ Als **Factoring** bezeichnet man ein Geschäft, wonach ein Unternehmer seine Forderungen gegenüber einem Kunden an einen Dritten (z. B. Bank) abtritt, der ihm sogleich den Barwert ausbezahlt und gegen einen Abschlag die Einziehung der Forderung übernimmt.

▶ Sehr bedeutsam ist außerdem die noch zu erörternde **Sicherungsabtretung**.

Die **Abtretung** ist ein **Vertrag** zwischen dem bisherigen Gläubiger der Forderung (Altgläubiger oder Zedent) und dem neuen Gläubiger der Forderung (Neugläubiger oder Zessionar). Da dieser Vertrag zur Folge hat, dass die Forderung von einer Person zu einer anderen Person wechselt (= Rechtsänderung), handelt es sich um ein **Verfügungsgeschäft**. Als Grund für die Verfügung besteht neben dem Abtretungsvertrag oft noch ein Verpflichtungsgeschäft, wie ein Kauf oder eine Schenkung. Nach dem Abstraktionsgrundsatz sind das Verpflichtungs- und das Verfügungsgeschäft in ihrem Bestand unabhängig voneinander.

Beispiel

Herr Zeisig ist Gläubiger einer Geldforderung gegenüber seinem Schuldner, Herrn Wirth. Wenn Herr Zeisig diese Geldforderung seiner Tochter Ilona schenken will, so müssen folgende Verträge geschlossen werden:

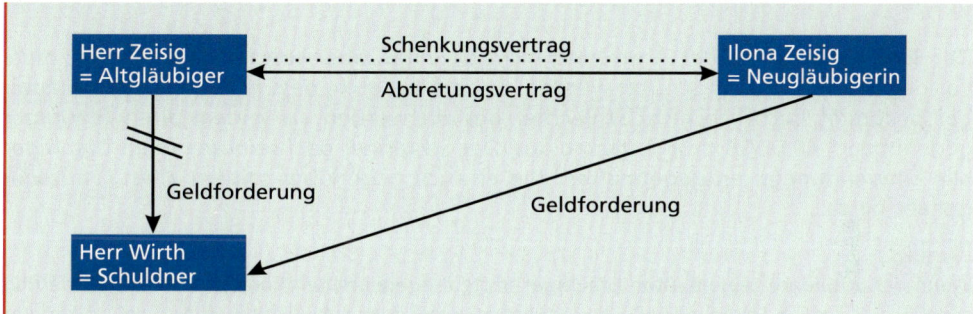

Erst durch den Abtretungsvertrag wird Ilona Zeisig Inhaberin der Geldforderung und kann anstelle ihres Vaters von Herrn Wirth die Zahlung des geschuldeten Betrages verlangen.

Voraussetzungen für die Abtretung

Vorhandensein eines **Abtretungsvertrages**: zwischen dem alten Gläubiger und dem neuen Gläubiger

Existente Forderung: Abtretung einer Forderung, die auch tatsächlich besteht und die auch wirklich dem Gläubiger gehört

Beispiel

Clemens Schlau tritt eine Forderung an Emil Schmell und einen Tag später nochmals an Karl Spät ab. Karl Spät hat keine Forderung erworben, da Clemens Schlau zum Zeitpunkt der Abtretung gar nicht mehr der Forderungsinhaber war. Die Abtretung ging ins Leere.

Bestimmte Forderung: Die Forderung, die abgetreten werden soll, muss genau nach Inhalt, Höhe und Schuldner bezeichnet sein.

Beispiel

Die Kaufpreisforderung des Hans-Jörg Pohlmann gegenüber Wilma Liebstöckl über 6 571,80 € aus dem Kaufvertrag vom 12. Juli wird an Frau Hermine Wenkdorf abgetreten.

Abtretbare Forderung: Nicht jede Forderung kann abgetreten werden. Eine Forderung kann unabtretbar sein, wenn

▶ es mit ihrem **Inhalt** nicht vereinbar ist (§ 399, 1. Alternative BGB).

Beispiel

Ein Arbeitnehmer tritt seinen Urlaubsanspruch an einen Kollegen ab. Dies ist mit dem Zweck des Urlaubs, der die Arbeitskraft des Arbeitnehmers wiederherstellen soll, unvereinbar.

▶ die Forderung **unpfändbar** ist (§ 400 BGB).

Beispiel

Der unpfändbare Teil des Arbeitseinkommens darf dem Arbeitnehmer genauso wenig durch Abtretung entzogen werden wie durch Aufrechnung.

▶ die Abtretung durch eine **Vereinbarung mit dem Schuldner** ausgeschlossen wurde (§ 399, 2. Alternative BGB).

Beispiel

Der Arbeitgeber vereinbart mit dem Arbeitnehmer, dass dieser seinen Lohnanspruch nicht an seine Gläubiger (z. B. Vermieter, Möbelhaus, Reiseveranstalter) abtreten darf.

Der Schuldner, der an der Abtretung nicht beteiligt, aber von ihr betroffen ist, muss vor negativen Folgen geschützt werden. Er darf dadurch, dass er einen neuen Gläubiger bekommt, rechtlich nicht schlechter gestellt werden als seinem alten Gläubiger gegenüber. § 404 BGB drückt dies so aus: Der Schuldner darf seinem neuen Gläubiger **alle Einwendungen** entgegenhalten, die er auch gegenüber seinem alten Gläubiger gehabt hätte.

Beispiel

Wenn der Schuldner seinem alten Gläubiger hätte entgegenhalten können, dass die Forderung nichtig (z. B. wegen Sittenwidrigkeit oder Formmangel) oder erfüllt oder verjährt sei, so kann er sich hierauf auch dem neuen Gläubiger gegenüber berufen.

Der Schuldner weiß manchmal gar nichts von der Abtretung, da der Abtretungsvertrag zwischen dem alten und dem neuen Gläubiger geschlossen wird. § 407 BGB schützt den nicht informierten Schuldner vor einer **Doppelleistung**. Leistet der Schuldner nämlich aus Unkenntnis an den alten Gläubiger, so wird er nach den allgemeinen Rechtsgrundsätzen von seiner Leistungsverpflichtung nicht frei, da er an den falschen Gläubiger geleistet hat. Deswegen ordnet § 407 BGB an, dass der Schuldner durch die Leistung an den alten Gläubiger von seiner Schuld gegenüber dem neuen Gläubiger befreit wird. Der neue Gläubiger muss sich die ihm zustehende Leistung vom alten Gläubiger holen.

Beispiel

Fritz zahlt 500,00 € an seinen Gläubiger Andreas. Fritz weiß allerdings nicht, dass Andreas die Forderung über 500,00 € längst an Martina abgetreten hat. Nach § 407 BGB wird Fritz durch die Zahlung an den falschen Gläubiger Andreas dennoch von seiner Zahlungsverpflichtung auch gegenüber der neuen Gläubigerin Martina frei. Martina kann die Zahlung der 500,00 € nur von Andreas verlangen.

Auch § 406 BGB schützt den Schuldner, der von der Abtretung nichts weiß. Wenn der Schuldner eine Forderung hat, mit der er gegenüber seinem alten Gläubiger hätte aufrechnen können, so kann er damit gegenüber seinem neuen Gläubiger gleichfalls **aufrechnen**. Eine Abtretung, von der neben dem Gläubiger auch der Schuldner Kenntnis hat, nennt man eine **offene (= offen gelegte) Abtretung**. Unter einer **stillen Abtretung** versteht man demgegenüber einen Gläubigerwechsel, der ohne Wissen des Schuldners stattfindet. Die stille Abtretung hat in der Form der **Sicherungsabtretung** eine große praktische Bedeutung.

Lösung des Falls

Im Einführungsfall tritt Herr Siebel eine Forderung, die er gegenüber seinem Schuldner Blum hat, zur Sicherheit an die Bank ab. Die abgeschlossenen Rechtsgeschäfte lassen sich in einer Skizze folgendermaßen darstellen.

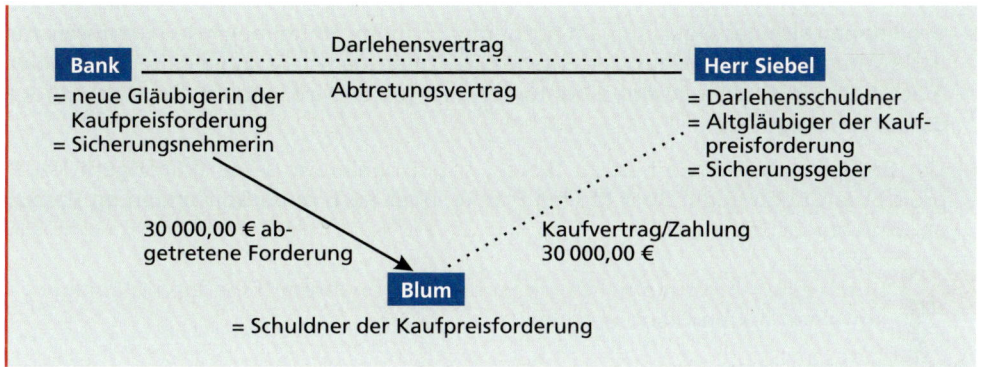

Da der Bankkunde der Bank eine Sicherheit gibt, nennt man den Kunden auch **Sicherungsgeber**. Die Bank, die wiederum die Sicherheit annimmt, heißt **Sicherungsnehmer**. Der Sicherungsnehmer darf nicht unbeschränkt über die zur Sicherheit abgetretene Forderung verfügen. Da die Forderung nur zur Sicherheit abgetreten wurde, darf der Sicherungsnehmer, hier die Bank, nur im Notfall auf die Forderung zugreifen. Häufig weiß der Schuldner (hier: Herr Blum) gar nichts von der Abtretung und der bisherige Gläubiger (hier: Herr Siebel) bleibt weiterhin zur Einziehung der Forderung ermächtigt (= **Einziehungsermächtigung**).

Lösung des Falls

Die Bank darf sich aus der ihr zur Sicherheit übertragenen Kaufpreisforderung gegenüber Herrn Blum nur befriedigen, wenn ihr Darlehensschuldner Siebel seinen Verpflichtungen nicht nachkommt. Hier bezahlt Herr Siebel das Darlehen bei Fälligkeit nicht zurück und die Bank darf daher auf die Kaufpreisforderung zugreifen. Der Schuldner (Herr Blum), der von der Abtretung nichts weiß, ist allerdings nach § 404 BGB berechtigt, dem neuen Gläubiger (Bank) alle Einwendungen entgegenzuhalten, die er auch gegenüber dem bisherigen Gläubiger (Herrn Siebel) gehabt hätte. Die Mangelhaftigkeit des Krans ist eine solche Einwendung. Sollte der Kran also tatsächlich einen Fehler im Zeitpunkt der Übergabe gehabt haben, so kann Herr Blum eine entsprechende Minderung (§ 437 Nr. 2 BGB) des Kaufpreises verlangen und die Bank hat dann nur eine Forderung gegen Herrn Blum in Höhe des geminderten Betrages von 20 000,00 €.

Eine weitere praxisrelevante Form, in der die Sicherungsabtretung vorkommt, ist der **verlängerte Eigentumsvorbehalt**. Die meisten Verkäufer behalten sich das Eigentum an der Ware so lange vor, bis der Käufer den Kaufpreis vollständig bezahlt hat (= einfacher Eigentumsvorbehalt). Die Sicherheit aus dem einfachen Eigentumsvorbehalt kann verlängert (= erweitert) werden, indem dem Verkäufer zusätzlich künftige Forderungen des Käufers zur Sicherheit abgetreten werden.

Verkäufer Groß verkauft dem Tischler Hobelmeier Buchenholz, aus dem dieser Möbel fertigt. Die Möbel verkauft Hobelmeier wiederum an seine Kunden Müller und Franke. Um seine Forderung zu sichern, kann Verkäufer Groß wie folgt vorgehen:

▶ Groß behält sich das Eigentum am Buchenholz vor, bis Hobelmeier den Kaufpreis für das Buchenholz gezahlt hat. Dies nutzt Groß aber hier nicht so viel, da Hobelmeier (nach § 950 BGB, bitte lesen) Eigentümer des Holzes wird, sobald die Möbelstücke daraus gefertigt sind.

▶ Um Groß dennoch Sicherheit zu bieten, tritt Hobelmeier seine (künftigen) Kaufpreisforderungen gegenüber Müller, Franke, aber auch anderen Kunden im Voraus an Groß zur Sicherheit ab.

 Durch eine Abtretung geht eine Forderung von ihrem bisherigen Gläubiger auf einen neuen Gläubiger über.

Voraussetzungen der Abtretung (§§ 398 ff. BGB):
▶ Abtretungsvertrag zwischen dem Altgläubiger und dem Neugläubiger
▶ existente Forderung, die dem Altgläubiger gehört
▶ bestimmte Forderung
▶ abtretbare Forderung
– nach Art und Inhalt
– unpfändbare Forderung
– Abtretung nicht durch Vereinbarung ausgeschlossen

Schuldnerschutz:
▶ Schuldner kann dem neuen Gläubiger alle Einwendungen entgegenhalten (§ 404 BGB)
▶ Schutz vor einer Doppelleistung des Schuldners (§ 407 BGB)
▶ Erhalt der Möglichkeit einer Aufrechnung gegen die Forderung durch den Schuldner (§ 406 BGB)

3.7.2 Gesetzlicher Forderungsübergang

Neben dem Übergang von Forderungen aufgrund eines Rechtsgeschäftes (= Abtretungsvertrag) gibt es auch den Übergang von Forderungen von einem alten Gläubiger auf einen neuen Gläubiger aufgrund einer gesetzlichen Anordnung. Man spricht deshalb von **gesetzlichem Forderungsübergang**.
Ein Beispiel für einen gesetzlichen Forderungsübergang ist § 774 BGB. Soweit ein Bürge den Gläubiger befriedigt, geht die Forderung des Gläubigers gegenüber dem Hauptschuldner kraft Gesetzes auf den Bürgen über.

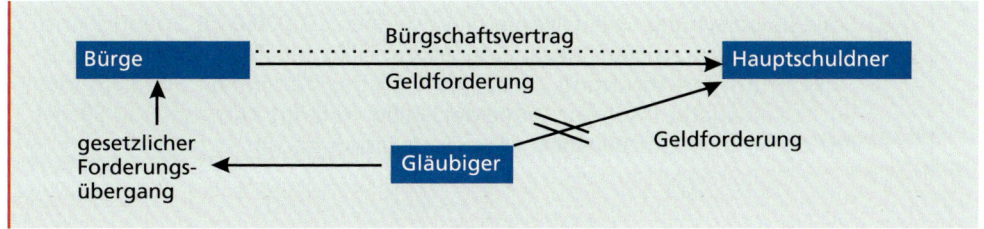

Der Bürge, der die Schuld des Hauptschuldners gegenüber dessen Gläubiger beglichen hat, soll wenigstens Inhaber dieser Forderung gegenüber dem Hauptschuldner werden. Als neuer Gläubiger des Hauptschuldners kann der Bürge versuchen, das Geld vom Hauptschuldner wiederzubekommen. Dieser ist zwar im Moment nicht zahlungskräftig, könnte es aber später durchaus wieder werden.

Ein Beispiel für einen gesetzlichen Forderungsübergang im Sozialrecht sind die §§ 115, 116 SGB X. Diese Normen kommen zur Anwendung, sobald neben der Leistungspflicht eines Sozialversicherungsträgers auch eine private Einstandspflicht besteht. Erbringt ein Sozialversicherungsträger in einem solchen Fall eine Leistung, so soll dies nicht zur Verdrängung zivilrechtlicher Verantwortlichkeiten führen.

Beispiel

Ein krankgeschriebener Arbeitnehmer bekommt von seiner Krankenkasse Krankengeld ausbezahlt: Falls der Arbeitgeber nach dem Entgeltfortzahlungsgesetz zur Entgeltfortzahlung verpflichtet war, geht der Anspruch des Arbeitnehmers gegen den Arbeitgeber auf Entgeltfortzahlung nach § 115 I SGB X auf die Krankenkasse über. Die Krankenkasse kann sich dann vom Arbeitgeber den Betrag zurückholen, den dieser eigentlich dem Arbeitnehmer hätte ausbezahlen müssen.

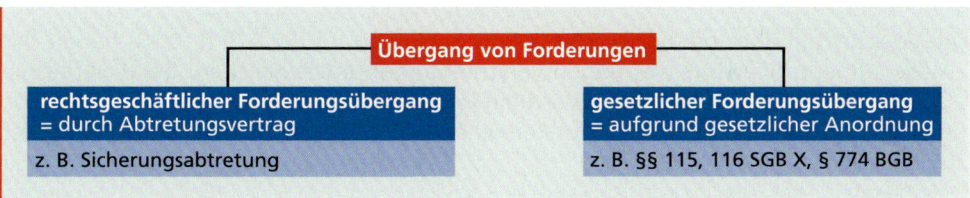

Aufgaben

1. Ist die Abtretung ein Verpflichtungsgeschäft oder ein Verfügungsgeschäft? Bitte begründen Sie.

2. Ist bei einer Forderungsabtretung die Zustimmung des Schuldners erforderlich?

3. Was ist eine stille Abtretung und warum ist sie im Geschäftsleben so beliebt?

4. Herr Beier kauft 2010 eine Waschmaschine für 750,00 € bei Elektrohaus Wöhr. Herr Beier bezahlt nicht gleich und Elektrohaus Wöhr vergisst in der Folgezeit die noch ausstehende Forderung. 2016 tritt Elektrohaus Wöhr die Kaufpreisforderung an das Inkassobüro Zack ab. Zack verlangt nun von Herrn Beier die Zahlung von 750,00 €. Herr Beier verweigert die Zahlung. Zu Recht?

5. Frau Simon schuldet dem Warenhaus Friedrich 10 000,00 €. Friedrich tritt die Forderung an den Warenlieferanten Billig ab. Frau Simon zahlt in Unkenntnis der Abtretung 10 000,00 € an das Warenhaus Friedrich, das kurze Zeit später Insolvenz anmeldet. Billig verlangt nun von Frau Simon die Zahlung von 10 000,00 €. Muss Frau Simon nochmals zahlen?

3.8 Schuldverhältnisse kraft Gesetzes

Neben den Schuldverhältnissen, die durch ein Rechtsgeschäft begründet werden, vor allem den Verträgen, kennt das BGB **Schuldverhältnisse, die kraft Gesetzes entstehen**. Die Entstehung eines solchen gesetzlichen Schuldverhältnisses knüpft an ein bestimmtes Verhalten von Personen an.

Gesetzliche Schuldverhältnisse des BGB sind

▶ Geschäftsführung ohne Auftrag (§§ 677 ff. BGB),

▶ ungerechtfertigte Bereicherung (§§ 812 ff. BGB),

▶ unerlaubte Handlung (§§ 823 ff. BGB).

Die beiden zuletzt genannten Schuldverhältnisse werden im Folgenden näher erläutert.

3.8.1 Ungerechtfertigte Bereicherung

3.8.1.1 Begriff

Die Vorschriften über die ungerechtfertigte Bereicherung (§§ 812 ff. BGB) haben den Zweck, ungerechtfertigte Vermögensverschiebungen auszugleichen. Beim Bereicherten, dem Bereicherungsschuldner, wird ein ungerechtfertigt erlangter Vermögensvorteil abgeschöpft, dem Vermögen des Bereicherungsgläubigers wird eben dieser Vorteil zugeführt.

Den Einstieg in das Bereicherungsrecht verschafft § 812 BGB:

▶ Wer **etwas erlangt**

▶ durch **Leistung** eines anderen oder **in sonstiger Weise**

▶ **ohne rechtlichen Grund,**

muss es demjenigen herausgeben, von dem er es erlangt hat. Nach § 812 BGB lassen sich zwei Gruppen von Bereicherungsansprüchen unterscheiden:

▶ **Leistungskondiktion**: Jemand hat etwas durch Leistung eines anderen ohne Rechtsgrund erlangt.

▶ **Nichtleistungskondiktion**: Jemand hat etwas in sonstiger Weise ohne rechtlichen Grund erlangt.

3.8.1.2 Leistungskondiktion

Fall: Fünf CDs umsonst?

Klaus, 16 Jahre, kauft in der Musikabteilung eines Warenhauses fünf Musik-CDs. Dieser Kaufvertrag stellt sich als ungültig heraus (nicht vom Taschengeld gekauft, keine Genehmigung der Eltern). Dennoch ist Klaus Eigentümer der fünf CDs geworden, da er sie vom Warenhaus übereignet bekam und dies für ihn lediglich rechtlich vorteilhaft war. Darf Klaus die CDs einfach behalten und vom Warenhaus die Rückzahlung des Kaufpreises verlangen, weil ja der Kaufvertrag nicht gültig ist?

Mithilfe der Leistungskondiktion können die **unbilligen Ergebnisse** korrigiert werden, die durch die **Anwendung des Abstraktionsgrundsatzes** entstehen. Da nach dem Abstraktionsgrundsatz Verfügungs- und Verpflichtungsgeschäft unabhängig voneinander wirksam sind, kann dies dazu führen, dass jemand Eigentum übertragen bekommt, obwohl die schuldrechtliche Verpflichtung zur Eigentumsübertragung sich als unwirksam herausstellt. Dies ist genau die Situation im obigen Fall.

Die Leistungskondiktion hat nach § 812 I 1, 1. Alternative BGB folgende Voraussetzungen:

▶ **Jemand hat etwas erlangt …**

Beispiel

Eigentum, Besitz, Dienstleistung, Ersparnis, Gebrauchsvorteil, Grundbucheintrag, Erwerb einer Forderung usw. Im Fall hat Klaus das Eigentum an den fünf CDs erlangt.

▶ **… durch Leistung …**

Unter einer Leistung versteht man eine bewusste und zweckgerichtete Mehrung von fremdem Vermögen.

Beispiel

Das Warenhaus leistete im obigen Fall an Klaus bewusst und zweckgerichtet. Klaus sollte Eigentümer werden, da der Vertragspartner (Warenhaus) von der Gültigkeit des Kaufvertrages ausging und Klaus in Erfüllung des Vertrages Eigentum verschaffen wollte.

▶ **… ohne Rechtsgrund.**

Eine Leistung ohne Rechtsgrund liegt vor, wenn

▶ eine die Leistung begründende **Verbindlichkeit** von vornherein **nicht besteht**: § 812 I 1, 1. Alternative BGB.

Beispiel

Der schuldrechtliche Vertrag war noch nie wirksam. So ist es im obigen Fall: Der Kaufvertrag zwischen Klaus und dem Warenhaus war zunächst schwebend unwirksam und anschließend endgültig unwirksam. Der Kaufvertrag hat also zu keinem Zeitpunkt bestanden. Eine die Leistung, hier die Eigentumsübertragung, begründende Verbindlichkeit, hat demnach nie existiert.

▶ eine die Leistung begründende **Verbindlichkeit nachträglich weggefallen** ist: § 812 I 2, 1. Alternative BGB.

Beispiel

Der schuldrechtliche Vertrag steht unter einer auflösenden Bedingung (§ 158 II BGB), das heißt, der Vertrag löst sich bei Eintritt eines bestimmten Ereignisses auf.

▶ ein mit der Leistung bezweckter **Erfolg nicht eintritt**: § 812 I 2, 2. Alternative BGB.

Leistung von Diensten in Erwartung einer Erbschaft; Ausstellung einer Quittung in Erwartung der Zahlung des quittierten Betrages

---

Rückforderung einer Schenkung von ehemaliger Geliebten

BGB § 812 I 2 Halbs. 2
Ein dem Lebens- oder Liebespartner geschenkter Geldbetrag kann nach der Trennung nicht deswegen zurückgefordert werden, weil mit der Zuwendung eine Festigung der Beziehung beabsichtigt war. (Leitsatz der Redaktion)
OLG Köln, Urt. v. 7. 11. 1994 - 16 U 58/94

Quelle: NJW, RR, Heft 9, 1996, S. 518

▶ ein die Leistung begründender Anspruch zwar besteht, aber mit einer dauernden Einrede behaftet ist: § 813 I 1 BGB.

Liegen die Voraussetzungen einer Leistungskondiktion vor, so findet eine **bereicherungsrechtliche Rückabwicklung** statt:

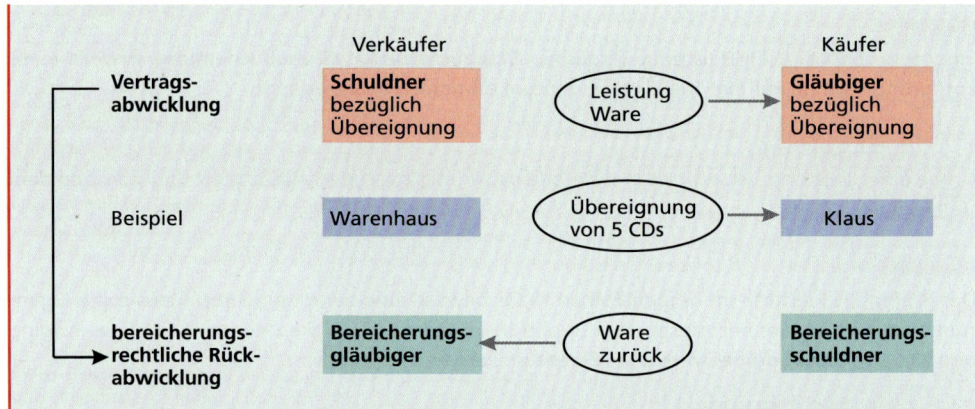

Lösung des Falls

Im Fall der fünf CDs darf Klaus also die CDs nicht einfach behalten. Als Bereicherungsschuldner ist er zur Rückübereignung der CDs verpflichtet, d. h., er muss die fünf CDs an das Warenhaus übergeben.

Macht der Bereicherungsgläubiger einen Bereicherungsanspruch gegenüber dem Bereicherungsschuldner geltend, so kann der Bereicherungsschuldner Folgendes einwenden:

▶ Der Bereicherungsgläubiger (= derjenige, der die Leistung erbracht hat) hat gewusst, dass er zur Erbringung der Leistung nicht verpflichtet war. In diesem Fall greift § 814, 1. Alternative BGB ein und eine Leistungskondiktion ist ausgeschlossen.

Wenn der Verkäufer weiß, dass sein Kunde minderjährig ist und keine Befugnis dazu hat, den Kaufgegenstand zu erwerben, und ihm trotzdem die Kaufsache übereignet, so kann der Verkäufer den Kaufgegenstand hinterher nicht über das Bereicherungsrecht herausverlangen.

▶ Die Leistung des Bereicherungsgläubigers entsprach einer sittlichen Pflicht oder einer auf den Anstand zu nehmenden Rücksicht. In diesem Fall greift § 814, 2. Alternative BGB ein und die Leistungskondiktion ist ausgeschlossen.

Trinkgeld, das einmal gewährt wurde, kann nicht anschließend nach Bereicherungsrecht zurückverlangt werden, obwohl für die Hingabe des Trinkgelds kein Rechtsgrund bestanden hat. Die Gewährung des üblichen Trinkgelds entsprach nämlich einer nach Anstand und Sitte gebotenen Pflicht.

▶ Der Bereicherungsgläubiger (= der Leistende) wusste, dass der Erfolgseintritt von Anfang an unmöglich war oder verhinderte selbst den Eintritt des Erfolges. Hier greifen § 815, 1. und 2. Alternative BGB ein und eine Leistungskondiktion ist ausgeschlossen.

3.8.1.3 Eingriffskondiktion

Fall: Landgut Grünau

Das Landgut Grünau bewässert seine Felder mit Wasser aus dem eigenen See. Die benachbarte Gärtnerei Rose schließt ihre Bewässerungsanlage aus Versehen an die Wasserleitung vom Landgut Grünau an und bezieht deshalb Wasser vom Landgut statt aus der städtischen Wasserleitung. Als der Wirtschafter von Grünau bemerkt, dass die Gärtnerei Wasser des Landguts verbraucht, verlangt er von der Gärtnerei Rose Wertersatz für das verbrauchte Wasser. Auf welche Anspruchsgrundlage kann Grünau sein Verlangen stützen?

Bei der Leistungskondiktion kommt die Vermögensverschiebung dadurch zustande, dass eine Person durch die Leistung einer anderen Person bereichert wird. Bei der Eingriffskondiktion kommt es zu einer ungerechtfertigten Vermögensverschiebung, indem sich eine Person **durch einen Eingriff** selbst bereichert.
Die Eingriffskondiktion hat nach § 812 I 1, 2. Alternative BGB folgende Voraussetzungen:

▶ **Jemand hat etwas erlangt …**

Erlangung einer Gebrauchsmöglichkeit, Verwertungs- oder sonstigen Nutzungsmöglichkeit, die eigentlich nur dem Inhaber zusteht, beispielsweise Benutzung eines Kfz, ohne die Erlaubnis vom Eigentümer bekommen zu haben.

▶ **… in sonstiger Weise, zum Beispiel durch einen Eingriff …**

Die bereicherte Person hat sich durch eigenes Handeln den Vorteil verschafft, z. B. die Autoschlüssel an sich genommen und das Auto einer anderen Person unbefugt für eine Spritztour benutzt.

▶ **… ohne Rechtsgrund.**

Der Eigentümer des Autos hat die Benutzung des Fahrzeugs für die Spritztour nicht erlaubt.

Auch im Falle des Landguts Grünau ist an eine Eingriffskondition zu denken. Die Gärtnerei Rose hat Wasser bezogen (= etwas erlangt) durch Anzapfen der Wasserleitung vom Landgut Grünau (= durch einen Eingriff) ohne dazu befugt gewesen zu sein (= ohne Rechtsgrund). Diese Vermögensverschiebung muss von der Gärtnerei Rose durch eine entsprechende Ausgleichszahlung rückgängig gemacht werden.

Neben der allgemeinen Eingriffskondiktion aus § 812 BGB gibt es spezielle Fälle einer Eingriffskondiktion aus § 816 BGB. Da die spezielle Regel die allgemeine Regel verdrängt, ist § 816 BGB vor einer Anwendung der allgemeinen Eingriffskondiktion zu prüfen.

§ 816 BGB erfasst folgende Fallgruppen:

▶ **Gutgläubiger Erwerb bei entgeltlicher Verfügung** (§ 816 I 1 BGB)
§ 816 I 1 BGB hat die Aufgabe, den ursprünglichen Eigentümer für den Rechtsverlust zu entschädigen, der ihm aufgrund der Möglichkeit des gutgläubigen Erwerbs (siehe Darstellung im Sachenrecht) entstanden ist.

Beispiel

Karl leiht sich ein Videoband von Fritz. Später verkauft und übereignet Karl das Videoband an den ahnungslosen Günther und bekommt von Günther 20,00 €. Da Günther gutgläubig war, ist er nach den Vorschriften über den gutgläubigen Erwerb (§§ 932 ff. BGB) Eigentümer des Videobandes geworden und der ursprüngliche Eigentümer Fritz hat sein Eigentum verloren. Wegen dieses Rechtsverlustes hat Fritz gegenüber Günther einen Anspruch aus § 816 I 1 BGB auf Herausgabe des Erlöses, im gegebenen Fall auf Herausgabe von 20,00 €.

▶ **Gutgläubiger Erwerb bei unentgeltlicher Verfügung** (§ 816 I 2 BGB)
Die oben beschriebene Fallgruppe erfährt eine Abwandlung, wenn der gutgläubige Erwerber die Sache unentgeltlich erlangt hat. In diesem Fall ist er weniger schutzwürdig und muss den Gegenstand herausgeben.

Beispiel

Karl verschenkt und übereignet das Videoband des Fritz, um diesen zu ärgern, an den gutgläubigen Günther, der wie oben, Eigentümer des Videobandes wird. Diesmal hat der ursprüngliche Eigentümer Fritz aber gegenüber Günther aus § 816 I 2 BGB einen Anspruch auf Herausgabe des Videobandes.

▶ **Leistung an einen Nichtberechtigten, die dem Berechtigten gegenüber wirksam ist** (§ 816 II BGB)

Beispiel

Bernd hat gegenüber Achim eine Kaufpreisforderung in Höhe von 1 000,00 €. Bernd tritt die Forderung an Charly ab. Der Schuldner Achim, der nichts von der Abtretung weiß, zahlt 1 000,00 € an Bernd. Wegen § 407 BGB ist diese Leistung gegenüber Charly wirksam, d. h., Achim wurde von seiner Schuld frei. Damit liegen die Voraussetzungen des § 816 II BGB vor und Charly kann von Bernd die 1 000,00 € verlangen.

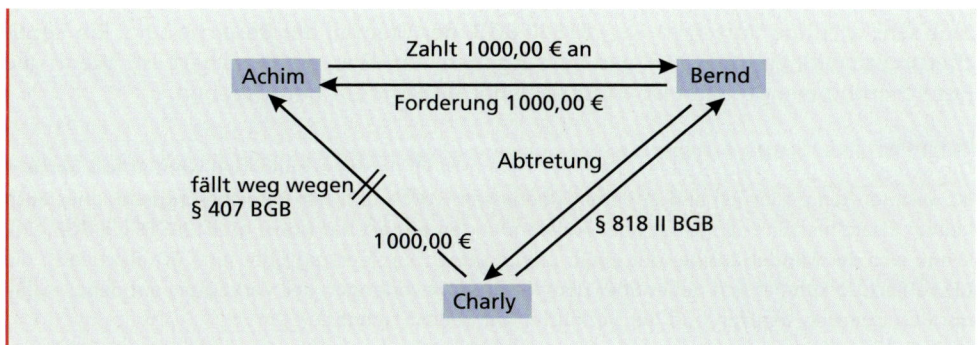

3.8.1.4 Umfang des Bereicherungsanspruches

Grundsätzlich muss der Bereicherte das, was er erlangt hat, in seinem ursprünglichen Zustand herausgeben. Dazu gehören auch die tatsächlich gezogenen Nutzungen aus einer Sache (§ 818 I BGB).

Beispiel

Herausgabe einer Apfelwiese samt der geernteten Äpfel, falls sich der Grundstückskaufvertrag als nichtig herausstellen sollte.

Hat der Bereicherungsschuldner einen Gewinn erzielt, so muss er auch den Gewinn, nach Abzug seines Kapital- oder Arbeitseinsatzes, an den Bereicherungsgläubiger herausgeben.

Beispiel

Wenn im obigen Beispiel der Bereicherungsschuldner die Äpfel bereits verkauft hat, so muss er den Gewinn nach Abzug seiner eigenen Kosten an den Bereicherungsgläubiger herausgeben.

Ist an die Stelle der geschuldeten Sache ein Ersatz, wie zum Beispiel eine Versicherungsprämie oder ein Schadensersatzanspruch, für die untergegangene Sache getreten, so ist anstelle der Sache selbst der Ersatz herauszugeben.

Beispiel

Anstelle des abgebrannten Bauernschranks, über den ein ungültiger Kaufvertrag geschlossen wurde, muss nun die wegen des Brandschadens erlangte Versicherungssumme herausgegeben werden.

§ 818 II BGB regelt den Fall, dass die Herausgabe des Bereicherungsgegenstandes unmöglich geworden und auch kein Ersatz vorhanden ist. In diesem Fall schuldet der Bereicherungsschuldner dem Bereicherungsgläubiger Wertersatz. Dies bedeutet, dass der objektive Verkehrswert einer Sache zu ersetzen ist, unabhängig davon, zu welchem Preis sie eventuell verkauft wurde.

Lösung des Falls

Im Fall des Landguts Grünau schuldet die Gärtnerei Rose dem Landgut Wertersatz, da die Herausgabe des Wassers nicht möglich ist und auch kein Ersatz erlangt wurde. Der Wertersatz bemisst sich nach dem objektiven Verkehrswert, d. h., die Gärtnerei schuldet den üblichen Wasserpreis für das tatsächlich verbrauchte Wasser.

Eine sehr wichtige Vorschrift ist § 818 III BGB: der Wegfall der Bereicherung. Ein Bereicherungsschuldner muss nur das herausgeben, um was er bereichert ist. Wenn die Bereicherung weggefallen ist, muss er daher nichts mehr herausgeben.

Beispiel

Die Bereicherung ist weggefallen, wenn der Gegenstand, der herausgegeben werden soll, zerstört ist, verloren ging oder jemand anderem überlassen wurde und der Bereicherungsschuldner auch keinen Ersatz hierfür erlangt hat oder Aufwendungen erspart hat (sonst greift § 818 I, II BGB ein). Wenn also der Minderjährige, der einen unwirksamen Kaufvertrag über eine CD abschließt, die CD verliert, so kann er sich gegenüber dem Herausgabeverlangen des Verkäufers auf den Wegfall der Bereicherung berufen und der Verkäufer hat „Pech" gehabt.

 Die bereicherungsrechtlichen Ansprüche gleichen ungerechtfertigte Vermögensverschiebungen aus.

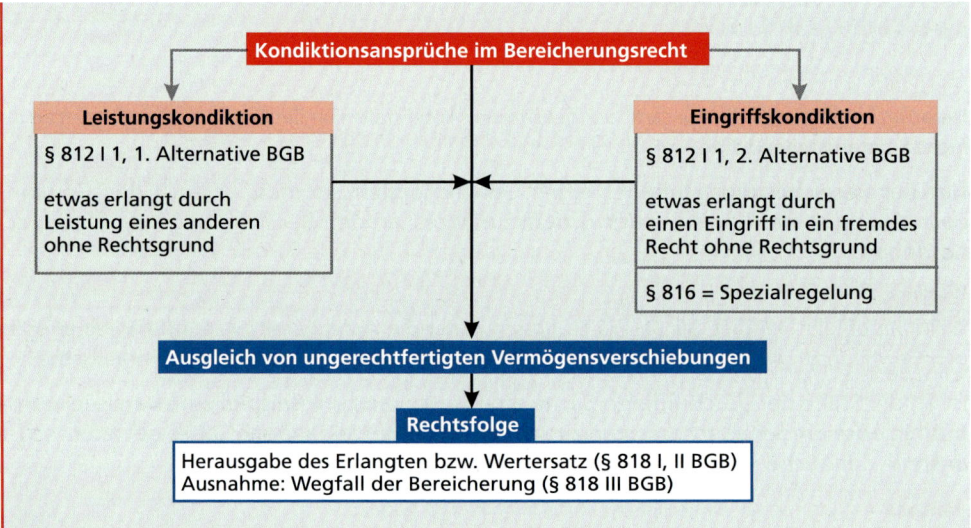

Aufgaben

1. Welchem Zweck dient das Bereicherungsrecht?
2. Erklären Sie den Unterschied zwischen einer Leistungskondiktion und einer Eingriffskondiktion.
3. Was versteht man unter dem Wegfall der Bereicherung?
4. Erich fährt als Schwarzfahrer mit der Bahn von Hamburg nach Berlin. Nach welcher Anspruchsgrundlage kann die Bahn den Fahrpreis von Erich verlangen, wenn sie nachträglich von der Schwarzfahrt Kenntnis erlangt?
5. Hobbymaler Stanislaus Wenzel wird ein Bild gestohlen, dass einen Verkehrswert von ca. 100,00 € hat. Das Bild gelangt zum Galeristen Bosch, der es an einen exzentrischen Japaner für 10 000,00 € verkauft. Wenzel, der hiervon Kenntnis erlangt, möchte nun von Bosch die 10 000,00 € ausgezahlt bekommen. Rechtslage?

3.8.2 Unerlaubte Handlung

Beim Feuerwerk aus dem Fenster gestürzt

Kinderheim muss haften

Ein Feuerwerk ganz in der Nähe war die große Sensation für die kleinen (sieben bis neun Jahre alten) Bewohner eines Kinderheims. Sie durften sich das Schauspiel vom Fenster aus ansehen. Während der Betreuer zwei andere Kinder zur Toilette begleitete, kletterte ein Junge auf das Fensterbrett, öffnete das Fenster und stürzte in die Tiefe. Die Mutter des schwer verletzten Jungen verklagte Heim und Betreuer auf Schadenersatz. Das Oberlandesgericht Hamburg gab ihr Recht: Der Betreuer habe seine Aufsichtspflicht verletzt. Für das pflichtwidrige Verhalten seines Angestellten hafte auch der Heimbetreiber. Während des Feuerwerks hätte der Betreuer die Kinder keine Sekunde allein lassen dürfen. Auch verständige Kinder würden bei einer so außergewöhnlichen Attraktion Warnungen in den Wind schlagen.
(Urteil des OLG Hamburg - AZ: 8 U 64197) ogr

3.8.2.1 Verschuldenshaftung

Als unvermeidliche Folge menschlichen Handelns treten im Alltagsleben eine Unzahl von Schadensfällen auf. Prinzipiell muss jeder selbst das Risiko seiner Existenz tragen, das heißt für seine Schäden selbst aufkommen. Dies gilt jedoch nicht für die Schäden, die von einer anderen Person schuldhaft herbeigeführt wurden: In diesen Fällen steht dem Geschädigten Schadensersatz gegen den Schädiger zu.

Kommt eine Person innerhalb eines Vertragsverhältnisses zu Schaden, so muss der Vertragspartner nach den vertraglichen Regeln für den Schaden einstehen.

Steht der Schädiger in keinem Vertragsverhältnis zum Geschädigten, so sind die Normen des **Deliktsrechts (= Recht der Unerlaubten Handlung, §§ 823 ff. BGB)** als Anspruchsgrundlagen für einen Schadensersatzanspruch heranzuziehen.

§ 823 I BGB

Die deliktische Grundeinstiegsnorm ist **§ 823 I BGB**. Diese Norm teilt der Jurist in die drei Bereiche **Tatbestand, Rechtswidrigkeit und Schuld** ein. Erst wenn eine Person tatbestandsmäßig, rechtswidrig und schuldhaft gehandelt hat, macht sie sich schadensersatzpflichtig.

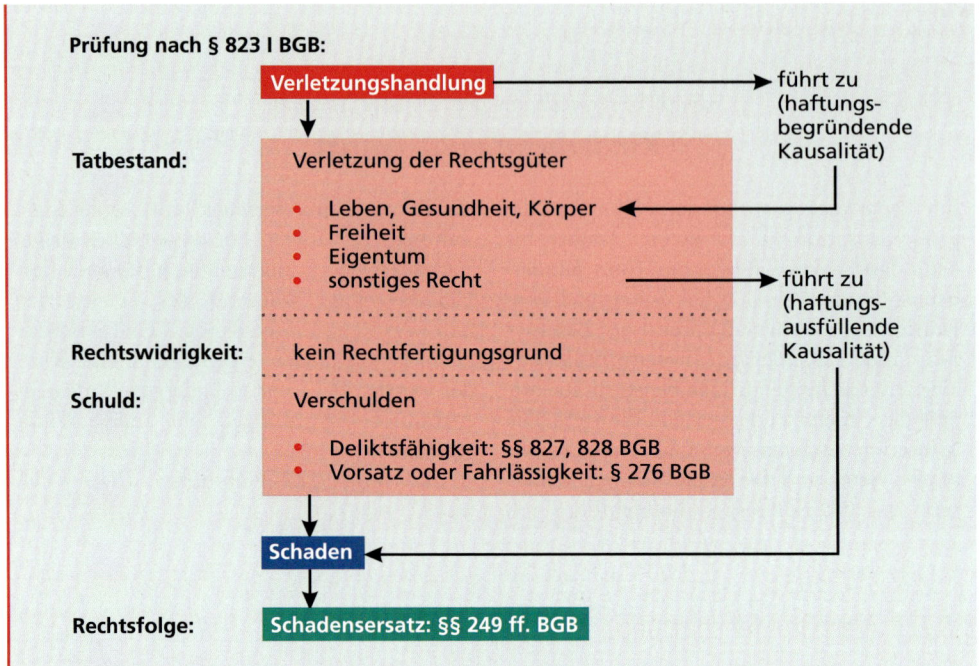

Prüfung nach § 823 I BGB:

Verletzungshandlung ──────────────► führt zu
(haftungs-
begründende
Kausalität)

Tatbestand: Verletzung der Rechtsgüter

- Leben, Gesundheit, Körper
- Freiheit
- Eigentum
- sonstiges Recht ──────────► führt zu
(haftungs-
ausfüllende
Kausalität)

Rechtswidrigkeit: kein Rechtfertigungsgrund

Schuld: Verschulden

- Deliktsfähigkeit: §§ 827, 828 BGB
- Vorsatz oder Fahrlässigkeit: § 276 BGB

Schaden

Rechtsfolge: **Schadensersatz: §§ 249 ff. BGB**

Tatbestand

Der Tatbestand des § 823 I BGB ist erfüllt, wenn eine Person durch ein **Tun oder Unter-lassen (= Verletzungshandlung)** eines der in § 823 I BGB aufgezählten Rechtsgüter einer anderen Person verletzt. Die Verletzung des Rechtsgutes muss dabei ursächlich auf das Verhalten des Schädigers zurückzuführen sein **(= haftungsbegründende Kausalität)**. Das **Rechtsgut Leben** wird verletzt, wenn eine Person getötet wird. Eine **Körperverlet-zung** ist jede sichtbare, äußere Verletzung, eine **Gesundheitsverletzung** jede sonstige innere Störung, die das Wohlbefinden erheblich beeinträchtigt.

Beispiel
Körperverletzung = Wunde, Knochenbruch, eingeschlagener Zahn, abgeschnittenes Haar
Gesundheitsverletzung = Vergiftung, Infektion, Schockzustand

Eine Verletzung des **Rechtsgutes Freiheit** ist gegeben, wenn die körperliche Bewe-gungsfreiheit entzogen wird oder wenn jemand durch Drohung, Täuschung oder Zwang zu einer Handlung genötigt wird (= Eingriff in die Handlungsfreiheit).

Beispiel
Einsperren, Fesseln, erzwungene Geldherausgabe mit vorgehaltener Pistole

Eine **Eigentumsverletzung** liegt darin, dass eine Sache, die einem anderen (= dem Eigentümer) gehört, vom Verletzer beschädigt, zerstört oder entzogen wird.

Beispiel
Totalschaden am Pkw eines anderen, Graffiti an den Wänden von Unterführungen, Entzug des Eigentums durch Wegnahme

Als **sonstiges Recht** kommt jede absolute, von jedermann zu beachtende Rechtsposition infrage.

Dingliche Rechte, wie Pfandrechte und Dienstbarkeiten, Besitz, Namensrecht, Urheberrechte, Patentrechte, Markenrechte usw.

Darüber hinaus werden unter die Gruppe der **sonstigen Rechte** Rechtspositionen eingeordnet, die die Rechtsprechung im Laufe der Zeit als besonders schutzwürdig erkannt hat. Dies sind vor allem das **allgemeine Persönlichkeitsrecht** und der **Eingriff in den eingerichteten und ausgeübten Gewerbebetrieb**.

Raab zu 70 000 Euro Schadenersatz verurteilt

Hamm – An Beleidigungsklagen wegen verletzender Äußerungen in seiner Sendung ist Stefan Raab gewöhnt. Doch diesmal müssen er und seine Produzenten wegen eines Falls tiefer als sonst in die Tasche greifen: 70 000 € Schadenersatz müssen Raab, der Sender Pro Sieben und die beiden Produktionsfirmen von „TV Total" zahlen. So urteilte heute das Oberlandesgericht Hamm.

Der Moderator hatte in den Jahren 2001 und 2002 mehrfach einen Fernsehausschnitt verwendet, in dem die damals 16-jährige Lisa Loch bei der Wahl zur „Miss Rhein-Ruhr" zu sehen war. Einen Fernsehspot, in dem sich die Klägerin mit den Worten „Mein Name ist Lisa Loch und ich bin 16 Jahre alt" für einen anderen Schönheitswettbewerb vorstellte, zog Raab kräftig durch den Kakao. In „TV Total" veröffentlichte der Moderator unter anderem ein Wahlplakat der fiktiven „Lisa-Loch-Partei", auf dem ein kopulierendes Paar abgebildet war …

Quelle: www.spiegel.de, 04.02.2004, www.spiegel.de/panorama/fall-lisa-loch-raab-zu-70-000-euro-schadenersatz-verurteilt-a-284903.html

Das allgemeine Persönlichkeitsrecht schützt die Persönlichkeit eines Menschen vor verletzenden Übergriffen anderer. Dies sind beispielsweise

▶ gravierende Ehrverletzungen durch Beleidigungen, Schmähkritik, Verleumdungen,

▶ Eingriff in die Selbstbestimmung eines Menschen durch ungewollte Veröffentlichungen aus der Privat- oder Intimsphäre einer Person,

▶ Eingriff in die Identität eines Menschen durch die Verbreitung von Unwahrheiten.

Ein Eingriff in den eingerichteten und ausgeübten Gewerbebetrieb liegt immer vor, wenn jemand unmittelbar und gegen den Betrieb gerichtet in den Gewerbebetrieb eingreift, zum Beispiel durch Veranstaltung eines rechtswidrigen Streiks, der tariflich nicht regelbare Ziele verfolgt.

Die Aufzählung der Rechtsgüter in § 823 I BGB ist abschließend. Weitere Rechtsgüter, insbesondere das **Vermögen** einer Person, können **nicht** über § 823 I BGB geschützt werden.

Die Rechtsgüter des § 823 I BGB kann man nicht nur durch ein Tun, sondern auch durch ein Unterlassen verletzen. Für die Folgen einer unterlassenen Handlung kann eine Person jedoch immer nur dann verantwortlich gemacht werden, wenn eine Pflicht zum Handeln bestanden hat. Solche Handlungspflichten hat die Rechtsprechung im Bereich des Deliktsrechts in Form der sogenannten **Verkehrssicherungspflichten** geschaffen.

Der Grundgedanke ist, dass eine Person, die eine Gefahrenquelle schafft und für den Publikumsverkehr öffnet, dafür sorgen muss, dass andere nicht zu Schaden kommen. Der Betreiber oder Inhaber einer Gefahrenquelle, der sichernde Maßnahmen unterlässt, ist für die hieraus resultierenden Schäden verantwortlich.

Beispiel

Der Inhaber oder Betreiber eines Hallenbades, einer Wildwasserbahn auf der Kirmes, einer Baustelle, eines Abenteuerspielplatzes usw. muss die Anlage oder Einrichtung unfallsicher machen durch Anbringung von Geländern, ausreichende Beleuchtung, unfallverhütende Zusatzeinrichtungen, wie zum Beispiel Schutzgitter, Warnhinweise, rutschfeste Unterlagen, Verlegung von Stromkabeln außer Reichweite usw.

Den Zusammenhang zwischen der Verletzungshandlung und der Verletzung eines der Rechtsgüter des § 823 I BGB nennt man die **haftungsbegründende Kausalität**. Darunter ist der Ursächlichkeitszusammenhang zwischen der Verletzungshandlung und der Rechtsgutsverletzung zu verstehen. Erst ein solcher Ursächlichkeitszusammenhang begründet eine Haftung aus § 823 I BGB (deshalb: haftungsbegründend).

Beispiel

Ursächlich ist alles, was nicht hinweggedacht werden kann, ohne dass der Handlungserfolg entfällt. Wenn Peter Hans schubst und dieser gegen eine Glasscheibe fällt, die zu Bruch geht, so hat Peter die Rechtsgutsverletzung am Rechtsgut „Eigentum" (= zerbrochene Scheibe) durch das Schubsen verursacht. Ohne das Schubsen wäre Hans nämlich nicht gegen die Scheibe gefallen und die Scheibe wäre nicht zerbrochen.

Über die reine Ursächlichkeit hinaus muss eine Handlung dem Schädiger auch **zurechenbar** sein, um dessen Haftung zu begründen. Zurechenbar sind alle Folgen von Handlungen, mit denen unter gewöhnlichen Umständen zu rechnen ist, nicht zurechenbar dagegen sind völlig atypische Folgen einer Handlung.

Beispiel

Wenn Peter Hans schubst, so ist damit zu rechnen, dass eine Person oder Sache beschädigt wird. Die Rechtsgutsverletzung „zerbrochene Scheibe = Eigentumsverletzung" ist Peter zuzurechnen. Zweifelhaft ist die Zurechenbarkeit dagegen in folgendem Fall: Peter schüttelt Anita freundschaftlich an den Schultern, woraufhin Anita schweres Nasenbluten bekommt, an dem sie fast stirbt, da sie (was Peter nicht weiß) eine Bluterin ist.

Rechtswidrigkeit

Ein Verhalten ist rechtswidrig, wenn es nicht mit der Rechtsordnung in Einklang zu bringen ist. Wer ein Tatbestandsmerkmal des § 823 I BGB verwirklicht, handelt daher in der Regel auch rechtswidrig. Die Rechtswidrigkeit ist aber ausnahmsweise dann zu verneinen, wenn die handelnde Person sich auf einen **Rechtfertigungsgrund** berufen kann.
Das BGB kennt folgende Rechtfertigungsgründe:

- ▶ Notwehr und Nothilfe: § 227 BGB
- ▶ Angriffsnotstand: § 904 BGB
- ▶ Verteidigungsnotstand: § 228 BGB
- ▶ Selbsthilfe: §§ 229–231 BGB

Diese Rechtfertigungsgründe gestatten es in eng umrissenen Grenzen, dass man Gefahren durch Menschen oder Sachen von sich oder anderen abwendet oder dass man einen Anspruch sichert.

Schuld

Als letzte Voraussetzung verlangt § 823 I BGB, dass der Schädiger schuldhaft gehandelt hat. Dies bedeutet:

▶ Der Schädiger war zum Zeitpunkt der Handlung deliktsfähig.

▶ Der Schädiger handelte vorsätzlich oder zumindest fahrlässig.

Unter der **Deliktsfähigkeit** versteht man die Fähigkeit, die Verantwortung für die Schäden aus unerlaubter Handlung zu tragen.

Nach § 828 I BGB sind Kinder unter 7 Jahren für Schäden, die sie anderen zufügen, nicht verantwortlich. Zur Verantwortung gezogen werden können aber eventuell die Eltern.

Nicht verantwortlich für einen Schaden sind außerdem Personen, deren Geistestätigkeit im Augenblick der Tat krankhaft gestört ist oder die einen Schaden im Zustand der Bewusstlosigkeit herbeiführen (§ 827 S. 1 BGB).

Wer sich selbst durch Alkohol oder ähnliche Mittel berauscht und in diesem Zustand andere schädigt, muss für diese Schäden prinzipiell einstehen (§ 827 S. 2 BGB). Verantwortlich ist die alkoholisierte oder anderweitig berauschte Person nur dann nicht, wenn der Rauschzustand ohne ihr Verschulden eingetreten ist.

Für die Deliktsfähigkeit von Minderjährigen gilt die Sonderbestimmung des § 828 BGB:

▶ Minderjährige zwischen 7 und 10 Jahren sind für Schäden aus einem Unfall mit einem Kraftfahrzeug, einer Schienenbahn oder einer Schwebebahn grundsätzlich nicht verantwortlich. Etwas anderes gilt nur, wenn sie eine Verletzung vorsätzlich herbeigeführt haben (§ 828 II BGB).

▶ Minderjährige, deren Verantwortung für Schäden nicht bereits nach § 828 II ausgeschlossen ist, müssen für einen Schaden nur einstehen, wenn sie die zur Erkenntnis der Verantwortlichkeit erforderliche Einsicht hatten (§ 828 III BGB).

Deliktsfähig-keit	Kinder unter 7	Bewusstlose/ Geistesgestörte	Berauschte	Minderjährige
Verant-wortlichkeit	nein	nein	Nur, wenn der Rauschzustand schuldhaft herbeigeführt wurde.	– grundsätzlich keine Verantwortung der 7–10-Jährigen bei Unfall mit Kfz, Schienenbahn, Schwebebahn – ansonsten Verantwortung nach individueller Einsichtsfähigkeit
Norm (BGB)	§ 828 I	§ 827 S. 1	§ 827 S. 2	§ 828 II, III

Eine Person handelt **schuldhaft**, wenn sie den Tatbestand vorsätzlich oder fahrlässig durch ihr Verhalten verwirklicht (§ 276 BGB):

▶ Vorsatz bedeutet, dass der Handelnde **weiß,** dass er durch sein Handeln den Tatbestand der Rechtsnorm verwirklicht und den Erfolg seines Handelns auch **will** (= direkter Vorsatz). Vorsätzlich handelt aber auch schon eine Person, die den Eintritt eines bestimmten Erfolges noch nicht genau voraussehen kann, aber billigend in Kauf nimmt (= bedingter Vorsatz).

Wenn Otto seinem Kumpel Harald eine „herunterhaut", so weiß Otto, dass er dies nicht darf (wobei egal ist, dass er die genaue Anspruchsgrundlage nicht benennen kann) und er will Harald mit seiner Ohrfeige wehtun (= direkter Vorsatz). Wenn Otto mit überhöhter Geschwindigkeit in einer Kurve überholt, ohne etwas zu sehen und einen Unfall verursacht, so liegt bedingter Vorsatz vor. Otto hat nämlich den Unfall nicht vorausgesehen, aber durch sein Verhalten billigend in Kauf genommen.

▶ **Fahrlässigkeit** bedeutet, dass der Handelnde **die im Verkehr erforderliche Sorgfalt außer Acht lässt** und dadurch jemandem Schaden zufügt. Mit der im Rechtsverkehr erforderlichen Sorgfalt ist gemeint, dass jeder so handeln muss, wie ein besonnener und umsichtiger Mensch in der jeweiligen Situation handeln würde.

Im Straßenverkehr handelt fahrlässig, wer während der Fahrt am Radioknopf herumdreht und dabei die Straße nicht mehr im Auge behält. Fahrlässig handelt auch ein Kneipenwirt, der seinen Treppenzugang zur Kneipe nachts nicht ausreichend ausleuchtet.

Schuldformen § 276 BGB

Vorsatz
= Wissen u. Wollen der Tat bzw. Inkaufnahme des Erfolges

Fahrlässigkeit
= Außer Acht lassen der im Verkehr erforderlichen Sorgfalt

Schaden:

Der Anspruch auf Schadensersatz setzt voraus, dass ein Schaden entstanden ist. Zum ersatzfähigen Schaden gehört jede ungünstige Folge, die kausal durch die Rechtsguts-verletzung verursacht wurde **(haftungsausfüllende Kausalität)** und dem Schädiger zure-chenbar ist.

Bei Vermögenseinbußen ermittelt man den Schaden durch einen Vergleich zwischen dem Vermögenswert vor und nach dem schädigenden Ereignis. Die **Differenz** ist dann der Schaden. Bei Nichtvermögensschäden (erlittene Schmerzen, Eingriff in das allge-meine Persönlichkeitsrecht usw.) muss geschätzt werden, welcher Geldbetrag den Schaden in etwa ausgleicht.
Nach § 249 I BGB ist der Geschädigte durch den Schadensersatz so zu stellen, wie er ohne das schädigende Ereignis gestellt gewesen wäre (Grundsatz der **Naturalrestitution**).
Nach § 249 II BGB darf der Geschädigte für einen erlittenen Sach- oder Personenschaden den zur Behebung des Schadens erforderlichen Geldbetrag verlangen.
Praktisch von großer Bedeutung ist die Vorschrift des § 254 BGB. Hat der Verletzte den Schaden **mitverschuldet**, so führt dies zu einer Herabsetzung oder zum Ausschluss seines Schadensersatzanspruches.
Für Personenschäden gelten im Deliktsrecht zusätzliche Sonderregeln. Danach kann insbesondere verlangt werden:

▶ **Schmerzensgeld** nach § 253 II BGB als Ausgleich für körperlichen Schmerz, seelischen Kummer, Schmälerung der Lebensfreude usw.,

▶ eine Geldrente eines Unterhaltsberechtigten nach §§ 844, 845 BGB, wenn der Unter-haltsverpflichtete verletzt oder getötet wurde.

Als ersatzfähiger Schaden kommt beispielsweise bei einem Verkehrsunfall, bei dem ein Sachschaden entstand sowie eine Person schwer verletzt wurde, infrage:

1. Sachschaden

a) Schaden am Kfz: Wenn das Kfz noch repariert werden kann, sind die Kosten gemäß Rechnung der Reparaturwerkstätte zu bezahlen. Bei einem Totalschaden muss der Wiederbeschaffungswert des Fahrzeugs ersetzt werden.

b) Wertminderung: Die Wertminderung, die das Fahrzeug aufgrund der Tatsache, dass es jetzt ein Unfallfahrzeug ist, eventuell erlitten hat, ist gleichfalls zu ersetzen.

c) Sachverständigenkosten: Muss ein Sachverständiger zur Schadensschätzung herangezogen werden, so hat der Geschädigte Anspruch auf Ersatz dieser Kosten.

d) Nutzungsausfall bzw. Kosten für ein Mietfahrzeug: Wird für die Dauer der Reparatur ein Mietfahrzeug in Anspruch genommen, so sind diese Kosten zu ersetzen. Verzichtet der Geschädigte auf die Inanspruchnahme eines Mietfahrzeugs, so bekommt er dennoch den Nutzungsausfall ersetzt.

2. Personenschaden

a) Heilungskosten: Die verletzte Person muss für die ärztliche Behandlung zunächst ihre Krankenversicherung in Anspruch nehmen. Die Krankenkasse kann sich das Aufgewendete anschließend wieder vom Schädiger zurückholen (§§ 115, 116 SBG X). Darüber hinaus sind Kosten, wie etwa die Besuchskosten der nächsten Angehörigen oder besondere Heilmittel, ersatzfähig, ebenso die Kosten für eine Krankenschwester, falls eine fortdauernde häusliche Pflege notwendig sein sollte.

b) Schmerzensgeld: Die Höhe von Schmerzensgeldansprüchen ist in den von der Rechtsprechung sogenannten „Knochentabellen" festgelegt und erfolgt durch eine einmalige Zahlung. Ausnahmsweise kann auch eine Schmerzensgeldrente gewährt werden, beispielsweise bei der Notwendigkeit einer besonders schmerzhaften Weiterbehandlung.

3. Verdienstausfall

Der verletzten Hausfrau steht ein eigener Ersatzanspruch zu, auch wenn im Haushalt konkret keine Hilfsperson eingestellt wurde. Anders beurteilt die Rechtsprechung die Lage des selbstständigen Unternehmers: Er kann an seiner Stelle keine besonders qualifizierte Ersatzkraft einstellen und hierfür Geldersatz verlangen. Beim Arbeitnehmer zahlt der Arbeitgeber den Lohn weiter. Der Arbeitgeber kann vom Schädiger Ersatz für die Aufwendungen, die für seinen verletzten Arbeitnehmer entstehen, verlangen (gesetzlicher Forderungsübergang in § 6 Entgeltfortzahlungsgesetz).

§ 823 II BGB

§ 823 II BGB dient, wie auch § 823 I BGB, dem Schutz bestimmter Rechtsgüter. Diese Rechtsgüter werden jedoch nicht, wie in § 823 I BGB einzeln aufgezählt, sondern sind anderen Gesetzen zu entnehmen, die dem Schutz des Einzelnen dienen. Aus § 823 II BGB in Verbindung mit der Verletzung eines solchen Schutzgesetzes resultiert dann eine Schadensersatzpflicht des Schädigers.

Beispiel

Schutzgesetze sind Vorschriften des Strafrechts, unter dieses fallen z.B. Betrug oder Unterschlagung. Der „Betrogene" kann zivilrechtlichen Schadensersatz über § 823 II BGB in Verbindung mit § 263 StGB bekommen. Schutzgesetze können auch dem öffentlichen Recht entstammen, wie zum Beispiel einer Gemeindesatzung, die eine Räum- und Streupflicht der Gehwege im Winter festschreibt.

Ein wichtiger Unterschied zu § 823 I BGB besteht darin, dass über § 823 II BGB auch der Ersatz reiner Vermögensschäden begehrt werden kann. Dies ist im Rahmen des § 823 I BGB nicht möglich, da das Vermögen nicht in der Liste der aufgezählten Rechtsgüter enthalten ist.

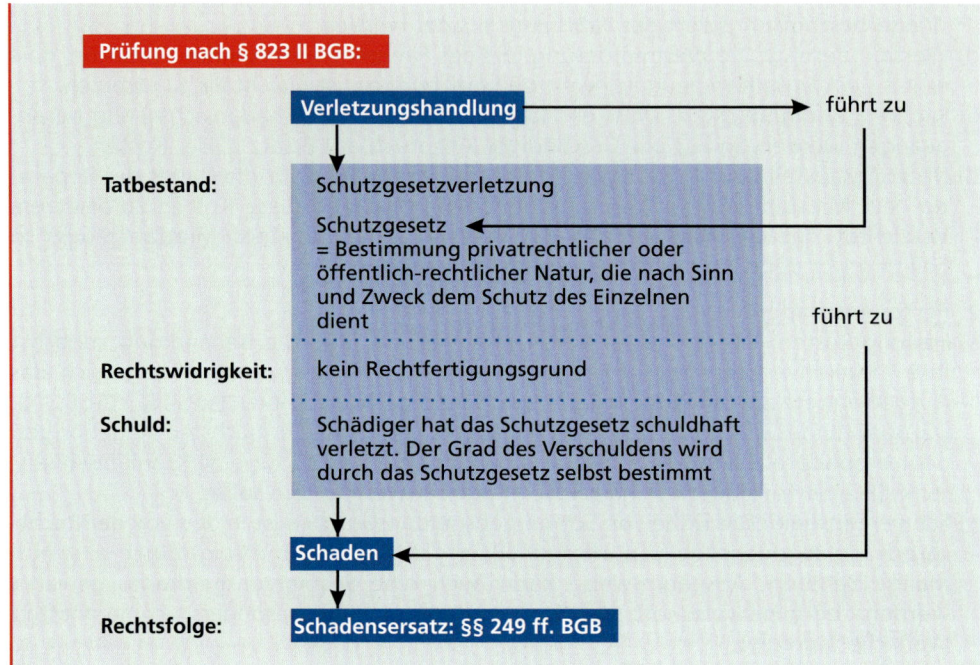

§ 826 BGB

Wer eine andere Person vorsätzlich und sittenwidrig schädigt, muss nach § 826 BGB Schadensersatz leisten. § 826 BGB ergänzt § 823 I und II, weil ein Geschädigter nach dieser Vorschrift auch ohne Verletzung eines bestimmten Rechtsgutes oder Rechtes bei bloßem Eingriff in sein Vermögen Schadensersatz bekommen kann. Als sittenwidrig stuft die Rechtsprechung ein Verhalten ein, das gegen das Anstandsgefühl aller billig und gerecht Denkenden verstößt. Dieser Maßstab ist dem Wandel der Zeiten unterworfen.

Beispiel

Eine bewusst unrichtige Auskunft, die dazu führt, dass der Geschädigte eine schädigende Handlung ausführt: Dabei kann es sich beispielsweise um die falsche Auskunft gegenüber dem Bürgen durch den Gläubiger handeln, dass der Hauptschuldner finanziell gut dasteht, um den Bürgen zur Übernahme der Bürgschaft zu veranlassen.

Sittenwidrige Titelvollstreckung aus wucherischem Darlehen

BGB § 826

Die weitere Ausnutzung eines Vollstreckungsbescheids über ein wucherisches Darlehen zu Lasten einer Rentnerin, die in den fünfzehn Jahren seit Begründung der Verbindlichkeit – und zwar teilweise durch einen die Pfändungsgrenzen erheblich überschreitenden Mitteleinsatz – schon fast das Dreieinhalbfache des Nettokredits zurückgezahlt hat, ohne die Schuld in der Vergangenheit in nennenswertem Umfang zurückgeführt zu haben und auf Grund der geringen Höhe der pfändbaren Beträge ohne konkrete Aussicht, die Schuld jemals vermindern zu können, erfüllt den Tatbestand des § 826 BGB.

OLG Frankfurt a.M., Urt. v. 7. 6. 1995 – 23 U 25/95

Zum Sachverhalt: Die Kl. wendet sich mit der Vollstreckungsgegenklage gegen die Zwangsvollstreckung aus einem im Jahr 1980 gegen sie erwirkten Vollstreckungsbescheid über eine – jedenfalls nach heutiger Auffassung – wucherische Ratenkreditforderung, auf die sie in der Vergangenheit teilweise freiwillig, teilweise im Wege der Zwangsvollstreckung schon mehr als das Dreifache des Nettokredits zurückgezahlt hat.

Das LG hat der Klage stattgegeben. Die Berufung der Bekl. blieb ohne Erfolg.

Quelle: NJW, RR, Heft 2, 1996, S. 110

§ 831 BGB

Fall: Pech mit den Handwerkern

Frau Adler lässt vom Dachdeckermeister Giebel ihr Hausdach neu decken. Arno, einem Gehilfen von Giebel, fällt während seiner Tätigkeit auf dem Dach der Hammer aus der Hand und trifft die unten vorbeilaufende Passantin Frau Specht. Frau Specht erleidet eine Kopfverletzung und muss ins Krankenhaus. Wer muss für den Schaden von Frau Specht aufkommen?

Variante: Wäre der Fall anders zu beurteilen, wenn der Hammer nicht auf den Kopf von Frau Specht, sondern auf den Kopf von Frau Adler gefallen wäre?

Normalerweise muss diejenige Person, die den Schaden durch ihr Verhalten herbeigeführt hat, auch für den Schaden aufkommen. Führt jedoch jemand weisungsgebunden als sogenannter **Verrichtungsgehilfe** eine Verrichtung für eine andere Person (= den Geschäftsherrn) aus und verursacht dabei einen Schaden, so muss der Geschäftsherr unter Umständen dafür einstehen. Die genauen Voraussetzungen nennt § 831 BGB:

▶ Eine Person ist für eine Aufgabe eingesetzt und unterliegt den Weisungen des Geschäftsherrn (= Verrichtungsgehilfe).

▶ Der Verrichtungsgehilfe begeht eine tatbestandsmäßige und rechtswidrige unerlaubte Handlung.

▶ Zwischen der Ausführung der Aufgabe und der Schadenszufügung besteht ein unmittelbarer Zusammenhang.

▶ Der Geschäftsherr kann sich von einem Verschulden nicht entlasten.

Frau Specht kann nach den Regeln der unerlaubten Handlung unproblematisch Schadensersatz von Arno verlangen. Interessanter für Frau Specht wäre es allerdings, wenn sie ihren Schaden alternativ von Dachdeckermeister Giebel einfordern könnte, da dieser vermögender als der Gehilfe Arno sein dürfte. Da Frau Specht mit dem Dachdeckermeister Giebel nicht in einer vertraglichen Beziehung steht, wäre eine Haftung von Giebel nur über die Vorschrift des § 831 BGB (Haftung für den Verrichtungsgehilfen) möglich. Der Dachdeckermeister kommt von einer Haftung nach § 831 BGB allerdings frei, wenn er sich exkulpieren, d. h. entschuldigen kann, indem er vorbringt, dass er seinen Gehilfen sorgfältig ausgewählt und angelernt hat. Dies dürfte hier der Fall sein. Deshalb kann Frau Specht ihren Schaden nur vom Gehilfen, nicht hingegen vom Dachdeckermeister selbst erstattet bekommen.

Im Vertragsrecht nennt man die Person, die zur Erfüllung der Verbindlichkeit einer anderen Person eingesetzt wird, den **Erfüllungsgehilfen** (§ 278 BGB). Der Geschäftsherr muss für die Schäden seines Erfüllungsgehilfen einstehen, als ob er sie selbst verschuldet hätte (= Zurechnung von fremdem Verschulden). Im Gegensatz zu § 831 BGB kann der Geschäftsherr bei § 278 BGB keinen Entlastungsbeweis führen. § 278 BGB ist deshalb die für den Geschädigten günstigere Norm, die allerdings nur Anwendung findet, wenn zwischen dem Geschädigten und dem Geschäftsherrn ein Vertragsverhältnis besteht.

Frau Adler steht im Gegensatz zu Frau Specht in einem vertraglichen Verhältnis zum Dachdeckermeister Giebel. Sie ist daher nicht allein auf eine deliktische Anspruchsgrundlage verwiesen, sondern kann sich gegenüber Giebel und seinem Gehilfen auf eine vertragliche Anspruchsgrundlage (Schlechterfüllung des Werkvertrages) berufen. Im Vertragsrecht muss Giebel das Verschulden seines Erfüllungsgehilfen Arno nach § 278 BGB wie eigenes Verschulden gegen sich gelten lassen und kann sich auch nicht „exkulpieren". Frau Adler kann daher ihren Schaden sowohl von Arno als auch von Giebel selbst ersetzt verlangen. Sie wird ihren Schaden sinnvollerweise beim Dachdeckermeister geltend machen.

3.8.2.2 Gefährdungshaftung

Neben der Haftung für schuldhaftes Verhalten gibt es auch eine verschuldensunabhängige Haftung für die von Sachen oder Anlagen ausgehenden Gefahren. Der Eigentümer einer gefährlichen Sache oder der Betreiber einer Anlage wird bei Eintritt eines Schadens schadensersatzpflichtig, auch wenn er den Schaden nicht vorsätzlich oder fahrlässig herbeigeführt hat. Diese Art der Haftung heißt **Gefährdungshaftung**, da der Haftungsgrund nicht ein individuell vorwerfbares Verhalten ist (= Schuldvorwurf), sondern die von einer Sache oder Anlage ausgehende Gefährdung.

Im BGB ist die Tierhalterhaftung nach § 833 BGB ein Beispiel für eine Gefährdungshaftung. Ein Tierhalter haftet für die Schäden an Leben, Körper, Gesundheit oder am Eigentum anderer Personen, die durch das Tier verursacht werden, unabhängig davon, ob er etwas dafür kann oder nicht.

Beispiel

Wenn ein Hund die Kleidung einer Person beschädigt, ist der Hundehalter zum Schadensersatz verpflichtet.

Die Gefährdungshaftung des Tierhalters gilt allerdings nur für die sogenannten Luxustiere, also Tiere, die nur zum Vergnügen gehalten werden (§ 833 S. 1 BGB). Richtet dagegen ein Nutztier, das dem Erwerb oder Unterhalt des Tierhalters dient, einen Schaden an, so haftet der Tierhalter nur, wenn ihn ein Verschulden trifft (§ 833 S. 2 BGB).

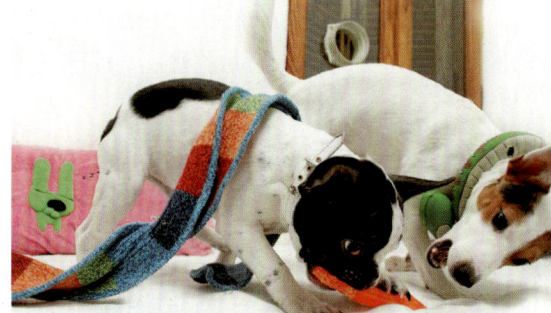

Beispiel

Die Milchkuh des Bauern Vogt reißt aus und verursacht einen Verkehrsunfall. Hier haftet der Bauer Vogt nur, wenn ihm ein Verschulden zur Last gelegt werden kann. Fahrlässig wäre es zum Beispiel gewesen, wenn Vogt die Reparatur des bekanntermaßen schadhaften Zauns unterlassen hätte und die Kuh deshalb ausreißen konnte.

Die meisten Tatbestände der Gefährdungshaftung sind außerhalb des BGB geregelt. Einen Überblick gibt die folgende Tabelle:

Gefährdungshaftung = Haftung ohne Verschulden	
§	Inhalt
1 Haftpflichtgesetz	Unternehmer einer Eisenbahn haftet für Personen- oder Sachschäden, die sich beim Betrieb der Eisenbahn ereignen.
33 Luftverkehrsgesetz	Betreiber eines Luftfahrzeugs haftet für Körper- und Sachschäden eines unbeteiligten Dritten.
7 Straßenverkehrsgesetz	Halter eines Fahrzeugs haftet für die Sach- und Körperschäden, die beim Betrieb des Kfz entstehen.
2 Haftpflichtgesetz	Betreiber von diversen Anlagen haften für Schäden durch Elektrizität, Gase, Dämpfe, Flüssigkeiten.
25 Atomgesetz	Betreiber einer Atomanlage haftet für auftretende Schäden.

Die Haftung eines Warenherstellers für die von seinen Produkten ausgehenden Gefahren ist seit dem 1. Januar 1990 durch das **Produkthaftungsgesetz** geregelt. Neben dem Hersteller haften auch die Zulieferer und die inländischen Importeure für Sach- und Körperschäden, die durch ein fehlerhaftes Produkt verursacht werden. Ein Verschulden für den Produktfehler ist nicht erforderlich. Allerdings haftet ein Hersteller gegenüber allen Geschädigten bei Personenschäden lediglich nach gesetzlich festgelegten Höchstbeträgen (§§ 10, 11 ProdHaftG)

Toshiba: Rückruf für Notebook-Akkus wegen Brandgefahr

Toshiba ruft eine Vielzahl von Akkus für Notebooks zurück, da es bei den betroffenen Batterien zur Überhitzung kommen kann. Es besteht Verbrennungs- und Brandgefahr. Betroffen sind die Serien- und Zubehörakkus.

Toshiba hat einen Rückruf im Zusammenhang mit brandgefährlichen Akkus für Notebooks gestartet. Das Austauschprogramm für Akkus betrifft Notebooks aus den Serien für Business- und Privatkunden, die zwischen Juni 2011 und November 2015 ausgeliefert wurden. Toshiba verkaufte die möglicherweise betroffenen Akkus mit neuen Notebooks, als Zubehör oder als Austauschakkus bei einer Reparatur.

Wie Toshiba und die Bundesanstalt für Arbeitsschutz und Arbeitsmedizin (BAuA) melden, kann es bei den betroffenen Akkus im Zuge einer thermische Gefährdung in Einzelfällen zur Überhitzung kommen. Es besteht die Gefahr von Verbrennungen, im Extremfall kann es auch zu einem Brand kommen. Toshiba bietet einen kostenlosen Austausch für die möglicherweise betroffenen Akkus an.

Für den Akku-Rückruf hat Toshiba eine eigene Webseite online: Toshiba-Akkuaustauschprogramm. Dort können Kunden prüfen, ob Ihr Akku betroffen ist und gegebenenfalls einen Austausch für einen als gefährlich eingestuften Akku anfordern. Toshiba listet mehr als 50 Artikelnummern bei den Zubhörakkus und mehr als 1400 SKUs, die weltweit als Modellvarianten verkauft wurden. Hierzu zählen die Reihen Portégé, Qosmio, Satellite, Satellite Pro und Tecra.

Toshiba bittet alle Kunden: „Wenn das freiwillige Austauschprogramm auf Ihren Akku zutrifft, schalten Sie bitte als Vorsichtsmaßnahme Ihr Notebook aus und entfernen Sie unverzüglich den Akku. Sie können Ihr Notebook problemlos mit Netzstrom betreiben, bis Sie Ihren Ersatzakku erhalten haben.“

Quelle: Ronald Tiefenthäler, www.notebookcheck.com/Toshiba-Rueckruf-fuer-Notebook-Akkus-wegen-Brandgefahr.158772.0.html, 24.04.2016, abgerufen am 26.05.2016

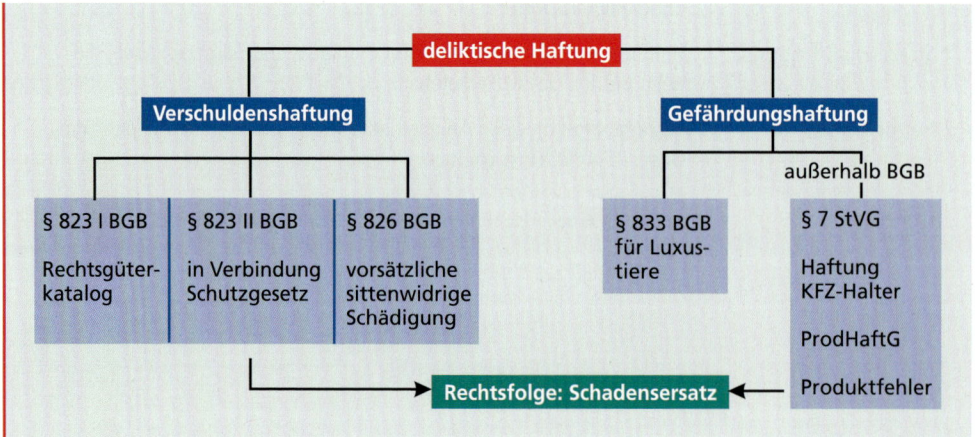

Die deliktische Haftung dient dem Ersatz für Schäden und setzt in der Regel Verschulden voraus. Ausnahmsweise haftet ein Schädiger auch ohne Verschulden (Gefährdungshaftung).

Aufgaben

1. Benennen Sie die Rechtsgüter des § 823 I BGB.

2. Was ist ein sonstiges Recht im Sinne dieser Vorschrift?

3. Oma Wulle wurde Opfer eines Trickdiebstahls und büßte dadurch 1 000,00 € ein. Der Täter wird später gefasst. Erklären Sie, über welche Anspruchsnorm Oma Wulle zivilrechtlichen Schadensersatz bekommen kann.

4. Neffe Tobias, 14 Jahre, hilft seiner kranken Tante bei der Hausarbeit. Als er versucht, mit einem Stapel Teller zu balancieren, fallen ihm alle herunter. Der Schaden beträgt 75,00 €. Hat die Tante Anspruch auf Ersatz dieses Schadens?

5. Der dreijährige Thommy findet ein Gasfeuerzeug und zündet damit die Scheune des Nachbarn an. Rechtslage?

6. Frau Bolle, Eigentümerin einer Wohnung, bestellt wegen einer defekten Wasserleitung den Klempner Erdmann. Erdmann erscheint nicht selbst, sondern schickt seinen Auszubildenden Axel. Axel verursacht eine Überschwemmung, die sich bis in die darunterliegende Wohnung von Herrn Böhm ausbreitet. Von wem können Frau Bolle und Herr Böhm Schadensersatz verlangen?

4 Bürgerliches Recht – Sachenrecht

4.1 Grundlagen des Sachenrechtes

4.1.1 Bedeutung des Sachenrechtes

Das Sachenrecht regelt die rechtlichen Beziehungen zwischen Menschen und Sachgütern. Grundlage des Sachenrechts ist die **Anerkennung des Privateigentums**. Das Eigentum wird in der Verfassung durch **Art. 14 GG** garantiert. Dort heißt es in den Absätzen I und II:

> „Das Eigentum wird gewährleistet. Inhalt und Schranken werden durch die Gesetze bestimmt. Eigentum verpflichtet. Sein Gebrauch soll zugleich dem Wohle der Allgemeinheit dienen."

Der verfassungsrechtliche Eigentumsbegriff steht in einem **Spannungsverhältnis**. Auf der einen Seite ermöglicht die Anerkennung von Privateigentum die freie Nutzung und Verwertung des Vermögens, auf der anderen Seite darf Eigentum nicht schrankenlos genutzt und verwertet werden, da ansonsten die Rechte anderer oder diejenigen der Allgemeinheit beeinträchtigt würden.

Im Sachenrecht des BGB wird das Eigentum näher ausgestaltet. Beschränkungen des Eigentums finden sich zum Beispiel im Nachbarrecht des BGB (§§ 903 ff.), wo es darum geht, dass Nachbarn in der Ausübung ihrer Eigentumsrechte aufeinander Rücksicht nehmen müssen.

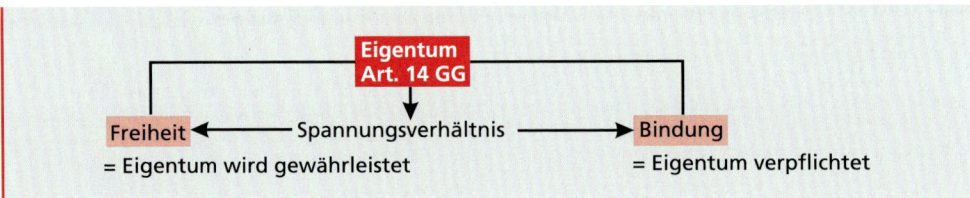

4.1.2 Eigentum und Besitz

4.1.2.1 Unterscheidung von Eigentum und Besitz

Im Gegensatz zum Alltagssprachgebrauch werden Eigentum und Besitz rechtlich scharf unterschieden.

Das **Eigentum** ist das **dingliche Vollrecht**, das den Eigentümer dazu berechtigt, mit der Sache grundsätzlich nach Belieben zu verfahren und anderen Personen den Zugriff auf die Sache zu verbieten (§ 903 BGB).

Der Grundstückseigentümer darf das Grundstück nach seinen Vorstellungen nutzen, allerdings eingeschränkt durch die Vorschriften des öffentlichen Rechts, wie zum Beispiel die Einholung einer Baugenehmigung.

Der **Besitz** ist die **tatsächliche Sachherrschaft** über eine Sache. Eine Sache zu besitzen sagt noch nichts darüber aus, wem die Sache gehört.

Der Wohnungsmieter hat Besitz an der Wohnung. Eigentümer der Wohnung ist dagegen der Vermieter.

Oftmals ist es allerdings so, dass derjenige, der die Sache besitzt, auch der Eigentümer ist. Deshalb geht bei beweglichen Sachen vom Besitz ein **Rechtsschein** aus, der für die Eigentümerstellung des Besitzers spricht (§ 1006 BGB).

Wer ein Kleidungsstück oder Schmuck trägt (= Besitz), dem gehören diese Gegenstände in der Regel auch (= Eigentum).

4.1.2.2 Eigentumsarten

Wenn eine Sache einer Person allein gehört, so spricht man von **Alleineigentum**.

Herr Kunz ist als alleiniger Eigentümer der Wohnung, Rosenstraße 7 in Unterwilmersdorf, im Wohnungsgrundbuch eingetragen.

Unter **Miteigentum** versteht man, dass eine Sache mehreren Personen gehört.

Herr und Frau Schilling sind jeweils mit 50 % als Miteigentümer eines Hausgrundstücks im Grundbuch eingetragen.

Beim **schlichten Miteigentum** steht jedem Miteigentümer ein **Bruchteil** an der Sache zu, über den er frei verfügen kann. Anders ist es beim **Gesamthandseigentum**. Hier gehört eine Sache einer Gruppe von Menschen, die nur zusammen über den Gegenstand verfügen dürfen.

Frau Schilling kann ihren halben Miteigentumsanteil am Hausgrundstück getrennt veräußern. Der Erwerber wird dann wieder Miteigentümer zu 50 %. Gesamthandsgemeinschaften sind dagegen zum Beispiel eine Erbengemeinschaft oder eine BGB-Gesellschaft. Die Gesamthänder dürfen über das Eigentum an einem Gegenstand nur zusammen verfügen.

Das **Wohnungseigentum** ist eine besondere Form des Miteigentums nach Bruchteilen an einem Grundstück. Es ist im Wohnungseigentumsgesetz (kurz: WEG) geregelt und wurde geschaffen, um abgrenzbares Eigentum an Wohnungen zu ermöglichen. Kennzeichnend ist die Verbindung von Miteigentum am Grundstück mit Sondereigentum an der Wohnung.

4.1.2.3 Besitzarten

Unmittelbarer Besitzer ist derjenige, der die Sache tatsächlich in seiner Verfügungsgewalt hat. Dies setzt voraus, dass

▶ eine räumliche Beziehung zur Sache besteht,

▶ eine gewisse Dauer der Sachbeziehung gegeben ist.

Beispiel

Ein unmittelbarer Besitz am Kfz besteht selbst dann, wenn das Kfz auf dem entfernt gelegenen Parkplatz abgestellt ist. Keinen Besitz an der Parkbank erlangt aber der Spaziergänger, der sich kurz auf der Bank ausruht.

Daneben kennt das Gesetz den **mittelbaren Besitz**. Mittelbarer Besitzer ist, wer den Besitz durch die Vermittlung des unmittelbaren Besitzers ausübt (§ 868 BGB). Die vermittelnde Beziehung zwischen dem unmittelbaren Besitzer und dem mittelbaren Besitzer heißt **Besitzmittlungsverhältnis**.

Beispiel

Vermieter Koch vermietet eine Wohnung an Frau Bacher: Frau Bacher ist die unmittelbare Besitzerin der Wohnung. Herr Koch ist der mittelbare Besitzer. Das Mietverhältnis ist das Besitzmittlungsverhältnis zwischen Herrn Koch und Frau Bacher, durch das Herr Koch den mittelbaren Besitz an der Wohnung durch Frau Bacher vermittelt bekommt.

 Das Eigentum ist das dingliche Vollrecht, eine Sache beliebig zu nutzen und zu verwerten, der Besitz ist die tatsächliche Sachherrschaft an der Sache.

Aufgaben

1. Erklären Sie, was die Anerkennung von Privateigentum für unsere Wirtschaftsordnung bedeutet. Kennen Sie Wirtschaftssysteme, wo dies anders ist?
2. Erläutern Sie den Eigentumsbegriff unserer Verfassung.
3. Was ist der Unterschied zwischen Eigentum und Besitz?
4. Welche Eigentumsarten und welche Besitzarten kennen Sie?

4.2 Erwerb von Eigentum

4.2.1 Eigentumserwerb beweglicher Sachen

4.2.1.1 Rechtsgeschäftlicher Eigentumserwerb vom Berechtigten

Die Übertragung des Eigentums an einer Sache vom bisherigen Eigentümer auf einen Erwerber nennt man **Übereignung**. Das Eigentum an einer beweglichen Sache geht vom bisherigen Eigentümer auf den Erwerber über, indem

- sich der bisherige Eigentümer und der Erwerber über den Wechsel des Eigentums einigen (= **Einigung**),

- der bisherige Eigentümer dem Erwerber die Sache übergibt (= **Übergabe**).

Die einfachste Form der Übereignung von beweglichen Sachen erfolgt also durch **Einigung und Übergabe** (§ 929 S. 1 BGB). Dabei ist die Einigung die **rechtsgeschäftliche Komponente** des Vorgangs, die Übergabe ein sogenannter **Realakt**, durch den der neue Eigentümer den unmittelbaren Besitz an der Sache erlangt.

Beispiel

Das Eigentum an einem Pkw geht vom Verkäufer auf den Käufer über, indem sich Verkäufer und Käufer über den Eigentumswechsel einig sind (nicht zu verwechseln mit dem Kaufvertrag) und indem der Verkäufer dem Käufer das Auto übergibt bzw. Wagenschlüssel und Papiere überreicht.

Ausnahmsweise genügt die Einigung über den Eigentumsübergang, wenn der Erwerber schon im Besitz der Sache ist (§ 929 S. 2 BGB).

Beispiel

Wenn das Auto, das dem Käufer übereignet werden soll, schon bei ihm als „Testwagen" zu Hause in der Garage steht, kann ausnahmsweise auf eine Übergabe beim Autohändler verzichtet werden.

Die Einigung gehört immer zum Übereignungsvorgang, die reale Übergabe kann dagegen ersetzt werden. Die §§ 930, 931 BGB betreffen Möglichkeiten der Übereignung von beweglichen Sachen, bei denen an die Stelle der Übergabe eine andere Art der Besitzverschaffung tritt:

- Nach § 930 BGB kann eine Sache durch Einigung und Vereinbarung eines Besitzmittlungsverhältnisses übereignet werden.

Beispiel

Der Eigentümer Gerd möchte Wilhelm eine Maschine übereignen, die sich bei ihm befindet. Gerd möchte auch künftig den unmittelbaren Besitz an der Maschine behalten, um diese weiterhin nutzen zu können. Gerd kann die Maschine an Wilhelm nach § 930 BGB übereignen, indem er sich mit Wilhelm über den Eigentumsübergang einigt und mit Wilhelm ein Besitzmittlungsverhältnis wie ein Mietverhältnis vereinbart, wodurch Wilhelm mittelbarer Besitzer der Maschine wird.

- Nach § 931 BGB kann eine Sache durch Einigung sowie Abtretung des Herausgabeanspruchs übereignet werden.

Beispiel

Der Eigentümer Gerd möchte Wilhelm eine Maschine übereignen, die sich im unmittelbaren Besitz von Rudi befindet. Obwohl also Gerd nur den mittelbaren Besitz an der Maschine hat, kann er die Maschine an Wilhelm übereignen, indem beide sich über den Eigentumsübergang einig sind und Gerd an Wilhelm den Anspruch auf Herausgabe der Maschine, den er gegenüber Rudi als Eigentümer hat, nach den §§ 398 ff. BGB abtritt.

Eigentumserwerb von beweglichen Sachen		
§ 929 S. 1 BGB	Einigung	Übergabe
§ 929 S. 2 BGB	Einigung	Übergabe entbehrlich, weil der Erwerber schon im unmittelbaren Besitz der Sache ist
§ 930 BGB	Einigung	Vereinbarung eines Besitzmittlungsverhältnisses: Der Erwerber bekommt den mittelbaren Besitz, der Veräußerer behält den unmittelbaren Besitz
§ 931 BGB	Einigung	Abtretung des Herausgabeanspruchs: Der Veräußerer tritt einen Herausgabeanspruch gegen eine dritte Person, die den unmittelbaren Besitz an der Sache hat, an den Erwerber ab.

 Bewegliche Sachen werden nach § 929 S. 1 BGB durch Einigung und Übergabe übereignet.

4.2.1.2 Gutgläubiger Erwerb beweglicher Sachen

Fall: Günstiger Teppichkauf

Der durchreisende Teppichhändler verkauft und übereignet Frau Seibold
a) einen echten Gabeh zum Spottpreis von 175,00 €, was Frau Seibold insgeheim nicht so ganz geheuer ist,
b) einen echten Gabeh zum Spottpreis von 175,00 €, wobei Frau Seibold den Erklärungen des Händlers glaubt, dass der Teppich als Auslaufmodell besonders günstig sei.
Hat Frau Seibold Eigentum erworben, wenn sich herausstellt, dass der Teppich aus einem Einbruchdiebstahl stammt?

Die Übertragung des Eigentums an einem Gegenstand auf eine andere Person darf nur der Eigentümer vornehmen. Das Gesetz nennt den **Eigentümer** deshalb auch den Berechtigten, da nur er **zur Übereignung berechtigt** ist. In der Rechtspraxis kommt es aber vor, dass auch nichtberechtigte Personen (= Nicht-Eigentümer) unbefugterweise Gegenstände an andere übereignen. Der Erwerber kann die fehlende Berechtigung in der Regel nicht erkennen und verdient daher Schutz. Auch für den Rechtsverkehr insgesamt ist es notwendig, dass Eigentumsverhältnisse klar geregelt werden. Deshalb gibt es die Möglichkeit eines gutgläubigen Eigentumserwerbs von einer nichtberechtigten Person.

Unter dem **gutgläubigen Erwerb** versteht man den **Eigentumserwerb von einer Person, der die Sache nicht gehört**. Der Erwerber kann aber nur Eigentum erwerben, wenn er

▶ **Besitz** an dem Gegenstand erlangt hat und

▶ **gutgläubig** war.

Nicht gutgläubig ist, wer das Nichteigentum des Veräußerers kennt oder grob fahrlässig nicht kennt. Für die verschiedenen Übereignungsformen nach den §§ 929, 930, 931 BGB gibt es eine jeweils passende Gutglauben-Vorschrift. Einen Überblick gibt die folgende Tabelle:

Gutgläubiger Erwerb einer beweglichen Sache vom Nichteigentümer			
§	Übereignungstatbestand = Übereignung vom Eigentümer	§	gutgläubiger Erwerb = Übereignung vom Nichteigentümer
929 S. 1 BGB	Einigung + Übergabe	932 I 1	Übergabe der Sache an den gutgläubigen Erwerber
929 S. 2 BGB	Einigung	932 I 2	Erwerber ist im Zeitpunkt der Einigung noch gutgläubig
930 BGB	Einigung + Vereinbarung Besitzmittlungsverhältnis	933	Sache wird dem Erwerber vom Veräußerer übergeben und dieser ist noch im Moment der Übergabe gutgläubig
931 BGB	Einigung + Abtretung Herausgabeanspruch	934	Erwerber erlangt den Besitz der Sache vom Dritten und ist gutgläubig
Folge	Eigentum geht vom Veräußerer auf den Erwerber über.		Eigentumserwerb des gutgläubigen Erwerbers. Der wahre Eigentümer kann über das Bereicherungsrecht einen Ausgleich vom nichtberechtigten Veräußerer verlangen.

An Gegenständen, die dem Eigentümer abhandengekommen sind, ist **kein gutgläubiger Erwerb** möglich (§ 935 BGB). Darunter versteht man zum Beispiel Gegenstände, die der Eigentümer **verloren** hat oder die ihm **gestohlen** wurden. Maßgeblich ist, dass der Eigentümer den unmittelbaren Besitz am Gegenstand unfreiwillig verloren hat. In diesem Fall wäre es ungerecht, wenn eine andere Person gutgläubig Eigentum erwerben könnte.

Lösung des Falls

Im Teppich-Fall kann Frau Seibold also weder in der Variante a) noch in der Variante b) Eigentum am Teppich erwerben, da der Teppich dem wahren Eigentümer gestohlen wurde. In der Variante a) ist Frau Seibold noch nicht einmal gutgläubig. Nach a) könnte Frau Seibold also selbst dann kein Eigentum erwerben, wenn der Teppich rechtmäßig in den Besitz des Händlers gelangt wäre.

 Gestohlene Sachen können nicht gutgläubig als Eigentum erworben werden.

4.2.2 Eigentumserwerb unbeweglicher Sachen

4.2.2.1 Rechtsgeschäftlicher Eigentumserwerb vom Berechtigten

Mit den unbeweglichen Sachen sind die Grundstücke gemeint. Ein Grundstück ist eine bestimmte Parzelle, die im Grundbuch eingetragen ist. Mit zum Grundstück gehören die mit dem Grundstück fest verbundenen Sachen (§ 94 BGB), wie zum Beispiel das Gebäude oder die im Garten gepflanzten Bäume und Büsche.

Der Eigentumswechsel von Grundstücken findet nach § 873 BGB statt durch

▶ eine Einigung über den Eigentumswechsel, die im Grundstücksrecht **Auflassung** heißt (§ 925 BGB), und

▶ die **Eintragung** des neuen Eigentümers in das Grundbuch.

Die Auflassung muss vor einem Notar erfolgen und wird bei gleichzeitiger Anwesenheit von Veräußerer und Erwerber beurkundet. Da die Auflassung eine bedeutsame Erklärung ist, darf sie nicht von einer Bedingung oder Befristung abhängig gemacht werden (§ 925 II BGB).
Die Eintragung des neuen Eigentümers in das Grundbuch erfolgt aufgrund eines Antrags des Erwerbers oder Veräußerers beim Grundbuchamt. In Baden-Württemberg gibt es für jede Gemeinde ein staatliches Grundbuchamt, in den übrigen Bundesländern ist das Amtsgericht für alle in seinem Bezirk gelegenen Grundstücke zuständig.

Das Grundbuchamt trägt den neuen Eigentümer ein, wenn der bisherige Eigentümer

▶ als Voreigentümer im Grundbuch eingetragen ist und

▶ die Eintragung des neuen Eigentümers bewilligt.

Ein Grundstückskauf mit anschließender Übereignung setzt sich aus zwei Teilen zusammen.

Verkauf und Übereignung eines Grundstücks	
schuldrechtlicher Teil	Grundstückskaufvertrag (§ 433 BGB), der aufgrund der Formvorschrift des § 311 b BGB vor einem Notar geschlossen werden muss
sachenrechtlicher Teil	Dingliche Einigung, die im Grundstücksrecht Auflassung heißt und vor einem Notar abgeschlossen werden muss (§ 925 BGB), Eintragung des neuen Eigentümers in das Grundbuch

In der Praxis geht der Notar in der Regel so vor, dass er für den Grundstückskaufvertrag und die Auflassung eine gemeinsame Urkunde erstellt.

Auf Wunsch des Käufers veranlasst der Notar außerdem die Eintragung einer **Auflassungsvormerkung** (§ 883 BGB) in das Grundbuch. Dies hat folgende Bedeutung: Bis zur Eintragung des Käufers als neuem Eigentümer in das Grundbuch vergehen einige Wochen. Während dieser Zeit ist der Käufer nicht davor geschützt, dass der Verkäufer das Grundstück, das ihm ja noch gehört, an eine andere Person übereignet. Die Eintragung einer Auflassungsvormerkung im Grundbuch verhindert, dass der Verkäufer das Grundstück an eine andere Person übereignen kann. Die Eintragung einer Vormerkung ist dem Käufer trotz der Zusatzkosten daher anzuraten.

Datenbankgrundbuch

Das Gesetz zur Einführung eines Datenbankgrundbuchs (DaBaGG) wurde im Bundesgesetzblatt (BGBl. I 2013, Nr. 59, S. 3719) verkündet.

Hintergrund

Das Gesetz geht zurück auf eine Initiative der Landesjustizverwaltungen, die bereits seit mehreren Jahren gemeinsam an der Entwicklung eines Datenbankgrundbuchs arbeiten.

Das Gesetz stellt die Rechtsgrundlage für die Einführung eines vollstrukturierten Datenbankgrundbuchs zur Verfügung. Das derzeit bestehende elektronische Grundbuch beruht rechtlich auf dem Registerverfahrensbeschleunigungsgesetz aus dem Jahr 1993 und orientiert sich weitestgehend an der Struktur des Papiergrundbuchs. Insbesondere aufgrund der neuen technischen Möglichkeiten sind die Anforderungen auch an das Grundbuchverfahren erheblich gestiegen, so die Gesetzesbegründung. Zahlreiche Institutionen und Personen greifen auf das Grundbuch zurück, um gezielt Auskunft über Grund und Boden zu erhalten, etwa Unternehmen, Kreditinstitute, Versorgungseinrichtungen, Notare und Behörden. Ziel ist es, Daten gezielt recherchieren und automatisiert in andere Verfahren übernehmen zu können. Dies erfordere ein neu strukturiertes Datenbankgrundbuch mit logisch verknüpften Informationen. [...]

Quelle: Peter Schmidt, www.bundesanzeiger-verlag.de/ gesetze/nachrichten/detail/artikel/datenbankgrundbuch-11000.html am 17.10.2013, abgerufen am 26.05.2016

 Das Eigentum an einem Grundstück wird übertragen durch Auflassung und Eintragung des Eigentümers in das Grundbuch.

4.2.2.2 Gutgläubiger Erwerb eines Grundstücks

Der **Inhalt des Grundbuchs gilt als richtig**. Das Grundbuch ist ein **öffentliches Register**, das Gutglaubensschutz genießt. Folglich darf sich der Erwerber eines Grundstücks darauf verlassen, dass derjenige, der als Grundstückseigentümer im Grundbuch eingetragen ist, auch der wahre Eigentümer ist. Beim Erwerb eines Grundstücks von einer Person, die fälschlicherweise im Grundbuch als Eigentümer eingetragen ist, erwirbt der Käufer nach § 892 BGB gutgläubig Eigentum, wenn der Erwerber die Unrichtigkeit des Grundbuchs nicht kannte.

4.2.3 Eigentumserwerb kraft Gesetzes

Eigentum kann man nicht nur durch ein Rechtsgeschäft, sondern auch kraft Gesetzes erwerben.

4.2.3.1 Untrennbarkeit von Sachen

Können Sachen nicht getrennt werden oder wäre ihre Trennung wirtschaftlich nicht sinnvoll, so entsteht Alleineigentum desjenigen, dem der wirtschaftlich wertvollere Teil gehört, oder auch Miteigentum der bisherigen Alleineigentümer. Man unterscheidet:

▶ Verbindung einer beweglichen Sache mit einem Grundstück: § 946 BGB,

▶ Verbindung einer beweglichen Sache mit einer anderen beweglichen Sache: § 947 BGB,

▶ Vermischung von Flüssigkeiten und Vermengung fester beweglicher Sachen: § 948 BGB.

Einen Überblick mit Beispielen gibt die Tabelle.

Verbindung einer beweglichen Sache mit einem Grundstück, sodass sie wesentlicher Bestandteil des Grundstücks wird	Verbindung beweglicher Sachen miteinander, sodass sie wesentliche Bestandteile einer anderen Sache werden	Vermischung von Flüssigkeiten oder Vermengung fester beweglicher Gegenstände
§ 946 BGB	§ 947 BGB	§ 948 BGB
Beispiel Anbau einer Garage oder eines Wintergartens an ein bestehendes Haus	**Beispiel** Einbau eines Automotors in ein Auto; Zusammenbau von Eisenteilen zu einer Brücke	**Beispiel** Vermengung von Kies, Sand, Zement und Wasser zu Beton
Rechtsfolge: Eigentumserwerb des Grundstückseigentümers; der bisherige Eigentümer erhält als Ausgleich für den Rechtsverlust eine Entschädigung in Geld	**Rechtsfolge:** Miteigentum der bisherigen Alleineigentümer oder Alleineigentum des Eigentümers der Hauptsache; bisheriger Eigentümer bekommt Geldentschädigung	**Rechtsfolge:** Miteigentum des bisherigen Alleineigentümers oder Alleineigentum des Eigentümers des Hauptbestandes; im letzten Fall Geldentschädigung für den bisherigen Eigentümer

4.2.3.2 Verarbeitung von Sachen

Fall: Eine wertvolle Geige

Holzlieferant Eichinger liefert besonders edle und wertvolle Hölzer an den Geigen-
bauer Montecelli. Als Montecelli in Zahlungsschwierigkeiten kommt, verlangt
Eichinger eine Geige heraus, die Montecelli aus dem zuletzt gelieferten Ahorn- und
Fichtenholz von Eichinger, das Montecelli noch nicht bezahlt hat, angefertigt hat.
Muss Montecelli die Geige an Eichinger herausgeben?

Entsteht aus Sachen, die einem anderen gehören, durch Verarbeitung eine neue Sache,
so erwirbt der Hersteller nach § 950 BGB das Eigentum an der neuen Sache. Der Hersteller wird Eigentümer, da die Herstellerleistung vom Gesetz höher bewertet wird als
das ursprüngliche Eigentum des Materiallieferanten.

Lösung des Falls

Im Fall des Geigenbauers könnte Eichinger die Geige nur von Montecelli verlangen,
wenn er Eigentum an der Geige hätte. Das ursprüngliche Eigentum an den Hölzern
hat Eichinger durch die Verarbeitung der Hölzer aufgrund § 950 BGB an Montecelli
verloren. Montecelli ist alleiniger Eigentümer der Geige und muss sie nicht an
Eichinger herausgeben.

Aufgaben

1. Was versteht man unter der Übereignung einer Sache?

2. Wie wird ein Grundstück übereignet und wie wird ein Grundstück verkauft? Erklären Sie den Unterschied zwischen beiden Vorgängen.

3. Erkären Sie, was man unter dem gutgläubigen Erwerb einer Sache
   versteht und wann er ausgeschlossen ist.

4. Frau Sommer kauft bei „Moden Schweizer" einen Hut. Durch welche
   Vorgänge wird Frau Sommer Eigentümerin des Hutes?

5. Juwelier Tröger arbeitet eine Lieferung Smaragde in ein Kollier ein. Später erfährt er, dass die gelieferten Steine einem Raubüberfall beim Edel-
   steinlieferanten Ohlsen entstammen. Kann Ohlsen die Steine von Tröger
   herausverlangen? Wie wäre die Rechtslage, wenn Tröger die Steine noch
   nicht in das Kollier eingearbeitet hätte?

4.3 Sicherungsrechte an Grundstücken und beweglichen Sachen

4.3.1 Grundpfandrechte

Fall 1: Die Grundschuld

Grundstückseigner Meier benötigt für den Hausbau einen Kredit in Höhe von 50 000,00 €. Die Kreissparkasse möchte Herrn Meier den Kredit nur gewähren, wenn Meier der Kreissparkasse eine Grundschuld einräumt. Wie wird eine Grundschuld bestellt und was passiert, wenn Meier den Kredit an die Kreissparkasse nicht zurückbezahlen kann?

Fall 2: Zwangsversteigerung eines Grundstücks

Grundstückseigentümer Müller bestellt

▶ *am 12. Januar für die Kreissparkasse eine Hypothek für eine Forderung in Höhe von 75 000,00 €,*

▶ *am 20. Februar für die Volksbank eine Hypothek für eine Forderung in Höhe von 50 000,00 €,*

▶ *am 13. März für die Neuhausener Bank eine Hypothek für eine Forderung in Höhe von 25 000,00 €.*
Als Müller zahlungsunfähig wird, kommt es zur Zwangsversteigerung und für das Grundstück werden insgesamt 135 000,00 € erzielt. Welche Bank bekommt wie viel Geld aus diesem Erlös ausbezahlt?

Das **Grundstück** kann im Rechtsverkehr **als Sicherungsmittel** eingesetzt werden und haftet dann für die Zahlung einer bestimmten Geldsumme. Dies geschieht, indem das Grundstück mit einem **Grundpfandrecht** belastet wird.

Die Grundpfandrechte des BGB sind

▶ Hypothek: §§ 1113 ff. BGB,

▶ Grundschuld: §§ 1192 ff. BGB in Verbindung mit Hypothekenvorschriften,

▶ Rentenschuld: §§ 1199 ff. BGB.

Der Inhaber eines solchen Grundpfandrechts kann eine Geldforderung, falls sie vom Schuldner nicht befriedigt wird, notfalls ausbezahlt erhalten, indem er die **Zwangsvollstreckung in das belastete Grundstück** betreibt. Das Grundstück wird in diesem Falle zwangsweise versteigert und der Inhaber des Grundpfandrechts wird aus dem Erlös befriedigt. Ein Grundpfandrecht als dingliches Recht ist für den Inhaber sehr vorteilhaft, weil die dinglichen Rechte in der Zwangsvollstreckung vor den schuldrechtlichen Forderungen befriedigt werden.

Das im Geschäftsalltag gebräuchlichste Grundpfandrecht ist die **Grundschuld**. Eine Grundschuld entsteht, indem

- sich der Erwerber und der Grundstückseigentümer über die Entstehung der Grundschuld einig sind (§ 873 in Verbindung mit § 1191 BGB),

- die Grundschuld in das Grundbuch eingetragen wird (§ 873 in Verbindung mit §§ 1192, 1115 BGB),

- im Regelfall ein Grundschuldbrief vom Grundbuchamt ausgestellt wird.

Das Grundbuch enthält in der Abteilung 3 die Lasten und Beschränkungen des Eigentums, das in der Abteilung 1 des Grundbuchs vermerkt ist. Dementsprechend wird eine Grundschuld als Belastung des Eigentums in die Abteilung 3 des Grundbuchs eingetragen. Falls ein Grundstück mehrfach belastet wird, stehen die verschiedenen Gläubiger untereinander in einer **Rangfolge**. Derjenige Gläubiger, dessen Recht als Erstes in das Grundbuch eingetragen wurde, wird im Falle einer Grundstücksversteigerung auch als erster mit seiner Forderung befriedigt (Prioritätsgrundsatz). Deswegen ist ein Gläubiger mit einem späteren Rang schlechter gestellt, da er in der Zwangsversteigerung, falls kein Geld mehr da ist, leer ausgeht.

Auch eine Hypothek entsteht durch Einigung und Eintragung sowie regelmäßig der Erteilung eines Hypothekenbriefes und sichert eine schuldrechtliche Forderung. Der Unterschied zwischen Hypothek und Grundschuld besteht in der **Akzessorietät**, d. h. in der Abhängigkeit zwischen Forderung und Grundpfandrecht:

- Bei der **Grundschuld** bestehen die Forderung und die Grundschuld unabhängig voneinander (= **nicht akzessorisch**).

- Bei der **Hypothek** sind Forderung und Hypothek untrennbar verbunden, d. h., die Forderung kann nicht ohne die Hypothek existieren und umgekehrt (= **akzessorisch**).

Wenn eine Forderung, für die eine Hypothek bestellt wurde, beglichen wird, so steht die Hypothek ab diesem Zeitpunkt dem Eigentümer des Grundstücks zu (= **Eigentümerhypothek**). Dies ist günstig für den Eigentümer, da die Rangstelle der Hypothek im Grundbuch besetzt bleibt und nachfolgende Gläubiger im Rang nicht aufrücken können.

Beispiel

Wenn der Schuldner eines Darlehens seine Schuld gegenüber der Bank begleicht, so entsteht zugunsten des Schuldners eine Eigentümerhypothek.

Wenn eine Forderung, für die eine Grundschuld bestellt wurde, nicht mehr existiert, so besteht die Grundschuld weiter. Erst mit der Tilgung der Grundschuld selbst entsteht eine **Eigentümergrundschuld**.

Beispiel

Wenn der Schuldner, wie oben, das Darlehen gegenüber der Bank begleicht, so besteht die Grundschuld trotzdem weiter. Der Schuldner kann aber von der Bank verlangen, dass die Grundschuld gelöscht wird.

Lösung des Falls 1

Im Fall 1 müssen Meier und die Kreissparkasse sich zunächst über die Entstehung der Grundschuld einigen und die Grundschuld zugunsten der Kreissparkasse anschließend in das Grundbuch eintragen lassen. Wenn Meier bei Fälligkeit des Darlehens nicht zahlen kann, so kann die Kreissparkasse die Versteigerung des Grundstücks verlangen und bekommt aus dem Erlös die 50 000,00 € ausbezahlt.

Im Fall 2 bekommt
* ▶ *die Kreissparkasse 75 000,00 €, also die volle Summe,*
* ▶ *die Volksbank 50 000,00 €, also gleichfalls die volle Summe,*
* ▶ *die Neuhausener Bank 10 000,00 €.*

Da nämlich insgesamt nur 135 000,00 € zu verteilen sind, fällt die Neuhausener Bank auf dem dritten Rang mit 15 000,00 € aus.

Grundstück als Haftungsgrundlage		
Belastung mit	**Hypothek**	**Grundschuld**
Zweck	Sicherung einer Forderung	
Entstehung	Einigung und Eintragung in das Grundbuch	
Unterschied	Forderung und Hypothek abhängig voneinander = akzessorisch	Forderung und Grundschuld unabhängig voneinander = nicht akzessorisch

4.3.2 Sicherungsübereignung, Sicherungsabtretung und Eigentumsvorbehalt

Auch bewegliche Sachen oder Forderungen können im Rechtsverkehr Sicherheiten bieten. In der Praxis durchgesetzt haben sich

▶ die Sicherungsübereignung,

▶ die Sicherungsabtretung,

▶ der Eigentumsvorbehalt.

Die Ausgangslage bei der **Sicherungsübereignung** besteht darin, dass ein Schuldner einer Forderung seines Gläubigers ausgesetzt ist. Deshalb übereignet der Schuldner dem Gläubiger zur Sicherheit einen Gegenstand nach § 930 BGB, d. h. durch **Einigung und die Vereinbarung eines Besitzmittlungsverhältnisses**. Der Schuldner bleibt also weiterhin unmittelbarer Besitzer der Sache, der Gläubiger bekommt den mittelbaren Besitz und erwirbt das Eigentum. Erfüllt der Schuldner die Forderung, so muss der Gläubiger die Sache rückübereignen.

Beispiel

Textilunternehmer Weber schuldet der Bank 100 000,00 € aus einem Darlehen. Da Weber keine sonstigen Sicherheiten zu bieten hat, lässt sich die Bank eine Spinnmaschine zur Sicherheit übereignen. Dies bedeutet: Die Bank wird Eigentümerin der Maschine nach § 930 BGB und gleichzeitig mittelbare Besitzerin, Weber behält den unmittelbaren Besitz an der Maschine und kann sie weiterhin nutzen. Sobald Weber die Schuld beglichen hat, wird ihm die Maschine rückübereignet, kann er die Schuld nicht bezahlen, so ist die Bank bereits Eigentümerin der Maschine und anderen Gläubigern voraus.

Die Sicherungsübereignung dient der **Kreditsicherung**. Ihr Nachteil für andere Personen besteht darin, dass sie nach außen nicht ersichtlich ist. Sie halten den Schuldner, bei dem beispielsweise die Maschine noch steht, für zahlungskräftiger als er in Wirklichkeit ist.

Auch die **Sicherungsabtretung** dient der **Kreditsicherung**. Gemeint ist, dass ein Schuldner seinem Gläubiger zur Sicherheit eine Forderung abtritt, die der Schuldner gegenüber einer dritten Person hat.

Beispiel

Hans schuldet Georg wegen einer Badezimmerrenovierung 5 000,00 € aus einem Werkvertrag. Georg wiederum möchte von seiner Bank einen Sofortkredit über 25 000,00 €. Die Bank lässt sich zur Sicherheit die Forderung abtreten, die Georg gegenüber Hans hat.

Durch die Sicherungsabtretung wird die Bank Inhaberin der Forderung; sie darf diese Forderung aber nicht verwerten, solange der Darlehensnehmer seinen Pflichten nachkommt.

Der **Eigentumsvorbehalt** dient der **Sicherung einer Kaufpreisforderung**. Die **Übereignung** des Kaufgegenstandes steht unter der **aufschiebenden Bedingung der vollständigen Kaufpreiszahlung**. Kommt der Käufer mit der Zahlung in Verzug, so ist der Verkäufer dazu berechtigt, vom Vertrag zurückzutreten (§ 449 BGB).

Beispiel

Frau Becker kauft einen Fernseher, für den sie zunächst nur die Hälfte des Kaufpreises anzahlt. Das Radio- und Fernsehgeschäft „verkauft" ihr deswegen den Fernseher unter Eigentumsvorbehalt. Dies bedeutet, dass die Übereignung des Gerätes unter der aufschiebenden Bedingung der vollständigen Kaufpreiszahlung erfolgt, d. h., das Geschäft bleibt bis zu dem Augenblick Eigentümer des Fernsehers, bis Frau Becker den Kaufpreis vollständig beglichen hat.

Ein Eigentumsvorbehalt nutzt allerdings in den Fällen nichts, in denen ein Eigentumserwerb kraft Gesetzes stattfindet. Erwirbt also zum Beispiel der Handwerker das Eigentum am verarbeiteten Material, so verliert der Lieferant das Eigentum am Material auch dann, wenn er einen Eigentumsvorbehalt vereinbart hat.

Aufgaben

1. Erklären Sie, wozu eine Hypothek und eine Grundschuld gut sind und worin sie sich unterscheiden.

2. Was ist eine Sicherungsübereignung und welchen Zweck hat sie?

3. In welchen Fällen nutzt ein Eigentumsvorbehalt nichts?

4. Heizungslieferant Urban liefert an die Sanitärinstallationsfirma Pfannenschmidt unter Eigentumsvorbehalt 20 Heizkörper, die Pfannenschmidt beim Bauherrn Barth in dessen Neubau anbringt. Als Pfannenschmidt Pleite macht und Urban die Zahlung für die Heizkörper schuldig bleibt, begibt sich Urban auf die Baustelle des Herrn Barth und baut die Heizkörper wieder aus. Anschließend verkauft und übereignet Urban die Heizkörper an Herrn Keller, der von allem nichts weiß. Kann Herr Barth von Herrn Keller die Herausgabe der Heizkörper verlangen?

5 Bürgerliches Recht – Familienrecht

5.1 Familienrechtliche Grundbegriffe

5.1.1 Familie

Das Familienrecht (§§ 1297–1921 BGB) beschäftigt sich mit den Rechtsverhältnissen zwischen Personen, die auf

- Ehe bzw. Lebenspartnerschaft oder Verlöbnis,
- Adoption,
- Abstammung, beruhen.
- Vormundschaft, Betreuung, Pflegschaft

Unter den Begriff der Familie fällt sowohl die **Großfamilie**, das heißt alle Verwandten, als auch die **Kleinfamilie** aus Eltern und Kindern. Die meisten Normen des Familienrechts beziehen sich auf die Kleinfamilie.

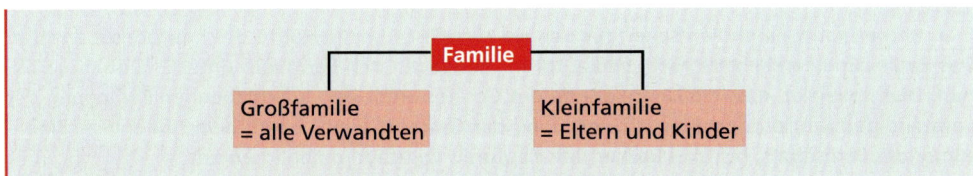

Ehepartner ohne Kinder sind noch keine Familie im Rechtssinne.

5.1.2 Verwandtschaft

Verwandtschaftsverhältnisse entstehen entweder durch **Abstammung** (= Blutsverwandtschaft) oder durch **Adoption**.
Bei den Blutsverwandten unterscheidet man die Verwandtschaft in gerader Linie und die Verwandtschaft in der Seitenlinie.

In **gerader Linie** verwandt sind Personen, die voneinander abstammen.

Beispiel
In gerader Linie verwandt sind Großvater, Sohn, Enkel, Urenkel usw.

Der **Grad der Verwandtschaft** ergibt sich aus der Zahl der vermittelnden Geburten.

Beispiel
Großvater – Sohn – Enkel:

Der Enkel ist mit dem Großvater im 2. Grad verwandt, da zwei Geburten, nämlich die seines Vaters und die seines Großvaters die Verbindung zum Großvater vermitteln. Der Enkel ist mit seinem Vater im 1. Grad verwandt, da die Geburt seines Vaters die Verwandtschaft mit seinem Vater vermittelt.

Von Verwandtschaft in der **Seitenlinie** spricht man, wenn Verwandte von einer gleichen dritten Person abstammen.

Geschwister sind in der Seitenlinie verwandt, da sie gemeinsam von den Eltern abstammen. Die
Tante ist mit dem Neffen in der Seitenlinie verwandt, da die Tante und ein Elternteil des Neffen
Geschwister sind und wiederum von gemeinsamen Eltern abstammen.

Der Grad der Verwandtschaft bestimmt sich auch hier nach der Zahl der vermittelnden
Geburten.

Der Bruder ist mit der Schwester im 2. Grad verwandt, da die Geburt der Eltern und die Geburt
der Schwester die Verwandtschaft zwischen ihm und seiner Schwester vermitteln.

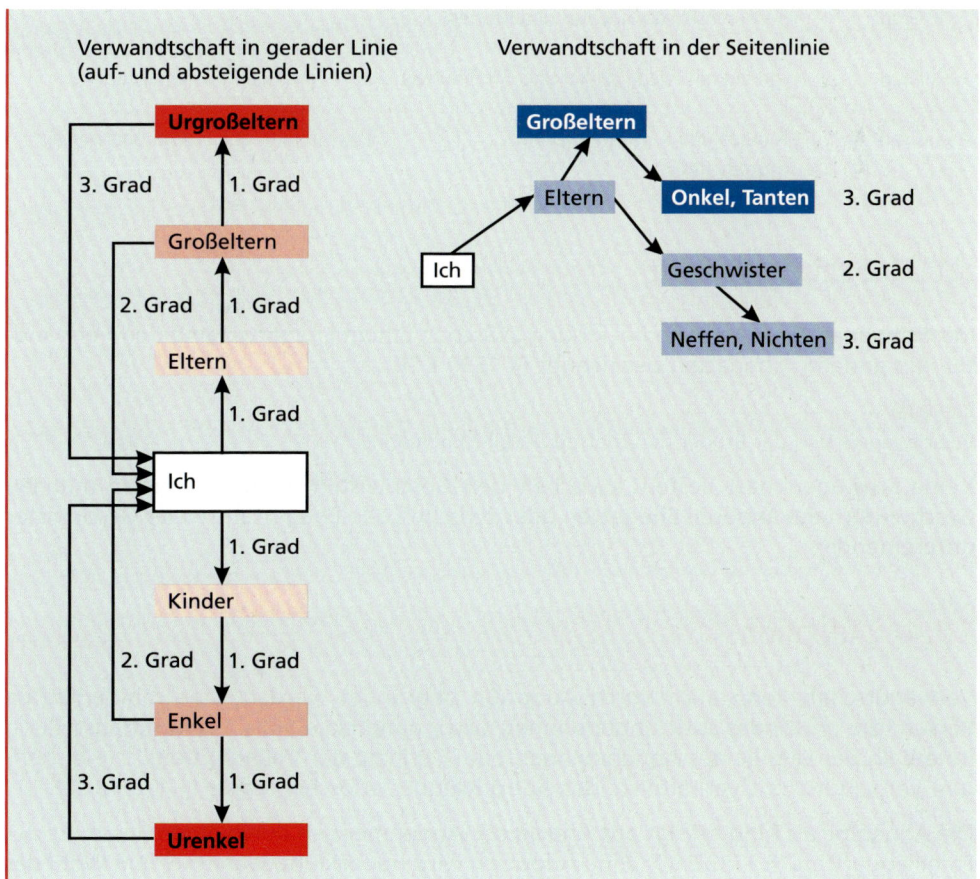

193

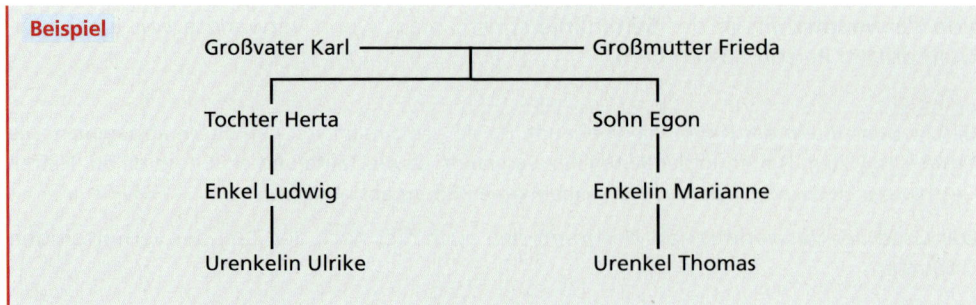

	Verwandtschaft in der geraden Linie	Verwandtschaft in der Seitenlinie
1. Grad	Herta mit Frieda (Tochter und Mutter)	–
2. Grad	Ludwig mit Frieda (Enkel und Großmutter)	Herta mit Egon (Geschwister)
3. Grad	Thomas und Karl (Urenkel und Urgroßvater)	Ludwig mit Egon (Onkel und Neffe)

5.1.3 Schwägerschaft

Mit **Schwägerschaft** wird die Beziehung zwischen einem Ehegatten und den Verwandten des anderen Ehegatten bezeichnet (§ 1590 BGB).

Beispiel

Verschwägert sind der Bruder der Ehefrau und ihr Ehemann.

Keine Schwägerschaft besteht zwischen den Geschwistern eines Ehegatten mit den Geschwistern des anderen Ehegatten oder zwischen den Ehegatten zweier Geschwister untereinander.

5.1.4 Adoption

Verwandtschaft kann auch durch Adoption begründet werden. Eine **minderjährige Person**, die an Kindes statt angenommen wird, nimmt die volle Verwandtenstellung innerhalb der Familie des Annehmenden ein (= **Prinzip der Volladoption**). Die bisherigen Verwandtschaftsverhältnisse des Adoptivkindes erlöschen dafür (§ 1755 BGB).

Die Annahme als Kind erfolgt auf Antrag des Annehmenden durch einen Beschluss des Familiengerichts (§ 1752 BGB). Eine Adoption wird nur erlaubt, wenn sie dem Wohl des Kindes dient und die Herstellung familiärer Verhältnisse bezweckt.

Die Adoption erwachsener Personen ist gleichfalls zulässig, wenn sittliche Gründe dies rechtfertigen (§§ 1767–1772 BGB). In der Regel wird ein **volljähriges Adoptivkind nur verwandt mit dem Annehmenden**, nicht jedoch mit dessen Verwandten.

5.1.5   Unterhaltspflichten zwischen Verwandten

Kinder müssen für Pflege der Eltern zahlen

BGH entscheidet – Vater verweigerte 40 Jahre lang den Kontakt zu seinem Sohn

Karlsruhe (dpa) – Erwachsene Kinder müssen die Heimkosten von Mutter und Vater selbst dann tragen, wenn die Eltern seit Jahrzehnten jeden Kontakt verweigert haben. Das hat der Bundesgerichtshof (BGH) gestern entschieden.

Ein Beamter aus Bremen muss daher 9 000 € für das Pflegeheim seines mittlerweile gestorbenen Vaters zahlen. Beide hatten seit über 40 Jahren keinen Kontakt mehr – auf Wunsch des Vaters. Der Anwalt des Beamten kritisierte das Urteil. Der BGH habe verkannt, was ein Verhalten wie das des Vaters für einen Menschen bedeuten könne, sagte der Anwalt des Beamten, Michael Klatt aus Oldenburg. „Auch für einen Erwachsenen wie meinen Mandanten ist das eine hohe emotionale Belastung, die an psychische Gewalt grenzt." Der Vater habe sich von seinem Sohn jedoch erst abgewandt, als dieser schon volljährig gewesen sei, begründete der BGH sein Urteil. Damit habe er der Elternpflicht im Wesentlichen genügt.

Nach der Scheidung der Eltern im Jahr 1971 hatten Vater und Sohn noch losen Kontakt. Doch schon das bestandene Abitur des Sohnes ein Jahr später war dem Vater nur ein Achselzucken wert. Annäherungsversuche des Sohnes danach wehrte der Friseur ab, 1998 setzte er schließlich seine Lebensgefährtin als Erbin ein und enterbte sein Kind bis auf den „strengsten Pflichtteil", wie es im Testament

hieß. Der Anspruch auf Elternunterhalt sei nicht verwirkt, urteilte der BGH. Der Vater habe sich in den ersten 18 Lebensjahren um sein Kind gekümmert und mit dem Testament nur die ihm zustehenden Rechte wahrgenommen. Die Richter gaben der Stadt Bremen recht, die das Geld gefordert hatte. SPD-Gesundheitsexperte Karl Lauterbach kritisierte den Richterspruch scharf und kündigte eine politische Prüfung an. „Ich persönlich halte dieses Urteil für menschlich nicht nachvollziehbar", sagte er gegenüber unserer Berliner Redaktion. Demgegenüber bezeichnete der gesundheitspolitische Sprecher der CDU/CSU-Bundestagsfraktion Jens Spahn das Urteil als „OK". Es sei grundsätzlich richtig, wenn Eltern und Kinder füreinander auch finanziell einzustehen hätten.

Derartige Fragen würden künftig immer größere Bedeutung bekommen, sagte der Vorstand der Deutschen Stiftung Patentenschutz, Eugen Brysch. Schon heute zahlten die Kommunen 3,2 Milliarden Euro jährlich für die Pflege.

Die Sozialverbände fordern als Folge des Urteils eine Grundsatzdebatte über den Eltern-Unterhalt. „Wir sollten darüber diskutieren, ob wir noch einen Sozialstaat wie vor hundert Jahren wollen", erklärte Werner Hesse, Geschäftsführer des Paritätischen Gesamtverbandes, gestern im Gespräch mit unserer Berliner Redaktion.

Quelle: dpa, in: Esslinger Zeitung, 13.02.2014, Seite 1

5.1.5.1   Unterhaltspflichten zwischen Verwandten in gerader Linie

Fall: Die reiche Großmutter

Sandra Pohls Mann Bodo hat sich ins Ausland abgesetzt und Sandra mit dem zweijährigen Sohn Sven ohne Vermögen sitzen gelassen. Sandra kann wegen der Betreuung von Sven nicht arbeiten gehen und gerät in Not. Auch Sandras Eltern und Schwiegereltern haben gerade mal so viel, wie sie selbst benötigen. Einzig die vermögende Großmutter von Sandra könnte helfen. Ist sie zur Hilfe verpflichtet?

Verwandte in gerader Linie schulden einander Unterhalt, wenn

▶ der Unterhaltsberechtigte **bedürftig** ist (§ 1602 BGB),

▶ der in Anspruch genommene Verwandte **leistungsfähig** ist (§ 1603 BGB).

Nicht bedürftig ist, wer durch eigenes Vermögen oder eigene Arbeit selbst für seinen Unterhalt sorgen kann. Die Erwerbstätigkeit muss allerdings in der konkreten Lebenssituation zumutbar sein.

Beispiel
Nicht zumutbar ist eine Erwerbstätigkeit, wenn kleine Kinder zu betreuen sind.

Hinsichtlich der Einstandspflicht der Verwandten gilt eine bestimmte Reihenfolge (§§ 1606 ff. BGB):

▶ Der Ehegatte und der Lebenspartner haften vor den Verwandten (§ 1608 BGB).

▶ Die Abkömmlinge haften vor den Verwandten der aufsteigenden Linie (§ 1606 I BGB).

▶ Die näheren Verwandten haften vor den entfernteren Verwandten (§ 1606 II BGB).

▶ Fällt ein Verwandter wegen mangelnder Leistungsfähigkeit aus, so haftet der nächstentferntere (§ 1607 BGB).

Lösung des Falls

Im Fall Pohl ist Sandra zweifelsohne bedürftig, da sie weder Vermögen hat noch wegen der Betreuung von Sven arbeiten gehen kann. Nächste Angehörige sind Sandras Eltern. Diese können Sandra kein Geld geben, ohne ihren eigenen angemessenen Unterhalt zu gefährden (§ 1603 BGB). Deswegen sind sie nicht unterhaltspflichtig. Die nächstentferntere Verwandte ist Sandras Großmutter, die über genug Vermögen verfügt, um Sandra zu helfen. Dazu ist sie auch verpflichtet. Der Umfang des Unterhalts richtet sich nach dem Lebenszuschnitt der Ehe von Sandra und Bodo Pohl. Auch Sven hat einen Anspruch auf Unterhalt. Sofern Sandra sowie deren Eltern und Schwiegereltern nicht leistungsfähig sind, muss auch hier Sandras Großmutter einspringen.

5.1.5.2 Unterhaltsansprüche der Kinder gegenüber ihren Eltern

Minderjährige unverheiratete Kinder haben einen Anspruch gegenüber ihren Eltern auf Unterhalt (§§ 1601, 1602 BGB). Selbst wenn das Kind über eigenes Vermögen verfügt, muss es prinzipiell seinen Vermögensstamm nicht angreifen (§ 1602 II BGB). Anders ist dies nur, wenn die Eltern den Unterhalt an das Kind nicht leisten können, ohne selbst ihren eigenen angemessenen Unterhalt zu gefährden (§ 1603 I BGB).

Beispiel
Der fünfzehnjährige Willi hat von seiner Tante Sofie auf sein Sparbuch 10 000,00 € einbezahlt bekommen. Er muss dieses Geld nicht für seinen Lebensunterhalt aufbrauchen.

Den minderjährigen unverheirateten Kindern gleichgestellt sind volljährige unverheiratete Kinder bis 21 Jahre, die noch im elterlichen Haushalt leben und sich in der allgemeinen Schulausbildung befinden (§ 1603 II 2 BGB).

Der Unterhalt, den die Eltern ihren Kindern schulden, kann als

▶ **Barunterhalt** in der Form von Geldleistungen,

▶ **Naturalunterhalt** in der Form von Verpflegung, Unterkunft usw.

geleistet werden. Die Eltern können ihre Unterhaltspflicht also nicht nur durch Geld-leistungen erfüllen, sondern auch durch die Erbringung von tatsächlichen Leistungen. Eine Mutter, die ihr Kind aufzieht, kommt ihrer Unterhaltspflicht in der Regel allein durch diese Pflege- und Erziehungsleistungen nach.
Ein volljähriges und auch ein verheiratetes Kind, das in Not gerät, kann gleichfalls von den Eltern Unterhalt beanspruchen. Beim volljährigen unverheirateten Kind haben die Eltern die Möglichkeit, den Unterhalt als Naturalunterhalt zu leisten.

Beispiel

Dem bedürftigen Arno, der fünfundzwanzig Jahre alt und nicht verheiratet ist, wird von seinen Eltern angeboten, in die Einliegerwohnung des elterlichen Wohnhauses zu ziehen und bei den Eltern zu essen. Arno kann nicht stattdessen von den Eltern verlangen, dass sie ihm eine Wohnung im Nachbardorf finanzieren.

Zum Unterhalt gehört der **gesamte Lebensbedarf** einschließlich der Kosten für eine angemessene Ausbildung. Die Eltern sind verpflichtet, im Rahmen ihrer Leistungsfähig-keit dem Kind eine Ausbildung zu ermöglichen, die seinen Begabungen und Neigun-gen entspricht (§ 1610 II BGB). Schwierig wird es bei der Frage, ob die Eltern ihren Kindern eine zweite Ausbildung schulden, falls die erste Ausbildung sich als Fehlent-scheidung herausstellt. Die Finanzierung einer zweiten Ausbildung kann von den Eltern nur ausnahmsweise in besonderen Fällen verlangt werden.

Beispiel

Eltern müssen evtl. eine zweite Ausbildung bezahlen, wenn sie das Kind zu einer ersten Ausbil-dung genötigt haben, obwohl das Kind deutlich andere Neigungen hat erkennen lassen.

➡ Familienangehörige in gerader Linie schulden einander Unterhalt.

Aufgaben

1. Wie entstehen Verwandtschaftsverhältnisse?

2. Bezeichnen Sie das Verwandtschaftsverhältnis von Enkelin und Großmutter, Onkel und Neffe nach Grad und Linie.

3. Was versteht man unter Schwägerschaft?

4. Wilfried Burgholz wird bedürftig. Er hat noch eine Ehefrau, ein minderjähriges Kind, seine Eltern und die vermögende Tante Hedwig. Er fragt, welcher Verwandte ihm eventuell Unterhalt gewähren muss.

5.2   Ehe

5.2.1   Institut der Ehe

Ehe und Familie stehen unter dem besonderen Schutz der Rechtsordnung und werden durch das Grundgesetz geschützt (Art. 6 GG). Das Bundesverfassungsgericht hat vier Merkmale benannt, die für eine Ehe kennzeichnend sind:

1. **Konsensprinzip**
2. Grundsatz der **Einehe** (Monogamie)
3. Grundsatz der **Geschlechterverschiedenheit**
4. Grundsatz der **Unauflöslichkeit**

Eine Ehe beruht danach auf dem Konsens (= der Übereinstimmung) zwischen Mann und Frau, sich auf Lebenszeit mit dem Ehepartner unter Ausschluss weiterer Personen zu verbinden.

5.2.2   Eheschließung

5.2.2.1 Inhalt und Form der Eheschließung

In Deutschland herrscht das **Prinzip der obligatorischen Zivilehe**. Nur die vor dem Standesbeamten geschlossene Ehe ist eine rechtsgültige Ehe. Die kirchliche Trauung ist demgegenüber eine freiwillige Zeremonie, die auf das Zustandekommen einer Ehe keinen Einfluss hat. Die Voraussetzungen für eine ordnungsgemäße Eheschließung finden sich im BGB sowie im Personenstandsgesetz (PstG).

Eine wirksame Eheschließung setzt zwingend voraus:

▶ **übereinstimmende Eheschließungserklärungen** vor dem zur Entgegennahme der Erklärungen bereiten Standesbeamten (§ 1310 I 1 BGB),

▶ **persönliche und gleichzeitige Anwesenheit** der Heiratskandidaten (§ 1311 BGB),

▶ die Eheschließungserklärungen werden **ohne Bedingungen und Zeitbestimmungen** abgegeben (§ 1311 BGB).

Vor der Eheschließung kann ein **Aufgebot**, d. h. eine Erklärung, dass ein Paar die Ehe eingehen will, öffentlich ausgehängt werden. Anders als früher ist der Aushang eines Aufgebots nicht mehr zwingend notwendig. Gleichfalls freiwillig ist die Anwesenheit von Zeugen während der Eheschließung (§ 1312 I 2 BGB). Im Anschluss an die Eheschließung werden Tag und Ort der Eheschließung sowie die Namen der Ehegatten im Eheregister beurkundet (§ 15 PstG).

5.2.2.2 Ehefähigkeit

Die Eheschließenden müssen die Fähigkeit besitzen, eine Ehe einzugehen. Dazu gehört

▶ keine Geschäftsunfähigkeit eines Ehekandidaten (§ 1304 BGB),

▶ bei beschränkter Geschäftsfähigkeit die Einwilligung des personensorgeberechtigten gesetzlichen Vertreters (§ 1303 IV BGB).

Die Eheschließenden sollen möglichst volljährig sein. **Erst ab 18 Jahren** gelten die Eheschließenden als **ehemündig**. Nach § 1303 II BGB kann das Familiengericht von dieser Altersvoraussetzung befreien, wenn der **Antragsteller 16 Jahre alt** und der andere Ehepartner **volljährig** ist.

5.2.2.3 Eheverbote

Der Eheschließung dürfen keine Eheverbote entgegenstehen. Die wichtigsten Eheverbote lauten:

▶ **Verbot der Ehe zwischen Verwandten** (§ 1307 BGB)
Verwandte in gerader Linie und Geschwister dürfen aus sittlichen und medizinischen Gründen nicht heiraten. Von diesem Verbot ist keine Befreiung möglich.

▶ **Verbot der Doppelehe** (§ 1306 BGB)
Dem Leitbild der Einehe entsprechend ist es verboten, parallel mehrere Ehen zu schließen beziehungsweise verheiratet zu sein und eine weitere Ehe zu schließen.

▶ **Adoption** (§ 1308 BGB)

Eine Ehe soll auch nicht geschlossen werden, wenn ein Verwandtschafts- oder Schwägerschaftsverhältnis durch eine Adoption begründet wurde. Von diesem Verbot kann allerdings befreit werden.

5.2.2.4 Auswirkungen von Gesetzesverstößen

Verstöße gegen die genannten Vorschriften wirken sich unterschiedlich hart aus. Man unterscheidet

▶ **Nichtehe, d. h.,** eine Ehe ist überhaupt nicht zustande gekommen,

▶ **aufhebbare Ehe, d. h., e**s liegt ein Aufhebungsgrund nach § 1314 BGB vor.

fehlerhafte Ehe	
Nichtehe	**aufhebbare Ehe**
Beispiel Fehlende Übereinstimmung zwischen den Ehepartnern	**Beispiel** Der Ehegatte war bewusstlos oder vorübergehend geistesgestört.
Beispiel Die Ehe wird nicht vor einem Standesbeamten geschlossen.	**Beispiel** Die Ehe kam durch eine arglistige Täuschung oder durch eine Drohung zustande.

5.2.3   Rechtswirkungen der Ehe

5.2.3.1 Pflicht zur ehelichen Lebensgemeinschaft

Nach § 1353 I BGB sind die Ehegatten einander **zur ehelichen Lebensgemeinschaft verpflichtet**. Darunter sind die sittlichen Anforderungen zu verstehen, die sich aus dem Sinngehalt der Ehe ergeben, wie zum Beispiel

▶ Hausgemeinschaft,

▶ Geschlechtsgemeinschaft,

▶ Prinzip der gegenseitigen Rücksichtnahme,

▶ Mitarbeit im Haushalt oder im Geschäftsbetrieb,

▶ Einigung über die gemeinsame Erziehung von Kindern usw.

Diese Pflichten sind zwar **einklagbar** (= Herstellungsklage), jedoch **nicht vollstreckbar** (§ 120 III FamFG = Gesetz über das Verfahren in Familiensachen und in Angelegenheiten der freiwilligen Gerichtsbarkeit).

Beispiel

Herr Schulz kann zwar vor Gericht darauf klagen, dass seine Frau mit ihm in derselben Wohnung lebt; ein solches Urteil könnte aber nicht vollstreckt werden, d. h., Frau Schulz kann nicht gezwungen werden, in die Ehewohnung einzuziehen.

Gleichfalls nicht vollstreckbar ist ein Anspruch auf Unterlassen einer ehewidrigen Beziehung. Der betrogene Ehepartner kann aber verlangen, dass die Geliebte oder der **Geliebte** des anderen **keinen Zutritt in die räumliche Umgebung** von Ehe und Familie bekommt.

Herr Specht muss es nicht dulden, dass seine Ehefrau ihren Geliebten, den Assistenten Herrn Schmidt, in der Ehewohnung einquartiert oder im Familienbetrieb beschäftigt.

Die Ehegatten sind in Fragen, die die eheliche Lebensgemeinschaft betreffen, **gemeinsam zur Entscheidung befugt**. Sie sind sogar gezwungen, sich zu einigen. Nur in Fragen des Sorgerechts für Kinder kann bei Uneinigkeit das Familiengericht angerufen werden.

5.2.3.2 Ehename

Louis löst Ben ab, Hanna schlägt Mia

Kinder: Die Vielfalt der Vornamen wächst: Preußische Prinzessinnen stehen neben Fußballstars. Ein Überblick über Moden und Trends

Warum nur Louis? „Vielleicht weil es mit L anfängt, weil es so weich klingt" sagt Frauke Rüdebusch von der Gesellschaft für deutsche Sprache (GfdS). Am häufigsten werden in Deutschland laut GfdS zwar immer noch die Namen Sophie und Maximilian vergeben, weil sie oft auch Zeitnamen sind. Doch bei den Erstnamen habe 2014 Louis/Luis wohl Ben als Favorit verdrängt. Dass Eltern bei der Namenswahl nach Wohlklang entscheiden, hat die Gesellschaft schon vergangenes Jahr erforscht. Bei Erstnamen für Mädchen steht erstmals Hanna/Hannah vorn.

Ein weiterer Trend: royaler Glanz darf sein! Wie hießen die Frauen und Schwestern der preußischen Herrscher? Luise oder Sophie oder Charlotte. Und wie heißen heute die kleinen Mädels in Berlin und den neuen Ländern? Eben: Luise, Sophie oder Charlotte – alle sind unter den ersten zehn, wobei ein Graben den Norden und Osten vom Rest der Republik trennt. Bei den Jungen steht der preußische Herrschername Wilhelm bundesweit nur auf Platz 111. Wenn es ein royaler Name sein darf, dann eher ein Henri (17), ein Philipp (19) oder Georg (79). Und was gibt es Neues: Shakur, Tjore, Cait, Kedesch, Mynte, Kellyn, Adiga, Kirira, Daileen, Malata, Jonne – das sind Namen, die 2014 erstmals bei uns auftauchten. Im Jahr der Fußball-WM nannten Eltern ihr Kind auch nach dem Fußballstar Neymar. Noch mehr gefällig? Frea, Sammilian, Excel, Hrafn, Silence Vegas, Fynnyu, Famous. Bei den Namenswünschen Shogun und Bambel zogen die Standesämter aber die Notbremse.

Immer weiter rücken islamische Namen vor, beobachtet die GfdS. Aktuell steht Mohammed auf Platz 45 der häufigsten Jungennamen, Ali auf 72, Yusuf auf 132. Bei den Mädchen kommt Mira auf Platz 49, Leila auf 75, Elif auf 78. In muslimischen Familien würden die Namen oft noch traditionell vergeben, sagt der türkisch-stämmige hessische CDU-Politiker Ismail Tipi. „Der erstgeborene Sohn wird nach dem Vater des Vaters benannt, die erstgeborene Tochter nach der Mutter des Vaters." Bei den zweiten Kindern sind dann die Großeltern mütterlicherseits an der Reihe. (dpa)

Quelle: dpa, in: Stuttgarter Zeitung, 16.04.2015, S. 9

Fall: Schwierige Entscheidung

Herr Schmalz heiratet Frau Grün, geborene Schilling. Wie kann die Familie heißen?

Die Wahl eines gemeinsamen Ehenamens dokumentiert die Zusammengehörigkeit eines Ehepaares nach außen. Ein gemeinsamer Ehename ist inzwischen aber nicht mehr zwingend (§ 1355 BGB). So kann zum Beispiel **jeder Ehepartner seinen Namen** zurzeit der Eheschließung beibehalten.

Andernfalls können die Ehepartner sich auf einen **gemeinsamen Namen als Ehenamen** einigen. Als Ehename kommt der Geburtsname des Mannes oder der Geburtsname der Frau infrage. Neuerdings ist es aber auch möglich, dass ein Name aus einer früheren Ehe als neuer Ehename bestimmt wird.

Beispiel

Der ehemalige Bundesminister der Verteidigung, Rudolf Scharping, darf sich nach seiner Heirat mit Kristinia Gräfin Pilati, geborene Paul entweder Rudolf Scharping, Rudolf Paul oder auch Rudolf Graf Pilati nennen.

Zusätzlich kann ein Ehepartner, dessen Name nicht Ehename geworden ist, sich einen **Namenszusatz** (= Geburtsname oder derzeitiger Name) zulegen. Egal ist dabei, ob der Zusatz vorangestellt oder angefügt wird.

Kinder bekommen auf jeden Fall den **Ehenamen ohne Namenszusatz**. Mehrere Geschwister müssen denselben Namen bekommen.

Bei einer Heirat von Herrn Schmalz mit der zuvor verheirateten Frau Grün, geb. Schilling, kommen demnach folgende Möglichkeiten in Betracht:

Möglichkeiten	Herr Schmalz	Kind	Frau Grün, geb. Schilling
1	Herr Schmalz	Grün oder Schmalz	Frau Grün
2	Herr Schmalz	Schmalz	Frau Schmalz
3	Herr Schmalz	Schmalz	Frau Grün-Schmalz oder Schmalz-Grün oder Frau Schilling-Schmalz oder Schmalz-Schilling
4	Herr Schilling	Schilling	Frau Schilling
5	Herr Schilling-Schmalz oder Schmalz-Schilling	Schilling	Frau Schilling
6	Herr Grün	Grün	Frau Grün oder Schilling
7	Herr Grün-Schmalz oder Schmalz-Grün	Grün	Frau Grün oder Schilling

5.2.3.3 Ehelicher Unterhalt

Während der Ehe schulden die Ehegatten einander Unterhalt. Die Unterhaltsverpflichtung während der Ehezeit (§§ 1360 ff. BGB) ist zu unterscheiden von dem Unterhalt, der **nach einer Scheidung** geschuldet wird (§§ 1569 f. BGB). Eine weitere Art des Unterhalts ist der **Getrenntlebensunterhalt**, der noch in die Ehezeit fällt und für den Fall geschuldet wird, dass die Ehepartner eine Auflösung ihrer Gemeinschaft anstreben und deswegen getrennt leben (§ 1361 BGB).

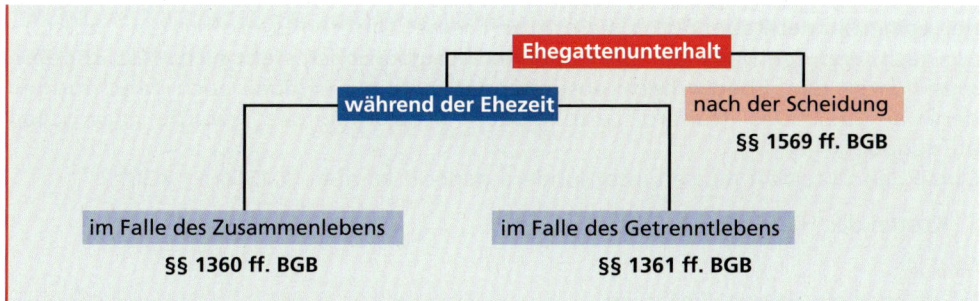

Während der Ehezeit kann jeder Ehepartner vom anderen verlangen, dass dieser die Familie durch seine **Arbeitsleistung** und mit seinem **Vermögen** angemessen unterhält (§ 1360 S. 1 BGB). Die Eheleute müssen alle verfügbaren Mittel miteinander und gegebenenfalls mit ihren Kindern teilen (vgl. § 1603 II BGB). Die Art und Weise, wie der Unterhalt zu leisten ist, richtet sich nach der **Ausgestaltung der ehelichen Lebensgemeinschaft** (§ 1360 a II BGB). Ein Beitrag zum Unterhalt kann erfolgen durch:

▶ Naturalleistungen oder

▶ Geldleistungen.

Beispiel

Naturalleistungen: Führung des Haushalts, Kinderbetreuung, Mithilfe im Familienbetrieb, Bereitstellen der Familienwohnung

Geldleistungen: Vom Verdienst wird ein angemessener Teil als Haushaltsgeld und Taschengeld abgezweigt.

Kein Unterhalt bei neuem Partner

Saarbrücken (dpa) – Wer mit einem neuen Partner zusammenlebt, verliert den Unterhaltsanspruch gegen den Ex-Partner – auch wenn er noch nicht geschieden ist. Das geht aus einem Beschluss des Saarländischen Oberlandesgerichts (OLG) in Saarbrücken hervor. Nach dem Richterspruch wäre es für den unterhaltspflichtigen Partner eine unzumutbare Härte, wenn er in so einem Fall weiter zahlen müsste. Das Gericht lehnte den Antrag einer Ehefrau auf Bewilligung von Prozesskostenhilfe ab, weil es für deren Unterhaltsprozess keine Erfolgsaussichten sah. Die Frau, die von ihrem Mann schon seit Jahren getrennt lebt, aber noch nicht geschieden ist, verlangte weiter monatliche Unterhaltszahlungen. Dem hielt der Mann entgegen, sie lebe schon seit einiger Zeit in einer sogenannten verfestigten Lebensgemeinschaft. Dies zeige sich beispielsweise daran, dass sie mit ihrem neuen Partner gemeinsam Immobilieneigentum erworben habe. Das Gericht sah die Sache genauso. Der Erwerb des Hausgrundstücks und die finanziellen Verflechtungen der Klägerin mit ihrem neuen Partner ließen keinen Zweifel daran aufkommen, dass die Beziehung für die Zukunft und auf Dauer angelegt sei, heißt es in dem in der Fachzeitschrift „OLG-Report" veröffentlichten Beschluss.

Quelle: dpa, in: Esslinger Zeitung, 12./13.09.2009, S. 8

Je nach der **Rollenverteilung** in der Ehe erbringen die Ehepartner ihren Beitrag zum Unterhalt mehr in der Form von Geldleistungen oder mehr in der Form von Naturalleistungen. Wichtig ist dabei, dass zum Beispiel **Haushaltstätigkeit und Erwerbstätigkeit den gleichen Stellenwert** haben. Der haushaltsführende Ehepartner kommt in der Regel durch diese Arbeit seiner Unterhaltsverpflichtung vollständig nach. Wer den Haushalt führt und wer berufstätig ist, steht nicht fest, sondern muss unter den Ehepartnern ausgehandelt werden, wobei auch Mischformen denkbar sind. Das frühere Leitbild der „Hausfrauenehe" wurde inzwischen aufgegeben.

Durch den Unterhalt müssen insbesondere gedeckt werden (§ 1360 a I BGB):

▶ **Kosten des Haushalts,**

Beispiel

Wohnungsmiete, Hausrat, Ernährung

▶ **persönliche Bedürfnisse,**

Beispiel

Kleidung, medizinische Versorgung, Körperpflege, Bildung, Teilnahme am gesellschaftlichen Leben

▶ **Taschengeld für den nicht erwerbstätigen Ehegatten,**

▶ **Anspruch auf Prozesskostenvorschuss in persönlichen Angelegenheiten** (§ 1360 a IV BGB).

Die **Höhe** des geschuldeten Unterhalts bemisst sich konkret nach dem **Lebenszuschnitt** der Familie und deren **tatsächlicher Leistungsfähigkeit.**

Beispiel

Bei verschwenderischem Lebenszuschnitt einer Familie mit entsprechendem Einkommen sind die gegenseitigen Unterhaltsansprüche der Ehegatten höher anzusetzen als bei einer Familie mit geringerem Einkommen und sparsamer Lebensführung.

Leben die Ehegatten getrennt, weil sie die Scheidung anstreben, so hat der verdienende Eheteil dem anderen eine laufende Geldrente zu erbringen. Die **Erbringung von Naturalleistungen** ist **während des Getrenntlebens ausgeschlossen.** Vom nicht erwerbstätigen Ehepartner kann nur ausnahmsweise verlangt werden, eine Berufstätigkeit aufzunehmen (§ 1361 BGB).

5.2.3.4 Geschäfte zur angemessenen Deckung des Lebensbedarfs

Telefoniert ein Ehemann mit dem Familientelefon häufig mit 0190er-Nummern, hinter denen oftmals Telefonsexanbieter stehen, muss dessen Gattin dafür nur in begrenztem Umfang haften. Das hat der Bundesgerichtshof am Montag entschieden. Grundsätzlich können demnach beide Ehegatten in Anspruch genommen werden, allerdings nur für Kosten zur „angemessenen Deckung des Lebensbedarfs". Der Mann hatte von einem auf ihn angemeldeten Telefon in der Ehewohnung innerhalb von zwei Monaten für rund 2 800 € mit 0190er-Nummern telefoniert und nicht bezahlt. Der Telefonanbieter wandte sich an die Ehefrau als Mitglied der „familiären Konsumgemeinschaft". Die Frau bezahlte jedoch nur die sonstigen Telefonkosten in Höhe von knapp 390 €. Der Bundesgerichtshof begrenzte die Haftung der Frau auf das Doppelte der durchschnittlichen, unbeanstandeten Telefonkosten des zurückliegenden Jahres und verwies die Sache zurück. (Aktenzeichen III ZR 213/03) (Mü.)

Quelle: FAZ, 06.04.04, S. 9

Fall: Viel zu teuer

Die nicht erwerbstätige Frau Müller kauft sich ein Paar neue Halbschuhe für 135,00 €. Ihr Ehemann hält diesen Einkauf für unnötig und viel zu teuer. Muss Herr Müller es dulden, dass der Betrag von seinem Gehaltskonto abgebucht wird?

Nach § 1357 BGB ist jeder Ehepartner berechtigt, **Geschäfte zur angemessenen Deckung des Lebensbedarfs der Familie auch mit Wirkung für den anderen Ehegatten zu tätigen**. Durch ein solches Geschäft werden grundsätzlich beide Ehepartner berechtigt und verpflichtet, auch wenn das Geschäft von einem Ehepartner allein getätigt wurde. Damit distanziert sich das heutige BGB vom früheren Leitbild der Hausfrauenehe, wonach die Ehefrau Geschäfte des häuslichen Wirkungskreises nur mit Wirkung für den Mann abschließen konnte (= sogenannte Schlüsselgewalt).

Lösung des Falls

Der Schuhkauf von Frau Müller ist als Geschäft zur angemessenen Deckung des Lebensbedarfs anzusehen, da Schuhe zur Bekleidung gehören und der Preis sich noch im Rahmen des heute Üblichen bewegt. Durch den Schuhkauf von Frau Müller wurden demnach sie selbst und ihr Ehegatte gleichermaßen verpflichtet. Da der Ehegatte als erwerbstätiger Teil über das entsprechende Geld verfügt, muss er den Zugriff auf das Konto dulden.

5.2.3.5 Witwen- und Witwerrente

Die Träger der Unfall- und Rentenversicherung leisten jeweils einen Beitrag zur Versorgung von Hinterbliebenen. Man unterscheidet

▶ **Witwenrenten** für die hinterbliebenen Ehefrauen,

▶ **Witwerrenten** für die hinterbliebenen Ehegatten,

▶ **Waisenrenten** für die hinterbliebenen Kinder.

In der **Unfallversicherung** wird eine Rente an einen Hinterbliebenen ausbezahlt, wenn der Verstorbene in der Unfallversicherung versichert war und durch einen **Arbeitsunfall** oder infolge einer **Berufskrankheit** zu Tode gekommen ist (§§ 63, 65 i. V. m. §§ 7, 8, 9 SGB VII).

In der **Rentenversicherung** entsteht ein Rentenanspruch eines Hinterbliebenen, wenn der in der Rentenversicherung versicherte Verstorbene die allgemeine Wartezeit von fünf Jahren erfüllt hat bzw. bis zum Tode eine Rente bezogen hat (§ 50 I SGB VI). Unter der **Wartezeit** versteht man die Mindestzeit, die der Versicherte der Versicherungsgemeinschaft angehörte. Der Anspruch auf Witwen- und Witwerrente ergibt sich aus § 46 SGB VI.

Hinterbliebenenrenten können ausgeschlossen sein, wenn der Verdacht besteht, dass eine „Nothochzeit" geschlossen wurde oder die Ehe von sehr kurzer Dauer war.

Der Witwer oder die Witwe bekommt bei Vorliegen der allgemeinen Voraussetzungen die **kleine** Witwer-/Witwenrente, bei Vorliegen von besonderen Merkmalen die **große** Witwer-/Witwenrente. Der Anspruch auf die kleine Witwenrente ist zeitlich begrenzt. Einen Überblick über die Witwen- und Witwerrente nebst Angaben zur Rentenhöhe vermittelt das Schaubild.

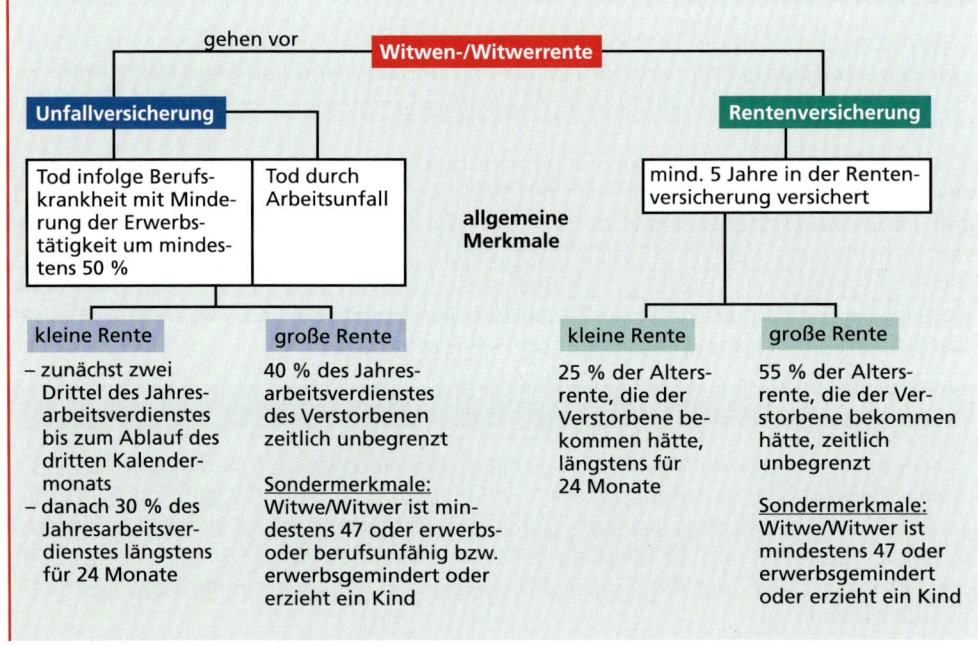

Ein Hinterbliebener, der über eigenes Einkommen verfügt, muss sich das Einkommen auf die Hinterbliebenenrente anrechnen lassen, wobei ein bestimmter Freibetrag vom Einkommen abgezogen werden darf.

Versorgungsehe schließt Witwenrente aus

ebo. FRANKFURT, 4. Mai. Nach dem Tod seines Partners hat der überlebende Ehegatte grundsätzlich nur dann Anspruch auf eine Hinterbliebenenrente, wenn die Ehe länger als ein Jahr gedauert hat. Vor dem Sozialgericht Frankfurt scheiterte deshalb eine Frau, die ihren schwerkranken Mann vier Wochen vor dessen Tod geheiratet hatte. Die Richter verwiesen sie auf die Annahme des Gesetzes, dass in einem solchen Fall die Ehe überwiegend deshalb geschlossen worden sei, um den überlebenden Partner abzusichern. Diese Annahme könne zwar durch „besondere Umstände" widerlegt werden. Dazu zählen etwa der Unfalltod des Partners oder die Existenz gemeinsamer Kinder. Solche Besonderheiten hatte die Frau nach Meinung des Gerichts aber nicht vorgetragen (Urteil vom 9. Februar – S 16 RJ 1259/03).

Quelle: FAZ 05.05.2004, S. 27

5.2.4   Eheliches Güterrecht

Das eheliche Güterrecht beschäftigt sich mit den vermögensrechtlichen Auswirkungen der Ehe. Das BGB kennt **drei Güterstände:**

▶ den gesetzlichen Güterstand der **Zugewinngemeinschaft**: §§ 1363–1390 BGB,

▶ den Güterstand der **Gütertrennung**: § 1414 BGB,

▶ den Güterstand der **Gütergemeinschaft**: §§ 1415–1518 BGB.

5.2.4.1 Zugewinngemeinschaft

Ehegatten, die **nicht** durch einen Ehevertrag **etwas anderes vereinbart** haben, leben **automatisch** im Güterstand der Zugewinngemeinschaft (§ 1363 I BGB). Deswegen nennt man die Zugewinngemeinschaft auch den gesetzlichen Güterstand, da er mangels anderweitiger Vereinbarung von Gesetzes wegen eintritt.
Eine Zugewinngemeinschaft hat drei Merkmale:

1. Das **Vermögen des Mannes und das Vermögen der Frau** bleiben auch während der Ehe **getrennt** (§ 1363 II BGB). In der Zugewinngemeinschaft besteht also Gütertrennung.
2. Ehemann und Ehefrau **verwalten ihr Vermögen jeweils selbstständig**, müssen allerdings bestimmte **Verfügungsbeschränkungen** beachten (§§ 1365–1369 BGB).
3. Die Vermögensgewinne jedes Ehegatten während der Ehe (= Zugewinn) werden bei Beendigung der Ehe (Tod, Scheidung) einander gegenübergestellt. Derjenige Ehegatte, der den höheren Gewinn erzielt hat, muss dem anderen Ehegatten einen Ausgleichsbetrag in Höhe der hälftigen Differenz beider Gewinnbeträge bezahlen (= **Zugewinnausgleich**).

Eine Zugewinngemeinschaft kann deshalb zutreffender als **Gütertrennung mit Zugewinnausgleich** bezeichnet werden.
Durch die Zugewinngemeinschaft findet keine Vereinigung des Vermögens des Mannes und der Frau statt. Sowohl das Vermögen vor der Ehe als auch die Vermögensgegenstände, die während der Ehe erworben werden, gehören dem Ehepartner, der die Vermögensgegenstände erworben bzw. eingebracht hat.

Frau Kahn bringt ein Grundstück mit in die Ehe. Durch die Eheschließung ändert sich nichts an ihrem Alleineigentum am Grundstück. Herr Schwarz erwirbt von seinem Geld eine Stereo-Anlage. Er wird alleiniger Eigentümer der Stereo-Anlage.

Geht ein Gegenstand kaputt, der von einem Ehegatten in die Ehe eingebracht wurde, so gehört der Ersatzgegenstand wieder demselben Ehegatten.

Frau Meier brachte die Waschmaschine in die Ehe ein. Wenn anstelle der alten Waschmaschine eine neue angeschafft wird, so gehört diese wiederum Frau Meier, egal, von welchem Geld das Gerät gekauft wurde.

Um die eheliche Gemeinschaft nicht zu gefährden, darf ein Ehegatte bestimmte **Vermögensverfügungen nur mit Zustimmung des anderen Ehegatten** vornehmen. Dies sind zum Beispiel:

▶ **Verfügungen über das Vermögen im Ganzen: § 1365 BGB**

Einziger Vermögensgegenstand von Herrn Seibel ist ein Grundstück im Wert von 150 000,00 €. Zur Veräußerung dieses Grundstücks bedarf Herr Seibel der Zustimmung seiner Ehefrau.

▶ **Verfügungen über Gegenstände des ehelichen Haushalts: § 1369 BGB**

Frau Färber möchte das Familienauto verkaufen und übereignen. Sie benötigt hierfür die Zustimmung ihres Ehemannes. Herr Färber möchte das von ihm in die Ehe eingebrachte Sofa verkaufen. Da das Sofa nun Haushaltsgegenstand ist, benötigt er die Zustimmung seiner Frau.

Um denjenigen Ehepartner nicht zu benachteiligen, der während der Ehezeit weniger oder nichts verdient, ist nach Beendigung der Zugewinngemeinschaft ein **Zugewinnausgleich** durchzuführen (§§ 1363 II, 1372–1390 BGB). Die genaue Berechnung des Zugewinnausgleichsanspruchs folgt im Kapitel über die Ehescheidung.

5.2.4.2 Gütertrennung

Die Ehegatten können durch einen **Ehevertrag**, der vor einem **Notar** abgeschlossen werden muss, den Güterstand der **Gütertrennung vereinbaren**. Der Güterstand der Gütertrennung tritt außerdem dann ein, wenn die Ehegatten den gesetzlichen Güterstand der Zugewinngemeinschaft ausdrücklich ausschließen (§ 1414 BGB).
Beim Güterstand der Gütertrennung bleiben, so wie bei der Zugewinngemeinschaft, die **Vermögen** von Mann und Frau **getrennt**. Jeder Ehegatte kann **unbeschränkt über sein Vermögen verfügen**. Ein **Ausgleich des Zugewinns** bei Beendigung der Ehe findet aber **nicht** statt.
Der Güterstand der Gütertrennung wird beispielsweise häufig in **Unternehmerehen** vereinbart, um den Ehegatten, der in das Familienunternehmen einheiratet, von den Wertsteigerungen des Unternehmens und diverser Immobilien auszuschließen. Außerdem soll vermieden werden, dass im Falle einer Scheidung Geld aus dem Unternehmen abgezogen werden muss, was im schlimmsten Fall den Ruin eines Familienunternehmens bedeuten könnte.

5.2.4.3 Gütergemeinschaft

Eine **Gütergemeinschaft** muss durch einen **Ehevertrag** errichtet werden (§§ 1415–1518 BGB). Durch die Vereinbarung einer Gütergemeinschaft wird zwischen den Eheleuten **neben der ehelichen Gemeinschaft auch eine vermögensrechtliche Gemeinschaft** gebildet. Dabei entstehen verschiedene Vermögensmassen:

▶ Das **Gesamtgut** ist das verschmolzene Vermögen beider Ehegatten. Es besteht sowohl aus dem eingebrachten als auch dem später hinzu erworbenen Vermögen der Ehegatten. Das Gesamtgut steht den Ehegatten als sogenannten Gesamthändern zu, das heißt, sie dürfen nur zusammen darüber verfügen.

▶ Das **Vorbehaltsgut** ist das getrennte Vermögen jedes Ehegatten. Welche Gegenstände den Ehegatten jeweils allein gehören sollen, muss im Ehevertrag festgelegt werden. So können zum Beispiel Erbschaften oder Schenkungen zum Vorbehaltsgut erklärt werden.

▶ Das **Sondergut** von Mann und Frau besteht aus den Vermögensgegenständen, die nicht durch Rechtsgeschäft übertragen werden können, wie zum Beispiel unpfändbare Gehalts- oder Lohnansprüche, Ansprüche auf Schmerzensgeld, unpfändbare Unterhaltsansprüche. Das Sondergut verbleibt dem betreffenden Ehegatten.

Bei einer Scheidung behalten die Ehegatten jeweils ihr Vorbehaltsgut und Sondergut. Aufgeteilt wird das Gesamtgut, und zwar im Verhältnis der Anteile, die jeder Ehegatte zum Gesamtgut beigetragen hat.

Ein großer Nachteil der Gütergemeinschaft besteht darin, dass das Gesamtgut prinzipiell auch für persönliche Verbindlichkeiten des Mannes oder der Frau haftet.

Beispiel

Der Ehemann ist allein der Schuldner eines Darlehens gegenüber der Bank. Bei Fälligkeit der Darlehensschuld kann die Bank Zahlung aus dem Gesamtgut verlangen, obwohl im Gesamtgut auch das Vermögen der Ehefrau enthalten ist.

Wegen der Schuldenhaftung, aber auch wegen der Kompliziertheit einer Gütergemeinschaft ist dieser Güterstand nicht sehr verbreitet.

Vermögensmassen bei den verschiedenen Güterständen:

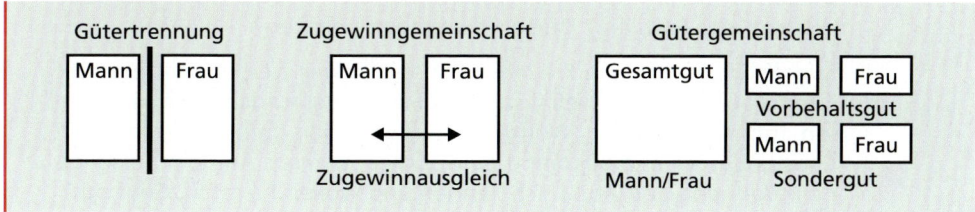

eheliche Güterstände		
	Zugewinngemeinschaft	**Gütertrennung**	**Gütergemeinschaft**
Errichtung	entsteht ohne Zutun kraft Gesetzes = gesetzlicher Güterstand	entweder ausdrücklich in einem Ehevertrag oder durch Ausschluss des Zugewinnausgleichs	ausdrücklich durch einen Ehevertrag
Merkmale	getrennte Vermögen und Zugewinnausgleich bei Beendigung	getrennte Vermögen	überwiegend vereintes Vermögen
praktische Anwendung	Günstig für Ehen, in denen nur eine Person erwerbstätig ist, da bei Beendigung des Güterstandes der nichtverdienende Partner Anteil am Vermögenszuwachs hat.	Günstig für Ehen, bei denen eine Seite viel Vermögen einbringt (z. B. Fabrik), an dessen Wertzuwachs die andere Seite nicht beteiligt werden soll.	Anwendbar, wenn die Eheleute zusammen ein Handelsgeschäft gründen und betreiben wollen. Die Gütergemeinschaft ersetzt in diesem Fall eine Gesellschaft.

Aufgaben

1. Die sechzehnjährige Katrin möchte den neunzehnjährigen Ralf heiraten. Katrins Eltern sind gegen die Heirat. Können Katrin und Ralf trotzdem heiraten?

2. Welche Prinzipien kennzeichnen eine Ehe des deutschen Rechts?

3. Petra und Christof Rahn haben standesamtlich geheiratet, jedoch auf die kirchliche Trauung verzichtet. Sind sie rechtsgültig verheiratet?

4. Daniel Fichte möchte seine Adoptivschwester Claudia Fichte heiraten. Wo liegt das Problem? Dürfen die beiden heiraten?

5. Rudolf Groß und seine Freundin Christel Burger werden sehr jung die Eltern von Wolfgang. Weil sie sich der Erziehungsaufgabe nicht gewachsen fühlen, geben sie Wolfgang zur Adoption frei. Später heiratet Christel Burger und bekommt eine Tochter namens Anita. Zufällig lernen Wolfgang und Anita sich kennen und wollen heiraten. Geht das?

6. Kann die berufstätige Ehefrau Helga Stahl ihren Mann darauf verklagen, dass er ihr im Haushalt hilft?

7. Nach altem Namensrecht konnten Eltern ihren Kindern Doppelnamen geben. Deswegen nannten Herr Winkler und Frau Meinhard-Winkler ihren ersten Sohn Fabian Meinhard-Winkler. Nach neuem Recht sind bei Kindern Doppelnamen nicht mehr möglich. Als das Ehepaar Winkler eine Tochter Jennifer bekommt, weigert sich das Standesamt, dem Kind einen Nachnamen zu geben. Warum?

8. Unterscheiden Sie die verschiedenen Arten des Ehegattenunterhalts.

9. Die Hausfrau Bärbel Staudinger versorgt die Kinder und den Haushalt. Ihr Mann meint, sie müsse als Beitrag zum Familienunterhalt aus ihrem ererbten Vermögen Geld zuschießen. Begründen Sie genau, warum ihr Mann mit dieser Ansicht „daneben" liegt.

10. Welche Arten von Witwen- und Witwerrente gibt es?

11. Nennen Sie die drei Güterstände des BGB. Welcher Güterstand tritt ein, wenn ein Ehepaar nichts regelt?

12. Bei Anwalt Grübel sprechen drei Ehepaare vor:
    a) Die Ehegatten Ansgar und Ingeborg Schröder haben beide kein Vermögen, als sie heiraten. Ingeborg Schröder wird künftig den Haushalt führen.
    b) Die Ehegattin Claudia Roth bringt die Hälfte des Familienbetriebes in die Ehe ein. Ihr Mann Bodo ist im Wesentlichen vermögenslos.
    c) Eugen Klumpp hat zur Zeit der Eheschließung mit Angelika Klumpp hohe Schulden.

    Anwalt Grübel soll die Ehepaare darüber beraten, welcher Güterstand der jeweils beste für jeden ist.

5.3 Ehescheidung

5.3.1 Scheidungsvoraussetzungen

Ehen halten länger

Im Jahr 2014 wurden in Deutschland rund 166 200 Ehen geschieden. Das waren 354 von je 1 000 Ehen, die in den vergangenen 25 Jahren geschlossen wurden. Durchschnittlich hielten die geschiedenen Ehen 14 Jahre und acht Monate. Vor 20 Jahren betrug die durchschnittliche Dauer noch genau zwölf Jahre. In 52 Prozent aller 2014 geschiedenen Ehen reichte die Frau den Scheidungsantrag ein, in 40 Prozent der Fälle war es der Mann, und in den übrigen Fällen beantragten beide Ehepartner gemeinsam die Scheidung. Etwa die Hälfte aller geschiedenen Ehepaare hatte gemeinsame Kinder unter 18 Jahren. Insgesamt waren 2014 rund 134 800 minderjährige Kinder von der Scheidung ihrer Eltern betroffen.

Quelle: dpa-Infografik: Globus 10424, 31.07.2015

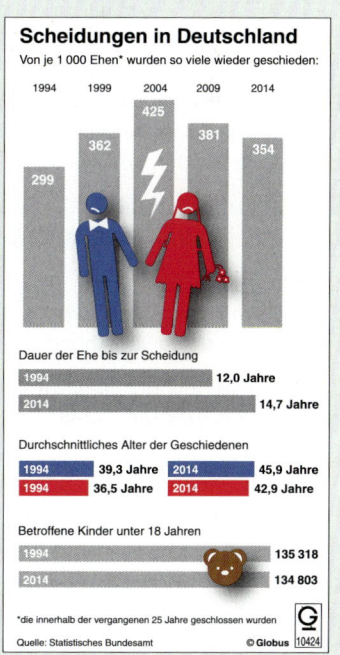

Scheidungen in Deutschland
Von je 1 000 Ehen* wurden so viele wieder geschieden:

1994	1999	2004	2009	2014
299	362	425	381	354

Dauer der Ehe bis zur Scheidung
1994 — 12,0 Jahre
2014 — 14,7 Jahre

Durchschnittliches Alter der Geschiedenen
1994 — 39,3 Jahre · 2014 — 45,9 Jahre
1994 — 36,5 Jahre · 2014 — 42,9 Jahre

Betroffene Kinder unter 18 Jahren
1994 — 135 318
2014 — 134 803

*die innerhalb der vergangenen 25 Jahre geschlossen wurden
Quelle: Statistisches Bundesamt
© Globus 10424

Eine Ehe wird durch einen gerichtlichen Beschluss (Scheidungsbeschluss) geschieden. Hierzu sind notwendig:

▶ **Scheidungsantrag und**

▶ **Scheidungsgrund**.

Im Scheidungsrecht herrscht das **Zerrüttungsprinzip**. Danach ist der **einzige Scheidungsgrund** für eine Ehe, dass die Ehe zerrüttet, das heißt gescheitert ist (§ 1565 BGB). In § 1565 I 2 BGB steht:

> Die Ehe ist dann als gescheitert anzusehen, wenn die Lebensgemeinschaft zwischen den Ehegatten nicht mehr besteht und nicht erwartet werden kann, dass die Ehegatten sie wieder herstellen.

Wann eine eheliche Lebensgemeinschaft nicht mehr besteht, hängt von der Ausgestaltung der Lebensgemeinschaft ab.

Beispiel

Frau König und Herr König haben sich nichts mehr zu sagen und wollen sich trennen. Ihre Lebensgemeinschaft besteht nicht mehr, obwohl sie noch beide im selben Haushalt wohnen. Herr Simon und Frau Peters-Simon sehen sich dagegen kaum, da sie beide berufsbedingt viel im Ausland sind. Sie akzeptieren aber beide diesen Lebensstil und freuen sich immer auf ein Wiedersehen. Ihre Lebensgemeinschaft besteht also trotz häufiger Trennungen.

Vom Gesetz wird das **Scheitern einer Ehe unwiderleglich vermutet**, wenn die Ehegatten

▶ **seit einem Jahr getrennt** leben und **beide** die Scheidung wollen (= einverständliche Scheidung oder Konventionalscheidung),

▶ **seit drei Jahren getrennt** leben und **zumindest ein Ehegatte** die Scheidung begehrt. Das Getrenntleben kann auch innerhalb der ehelichen Wohnung praktiziert werden.

Beispiel

Ein Ehepaar lebt in derselben Wohnung getrennt, wenn zumindest ein Partner erkennbar allein leben will und zum Beispiel auch für sich allein kocht, sich selbst um die eigene Wäsche kümmert, das eigene Geschirr spült, allein schläft usw.

Vor Ablauf eines Jahres kann eine Ehe nur geschieden werden, wenn die Fortsetzung der Ehe eine **unzumutbare Härte** bedeuten würde (§ 1565 II BGB).

Beispiel

Frau Schimmelpfennig wird von ihrem Mann fortgesetzt schwer misshandelt. Sie kann sich ausnahmsweise schon vor Ablauf des Trennungsjahres scheiden lassen.

Trotz Vorliegen der Scheidungsvoraussetzungen darf eine Ehe nach § 1568 BGB nicht geschieden werden, wenn

▶ die Aufrechterhaltung der Ehe mit Rücksicht auf minderjährige Kinder notwendig ist,

▶ die Ehescheidung für einen Ehegatten eine unzumutbare Härte ist.

Beispiel

Die vierzehnjährige Anja ist akut suizidgefährdet, falls sich die Eltern zum jetzigen Zeitpunkt scheiden lassen. Der Ehemann kann nach einem gerade überstandenen Schlaganfall ein Scheidungsverfahren im Moment nicht verkraften.

Die vier Scheidungstatbestände:

Ehepartner leben weniger als ein Jahr getrennt.	Das Scheitern der Ehe muss konkret festgestellt werden und die Fortsetzung der Ehe muss eine unzumutbare Härte für denjenigen darstellen, der den Scheidungsantrag stellt.	§ 1565 BGB
Ehepartner leben ein Jahr getrennt.	Wenn über die Scheidung zwischen den Ehepartnern kein Einverständnis besteht, muss das Scheitern der Ehe festgestellt werden.	§ 1565 BGB
Ehepartner leben ein Jahr getrennt.	Beide Ehepartner wollen die Scheidung. Das Scheitern der Ehe wird in diesem Fall unwiderleglich vermutet.	§ 1566 BGB
Ehepartner leben drei Jahre getrennt.	Die Ehe kann ohne Weiteres geschieden werden.	§ 1566 BGB

Die Scheidung kann in besonderen Fällen ausnahmsweise durch die Härteklausel des § 1568 BGB ausgeschlossen sein.

5.3.2 Ehescheidung mit Folgesachen

Zuständig für Ehescheidungen ist das **Amtsgericht** mit seiner **Sonderabteilung „Familiengericht"**. Der Scheidungsantrag muss von einem Anwalt eingereicht werden, da vor dem Familiengericht **Anwaltszwang** besteht. Das Ehescheidungsverfahren findet in einer **nichtöffentlichen Verhandlung** statt.
Neben der Ehescheidung als solcher können im Rahmen eines Ehescheidungsverfahrens auch noch andere wichtige Entscheidungen (= Folgesachen) getroffen werden.

Folgesachen einer Scheidung sind

▶ Entscheidung über das Sorgerecht für Kinder sowie Umgangsrechte,

▶ Entscheidung über Unterhaltsverpflichtungen und deren Höhe,

▶ Durchführung des Zugewinnausgleichs,

▶ Durchführung des Versorgungsausgleichs,

▶ Aufteilung der Haushaltsgegenstände und Nutzung der Ehewohnung.

Im sogenannten **Verbundverfahren** (§ 137 FamFG) kann über die Scheidungssache zusammen mit den Folgesachen entschieden werden. Es ergeht dann ein einheitlicher Beschluss, der alle Fragen berücksichtigt (§ 142 FamFG).
Bei einer einverständlichen Scheidung müssen wichtige Scheidungsfolgesachen bereits vor der Scheidung geklärt und diese Einigungen dem Scheidungsantrag beigefügt sein (§ 133 FamFG). Dazu gehören Einigungen über die elterliche Sorge, den Kindesunterhalt, den Ehegattenunterhalt, die Haushaltsgegenstände und die Ehewohnung. Ehepaare, die diesen Weg wählen, können sich kostengünstiger scheiden lassen, da nur der Antragsteller einen Anwalt benötigt und der Scheidungstermin sehr kurz gehalten werden kann.

5.3.3 Zugewinnausgleich nach einer Ehescheidung

Mann muss Gewinn mit Ex-Frau teilen

Karlsruhe (dpa) – Ein Lottokönig aus Mönchengladbach muss den Gewinn mit seiner Ex-Frau im Zuge der Scheidung teilen. Ihr steht die Hälfte einer knappen halben Million Euro zu – obwohl der Rentner zum Zeitpunkt des Geldsegens schon acht Jahre von ihr getrennt gelebt hatte. Das entschied der Bundesgerichtshof (BGH) gestern in Karlsruhe und beendete einen jahrelangen Rechtsstreit durch drei Instanzen. Die Frau erhält 242 500 €. Ihr Ex-Mann muss auch die Kosten des Verfahrens tragen – rund 66 000 €. Der BGH hielt mit seinem Urteil an der gängigen Rechtsprechung zum Zugewinn fest.

Mit neuer Partnerin getippt
Der 1944 geborene frühere Kraftfahrer hatte in einer Tippgemeinschaft mit seiner neuen Partnerin im November 2008 sechs Richtige getippt und fast eine Million Euro gewonnen. Die Hälfte davon entfiel auf ihn. Erst zwei Monate später reichte er die Scheidung von seiner damaligen Frau ein. Dies wurde ihm zum Verhängnis: Für die Berechnung des Zugewinns gilt der Zeitpunkt der Zustellung des Scheidungsantrags. Die fünf Jahre jüngere Frau beanspruchte die Hälfte seines Lottoanteils – zu Recht, entschied der BGH. In der Urteilsbegründung hieß es, dass die acht Jahre Trennungszeit noch lange kein Grund seien, dem Mann das Geld allein zuzusprechen. Die BGH-Richter widersprachen damit einer Entscheidung des Oberlandesgerichts (OLG) Düsseldorf. Dort hatten die Richter die Ansprüche der Frau wegen „grober Unbilligkeit" zurückgewiesen. Mit dem Urteil des BGH gilt nun die Entscheidung des Amtsgerichts Mönchengladbach wieder: Die Ansprüche der Frau waren dort im Jahr 2010 in vollem Umfang bestätigt worden.

Verweis auf 29 Jahre Ehe
Es sei für den Zugewinn außerdem egal, ob der Lottogewinn einen Bezug zur einstigen Ehe habe oder nicht, hieß es weiter. Nach Gesamtschau der Umstände könne von grober Unbilligkeit nicht die Rede sein – „zumal die Ehe der Beteiligten bei der Trennung bereits 29 Jahre bestand und aus der Ehe drei Kinder hervorgingen". Der Vorsitzende Richter, Frank Klinkhammer, hatte schon in der Verhandlung Bedenken am OLG-Urteil geäußert und es als Abweichung vom gesetzlichen Regelfall bezeichnet.

Quelle: Esslinger Zeitung, 17.10.2013, Seite 20

Fall 1: Letzter Versuch

Ehepaar Kerner lebt wegen dauernder Streitigkeiten getrennt. Im Rahmen eines Versöhnungsversuches bezahlt Herr Kerner die Schulden seiner Ehefrau in Höhe von 10 000,00 €. Später kommt es dennoch zur Scheidung. Herr Kerner hatte zu Beginn der Ehe ein Vermögen in Höhe von 50 000,00 €. Jetzt zu Beginn der Scheidung verfügt er über 250 000,00 €. Seine Frau hat während der Ehe keinen Zugewinn erzielt. Berechnen Sie den Zugewinnausgleichsanspruch von Frau Kerner gegenüber ihrem Mann.

Frau Kretschmer beabsichtigt, Herrn Moss zu heiraten, von dem sie weiß, dass er durch die Insolvenz seiner Baustoffhandel-Firma noch Schulden in Höhe von 250 000,00 € hat. Ist Frau Kretschmer im Hinblick auf einen bei einer eventuellen Scheidung durchzuführenden Zugewinnausgleich eine ehevertragliche Regelung zu empfehlen?

Endet der Güterstand der Zugewinngemeinschaft durch Scheidung, so ist **auf Antrag** ein **Zugewinnausgleich** nach den §§ 1372 ff. BGB durchzuführen. Anders verhält es sich, wenn die Zugewinngemeinschaft durch den Tod eines Ehepartners endet. Hier besteht die Möglichkeit, den Zugewinn durch Erhöhung des Erbteils auszugleichen (siehe Kapitel 6.1.2).

Der **Zugewinn** ist der **Betrag, um den das Endvermögen eines Ehegatten dessen Anfangsvermögen übersteigt** (§ 1373 BGB). Um den Zugewinn eines Ehegatten zu berechnen, muss man also dessen Anfangsvermögen bei Beginn der Ehe mit seinem Endvermögen zum Zeitpunkt der Rechtshängigkeit des Scheidungsantrags (= der Zeitpunkt, zu dem der Scheidungsantrag dem Scheidungsgegner zugestellt wurde) vergleichen (§ 1384 BGB).

5.3.3.1 Anfangsvermögen

Zum **Anfangsvermögen** gehören alle rechtlich geschützten Positionen mit wirtschaftlichem Wert, die der Ehegatte **nach Abzug von Schulden** bei Beginn der Ehe aufweisen kann (§ 1374 I 1. Halbsatz BGB).

Beispiel

Ehemann hat bei der Heirat:

	Bargeld	250 000,00 €
–	Schulden	50 000,00 €
	Anfangsvermögen	200 000,00 €

Nach § 1374 III BGB können Schulden über die Höhe des Vermögens hinaus abgezogen werden. Es ist also möglich, dass das Anfangsvermögen eines Ehepartners ein negativer Betrag ist.

Beispiel

Ehemann hat bei der Heirat:

	Bargeld	250 000,00 €
–	Schulden	300 000,00 €
	Anfangsvermögen	– 50 000,00 €

Vermögen, das ein Ehegatte **nach der Heirat erbt** oder im Hinblick auf sein künftiges Erbe **geschenkt bekommt**, soll nicht beim Zugewinnausgleich berücksichtigt werden. Dies geschieht, indem das ererbte Geld **dem Anfangsvermögen** des bedachten Ehegatten **hinzugerechnet** wird (§ 1374 II BGB). Dadurch verringert sich die Differenz zwischen Anfangs- und Endvermögen und der **Zugewinn wird kleiner.**

Herr Schneider bringt Bargeld in Höhe von 200 000,00 € mit in die Ehe. Später erbt er noch 100 000,00 € von seiner Mutter.

	Bargeld	200 000,00 €
+	Erbe	100 000,00 €
	Anfangsvermögen	300 000,00 €

Angenommen, Herr Schneider hat bei der Scheidung von seiner Frau ein Endvermögen in Höhe von 500 000,00 €, so ist die Differenz zwischen Endvermögen (500 000,00 €) – Anfangsvermögen (300 000,00 €) = 200 000,00 € (Zugewinn).

Der falsche Weg geht so:

Würde man das ererbte Geld dem Endvermögen zuschlagen, so wäre der Zugewinn das Endvermögen (500 000,00 € + 100 000,00 €) – Anfangsvermögen (200 000,00 €) = 400 000,00 €. Diesen Weg ist das Gesetz nicht gegangen, damit das ererbte Geld nicht in den Zugewinn fällt.

Frau Meise hat bei der Eheschließung 100 000,00 € Barvermögen, aber 150 000,00 € Schulden. Später erbt sie ein Haus im Wert von 250 000,00 €. Wie ist das Anfangsvermögen zu berechnen?

	Bargeld	100 000,00 €
−	Schulden	150 000,00 €
	Anfangsvermögen	− 50 000,00 €
+	Erbe	250 000,00 €
	Anfangsvermögen	200 000,00 €

5.3.3.2 Endvermögen

Das Endvermögen ist das Vermögen, das dem Ehegatten nach Abzug etwaiger Schulden bei Beendigung des Güterstandes gehört (§ 1375 I BGB). Bei einer Scheidung ist für die Berechnung des Zugewinns und die Höhe der Ausgleichsforderung der Zeitpunkt maßgeblich, zu welchem der Scheidungsantrag der anderen Seite zugestellt wird (Rechtshängigkeit des Scheidungsantrags, § 1384 BGB).

Ehefrau hat bei Rechtshängigkeit des Scheidungsantrags:

	Barvermögen	50 000,00 €
−	Schulden	10 000,00 €
	Endvermögen	40 000,00 €

Vorhandene Schulden sind über die Höhe des Vermögens hinaus abzuziehen.

Ehefrau hat bei Scheidung

	Barvermögen	70 000,00 €
−	Schulden	100 000,00 €
	Endvermögen	− 30 000,00 €

Damit die Ehegatten in einer kriselnden Ehe nicht noch schnell Bankkonten leer räumen oder Vermögenswerte verschleudern, gibt es die Vorschrift des § 1375 II BGB. Danach werden bestimmte **Vermögensposten** noch in den Zugewinnausgleich mit einbezogen und deswegen **dem Endvermögen hinzugerechnet**:

▶ **unentgeltliche Zuwendungen an Dritte**, die nicht aus Sitte oder Anstand geboten waren (§ 1375 II Nr. 1 BGB)

Beispiel

Die Ehefrau schenkt und übereignet ein halbes Jahr vor der Ehescheidung ihrer Schwester ohne Grund einen Barbetrag in Höhe von 50 000,00 €. Dieser Betrag muss dem Endvermögen der Ehefrau hinzugerechnet werden mit der Wirkung, dass dann die Differenz zwischen Anfangs- und Endvermögen und damit der Zugewinn der Ehefrau höher zu veranschlagen ist.

▶ Geldbeträge, die von dem Ehegatten **verschwendet** wurden (§ 1375 II Nr. 2 BGB)

Beispiel

Der Ehemann gibt kurz vor der Scheidung noch einen Betrag in Höhe von 25 000,00 € für eine Luxuskreuzfahrt aus, die er sich schon lange erträumt hat. Die 25 000,00 € sind dem Endvermögen des Ehegatten hinzuzuzählen und fließen in die Berechnung des Zugewinns ein.

▶ Beträge für Handlungen, die der **Benachteiligung des anderen Ehegatten** dienen (§ 1375 II Nr. 3)

Beispiel

Die Ehefrau bezahlt allen ihren Freunden und Verwandten angesichts ihrer bevorstehenden Scheidung Flugreisen nach Ibiza mit der Begründung: „Je weniger Geld ich bei der Scheidung habe, desto mehr Zugewinnausgleich muss mein Mann an mich zahlen."

Zurechnungen zum Endvermögen finden aber nur statt bei Handlungen, die **innerhalb von 10 Jahren vor Beendigung des Güterstandes** vorgenommen wurden (§ 1375 III BGB).

5.3.3.3 Berechnung der Zugewinnausgleichsforderung

Der Zugewinn als Differenz zwischen Endvermögen und Anfangsvermögen muss für jeden Ehegatten gesondert berechnet werden. Stellt sich heraus, dass der **Zugewinn des einen Ehegatten den Zugewinn des anderen Ehegatten übersteigt**, so steht die **Hälfte des Überschusses dem ärmeren Ehegatten als Ausgleichsforderung gegenüber dem anderen Ehegatten zu** (§ 1378 I BGB).

Beispiel

	Endvermögen Mann	300 000,00 €
−	Anfangsvermögen Mann	100 000,00 €
	Zugewinn Mann	200 000,00 €

	Endvermögen Frau	100 000,00 €
−	Anfangsvermögen Frau	40 000,00 €
	Zugewinn Frau	60 000,00 €

Zugewinnausgleichsanspruch:

	Zugewinn Mann	200 000,00 €
−	Zugewinn Frau	60 000,00 €
	Differenz	140 000,00 € : 2 = 70 000,00 €

Die Ehefrau hat gegenüber ihrem Mann einen Anspruch auf Zugewinnausgleich in Höhe von 70 000,00 €.

Die Höhe der Ausgleichsforderung ist **begrenzt durch das tatsächliche Vermögen**, das der ausgleichspflichtige Ehegatte zur Verfügung hat (§ 1378 II BGB). Das tatsächliche Vermögen kann nämlich niedriger sein als das errechnete Endvermögen, wenn dem Endvermögen Posten hinzugerechnet wurden, die gar nicht mehr vorhanden sind. Der Ehegatte, dessen Ausgleichsforderung infolge § 1378 II BGB reduziert ist, kann eventuell nach § 1390 I BGB von einem Dritten, der unentgeltliche Zuwendungen erhalten hat, diese nach den Regeln der ungerechtfertigten Bereicherung herausverlangen.

Beispiel

Endvermögen Mann	200 000,00 €		Endvermögen Frau	60 000,00 €
+ ein im Spielkasino ver-			− Anfangsvermögen	60 000,00 €
schwendeter Betrag von	200 000,00 €		Zugewinn Frau	0
Endvermögen	400 000,00 €			
− Anfangsvermögen	100 000,00 €			
Zugewinn	300 000,00 €			

Die Ehefrau hat gegenüber ihrem Mann einen Zugewinnausgleichsanspruch in Höhe von 150 000,00 € (300 000,00 € – 0 geteilt durch 2). Tatsächlich hat der Ehemann aber nur ein Vermögen von 100 000,00 €, da er 200 000,00 €, im Spielcasino verschwendet hat. Die Ehefrau kann daher lediglich 100 000,00 € vom Mann bekommen.

Geschenke, die sich die Ehegatten gegenseitig machen, sind auf die Ausgleichsforderung **anzurechnen**, wenn die Anrechnung ausdrücklich bestimmt wurde oder **wenn ein Geschenk den Wert eines Gelegenheitsgeschenkes übersteigt** (§ 1380 BGB).
Nach § 1380 II BGB wird der Wert der Zuwendung dem Zugewinn desjenigen Ehegatten zugerechnet, der die Zuwendung gemacht hat. Der andere Ehegatte, der die Zuwendung empfangen hat, muss sich jedoch nach § 1380 I BGB das im Voraus Empfangene anrechnen lassen.

Lösung des Falls

Nach den o. g. Grundsätzen lässt sich Fall 1 lösen:
Herr Kerner:

Endvermögen	*250 000,00 €*	
− Anfangsvermögen	*50 000,00 €*	
Zugewinn	*200 000,00 €*	
+ Zuwendung an Frau	*10 000,00 €*	
Zugewinn	*210 000,00 €*	*Der Wert der Zuwendung wird dem Zugewinn von Herrn Kerner zugeschlagen.*

Zugewinnausgleichsanspruch von Frau Kerner:
Frau Kerners Zugewinn beläuft sich auf 0. Daher hat sie Anspruch auf die Hälfte des Zugewinns ihres Mannes, also auf (210 000,00 € : 2) 105 000,00 €. Davon muss sie sich allerdings abziehen lassen, was sie von ihrem Mann schon im Voraus empfangen hat, nämlich die 10 000,00 € für die Bezahlung ihrer Schulden. Somit beläuft sich ihre Zugewinnausgleichsforderung auf 95 000,00 €.

Im Fall 2 wäre Frau Kretschmer eine ehevertragliche Regelung dann zu empfehlen, wenn die Gesetzeslage sich für sie ungünstig auswirkt.
Nach altem Recht (vor 2009) wäre Frau Kretschmer durch die Anfangsschulden ihres Mannes beim Zugewinnausgleich benachteiligt gewesen, weil das Anfangsvermögen ihres Mannes mit Null angesetzt worden wäre. Nach heutigem Recht werden die Schulden eines Ehepartners bei der Eheschließung mit einem Minusbetrag festgehalten und somit bei der Ermittlung des Zugewinns berücksichtigt. Der verschuldete Ehegatte, der zunächst seine Schulden tilgt, muss diesen Vermögenszuwachs später ausgleichen. Frau Kretschmer kann auf eine ehevertragliche Regelung verzichten, da das Gesetz sie nun nicht mehr benachteiligt.

Zugewinn = Endvermögen – Anfangsvermögen

$$\text{Zugewinnausgleichsanspruch} = \frac{\text{höherer Zugewinn} - \text{niedrigerer Zugewinn}}{2}$$

5.3.4 Versorgungsausgleich

5.3.4.1 Begriff

Der in der Regel erwerbstätige Ehemann zahlt Beiträge zur Rentenversicherung und erwirbt dadurch Versorgungsanwartschaften, d. h., er schafft sich die Voraussetzungen für eine künftige Rente. Eine nicht erwerbstätige Hausfrau erwirbt dagegen in der Regel keine Versorgungsanwartschaften in der Rentenversicherung. Da Berufstätigkeit und Hausarbeit vom Gesetz als gleichrangig angesehen werden, ist es konsequent, dass die **Versorgungsanwartschaften im Falle der Scheidung zu teilen** sind. Der berufstätige Mann muss also anlässlich der Ehescheidung die Hälfte seiner Versorgungsanwartschaften an seine Frau, die während der Ehe den Haushalt führte, abgeben. Umgekehrt gilt natürlich das Gleiche: Auch die erwerbstätige Frau muss ihre Versorgungsanwartschaften anlässlich der Ehescheidung mit ihrem Mann teilen.

Durch den Versorgungsausgleich, geregelt in § 1587 BGB in Verbindung mit dem Versorgungsausgleichsgesetz (kurz: VersAusglG), werden während der Ehe erworbene Anwartschaften auf

▶ Versorgung wegen Alters und

▶ Versorgung wegen Berufs- oder Erwerbsunfähigkeit

ausgeglichen.

Die Ehezeit reicht vom Beginn des Monats, in dem die Ehe geschlossen wurde, bis zum Ende des Monats, der dem Eintritt der Rechtshängigkeit des Scheidungsantrags vorausgeht (§ 3 I VersAusglG).

Der **Ehegatte mit dem niedrigeren Wert an Anwartschaften hat gegen den anderen Ehegatten einen Anspruch auf die Hälfte des Wertunterschiedes (§ 1 VersAusglG).**

5.3.4.2 Durchführung des Versorgungsausgleichs

Zu den Anwartschaften, die auszugleichen sind, gehören nach § 2 VersAusglG vor allem:

▶ Versorgungsanwartschaften aus **öffentlich-rechtlichen Dienstverhältnissen**

Beispiel
Beamtenpensionen

▶ Rentenanwartschaften aus der **gesetzlichen Rentenversicherung**

Beispiel
Altersrente von der Deutschen Rentenversicherung Bund

▶ Anwartschaften auf Leistungen aus einer **betrieblichen Altersversorgung**

Beispiel
Betriebsrente von der Firma, in der der Rentenbezieher gearbeitet hat

▶ Rentenanwartschaften aus einem **Versicherungsvertrag**

Beispiel
Rente aus einer Lebensversicherung, die in der Form einer Rentenversicherung abgeschlossen wurde

▶ Rentenanwartschaften aus **berufsständischen Versorgungseinrichtungen oder der Altershilfe für Landwirte**

Beispiel
Rente aus dem Versorgungswerk der Rechtsanwälte

Das Familiengericht führt den Versorgungsausgleich durch. Dazu ermittelt das Gericht alle in der Ehezeit erworbenen Rentenanwartschaften aus allen Versorgungssystemen. Diese Anwartschaften werden anschließend im Wege einer

▶ internen Teilung (Regelfall) oder

▶ externen Teilung (Ausnahmefall) oder

▶ eines schuldrechtlichen Ausgleichs (Auffanglösung) aufgeteilt.

5.3.4.3 Interne Teilung

Der Versorgungsausgleich wird im Regelfall durch eine interne Teilung (§ 10 VersAusglG) durchgeführt. Dies bedeutet, dass der Ausgleich der Anwartschaften im jeweiligen Versorgungssystem intern stattfindet. Der ausgleichspflichtige Ehegatte gibt die Hälfte seiner während der Ehezeit erworbenen Anrechte bei seinem Versorgungsträger an den ausgleichsberechtigten Ehegatten ab. Der ausgleichsberechtigte Ehegatte erwirbt dadurch bei dem Versorgungsträger des ausgleichspflichtigen Ehegatten eigene Anrechte, während die Anrechte des ausgleichspflichtigen Ehegatten entsprechend gekürzt werden.

Beispiel

Die Ehefrau eines Studienrats, die während der Ehezeit als Hausfrau und Mutter keine Rentenanwartschaften begründet hat, erhält nach Durchführung des Versorgungsausgleichs eigene Rentenansprüche gegenüber der Pensionskasse ihres geschiedenen Mannes. Die Rentenanwartschaften des Studienrats werden entsprechend gekürzt.

Wenn beide Ehepartner während der Ehezeit beim gleichen Versorgungsträger Rentenanwartschaften begründet haben, kann der Versorgungsträger die Anwartschaften auch verrechnen.

Beispiel

Ehefrau und Ehemann waren während der Ehezeit beide als Angestellte beschäftigt und haben beide Rentenbeiträge an die gesetzliche Rentenversicherung geleistet. Sobald das Familiengericht entschieden hat, welcher Ehegatte was leisten muss, kann die Rentenversicherung Bund den Ausgleich in Form einer Verrechnung beider Rentenkonten durchführen.

Die interne Teilung führt unter Umständen dazu, dass ein Ehegatte seine Altersrente später einmal in Teilbeträgen von vielen unterschiedlichen Versorgungsträgern erhält.

Beispiel

Die geschiedene Ehefrau Ilse Spatz hat das Rentenalter erreicht. Sie erhält Rentenbezüge von der Rentenversicherung Bund, weil sie vor ihrer Ehe berufstätig war und eigene Beiträge dort eingezahlt hat. Außerdem erhält sie Rentenzahlungen aus einer berufsständischen Versorgungskasse ihres geschiedenen Mannes, weil dort nach der Ehescheidung eigene Anrechte für sie begründet wurden. Außerdem erhält sie Rentenbezüge aus der privaten Rentenversicherung ihres geschiedenen Mannes.

5.3.4.4 Externe Teilung

Ausnahmsweise können die Rentenanwartschaften auch extern geteilt werden (§ 14 VersAusglG). Bei der externen Teilung werden die Rentenanwartschaftsrechte des ausgleichsberechtigten Ehepartners nicht beim Versorgungsträger des ausgleichspflichtigen Ehepartners begründet, sondern bei einem anderen Versorgungsträger.
Die externe Teilung erfolgt entweder,

▶ wenn die ausgleichsberechtigte Person und der Versorgungsträger der ausgleichspflichtigen Person dies so vereinbaren oder

▶ wenn der Versorgungsträger des ausgleichspflichtigen Ehepartners die externe Teilung einseitig verlangt, weil die Versorgungsanwartschaften sehr gering sind.

Bei welchem anderen Versorgungsträger die Rentenanwartschaften begründet werden, entscheidet in der Regel der ausgleichsberechtige Ehepartner. Falls der ausgleichsberechtigte Ehepartner keinen Zielversorgungsträger nennt, wird ein Anrecht in der gesetzlichen Rentenversicherung bzw. in der Versorgungsausgleichskasse (falls eine Betriebsrente ausgeglichen wird) begründet.

Die geschiedene Ehefrau Elisa Schimmelpfennig hat Rentenanwartschaften in der gesetzlichen Rentenversicherung. Ihr Anteil an der Betriebsrente ihres Mannes wurde bei der Scheidung auf ihren Wunsch gleichfalls in der gesetzlichen Rentenversicherung begründet.

5.3.4.5 Schuldrechtlicher Ausgleich

Für alle im Scheidungsverfahren noch nicht ausgeglichenen Rechte steht als Auffanglösung noch der schuldrechtliche Versorgungsausgleich nach § 20 VersAusglG zur Verfügung. Im Scheidungsverfahren werden nämlich nur die ausgleichsreifen Rechte, die nach Grund oder Höhe schon ausreichend verfestigt sind (siehe § 19 VersAusglG), geteilt.

Bezieht eine ausgleichspflichtige Person eine laufende Versorgung aus einem noch nicht ausgeglichenen Anrecht, so kann die ausgleichsberechtigte Person von ihr einen Ausgleichswert als Rente (schuldrechtliche Ausgleichsrente) fordern.

5.3.4.6 Ausschluss des Versorgungsausgleichs

Das Familiengericht soll von der Durchführung des Versorgungsausgleichs absehen, wenn es beim Versorgungsausgleich nur um geringfügige Werte geht (§ 18 VersAusglG). Dies ist der Fall,

▶ wenn die Eheleute während der Ehezeit nur einzelne Anrechte von geringem Ausgleichswert erworben haben oder

▶ wenn die Differenz der Ausgleichswerte gering ist.

Klaus und Sonja Gruber lassen sich nach fünfjähriger Ehe wieder scheiden. Da Klaus während der Ehezeit überwiegend arbeitslos war und Sonja auch nicht viel verdient hat, gibt es beim Versorgungsausgleich nicht viel zu verteilen. Manfred und Gerda Sonnleitner lassen sich nach zwanzigjähriger kinderloser Ehe scheiden – da beide Ehepartner während ihrer Berufstätigkeit nahezu gleich viele Rentenanwartschaften erworben haben, ist die Wertdifferenz zwischen den auszugleichenden Anwartschaften sehr gering. In beiden Fällen soll das Familiengericht nach Vorstellung des Gesetzgebers von der Durchführung eines Versorgungsausgleichs absehen.

Da § 18 VersAusglG eine Soll-Vorschrift ist, kann sich das Familiengericht aber auch anders entscheiden und den Versorgungsausgleich trotzdem durchführen.

Bei einer sehr kurzen Ehe von bis zu drei Jahren findet ein Versorgungsausgleich nur statt, wenn ein Ehegatte dies beantragt (§ 3 III VersAusglG). Die für den Versorgungsausgleich relevante Ehezeit beginnt mit dem ersten Tag des Monats, in dem die Ehe geschlossen worden ist und endet am letzten Tag des Monats vor Zustellung des Scheidungsantrags.

Der Schlagersänger Roy Blue lässt sich nach zwei Jahren Ehe mit der Friseurin Betty Hübsch scheiden. Betty beantragt trotz kurzer Ehedauer die Durchführung des Versorgungsausgleichs.

5.3.4.7 Vereinbarungen über den Versorgungsausgleich

Die Eheleute können Vereinbarungen über den Versorgungsausgleich schließen, an die das Familiengericht grundsätzlich gebunden ist. Sie können nach § 6 VersAusglG

▶ den Versorgungsausgleich ganz oder teilweise in die Regelung über die ehelichen Vermögensverhältnisse einbeziehen oder

▶ den Versorgungsausgleich ganz oder teilweise ausschließen oder

▶ Ausgleichsansprüche nach der Scheidung einem schuldrechtlichen Ausgleich vorbehalten.

Eine Vereinbarung über den Versorgungsausgleich vor Rechtskraft der Entscheidung über den Wertausgleich bedarf zu ihrer Wirksamkeit allerdings einer notariellen Beurkundung. Außerdem muss eine solche Vereinbarung einer Inhalts- und Ausübungskontrolle seitens des Familiengerichts standhalten (§§ 7, 8 VersAusglG).

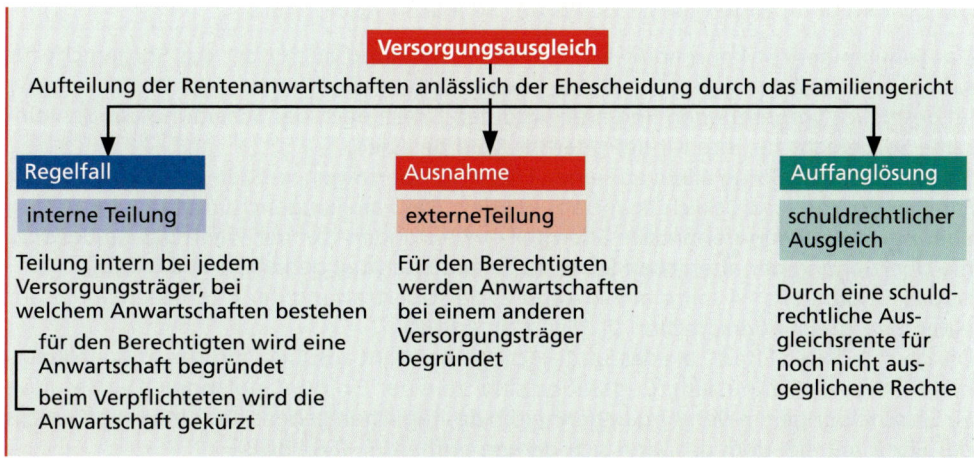

 Durch den Versorgungsausgleich findet eine Aufteilung der erworbenen Rentenanwartschaften eines Ehepaares für den Fall der Scheidung statt.

5.3.5 Sorgerecht für Kinder

5.3.5.1 Inhalt der elterlichen Sorge

Die elterliche Sorge umfasst nach § 1626 I BGB die Sorge um die Person (= **Personensorge**) und um das Vermögen des noch minderjährigen Kindes (= **Vermögenssorge**).

Die Pflege und die Erziehung des Kindes sowie die Bestimmung seines Aufenthaltsortes gehören zur Personensorge. Die Verwaltung des Vermögens des Kindes gehört zur Vermögenssorge.

Von der elterlichen Sorge ist auch die **Vertretung des Kindes** bei Rechtsgeschäften erfasst, die das Kind nicht allein vornehmen darf (§ 1629 I BGB).

Die elterliche Sorge wird **von beiden Eltern gemeinsam ausgeübt**. Die Eltern sollen die **wachsenden Fähigkeiten ihres Kindes** berücksichtigen und dem Kind **mit zunehmendem Alter mehr Entscheidungsspielraum** zubilligen. Sind sich die Eltern bei sehr bedeutsamen Entscheidungen für das Kind uneinig, kann notfalls das Familiengericht die Entscheidungsbefugnis einem Elternteil zusprechen (§ 1628 BGB).

Beispiel

Entzug der Vermögenssorge wegen Gefährdung des Kindesunterhaltes, Entzug der gesamten elterlichen Sorge wegen Vernachlässigung des Kindes

Die elterliche Sorge endet mit der Volljährigkeit des Kindes.

Elterliche Sorge über minderjähriges Kind
Personensorge + Vermögenssorge § 1626 BGB
Rechtsgeschäftliche Vertretung des Kindes § 1629 BGB

5.3.5.2 Regelung des Sorgerechts bei Scheidung der Eltern

Das Familiengericht kann anlässlich einer Ehescheidung auch über das Sorgerecht für Kinder entscheiden.

Im gesetzlich vorgesehenen Regelfall wird den Eltern nach der Scheidung das gemeinsame Sorgerecht für ihre Kinder oder ihr Kind belassen.

Soll die elterliche Sorge allein auf einen Elternteil übertragen werden, so muss dies beim Familiengericht ausdrücklich beantragt werden. Das Familiengericht gibt diesem Antrag aber nur statt, wenn der andere Elternteil einverstanden ist oder wenn das Kindeswohl die Übertragung der elterlichen Sorge auf einen Elternteil gebietet (§ 1671 BGB).

Ist das Kind bereits 14 Jahre alt, so kann es der Übertragung der elterlichen Sorge auf einen Elternteil widersprechen (§ 1671 I Nr. 1 BGB).

Die geschiedenen Eltern, die das Sorgerecht gemeinsam ausüben, müssen in Angelegenheiten, die sehr bedeutsam für das Kind sind, zu einer Einigung gelangen. Die Befugnis zu Entscheidungen in den Angelegenheiten des täglichen Lebens des Kindes hat jeweils der Elternteil, bei dem das Kind sich gerade aufhält (§ 1687 BGB).

Das Kind hat ein Recht auf den Umgang mit jedem Elternteil. Umgekehrt hat auch jeder Elternteil das Recht und die Pflicht, den Umgang mit dem Kind zu pflegen (§ 1684 BGB). Die Einschränkung des Umgangsrechts oder die Bestimmung seines Umfangs muss vom Familiengericht angeordnet werden (§ 1684 BGB).

Nach § 1685 BGB hat das Kind außerdem ein Recht darauf, den Umgang mit seinen Großeltern und Geschwistern aufrechtzuerhalten. Gleiches gilt auch für den Kontakt zu anderen engen Bezugspersonen des Kindes.

5.3.6 Unterhaltsverpflichtungen infolge Scheidung

5.3.6.1 Kindesunterhalt

> **Fall: Wie viel Unterhalt für Torsten?**
>
> *Das Ehepaar Horst und Melanie Bellheim will sich scheiden lassen. Frau Bellheim möchte von ihrer Anwältin Ratgeb wissen, mit wie viel Kindesunterhalt für den siebenjährigen Torsten sie rechnen kann. Das unterhaltsrelevante Einkommen von Herrn Bellheim beträgt 2 000,00 €. Frau Bellheim ist nicht berufstätig.*

Verwandte in gerader Linie schulden einander Unterhalt (§ 1601 BGB). Folgerichtig schulden deshalb **auch die Eltern ihren Kindern** Unterhalt. Der Kindesunterhalt hat zwei Voraussetzungen:

▶ **Bedürftigkeit** des unterhaltsberechtigten Kindes,

▶ **Leistungsfähigkeit** der zum Unterhalt verpflichteten Eltern.

Bedürftigkeit des Kindes

Das Kind kann von seinen Eltern Unterhalt verlangen, soweit es nicht in der Lage ist, für sich selbst aufzukommen (§ 1602 I BGB). Das Kind ist dann bedürftig, wenn es weder Vermögen noch Einkünfte besitzt.

Beispiel

Nicht oder vermindert bedürftig ist ein Jugendlicher, der über ein eigenes Arbeitseinkommen, eine Ausbildungsvergütung oder Vermögenseinkünfte (z. B. Zinsen von Sparguthaben, Mieteinkünfte) verfügt.

Ein minderjähriges unverheiratetes Kind, das über Vermögen verfügt, muss grundsätzlich nicht den Vermögensstamm angreifen, um davon den Unterhalt zu bestreiten (§ 1602 II BGB). Anders ist dies nur, wenn die Eltern selbst in Not sind (§ 1603 II BGB).

Leistungsfähigkeit der Eltern

Die Eltern müssen dazu in der Lage sein, den Unterhalt aufzubringen (§ 1603 BGB). Dies bemisst sich in erster Linie nach dem **Arbeitseinkommen** eines oder beider Elternteile sowie **sonstigen Einkünften**, die als Einkommensersatz zu werten sind (Arbeitslosengeld, diverse Renten, Entgeltfortzahlung usw.). Die Grenze der Leistungsfähigkeit der Eltern liegt dort, wo ihr **eigener angemessener Unterhalt** gefährdet wäre (§ 1603 BGB). Gegenüber minderjährigen Kindern dürfen die Eltern sogar nur das Allernotwendigste behalten. Der sogenannte notwendige Eigenbedarf (= Selbstbehalt) eines nicht erwerbstätigen Unterhaltpflichtigen gegenüber minderjährigen unverheirateten Kindern beträgt im Monat 880,00 €, derjenige eines erwerbstätigen Unterhaltspflichtigen 1 080,00 € im Monat.

Höhe des Unterhaltsanspruchs eines noch nicht selbstständigen Kindes nach der Düsseldorfer Tabelle

Für die Bestimmung der Höhe des Kindesunterhaltes nach einer Scheidung gibt das BGB lediglich einen Rahmen an. Die konkreten Richtsätze für die Unterhaltsberechnung wurden von der Rechtsprechung in der Form von Tabellen erarbeitet. Die von den meisten Gerichten angewendete und daher wichtigste Tabelle ist die Düsseldorfer Tabelle (vom OLG Düsseldorf entwickelt).

A. Kindesunterhalt						
Nettoeinkommen des Barunterhaltspflichtigen (Anm. 3, 4)	Altersstufen in Jahren (§ 1612 a Abs. 1 BGB)				Prozentsatz	Bedarfskontrollbetrag (Anm. 6)
	0–5	6–11	12–17	ab 18		
Alle Beträge in €						
1. bis 1.500	335	384	450	516	100	880/1080
2. 1.501–1.900	352	404	473	542	105	1.180
3. 1.901–2.300	369	423	495	568	110	1.280
4. 2.301–2.700	386	442	518	594	115	1.380
5. 2.701–3.100	402	461	540	620	120	1.480
6. 3.101–3.500	429	492	576	661	128	1.580
7. 3.501–3.900	456	523	612	702	136	1.680
8. 3.901–4.300	483	553	648	744	144	1.780
9. 4.301–4.700	510	584	684	785	152	1.880
10. 4.701–5.100	536	615	720	826	160	1.980
ab 5 101	nach den Umständen des Falles					

Quelle: Oberlandesgericht Düsseldorf, www.olg-duesseldorf.nrw.de/infos/Duesseldorfer_tabelle/Tabelle-2016/index.php, Zugriff: 18.04.2016 (weitere Anmerkungen können hier nachgelesen werden)

Die Düsseldorfer Tabelle beinhaltet, nach Alter des Kindes und dem Einkommen der Eltern differenzierend, den monatlich an ein Kind zu bezahlenden Unterhaltsbetrag. Die Düsseldorfer Tabelle bezieht sich allerdings nur auf Kinder ohne abgeschlossene Berufsausbildung, die noch keine eigene Lebensstellung haben, sondern in ihren Bedürfnissen an der Lebensstellung des barunterhaltspflichtigen Elternteils gemessen werden.

Die Unterhaltssätze der Düsseldorfer Tabelle orientieren sich an einem Familienzuschnitt eines Ehepaares mit zwei Kindern. Bei größerer oder geringerer Kinderzahl sind Zu- bzw. Abschläge der Unterhaltssätze vorzunehmen.

Um das unterhaltsrechtlich relevante Einkommen des Unterhaltspflichtigen zu ermitteln, ist zunächst das Bruttoeinkommen heranzuziehen. Zieht man vom Bruttoeinkommen die Steuern und Sozialabgaben ab, gelangt man zum Nettoeinkommen. Vom Nettoeinkommen darf eine Pauschale von 5 % als berufsbedingte Aufwendung abgezogen werden. Das Kindergeld ist nach § 1612 b BGB auf den Tabellenunterhalt anzurechnen.

Lösung des Falls

Horst Bellheim hat ein unterhaltsbereinigtes Einkommen in Höhe von 2 000,00 €, d. h., seine berufsbedingten Aufwendungen oder eventuell berücksichtigungsfähige Schulden sind von seinem Nettoeinkommen bereits abgezogen. Dies ergibt laut Düsseldorfer Tabelle für den siebenjährigen Torsten einen Unterhaltsanspruch in Höhe von 423,00 €. Davon ist ein durch die Hälfte des Kindergeldes gedeckter Barbedarf in Höhe von 95,00 € abzuziehen, sodass Torsten noch 328,00 € von seinem Vater an Unterhalt einfordern kann.

5.3.6.2 Ehegattenunterhalt

Fall: Wie viel Unterhalt?

Frau Bellheim ist nun geschieden. Sie sucht nach einer Teilzeitbeschäftigung und findet einen Job für 500,00 € netto im Monat. Um Torsten kann sie sich in der Freizeit kümmern. Herr Bellheim arbeitet nach wie vor in seinem alten Beruf. Frau Bellheim fragt nun bei der Anwältin Ratgeb nach, was sie denn an Unterhalt bekommen könnte und ob sie sich den Verdienst aus ihrem Job anrechnen lassen muss.

Jeder **Ehegatte** muss nach der Scheidung grundsätzlich **selbst für seinen Unterhalt** durch eine angemessene Erwerbstätigkeit sowie den Einsatz seines Vermögens und sonstiger Einkünfte sorgen. § 1574 BGB verlangt, dass der geschiedene Ehegatte eine Erwerbstätigkeit aufnimmt, die seiner Ausbildung, seinen Fähigkeiten, seiner früheren Erwerbstätigkeit, seinem Lebensalter und seinem Gesundheitszustand entspricht.

Nur wenn ein geschiedener Ehegatte **bedürftig** ist, **weil er nicht selbst für seinen Unterhalt sorgen kann**, kommt ein Unterhaltsanspruch gegen den anderen Ehegatten in Betracht (§ 1569 BGB). Hinzu treten muss aber noch ein **Grund für die Bedürftigkeit, der vom Gesetz anerkannt ist**. Solche Gründe sind in den §§ 1570–1573, 1575, 1576 BGB enthalten.

BGH macht Alleinerziehenden Druck
Bundesrichter betonen Pflicht zur Vollzeitarbeit
für geschiedene Mütter

Karlsruhe (dpa/dapd) – Alleinerziehende Geschiedene müssen nach einer Entscheidung des Bundesgerichtshofs in der Regel Vollzeit arbeiten, sobald das Kind drei Jahre alt ist. Ein Anspruch auf Unterhalt vom Ex-Partner bestehe nur, wenn der betreuende Elternteil aufgrund konkreter Umstände nicht in vollem Umfang arbeiten könne.

Auch die Betreuung eines Grundschulkindes stehe einer Vollzeittätigkeit nicht entgegen, wenn nach der Unterrichtszeit eine Betreuungsmöglichkeit bestehe, urteilte der BGH (Az.: XII ZR 94/09). Im Bundesjustizministerium wird derzeit das Unterhaltsrecht überprüft. Im konkreten Fall ging es um den Unterhalt einer alleinerziehenden Mutter für ihre Tochter, die in die dritte Klasse geht. Das Oberlandesgericht (OLG) Düsseldorf hatte der Frau einen Anspruch auf Unterhalt zugesprochen. Sie sei nur verpflichtet, halbtags zu arbeiten, da das Kind längere Zeit in einer Pflegefamilie gelebt hatte: Dies rechtfertige einen behutsamen Übergang, um Mutter und Kind nicht zu überfordern. Dem widersprach nun der BGH und schrieb damit seine Rechtsprechung zum Unterhaltsrecht fort: Wer länger als bis zum dritten Lebensjahr des Kindes Betreuungsunterhalt will, müsse die Gründe dafür darlegen und beweisen. Das Kind könne in einer offenen Ganztagsschule betreut werden. Es sei „nicht ersichtlich, ob es daneben einer persönlichen Betreuung durch die Beklagte (die Mutter) bedarf, die einer Vollzeiterwerbstätigkeit entgegenstehen könnte", so der BGH. Um dies zu klären, wurde der Fall an das OLG zurückverwiesen. Unter Umstanden müsste die Mutter genauso viel arbeiten wie ihr früherer Mann, der das Kind nicht betreut.

Das Unterhaltsrecht war zum 1. Januar 2008 umgestaltet worden. Seither gilt: Wer nach einer Scheidung ein Kind betreut, muss nicht arbeiten, bis es drei Jahre alt ist. Danach besteht grundsätzlich eine „Erwerbsobliegenheit". Der Unterhaltsanspruch kann sich jedoch verlängern, wenn die Interessen

Ein Unterhaltsanspruch eines geschiedenen Ehegatten gegen den anderen kommt danach in Betracht, wenn der geschiedene Ehegatte aus folgenden Gründen nicht erwerbstätig sein kann:

▶ weil ein gemeinschaftliches **Kind** zu betreuen ist (§ 1570 BGB),

▶ aus **Altersgründen** (§ 1571 BGB),

▶ weil eine **Krankheit oder Gebrechlichkeit** dies verhindert (§ 1572 BGB),

▶ weil eine angemessene **Erwerbstätigkeit nicht gefunden** werden kann (§ 1573 BGB),

▶ weil eine **weitere Ausbildung/Umschulung/Fortbildung** notwendig ist (§ 1575 BGB),

▶ weil **sonstige schwerwiegende Gründe** einer Erwerbstätigkeit entgegenstehen (§ 1576 BGB).

Ein häufiger Fall, weshalb ein Ehegatte vom anderen Ehegatten nach einer Ehescheidung Unterhalt beanspruchen kann, ist die Verhinderung der Berufstätigkeit wegen der Betreuung von Kindern. Ein Elternteil, der ein Kind betreut, hat für mindestens drei Jahre nach der Geburt des Kindes einen Anspruch auf einen zeitlichen Basisunterhalt (§ 1570 I S. 1 BGB). Dieser zeitliche Basisunterhalt kann eventuell verlängert werden, soweit und solange dies der Billigkeit entspricht (§ 1570 I S. 2, 3 BGB).

Der Gesetzgeber geht davon aus, dass dem betreuenden Elternteil bei der Betreuung eines über dreijährigen Kindes in der Regel eine Vollzeittätigkeit, zumindest jedoch eine Teilzeittätigkeit zumutbar ist. Dies gilt aber nur, wenn die Möglichkeit einer verlässlichen und zumutbaren Fremdbetreuung auch tatsächlich existiert und mit dem Kindeswohl in Einklang zu bringen ist. Dies dürfte bei der Betreuung eines Kindes in der Kindertagesstätte, im Kindergarten, im Hort oder in der Ganztagesschule regelmäßig der Fall sein.

Einen besonderen Schutz durch das Gesetz erfahren sogenannte „Altehen" von langer Dauer, die nach dem früher gängigen Muster einer Hausfrauenehe geführt wurden. Eine Ehefrau, die anlässlich der Eheschließung ihre eigene Berufstätigkeit aufgab, um für Mann und Kinder zu sorgen, soll nach einer Ehescheidung vor unbilligen Befristungen oder Begrenzungen des nachehelichen Unterhaltsanspruchs geschützt werden. Dies deshalb, weil ihre schlechten Perspektiven auf dem Arbeitsmarkt auf aus der Ehe resultierende Nachteile zurückgeführt werden können (§ 1578 b BGB).

unterhaltsrelevantes Einkommen des Ehemanns	*2 000,00 €*
– Kindesunterhalt	*328,00 €*
	1672,00 €
– Einkommen der Ehefrau (bereits vermindert um berufsbedingte Aufwendungen)	*450,00 €*
	1222,00 €
davon 3/7	*523,71 €*

Frau Bellheim kann von ihrem Mann zusätzlich zum Kindesunterhalt noch 523,71 € verlangen.
Dem Ehemann verbleiben noch 1148,29 €. Damit bleibt es bei den errechneten Unterhaltsbeträgen, weil Herrn Bellheim noch mehr als der notwendige Selbstbehalt verbleibt.

Im Idealfall reicht das Einkommen des Unterhaltsverpflichteten aus, um alle Ansprüche der Unterhaltsberechtigten zu bedienen. In der Realität sieht das aber oftmals anders aus. Deshalb bestimmt das Gesetz in § 1609 BGB, in welcher Reihenfolge die Ansprüche aller Unterhaltsberechtigten zu befriedigen sind, falls das Einkommen des Verpflichteten nicht für alle ausreicht. Als Faustregel gilt, dass die Unterhaltsansprüche von Kindern, egal ob eheliche oder uneheliche Kinder, vorrangig zu befriedigen sind. Erst danach können die Ansprüche von Ehegatten oder Lebensgefährten berücksichtigt werden. Dabei erfahren Elternteile, die Kinder betreuen, eine bevorzugte Behandlung. Ihnen gleichgestellt sind Ehegatten nur dann, wenn die Ehe von langer Dauer war.

Rangverhältnis mehrerer Unterhaltsberechtigter nach § 1609 BGB		
Rangstufe	**Norm**	**Unterhaltsberechtigter**
1	§ 1609 Nr. 1 BGB	minderjährige unverheiratete Kinder (gleichgestellt: privilegierte volljährige Kinder)
2	§ 1609 Nr. 2 BGB	Elternteile, die Kinder betreuen (gleichgestellt: Unterhaltsansprüche von Ehegatten bei langer Ehe)
3	§ 1609 Nr. 3 BGB	Ehegatten und geschiedene Ehegatten, die nicht unter Rangstufe 2 fallen
4	§ 1609 Nr. 4 BGB	Kinder, die nicht unter Rangstufe 1 fallen
5	§ 1609 Nr. 5 BGB	Enkelkinder und weitere Abkömmlinge
6	§ 1609 Nr. 6 BGB	Eltern
7	§ 1609 Nr. 7 BGB	weitere Verwandte der aufsteigenden Linie

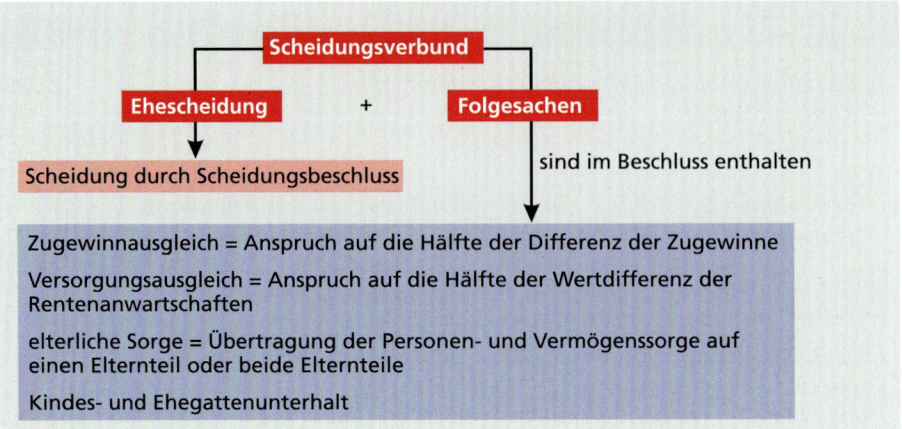

Zugewinnausgleich = Anspruch auf die Hälfte der Differenz der Zugewinne

Versorgungsausgleich = Anspruch auf die Hälfte der Wertdifferenz der Rentenanwartschaften

elterliche Sorge = Übertragung der Personen- und Vermögenssorge auf einen Elternteil oder beide Elternteile

Kindes- und Ehegattenunterhalt

Aufgaben

1. Nennen Sie den einzigen Scheidungsgrund, den unsere Rechtsordnung für eine Ehescheidung anerkennt.

2. Welches ist die einfachste Art der Scheidung und was sind die Voraussetzungen?

3. Benennen Sie einige Themen, die im Rahmen eines Scheidungsverfahrens mitbehandelt werden können bzw. müssen.

4. Norbert und Berta Meise stehen vor dem Scheidungsrichter und wollen, dass ein Zugewinnausgleich durchgeführt wird. Norbert hat in die Ehe 20 000,00 € an Vermögen eingebracht. Allerdings hatte er zu Beginn der Ehe auch Schulden in Höhe von 5 000,00 €. Während der Ehe erbt Norbert von seinem verstorbenen Vater 50 000,00 €. Sein Endvermögen zum Zeitpunkt der Scheidung beträgt 200 000,00 €.

   Berta Meise brachte ein Vermögen von 10 000,00 € in die Ehe. Während der Ehe bekommt sie noch 40 000,00 € von ihren Eltern geschenkt. Darüber hinaus erwirbt sie kein Vermögen in der Ehe. Drei Monate vor der Scheidung schenkt Berta noch schnell ihrer besten Freundin Ursel 30 000,00 €, sodass sie nur noch ein Endvermögen von 20 000,00 € vorweisen kann.

   Berechnen Sie den Zugewinnausgleichsanspruch von Berta Meise.

5. Bernd und Tanja Süß wollen im Rahmen ihrer Ehescheidung den Zugewinnausgleich durchführen. Tanja brachte in die Ehe 100 000,00 € ein. Ihr Vermögen am Ende der Ehe beträgt 300 000,00 €. Bernd brachte 50 000,00 € in die Ehe ein. Später bekommt er von seiner Mutter noch 40 000,00 € geschenkt. Sein Endvermögen beträgt 150 000,00 €. Von diesem Geld gibt er 50 000,00 € für eine Weltreise mit seiner Geliebten Elke aus. Vor seinen Freunden prahlt er damit, dass er seine Frau Tanja finanziell „bluten" lassen wolle. Führen Sie den Zugewinnausgleich durch.

6. Was versteht man unter dem Versorgungsausgleich?

7. Durch welche Art des Teilungsverfahrens wird der Versorgungsausgleich im Regelfall durchgeführt?

8. Knut Knösel hat Rentenanwartschaften in der gesetzlichen Rentenversicherung im Wert von 1 500 €. Anni Knösel hat bei der gesetzlichen Rentenversicherung Anwartschaften im Wert von 500 €. Wie wird der Versorgungsausgleich in diesem Fall durchgeführt?

9. Beschreiben Sie, was alles unter den Begriff der elterlichen Sorge fällt und wer während einer Ehe und im Falle einer Scheidung die elterliche Sorge im Regelfall ausübt.

10. Nach welchem Tabellenwerk berechnen die Gerichte überwiegend den Kindesunterhalt nach einer Scheidung? Auf welche Kinder bezieht sich die Tabelle?

11. Susi Holzapfel muss nach der Scheidung für ihre zweijährige Tochter Ina sorgen. Wer bezahlt ihren Lebensunterhalt?

5.4   Nichteheliche Lebensgemeinschaft

Bundestag stärkt erneut Väter-Rechte

Berlin (dpa) – Der Bundestag hat einen erleichterten Umgang biologischer Väter mit ihren getrennt lebenden Kinder beschlossen und damit einmal mehr die Rechte solcher Männer gestärkt. (...)

Umgangsrecht: Leibliche Väter erhalten in Deutschland erstmals ein Umgangsrecht mit ihrem Kind, auch wenn die Mutter den Nachwuchs gemeinsam mit einem anderen Mann großzieht. Schon zuvor war die Position der leiblichen Väter beim gemeinsamen Sorgerecht gestärkt worden. Bislang konnte der biologische Vater nur dann gegen den Willen der Mutter und des sogenannten rechtlichen Vaters einen Kontakt erzwingen, wenn er bereits eine enge persönliche Beziehung zu seinem Kind aufgebaut hatte.

Künftig soll hingegen entscheidend sein, ob der Umgang dem Kindeswohl dient und ob erkennbar ist, dass der leibliche Vater tatsächlich Verantwortung für den Nachwuchs übernehmen will. Leibliche Väter sollen ferner ein Auskunftsrecht zu den Lebensverhältnissen des Kindes bekommen. Der Europäische Gerichtshof für Menschenrechte in Straßburg hatte leiblichen Vätern zuletzt in mehreren Entscheidungen das grundsätzliche Recht eingeräumt, ihre Kinder zu sehen. Justizministerin Sabine Leutheusser-Schnarrenberger (FDP) erläuterte gestern, die Rechte der leiblichen Väter seien im Interesse der Kinder gestärkt worden. Das Kindeswohl rücke künftig auch hier stärker in den Mittelpunkt. (...)

Quelle: dpa, in: Esslinger Zeitung, 27./28.04.2013

Hanni Paulus und Erwin Kopp leben in einer nichtehelichen Partnerschaft zusammen. Nach der Geburt der gemeinsamen Tochter Nicole versteht sich Hanni mit Erwin nicht mehr so gut und zieht sich deshalb aus der Beziehung zurück. Sie möchte Nicole allein aufziehen. Was kann Erwin tun, wenn er auch Einfluss auf die Erziehung von Nicole nehmen möchte?

In Deutschland gibt es schätzungsweise über eine Million Paare, die in einer Lebensgemeinschaft ohne Trauschein zusammenleben. Die Gründe sind sehr unterschiedlich:

▶ Von vielen wird eine Ehe aus Angst vor zu engen Bindungen vermieden.

▶ Einige wollen nicht heiraten, um finanzielle Vorteile (Witwen-/Witwerrente, Pensionsansprüche etc.) nicht zu verlieren.

▶ Für andere ist ein eheähnliches Zusammenleben die Probe für eine „richtige" Ehe.

▶ Manche glauben, dass zu einer persönlichen Liebesbeziehung ein rechtlicher Rahmen nicht passt und sich eher negativ auf die Beziehung auswirkt.

Das eheähnliche Zusammenleben wirft jedoch ähnliche Fragen und Probleme auf, wie sie auch in einer formalen Ehe zu lösen sind.

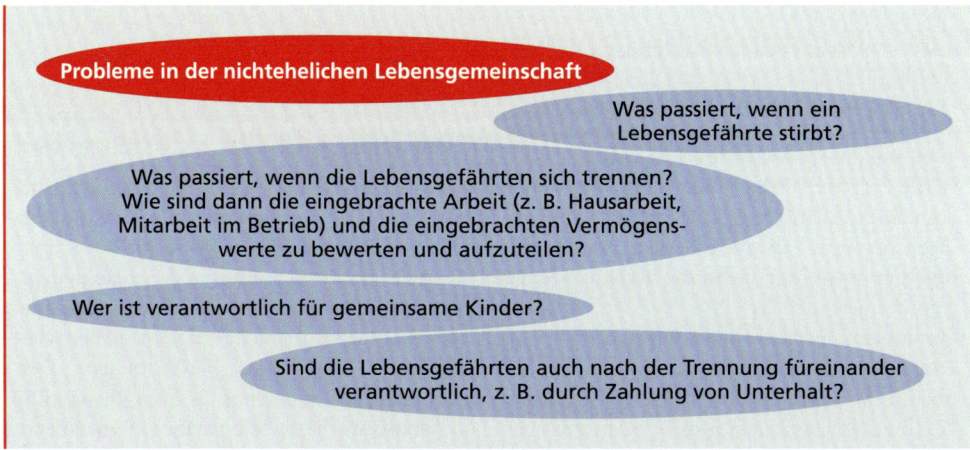

Zur Lösung dieser Fragen kann **nicht** das **Eherecht** herangezogen werden, da die Lebensgefährten einer nichtehelichen Lebensgemeinschaft ja gerade keine Ehe eingehen können oder bewusst nicht eingehen wollen. Deswegen müssen die **übrigen Vorschriften des BGB** oder **anderer Gesetze** für eine rechtliche Lösung herangezogen werden:

▶ Wenn ein Lebensgefährte stirbt, so hat der andere Lebensgefährte kein gesetzliches Ehegattenerbrecht (dazu noch später). Der überlebende Lebensgefährte kann nur erben, wenn ihn der Verstorbene zum Beispiel in einem Testament bedacht hat.

▶ Beim Tode des Lebensgefährten hat der überlebende Teil auch keine Ansprüche auf Rente oder Pension.

- Im Steuerrecht fallen für die Lebensgefährten einer nichtehelichen Lebensgemeinschaft die den Ehepaaren vorbehaltenen Steuervorteile, wie günstigere Steuerklassen, gemeinsame Veranlagung der Einkommensteuer, Erbschaftsteuerfreibeträge, weg.

- Sollten sich die Lebensgefährten einer nichtehelichen Lebensgemeinschaft trennen, so besteht kein Anspruch auf den Ausgleich des Zugewinns, da keine gesetzliche Gütergemeinschaft besteht. Ebensowenig findet ein Versorgungsausgleich statt.

- Bei größeren gemeinsamen Anschaffungen (zum Beispiel ein Einfamilienhaus) läuft bei einer Trennung derjenige Lebensgefährte Gefahr leer auszugehen, der sich keine Eigentumsrechte gesichert hat. Schwierig ist auch, was mit gemeinsamen Ersparnissen oder auch Schulden passiert.

- Offen ist außerdem, wer nach der Trennung in der gemeinsamen Wohnung bleiben darf und wer ausziehen muss.

- Ebenso schwierig ist es, eingebrachte Arbeitsleistungen im Fall der Trennung noch rückwirkend vergütet zu bekommen.

- Die Lebensgefährten schulden sich nach einer Trennung keinerlei Unterhalt.

- Kinder aus einer Verbindung ohne Trauschein sind nichtehelich. Das Sorgerecht für ein nichteheliches Kind übt, sofern nichts anderes veranlasst wurde, die Mutter aus (§ 1626 a III BGB). Ein gemeinsames Sorgerecht für das nichteheliche Kind kann auch von einem unverheirateten Paar ausgeübt werden. Erforderlich hierfür ist die Abgabe einer Sorgeerklärung, die elterliche Sorge künftig gemeinsam ausüben zu wollen (§ 1626 a I Nr. 1 BGB).

- Falls die Mutter mit einem gemeinsamen Sorgerecht nicht einverstanden ist, kann der Vater in einem gerichtlichen Verfahren überprüfen lassen, ob die gemeinsame Sorge auch gegen den Willen der Mutter zum Wohl des Kindes auf beide Elternteile übertragen werden sollte.

- Es ist sogar möglich, dass der Vater eines nichtehelichen Kindes vom Familiengericht auch ohne Zustimmung der Mutter das alleinige Sorgerecht übertragen bekommt, falls eine gemeinsame Sorge nicht in Betracht kommt und die Übertragung der elterlichen Sorge auf den Vater dem Kindeswohl am Besten entspricht.

- Wenn sich die Mutter oder der Vater eines nichtehelichen Kindes um die Betreuung des Kindes kümmert, schuldet der nichtbetreuende Elternteil dem anderen unter Umständen Betreuungsunterhalt.

Lösung des Falls

Im Fall „Nicole" hat der Vater Erwin Kopp kein Sorgerecht für seine nichteheliche Tochter. Ein gemeinsames Sorgerecht von Hanni und Erwin setzt zunächst das Einverständnis der Mutter voraus. Weigert sich diese, so könnte Erwin als letzte Möglichkeit vom Gericht überprüfen lassen, ob eine gemeinsame elterliche Sorge zum Wohl seiner Tochter Nicole geboten scheint.

Diese zum großen Teil unbefriedigenden Rechtszustände machen deutlich, dass die **Ehe** eine Art **rechtliches Servicepaket** ist und dem Ehepaar das Nachdenken über viele Einzelprobleme erspart. Wer also auf eine Ehe bewusst zugunsten einer nichtehelichen

Lebensgemeinschaft verzichtet, sollte daran denken, die vielen sich daraus ergebenden Rechtsprobleme individuell durch den Abschluss von Verträgen zu regeln.

Im **Zwölften Buch des Sozialgesetzbuches** (SGB XII, Sozialhilfe) wird übrigens die **nichteheliche Lebensgemeinschaft bewusst mit der Ehe gleichgestellt**, nicht, um die nichteheliche Lebensgemeinschaft zu begünstigen, sondern im Gegenteil, **um eine Besserstellung der nichtehelichen Lebensgemeinschaft gegenüber der Ehe zu verhindern**. In § 20 SGB XII heißt es:

> Personen, die in eheähnlicher oder lebenspartnerschaftsähnlicher Gemeinschaft leben, dürfen hinsichtlich der Voraussetzungen sowie des Umfangs der Sozialhilfe nicht besser gestellt werden als Ehegatten.

Dies bedeutet zum Beispiel, dass ein Sozialhilfeempfänger nicht nur einen Ehegatten, sondern ebenso einen nichtehelichen Lebensgefährten benennen muss, weil auch die Einkünfte eines Lebensgefährten bei der Berechnung der Sozialleistungen mit berücksichtigt werden müssen.

Aufgaben

1. Nennen Sie mögliche Beweggründe, warum Paare heute nicht mehr heiraten wollen.

2. Welche Regelungen sollten auch die Gefährten einer nichtehelichen Lebensgemeinschaft unbedingt treffen? Zeigen Sie jeweils die Konsequenzen auf, falls die Gefährten der nichtehelichen Lebensgemeinschaft keine vertraglichen Vereinbarungen festlegen.

5.5 Lebenspartnerschaft

Unter einer Ehe versteht man die Verbindung zwischen verschiedengeschlechtlichen Personen. Um auch gleichgeschlechtlichen Personen ein ehegleiches Zusammenleben zu ermöglichen, wurde das Lebenspartnerschaftsgesetz erlassen. Die Lebenspartner schließen eine Partnerschaft auf Lebenszeit und dürfen denselben Namen führen. Die Partnerschaft begründet gegenseitige Fürsorge- und Unterhaltpflichten. Vermögensrechtliche Fragen können, ähnlich wie in einem Ehevertrag, in einem Partnerschaftsvertrag geregelt werden. Ohne gesonderte Vereinbarung leben Lebenspartner im Güterstand der Zugewinngemeinschaft (Ausgleichsgemeinschaft). Nach dem Tod eines Lebenspartners hat der andere Teil ein ehegattengleiches gesetzliches Erbrecht. Bringt ein Partner ein Kind mit in die Partnerschaft ein, so hat der andere Partner lediglich ein Mitspracherecht (sogenanntes „kleines" Sorgerecht). Es ist aber möglich, dass ein Lebenspartner das leibliche Kind des anderen Lebenspartners adoptiert (sogenannte Stiefkindadoption). Möglich ist auch, dass ein Lebenspartner das vom anderen Lebenspartner bereits adoptierte Kind als eigenes annimmt (sogenannte Sukzessivadoption). Für Lebenspartner weiterhin nicht erlaubt ist dagegen die gemeinsame Adoption eines Kindes, so wie dies für Ehepaare möglich ist.
Die Regelungen der Hinterbliebenenversorgung in der gesetzlichen Rentenversicherung erstrecken sich auch auf Lebenspartner.

Lebenspartnerschaftsgesetz in der Mitte der Gesellschaft angekommen

Zu dem 10-jährigen Inkrafttreten des Lebenspartnerschaftsgesetzes am 01.08.2011 erklärt Bundesjustizministerin Sabine Leutheusser-Schnarrenberger:

Wer hätte vor 10 Jahren gedacht, dass gleichgeschlechtliche Lebensgemeinschaften heute selbstverständlich geworden sind. Die Eingetragene Lebenspartnerschaft ist als fester Bestandteil der Lebenswirklichkeit in der Mitte unserer Gesellschaft angekommen. Es ist heute – anders als noch vor einigen Jahren – nicht mehr ungewöhnlich oder gar schockierend, wenn eine Frau von ihrer Frau oder ein Mann von seinem Mann spricht.

Der Weg zur Akzeptanz gleichgeschlechtlicher Partnerschaften war lang. Es gelang erst 1994, in meiner ersten Amtszeit als Bundesjustizministerin, den berüchtigten § 175 StGB vollständig abzuschaffen. Heute sind gleichgeschlechtliche Partnerschaften vor allem beim Unterhaltsrecht, beim Güterrecht, beim Erbrecht und beim Erbschafts- und Grunderwerbssteuerrecht Ehegatten gleichgestellt. Politisch umstritten sind nach wie vor die Gleichstellung im Einkommenssteuerrecht und das gemeinschaftliche Adoptionsrecht.

Ich bin zuversichtlich, dass nicht 10 Jahre verstreichen, bis diese beiden großen „Baustellen" geschlossen werden. Dazu brauchen wir nachhaltiges Engagement auf allen politischen und gesellschaftlichen Ebenen – das sich nicht entlang der üblichen politischen und gesellschaftlichen Konfliktlinien bewegt. Mehr gesellschaftliche Liberalität lässt sich nicht verordnen, sondern nur durch beharrliches Argumentieren erreichen. Es bedarf weiterhin intensiver Überzeugungsarbeit, damit schwule und lesbische Paare der Ehe vollständig gleichgestellt werden. ...

Quelle: Bundesministerium der Justiz: Lebenspartnerschaftsgesetz in der Mitte der Gesellschaft angekommen, Pressemitteilung vom 01.08.2011, www.bmj.de/SharedDocs/Pressemitteilungen/DE/2011/20110801_Lebenspartnerschaftsgesetz_in_der_Mitte_der_Gesellschaft_angekommen.html?nn=1465264

5.6 Rechtliche Bedeutung von Verwandtschaft und Schwägerschaft im Sozialrecht

5.6.1 Krankenversicherung

Um die Funktionsfähigkeit der Familie aufrechtzuerhalten, gibt es im Recht der Krankenversicherung (SGB V = 5. Buch des Sozialgesetzbuches) eine Reihe von Vorschriften, die der Familie zugute kommen.

5.6.1.1 Familienversicherung

Grundsätzlich können nur diejenigen Personen Leistungen aus der Krankenversicherung beziehen, die selbst Mitglieder in der Krankenversicherung sind. Die Mitglieder nennt man auch die **Stammversicherten**.

Ausnahmsweise erlaubt § 10 SGB V, dass auch der Ehegatte und die Kinder eines Stammversicherten Leistungen aus der Krankenversicherung beanspruchen können, obwohl sie selbst keine Mitglieder sind. Als sogenannte **Familienversicherte** haben sie den Status eines Versicherten und werden im Wesentlichen gleich behandelt wie der

Stammversicherte selbst. Die Familienversicherten können allerdings kein Krankengeld (§ 44 II SGB V) beanspruchen.

Voraussetzung für die Familienversicherung ist, dass

▶ die Familienmitglieder nicht selbst versichert sind,

▶ das Einkommen des Ehepartners und der Kinder eine gewisse Grenze nicht übersteigt,

Beispiel

Herr Frank ist Mitglied in der AOK Tübingen. Seine Frau, die die zwei minderjährigen Kinder betreut, verdient nebenher noch 310,00 € im Monat als Aushilfsschreibkraft. Da Frau Frank nur wenig verdient, sind sie und ihre zwei Kinder Familienversicherte in der AOK.

▶ ein mitversichertes Kind gewisse Altersgrenzen nicht übersteigt.

Lebensalter (in Jahren)	Bis zu welchem Alter kann ein Kind in der gesetzlichen Kranken- versicherung als Familienmitglied mitversichert sein?
bis 18 Jahre	ausnahmslos
bis 23 Jahre	wenn das Kind noch nicht erwerbstätig ist
bis 25 Jahre	wenn das Kind sich noch in der Schul- oder Berufsausbildung befindet oder ein freiwilliges soziales oder ökologisches Jahr ableistet
über 25 Jahre hinaus	wenn eine gesetzliche Dienstpflicht auf eine Ausbildung anzurechnen ist
ohne Altersgrenze	wenn das Kind sich aufgrund einer geistigen, körperlichen oder seelischen Behinderung nicht selbst unterhalten kann

5.6.1.2 Haushaltshilfe

Versicherte (= Stammversicherte und Familienversicherte) erhalten **Haushaltshilfe** (§ 38 SGB V), wenn eine **Krankenhausbehandlung oder eine Kur** notwendig wird und dadurch die Weiterführung des Haushalts nicht möglich ist. Dies steht dem Versicherten aber nur zu, wenn im Haushalt ein **Kind unter 12 Jahre** lebt oder ein Kind, das **behindert** und auf Hilfe angewiesen ist. Außerdem ist Voraussetzung, dass es keine im Haushalt lebende Person gibt, die die Aufgabe der Haushaltsführung übernehmen könnte.

5.6.1.3 Häusliche Krankenpflege

Die Krankenkasse übernimmt die Kosten für eine **Krankenpflege zu Hause** (§ 37 SGB V), wenn dies aus ärztlicher Sicht als **Alternative** zur Krankenhausbehandlung geboten ist oder wenn ein an sich erforderlicher Krankenhausaufenthalt durch die häusliche Pflege vermieden oder verkürzt werden kann.

Auch die häusliche Krankenpflege wird nur gewährt, wenn es keine im Haushalt lebende Person gibt, die sich um den Kranken kümmern könnte.

Zur häuslichen Krankenpflege gehören:

▶ die **Pflege** des Kranken, d. h. seine Grundpflege und die Behandlungspflege,

Beispiel

Zur Grundpflege gehören das Waschen, Anziehen, Kämmen, Füttern usw.; zur Behandlungspflege gehören Handlungen, wie Verbände wechseln, Medikamente verabreichen, Wunden versorgen, Spritzen geben, Infusionen anlegen usw.

▶ die **hauswirtschaftliche Versorgung** des Kranken.

Beispiel

Kochen, Wäsche waschen usw.

Der Anspruch auf Krankenpflege wird **im Regelfall für vier Wochen** bewilligt. Längere Pflegezeiten können ausnahmsweise gerechtfertigt sein. Die dauerhafte Versorgung von pflegebedürftigen Menschen in ihrer häuslichen Umgebung (häusliche Pflege) gehört hingegen nicht mehr zur Krankenversicherung, sondern zur Pflegeversicherung.

Die Pflegeversicherung

Monatliche Leistungen der Pflegeversicherung

■ für körperlich Hilfebedürftige
■ für Bedürftige mit erheblichem allgemeinen Betreuungsbedarf – vor allem Demenzkranke

	Pflegestufe 0 Personen mit erheblich eingeschränkter Alltagskompetenz	**Pflegestufe I** (erheblich Pflegebedürftige)	**Pflegestufe II** (Schwerpflegebedürftige)	**Pflegestufe III** (Schwerstpflegebedürftige)
Häusliche Pflege **Sachleistungen*** für ambulante Pflegedienste	231 Euro	468 Euro + 221 Euro	1 144 Euro + 154 Euro	1 612 Euro (Härtefälle 1 955 Euro)
Pflegegeld* für ehrenamtlich tätige Pflegepersonen, z. B. Angehörige	123 Euro	244 Euro + 72 Euro	458 Euro + 87 Euro	728 Euro
Vollstationäre Pflege in Heimen (pauschal)		1 064 Euro	1 330 Euro	1 612 Euro (Härtefälle 1 995 Euro)

Ergänzende Leistungen u. a. bei Ausfall der Pflegepersonen, Kurzzeitpflege, teilstationärer Tages- und Nachtpflege, zusätzlicher Betreuung von Demenzkranken, Pflege in ambulant betreuten Wohngruppen; Kombinationen von Sach- und Geldleistungen möglich

*jeweils Maximalbeträge   Quelle: Bundesministerium für Gesundheit   Stand 2015 © **Globus** 10032

5.6.2   Soziale Hilfeleistungen

Während den erwerbsfähigen Personen als Sozialleistungen das Arbeitslosengeld I und II (umgangssprachlich: Hartz IV) zur Verfügung stehen, kommen die Leistungen der Sozialhilfe, die im SGB XII geregelt sind, von vornherein nur für nicht erwerbsfähige

Personen in Betracht. Anlaufstellen für die Beantragung solcher sozialer Hilfeleistungen sind die örtlichen Sozialämter, die organisatorisch zu einer kreisfreien Stadt bzw. zu einem Landkreis gehören.

Leistungen nach dem SGB XII werden nur gewährt, wenn sich der Antragsteller nicht selbst helfen kann und auch von sonst niemandem Hilfe zu erlangen ist.

Das Sozialamt prüft deshalb, ob der Antragsteller

▶ von einem anderen Sozialversicherungsträger Leistungen beanspruchen kann. Dann gehen diese Leistungen denjenigen aus dem SGB XII vor.

Beispiel

Wer Anspruch auf Arbeitslosengeld I oder II gegenüber der Bundesagentur für Arbeit hat, muss zunächst diese Ansprüche geltend machen.

▶ von Verwandten gerader Linie nach den Vorschriften des BGB Unterhalt beanspruchen kann. Dann gehen diese Ansprüche denjenigen aus dem SGB XII vor.

Beispiel

Deshalb wird vom Sozialamt geprüft, ob der Ehegatte, Lebenspartner (oder der nichteheliche Lebensgefährte), die Kinder oder die Eltern des Antragstellers Unterhalt leisten können. Findet sich ein leistungsfähiger Verwandter, so fallen die staatlichen Leistungen nach SGB XII ganz oder zum Teil aus.

Die Sozialleistungen nach SGB XII sollen einem bedürftigen Menschen ein Existenzminimum sichern und ihm auf diese Weise ein Leben in Würde ermöglichen (§ 1 SGB XII). Dieser Auftrag an den Gesetzgeber ergibt sich bereits aus der Verfassung (Art. 1 GG schützt die Würde des Menschen).

Ein Leistungsempfänger ist grundsätzlich verpflichtet, vorhandenes Vermögen zuerst einzusetzen, bevor er Sozialleistungen bekommen kann. Davon gibt es aber Ausnahmen.

Beispiel

So muss eine bedürftige Person, die in einer angemessenen Eigentumswohnung lebt, nicht etwa die Wohnung „zu Geld machen", bevor sie Leistungen beziehen kann. Dies wäre wirtschaftlich auch unsinnig, da ja die Mietersparnis gleichzeitig eine Kürzung der zu gewährenden Hilfeleistungen bewirkt.

Die Höhe der laufenden Sozialleistungen bestimmt sich nach Regelsätzen aus einer Regelsatzverordnung (§§ 28 ff. SGB XII in Verbindung mit der Regelsatzverordnung). Die Sozialleistungen sollen in der Höhe noch unterhalb des Durchschnittslohns der unteren Lohngruppen zuzüglich Kindergeld und Wohngeld bleiben. Die Regelsätze werden deshalb, entsprechend der Veränderung der Nettoarbeitsentgelte, jährlich erhöht.

Im Regelsatz sind die Kosten für Unterkunft und Heizung noch nicht enthalten. Die Übernahme dieser Kosten kann noch zusätzlich vom Sozialamt verlangt werden.
Die einzelnen Leistungen nach dem SGB XII finden sich in § 8 SGB XII. Einen Überblick gibt das Schaubild.

Soziale Hilfeleistungen (§ 8 SGB XII)

1. Hilfe zum Lebensunterhalt
2. Grundsicherung im Alter und bei Erwerbsminderung
3. Hilfen zur Gesundheit
4. Eingliederungshilfe für behinderte Menschen
5. Hilfe zur Pflege
6. Hilfe zur Überwindung besonderer sozialer Schwierigkeiten
7. Hilfe in anderen Lebenslagen

Aufgaben

1. Die fünfundzwanzigjährige Doris Pfennig ist kurz vor Ende ihres Studiums. Bisher ist sie als Familienversicherte über ihren Vater in der AOK versichert. Sie möchte nun wissen, ob sie sich demnächst eine andere Krankenkasse suchen muss.

2. Welche Ziele verfolgen die sozialen Hilfeleistungen nach dem SGB XII? Warum möchte das Sozialamt vom Antragsteller wissen, welche nahen Angehörigen er hat und ob er eventuell Leistungen von einer anderen Einrichtung bekommt?

6 Bürgerliches Recht – Erbrecht

6.1 Grundzüge des Erbrechtes

Das Erbrecht im 5. Buch des BGB (§§ 1922–2385) beschäftigt sich damit, was mit dem Vermögen einer Person nach deren Tod geschieht und wie diese Person zu Lebzeiten darauf Einfluss nehmen kann, wem das Vermögen nach ihrem Tod zugute kommen soll.

Trifft ein Mensch zu Lebzeiten keinerlei Verfügungen für den Fall seines Versterbens (= Verfügungen von Todes wegen), so regelt das Gesetz, wer nach seinem Tod sein Erbe antritt (= **gesetzliche Erbfolge**). Hat der Verstorbene dagegen ein Testament oder einen Erbvertrag verfasst, so ergibt sich hieraus, wer die Vermögenswerte des Verstorbenen erbt.

Ausgangspunkt des Erbrechts ist der **Erbfall**, also der Tod einer Person (§ 1922 BGB), die das Gesetz als Erblasser bezeichnet. Vererbt werden können alle vermögenswerten Rechte einer Person.

Beispiel

Bankguthaben, Eigentumsrechte an Immobilien und beweglichen Sachen, Rechte aus Wertpapieren, ein Urheberrecht usw.

Vererbt wird allerdings nicht nur das **Aktivvermögen**, sondern auch die **Schulden (= Passiva)**. Besteht der Nachlass aus mehr Schulden als aktiven Vermögenswerten, so kann es ratsam sein, das Erbe nicht anzunehmen.

Nicht vererbt werden können **Rechte, die an eine Person gebunden** sind.

Beispiel

Familienrechte, wie zum Beispiel die Ausübung der elterlichen Sorge;
Rechte, die an die Persönlichkeit geknüpft sind, wie zum Beispiel der Schutz der Ehre

Die unvererblichen Rechte erlöschen mit dem Tod der Person.

6.2 Gesetzliche Erbfolge

6.2.1 Allgemeine Prinzipien

Trifft der Erblasser keine Bestimmung, wer ihn beerben soll, so treten nach seinem Tod die gesetzlichen Erben sein Erbe an. **Gesetzliche Erben** sind

▶ **Verwandte**: §§ 1924–1929 BGB,

▶ der **Ehegatte**: § 1931 BGB,

▶ der **Staat**: § 1936 BGB.

Der Staat tritt nur dann als gesetzlicher Erbe in Erscheinung, wenn ansonsten niemand bereit ist, das Erbe anzutreten. Meistens finden sich jedoch Verwandte oder der Ehegatte bereit, das Erbe anzunehmen.

Welcher Verwandte gesetzlicher Erbe wird, bestimmt sich nach einer festgelegten Reihenfolge. Im Erbrecht werden die Verwandten in **Ordnungen** eingeteilt. Vom Erblasser aus gesehen gehören zur

▶ **ersten** Ordnung: die **Kinder** des Erblassers (§ 1924 BGB),

▶ **zweiten** Ordnung: die **Eltern** des Erblassers (§ 1925 BGB),

▶ **dritten** Ordnung: die **Großeltern** des Erblassers (§ 1926 BGB),

▶ **vierten** Ordnung: die **Urgroßeltern** des Erblassers (§ 1928 BGB).

Zur selben Ordnung gehören auch jeweils die **Abkömmlinge** der genannten Personen.

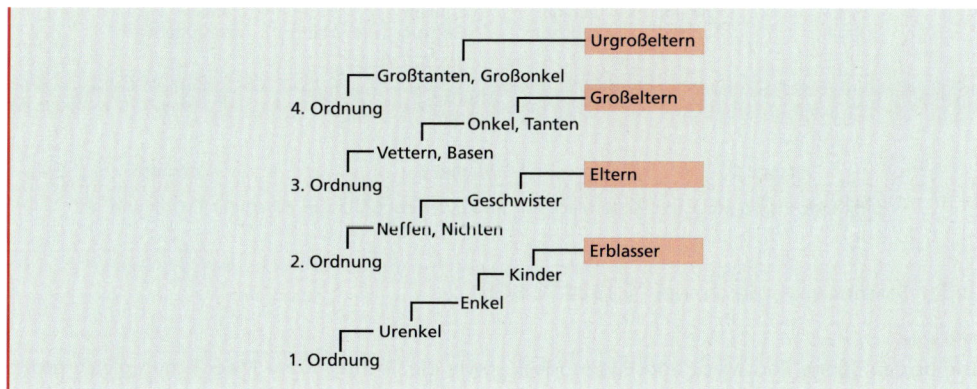

Verwandte der **niedrigeren** Ordnung **erben vor** den Verwandten der **höheren** Ordnung (§ 1930 BGB).

Beispiel

Wenn der Erblasser Kinder hat (= Erben 1. Ordnung), so erben die Kinder sein Vermögen. Die Erben der höheren Ordnungen (Eltern, Geschwister des Erblassers) sind dann von der Erbfolge ausgeschlossen.

Die Einteilung in Ordnungen heißt **Parentelensystem**. Das Parentelensystem des Erbrechts **begünstigt**, anders als das Gradualsystem des Familienrechts, die **nächstjüngere Generation**.

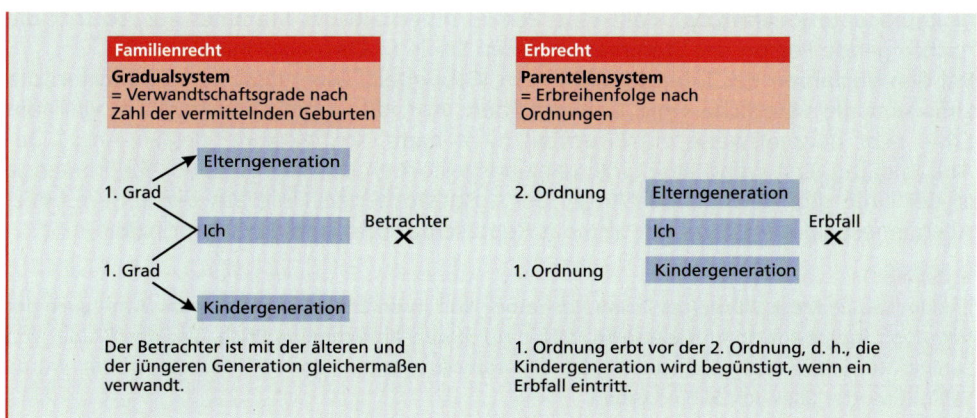

Die **Nachkommen** des Erblassers innerhalb derselben Ordnung werden in **Stämme** aufgeteilt. Jeder Nachkomme bildet einen eigenen Stamm.

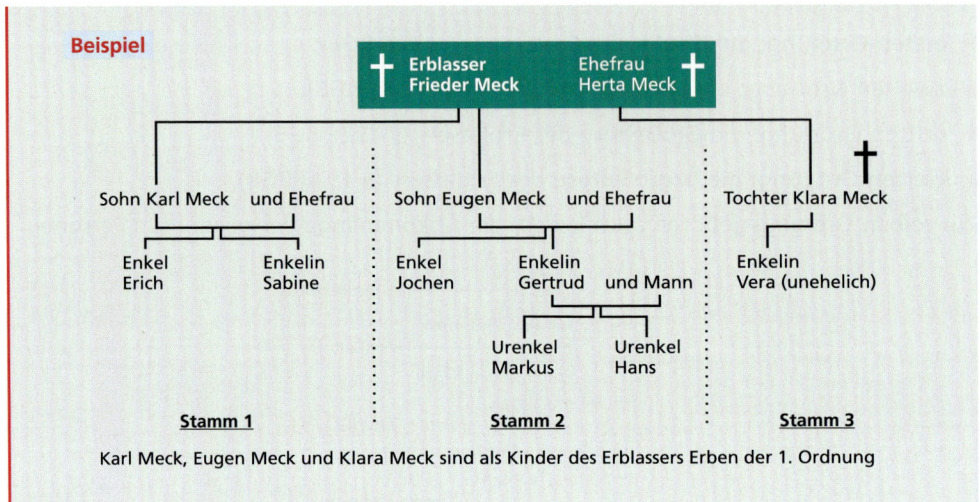

Jeder **Stamm** erbt **gleich viel** (§ 1924 IV BGB).

Die beiden Söhne Karl Meck und Eugen Meck sowie die Tochter Klara Meck erben gleich große Teile.

Innerhalb eines Stammes erbt die Person, die dem Erblasser **am nächsten verwandt** ist. Nur wenn ein Verwandter **ausfällt**, bekommt der **nächste** Verwandte im Stamm (= der Abkömmling) den Erbanteil, der auf den Stamm fällt.

Im Stamm 1 und 2 erben die Kinder Karl und Eugen als nächste noch lebende Verwandte des Erblassers. Im Stamm 3 erbt die Enkelin Vera den Anteil, der auf ihre verstorbene Mutter Klara Meck entfiele. Dass Vera ein uneheliches Kind ist, spielt keine Rolle, da Vera trotzdem die echte blutsverwandte Enkelin des Erblassers ist.

Der nächste Verwandte des Erblassers im Stamm repräsentiert also den Stamm (= **Repräsentationsprinzip**). Fällt eine Person innerhalb des Stammes aus, so tritt die nachfolgende Person des Stammes an deren Stelle (= **Eintrittsprinzip**).
Bei den **Vorfahren** des Erblassers (= Eltern, Großeltern usw.) lässt sich die **mütterliche Linie** und die **väterliche Linie** unterscheiden. Auf jede Linie entfällt gleich viel vom Erbe. Lebt beispielsweise ein Elternteil nicht mehr, so bekommt dessen Anteil der Abkömmling. Erst wenn eine Linie ganz ausgestorben ist, weil es keine Abkömmlinge in der Linie gibt, entfällt der Anteil der ausgestorbenen Linie auf die andere Linie. Auch innerhalb der Linien gilt also das Repräsentations- und Eintrittsprinzip.

Enkelin Sabine Meck würde bei ihrem Versterben von ihren Eltern zu je $\frac{1}{2}$ beerbt. Wäre auch der Vater von Sabine tot, so entfiele seine Hälfte auf seinen Abkömmling Erich, also den Bruder von Sabine. Nur wenn Erich auch tot wäre (= die väterliche Linie wäre dann ausgestorben), würde Sabines Mutter alles von Sabine erben.

6.2.2 Erben erster Ordnung

6.2.2.1 Verwandte der ersten Ordnung

Fall: Erbfall Franz Balz

Franz Balz verstirbt, ohne ein Testament verfasst zu haben. Er hinterlässt seine Tochter Brigitte Melchior, geborene Balz, aus deren Ehe mit Hans Melchior die zwei Kinder Tobias und Johanna hervorgegangen sind. Der Erblasser hat noch eine weitere Tochter Monika, die ledig ist. Außerdem hatte Franz Balz noch einen Sohn names Georg, der aber schon gestorben ist. Georg Balz hinterlässt aber aus seiner Ehe mit Sandra Balz, geborene Grindel, eine Tochter namens Clarissa Balz. Die Ehefrau des Erblassers, Heidrun Balz, ist ebenfalls schon verstorben. Aus der ersten Ehe von Heidrun Balz gibt es aber noch deren Sohn August Schiller.
Wer sind die gesetzlichen Erben von Franz Balz?

Lösung des Falls

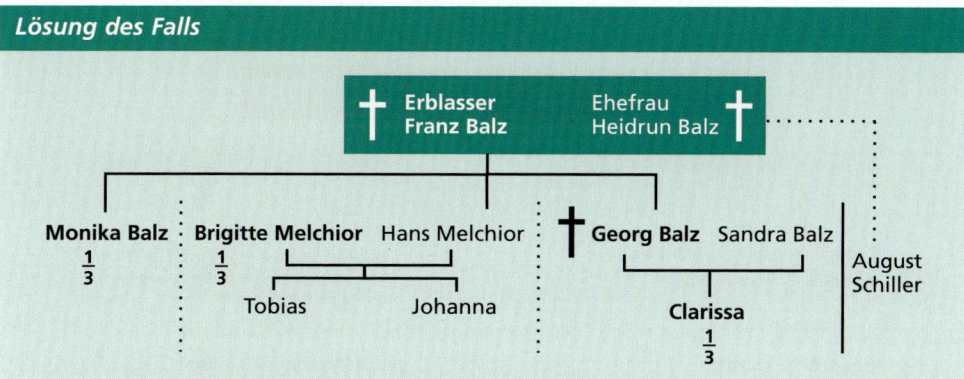

Franz Balz hinterlässt als Erben der ersten Ordnung
▶ *seine Tochter Monika Balz,*
▶ *seine Tochter Brigitte Melchior sowie deren Kinder Tobias und Johanna,*
▶ *anstelle seines bereits verstorbenen Sohnes Georg Balz die Enkeltochter Clarissa.*

August Schiller ist kein Erbe des Franz Balz, da August Schiller allein der Sohn von Heidrun Balz und kein Abkömmling des Erblassers ist.
Das Erbe ist daher zu gleichen Teilen aufzuteilen zwischen

▶ *Monika Balz,*
▶ *Brigitte Melchior,*
▶ *Clarissa Balz.*

Jede der genannten Personen erbt $\frac{1}{3}$ des Nachlasses.

6.2.2.2 Ehegattenerbrecht neben den Verwandten der ersten Ordnung

Fall: Erbfall Otto Paulus

Otto Paulus und Hermine Paulus haben die zwei Söhne Jens und Harald. Beide Söhne sind verheiratet und haben jeweils ein Kind. Otto Paulus stirbt ohne letztwillige Verfügung. Mit seiner Frau lebte er im gesetzlichen Güterstand der Zugewinngemeinschaft. Wer sind die gesetzlichen Erben und wie hoch sind die Erbquoten?

Da Ehegatten nicht miteinander verwandt sind, muss das **Ehegattenerbrecht zusätzlich** geregelt werden. Nach § 1931 I BGB bekommt der überlebende Ehegatte neben den Verwandten der ersten Ordnung eine Erbquote in Höhe von $\frac{1}{4}$

Zusätzlich erhält der überlebende Ehegatte ein weiteres $\frac{1}{4}$, wenn er mit dem verstorbenen Ehegatten im Güterstand der Zugewinngemeinschaft gelebt hat (§ 1371 BGB). Durch diese **pauschalierte Erhöhung der Erbquote wird der Zugewinnausgleich** durchgeführt. Der überlebende Ehegatte erhält auf diese Weise neben den Erben der ersten Ordnung eine Erbquote von $\frac{1}{4} + \frac{1}{4} = \frac{1}{2}$.

Als **Alternative** zum erbrechtlichen Zugewinnausgleich kann der überlebende Ehegatte allerdings auch die **konkrete Berechnung** des Zugewinns verlangen. In diesem Fall erhält der überlebende Ehegatte den konkret errechneten Zugewinnausgleich sowie den nicht erhöhten gesetzlichen Erbteil von $\frac{1}{4}$ gemäß § 1931 BGB.

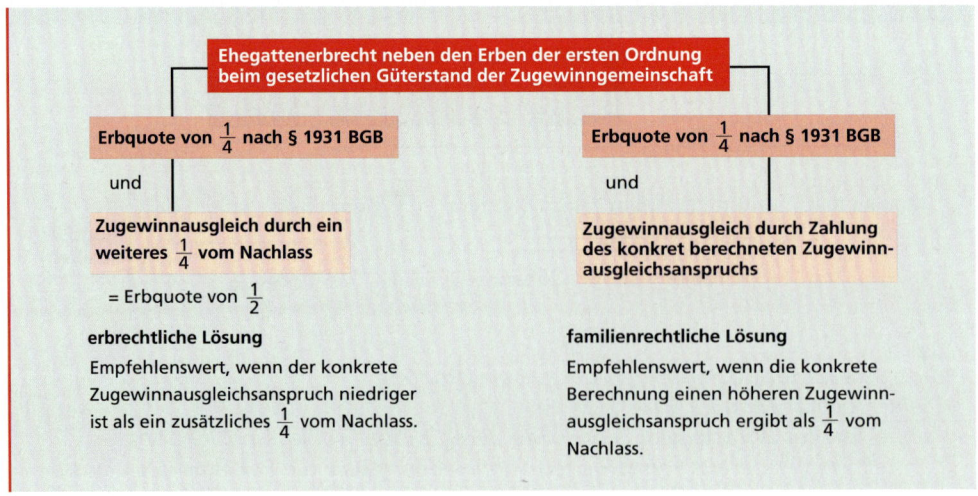

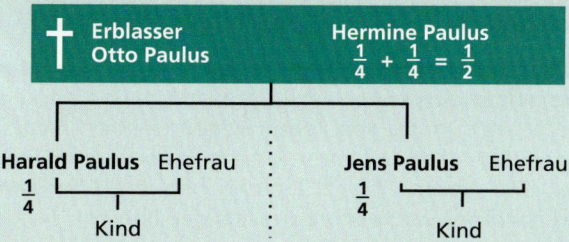

Hermine Paulus, die mit ihrem Mann im gesetzlichen Güterstand der Zugewinn-gemeinschaft lebte, erbt als

▶ Ehefrau die gesetzliche Erbquote aus § 1931 I BGB: $\frac{1}{4}$
▶ pauschale Abgeltung des Zugewinnausgleichs aus § 1371 BGB: $\frac{1}{4}$
▶ also insgesamt: $\frac{1}{2}$.

Die verbleibende Hälfte ist zu gleichen Teilen zwischen den beiden Söhnen als Erben 1. Ordnung aufzuteilen. Jens und Harald bekommen dementsprechend jeweils $\frac{1}{4}$ vom Nachlass.

6.2.3 Erben zweiter Ordnung

6.2.3.1 Verwandte der zweiten Ordnung

Fall: Erbfall Barbara Schwarz

Die unverheiratete und kinderlose einundzwanzigjährige Barbara Schwarz verun-glückt mit ihrem Mofa tödlich, ohne dass ein Testament besteht. Sie hinterlässt ihre Eltern Heinz und Gisela sowie ihre Schwester Ute. Wer sind die gesetzlichen Erben und wie hoch sind deren Quoten?

Sind keine Erben der ersten Ordnung vorhanden, so erben die Verwandten der zweiten Ordnung.

Lösung des Falls

$\frac{1}{2}$ Heinz Schwarz   Gisela Schwarz $\frac{1}{2}$

✝ Erblasserin Barbara Schwarz   Ute Schwarz

Barbara Schwarz hat keine Kinder, sodass keine Erben der ersten Ordnung vorhanden sind. Es erben daher Barbaras Eltern als Erben der zweiten Ordnung zu je $\frac{1}{2}$. Barbaras Schwester Ute, die als Abkömmling der Eltern gleichfalls zur zweiten Ordnung gehört, könnte erst erben, wenn zumindest ein Elternteil nicht mehr leben würde.

6.2.3.2 Ehegattenerbrecht neben den Verwandten der zweiten Ordnung

Fall: Erbfall Frieda Schwab

Gernot Schwab und Frieda Schwab leben bis zum Tod von Frieda in einer kinderlosen Ehe zusammen. Über den ehelichen Güterstand haben sie keine Vereinbarung getroffen. Auch eine Verfügung von Todes wegen existiert nicht. Als nächste Verwandte von Frieda leben noch ihr Vater Max Freising und ihr Bruder Ludwig Freising, der ledig ist. Die Mutter Traudl Freising und die Schwester Irmgard Bock, geborene Freising, sind bereits verstorben. Aus der Ehe von Irmgard und Joachim Bock ist die Tochter Karin Bock hervorgegangen. Wer wird gesetzlicher Erbe mit welcher Quote?

Neben Verwandten der zweiten Ordnung steht dem Ehegatten eine Erbquote von $\frac{1}{2}$ zu (§ 1931 I BGB). Hinzu kommt bei der Zugewinngemeinschaft die pauschale Erhöhung der Erbquote um $\frac{1}{4}$ (§ 1371 BGB), sodass der Ehegatte insgesamt $\frac{1}{2} + \frac{1}{4} = \frac{3}{4}$ neben den Verwandten der zweiten Ordnung erhält.

Lösung des Falls

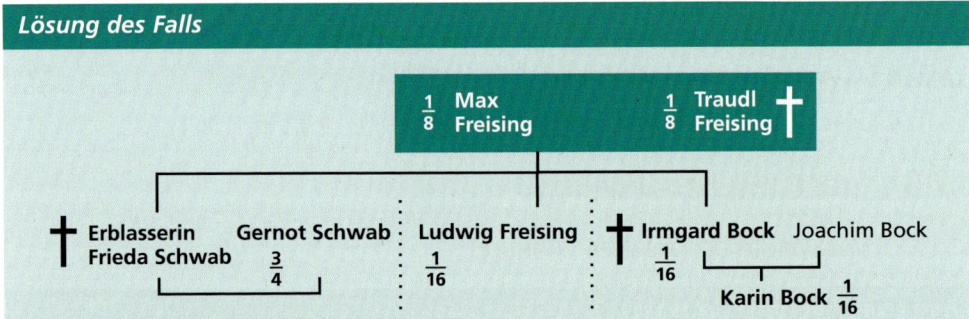

Gernot Schwab steht neben den Eltern von Frieda als Erben zweiter Ordnung eine Erbquote von $\frac{1}{2}$ (= gesetzliche Erbquote nach § 1931 I BGB) sowie $\frac{1}{4}$ als Zugewinnausgleich (§ 1371 BGB), also insgesamt $\frac{3}{4}$ zu.

Das restliche $\frac{1}{4}$ ist zwischen den Eltern von Frieda zu verteilen:

▶ Der Vater Max Freising erhält $\frac{1}{8}$.
▶ Das $\frac{1}{8}$ der verstorbenen Mutter Traudl fällt zu gleichen Teilen an deren Abkömmlinge Ludwig Freising und Irmgard Bock.

Danach bekommt Ludwig Freising die Hälfte von einem $\frac{1}{8} = \frac{1}{8}$ und das andere $\frac{1}{16}$ fällt an die Schwester Irmgard Bock. An die Stelle der bereits verstorbenen Schwester Irmgard tritt deren Abkömmling Karin Bock.
Also erben:

▶ Gernot Schwab: $\frac{3}{4}$ ▶ Ludwig Freising: $\frac{1}{16}$
▶ Max Freising: $\frac{1}{8}$ ▶ Karin Bock: $\frac{1}{16}$

6.2.4 Erben ab der dritten Ordnung und das Ehegattenerbrecht neben den Erben ab der dritten Ordnung

Fall: Erbfall Peter Zapp

Der kinderlose Peter Zapp verstirbt und hinterlässt seine Witwe Elvira Zapp, geborene Werner. Das Ehepaar hatte Gütertrennung vereinbart. Als nächste Angehörige leben noch der Großvater väterlicherseits, die Großmutter mütterlicherseits und Kurt Zapp, ein Sohn des Großelternpaares väterlicherseits. Wer wird gesetzlicher Erbe zu welchem Anteil?

Variante: Wer wäre gesetzlicher Erbe mit welcher Quote, wenn sämtliche Großeltern des Peter Zapp verstorben wären und nur noch der Enkelsohn Rainer Weiß der Urgroßeltern Weiß als nächster Verwandter übrig wäre?

Sind keine Erben der ersten und zweiten Ordnung vorhanden, so kommt die dritte Ordnung zum Zuge.

Der Ehegatte erbt neben den Erben der dritten Ordnung (= Großelterngeneration) die Hälfte des Nachlasses. Bei der Zugewinngemeinschaft kommt zu dieser Hälfte noch die Quote von $\frac{1}{4}$, sodass der Ehegatte neben den Großeltern eine Erbquote von $\frac{3}{4}$ erhält. Zusätzlich bekommt der Ehegatte noch denjenigen Teil des Nachlasses, der an die Abkömmlinge der Großeltern fallen würde.

Lösung des Falls

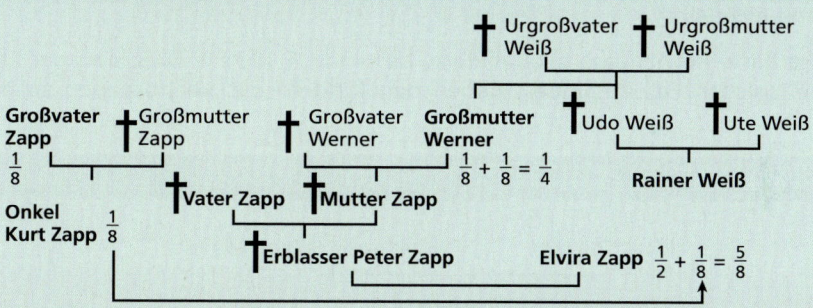

Erbberechtigt sind die Ehefrau Elvira Zapp sowie als Erben der dritten Ordnung die noch lebenden Großeltern Großvater Zapp und Großmutter Werner sowie deren Abkömmlinge.

Die Ehefrau Elvira Zapp bekommt neben den Erben der dritten Ordnung $\frac{1}{2}$ des Nachlasses (§ 1931 I BGB). Diese Quote wird hier nicht um ein weiteres $\frac{1}{4}$ erhöht, da zwischen den Ehegatten Gütertrennung vereinbart war, sodass kein Zugewinn auszugleichen ist.

Die andere Hälfte des Nachlasses ist zu gleichen Teilen auf die vier Großeltern zu verteilen, sodass jedem $\frac{1}{8}$ zusteht.

An die Stelle von Großvater Werner, der bereits verstorben ist, tritt Großmutter Werner, die auf diese Weise eine Erbquote von $\frac{1}{8} + \frac{1}{8} = \frac{1}{4}$ erhält.

An die Stelle der verstorbenen Großmutter Zapp würde an sich deren Sohn Kurt Zapp treten. Dessen Anteil von $\frac{1}{8}$ weist das Gesetz jedoch der Ehegattin Elvira Zapp zu, die auf diese Weise $\frac{1}{2} + \frac{1}{8} = \frac{5}{8}$ des Nachlasses erhält.

Neben den Erben der vierten Ordnung (= Urgroßeltern und deren Abkömmlinge) und allen noch entfernteren Verwandten erbt der Ehegatte allein.

Lösung des Falls

Variante: *Außer der Ehegattin Elvira Zapp hinterlässt Peter Zapp als nächsten Verwandten nur noch Rainer Weiß, einen Abkömmling der Urgroßeltern Weiß und damit einen Verwandten der vierten Ordnung. Neben einem Verwandten der vierten Ordnung erbt ein Ehegatte allein.*
Elvira Zapp ist also Alleinerbin geworden.

6.2.5 Besonderheit für die Gütertrennung

Fall: Erbfall Sabine Sommer

Sabine und Klaus Sommer haben bei ihrer Heirat Gütertrennung vereinbart. Als Sabine Sommer unerwartet nach schwerer Krankheit verstirbt, hinterlässt sie neben ihrem Ehemann den vierzehnjährigen Sohn Sebastian aus ihrer Ehe mit Klaus Sommer sowie ihre siebzehnjährige Tochter Susanne aus ihrer ersten Ehe. Ein Testament hat Sabine Sommer nicht gemacht. Wer erbt wie viel?

Haben die Ehegatten Gütertrennung vereinbart, so gibt es keinen Zugewinnausgleich und eine Erhöhung der Erbquote des Ehegatten um $\frac{1}{4}$ nach § 1371 BGB findet dementsprechend nicht statt.

Um diese harte Rechtsfolge abzumildern, bestimmt § 1931 IV BGB, dass der Ehegatte in einem solchen Fall zumindest neben den Kindern des Verstorbenen zu gleichen Teilen erbt.

Lösung des Falls

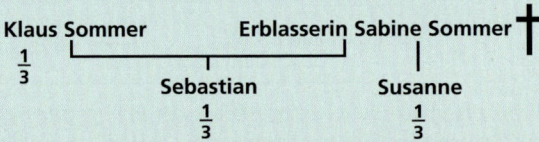

Klaus Sommer erbt als Ehegatte neben Sebastian und Susanne als Erben erster Ordnung $\frac{1}{4}$. Eine Erhöhung seines Erbteils um ein weiteres $\frac{1}{4}$ findet nicht statt, da er mit seiner Frau nicht im Güterstand der Zugewinngemeinschaft gelebt hat.
Deswegen greift hier die Sondervorschrift des § 1931 IV BGB: Klaus Sommer erbt danach zu gleichen Teilen mit den Kindern von Sabine Sommer. Demnach bekommen Klaus Sommer, Sebastian und Susanne je $\frac{1}{3}$ des Nachlasses. Die Erbquote von Klaus Sommer hat sich also geringfügig verbessert.

Ehegattenerbrecht §§ 1931, 1371 BGB	Erbquote	Zugewinn-ausgleich	zusätzlich	Gütertrennung
neben Verwandten der 1. Ordnung	$\frac{1}{4}$	$\frac{1}{4}$		oder gleich viel wie Kinder
neben Verwandten der 2. Ordnung	$\frac{1}{4}$	$\frac{1}{4}$		
neben Verwandten der 3. Ordnung	$\frac{1}{2}$	$\frac{1}{4}$	Erbteil von Abkömm-lingen der Großeltern	
neben Verwandten der 4. Ordnung	$\frac{1}{1}$			

Fazit: Die Ehegattenerbquote wird umso größer, je entfernter die Verwandten sind.

6.2.6 Erbrecht nichtehelicher Kinder

Fall: Erbfall Wendtland

Amalie Wendtland, geborene Kurz, und ihr Mann Achim Wendtland haben die zwei gemeinsamen ehelichen Kinder Sarah und Benjamin. In der Famile lebt auch noch die uneheliche Tochter von Amalie Wendtland aus der Verbindung mit ihrem früheren Freund Martin Hofmann namens Helene Kurz. Auch Achim Wendtland hat ein uneheliches Kind namens Stefan Grimm. Stefan lebt bei seiner Mutter Petra Grimm. Amalie Wendtland kommt bei einem Flugzeugabsturz zu Tode, ohne die Erbfolge geregelt zu haben. Wer erbt wie viel? (Es gibt keinen Ehevertrag.)
Variante:
Nicht Amalie, sondern ihr Ehemann Achim Wendtland kommt beim Flugzeugabsturz ums Leben. Wie sieht nun die Erbfolge aus?

Die **Stellung der nichtehelichen Kinder zur Mutter** und deren Verwandten ist genau dieselbe wie diejenige der ehelichen Kinder der Mutter. Insofern gelten **keine Besonderheiten**, wenn die Mutter verstirbt.

Lösung des Falls

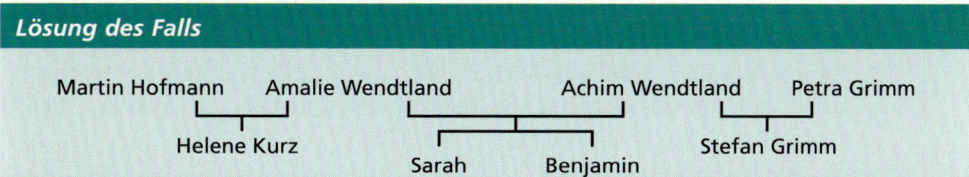

Beim Tod von Amalie Wendtland sind daher ihre drei Kinder Sarah, Benjamin und Helene sowie ihr Ehemann Achim Wendtland als Erben berufen. Der Ehegatte bekommt $\frac{1}{2}$ ($= \frac{1}{4} + \frac{1}{4}$), die andere Hälfte bekommen die drei Kinder zu gleichen Teilen, also Sarah, Benjamin und Helene jeweils $\frac{1}{6}$.

Beim Versterben des Vaters hatte ein nichteheliches Kind früher keinen Erbanspruch, sondern einen sogenannten Erbersatzanspruch. Das nichteheliche Kind gehörte nicht zur Erbengemeinschaft, sondern konnte von den Erben lediglich die Auszahlung eines Betrages in Höhe seines gesetzlichen Erbteils verlangen. Inzwischen ist diese Sonderstellung des nichtehelichen Kindes im Verhältnis zum Vater beseitigt. Das nichteheliche Kind gehört genauso wie das eheliche Kind sowie sonstige erbberechtige Personen zur Erbengemeinschaft und ist mitbeteiligt, wenn das Erbe auseinandergesetzt wird.

> ### Lösung der Fallvariante
>
> *Achim Wendtland hinterlässt seine Frau Amalie, seine beiden ehelichen Kinder Sarah und Benjamin sowie seinen nichtehelichen Sohn Stefan.*
> *Mit Helene Kurz ist Achim Wendtland dagegen überhaupt nicht verwandt, weshalb sie nicht als seine Erbin infrage kommt.*
> *Sarah, Benjamin und Stefan stehen gleichberechtigt als Erben nebeneinander. Erbberechtigt ist außerdem Amalie Wendtland als Ehefrau. Amalie bekommt $\frac{1}{2}$ (= $\frac{1}{4}$ + $\frac{1}{4}$), die drei Kinder je $\frac{1}{6}$ vom Nachlass.*

Aufgaben

1. Was versteht man unter den gesetzlichen Erben und welche Gruppen gibt es? Nennen Sie Beispiele.

2. Erklären Sie, welchen Sinn das Parentelensystem des Erbrechts hat.

3. Erklären Sie die Begriffe Stamm und Linie innerhalb einer Ordnung. Welche wichtigen Prinzipien gelten innerhalb eines Stammes und einer Linie?

4. Die hochschwangere Anja Kleiber wird bei einem Autounfall schwer verletzt. Im Krankenhaus kann man nur noch das Kind retten. Sie hinterlässt außerdem den Ehemann Hansjörg Kleiber, ihre Tochter Dorothea Kleiber, ihre Eltern und ihre Schwester Beate. Bestimmen Sie die gesetzliche Erbfolge.

5. Der kinderlose verheiratete Anton Braun hinterlässt nach seinem Tod seine Frau Margot Braun, seine Mutter Amanda Braun und seinen ledigen Bruder Matthias Braun. Seine Schwester Klara Haupt, geborene Braun, ist bereits tot. Sie hinterlässt die zwei Töchter Monika und Eva Haupt.

6. Gernot Kummer lebt mit Elfriede Kummer im Güterstand der Gütertrennung. Das Ehepaar hat die zwei Kinder Christian und Steffen. Wer erbt wie viel, wenn Gernot Kummer stirbt?

7. Hans Gluck hinterlässt nach seinem Tod die Ehefrau Adele sowie die aus dieser Ehe hervorgegangenen Kinder Christa, Rudolf und Günther. Außerdem hat er eine nichteheliche Tochter namens Gerda Fischer. Wie viel erbt jeder? Gehört Gerda Fischer auch zu den gesetzlichen Erben?

6.3 Gewillkürte Erbfolge

6.3.1 Verfügungen von Todes wegen

In der Jugend und in den sogenannten besten Jahren widmet man sich der Karriere, der Familie, dem nächsten Urlaub. Alter und Lebensende scheinen in weiter Ferne zu liegen.

Runterladen reicht nicht
Testament von Hand verfassen

Berlin (tmn) — Ein Testament muss handschriftlich verfasst vorliegen, sonst ist es ungültig. „Einige machen den Fehler: Sie drucken sich Formulierungsvorschläge aus dem Internet aus und unterschreiben diese. Das reicht nicht", warnt der Berliner Notar und Rechtsanwalt Ulrich Schellenberg. Mitglied in der Arbeitsgemeinschalt Erbrecht des Deutschen Anwaltverein (DAV). Bei fast jedem zweiten Streit ums Erbe in Deutschland ist ein fehlendes oder mangelhaftes Testament (47 Prozent) der Auslöser. Das ergab eine am Mittwoch veröffentlichte Umfrage des Allensbach-Instituts für die Postbank. Insgesamt kommt es demnach bei jeder sechsten Erbschaft zum Streit. Auch juristische Begriffe müssen korrekt verwendet werden. „Das kann für den Laien schwierig werden", sagt Schellenberg. Zum Beispiel bestimmten die Wörter „Vorerbe" und „Nacherbe" eben gerade nicht, dass das Vermögen zunächst ohne Beschränkung auf die Ehefrau übergeht und erst nach deren Tod an die Kinder. Will man die Ehefrau zur uneingeschränkten Vollerbin machen, wären die richtigen Vokabeln in diesem Fall „Erbe" und „Schlusserbe". Ein weiteres Problem seien falsche Vorstellungen von Rechtsgrundlagen. Der Bruder habe etwa keinen Anspruch auf einen Pflichtteil, und der Ehepartner bekomme nicht automatisch alles, wenn kein Testament aufgesetzt wurde. Schellenberg empfiehlt daher, einen Experten um Rat zu bitten, „damit das Gericht nach dem Tod noch versteht, was man wollte". Die amtlichen Gebühren eines Notars seien vergleichsweise gering, mit Anwälten könne

Ein wesentlicher Bestandteil der Privatautonomie ist das Recht eines Menschen, zu seinen Lebzeiten rechtsgeschäftliche Anordnungen über sein Vermögen zu treffen, die erst nach seinem Tode ausgeführt werden. Da dies in der Regel in der Form eines Testaments geschieht, nennt man diese Freiheit auch **Testierfreiheit**.

Eine rechtsgeschäftlich errichtete Verfügung von Todes wegen geht der gesetzlichen Erbfolge vor. Somit kann jeder über sein Vermögen abweichend von der gesetzlichen Erbfolge verfügen.

Das BGB bietet verschiedene Formen von letztwilligen Verfügungen an:

▶ das **Testament** als einseitige Verfügung des Erblassers,

▶ den **Erbvertrag** als vertragliche Form einer Verfügung von Todes wegen,

▶ das **gemeinschaftliche Testament** als Sonderform eines Testaments für Ehegatten.

Der Erblasser kann eine Verfügung von Todes wegen inhaltlich nicht beliebig gestalten, sondern muss sich an die Möglichkeiten halten, die das geltende Recht ihm einräumt. Er kann aber zum Beispiel entscheiden, ob er

▶ jemanden **als Erben einsetzen** will,

▶ jemandem **als Erben ausschließen** (= enterben) will,

▶ jemandem **Vermögen zuwenden will, ohne dass der Betreffende Erbe wird** (= Vermächtnis),

▶ jemanden **nur zum Erben machen** will, wenn er **bestimmte Aufgaben** übernimmt (= Auflage).

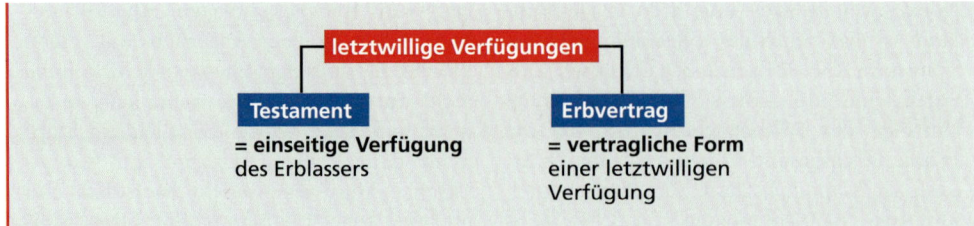

6.3.2   Testament
6.3.2.1   Testierfähigkeit

Unter Testierfähigkeit versteht man die Fähigkeit, ein Testament wirksam zu errichten.

▶ **Minderjährige unter 16 Jahren** sind **testierunfähig**, das heißt, sie können kein Testament errichten. Auch die Eltern können nicht als Stellvertreter handeln, da ein Testament persönlich vom Verfasser errichtet werden muss (§ 2229 I BGB).

▶ Minderjährige **ab 16 Jahren** sind **testierfähig**, das heißt, sie dürfen nun allein und ohne Zustimmung der Eltern testieren (§ 2229 I BGB). Allerdings müssen sie das Testament vor einem **Notar** errichten (§ 2233 I BGB). Ein zu Hause selbst geschriebenes Testament wäre unwirksam.

▶ Ab dem 18. Lebensjahr (= Volljährigkeit) gilt die uneingeschränkte Testierfähigkeit.

Testierunfähig sind außerdem Personen

▶ mit einer krankhaften Störung der Geistestätigkeit,

▶ die geistesschwach sind,

▶ die an einer Bewusstseinsstörung leiden,

wenn diese Personen aufgrund der Störung außerstande sind, die Bedeutung einer Willenserklärung zu erkennen (§ 2229 IV BGB).

6.3.2.2   Errichtung eines Testamentes
Eigenhändiges Testament

Fall: Erbfall Rita Blum

Rita Blum erkrankt auf ihrer Bolivienreise schwer. Ihr Mann Richard Blum erhält folgende Postkarte:

Cochabamba, 1. September 2010

Lieber Richard,

ich bin schwer krank und möchte für alle Fälle Folgendes klarstellen:

Falls ich sterben muss, sollst du mein gesamtes Vermögen erhalten.

PS:

Meine Freundin Gabi Herzog, der ich sehr viel verdanke, soll 5000,00 € bekommen.

In Liebe
deine Rita

Eine Woche später verstirbt Rita Blum. Ist die Postkarte ein eigenhändiges Testament, wenn
a) die Postkarte mit der Maschine geschrieben ist und nur die Unterschrift von Rita stammt?
b) die Postkarte ganz handgeschrieben ist?

Für die Errichtung eines Testamentes sind besondere Formen vorgeschrieben. Man unterscheidet die **ordentlichen Testamentsformen** und **die außerordentlichen Testamentsformen**.

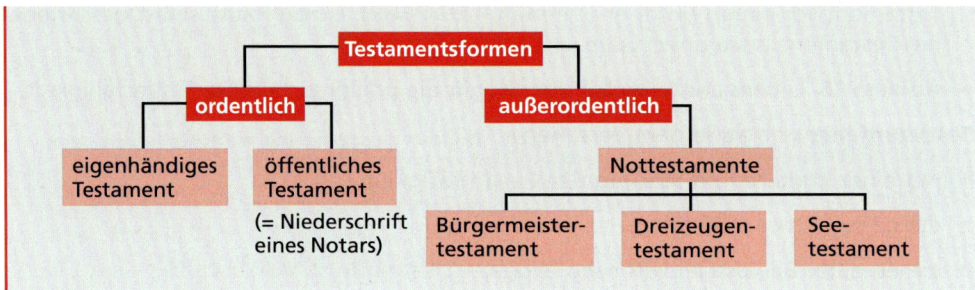

Ein Testament, das keiner dieser Formen entspricht, ist nach § 125 S. 1 BGB **nichtig**.

Beim eigenhändigen Testament (§ 2247 I BGB) muss das **gesamte Schriftstück einschließlich der Unterschrift vom Erblasser handschriftlich** geschrieben sein. Nicht erforderlich ist die Anwesenheit einer weiteren Person. Das Testament kann also zu Hause geschrieben und dann in die Schublade gelegt werden. Die Handschrift des Erblassers ist in diesem Fall ein wichtiger Beweis, dass das Testament von ihm herrührt.
Wichtig ist, dass die **Unterschrift** den geschriebenen Text **räumlich abschließt**. Nach einer Faustregel ist der gesamte Text vor der Unterschrift Bestandteil des Testamentes und daher eine gültige Verfügung, der Text nach der Unterschrift dagegen nicht mehr Bestandteil des Testamentes und daher unbeachtlich.

Beispiel
Wird dem fertigen Testament noch ein Nachtrag angefügt („PS"), so muss die Unterschrift hinter den Nachtrag gesetzt werden bzw. das gesamte Schriftstück nochmals hinter dem Nachtrag unterschrieben werden, damit der Nachtrag gültig ist.

Aus dem Testament muss inhaltlich hervorgehen, dass

▶ es sich um eine **letztwillige Verfügung** handelt.

Beispiel
Überschrift „Testament" nicht zwingend erforderlich, solange sich aus Formulierungen, wie „für den Fall meines Todes", „letzter Wille" etc. ergibt, dass es sich um eine Verfügung von Todes wegen handelt.

▶ die Angabe, mit der unterzeichnet wurde, **eindeutig** den Erblasser meint.

Beispiel
Eine Unterzeichnung mit „Eure Mutter" oder „Tante Klara" genügt, wenn sich aus dem Zusammenhang eindeutig ergibt, wer als Erblasser damit gemeint ist. Besser ist es allerdings, wenn der Erblasser mit vollem Vor- und Zunamen unterzeichnet.

Das eigenhändige Testament hat Vor- und Nachteile:

eigenhändiges Testament

Vorteile	Nachteile
Erblasser kann es jederzeit und jederorts errichten.	Testament wird eventuell von Erben nicht gefunden.
Testamentserrichtung verursacht keine Kosten.	Testament könnte von anderen verfälscht oder vernichtet werden.
	Es findet keine fachkundige Beratung statt.

Um ein eigenhändiges Testament vor Verlust oder Verfälschung zu schützen, kann es der Erblasser **beim Amtsgericht in Verwahrung** geben (§ 2248 BGB). **In Baden-Württemberg** sind für die Aufbewahrung von Testamenten aufgrund der dortigen Landesgesetze die **Notare** zuständig.

Wird das Schriftstück zu Hause aufbewahrt, so sind die Angehörigen, die das Testament nach dem Tod des Erblassers finden, dazu verpflichtet, das **Testament beim Nachlassgericht** (= Amtsgericht) **abzuliefern** (§ 2259 BGB).

Lösung des Falls

Fall Rita Blum
a) *Für ein formwirksames eigenhändiges Testament ist erforderlich, dass der gesamte Text einschließlich der Unterschrift mit der Hand vom Erblasser geschrieben ist. Da die Postkarte mit der Maschine getippt wurde und nur die Unterschrift von Rita stammt, liegt hier ein Formverstoß gegen die Formvorschrift des § 2247 BGB vor. Dieser Formverstoß hat nach § 125 S. 1 BGB die Nichtigkeit des Testaments zur Folge. Wer Rita Blum beerbt, richtet sich daher nach der gesetzlichen Erbfolge.*
b) *In dieser Variante liegt ein formgültiges eigenhändiges Testament vor, da die Karte handschriftlich von Rita geschrieben ist. Dass Rita nicht mit ihrem vollen Namen unterschrieben hat, schadet nicht, weil völlig klar ist, wer gemeint ist. Gleichfalls klar ist, dass es sich um eine Verfügung von Todes wegen handelt, da Rita ihre Anordnungen für den Fall trifft, dass sie sterben sollte. Ihr Mann Richard ist daher wirksam durch das eigenhändige Testament von Rita zum Alleinerben eingesetzt.*
Ihrer Freundin Gabi hat Rita einen Geldbetrag vermacht (= Gabi kann von Richard die Bezahlung von 5 000,00 € verlangen). Das Vermächtnis ist zwar als „PS" dem Text angefügt, aber die Unterschrift von Rita steht erst nach dem PS. Daher ist der Nachtrag noch räumlich von der Unterschrift gedeckt und auch das Vermächtnis ist wirksam.

Notarielles Testament oder öffentliches Testament (§ 2232 BGB)

Wendet sich der Erblasser an den Notar, so kann er dem Notar seinen Willen entweder **mündlich** oder **durch Übergabe einer Schrift** mitteilen. In der Regel wird der Notar nach eingehender Beratung einen **Testamentsentwurf** formulieren, den der **Erblasser dann bestätigt**. Nach der Errichtung gibt der Notar das Testament in amtliche Verwahrung.

Nottestamente (§§ 2249 ff. BGB)

Nottestamente sind für den Fall gedacht, dass der Erblasser aufgrund der Örtlichkeiten oder wegen akuter Lebensgefahr ein Testament in der vorgeschriebenen Form nicht errichten kann. In einer solchen Lage darf der Erblasser **wirksam testieren durch eine mündliche Erklärung**

▶ **vor** dem **Bürgermeister** sowie **zwei Zeugen**: § 2249 BGB,

▶ **vor drei privaten Zeugen**, wenn der Bürgermeister nicht erreicht werden kann: § 2250 BGB,

▶ **vor drei Zeugen auf einer Seereise** an Bord eines deutschen Schiffes: § 2251 BGB.

Nottestamente haben dann eine praktische Bedeutung, wenn der Erblasser wegen eines Unfalls oder einer Krankheit nicht mehr selbst schreiben kann und ein Notar nicht erreichbar ist.

6.3.2.3 Widerruf eines Testamentes

Ein Testament kann als Ganzes oder in einzelnen Punkten jederzeit vom Erblasser widerrufen werden (§ 2253 BGB). Der **Widerruf** kann auf verschiedene Weise erfolgen:

▶ durch eine **testamentarische Erklärung**, aus der hervorgeht, dass das frühere Testament nicht mehr gelten soll (**Widerrufstestament**, § 2254 BGB).

Beispiel
Der Erblasser schreibt ein neues Testament, das andere Bestimmungen als das alte Testament enthält.

▶ durch eine Verfügung, die einer früher getroffenen Verfügung **widerspricht**. Es gilt dann die **zeitlich spätere Verfügung**.

Beispiel
Der Erblasser setzte ursprünglich seine Tochter als Erbin zu $\frac{3}{4}$ ein. Als sie sich später wenig um ihn kümmert, trifft er eine andere Verfügung, wonach die Tochter eine Erbquote von $\frac{1}{4}$ erhält.

▶ durch die **Vernichtung oder Veränderung des Testamentes** mit der Absicht, es ungültig zu machen (§ 2255 BGB).

Beispiel
Der Erblasser zerreißt oder zerknüllt ein Testament und wirft es in den Papierkorb. Der Erblasser streicht Verfügungen durch, radiert sie aus oder schneidet sie weg.

▶ indem der Erblasser ein notarielles oder ein eigenhändiges Testament **aus der amtlichen Verwahrung herausverlangt** (§ 2256 BGB).

Wird ein **Widerruf widerrufen**, so lebt das ursprüngliche Testament wieder auf.

Ein Erblasser setzt seine Frau testamentarisch als Alleinerbin ein. Später schreibt er ein neues Testament (Widerrufstestament) und setzt seine Geliebte als Alleinerbin ein. Als sich während einer schweren Erkrankung seine Frau aufopfernd um ihn kümmert, die Geliebte dagegen nichts von sich hören lässt, reut ihn das zweite Testament und er zerreißt es. Dadurch lebt das erste Testament, das seine Ehefrau begünstigt, wieder auf.

6.3.2.4 Inhalt eines Testamentes

Der Inhalt eines Testaments kann nicht beliebig gestaltet werden, sondern muss sich an die Grundprinzipien des Erbrechts halten.

Nach geltendem Erbrecht ist es beispielsweise nicht möglich, einzelne Vermögensgegenstände einem Erben so zuzuwenden, dass dieser Eigentümer wird. Stattdessen wird ein Erbe zu einem bestimmten Bruchteil oder zu 100 % der Nachfolger in den gesamten Nachlass (= **Prinzip der Gesamtrechtsnachfolge**).

Beispiel

Onkel Alfons kann dem Neffen Kurt nicht die goldene Taschenuhr „vererben", da die Vererbung einzelner Gegenstände nach dem BGB nicht möglich ist.

Dem Erblasser stehen bei der Aufsetzung eines Testaments folgende Möglichkeiten zur Verfügung, um seinen Willen umzusetzen:

▶ Der Erblasser benennt die **Erben** und ihre **Anteile positiv**.

Beispiel

Mein Sohn Anton wird Erbe zu $\frac{1}{2}$, meine Nichte Eva zu $\frac{1}{4}$ und mein Bruder Paul ebenfalls zu $\frac{1}{4}$.

▶ Der Erblasser **schließt** Verwandte oder den Ehegatten **von der gesetzlichen Erbfolge aus**. Die Reihenfolge der gesetzlich Erbberechtigten ist dann so zu bestimmen, als ob es die enterbten Personen gar nicht gäbe.

Beispiel

Wilhelm Schuster schließt seine Ehefrau Margot von der Erbfolge aus. Erben werden damit die beiden Söhne zu je $\frac{1}{2}$. Die Ehefrau Margot bekommt aber den Pflichtteil (dazu später).

▶ Der Erblasser ordnet ein **Vermächtnis** an.
  Das Vermächtnis ist eine Verfügung von Todes wegen, durch die der Erblasser einem anderen ein Recht auf einen Vermögensgegenstand zuwendet, ohne ihn als Erben einzusetzen. Der Begünstigte erlangt dann in der Regel **gegen die Erben einen schuldrechtlichen Anspruch** darauf, dass diese ihm den vermachten Gegenstand herausgeben (§ 2174 BGB).

Beispiel

Gerda Fink hat ihrer Nichte Carola einen Goldring vermacht. Die Erben von Gerda Fink sind die beiden Söhne Peter und Rolf. Nach dem Tod der Tante kann Carola von Peter und Rolf die Herausgabe des Ringes aufgrund des schuldrechtlichen Anspruchs aus § 2174 BGB verlangen.

▶ Der Erblasser ordnet eine **Auflage** an.
  Durch eine Auflage wird der **Erbe zu einer Leistung verpflichtet** (§ 1940 BGB).

Theo Mücke setzt seine Tochter als Alleinerbin ein, macht ihr jedoch die Auflage, sich nach seinem Tod um die Grabpflege zu kümmern.

▶ Der Erblasser **ordnet an**, wie die **Nachlassabwicklung** stattfinden soll.

– Durch **Teilungsanordnungen** nimmt der Erblasser Einfluss darauf, wie die Vermögensauseinandersetzung zwischen den Erben im Einzelnen erfolgt (§ 2048 BGB).
– Durch **Benennung eines Testamentsvollstreckers** bestimmt der Erblasser, wer seine letztwilligen Verfügungen ausführt (§ 2203 BGB).

Erblasserin Gertrud Schmidt möchte ihrer Tochter Ines das Haus hinterlassen, ihre andere Tochter Christine soll Bargeld bekommen. Aufgrund des Prinzips der Gesamtrechtsnachfolge fällt der gesamte Nachlass hälftig an Ines und Christine. Die Verfügung der Erblasserin bezüglich des Hauses ist aber als Teilungsanordnung anzusehen, das heißt, im Rahmen der Erbauseinandersetzung kann Ines von ihrer Schwester verlangen, dass sie das Haus übertragen bekommt.

Testamente sind manchmal, insbesondere wenn der Erblasser ohne fremde Hilfe testiert hat, unklar oder enthalten eine unzulässige Verfügung. Als oberstes Prinzip für die **Auslegung** von Testamenten gilt, dass dem **wahren Willen** des Erblassers möglichst Rechnung zu tragen ist. Unzulässige Verfügungen sind daher in zulässige Verfügungen umzudeuten, die den Erblasserwillen verwirklichen.

Unklare Verfügungen sind so zu interpretieren, wie sie der Erblasser mutmaßlich verstanden haben wollte. Als Hilfestellung gibt es eine Reihe erbrechtlicher Vorschriften, die eine Aussage darüber treffen, wie solche unklaren oder unzulässigen Verfügungen im Zweifel zu verstehen sind. Einen Überblick gibt das Schaubild:

unklares Testament		
Der Erblasser hat verfügt:	**Dies ist zu verstehen als:**	**§**
Mein Sohn Günther soll meine Hi-Fi-Anlage erben.	Vermächtnis zugunsten Günthers über die Hi-Fi-Anlage.	2087 II
Meine Töchter Susi und Dagmar sollen mein ganzes Vermögen erhalten.	Erbeinsetzung von Susi und Dagmar zu je $\frac{1}{2}$.	2087 I
Meine Ehefrau Hilde soll das Wohnhaus, mein Sohn Franz die Bäckerei und meine Tochter Anne die Eigentumswohnung bekommen.	Erbeinsetzung von Ehefrau, Sohn und Tochter verbunden mit einer Teilungsanordnung. Die Höhe der Erbquoten bestimmt sich nach dem Wert der zugewandten Gegenstände.	2048
Meine gesetzlichen Erben sollen mein Vermögen bekommen.	Erbeinsetzung der Personen, die zum Zeitpunkt des Erbfalls gesetzliche Erben sind.	2066 S. 1
Meine Verwandten sollen mich beerben.	Es erben die gesetzlichen Erben zum Zeitpunkt des Erbfalls.	2067 S. 1

unklares Testament		
Der Erblasser hat verfügt:	**Dies ist zu verstehen als:**	**§**
Meine Kinder sollen mich beerben.	Beim Tod eines Kindes sind im Zweifel auch dessen Abkömmlinge gemeint.	2068
Mein Ehegatte .../mein Verlobter soll bekommen …	Wenn die Ehe oder das Verlöbnis vor dem Erbfall aufgelöst ist, so ist die Zuwendung in der Regel unwirksam.	2077
Erblasser hat nicht über den gesamten Nachlass verfügt.	Rest wird auf die gesetzlichen Erben verteilt.	2088
Erblasser hat alle Erben aufgezählt, sich aber bei den Bruchteilen verrechnet.	Allen Erben wird noch etwas dazugegeben bzw. abgezogen.	2089, 2090
Erblasser hat keine Bruchteile bestimmt.	Die Erben erben zu gleichen Teilen.	2091

6.3.2.5 Gemeinschaftliches Testament

Ehegatten dürfen ein **einheitliches Testament** errichten, das **für den Tod beider Ehegatten** gilt, ein sogenanntes **gemeinschaftliches** Testament (§§ 2265 ff. BGB). Dies trägt dem Bedürfnis Rechnung, dass Ehegatten oft regeln wollen, was im Falle des Todes eines Ehegatten geschehen soll.
Eine häufige Form des gemeinschaftlichen Testaments ist das **„Berliner Testament"**, bei dem der überlebende Ehegatte vom erstversterbenden Ehegatten alles erbt. Erst nach dem Tod auch des zweiten Ehegatten kommen die Kinder oder die anderen Verwandten zum Zug.

Eine Besonderheit beim gemeinschaftlichen Testament besteht für die wechselbezüglichen Verfügungen. Dies sind Verfügungen, die der eine Ehegatte mit Rücksicht auf den anderen Ehegatten getroffen hat.

Beispiel
Wir, Reinhard und Waltraud Stengl, setzen uns gegenseitig zu Alleinerben ein.

Eine solche **wechselbezügliche Verfügung wird nach dem Tod eines Ehegatten verbindlich** (§ 2271 II 1 BGB). Der überlebende Ehegatte muss sich an die Vereinbarung halten und kann sie nicht widerrufen.

6.3.3 Erbvertrag

Fall: Erbsache Walter Jakob

Der kinderlose siebzigjährige Witwer Walter Jakob schließt mit seiner Haushälterin Thea Flink einen formgültigen Erbvertrag:
Thea wird Alleinerbin des Vermögens von Walter Jakob. Dafür verpflichtet sie sich, Walter Jakob bis zu dessen Tod den Haushalt zu führen und ihn im Bedarfsfall auch zu pflegen, ohne außer Unterkunft und Verpflegung ein extra Entgelt zu verlangen.

Außerdem vermacht Walter Jakob dem Tierheim Kleinhüttendorf einen Betrag in Höhe von 6 000,00 €.

a) 10 Jahre später geht es Walter Jakob gesundheitlich immer noch recht gut und er bereut seine Großzügigkeit gegenüber Thea Flink. Kann er sich von der Erbeinsetzung lösen?

b) Kann er sich von der Erbeinsetzung distanzieren, wenn Thea Flink sich nicht mehr, wie versprochen, um den Haushalt kümmert?

c) Walter Jakob möchte außerdem nicht mehr, dass das Tierheim Kleinhüttendorf 6 000,00 € bekommt, nachdem er in der Zeitung gelesen hat, dass dort Tiere schlecht behandelt würden. Kann er das Vermächtnis widerrufen?

Der Erbvertrag (§§ 2274 ff. BGB) ist im Gegensatz zu einem Testament eine letztwillige Verfügung in Gestalt eines Vertrages. Der **Erblasser schließt einen Erbvertrag mit einer weiteren Person**, die meist gleichzeitig die begünstigte Person ist (§ 1941 BGB).

Der Erbvertrag macht es möglich, dass der Erblasser **bindende Verfügungen** treffen kann. Dies ist bekanntlich beim Testament nicht so, da testamentarische Verfügungen grundsätzlich frei widerruflich sind. Der Erblasser kann also mit dem Erbvertrag bereits zu seinen Lebzeiten verbindliche Regelungen anordnen, auf die sich sein Vertragspartner verlassen kann.

Der wirksame Abschluss eines Erbvertrages setzt voraus:

▶ Geschäftsfähigkeit des Erblassers: § 2275 I BGB,

▶ Erblasser muss den Vertrag persönlich abschließen: § 2274 BGB,

▶ der Erbvertrag muss vor einem **Notar** abgeschlossen werden: § 2276 I 1 BGB. Bei Nichtbeachtung dieser Formvorschrift ist der Erbvertrag nach § 125 S. 1 BGB nichtig.

Inhaltlich kann in einem Erbvertrag alles geregelt werden, was auch Gegenstand eines Testaments sein könnte. Neben den vertragsmäßigen Verfügungen, durch die sich der Erblasser gegenüber einer Person binden will, kann ein Erbvertrag auch einseitige Verfügungen enthalten, von denen sich der Erblasser jederzeit lösen kann.

Beispiel

Im Fall Walter Jakob ist die Erbeinsetzung der Thea Flink eine vertragsmäßige Verfügung, durch die Walter Jakob sich binden wollte. Das Vermächtnis zugunsten des Tierheims ist dagegen eine einseitige Verfügung, da Walter Jakob sich gegenüber dem Tierheim nicht festlegen wollte.

Unter eng begrenzten Voraussetzungen ist es möglich, dass ein Erblasser von einem Erbvertrag zurücktritt und damit das Rechtsgeschäft rückgängig macht. Ein **Rücktritt vom Erbvertrag** kommt in Betracht

▶ bei schweren Verfehlungen des Bedachten: § 2294 BGB,

▶ bei Wegfall der Gegenverpflichtung: § 2295 BGB,

▶ wenn ein Rücktrittsvorbehalt in den Erbvertrag aufgenommen wurde: § 2293 BGB.

Wenn also der im Erbvertrag Begünstigte sich schlecht verhält oder seine Gegenverpflichtungen nicht erfüllt, kann der Erblasser den Erbvertrag rückgängig machen.

Fall: Walter Jakob

a) *Da Walter Jakob seine Haushälterin Thea Flink als Gegenleistung für deren Haushaltsdienste als Erbin eingesetzt hat, kann er sich von dieser vertragsmäßigen Verfügung nicht mehr einseitig lösen. Es bleibt bei der Erbeinsetzung.*

b) *Anders sieht es aus, wenn Thea Flink ihrer vertraglichen Verpflichtung zur Haushaltsführung nicht nachkommt. Der Erblasser könnte in diesem Fall den Dienstvertrag mit Thea Flink kündigen und gleichzeitig nach § 2295 BGB vom Erbvertrag zurücktreten. Auf diese Weise würde Thea Flink dann nach dem Tod von Walter Jakob nichts erben.*

c) *Das Vermächtnis zugunsten des Tierheims ist keine vertragsmäßige, sondern eine einseitige Verfügung, an der die Vertragspartnerin von Walter Jakob, Thea Flink, kein Interesse hat. Diese Verfügung kann der Erblasser daher jederzeit widerrufen.*

Letztwillige Verfügungen	Testament	Gemeinschaftliches Testament	Erbvertrag
Verfügende Person	einseitige Verfügung des Erblassers	gemeinsame Verfügung von Ehegatten	Vertrag zwischen Erblasser und dritter Person
Bindungswirkung	frei widerrufliche Verfügungen	wechselbezügliche Verfügungen werden nach dem Tod des ersten Ehegatten verbindlich	vertragsmäßige Verfügungen sind bindend
Anwendung	Erblasser will Entscheidungsfreiheit behalten	Ehepaare, die regeln wollen, was beim Tod des Partners jeweils passiert	Bindung zweier Vertragspartner gewollt, z. B. anwendbar für nichteheliche Lebensgemeinschaft

Aufgaben

1. Der sechzehnjährige Karl schreibt handschriftlich ein Testament, unterschreibt es und legt es in die Schublade. Hat er wirksam testiert?

2. Welchen Zweck haben Nottestamente und was kennzeichnet sie? Kennen Sie zwei?

3. Stellen Sie die Vorzüge und Nachteile des eigenhändigen und des notariellen Testamentes gegenüber.

4. Cäcilie Kupferschmidt zerreißt ein Testament zugunsten ihres Enkelsohnes Lothar, das sie jahrelang in der Schublade liegen hatte, weil Lothar sich nicht um sie kümmert. Wie ist dieser Vorgang rechtlich zu bewerten?

5. Wie muss der Erblasser vorgehen, wenn er einen Erben zu einer nach seinem Tod zu erbringenden Leistung verpflichten will? Was kann er tun, um einen einzelnen Vermögensgegenstand zuzuwenden?

6. Grenzen Sie den Erbvertrag und das gemeinschaftliche Testament von einem normalen Testament ab.

6.4 Pflichtteilsrecht

6.4.1 Grundlagen des Pflichtteilsrechtes

Ein Erblasser kann durch ein Testament seine gesetzlichen Erben von der Erbfolge ausschließen und damit enterben.
Den nächsten Angehörigen des Erblassers, nämlich

▶ dem Ehegatten,

▶ den Eltern,

▶ den Kindern,

soll nach § 2303 BGB aber **trotz Enterbung ein Mindesterbe** zustehen: der sogenannte **Pflichtteil**.
Der Pflichtteilanspruch ist ein **schuldrechtlicher Anspruch, den der Pflichtteilsberechtigte gegen die Erben hat** (§ 2317 I BGB). Die Höhe des Pflichtteilsanspruchs beläuft sich auf den **halben Wert des gesetzlichen Erbteils** (§ 2303 I 2 BGB).

Beispiel
Beim Tod des Ehemannes bekommt die Ehefrau $\frac{1}{2}$, die Tochter $\frac{1}{4}$ und der Sohn $\frac{1}{4}$ des Nachlasses. Hat der Erblasser den Sohn testamentarisch enterbt, so beträgt dessen Pflichtteilsanspruch gegenüber seiner Mutter und seiner Schwester $\frac{1}{8}$ des Nachlasswertes.

Bei schweren Verfehlungen gegen den Erblasser, wie zum Beispiel Misshandlungen oder Tötungsdrohungen, ist es möglich, dem Pflichtteilsberechtigten den Pflichtteil zu entziehen (§ 2333 BGB). Die **Pflichtteilsentziehung** muss dann im Testament unter Angabe des Entziehungsgrundes vom Erblasser niedergelegt werden (§ 2336 I, II BGB).

6.4.2 Ehegattenpflichtteil

Fall: Erbfall Johannes Klein

Ehefrau Lore Klein ist durch ein Testament ihres Mannes Johannes Klein von der Erbfolge ausgeschlossen. Aus der Ehe sind die Kinder Simone und Michael hervorgegangen. Wer bekommt beim Tod von Johannes Klein wie viel?

Der enterbte Ehegatte hat neben dem Pflichtteilsanspruch auch einen Anspruch auf Ausgleich des Zugewinns.

Im Falle der Enterbung des Ehegatten ist dessen Zugewinnausgleichsanspruch konkret zu berechnen und auszugleichen. Ein pauschalierter Zugewinnausgleich durch Erhöhung der Erbquote um $\frac{1}{4}$ kann hier nicht stattfinden, weil dies nicht im Sinne des Erblassers wäre.

Der **Pflichtteilanspruch des Ehegatten** besteht dementsprechend in der **Hälfte des nicht erhöhten gesetzlichen Erbteils** des Ehegatten: also $\frac{1}{2} \times \frac{1}{4} = \frac{1}{8}$

Lösung des Falls

Fall: Johannes Klein
Der gesetzliche Erbteil von Lore Klein beträgt neben den Kindern $\frac{1}{4}$. Ein Zugewinn-ausgleich durch Erhöhung des gesetzlichen Erbteils um ein weiteres $\frac{1}{4}$ ist nicht mög-lich, da Lore Klein von ihrem Mann durch ein Testament enterbt wurde. Der Pflichtteil von Lore Klein ist die Hälfte ihres nicht erhöhten gesetzlichen Erbteils von $\frac{1}{4}$: also $\frac{1}{8}$. Die Erben Simone ($\frac{1}{2}$) und Michael ($\frac{1}{2}$) müssen an die Mutter $\frac{1}{8}$ des Nachlass-wertes auszahlen.

Aufgaben

1. Hugo Böse, dessen Frau verstorben ist, enterbt seine beiden Kinder Fritz und Lieselotte. Stattdessen setzt er die „Blaue Partei" als Alleinerben ein. Können Fritz und Lieselotte nach dem Tod ihres Vaters Ansprüche gegen die „Blaue Partei" geltend machen?

2. Benennen Sie alle Personen, die ein Pflichtteilsrecht haben.

6.5 Rechtliche Stellung der Erben

6.5.1 Anfall der Erbschaft

Mit dem Tod des Erblassers fällt die Erbschaft von selbst den Erben zu, ohne dass sie etwas tun müssen (= **Vonselbsterwerb**). Als Erben kommen sowohl **natürliche** als auch **juristische Personen** infrage. Eine natürliche Person muss zum Zeitpunkt des Erbfalls geboren oder zumindest als Ungeborener erzeugt sein (§ 1923 BGB), eine juristische Person muss zum Zeitpunkt des Erbfalls existent sein. Unter dieser Voraussetzung sind natürliche und juristische Personen **erbfähig**.

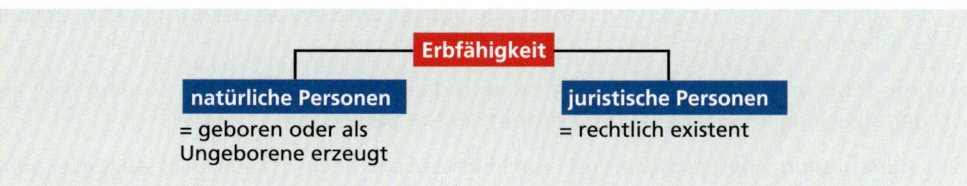

Erbe wird, wer

▶ als Erbe **eingesetzt** (z. B. Testament) oder **berufen** (durch gesetzliche Erbfolge) ist,

▶ **erbfähig** ist (lebende natürliche Person, gegründete juristische Person),

▶ auf sein Erbe **nicht verzichtet** hat.

6.5.2 Ausschlagung der Erbschaft

Erbe ausschlagen ist endgültig

Berlin/Düsseldorf (tmn) – Ein Erbe sollte sich möglichst genau über eine anstehende Erbschaft informieren. Wird eine Erbschaft ausgeschlagen, weil ein Erbe aufgrund ungenauer Informationen befürchtet, Schulden zu übernehmen, könne er das später nicht mehr rückgängig machen, erklärt die Arbeitsgemeinschaft Erbrecht des Deutschen Anwaltvereins in Berlin. Sie beruft sich auf ein Urteil des Oberlandesgerichts Düsseldorf (Az.: I-3 Wx 21/11). Im verhandelten Fall hatte eine Frau das Erbe ihrer Eltern ausgeschlagen. Sie hatte vermutet, dass dort wahrscheinlich „nur Schulden seien". Grund für ihre Annahme war unter anderem die Krebserkrankung des Vaters. Zudem war das Elternhaus schon im Jahre 1989 verkauft worden und die Stiefmutter zu Lebzeiten auf öffentliche Unterstützung angewiesen. Als sich später herausstellte, dass der Nachlass noch einen Wert von etwa 76 000 Euro hatte, wollte die Frau ihre Ausschlagungserklärung anfechten. Vor Gericht scheiterte sie allerdings. Eine Anfechtung komme nur in Betracht, wenn sich die Erbin zunächst über die Werthaltigkeit des Erbes informiert hätte. Im vorliegenden Fall habe sie sich allerdings nur von Spekulationen leiten lassen.

Quelle: tmn, in: Esslinger Zeitung, 05.08.2011, S. 29

Ein Erbe ist nicht gezwungen, die Erbschaft anzunehmen. Durch die **Ausschlagung** der Erbschaft (§§ 1942 ff. BGB) kann der automatische Erwerb der Erbschaft wieder rückgängig gemacht werden.

Beispiel

Wenn der Erbe erfährt, dass der Nachlass mehr Schulden als Aktivvermögen umfasst, so kann er die Erbschaft ausschlagen. Damit ist er dann nicht mehr Erbe.

Einzig der Staat als gesetzlicher Erbe darf eine Erbschaft nicht ausschlagen (§ 1942 II BGB).

Wenn der Erbe die Erbschaft ausschlagen möchte, so ist es erforderlich,

▶ eine **Erklärung** gegenüber dem Nachlassgericht (= Amtsgericht am Wohnsitz des Erblassers) zur Niederschrift des Gerichts oder in öffentlich beglaubigter Form (§ 1945 I BGB) abzugeben,

▶ die Abgabe dieser Erklärung **innerhalb von 6 Wochen** ab Kenntnis vom Erbfall (= Ausschlagungsfrist, § 1944 I, II BGB) vorzunehmen.

Hat der Erbe wirksam ausgeschlagen, so wird die Erbfolge im Übrigen so beurteilt, als ob der ausschlagende Erbe vorverstorben wäre (§ 1953 BGB).

Die Ausschlagung der Erbschaft ist vom **Erbverzicht** nach § 2346 BGB abzugrenzen. Schlägt ein Erbe die Erbschaft aus, so kann er trotzdem noch seinen Pflichtteil geltend machen, sofern er zu den Pflichtteilsberechtigten gehört. Ein Verzicht auf den Erbteil, der notariell beurkundet werden muss (§ 2348 BGB), hat dagegen zur Folge, dass der Erbe auch **kein Pflichtteilsrecht** mehr hat (§ 2346 I 2 BGB).

6.5.3 Annahme der Erbschaft

Ist der Erbfall eingetreten, so kann der Erbe durch die Erklärung, dass er die Erbschaft **annehmen** will, seine **endgültige Erbenstellung klarstellen**. Der Erbe kann nach Abgabe dieser Annahmeerklärung die Erbschaft nicht mehr ausschlagen (§ 1943 BGB).

Die Annahme der Erbschaft kann der Erbe ausdrücklich gegenüber dem Nachlassgericht oder anderen Personen (z. B. Miterben, Nachlassgläubigern) erklären, aber auch durch konkludentes Handeln, d. h. durch Vornahme von Handlungen, die nur ein Erbe vornimmt (z. B. einen Erbschein beantragen; dazu später), deutlich machen.

Lässt der Erbe einfach die **Ausschlagungsfrist von 6 Wochen verstreichen**, so wird dies vom Gesetz als Annahme der Erbschaft gewertet (§ 1943 BGB).

6.5.4 Erbschein

```
Notariat ...
- Nachlassgericht -
Beschluss vom 3. APR. ..

                    Erbschein

Erben, der am 17. Sep. .. in Köln gestor-
benen Maria Höchst, geb. Müller
zuletzt Langenfeld, Hauptstraße 4,

sind / ist geworden:
 die Kinder
 a) Hans Höchst, geb. am 4. Jan. ..,
    wohnhaft in München, Nobel-Str. 8
 b) Katharina Meyer, geb. Höchst,
    geb. am 16. Dez. .., wohnhaft in
    Köln, Neue Straße 10,
 c) Barbara Höchst, geb. am 25. Aug. ..,
    wohnhaft in Köln, Stuttgarter Str. 73,

 - je zu einem Drittel -

                    Notar
                    . . .
Ausgefertigt!
Langenfeld, den 3. Apr. ..
Notariat - Nachlassgericht -

Notar
```

Der Erbe hat die Möglichkeit, beim Nachlassgericht einen **Erbschein** zu beantragen (§ 2353 BGB). Darunter versteht man ein **Zeugnis über das Erbrecht** des Erben.

Der Erbschein beinhaltet die Benennung der **Erben** und der **Erbquoten**.

Der Erbschein hat den Zweck, das Erbrecht gegenüber Privatpersonen, aber auch gegenüber Behörden und Gerichten nachzuweisen.

Alleinerbe Gregor Semmel möchte das ererbte Hausgrundstück veräußern. Im Grundbuch steht der Erblasser Franz Semmel als Eigentümer des Grundstücks. Mit dem Erbschein kann der Erbe Gregor Semmel nachweisen, dass er als Alleinerbe Eigentümer des Grundstücks geworden ist.

Mit dem Erbschein wird aber keine verbindliche Entscheidung über das Erbrecht getroffen. Im **Erbscheinsverfahren** (§§ 342 ff. FamFG = Gesetz über das Verfahren in Familiensachen und in den Angelegenheiten der freiwilligen Gerichtsbarkeit) muss das Nachlassgericht zwar prüfen, ob der beantragte Erbschein so richtig ist, stellt sich aber der Inhalt eines Erbscheins als unrichtig heraus, so kann der wahre Erbe vor Gericht sein Erbrecht einklagen (Feststellungsklage nach § 256 ZPO = Zivilprozessordnung). Der Erbschein hat zwei bedeutsame **Rechtswirkungen:**

▶ **Vermutung der Richtigkeit** des Erbscheins,

▶ **öffentlicher Glaube** des Erbscheins.

Nach § 2365 BGB wird zugunsten einer im Erbschein als Erbe bezeichneten Person vermutet, dass ihr das Erbrecht in besagter Höhe zusteht. Eine solche Vermutung schafft in einem Prozess um das Erbrecht für den Erbscheininhaber eine **günstige Beweislage**.

Die im Erbschein als Alleinerbin bezeichnete Maria Mader wird von ihrem testamentarisch enterbten Bruder Gerd Pech verklagt, weil Gerd die Wirksamkeit des Testamentes anzweifelt und somit ihr Alleinerbrecht bestreitet. Da vom Erbschein der Maria Mader die Vermutung der Richtigkeit ausgeht, muss Gerd Pech im Prozess darlegen und nachweisen, dass der Erbschein unrichtig ist.

Der Erbschein genießt nach § 2366 BGB öffentlichen Glauben. Dies bedeutet, dass man von einer im Erbschein als Erbe bezeichneten Person einen beweglichen oder unbeweglichen Gegenstand **gutgläubig erwerben** kann.

Die im Erbschein als Erbin bezeichnete Elke Hauf übereignet an ihre Bekannte Franziska Beck einen Teppich aus dem Nachlass und bekommt dafür 3 000,00 € bezahlt. Später stellt sich heraus, dass der Erbschein unrichtig ist, weil noch ein Testament aufgefunden wird. Franziska Beck hat den Teppich gutgläubig von der Nicht-Erbin Elke Hauf erworben und darf ihn behalten.

Ein gutgläubiger Erwerb scheitert nur dann, wenn der Erwerber die Unrichtigkeit der Angaben im Erbschein positiv kannte.

6.5.5 Gesamtrechtsnachfolge

Das Vermögen des Erblassers geht in seiner Gesamtheit mit dem Erbfall auf den oder die Erben über. Dieses Prinzip nennt man **Gesamtrechtsnachfolge** oder **Universalsukzession** (§ 1922 I BGB).

Der Erbe Jens Fischer wird mit dem Erbfall Eigentümer aller Sachen, Inhaber aller Forderungen usw. des Erblassers. Er tritt aber auch in die Schuldnerstellung des Erblassers ein, wenn dieser Schulden hatte oder in die Vermieterstellung des Erblassers, wenn dieser eine Wohnung vermietet hatte.

Durch die Gesamtrechtsnachfolge tritt der Erbe also in die vermögensrelevanten Rechtspositionen des Erblassers ein.

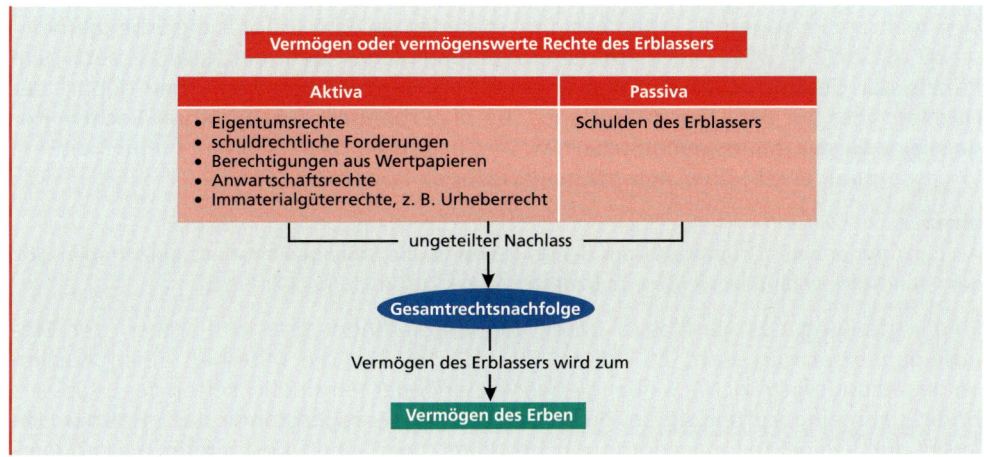

6.5.6 Erbengemeinschaft

Erbauseinandersetzung

Wie der Nachlass geteilt wird

Sind mehrere Erbe vorhanden, bilden sie eine „gesetzliche Zwangsgemeinschaft", die „Erbengemeinschaft". Diese hat die Teilung des Nachlasses zum Ziel, denn jeder Erbe erbt nicht einzelne Nachlassgegenstände. Vielmehr ist er am Nachlass entsprechend seiner Erbquote zu einem Bruchteil beteiligt. Deshalb kann er auch nicht über einzelne Nachlassgegenstände verfügen, sondern nur über seinen Erbteil als Ganzes. Damit die Erben alleiniges Eigentum an den einzelnen Nachlassgegenständen erlangen, muss der Nachlass unter ihnen aufgeteilt werden. Hierfür sieht das Gesetz vor, dass jeder Erbe grundsätzlich berechtigt ist, jederzeit die Auseinandersetzung des Nachlasses zu verlangen.

Die Auseinandersetzung kann auf verschiedene Weisen erfolgen. Die kostengünstigste ist, wenn sich die Erben einigen. Dies geschieht in einem Erbteilungsvertrag, der, sofern Grundstücke oder GmbH-Geschäftsanteile zum Nachlass gehören, notariell beurkundet werden muss. Es ist aber höchste Vorsicht geboten, wenn ein Erbe wertmäßig mehr erhält als ihm nach seiner Erbquote zusteht und er hierfür die anderen Erben abfindet. Neben der zu zahlenden Erbschaftsteuer droht eine zusätzlich Belastung mit Einkommensteuer.

Können sich die Erben nicht einigen, kann jeder versuchen, seinen Erbteil zu verkaufen. Hierbei haben die übrigen Erben ein gesetzliches Vorkaufsrecht, das sie innerhalb von zwei Monaten ausüben müssen.

Ist auch das nicht möglich, kann als letztes Mittel die Nachlassteilung mittels Klage erzwungen werden. Die Erbteilungsklage hat jedoch nur dann Aussicht auf Erfolg, wenn der Nachlass teilungsreif ist, nämlich sämtliche Nachlassverbindlichkeiten erfüllt sind, der noch vorhandene Rest des Nachlasses entsprechend den Erbquoten in gleichartige Teile aufgeteilt werden kann und ein dezidierter Teilungsplan aufgestellt worden ist. Dabei müssen Teilungsanordnungen des Erblassers berücksichtigt werden. Ist eine Teilung des Nachlasses in Natur ausgeschlossen, muss vor Erhebung der Teilungsklage bei Nachlassimmobilien die Teilungsversteigerung und bei beweglichen Sachen der Pfandverkauf durchgeführt werden.

Quelle: Csaba Láng/ Sozietät Jehle · Láng · Meier-Rudolph · Köberle, Freiburg, in: Wirtschaft im Südwesten, IHK, Juli/August 2015, S. 61

Sind mehrere Personen als Erben berufen, so bilden sie eine Gruppe: die Erbengemeinschaft (§§ 2032 ff. BGB). Auch auf die Erbengemeinschaft geht der Nachlass nach dem Prinzip der Gesamtrechtsnachfolge ungeteilt als Ganzes über. Den Erben gehört der Nachlass aber nur zur „gesamten Hand", da die **Erbengemeinschaft** ihrer Rechtsnatur nach eine **Gesamthandsgemeinschaft** ist. Dies bedeutet, dass die Erben nur gemeinsam (= gesamthänderisch) über den Nachlass verfügen können.

Beispiel

Als Eigentümer eines Grundstücks aus dem Nachlass ist die Erbengemeinschaft einzutragen. Soll das Grundstück veräußert werden, so bedarf dies der Zustimmung aller Erben.

Eine Aufteilung des Nachlasses unter den Erben findet erst im Rahmen der **Erbauseinandersetzung** statt. Zu diesem Zweck schließen die Miterben einen **Auseinandersetzungsvertrag**. Nach Abzug etwa vorhandener Verbindlichkeiten des Erblassers findet dann eine Aufteilung der einzelnen Vermögensgegenstände statt. Hat der Erblasser durch eine Teilungsanordnung bestimmt, wer einen bestimmten Vermögensgegenstand bekommen soll, so muss dies bei der Auseinandersetzung dem Erblasserwillen entsprechend durchgeführt werden.

6.5.7   Haftung für Nachlassverbindlichkeiten

Der Erbe erbt neben dem Vermögen des Erblassers auch dessen Schulden. Er rückt quasi in die Schuldnerstellung des Erblassers ein (§ 1967 I BGB).

Beispiel

Der Erblasser Max Baumeister schuldet Frau März Schadensersatz aus einem Verkehrsunfall. Dieser Anspruch ist rechtskräftig festgestellt. Nach dem Tod von Max Baumeister schulden die Erben Frau März die Zahlung des im Urteil festgelegten Betrages.

Grundsätzlich haftet der Erbe **für die ererbten Schulden unbeschränkt**, das heißt sowohl mit dem Nachlass als auch mit seinem eigenen Vermögen. Der Erbe hat aber die Möglichkeit, die **Haftung auf den Nachlass** zu **beschränken**. Dies geschieht, indem der Erbe die Durchführung diverser Verteilungsverfahren beantragt, die eine gerechte Verteilung des noch vorhandenen Nachlasses auf alle Gläubiger gewährleisten sollen. Solche Verteilungsverfahren sind

▶ Nachlassverwaltung: § 1975 BGB,

▶ Nachlassinsolvenz: §§ 1975 BGB, §§ 315 ff. Insolvenzordnung.

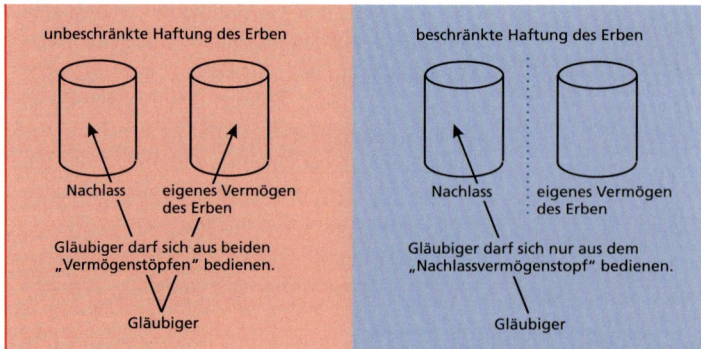

Ist das Nachlassvermögen so gering, dass sich nicht einmal mehr ein Verteilungsverfahren lohnt, so darf der Erbe die Befriedigung der Gläubiger verweigern, indem er die sogenannte **Dürftigkeitseinrede** erhebt (§ 1990 BGB).

Aufgaben

1. Erklären Sie, was die Ausschlagung einer Erbschaft und der Verzicht auf eine Erbschaft bedeutet.

2. Wann hat ein Erbe die Erbschaft spätestens angenommen?

3. Nennen Sie die zwei wichtigsten Rechtswirkungen des Erbscheins.

4. Aufgrund welchen Prinzips kann ein Erblasser keine einzelnen Vermögensgegenstände vererben?

5. Welchen Rechtstypus hat eine Erbengemeinschaft? Welche Auswirkungen hat dies?

6. Erklären Sie, weshalb es so wichtig ist, die Erbenhaftung zu beschränken.

6.6 Sonderrechtsnachfolge im Sozialversicherungsrecht

6.6.1 Anwendungsbereich und Voraussetzungen der Sonderrechtsnachfolge

Auch im Bereich des Sozialversicherungsrechts gibt es das Problem, unter welchen Umständen Ansprüche gegen einen Sozialversicherungsträger vom Anspruchsberechtigten auf einen Erben übergehen. Unter der **Sonderrechtsnachfolge** versteht man das **Schicksal von Ansprüchen auf Geldleistungen im Falle des Todes des Leistungsberechtigten**. Die Sonderrechtsnachfolge ist in den §§ 56 ff. SGB I für das gesamte Sozialrecht geregelt.

Die Sonderrechtsnachfolge setzt nach § 56 SGB I voraus, dass

▶ eine Person einen Anspruch gegenüber einem Sozialversicherungsträger auf eine **laufende Geldleistung** hat,

▶ dieser Anspruch auf die laufende Geldleistung bereits **vor dem Tod** der berechtigten Person **fällig** geworden ist,

▶ die berechtigte Person gestorben ist,

▶ es einen **Sonderrechtsnachfolger** gibt.

Beispiel

Ein Rentenanspruch gegenüber der Rentenversicherung ist ein Anspruch auf eine laufende Geldleistung. Der Rentenanspruch lässt sich aufspalten in das Stammrecht (= der Anspruch auf die Rente nach Erfüllung der Rentenvoraussetzungen) und in den Anspruch auf die Einzelleistungen, also die regelmäßigen Rentenzahlungen zu Beginn des Monats. Diese regelmäßigen Rentenzahlungen werden fällig zum jeweils festgelegten Zahlungstermin. Ist eine Rentenzahlung daher am 3. März fällig geworden und der Rentenbezieher am 5. März verstorben, so hat der Sonderrechtsnachfolger einen Anspruch auf die Märzrente des Verstorbenen.

Wer Sonderrechtsnachfolger sein kann, ist in § 56 SGB I genau festgelegt.

Die berechtigten Personen sind in Gruppen aufgeteilt, wobei die vorhergehende Gruppe die nachfolgende von der Sonderrechtsnachfolge ausschließt. Innerhalb derselben Gruppe ist der Anspruch aufzuteilen. Als **Sonderrechtsnachfolger kommen nacheinander in Betracht:**

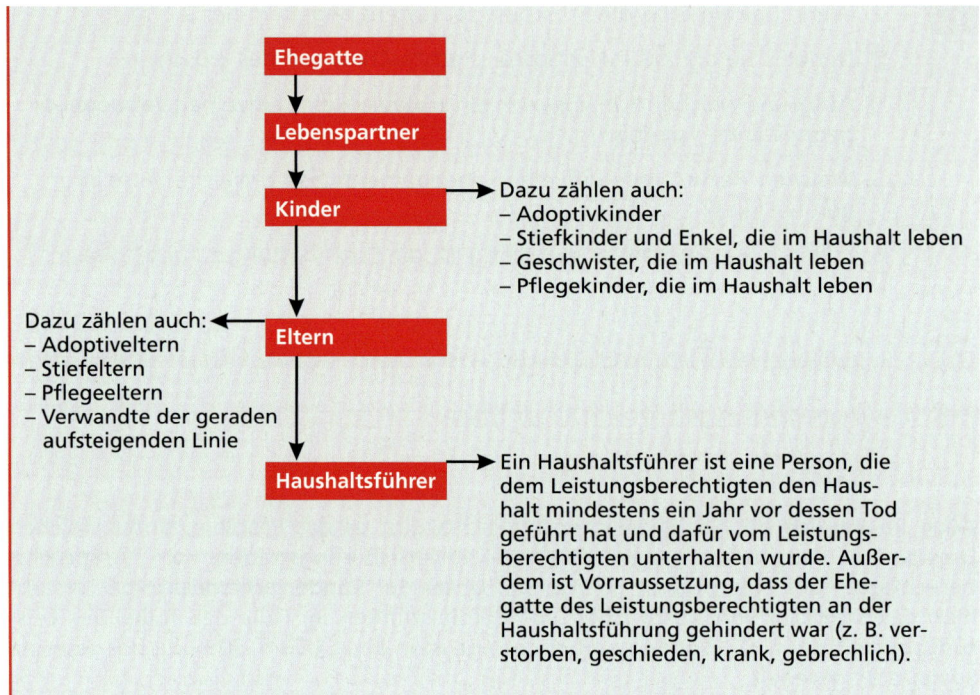

Alle Sonderrechtsnachfolger müssen vorweisen können, dass sie mit dem Leistungsberechtigten entweder vor dessen Tod in einem gemeinsamen Haushalt gelebt haben oder vom Berechtigten wesentlich unterhalten wurden.

6.6.2 Wirkungen der Sonderrechtsnachfolge und Verhältnis zum BGB

Die Sonderrechtsnachfolge hat die **Wirkung**, dass dem Sonderrechtsnachfolger die **Geldleistung ohne besondere rechtsgeschäftliche Übertragung** und unabhängig vom Willen des Verstorbenen zusteht. Der Sonderrechtsnachfolger haftet für Verbindlichkeiten des Verstorbenen (z. B. rückständige Beiträge), jedoch nur bis zur Höhe des Geldbetrages, den er erhalten hat. Der Sonderrechtsnachfolger kann auf den Geldbetrag auch verzichten und muss dies dem Leistungsträger dann innerhalb von 6 Wochen ab Kenntnis von der Sonderrechtsnachfolge mitteilen (§ 57 SGB I).

Die Regelungen zur Sonderrechtsnachfolge sind **Spezialregelungen gegenüber den erbrechtlichen Vorschriften des BGB** und gehen diesen vor. Die Prüfung der BGB-Vorschriften und der Vorschriften des SGB I erfolgt **unabhängig voneinander**. Wird zum Beispiel die Erbschaft nach dem BGB ausgeschlagen, so hat dies keine Auswirkung auf die Sonderrechtsnachfolge nach dem SGB I. Umgekehrt stellt der Verzicht auf die Sonderrechtsnachfolge nicht gleichzeitig die Ausschlagung der Erbschaft nach den BGB-Vorschriften dar.

Zum Abschluss noch ein Überblick, nach welchen Grundsätzen sozialrechtliche Leistungen vererbt werden:

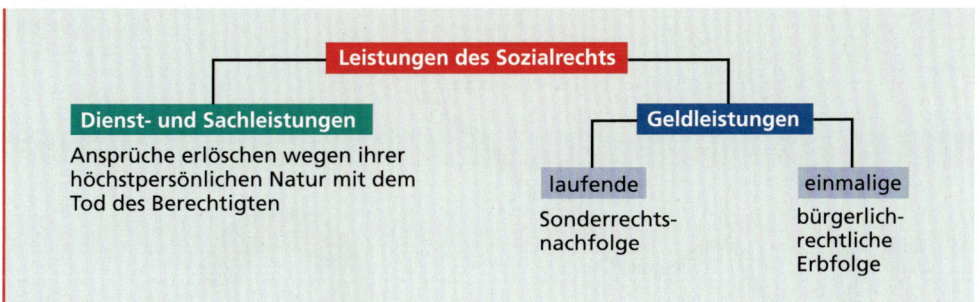

Aufgaben

1. Welche Art einer sozialrechtlichen Leistung kann im Wege der Sonderrechtsnachfolge auf einen Sonderrechtsnachfolger vererbt werden? Nennen Sie ein Beispiel.

2. Wer kann alles Sonderrechtsnachfolger sein?

3. Egbert Kettler verstirbt im November. Sein Sohn Björn Kettler, der der einzige noch lebende Verwandte ist, schlägt die Erbschaft aus, da der Nachlass des Egbert Kettler verschuldet ist. Den fälligen Rentenanspruch des Vaters aus dem Monat November würde Björn allerdings gern von der Rentenkasse ausgezahlt bekommen. Geht das, obwohl er nach dem BGB nicht Erbe seines Vaters geworden ist?

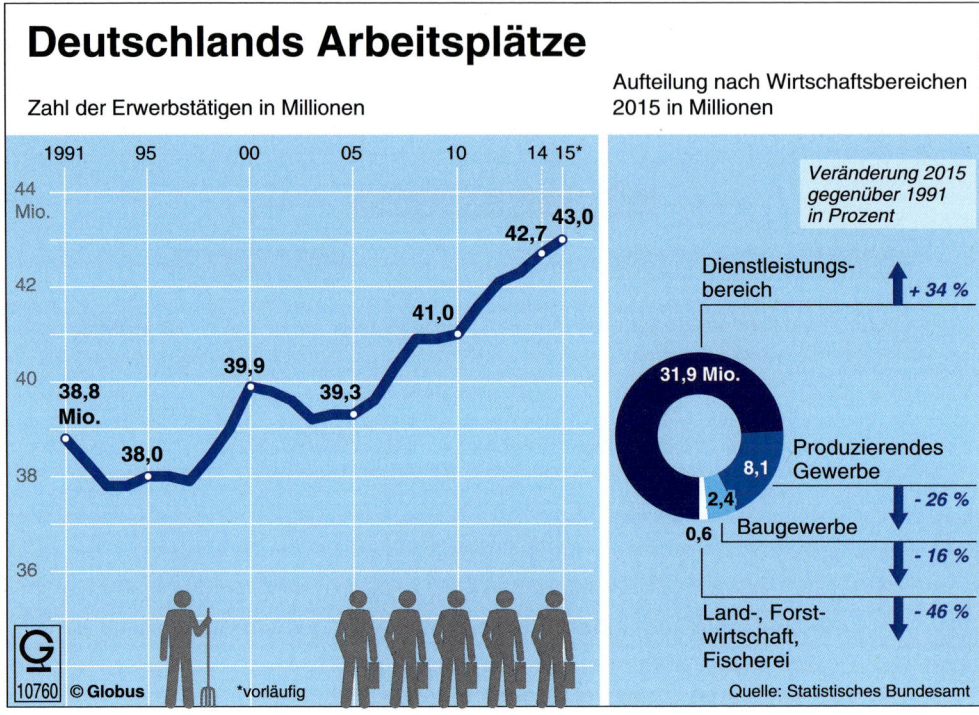

Deutschlands Arbeitsplätze

Zahl der Erwerbstätigen in Millionen

Aufteilung nach Wirtschaftsbereichen 2015 in Millionen

1991 95 00 05 10 14 15*

44 Mio.

42

40

38

36

38,8 Mio.

38,0

39,9

39,3

41,0

42,7

43,0

Veränderung 2015 gegenüber 1991 in Prozent

Dienstleistungsbereich + 34 %

31,9 Mio.

Produzierendes Gewerbe 8,1 − 26 %

2,4

0,6 Baugewerbe − 16 %

Land-, Forstwirtschaft, Fischerei − 46 %

10760 © Globus *vorläufig

Quelle: Statistisches Bundesamt

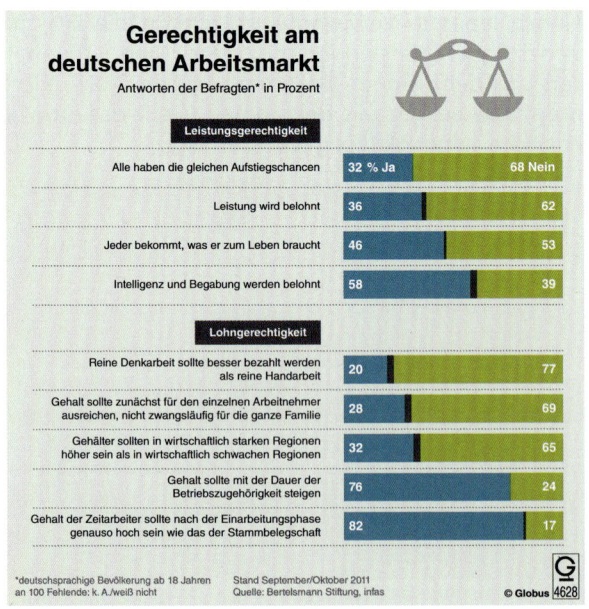

Gerechtigkeit am deutschen Arbeitsmarkt

Antworten der Befragten* in Prozent

Leistungsgerechtigkeit

	Ja	Nein
Alle haben die gleichen Aufstiegschancen	32 % Ja	68 Nein
Leistung wird belohnt	36	62
Jeder bekommt, was er zum Leben braucht	46	53
Intelligenz und Begabung werden belohnt	58	39

Lohngerechtigkeit

Reine Denkarbeit sollte besser bezahlt werden als reine Handarbeit	20	77
Gehalt sollte zunächst für den einzelnen Arbeitnehmer ausreichen, nicht zwangsläufig für die ganze Familie	28	69
Gehälter sollten in wirtschaftlich starken Regionen höher sein als in wirtschaftlich schwachen Regionen	32	65
Gehalt sollte mit der Dauer der Betriebszugehörigkeit steigen	76	24
Gehalt der Zeitarbeiter sollte nach der Einarbeitungsphase genauso hoch sein wie das der Stammbelegschaft	82	17

*deutschsprachige Bevölkerung ab 18 Jahren an 100 Fehlende: k. A./weiß nicht

Stand September/Oktober 2011
Quelle: Bertelsmann Stiftung, infas

© Globus 4628

7.1 Grundlagen des Arbeitsrechtes

Das Arbeitsrecht ist ein **Sonderrecht der Arbeitnehmer**. Arbeitnehmer sind alle Personen, die **in abhängiger Stellung** arbeiten.

In abhängiger Stellung arbeitet ein Facharbeiter oder eine Sekretärin, nicht dagegen ein selbstständiger Arzt oder Rechtsanwalt.

Die **Ausgrenzung der selbstständig tätigen Personen** aus dem Arbeitsrecht hat historische Gründe. Im Zuge der industriellen Revolution des 19. Jahrhunderts wurden die Arbeitnehmer vom übermächtigen Unternehmertum stark ausgebeutet. Deshalb entwickelte sich später so nach und nach ein Recht, das als Gegengewicht zu den selbstständigen Unternehmern ausschließlich den Schutz der Arbeitnehmer bezweckte.

Das Arbeitsrecht ist nicht in einem einheitlichen Gesetz geregelt, sondern über viele Einzelgesetze verstreut. Eine große Rolle im Arbeitsrecht spielt die Rechtsprechung des BAG (= Bundesarbeitsgericht).

Das Arbeitsrecht lässt sich in zwei Hauptgebiete einteilen:

▶ Das **Individualarbeitsrecht** beschäftigt sich mit dem Verhältnis des einzelnen Arbeitnehmers zum Arbeitgeber, insbesondere mit der rechtlichen Ausgestaltung des Arbeitsvertrages.

▶ Das **Kollektivarbeitsrecht** befasst sich mit den Beziehungen der Arbeitnehmer als Kollektiv zum einzelnen Arbeitgeber oder zu mehreren Arbeitgebern als Kollektiv.

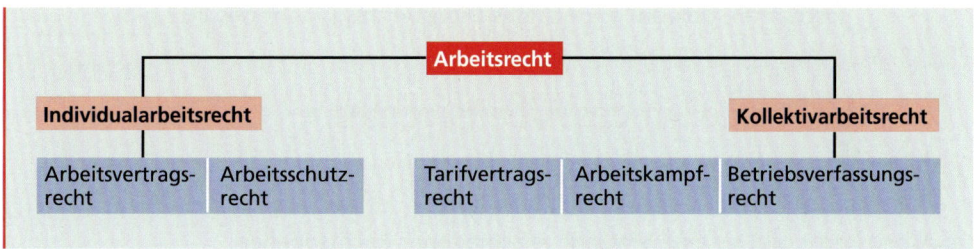

Das **Arbeitsrecht** wird dem **Zivilrecht** zugeordnet. Dies liegt daran, dass Arbeitsverträge (aber auch Verträge zwischen den Tarifpartnern) prinzipiell nicht durch staatlichen Zwang zustande gebracht, inhaltlich ausgestaltet und durchgesetzt werden. Dies bleibt den Privatrechtssubjekten überlassen. Dementsprechend sind die **Arbeitsgerichte** ein besonderer **Zweig der Zivilgerichtsbarkeit**.

Zum **öffentlichen Recht** gehört allerdings der **Arbeitsschutz**. Das Arbeitsschutzrecht beinhaltet die öffentlich-rechtlichen Vorschriften, die vom Staat zum Schutz der Arbeitnehmer vor Gefahren erlassen wurden. Diese Schutznormen werden von den Verwaltungsbehörden mittels Hoheitsakt durchgesetzt. Zum öffentlichen Recht gehören auch Personalvertretungsangelegenheiten im öffentlichen Dienst. Streitigkeiten auf diesem Gebiet gehören deshalb vor die Verwaltungsgerichte.

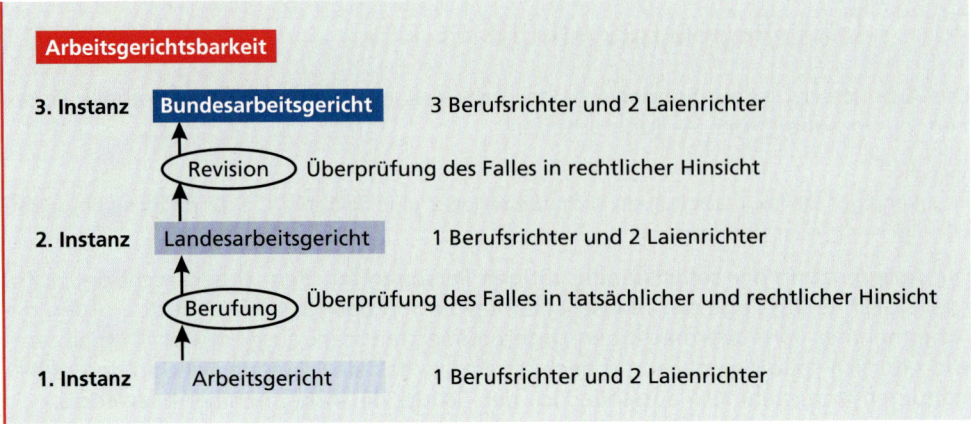

 Das Arbeitsrecht ist ein Sonderrecht zum Schutz der abhängig Beschäftigten.

Aufgaben

1. Gehört das Arbeitsrecht zum öffentlichen Recht oder zum Privatrecht?

2. Grenzen Sie das Individualarbeitsrecht vom Kollektivarbeitsrecht ab.

3. Aus welchem Grund wurde das Arbeitsrecht als gesonderte Materie geschaffen, obwohl es doch das Dienstvertragsrecht des BGB gibt?

7.2 Rechtsquellen des Arbeitsrechtes

7.2.1 Überblick über die Rechtsquellen

Im Arbeitsrecht gibt es eine Vielzahl verschiedener Rechtsquellen:

▶ Im **Grundgesetz** sichert Artikel 9 III GG die Koalitionsfreiheit, also die Freiheit, Arbeitgeberverbände und Gewerkschaften zu bilden, und die Freiheit des Einzelnen, sich in diesen Verbänden zu engagieren oder ihnen fernzubleiben. Art. 3 II GG gebietet die Gleichbehandlung von Männern und Frauen. Auch die willkürliche Ungleichbehandlung aus anderen Gründen ist nicht erlaubt (Art. 3 I GG). Das Sozialstaatsprinzip (Art. 20, 28 GG) verpflichtet den Staat, in seinen Gesetzen und seiner Rechtsprechung den Schwächeren zu schützen.

▶ Unterhalb der Verfassung stehen die einfachen **Bundes- und Ländergesetze**. Im Arbeitsrecht gibt es vor allem Bundesgesetze, da der Bund von seiner (konkurrierenden) Gesetzgebungszuständigkeit überwiegend Gebrauch gemacht hat.

▶ **Rechtsverordnungen** gibt es dagegen kaum für das Arbeitsrecht.

▶ Unterhalb der Gesetze und Verordnungen stehen die **Gesamtvereinbarungen**. Darunter versteht man die **Tarifverträge** und die **Betriebsvereinbarungen**. Ein Tarifvertrag wird zwischen den Gewerkschaften und den Arbeitgebern ausgehandelt und gilt grundsätzlich für die Mitglieder. Eine Betriebsvereinbarung wird vom Betriebsrat beschlossen und gilt für die Mitarbeiter eines Betriebes.

▶ Im Rang unter den Gesamtvereinbarungen befindet sich der **individuelle Arbeitsvertrag** zwischen dem Arbeitnehmer und dem Arbeitgeber.

▶ Die Rechte eines Arbeitnehmers können über seinen Arbeitsvertrag hinaus erweitert werden durch die sogenannte **betriebliche Übung**. Darunter versteht man Verhaltensweisen, die der Arbeitgeber in seinem Betrieb regelmäßig übt und die deshalb im Laufe der Zeit einen Rechtsanspruch eines einzelnen Arbeitnehmers begründen können, wie zum Beispiel einen Anspruch auf eine Sonderzuwendung.

▶ Schließlich gibt es noch das **Weisungsrecht (= Direktionsrecht)** des Arbeitgebers. Darunter versteht man die Befugnis eines Arbeitgebers, dem Arbeitnehmer eine Arbeit räumlich und zeitlich zuzuweisen, wie etwa die Arbeitsaufnahme um eine gewisse Uhrzeit an einem bestimmten Ort.

Die genannten Rechtsquellen ergeben – nach ihrem Rang geordnet – folgendes Schaubild:

7.2.2 Rangprinzip und Günstigkeitsprinzip

Fall: Wie viel Urlaub?

Arbeitnehmer Kröger möchte wissen, wie viel Urlaub er bekommen kann:
▶ *Nach dem Bundesurlaubsgesetz hat er Anspruch auf 24 Werktage im Jahr.*
▶ *Der für ihn gültige Tarifvertrag legt mindestens 5 Wochen Urlaub fest.*
▶ *Sein Arbeitsvertrag gewährt ihm 6 Wochen Urlaub.*

Nach den allgemeinen Rechtsgrundsätzen geht eine stärkere, d. h. ranghöhere Norm einer schwächeren, d. h. rangniedrigeren Norm vor. Dies nennt man **Rangprinzip**.
Im Arbeitsrecht gilt daneben noch ein anderer Grundsatz. Eine schwächere, d. h. rangniedrigere Regelung geht einer stärkeren, d. h. ranghöheren Regelung vor, wenn die schwächere Regelung für den Arbeitnehmer günstiger ist als die stärkere Regelung. Dieses Prinzip heißt **Günstigkeitsprinzip**.

Lösung des Falls

Im Urlaubsfall bedeutet dies:
Nach dem Rangprinzip ist der Arbeitsvertrag rangniedriger als der Tarifvertrag oder das Bundesurlaubsgesetz und müsste an sich verdrängt werden. Da die Regelung des Arbeitsvertrages (6 Wochen Urlaub) für den Arbeitnehmer aber günstiger ist als der Tarifvertrag oder das Gesetz, geht nach dem Günstigkeitsprinzip die arbeitsvertragliche Regelung den höherrangigen Normen vor. Herr Kröger hat also Anspruch auf sechs Wochen Jahresurlaub.

Das Rangprinzip findet im Arbeitsrecht immer Anwendung, wenn eine im Rang tiefer stehende Regelung für den Arbeitnehmer ungünstiger ist als eine ranghöhere Festlegung.

Beispiel
Der Arbeitnehmer schließt mit dem Arbeitgeber einen Arbeitsvertrag ab, der einen Lohn festlegt, der unter dem Tariflohn der Branche liegt. Der Tariflohn ist ranghöher als der Arbeitsvertrag. Da der Arbeitsvertrag für den Arbeitnehmer ungünstiger ist als der Tarifvertrag, bleibt es beim allgemeinen Rangprinzip, wonach die höherrangige Norm die niedrigere Norm verdrängt. Es gilt also der Tarifvertrag und der Arbeitnehmer kann die Bezahlung des Tariflohns verlangen.

Widersprechen sich zwei Regelungen, die auf derselben Stufe stehen, so geht

▶ die spätere der früheren vor,

▶ die speziellere der allgemeineren vor.

Beispiel
Zwei Tarifverträge (= dieselbe Rangstufe) mit übereinstimmendem Anwendungsbereich folgen zeitlich aufeinander. Es gilt der spätere Tarifvertrag, selbst wenn er ungünstiger sein sollte als der vorangegangene.
Ein Firmentarifvertrag (= spezquellerer Tarifvertrag) kann weniger Lohn zusprechen als der regionale Verbandstarif (= allgemeinerer Tarifvertrag).

Das folgende Prüfungsschema hilft bei der Beantwortung der Frage, welche arbeitsrechtliche Regelung im Einzelfall gilt, wenn sich mehrere Regelungen widersprechen:

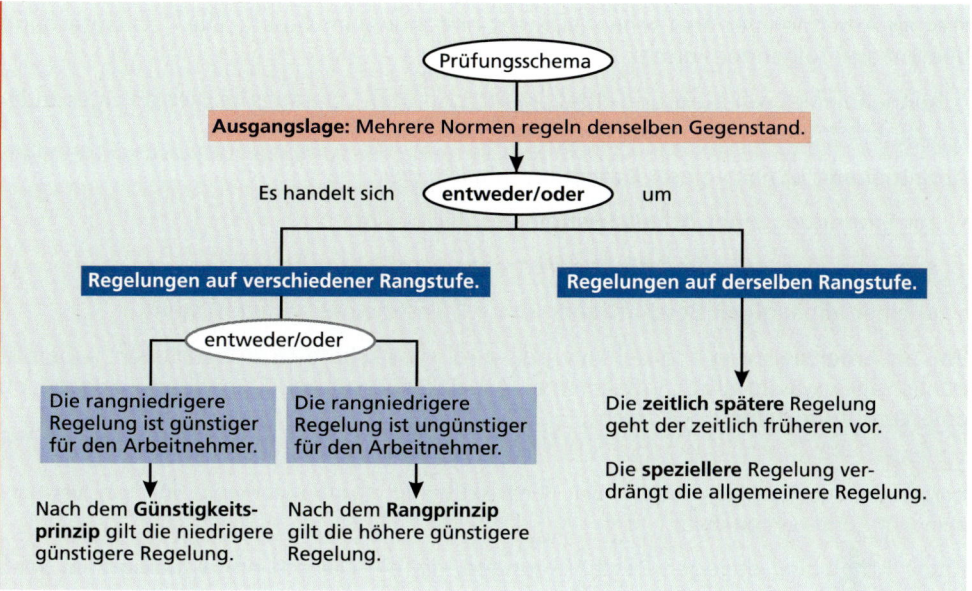

 Im Rang der arbeitsrechtlichen Rechtsquellen gilt unter verschiedenrangigen Normen die günstigere.

Aufgaben

1. Benennen Sie die Rechtsquellen des Arbeitsrechts ihrem Rang nach und erklären Sie, was das Rangprinzip bedeutet.

2. Unter welchen Voraussetzungen kann eine rangniedrigere Norm ausnahmsweise einer ranghöheren vorgehen und wie heißt dieses Prinzip des Arbeitsrechts?

7.3 Grundbegriffe des Arbeitsrechtes

7.3.1 Arbeitnehmerbegriff

7.3.1.1 Unterscheidung von abhängiger und unabhängiger Arbeit

Fall: Was nun?

Betriebswirt Steiner übernimmt für die Tip-Top GmbH anfallende Buchführungsarbeiten. Hierzu begibt er sich am Ende jedes Monats jeweils für einige Tage in die Büroräume bei Tip-Top und führt die notwendigen Arbeiten aus. Bezahlt wird Herr Steiner nach Arbeitsstunden. Eines Tages erhält Herr Steiner von Tip-Top die Mitteilung, dass seine Mitarbeit ab jetzt nicht mehr benötigt werde. Kann Herr Steiner sich hiergegen wehren? Bekommt Herr Steiner Arbeitslosengeld, wenn er so schnell keinen neuen Job findet?

Wer als Arbeitnehmer anzusehen ist, steht nirgendwo im Gesetz. Die Rechtsprechung bedient sich folgender Formel:

Arbeitnehmer ist, wer aufgrund eines privatrechtlichen Vertrages im Dienste eines anderen zur Erbringung einer Arbeitsleistung verpflichtet ist.

Arbeitnehmer ist nach dieser Definition folglich, wer

▶ zur Erbringung einer **Arbeitsleistung** verpflichtet ist,

▶ aufgrund eines **privatrechtlichen Vertrages** verpflichtet ist,

▶ in einer **abhängigen** Beschäftigung (= im Dienste eines anderen) steht.

Was als **Arbeitsleistung** angesehen wird, ist rein **wirtschaftlich** zu beurteilen. Arbeit ist danach alles, was im Wirtschaftsleben als Arbeit eingestuft wird, unabhängig davon, ob eine Vergütung erfolgt oder nicht.

Beispiel

Körperliche oder geistige Arbeit, Arbeit durch aktives Tun (Auto reparieren) oder passives Handeln (auf Abruf bereitstehen).

Keine Arbeit sind dagegen Beschäftigungen, die ein Mensch hobbymäßig zum Spaß betreibt.

Das Erfordernis eines **privatrechtlichen Vertrages** grenzt einige Berufsgruppen von den Arbeitnehmern aus.

Beispiel

Keine Arbeitnehmer sind Richter und Beamte, da sie nicht aufgrund eines Arbeitsvertrages, sondern aufgrund eines öffentlich-rechtlichen Dienstverhältnisses tätig sind. Keine Arbeitnehmer sind mangels Arbeitsvertrag mithelfende Familienangehörige, die lediglich aus Gefälligkeit handeln.

Auch das Merkmal der **persönlich abhängigen Arbeit** führt zu einer Ausgrenzug einiger Berufsgruppen aus der Arbeitnehmerschaft. Keine Arbeitnehmer sind alle selbstständig tätigen Personen.

Beispiel

Freier Architekt, freier Unternehmer, selbstständiger Arzt oder Rechtsanwalt

Schwierig wird die Abgrenzung bei den **freien Mitarbeitern**. Dies sind Personen, die für einen Auftraggeber Arbeiten erledigen, ohne weisungsabhängig beschäftigt zu sein.

Beispiel

Journalist, der als freier Mitarbeiter verschiedenen Zeitungen zuarbeitet

Selbstständige und freie Mitarbeiter müssen sich privat gegen Risiken wie Krankheit, Berufsunfähigkeit, Arbeitslosigkeit und Alter absichern. Eine Ausnahme gilt für sogenannte **Scheinselbstständige**, also selbstständig tätige Personen, die typische Leistungen von Beschäftigten erbringen. Scheinselbstständigkeit wird vermutet, wenn der Selbstständige keine Arbeitnehmer außer eventuell Familienangehörige beschäftigt, im Wesentlichen für denselben Auftraggeber tätig ist, sich nach dessen Weisungen richtet beziehungsweise in dessen Arbeitsorganisation eingegliedert ist und nicht selbst als Unternehmer am Markt auftritt. Für Scheinselbstständige besteht eine Versicherungs- und Beitragspflicht in allen Zweigen der Sozialversicherung, wobei der Auftraggeber die Hälfte der Beiträge aufzubringen hat.

Das Schaubild liefert Indizien für die Abgrenzung von Arbeitnehmern und freien Mitarbeitern:

Arbeitnehmer oder freier Mitarbeiter?

Für die Stellung als Arbeitnehmer spricht:	Für die Stellung als freier Mitarbeiter spricht:
▶ Beschäftigter handelt nach Weisungen.	▶ Die Aufsicht durch den Auftraggeber fehlt ganz oder ist sehr schwach.
▶ Bindung an feste Arbeitszeiten	▶ Freie Zeiteinteilung
▶ Arbeitsort ist vorgegeben.	▶ Örtliche Ungebundenheit
▶ Geschuldet ist ein feststehendes Arbeitsentgelt (Gehalt, Lohn).	▶ Arbeitsleistung wird nach Zeitaufwand oder Teilerfolgen bezahlt.
▶ Beschäftigter arbeitet für eine Person.	▶ Beschäftigter arbeitet parallel für mehrere Personen.
▶ Die Arbeitstätigkeit wird innerhalb der Betriebsorganisation des Arbeitgebers erbracht.	▶ Die Arbeitsleistung erfolgt im eigenen Betrieb unter Einsatz der eigenen Mittel.
▶ Im Arbeitsvertrag steht die Bezeichnung Angestellter oder Arbeiter oder Arbeitnehmer.	▶ Im Rahmen eines Werkvertrages oder Geschäftsbesorgungsvertrages wird die Bezeichnung Auftragnehmer oder freier Mitarbeiter verwendet.
▶ Der Arbeitgeber führt Sozialversicherungsbeiträge und Lohnsteuer ab.	▶ Die Arbeitsleistung erfolgt gegen Rechnung und unter Ausweisung der Mehrwertsteuer.
Anwendung des Arbeitsrechts	Anwendung des allgemeinen Zivilrechts (Dienst- und Werkverträge, Handelsrecht)

 Arbeitnehmer ist, wer aufgrund eines privatrechtlichen Vertrages persönlich abhängige Arbeit verrichtet.

Lösung des Falls

Im Fall des Betriebswirts Steiner spricht für dessen Stellung als freier Mitarbeiter Folgendes:

▶ *Herr Steiner arbeitet eigenverantwortlich und ohne Aufsicht.*

▶ *Die Arbeitszeit ist nur grob festgelegt. Im Detail kann sich Herr Steiner seine Arbeitszeit selbst einteilen.*

▶ *Herr Steiner wird nach Arbeitsaufwand (= Stundenlohn) bezahlt.*

Daher ist Herr Steiner als freier Mitarbeiter anzusehen. Als solcher kann er sich nicht dagegen wehren, dass er die konkrete Tätigkeit zukünftig nicht mehr ausführen kann. Infolge der fehlenden Sozialversicherungsbeiträge zur Arbeitslosenversicherung bekommt Herr Steiner auch kein Arbeitslosengeld.

7.3.1.2 Arbeiter und Angestellte

Die Arbeitnehmer lassen sich in unterschiedliche Gruppierungen aufteilen.
Eine gängige, inzwischen aber überholte Aufteilung, ist diejenige in Arbeiter und Angestellte. Als **Arbeiter** gilt, wer überwiegend **körperlich** arbeitet, als **Angestellter**, wer überwiegend **geistig** arbeitet. Diese Aufteilung entspricht nicht unserer Arbeitswirklichkeit, da zum Beispiel der hochqualifizierte Facharbeiter bei seiner Arbeit viel denken muss und andererseits zum Beispiel eine Büroangestellte oft Arbeiten verrichten muss, die eher mechanisch ablaufen (Schriftstücke kopieren, Abschreibearbeiten). Gleich nach dem 2. Weltkrieg waren die Angestellten gegenüber den Arbeitern rechtlich in vielem besser gestellt.

Beispiel

Längere Kündigungsfristen für Angestellte, Lohnfortzahlung im Krankheitsfall nur für Angestellte, bessere Leistungen der Sozialversicherung

Diese **Vergünstigungen** sind inzwischen **weitgehend abgebaut**, da sie aus heutiger Sicht sachlich nicht mehr gerechtfertigt sind. So urteilte das Bundesverfassungsgericht zum Beispiel im Mai 1990, dass es gegen die Verfassung verstößt, wenn für Arbeiter und Angestellte unterschiedlich lange Kündigungsfristen für die ordentliche Kündigung existieren (§ 622 BGB).
Einige **Unterschiede** zwischen Arbeitern und Angestellten gibt es bis heute noch:

▶ Arbeiter bekommen einen Lohn nach Anzahl der Arbeitsstunden (= Zeitlohn) oder nach der Menge der Leistung (= Akkordlohn), Angestellte erhalten ein Monatsgehalt.

▶ Die Tarifverträge differenzieren oft zwischen Arbeitern und Angestellten, indem getrennte Lohn- bzw. Gehaltstarifverträge abgeschlossen werden.

Unter den Angestellten nehmen die **leitenden Angestellten** eine rechtliche Sonderstellung ein. Darunter sind Angestellte zu verstehen, die Vorgesetzte von mindestens 20 Arbeitnehmern sind und typische Unternehmerbefugnisse innehaben, wie zum Beispiel die Vornahme von Einstellungen und Entlassungen, Vertretungsmacht aufgrund von Generalvollmachten, Prokura usw. Die leitenden Angestellten fallen teilweise aus dem Arbeitsrecht heraus.

Beispiel

Leitende Angestellte genießen Kündigungsschutz, fallen aber nicht unter die Arbeitszeitschutzvorschriften. Die Arbeitsverträge der leitenden Angestellten gehören nicht zum Geltungsbereich der Tarifverträge.

Eine weitere Gruppe der Arbeitnehmer sind die **arbeitnehmerähnlichen Personen**. Dies sind Dienstleistende, die formal keine Arbeitnehmer sind, da sie keine persönlich abhängige Arbeit verrichten, die aber dennoch aufgrund ihrer wirtschaftlichen Abhängigkeit sozial schutzwürdig sind.

Beispiel

Heimarbeiter, Einfirmen-Handelsvertreter, Hausgehilfen

Die arbeitnehmerähnlichen Personen sind den Arbeitnehmern in Teilbereichen rechtlich gleichgestellt.

Zuständigkeit der Arbeitsgerichte, Ansprüche auf Lohn, Urlaub, Insolvenzausfallgeld, Lohnfortzahlung an Feiertagen, Geltung von Tarifverträgen

Schließlich gibt es noch die **zur Berufsausbildung Beschäftigten**:

▶ **Auszubildende**

Das Berufsausbildungsverhältnis unterliegt den normalen arbeitsrechtlichen Grundsätzen. Sonderregelungen sind im Berufsbildungsgesetz (BBiG) enthalten.

▶ **Volontäre**

Dies sind Personen, die zum Zweck der Berufsausbildung unentgeltlich mit kaufmännischen Diensten betraut werden.

▶ **Praktikanten**

Hierunter fallen Personen, die in einem Betrieb zeitweise eine bestimmte Tätigkeit ausführen, weil dies in ihrer Gesamtausbildung (z. B. Studium) so vorgesehen ist.

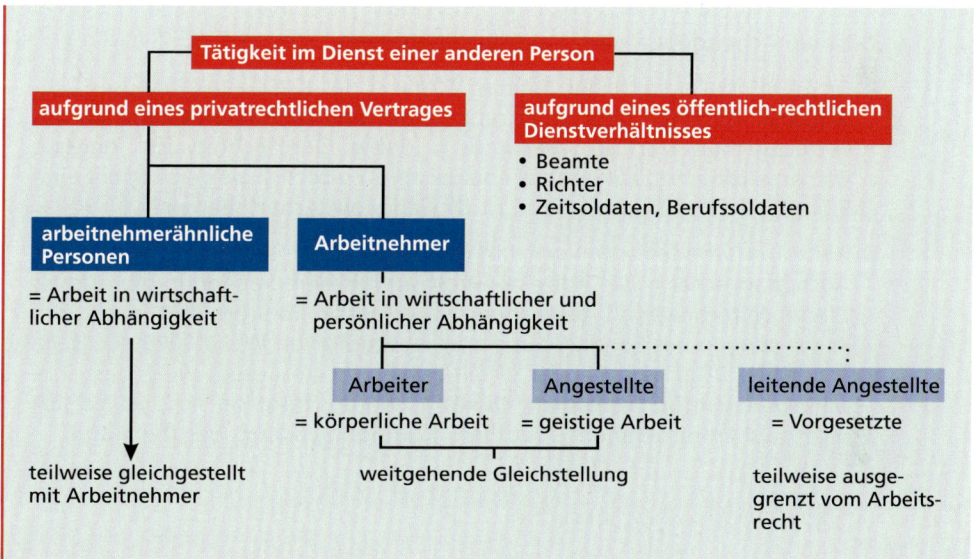

7.3.2 Arbeitgeberbegriff

Arbeitgeber ist, wer mindestens einen Arbeitnehmer beschäftigt. Als Arbeitgeber kann eine **natürliche Person**, aber auch eine **juristische Person** in Erscheinung treten.

Natürliche Personen als Arbeitgeber sind der Arzt, der eine Sprechstundenhilfe einstellt, oder die Hausfrau, die eine Putzhilfe beschäftigt. Juristische Personen als Arbeitgeber sind eine AG, eine GmbH, der Bund, die Länder, eine Rundfunkanstalt usw.

Ist eine juristische Person der Arbeitgeber, so erfolgen die einzelnen Weisungen gegenüber einem Arbeitnehmer durch die jeweils vertretungsberechtigten natürlichen Personen. Partner des Arbeitsvertrages ist aber die juristische Person.

Max Müller arbeitet bei einer Motorenbau AG als Monteur. Sein Arbeitsvertragspartner ist die AG als juristische Person. Seine Weisungen erhält Max Müller von seinem Meister, der wiederum von der hierarchisch über ihm stehenden Person angewiesen wird, bis die Hierarchiekette schließlich beim Vorstand endet.

Um Arbeitgeber zu sein, muss man nicht zwingend ein Gewerbe betreiben oder einen Betrieb führen. Häufig wird allerdings der Arbeitgeber gleichzeitig an der Spitze eines Unternehmens stehen und deswegen **auch Unternehmer** sein.

Aufgaben

1. Erklären Sie, welche Eigenschaften einen Arbeitnehmer kennzeichnen.

2. Wie werden Arbeiter und Angestellte unterschieden? Ist diese Unterscheidung sachgerecht? Wie viel Bedeutung hat diese Unterscheidung heute noch?

3. Ist ein Arbeitgeber immer ein Unternehmer?

4. Dr. Säbel ist Chefarzt der Inneren Medizin des Kreiskrankenhauses Ludwigslust. Zwischen dem Kreiskrankenhaus und Dr. Säbel besteht ein privatrechtlicher Vertrag, nach dem Säbel verpflichtet ist, gewisse Dienstzeiten im Krankenhaus abzuleisten. Zusätzlich betreibt Säbel eine Privatstation im Krankenhaus. Ist Dr. Säbel ein Arbeitnehmer?

5. Hella Ton arbeitet schon seit Jahren für den Radiosender Welle 1000 als Aushilfssprecherin. Sie hat einen Vertrag mit dem Sender, in dem sie als „freie Mitarbeiterin" bezeichnet wird. Hella Ton arbeitet nach den Anweisungen des Senders auf Abruf im Studio von Welle 1000. Als Hella Ton einen Brief vom Sender erhält, worin ihr mitgeteilt wird, dass ihre Mitarbeit künftig nicht mehr benötigt werde, fragt sie sich, ob sie sich nicht (als Arbeitnehmerin?) auf den Kündigungsschutz berufen kann.

7.4   Individualarbeitsrecht

7.4.1   Begründung des Arbeitsverhältnisses

7.4.1.1   Zustandekommen eines Arbeitsvertrages

Fall:

Der siebzehnjährige Kurt schließt mit der Karosseriewerkstatt Blank einen Arbeitsvertrag und arbeitet den ganzen August bei Blank. Seinen Eltern hat er nichts erzählt, da sie wollen, dass Kurt zur Schule geht. Bestand im August ein Arbeitsvertrag zwischen Kurt und Blank?

Der Arbeitsvertrag ist ein Dienstvertrag, der wie jeder Vertrag durch Angebot und Annahme zustande kommt. Es gelten die **§§ 611 ff. BGB** zu Dienstverträgen sowie der **allgemeine Teil des BGB** zu Fragen des Vertragsschlusses, sofern das Arbeitsrecht keine **speziellen Regelungen** bereitstellt.

Schließt zum Beispiel ein **Minderjähriger** ohne Einwilligung seiner Eltern einen Arbeitsvertrag ab, so ist der Vertrag (abgesehen von der Ausnahme nach §§ 112, 113 BGB) von Anfang an nichtig. Wurde trotz Nichtigkeit des Arbeitsvertrages tatsächlich Arbeit geleistet, so ist diese Arbeit dennoch zu vergüten, da für die Zeit, in der gearbeitet wurde, ein sogenanntes **faktisches Arbeitsverhältnis** (kein rechtliches, aber ein auf Tatsachen beruhendes) bestand.

Lösung des Falls

So auch im Fall von Kurt: Der Arbeitsvertrag zwischen ihm und Blank ist unwirksam, weil er die Einwilligung seiner Eltern benötigt, die diese ihm nicht geben wollen. Da Kurt im August tatsächlich für Blank gearbeitet hat, schuldet Blank ihm den vereinbarten Arbeitslohn für den Monat August.

Hat sich der Arbeitgeber bei der Einstellung **über eine verkehrswesentliche Eigenschaft des Bewerbers geirrt** (Eigenschaftsirrtum nach § 119 II BGB) oder wurde der Arbeitgeber **vom Bewerber arglistig getäuscht** (§ 123 BGB), so kann er den Arbeitsvertrag durch Anfechtung beseitigen.

Beispiel

Irrtum über eine verkehrswesentliche Eigenschaft, wenn es dem Bewerber an der geforderten Sachkunde oder Vertrauenswürdigkeit fehlt.
Eine Anfechtung wegen arglistiger Täuschung ist möglich, wenn der Bewerber dem Arbeitgeber vorspiegelt, einen bestimmten erforderlichen Berufsabschluss zu haben, den er in Wahrheit nicht vorweisen kann.

Sind noch keine Arbeitsleistungen erbracht worden, so führt die Anfechtung des Arbeitsvertrages zu dessen Nichtigkeit von Anfang an. Wurden dagegen **Arbeitsleistungen erbracht**, so führt die **Anfechtung des Arbeitsvertrages** nur zu dessen **Unwirksamkeit ab dem Anfechtungszeitpunkt**. Eine Rückabwicklung wäre hier zu kompliziert.

In der Anbahnungsphase eines Arbeitsverhältnisses stellen sich der Bewerber und der Arbeitgeber gegenseitig Fragen, um herauszufinden, ob sie „zueinander passen". Besonders der Arbeitgeber wird versuchen, die Eigenschaften des Bewerbers zu ergründen. Rechtlich problematisch ist, welche Fragen der Arbeitgeber dem Bewerber überhaupt stellen darf und welche dieser Fragen der Bewerber wahrheitsgemäß beantworten muss.

Auskunftspflichten des Bewerbers bestehen grundsätzlich nur dann, wenn die gewünschten Informationen einen Bezug zum Arbeitsverhältnis haben und nicht unangemessen in die Persönlichkeitssphäre des Bewerbers eindringen. Zulässige Fragen, auf die ein Bewerber wahrheitsgemäß zu antworten hat, sind demnach Fragen zur Ausbildung, zum Berufsweg, zur letzten Arbeitsstelle usw.

Einen Überblick über rechtlich problematische Fragen eines Arbeitgebers vermittelt die nachstehende Tabelle. Unzulässige Fragen des Arbeitgebers muss der Bewerber nicht beantworten. Damit der Arbeitgeber aus der Nichtbeantwortung einer Frage keine

Schlüsse ziehen kann, darf ein Bewerber eine unzulässigerweise gestellte Frage auch falsch beantworten (= Recht zur Lüge).

Das Einstellungsgespräch	
Arbeitgeber fragt:	**Muss der Bewerber/die Bewerberin wahrheitsgemäß antworten?**
eine Bewerberin, ob sie schwanger ist	Die Frage nach einer Schwangerschaft ist unzulässig, weil sie eine verbotene Diskriminierung wegen des Geschlechts enthält. Dies gilt auch dann, wenn sich die Frau auf einen Arbeitsplatz bewirbt, der ausschließlich mit weiblichen Arbeitskräften besetzt werden soll, oder wenn die Frau, die ein unbefristetes Arbeitsverhältnis eingeht, ihren Beruf aufgrund eines mutterschutzrechtlichen Beschäftigungsverbots zunächst nicht ausüben kann. Eine Bewerberin darf auf die Frage nach einer Schwangerschaft notfalls auch lügen.
nach dem Gesundheitszustand des Bewerbers oder der Bewerberin	Zulässig ist die Frage nach körperlichen Leiden, die sich auf die Eignung des Arbeitnehmers für den konkreten Arbeitsplatz auswirken (z. B. Asthmakranker als Bäcker). Nicht mitgeteilt werden müssen dagegen zurückliegende ausgeheilte Krankheiten oder vorübergehende leichte Erkrankungen. Fragt der Arbeitgeber nach der Schwerbehinderteneigenschaft eines Bewerbers, so muss dieser wahrheitsgemäß antworten.
nach Vorstrafen des Bewerbers oder der Bewerberin	Der Arbeitgeber darf nach Vorstrafen fragen, die in das Bundeszentralregister oder in ein polizeiliches Führungszeugnis einzutragen sind (siehe Bundeszentralregistergesetz).
nach der Partei-, Religions- oder Gewerkschaftszugehörigkeit des Bewerbers oder der Bewerberin	Solche Fragen sind grundsätzlich unzulässig. Ausnahmsweise zulässig sind sie nur dann, wenn der Arbeitgeber eine Kirche, Partei oder Gewerkschaft ist und deswegen eine besondere Motivation des Arbeitnehmers zur Einstellungsbedingung macht.
nach der zuletzt bezogenen Vergütung des Bewerbers oder der Bewerberin	Die Frage ist zulässig, wenn der Bewerber/die Bewerberin das bisherige Gehalt als Mindestvergütung verlangt oder wenn sich aus der bisherigen Gehaltseinstufung Rückschlüsse auf die Eignung des Bewerbers für die ausgeschriebene Position ziehen lassen.
nach Unterhaltsverpflichtungen des Bewerbers oder der Bewerberin oder ob das Einkommen wegen Überschuldung der Pfändung unterliegt	Nach überwiegender Meinung ist die Frage zulässig, wenn nach Art der Arbeitstätigkeit (z. B. leitende Position in einer Bank) Voraussetzung ist, dass die Vermögensverhältnisse des Arbeitnehmers geordnet sind.

Auch den Arbeitgeber trifft eine Pflicht zu Auskünften gegenüber dem Arbeitnehmer. So muss er von sich aus auf außergewöhnliche Umstände des Arbeitsplatzes hinweisen oder auf Umstände, die für den Bewerber erkennbar von Bedeutung sind.

Beispiel

Wenn der Job mit einer außergewöhnlich hohen Reisetätigkeit verbunden ist, so muss der Arbeitgeber beim Einstellungsgespräch extra darauf hinweisen, insbesondere wenn er den Eindruck hat, dass der Bewerber eher nach einer ortsgebundenen Tätigkeit sucht.

7.4.1.2 Form des Arbeitsvertrages

Der Abschluss eines Arbeitsvertrages ist nicht an bestimmte Formen gebunden. Er kann schriftlich, mündlich oder sogar konkludent (= durch schlüssiges Handeln) abgeschlossen werden. Üblicherweise wird ein Arbeitsvertrag schriftlich abgeschlossen. In den Fällen, in denen kein schriftlicher Arbeitsvertrag vorliegt, ist der Arbeitgeber nach dem Nachweisgesetz verpflichtet, den Arbeitnehmer spätestens einen Monat nach dem vereinbarten Beginn des Arbeitsverhältnisses über die wesentlichen Vertragsbedingungen schriftlich zu informieren (§ 2 NachwG). Eine vergleichbare Regelung gibt es auch für Berufsausbildungsverträge (siehe § 11 BBiG = Berufsbildungsgesetz).
Soll ein Arbeitsvertrag befristet abgeschlossen werden, so bedarf die Befristung zu ihrer Wirksamkeit der Schriftform (§ 14 IV TzBfG = Teilzeit- und Befristungsgesetz).

7.4.1.3 Inhalt des Arbeitsvertrages

Der Inhalt des Arbeitsvertrages kann von den Vertragsparteien prinzipiell frei gestaltet werden. Dieser Grundsatz wird allerdings durchbrochen durch eine Vielzahl von Bestimmungen, die dem Schutz des Arbeitnehmers dienen. Entsprechend der Rangfolge der arbeitsrechtlichen Rechtsquellen können sich diese inhaltsbeschränkenden Regelungen auf verschiedenen Stufen befinden. So gibt es

▶ Gesetze, die auf den Inhalt des einzelnen Arbeitsverhältnisses Einfluss nehmen,

Beispiel

Hinsichtlich verbotener Diskriminierungen gilt das Allgemeine Gleichbehandlungsgesetz. Hinsichtlich der höchstzulässigen Arbeitszeit gilt das Arbeitszeitgesetz. Hinsichtlich des Mindesturlaubs gilt das Bundesurlaubsgesetz. Hinsichtlich der Kündigungsfristen gilt vor allem das BGB. Hinsichtlich der Entgeltfortzahlung im Krankheitsfall gilt das Entgeltfortzahlungsgesetz.

▶ Tarifverträge, die auf das einzelne Arbeitsverhältnis einwirken,

▶ Betriebsvereinbarungen, die für die Mitarbeiter eines Betriebes gelten.

Arbeitsverträge, die in einzelnen Punkten von solchen Mindeststandards abweichen, sind bezüglich der betreffenden Bestimmung nichtig (§ 134 BGB), im Übrigen aber wirksam. Infolge der Schuldrechtsreform fallen Arbeitsverträge nunmehr unter AGB-Kontrolle, wobei nach § 310 IV BGB die im Arbeitsrecht geltenden Besonderheiten angemessen zu berücksichtigen sind.

7.4.1.4 Zustimmung des Betriebsrates zu einer Neueinstellung

Ist ein Betriebsrat im Betrieb vorhanden, so muss der Arbeitgeber vor jeder geplanten Neueinstellung den Betriebsrat hierüber unterrichten. Der Arbeitgeber ist verpflichtet, dem Betriebsrat die Bewerbungsunterlagen sämtlicher Stellenbewerber vorzulegen. Die Auswahl des Bewerbers ist alleine Sache des Arbeitgebers. Vor der Einstellung muss der Arbeitgeber die Zustimmung des Betriebsrats einholen. Der Betriebsrat darf die Zustimmung nur verweigern, wenn ein gesetzlicher Grund im Sinne von § 99 II Betriebsverfassungsgesetz (kurz: BetrVG) vorliegt. Diesen Grund muss der Betriebsrat dem Arbeitgeber innerhalb einer Woche mitteilen; andernfalls gilt die Zustimmung als erteilt (§ 99 III BetrVG).

Beispiel

Gründe für eine Verweigerung der Zustimmung durch den Betriebsrat zu einer Neueinstellung sind beispielsweise

▶ der Verstoß gegen Gesetze, Verordnungen, Tarifverträge, Betriebsvereinbarungen etc.,

▶ die Besorgnis, dass einem anderen Arbeitnehmer im Betrieb wegen der Neueinstellung gekündigt wird,

▶ die fehlende Ausschreibung der Stelle im Betrieb.

Hat der Betriebsrat die Zustimmung zu Recht verweigert, so muss die geplante Neueinstellung unterbleiben. Bei grundloser Verweigerung kann sich der Arbeitgeber an das Arbeitsgericht wenden und die erforderliche Zustimmung durch einen Richterspruch ersetzen lassen.

 Der Arbeitsvertrag ist ein besonderer Dienstvertrag, der grundsätzlich formfrei abgeschlossen werden kann.

Aufgaben

1. Unter welchen Umständen darf ein Bewerber beim Einstellungsgespräch lügen? Nennen Sie ein Beispiel.

2. Hugo Löwitsch arbeitete lange Zeit als Verlader bei einer Möbelfirma. Nach seiner Entlassung macht er den Lkw-Führerschein und bewirbt sich nun bei der Fa. Brauser als Lkw-Fahrer. Der Chef fragt beim Einstellungsgespräch nach dem letzten Gehalt von Löwitsch, das Löwitsch wahrheitswidrig höher angibt. Als der Arbeitgeber nachträglich von der Lüge von Löwitsch erfährt, möchte er den Arbeitsvertrag wegen arglistiger Täuschung anfechten. Geht das?

3. Gastwirt List stellt den Asylbewerber Lao Tsi als Küchenhelfer an. List weiß, dass Lao keine Arbeitserlaubnis hat. Nach vier Wochen kündigt er dem Küchenhelfer. Er erklärt Lao, dass er mangels gültigen Arbeitsvertrages keinen Lohn für die vier Wochen Arbeit beanspruchen könne. Ist dies richtig?

7.4.2 Rechte und Pflichten von Arbeitnehmer und Arbeitgeber

7.4.2.1 Überblick über die Rechte und Pflichten

Die Rechte und Pflichten der Vertragsparteien eines Arbeitsvertrages lassen sich in Haupt- und Nebenpflichten unterteilen.

Die **Hauptpflicht des Arbeitnehmers** besteht in der Erbringung der vereinbarten **Arbeitsleistung**, die **Hauptpflicht des Arbeitgebers** in der Erbringung der vereinbarten **Vergütung**.

Die **Nebenleistungspflichten** des Arbeitnehmers werden unter dem Begriff der **Treuepflicht** zusammengefasst. Die Nebenleistungspflichten der Arbeitgebers lassen sich mit dem Schlagwort der **Fürsorgepflicht** kennzeichnen.

Arbeitsvertrag	Arbeitgeber	Arbeitnehmer
Hauptleistungspflichten	Zahlung der Arbeitsvergütung	Erbringung der Arbeitsleistung
Formel:	„Arbeit gegen Lohn"	
Nebenleistungspflichten	Fürsorgepflicht	Treuepflicht

7.4.2.2 Hauptleistungspflicht des Arbeitnehmers zur Leistung der vereinbarten Arbeit

Der Arbeitnehmer ist verpflichtet, dem Arbeitgeber die Arbeitsleistung **höchstpersönlich** zu erbringen. Dies folgt aus dem Dienstvertragsrecht des BGB (§ 613 BGB).

Auf welche **Art** die Arbeitsleistung zu erbringen ist, ergibt sich in der Regel aus dem **Arbeitsvertrag**. Dort ist meistens ein **Berufsbild** umrissen, innerhalb dessen die konkrete Tätigkeit angesiedelt ist.

Beispiel

Der Arbeitnehmer wird als Verkäufer angestellt und damit für verkäuferische Tätigkeiten, nicht dagegen für Reinigungsarbeiten. Kleine Nebenverrichtungen, wie Regal auswischen, sind allerdings zumutbar.

Auch ein Tarifvertrag oder eine Betriebsvereinbarung können Anhaltspunkte dafür enthalten, mit welcher Tätigkeit ein Arbeitnehmer einer bestimmten Berufsgruppe in der Regel beschäftigt werden kann.

Schließlich hat auch der Arbeitgeber die Befugnis, den Arbeitnehmer zu einer bestimmten Arbeit anzuweisen (Weisungsrecht), allerdings nur im Rahmen des Arbeitsvertrages.

Beispiel

Der Arbeitgeber kann die Sekretärin der Abteilung Fertigung mit den Schreibarbeiten der Abteilung Montage betrauen. Der Ingenieur muss aber nicht hilfsweise Schreibarbeiten erledigen.

In Notfällen ist ein Arbeitnehmer verpflichtet, auch eine ansonsten für ihn nicht übliche Arbeit zu verrichten. Dies beschränkt sich aber auf absolute Ausnahmesituationen.

Beispiel

Wenn es im Betrieb brennt, muss jeder helfen.

Auch die Arbeitszeit ist im Arbeitsvertrag, ergänzend in den Tarifverträgen, geregelt. Unter der **Arbeitszeit** ist die Zeit vom Beginn der Arbeit bis zum Ende der Arbeit abzüglich der Ruhepausen zu verstehen. Der Weg zur Arbeitsstätte fällt nicht in die Arbeitszeit hinein, ist aber trotzdem unfallversichert (§ 8 SGB VII).

Unter **Überstunden** versteht man die Überschreitung der **vertraglich** vereinbarten Arbeitszeit. Überstunden müssen vom Arbeitgeber **angeordnet** werden. Der Arbeitgeber kann sie aber nur vom Arbeitnehmer verlangen, wenn sich die Verpflichtung zur Leistung von Überstunden aus dessen Arbeitsvertrag, aus einem Tarifvertrag oder zumindest aus einer betrieblichen Übung ergibt. Wie geleistete Überstunden zu bezahlen sind, richtet sich gleichfalls nach privatrechtlichen Vereinbarungen, da es keine gesetzliche Vorschrift hierzu gibt. Üblich ist in vielen Branchen ein **Überstundenzuschlag**. Daneben gibt es auch noch die Möglichkeit, Überstunden in **Freizeit** abzufeiern. Im für den Arbeitnehmer ungünstigsten Fall werden Überstunden **nicht vergütet**, weil die Verpflichtung zur Leistung von Überstunden schon mit dem Gehalt abgegolten ist.

Kurzarbeit ist die Verkürzung der Arbeitszeit unter **gleichzeitiger Verkürzung der Vergütung**. Der Arbeitgeber darf Kurzarbeit nur einführen, wenn er sich dieses Recht im Arbeitsvertrag oder Tarifvertrag vorbehalten hat oder wenn er die Zustimmung der Arbeitnehmerschaft erhält. Besteht ein Betriebsrat, so hat dieser über die Anordnung der Kurzarbeit mitzuentscheiden (§ 87 I Nr. 3 BetrVG).

Um den Arbeitnehmer vor übermäßiger zeitlicher Beanspruchung zu schützen, gibt es eine Vielzahl von Gesetzen und Verordnungen, die Regelungen zur zulässigen Arbeitszeit treffen. Diese Regelungen fasst man unter dem Begriff **Arbeitszeitschutz** zusammen. Die Regelungen des Arbeitszeitschutzes differenzieren zwischen den Angehörigen verschiedener Berufs- oder Gesellschaftsgruppen.

Beispiel

Es gibt für

▶ Jugendliche das Jugendarbeitsschutzgesetz (JArbSchG),

▶ Frauen das Mutterschutzgesetz (MuSchG),

▶ die Arbeitnehmer im Verkauf das Ladenschlussgesetz (LadSchG).

Eine besonders wichtige Regelung ist das **Arbeitszeitgesetz (ArbZG)**. Es gilt für alle Arbeitnehmer ab 18 Jahre, die in Betrieben oder Verwaltungen des privaten und öffentlichen Rechts tätig sind (vgl. § 18 ArbZG).

Nach dem ArbZG beträgt die **regelmäßige Arbeitszeit** täglich 8 Stunden, was bei Zugrundelegung einer 6-tägigen Arbeitswoche die 48-Stunden-Woche ergibt (§ 3 ArbZG). Für fast alle Arbeitnehmer gilt allerdings aufgrund tariflicher Vereinbarungen eine Arbeitszeit von weniger als 40 Stunden pro Woche.

Unter **Mehrarbeit** versteht man die Arbeit, die **über die normale Arbeitszeit** von acht Stunden hinausgeht. Die Arbeitszeit kann in besonderen Fällen bis auf 10 Stunden täglich ausgedehnt werden, wenn der Arbeitgeber innerhalb eines Zeitraums von sechs Monaten oder 24 Wochen die Mehrarbeit wieder ausgleicht (§ 3 ArbZG).

Im Regelfall ist für die Mehrarbeit, die über 8 Stunden Arbeitszeit hinausgeht, eine **Mehrarbeitsvergütung** fällig, die den normalen Lohn übersteigt.

Geregelt ist im ArbZG außerdem, welche Pausen- und Ruhezeiten an einem Arbeitstag einzuhalten sind. Die **Arbeitspause** unterbricht die Arbeitszeit und muss bei allen Arbeitnehmern bei einer Arbeitszeit von über 6 bis 9 Stunden mindestens eine $\frac{1}{2}$ Stunde dauern. Bei Arbeitszeiten von über 9 Stunden muss die Ruhepause insgesamt 45 Minuten betragen (§ 4 ArbZG). Unter der **Ruhezeit** versteht man den Zeitraum zwischen

Arbeitsende und Wiederbeginn der Arbeit am nächsten Tag. Nach § 5 ArbZG beträgt die Ruhezeit mindestens 11 Stunden. Eine Verkürzung der Ruhezeit um bis zu einer Stunde ist möglich in Krankenhäusern und Pflegeeinrichtungen, im Gaststätten-, Beherbergungs- und Verkehrsgewerbe sowie beim Rundfunk, in der Landwirtschaft und in der Tierhaltung. Die Verkürzung der Ruhezeit muss später ausgeglichen werden (§ 5 ArbZG).

Auch die **Sonn- und Feiertagsruhe** ist im ArbZG geregelt. In der Regel dürfen Arbeitnehmer an Sonntagen und gesetzlichen Feiertagen von 00:00–24:00 Uhr nicht beschäftigt werden (§ 9 ArbZG).

Ausnahmen vom Verbot der Sonn- und Feiertagsarbeit kann es nach § 10 ArbZG geben:

▶ für Not- und Rettungsdienste,

▶ zur Aufrechterhaltung der öffentlichen Sicherheit und Ordnung,

▶ zur Erhaltung von Naturerzeugnissen, Rohstoffen, Betriebseinrichtungen usw.,

▶ für die Sonntagsgewerbe, wie Gaststätten, Schausteller, Veranstalter von Theater- und Musikaufführungen, Verkehrsbetriebe, Bäckereien, Konditoreien usw.

Bei Ladengeschäften ist zusätzlich das Ladenschlussgesetz zu beachten, welches die Öffnung eines Ladens an Sonn- und Feiertagen grundsätzlich (= bis auf besondere Ausnahmen) verbietet (§ 3 I Nr. 1 Ladenschlussgesetz).

Der **Arbeitsort** ergibt sich aus der Art des Arbeitsverhältnisses. Innerhalb der vertraglich umrissenen Grenzen darf der Arbeitgeber kraft seines Weisungsrechtes dem Arbeitnehmer einen Arbeitsplatz an einem bestimmten Arbeitsort zuweisen.

Beispiel
Ein Bauarbeiter wird von seinem Arbeitgeber auf eine bestimmte Baustelle geschickt.

Die **Umsetzung** eines Arbeitnehmers von einem Arbeitsplatz zu einem anderen, ohne dass sich das Betätigungsfeld ändert, ist in der Regel ohne Weiteres möglich.

Beispiel
Ein Arbeitnehmer zieht innerhalb desselben Bürogebäudes in ein anderes Zimmer um.

Davon zu unterscheiden ist die **Versetzung**. Hier wird mit der Zuweisung eines anderen Arbeitsplatzes auch die Stellung eines Arbeitnehmers in der Gesamtorganisation verändert. Eine Versetzung bedarf der Zustimmung des Arbeitnehmers, eventuell auch der Zustimmung des Betriebsrats (§ 99 I BetrVG).

7.4.2.3 Treuepflicht als Nebenleistungspflicht des Arbeitnehmers

Der Arbeitnehmer hat auf die Belange des Arbeitgebers Rücksicht zu nehmen. Dies geschieht, indem er schädigendes Verhalten unterlässt und gefahrabwendendes Verhalten übt.
Der **Arbeitnehmer** hat insbesondere zu **unterlassen**:

▶ Mitteilung von **Betriebs- und Geschäftsgeheimnissen** an andere Personen

Beispiel
Buchhalter Gniebel teilt seinen Stammtischkumpeln mit, dass es mit den Bilanzen seines Arbeitgebers nicht zum Besten steht und demnächst die Insolvenz zu befürchten sei.

▶ Unterlassung von Handlungen, die den **Betriebsfrieden stören**

Steffen Stichel hat Spaß daran, andere Leute zu ärgern. Seine Kolleginnen nennt er stets „Mieze" oder „Mausi".

▶ Annahme von **Schmiergeldern**

Arbeitsvermittlerin Kluge lässt sich für besonders gute Stellentipps von den Arbeitssuchenden kleine Präsente überreichen.

▶ Weitergabe von **rufschädigenden Mitteilungen** über den Arbeitgeber an die **Öffentlichkeit**
In Einzelfällen kann eine Mitteilung über nachweislich wahre Missstände bei einem bestimmten Arbeitgeber gerechtfertigt sein. Aber auch in diesem Fall muss ein Arbeitnehmer den für den Arbeitgeber schonendsten Weg einschlagen: Dies bedeutet, dass zunächst der Arbeitgeber selbst und der Betriebsrat auf Missstände aufmerksam zu machen sind. Auch eine Anzeige bei einer zuständigen Behörde kommt infrage. Erst als letztes Mittel kann die Information der Presse erwogen werden.

▶ Eintritt in ein **Wettbewerbsverhältnis** zum Arbeitgeber während der Dauer des Arbeitsverhältnisses

Frau Vetter arbeitet tagsüber als Sachbearbeiterin in der Kraftfahrzeugschadensversicherung Zeus AG und wirbt Kunden für ihren Arbeitgeber. Nach Feierabend geht sie als Nebenbeschäftigung auf Kundenfang für die Konkurrenzversicherung Hera AG.

Neben den Unterlassungspflichten treffen den Arbeitnehmer auch eine Reihe von Handlungspflichten, die sich aus dem Charakter des Arbeitsverhältnisses als Treueverhältnis ergeben.

Handlungspflichten des Arbeitnehmers sind zum Beispiel:

▶ Der Arbeitnehmer muss den Arbeitgeber über Umstände informieren, die seinen **Arbeitseinsatz** betreffen.

Eine Arbeitnehmerin erfährt von ihrer Schwangerschaft; bei einem Arbeitnehmer wird eine chronische Erkrankung diagnostiziert, die sich auf seine Leistungsfähigkeit am Arbeitsplatz auswirkt.

▶ Der Arbeitnehmer muss dem Arbeitgeber mitteilen, wenn im Arbeitsumfeld des Arbeitnehmers **Schäden** drohen oder bereits eingetreten sind.

Ein Werkzeug oder eine Maschine ist kaputtgegangen; dem Arbeitnehmer fällt ein Materialfehler am Endprodukt auf.

▶ Eventuell besteht eine Mitteilungspflicht gegenüber dem Arbeitgeber, wenn ein Arbeitnehmer von der **Pflichtwidrigkeit eines anderen Arbeitnehmers** erfährt. Dies ist in der Regel zu bejahen, wenn dem Arbeitgeber ein hoher Schaden droht oder mit einem wiederholten Schadenseintritt zu rechnen ist.

Ein Arbeitnehmer erfährt, dass ein Kollege fortgesetzt Firmengelder veruntreut.

▶ Der Arbeitnehmer muss im **Notfall** selbst **tätig** werden, um Schäden vom Betrieb abzuwenden.

Mitwirkung bei der Bergung von Verletzten und von wertvollem Sachmaterial im Unglücksfall

7.4.2.4 Hauptleistungspflicht des Arbeitgebers zur Leistung der vereinbarten Vergütung

Im Schneckentempo
Auf den ersten Blick kann sich die Einkommensentwicklung der letzten Jahre in Deutschland sehen lassen. Die durchschnittlichen Bruttomonatsverdienste je Arbeitnehmer erhöhten sich von 1 659 € im Jahr 1991 auf schätzungsweise 2 724 € im Jahr 2015; das ist ein Plus von 64 Prozent. Und auch netto – also nach Abzug von Steuern und Sozialversicherungsbeiträgen – gab es über die Jahre einen ordentlichen Zuwachs: Plus 56 Prozent (von 1 159 auf 1 809 €) lautet das

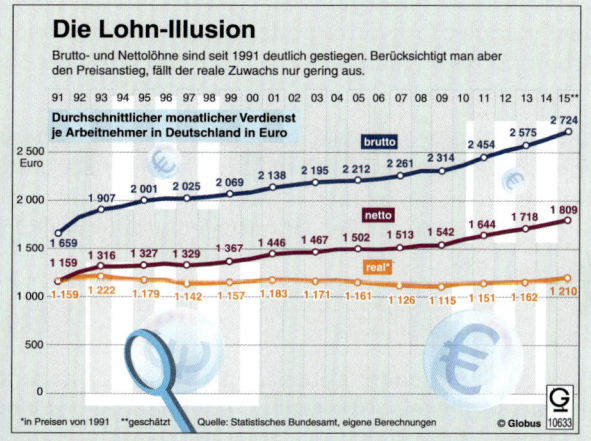

Ergebnis im Vergleich zu 1991. Berücksichtigt man jedoch die Geldentwertung durch den Anstieg der Verbraucherpreise, dann schrumpft der erheblich – und zwar auf 4,4 Prozent. Denn die Kaufkraft der Nettomonatsverdienste ist im Jahr 2015 nur um 51 € höher als im Jahr 1991. Mit anderen Worten: Die Realeinkommen der Arbeitnehmer haben sich von 1991 bis 2015 nur im Schneckentempo erhöht – der Arbeitnehmer von heute kann sich gerade einmal für rund 50 € (in Kaufkraft des Jahres 1991) mehr leisten als vor 25 Jahren.
Quelle: dpa-Infografik: Globus 10633, 12.11.2015

Der Arbeitgeber ist verpflichtet, dem Arbeitnehmer die vereinbarte Vergütung zu bezahlen. Die Arbeitsleistung seitens des Arbeitnehmers muss nur gegen Vergütung erbracht werden.
Die Arbeitsvergütung kann in unterschiedlicher Form geleistet werden. Üblich ist die Auszahlung von Geld in bar oder per Überweisung auf ein Gehaltskonto. Naturalleistungen (Kost und Logis) sind selten geworden.

Die Vergütung kann gewährt werden als:

▶ **Zeitlohn** = Geld für geleistete Arbeitszeit (z. B. Stundenlohn),

▶ **Leistungslohn** = Geld für bestimmten Arbeitserfolg (z. B. Akkordlohn oder Prämienlohn),

▶ **Gehalt** = monatlich feststehender Betrag (z. B. Angestelltengehalt, Beamtengehalt),

▶ **Provision** = Prozentsatz vom Wert eines besorgten oder vermittelten Geschäftes (z. B. Maklerprovision, Provision eines Außendienstmitarbeiters für jedes abgeschlossene Geschäft),

▶ **Tantieme** = Prozentsatz vom Umsatz oder Gewinn (z. B. Geschäftsführer einer GmbH, der eine Tantieme am Gesamtumsatz erhält).

Zur Vergütung können im Einzelfall noch weitere Zuwendungen kommen:

▶ **Zuschläge** für Mehrarbeit, Nachtarbeit, besonders schwere Arbeit, Sonntags- und Feiertagsarbeit,

▶ **Sonderleistungen** zu Dienstjubiläen, zum Weihnachtsfest, als Leistungsprämie für besondere Erfolge.

Das Arbeitsentgelt ergibt sich in erster Linie aus dem Arbeitsvertrag, eventuell auch aus dem gültigen Tarifvertrag oder einer Betriebsvereinbarung. Sollte eine Regelung zum Arbeitsentgelt fehlen, so ist nach § 612 II BGB die **übliche Vergütung** an den Arbeitnehmer zu bezahlen.

Der Arbeitgeber muss bei der Entlohnung der Arbeitnehmerschaft darauf achten, dass er die Arbeitnehmer **gleich** behandelt. Dies bedeutet nicht, dass alle Arbeitnehmer den gleichen Lohn bekommen müssen. Unterschiede sind aber dort verboten, wo es keinen sachlichen Grund für den Unterschied gibt (= Willkür).

Beispiel

Die Erschwerniszulage für die Arbeit am Hochofen muss an alle Arbeitnehmer bezahlt werden, die am Hochofen arbeiten.

Ein Recht auf Sonderleistungen kann auch aufgrund einer **betrieblichen Übung** entstehen. Bezahlt ein Arbeitgeber regelmäßig jedes Jahr zur selben Zeit freiwillig Urlaubsgeld aus, so entsteht im Laufe der Jahre ein Rechtsanspruch auf den regelmäßig ausbezahlten Betrag, da sich die Arbeitnehmer darauf verlassen.
Nach § 614 BGB ist die Vergütung erst **fällig**, wenn die Arbeit geleistet wurde. Das BGB folgt also dem Grundsatz: erst Arbeit – dann Lohn. In der Praxis ist es aber teilweise üblich geworden (abweichende Arbeits- und Tarifverträge, Branchenüblichkeit), dass ein Arbeitnehmer die Vergütung schon vor Ende des Monats erhält.

Fortzahlung des Arbeitsentgelts im Krankheitsfall

Lohnfortzahlungsanspruch

Auch bei Selbstverletzung

Fügt ein Arbeitnehmer sich in einem Wutzustand leichtfertig selbst eine Verletzung zu, kann dennoch der Anspruch auf Lohnfortzahlung gegeben sein. Das hat das Landesarbeitsgericht Hessen im Fall eines Warenauffüllers in einem Baumarkt entschieden. Dieser war nach einer Rüge durch den betrieblichen Sicherheitsbeauftragten in Wut geraten und hatte mehrmals mit der Faust auf ein Verkaufsschild geschlagen. Dabei traf er eine Holzstrebe und brach sich die Hand. Folge waren fünf Wochen Arbeitsunfähigkeit, für die der Arbeitgeber die Lohnfortzahlung in Höhe von 2 662 € verweigerte. In seiner Begründung weist das Gericht darauf hin, dass der Verschuldensbegriff im Lohnfortzahlungsrecht vom allgemeinen zivilrechtlichen Verschuldensbegriff abweiche. Im Lohnfortzahlungsrecht liege Verschulden nur vor, wenn es sich um einen besonders groben Verstoß handele, mittlere oder leichte Fahrlässigkeit sei davon nicht erfasst. Die Lohnfortzahlung sei nur ausgeschlossen, wenn ein besonders leichtfertiges, grob fahrlässiges oder vorsätzliches Handeln vorliege. Vorliegend handle es sich nur mittlere Fahrlässigkeit vor. Es habe sich um einen heftigen Wutanfall gehandelt, bei dem kurzzeitig ein Kontrollverlust eingetreten sei. Auch wenn das nicht zu billigen sei, sei es doch menschlich nachvollziehbar. Der Entgeltfortzahlungsanspruch bestehe daher. *rd*

Urteil des LAG Hessen vom 23. Juli 2013; Az.: 4 Sa 617/13

Quelle: rd, in: Wirtschaft im Südwesten, IHK, April 2014, S. 16

Nach der Regel „ohne Arbeit kein Lohn" würde ein Arbeitnehmer, der krank wird, in dieser Situation auf sein Arbeitsentgelt verzichten müssen. Damit dies nicht geschieht, gewährt das **Entgeltfortzahlungsgesetz** (kurz: EFZG) dem kranken Arbeitnehmer für die Dauer von sechs Wochen für dieselbe Krankheit einen Anspruch auf Fortzahlung des Arbeitsentgelts (§§ 3, 4 EFZG).

Dies gilt für alle Arbeitsverhältnisse, die seit mindestens vier Wochen ununterbrochen bestehen.

Voraussetzung für die Entgeltfortzahlung ist die Arbeitsunfähigkeit eines Arbeitnehmers infolge einer Erkrankung. Die **Krankheit** muss also **ursächlich** für die **Arbeitsunfähigkeit** sein.

Der Anspruch auf Lohnfortzahlung setzt außerdem voraus, dass die Arbeitsunfähigkeit **nicht** vom Arbeitnehmer **verschuldet** wurde. Ein Verschulden des Arbeitnehmers kann allenfalls bei grobfahrlässiger Herbeiführung der Arbeitsunfähigkeit angenommen werden.

Beispiel

Sportunfälle gelten in der Regel als allenfalls leicht fahrlässig verursacht und lassen damit den Anspruch auf Entgeltfortzahlung nicht entfallen. Anders sieht es aus, wenn der Arbeitnehmer eine besonders risikoreiche Sportart gewählt hat, der er nicht gewachsen ist. Betriebsunfälle sind verschuldet, wenn der Arbeitnehmer die Unfallverhütungsvorschriften ignoriert hat. Gleichfalls als verschuldet gelten Unfälle, die aufgrund übermäßigen Alkoholgenusses passiert sind.

Der Arbeitnehmer ist verpflichtet, seine Arbeitsunfähigkeit dem Arbeitgeber unverzüglich **anzuzeigen**. Es ist üblich, dass der erkrankte Arbeitnehmer am Tag der Erkrankung beim Arbeitgeber anruft und Bescheid sagt.

Bei Erkrankungen, die länger als drei Kalendertage andauern, ist der Arbeitnehmer außerdem verpflichtet, dem Arbeitgeber seine Erkrankung durch Vorlage eines ärztlichen Attests nachzuweisen. Die Vorlage des Attests kann der Arbeitgeber bereits ab dem 1. Tag der Erkrankung verlangen (§ 5 EFZG). Legt der Arbeitnehmer das Attest nicht vor, so darf der Arbeitgeber die Entgeltfortzahlung verweigern (§ 7 EFZG).

Die während der Krankheit des Arbeitnehmers zu zahlende Vergütung bemisst sich am üblichen Arbeitsentgelt, das der Arbeitnehmer auch sonst erhält. Hierzu können im Einzelfall zählen:

▶ Grundbezüge (Monats-, Wochen-, Stundenlohn),

▶ Zuschläge,

▶ Provisionen, Gewinnbeteiligungen,

▶ Überstunden, sofern sie in der vorangegangenen Zeit regelmäßig geleistet wurden.

Bei einer Erkrankung, die länger als 6 Wochen dauert, springt **ab der 7. Woche** die Krankenkasse ein. Von der Krankenkasse erhält der Arbeitnehmer dann **Krankengeld** bis zu maximal 78 Wochen in Höhe von 70 % des Regellohnes bis maximal 90 % des Nettoverdienstes (§§ 44, 47, 48 SGB V).

Ein Arbeitnehmer kann nicht nur wegen Krankheit, sondern auch aus anderen **persönlichen Gründen** unverschuldet an der Arbeit verhindert sein.

Beispiel

Schwere Erkrankung eines nahen Angehörigen, Geburten, Hochzeiten, Beerdigungen, Umzug, Ladung zu behördlichen oder gerichtlichen Terminen, Ablegung von Prüfungen usw.

Fehlt ein Arbeitnehmer aus solchen persönlichen Gründen für eine verhältnismäßig kurze Zeit, so kann er die Fortzahlung seines Entgelts nach § 616 BGB verlangen, sofern dieser Anspruch nicht durch Tarifvertrag oder eine individuelle Vereinbarung ausgeschlossen wurde.

Pfändungsschutz des Arbeitseinkommens
Das Arbeitseinkommen als Existenzgrundlage für den Arbeitnehmer und dessen Familie bedarf eines besonderen Schutzes vor der Pfändung durch die Gläubiger eines Arbeitnehmers.

Beispiel

Der Angestellte Meier hat Schulden bei den Gläubigern Frei, Seelig und Bierbaum. Alle Gläubiger haben ein Urteil gegen Meier erstritten, das Meier zur Zahlung des jeweils geschuldeten Betrages an die Gläubiger verpflichtet. Da Meier über keine wertvollen Vermögensgegenstände verfügt, wollen die Gläubiger den Lohn von Meier pfänden.

Pfändung von Arbeitseinkommen (§ 850 ZPO) unterliegt gewissen Einschränkungen. Durch **Pfändungsgrenzen** wird sichergestellt, dass dem Arbeitnehmer und seiner Familie noch genug zum Leben bleibt.

7.4.2.5 Fürsorgepflicht des Arbeitgebers

Den Arbeitgeber trifft als Nebenleistungspflicht aus dem Arbeitsverhältnis die Pflicht zur Fürsorge gegenüber dem Arbeitnehmer.
Unter die Pflicht zur Fürsorge fallen:

▶ Unterrichtung des Arbeitnehmers über alle Fragen, die seine Tätigkeit betreffen,

▶ Anhörung des Arbeitnehmers, wenn er Fragen und Vorschläge vorzubringen hat, die seinen Arbeitsplatz betreffen, und Erörterung dieser Themen,

▶ Schutz von Leben und Gesundheit des Arbeitnehmers,

Nach § 618 I BGB muss der Arbeitgeber die Arbeitsräume und Gerätschaften so ausstatten, dass der Arbeitnehmer vor Gesundheits- und Lebensgefahren bestmöglich geschützt ist. Dazu gehört zum Beispiel die Anbringung von Staubfilteranlagen, die Bereitstellung von Lärmschutzvorrichtungen usw.

▶ Schutz von Sachen des Arbeitnehmers, die dieser mit an den Arbeitsplatz bringt,

Der Arbeitnehmer muss vor allem die Möglichkeit haben, seine Kleider, Wertgegenstände oder das eigene Arbeitszubehör sicher in Schränken, Schließfächern oder ähnlichen Einrichtungen unterbringen zu können.

- Pflicht, den Arbeitnehmer zur **Stellensuche** freizustellen,

- Pflicht, dem Arbeitnehmer bei Beendigung des Arbeitsverhältnisses ein schriftliches **Zeugnis** auszustellen,

- Pflicht, nach dem Ausscheiden eines Arbeitnehmers an Dritte **Auskünfte** zu erteilen, die dem Arbeitnehmer dienlich sind,

- Pflicht zur Gewährung von **Urlaub**.

Insbesondere die Pflicht zur Gewährung von Erholungsurlaub und die Pflicht zur Zeugniserteilung bedürfen einer eingehenden Erörterung.

7.4.2.6 Urlaub

Fall: Urlaubszeit bei Flauschig

Im Betrieb des Bettwäscheherstellers Flauschig ereignet sich Folgendes:
a) Herta Wirth, die seit 1. Januar bei Flauschig arbeitet, möchte im Juni ihren Jahresurlaub nehmen. Geht das?
b) Vera Tetzel, die gleichfalls am 1. Januar bei Flauschig eingestellt wurde, kündigt zum 1. April. Was passiert mit ihren Urlaubsansprüchen?
c) Heidrun Stör muss einen Tag vor ihrem Urlaubsantritt für zwei Wochen wegen einer Blinddarmoperation in das Krankenhaus. Muss sie sich die Krankheitstage vom Urlaub abziehen lassen? Ist der Urlaub noch nachholbar?

Alle Arbeitnehmer sowie die zur Berufsausbildung Beschäftigten haben einen **Anspruch auf bezahlten Erholungsurlaub**. Der Anspruch auf Erholungsurlaub ergibt sich für

- volljährige Arbeitnehmer aus dem Bundesurlaubsgesetz,

- Jugendliche aus dem Jugendarbeitsschutzgesetz.

Hinsichtlich der Urlaubslänge sind die meisten Arbeits- und Tarifverträge günstiger für den Arbeitnehmer als die gesetzlichen Regelungen.

Urlaubsanspruch bleibt nach Tod erhalten

Der Urlaubsanspruch eines verstorbenen Arbeitnehmers verfällt einem Gerichtsurteil zufolge nicht. Vielmehr wandelt er sich in einen Urlaubsabgeltungsanspruch der Erben um. Das entschied das Arbeitsgericht Berlin. Das Gericht stellte sich damit gegen die bisherige Rechtsprechung des Bundesarbeitsgerichts (AZ: 56 Ca 10968/15). Im konkreten Fall hatte eine Arbeitnehmerin bei ihrem Ableben noch 33 Tage Urlaub. Ihre Erben forderten nun vom Arbeitgeber die Abgeltung dieses Urlaubsanspruchs. Das Arbeitsgericht entsprach der Klage. (dpa)

Quelle: dpa, in: Südkurier Nr. 279/MP, 02.12.2015, S. 15

Der einem Arbeitnehmer zu gewährende Mindesturlaub ist seinem Charakter nach **keine Gegenleistung** für dessen **Arbeitstätigkeit**, sondern eine zusätzliche Verpflichtung des Arbeitgebers aus dem Fürsorgegedanken heraus. Deswegen darf keine Verknüpfung zwischen Arbeitsleistung und Urlaubsanspruch stattfinden, etwa dergestalt, dass ein Arbeitnehmer mit hohen Fehlzeiten weniger Urlaub hätte.

Da der Urlaub der Erholung des Arbeitnehmers und der Herstellung seiner Arbeitskräfte dient, ist der Arbeitnehmer **verpflichtet, den Urlaub zu nehmen**, und darf nicht etwa verzichten oder sich den Urlaub auszahlen lassen.

Ein Urlaubsanspruch entsteht **in jedem Kalenderjahr** neu (§ 1 BUrlG). Die gesetzliche **Mindesturlaubsdauer** beträgt

▶ für erwachsene Arbeitnehmer nach § 3 BUrlG: 24 Werktage im Jahr,

▶ für jugendliche Arbeitnehmer nach § 19 JArbSchG: je nach Alter 25–30 Werktage im Jahr,

▶ für schwer behinderte Arbeitnehmer nach § 125 I SGB IX: zusätzlich fünf Arbeitstage im Jahr.

Das Arbeitsjahr 2016

Von den 366 Tagen des Jahres sind

210,8 Arbeitstage

31,2 Urlaubstage

53 Samstage

9,3 Feiertage

9,7 Krankheitstage (Schätzung)

52 Sonntage

Durchschnitt für Deutschland

Quelle: Institut für Arbeitsmarkt- und Berufsforschung © **Globus** 10653

Da Samstage Werktage sind, müssen in Betrieben, in denen keine Samstagsarbeit geleistet wird, die Werktage in Arbeitstage umgerechnet werden. 24 Werktage entsprechen dabei 20 Arbeitstagen.

Voraussetzung für die Entstehung des **vollen** Urlaubsanspruchs ist, dass der Arbeitnehmer mindestens sechs Monate beim Arbeitgeber gearbeitet hat. Die **Wartezeit von sechs Monaten** muss aber nur einmal erfüllt werden (§ 4 BUrlG).

Beispiel

Die Angestellte Fr. Gernhuber beginnt ihr Arbeitsverhältnis am 1. November. Einen Anspruch auf den vollen Jahresurlaub hat Fr. Gernhuber nach Ablauf der sechsmonatigen Wartefrist erstmalig ab dem 1. Mai des Folgejahres. Zukünftig muss Fr. Gernhuber keine Wartezeit mehr erfüllen und kann in den Folgejahren ihren Jahresurlaub nehmen, wann sie möchte.

Auch wenn der volle Urlaubsanspruch noch nicht entstanden ist, hat der Arbeitnehmer bereits einen **Teilurlaubsanspruch** erworben. Der Anspruch auf Teilurlaub beträgt **für jeden Monat** des Bestehens des Arbeitsverhältnisses $\frac{1}{12}$ des Jahresurlaubs (§ 5 I BUrlG). Der Urlaub ist als Teilurlaub zu gewähren, wenn der Arbeitnehmer vor Ablauf der sechsmonatigen Wartezeit aus dem Arbeitsverhältnis ausscheidet (§ 5 I b BUrlG). Sollte es dem Arbeitnehmer wegen der Beendigung des Arbeitsverhältnisses nicht mehr möglich sein, den Urlaub konkret anzutreten, so kann er ausnahmsweise eine **Urlaubsabgeltung**, d. h. die Auszahlung des Urlaubs in Geld, verlangen (§ 7 IV BUrlG).

Beispiel

Herr Treu, der am 1. Oktober sein Arbeitsverhältnis begonnen hat, verlässt die Firma zum 1. März des Folgejahres. Für die fünf Monate seiner Arbeitstätigkeit steht Herrn Treu ein Teilurlaubsanspruch in Höhe von $\frac{5}{12}$ seines Jahresurlaubs zu, den er sich auch ausbezahlen lassen kann.

Scheidet der Arbeitnehmer nach Erfüllung der sechsmonatigen Wartezeit aus dem Arbeitsverhältnis aus, so macht es einen Unterschied, ob das Ausscheiden in die erste oder in die zweite Jahreshälfte fällt: Scheidet der Arbeitnehmer in der **ersten Kalenderhälfte** des Jahres aus, so erhält er **Teilurlaub** (§ 5 I c BUrlG), endet das Arbeitsverhältnis in der **zweiten Jahreshälfte**, so ist ein Anspruch auf den vollen Jahresurlaub entstanden.

Beispiel

Fr. Schwarz beginnt ihr Arbeitsverhältnis am 1. Juli. Das Arbeitsverhältnis endet am 1. März des Folgejahres. Zwar hat Fr. Schwarz die Wartezeit von 6 Monaten erfüllt, da sie aber noch in der ersten Jahreshälfte aus dem Arbeitsverhältnis ausscheidet, bekommt sie Teilurlaub in Höhe von $\frac{8}{12}$ ihres Jahresurlaubsanspruchs.
Fr. Weiß beginnt ihr Arbeitsverhältnis am 1. Februar. Das Arbeitsverhältnis endet am 1. Oktober des gleichen Jahres. Obwohl Fr. Weiß so wie Fr. Schwarz tatsächlich nur 8 Monate gearbeitet hat, steht ihr der volle Jahresurlaubsanspruch zu, da das Arbeitsverhältnis in der zweiten Jahreshälfte geendet hat.

Dem Arbeitnehmer ist es **verboten**, während des Urlaubs einer **anderen Erwerbstätigkeit** nachzugehen (§ 8 BUrlG). Ausgenommen sind Tätigkeiten im Eigeninteresse.

Beispiel

Hausbau, Verwandtschafts- und Nachbarschaftshilfe

Die Bestimmung des **Urlaubszeitpunkts** ist Sache des Arbeitgebers. Der Arbeitgeber hat aber die Wünsche des Arbeitnehmers weitestmöglich zu berücksichtigen.

Grundsätzlich ist der Urlaub **im selben Jahr** zu nehmen, in dem der Urlaubsanspruch entstanden ist. Eine Übertragung von Urlaubsansprüchen in das nächste Jahr hinein darf nur aus dringenden Gründen erfolgen (§ 7 III BUrlG).

Beispiel

Die Anwesenheit eines Arbeitnehmers im Betrieb ist aufgrund unvorhergesehener Krankheitsausfälle dringend erforderlich.

Der **aufgeschobene Urlaub** muss spätestens in den **ersten drei Monaten des neuen Jahres** genommen werden. Der alte Urlaub kann also noch bis zum 31. März genommen werden. Ansonsten verfällt der Urlaub. Die Vereinbarung eines längeren Übertragungszeitraums durch Tarifverträge oder Einzelarbeitsverträge ist jedoch möglich. Wird der Arbeitnehmer während des Urlaubs **krank**, so werden in der Regel die nachgewiesenen Tage seiner Arbeitsunfähigkeit nicht auf den Urlaub angerechnet. Auch **Kuren** etc. werden in der Regel nicht vom Urlaub abgezogen (§§ 9, 10 BUrlG).
Trotz Urlaubszeit erhält der Arbeitnehmer sein übliches Arbeitsentgelt (= **bezahlter Urlaub**). Darüber hinaus zahlen die meisten Arbeitgeber noch aufgrund eines Tarifvertrags oder einer Einzelvereinbarung ein **zusätzliches Urlaubsgeld** als Zuschuss für den Urlaub.

Benötigt ein Arbeitnehmer über seine normale Urlaubszeit hinaus noch einige freie Tage, so kann er den Arbeitgeber um **unbezahlten Urlaub** ersuchen. Die Gewährung von unbezahltem Urlaub liegt im Ermessen des Arbeitgebers. Benötigt der Arbeitnehmer den zusätzlichen Urlaub aus schwerwiegenden Gründen, so kann er eventuell sogar seinen Lohnanspruch behalten.

Beispiel

Fr. Schulte bittet wegen ihres Engagements in der Aids-Hilfe um drei Tage unbezahlten Sonderurlaub. Fr. Freitag bittet wegen einer schweren Erkrankung ihrer Tochter Sandra gleichfalls um

Sonderurlaub. Fr. Freitag könnte nach § 616 BGB für die Freistellung aus einem besonders wichtigen Grund sogar ihr Arbeitsentgelt verlangen.

Lösung des Falls

Bei Flauschig sind die Fragen der Mitarbeiterinnen folgendermaßen zu beantworten:
a) *Herta Wirth hat die Wartezeit von sechs Monaten im Juni noch nicht erfüllt. Der volle Jahresurlaub steht ihr erst am 1. Juli zu.*
b) *Vera Tetzel hat für die 3 Monate ihrer Arbeitstätigkeit einen Teilurlaubsanspruch von $\frac{3}{12}$ des Jahresurlaubs erworben. Da sie wegen der Beendigung des Arbeitsverhältnisses den Urlaub nicht mehr antreten kann, ist ausnahmsweise die Auszahlung des Urlaubs möglich.*
c) *Heidrun Stör muss sich die zwei Wochen Krankenhausaufenthalt nicht vom Urlaub abziehen lassen. Den aufgeschobenen Urlaub muss sie bis spätestens zum 31. März des Folgejahres verbraucht haben.*

7.4.2.7 Pflicht zur Zeugniserteilung

Anlässlich der Beendigung eines Arbeitsverhältnisses muss der Arbeitgeber dem Arbeitnehmer auf Wunsch ein Zeugnis ausstellen (§ 630 BGB, § 109 GewO, § 16 BBiG).

Das Zeugnis ist schriftlich, möglichst maschinengeschrieben, anzufertigen und mit der Unterschrift des Arbeitgebers oder seines Vertreters zu versehen.

Nach dem inhaltlichen Umfang unterscheidet man das einfache Zeugnis und das qualifizierte Zeugnis.

Das **einfache Zeugnis** enthält Angaben zu:

▶ **Person** des Arbeitnehmers,

Beispiel
Peter Franke, gelernter Kfz-Mechaniker

▶ **Art** des Beschäftigung,

Beispiel
beschäftigt als Mechaniker in des Kfz-Reparaturwerkstatt Baumann und Söhne KG

▶ **Dauer** der Beschäftigung.

Beispiel
beschäftigt vom 1. Januar 2013 bis 1. Januar 2014

Das **qualifizierte Zeugnis** enthält zusätzlich Angaben zum **Verhalten** und zur **Leistung** des Arbeitnehmers.

Ein **qualifiziertes Zeugnis** wird nur **auf Verlangen** des Arbeitnehmers erteilt. Der Wortlaut steht im Ermessen des Arbeitgebers, wobei das Zeugnis der Wahrheit entsprechen muss. Gleichzeitig soll ein Zeugnis vom Wohlwollen des Arbeitgebers getragen sein, um das Fortkommen des ausscheidenden Arbeitnehmers nicht zu behindern. Deswegen sind in Arbeitszeugnissen auch die weniger guten Eigenschaften eines Arbeitnehmers oft mit **positiven Floskeln** umschrieben.

Formulierung in Arbeitszeugnissen und ihre Bedeutung

im Text verschlüsselte Benotung	Ergebnis der Arbeitsleistungen des Arbeitnehmers	Art und Weise der Aufgabener- füllung	Verhalten des Arbeitnehmers	Schlussformel des Arbeits- zeugnisses
sehr gut	Die Arbeiten wurden stets zu unserer vollsten Zufriedenheit erledigt.	Die Aufgaben wurden stets mit äußerster Sorgfalt und größter Genauigkeit erledigt.	Das Verhalten gegenüber Vorgesetzten und Mitarbeitern war stets vorbildlich.	Wir bedauern das Ausscheiden sehr und bedanken uns für stets sehr gute Leistungen.
gut	Die Arbeiten wurden stets zu unserer vollen Zufriedenheit erledigt.	Die Aufgaben wurden stets mit großer Sorgfalt und Genauigkeit erledigt.	Das Verhalten gegenüber Vorgesetzten und Mitarbeitern war vorbildlich.	Wir bedauern das Ausscheiden und bedanken uns für sehr gute Leistungen.
befriedigend	Die Arbeiten wurden zu unserer vollen Zufrieden- heit erledigt.	Die Aufgaben wurden stets mit Sorgfalt und Genauigkeit erledigt.	Das Verhalten gegenüber Vorgesetzten und Mitarbeitern war gut.	Wir bedauern das Ausscheiden und danken für gute Leistungen.
ausreichend	Die Arbeiten wurden zu unserer Zufriedenheit erledigt.	Die Aufgaben wurden mit Sorgfalt und Genauigkeit erledigt.	Das Verhalten gegenüber Vorgesetzten und Mitarbeitern gab zu Beanstandun- gen keinen Anlass.	Wir danken für die Mitarbeit.
mangelhaft	Die Arbeiten wurden im Großen und Ganzen zu unserer Zufriedenheit erledigt.	Die Aufgaben wurden im Allgemeinen mit Sorgfalt und Genauigkeit erledigt.	Das Verhalten war insgesamt angemessen.	Wir danken für das Streben nach einer guten Leistung.
ungenügend	Er/Sie hat sich bemüht, die Arbeit zu unserer Zufriedenheit zu erledigen.	Er/Sie bemühte sich, die Aufgaben sorgfältig zu erledigen.	Er/Sie bemühte sich um ein gutes Verhältnis zu Vorgesetzten und Kollegen.	Wir danken bei dieser Gelegenheit.

Der Arbeitnehmer kann verlangen, dass ein **unrichtiges Zeugnis** berichtigt wird. Notfalls darf auch das Arbeitsgericht den Inhalt eines Zeugnisses überprüfen und gegebenenfalls neu formulieren.

7.4.2.8 Gesamtsozialversicherungsbeitrag

Der Arbeitgeber ist dazu verpflichtet, die **Lohnsteuer** und den **Sozialversicherungsbeitrag** vom Lohn des Arbeitnehmers einzubehalten. In der Regel ist im Arbeitsvertrag ein **Bruttogehalt** (= ohne Abzüge) ausgewiesen. Tatsächlich ausbezahlt erhält der Arbeitnehmer aber nur das **Nettogehalt** (= mit Abzügen).

Der **Gesamtsozialversicherungsbeitrag** ist vom Arbeitgeber an die **gesetzliche Krankenversicherung als Einzugsstelle** abzuführen. Unter den Gesamtsozialversicherungsbeitrag fallen die Beiträge zur gesetzlichen Krankenversicherung, Rentenversicherung, Pflegeversicherung und zur Arbeitslosenversicherung. Die Beitragsleistungen zu den genannten Versicherungszweigen werden ungefähr hälftig vom Arbeitgeber und hälftig vom Arbeitnehmer erbracht. Die Leistungen des Arbeitgebers zur Sozialversicherung verursachen unter anderem die hohen **Lohnnebenkosten**.

Die Minijobber

Die Zahl der Beschäftigten in Teilzeit- und Zeitarbeitsverhältnissen sowie in befristeten oder Minijobs ist in den vergangenen 20 Jahren stark gestiegen. Diese als atypisch bezeichneten Beschäftigungsformen machten im Jahr 1992 erst gut 13 Prozent der Beschäftigung hierzulande aus und betraf 4,6 Millionen Arbeitnehmer. Den höchsten Anteil hatten atypische Beschäftigungsformen im Jahr 2007 mit 22,6 Prozent erreicht. Seitdem bewegte er sich in etwa auf diesem Niveau und war

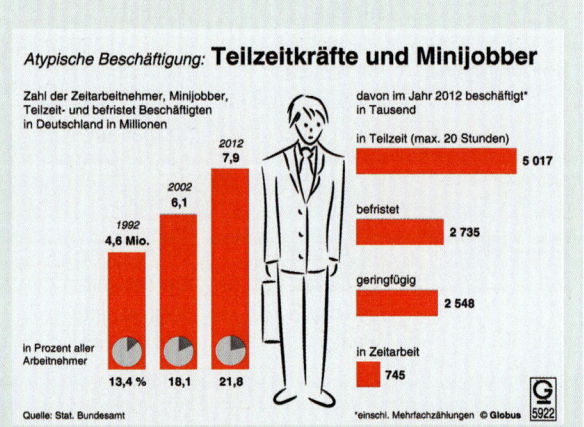

erstmals im vergangenen Jahr rückläufig. Das Statistische Bundesamt zählte 2012 7,9 Millionen atypisch Beschäftigte; das waren 21,8 Prozent der Arbeitnehmer in Deutschland. Besonders häufig sind Frauen und junge Menschen atypisch beschäftigt. Ihnen stehen 24,2 Millionen Männer und Frauen gegenüber, die in sogenannten Normalarbeitsverhältnissen arbeiten (darunter 2,8 Millionen Teilzeitbeschäftigte mit mehr als 20 Stunden pro Woche).

Quelle: dpa-infografik: Globus 5922, 12.09.2013

Geringfügig entlohnte Beschäftigte, die im Monat regelmäßig nicht mehr als 450,00 € verdienen (siehe § 8 I Nr. 1 SGB IV), müssen keine Sozialabgaben und Steuern zahlen. Der Arbeitgeber zahlt für den geringfügig entlohnten Beschäftigten Pauschalabgaben für die Sozialversicherung, und zwar 15 Prozent des Arbeitsentgelts für die Rentenversicherung (§ 172 III SGB VI) und 13 Prozent des Arbeitsentgelts für die Krankenversicherung (§ 249 b SGB V). Die Sozialbeiträge sowie eine Pauschalsteuer werden vom Arbeitgeber an die Minijob-Zentrale (Deutsche Rentenversicherung Knappschaft-Bahn-See) als zentrale Einzugsstelle gezahlt. Dorthin gehen auch die Rentenversicherungsbeiträge von Minijobbern, die auf ihre Rentenversicherungsfreiheit verzichtet haben, um ihre Beiträge aufzustocken.

Die Beiträge zur gesetzlichen **Unfallversicherung** werden ausschließlich vom Arbeitgeber erbracht und direkt an die Berufsgenossenschaften entrichtet. Die Beiträge zur Berufsgenossenschaft gehören nicht zum Gesamtsozialversicherungsbeitrag.

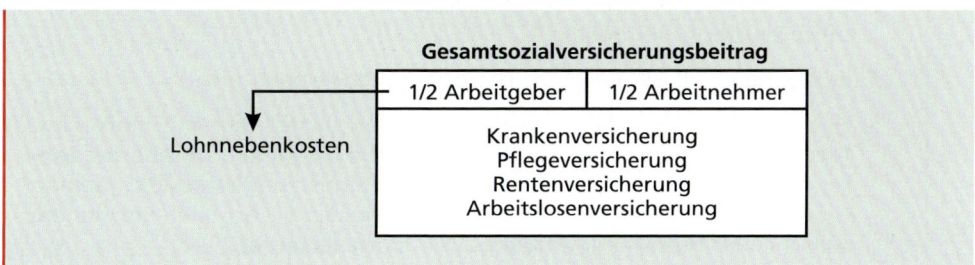

Gesamtsozialversicherungsbeitrag

1/2 Arbeitgeber	1/2 Arbeitnehmer
Krankenversicherung Pflegeversicherung Rentenversicherung Arbeitslosenversicherung	

Lohnnebenkosten

Das soziale Netz

Sozialleistungen in Deutschland 2015 in Milliarden Euro (Schätzung)

Rentenversicherung	Krankenversicherung	Beamtenpensionen	Lohn- und Gehaltsfortzahlung	Kindergeld u. Familienleistungsausgleich
282,5 Mrd. €	211,9	52,9	45,0	43,1

Grundsicherung für Arbeitsuchende	Sozialhilfe	Kinder- u. Jugendhilfe	Gesetzl. Pflegeversicherung
42,2	37,8	36,2	28,9

Steuerliche Leistungen*	Arbeitslosenversicherung	Betriebl. Altersversorgung	Priv. Kranken- u. Pflegeversicherung	Beihilfen für Beamte
28,0	27,4	26,8	23,1	14,8

Unfallversicherung	Zusatzversorgung im öffentl. Dienst	Erziehungs-, Elterngeld	Versorgungswerke
12,5	11,8	6,8	5,5

Familienzuschläge	Alterssicherung der Landwirte	Ausbildungs- u. Aufstiegsförderung	Soziale Entschädigung**	sonstige Arbeitgeberleistungen
3,3	2,7	2,4	1,6	1,3

Wiedergutmachung	Arbeitslosenhilfe u.a.	Wohngeld	Priv. Altersvorsorge
1,0	0,8	0,7	0,4

*z. B. Ehegattensplitting   **z. B. Kriegsopferversorgung
Angaben ohne Verrechnungen   Stand Mai 2016   Quelle: BMAS   © Globus 11119

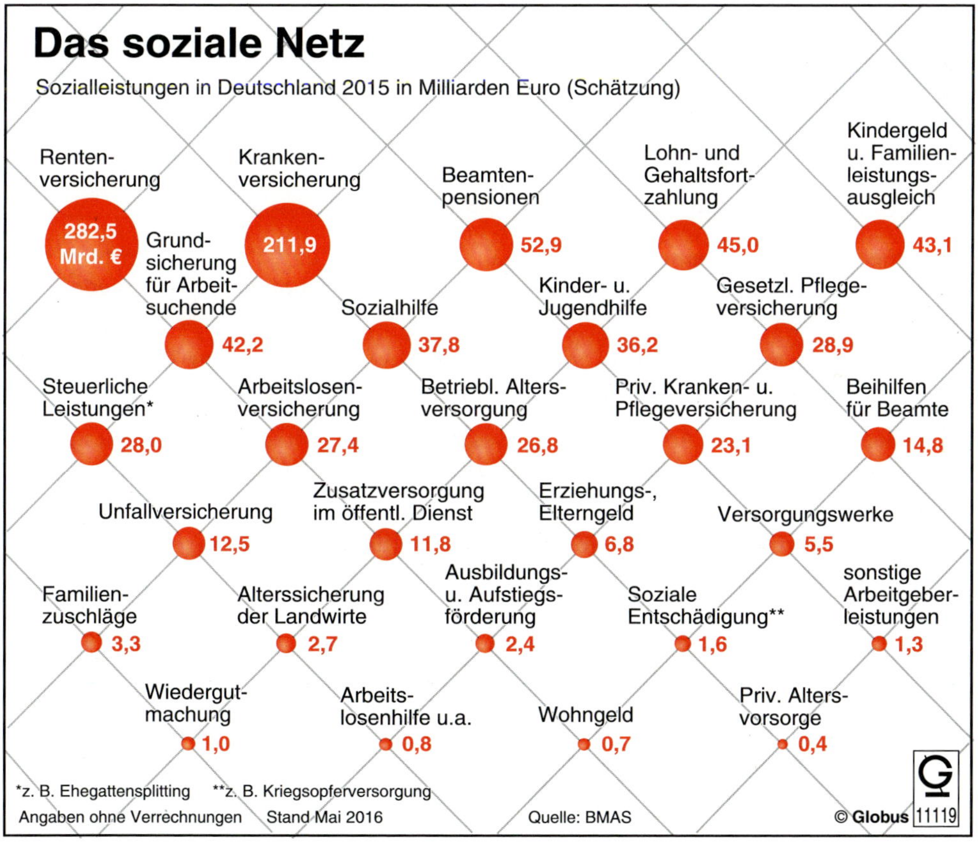

→ Die Hauptleistungspflichten aus dem Arbeitsvertrag bestehen in der Erbringung der Arbeitsleistung gegen Lohn. Nebenleistungspflichten erwachsen aus der Treuepflicht des Arbeitnehmers und der Fürsorgepflicht des Arbeitgebers.

Aufgaben

1. Benennen Sie die Haupt- und Nebenleistungspflichten eines Arbeitsverhältnisses in Schlagworten.

2. Was ist Mehrarbeit und was sind Überstunden?

3. Nennen Sie Beispiele für Treuepflichten des Arbeitnehmers und Fürsorgepflichten des Arbeitgebers.

4. In welchem Fall gilt das Prinzip „Lohn gegen Arbeit" nicht?

5. Hermann Greiner arbeitet seit zwei Jahren in der Riester GmbH. Laut Arbeitsvertrag hat er im Jahr 20 Arbeitstage Urlaub. Zu Anfang des Jahres 2015 kündigt Greiner sein Arbeitsverhältnis zum März 2015. Seinen Urlaub für das Jahr 2015 kann er aus betrieblichen Gründen vor seinem Ausscheiden nicht mehr abfeiern. Wie ist zu verfahren?

6. Die Drogerieverkäuferin Doris Knapp verunglückt schwer bei einer Autofahrt, die sie in betrunkenem Zustand unternimmt. Sie liegt für drei Monate im Krankenhaus. Muss ihr Arbeitgeber Entgeltfortzahlung leisten?

7.4.3 Beendigung des Arbeitsverhältnisses

7.4.3.1 Überblick über die Arten der Beendigung

Wird die Beendigung eines Arbeitsverhältnisses durch einen Vertragspartner oder durch beide Vertragspartner angestrebt, so kann dieses Vorhaben auf verschiedene Art und Weise realisiert werden:

▶ Die vertragliche Lösung eines Arbeitsverhältnisses kann erreicht werden, indem Arbeitgeber und Arbeitnehmer einen **Aufhebungsvertrag** schließen.

▶ Bei Beendigung eines Arbeitsverhältnisses mittels einer wirksamen **Kündigung** durch den Arbeitgeber oder den Arbeitnehmer endet das Arbeitsverhältnis durch Ausübung eines einseitigen Gestaltungsrechts.

▶ Ein Arbeitsverhältnis, das von vornherein nur zeitlich **befristet** eingegangen wurde, endet durch **bloßen Zeitablauf**.

7.4.3.2 Aufhebungsvertrag

Mittels eines **Aufhebungsvertrages** können Arbeitgeber und Arbeitnehmer die Auflösung des Arbeitsverhältnisses ab einem zukünftigen Zeitpunkt vereinbaren. Ein solcher Vertrag bedarf der **Schriftform (§ 623 BGB).**

7.4.3.3 Zeitablauf beim befristeten Arbeitsverhältnis

Ein Arbeitsverhältnis darf zeitlich befristet sein. Es sind jedoch die Bestimmungen des Teilzeit- und Befristungsgesetzes (TzBfG) zu beachten. Bei den befristeten Arbeitsverträgen unterscheidet das Gesetz zwischen kalendermäßig befristeten Arbeitsverträgen und zweckbefristeteten Arbeitsverträgen. Bei einer kalendermäßigen Befristung des Arbeitsvertrages darf die Frist im Regelfall höchstens zwei Jahre betragen. In der Regel darf ein kalendermäßig befristeter Arbeitsvertrag innerhalb von zwei Jahren höchstens dreimal verlängert werden (§ 14 II TzBfG). Bei einer Befristung des Arbeitsvertrags, die sich auf einen Sachgrund stützt, gibt es keine zeitliche Obergrenze. Mögliche Sachgründe sind in § 14 I TzBfG aufgeführt. Ein anerkannter Sachgrund liegt etwa vor, wenn nur ein vorübergehender Bedarf an Arbeitsleistung besteht oder wenn ein Arbeitnehmer als Vertretung eines anderen Arbeitnehmers eingesetzt wird.

Befristete Arbeitsverträge

Die Verkettung wird nun reglementiert

Befristete Arbeitsverhältnisse sind ein probates Mittel, unternehmerische Risiken überschaubar zu halten und Arbeitskräfte zunächst zu erproben. Grundsätzlich gilt, dass neu angestellte Arbeitnehmer, ohne dass der Arbeitgeber eine Begründung benötigen würde, bis zu zwei Jahren befristet angestellt werden können und dass die Befristungsabrede während dieser Zeit drei Mal verlängert werden kann. Aufgrund der aktuellen Rechtslage können sogar Arbeitnehmer, die schon einmal bei demselben Arbeitgeber tätig gewesen sind (etwa als Aushilfe oder Werkstudent) unter diesen Voraussetzungen erneut befristet und ohne Sachgrund beschäftigt werden, wenn deren vormalige Tätigkeit länger als drei Jahre zurückliegt. Kann sich der Arbeitgeber nach zwei Jahren immer noch nicht entscheiden, den Arbeitnehmer in ein unbefristetes Arbeitsverhältnis zu übernehmen, kann der Arbeitnehmer weiterhin befristet beschäftigt werden, wenn es einen Sachgrund dafür gibt, also beispielsweise die Vertretung für in Elternzeit befindliche oder erkrankte Arbeitnehmer oder auch ein vorübergehender Mehr-bedarf an Arbeitskräften. Bislang konnten mit einer geschickten Aneinanderreihung von befristeten Arbeitsverhältnissen langjährige Befristungsabreden getroffen werden. Seit 2012 hat die europäische und anschließend auch die nationale Rechtsprechung diese Gestaltungsoption bei den so genannten Kettenbefristungen deutlich reglementiert. So hat das Bundesarbeitsgericht (BAG) inzwischen das Rechtsinstitut des „institutionellen Rechtsmissbrauchs" aus der Taufe gehoben und befristet angestellten Arbeitnehmern die Möglichkeit gegeben, unter bestimmten Umständen die Rechtswidrigkeit von „Kettenbefristungen" vor Gericht prüfen zu lassen. Ohne sich auf exakte Grenzwerte festzulegen, hat das BAG bislang jedenfalls solche Befristungsabreden für unwirksam erachtet, bei denen ein Mitarbeiter in einem Zeitraum von mehr als 11 Jahren 13 befristete Arbeitsverträge erhalten hat. Nicht missbräuchlich sei es hingegen, wenn ein Arbeitsverhältnis einer Verkäuferin über insgesamt 7 Jahre und 9 Monate befristet und insgesamt 4 Verträge geschlossen worden seien.

Das Arbeitsgericht Freiburg geht gar davon aus, dass bei einer Gesamtbefristungsdauer von 6 Jahren und 9 befristeten Verträgen von einem Missbrauch auszugehen ist. Rechtsfolge eines gerichtlich festgestellten Missbrauchs ist indessen die Entfristung des Arbeitsverhältnisses. Auch wenn die Rechtsprechung zum „institutionellen Rechtsmissbrauch" womöglich noch nicht das letzte Wort gesprochen haben mag, ist auf Arbeitgeberseite jedenfalls vor Erreichen der Schwellenwerte, auf die sich das Arbeitsgericht Freiburg (6 Jahre Gesamtbefristungsdauer bei 9 Verträgen) festgelegt hat, besondere Vorsicht dahingehend geboten, eine weitere Befristungsabrede überhaupt noch zu riskieren.

Quelle: Olaf Müller, Endriss und Kollegen, Freiburg, in: Wirtschaft im Südwesten, IHK, Mai 2015, S. 54

Beispiel

Frau Wilhelm ersetzt Frau Kruse, die gerade in Elternzeit gegangen ist. Frau Wilhelm erhält einen Arbeitsvertrag mit einer Zweckbefristung (Vertretung für die Dauer der Elternzeit).

Für die Befristung von Arbeitsverträgen gilt die gesetzliche **Schriftform**. Das kalendermäßig befristete Arbeitsverhältnis endet mit Ablauf der Zeit, für die es eingegangen wurde. Sollte eine Befristung unzulässig sein, beispielsweise weil sie nur mündlich vereinbart wurde, so wird das befristete Arbeitsverhältnis in ein unbefristetes Arbeitsverhältnis umgedeutet.

7.4.3.4 Kündigung

Das Arbeitsverhältnis ist ein sogenanntes Dauerschuldverhältnis, bei dem beiden Vertragspartnern die Möglichkeit zustehen muss, sich einseitig von diesem Schuldverhältnis zu lösen. Diese Möglichkeit gibt die Kündigung (= **einseitiges Gestaltungsrecht**). Praktisch relevant ist vor allem die Kündigung des Arbeitgebers gegenüber dem Arbeitnehmer und die Möglichkeiten des Arbeitnehmers, sich gegen eine Kündigung zu wehren. (Diesem Thema ist das nächste Kapitel gewidmet.)

 Ein Arbeitsverhältnis kann durch einen Aufhebungsvertrag, durch Zeitablauf oder durch eine Kündigung enden.

 **Aufgaben**

1. Frau Scholl wird zum wiederholten Male in der Werbeagentur Trend wegen eines Großauftrags für eine begrenzte Zeit als Zusatzkraft eingestellt. Das Arbeitsverhältnis soll am 31. März auslaufen. Am 30. März teilt Frau Scholl ihrem Arbeitgeber mit, dass sie die Befristung für unzulässig halte und deswegen weiterarbeiten wolle. Außerdem habe sie vor drei Tagen erfahren, dass sie schwanger sei. Auch aus diesem Grund dürfe ihr nicht gekündigt werden. Beurteilen Sie die Erfolgsaussichten dieser Argumentation.

2. Albert Maier ist bei Heinz & Söhne als Schreiner tätig. Als er eine bessere Stelle in Aussicht hat, bittet Herr Maier seinen Chef, ihn kurzfristig aus dem jetzigen Arbeitsverhältnis zu entlassen. Der Chef stimmt zu. Auf welche Weise hat das Arbeitsverhältnis hier geendet?

7.4.4 Kündigung des Arbeitsverhältnisses durch den Arbeitgeber

7.4.4.1 Überblick über die Kündigungsarten

Die Kündigung ist eine **einseitige empfangsbedürftige Willenserklärung**, für die die Vorschriften über Willenserklärungen aus dem allgemeinen Teil des BGB gelten. So muss zum Beispiel eine Kündigungserklärung dem abwesenden Empfänger erst zugehen, bevor sie wirksam werden kann. Die Kündigung muss außerdem schriftlich (§ 623 BGB) erfolgen.

Durch eine wirksame Kündigung wird das **Arbeitsverhältnis für die Zukunft aufgelöst**. Aus einer Kündigungserklärung muss deshalb klar hervorgehen, dass eine Beendigung des Arbeitsverhältnisses vom Kündigenden angestrebt wird.

Beispiel

Der Arbeitgeber erklärt dem Arbeitnehmer: „Ich werde mir diese Frechheiten nicht länger anhören." Dies ist keine Kündigungserklärung, da nicht klar wird, ob der Arbeitgeber das Arbeitsverhältnis beenden will. Zusätzlich erforderlich für eine wirksame Kündigungserklärung ist, dass die Kündigung dem Arbeitnehmer schriftlich zugeht.

Man unterscheidet die ordentliche und die außerordentliche (= fristlose) Kündigung:

▶ Von einer **ordentlichen Kündigung** spricht man, wenn die Kündigung unter Einhaltung der gesetzlichen, tariflichen oder vertraglichen Kündigungsfristen erfolgt.

▶ Von einer **außerordentlichen** oder auch **fristlosen Kündigung** spricht man, wenn einem Arbeitnehmer ohne Einhaltung einer Kündigungsfrist von jetzt auf gleich gekündigt wird. Die fristlose Kündigung ist nur möglich, wenn hierfür besondere Gründe vorliegen.

In der Praxis ist eine weitere Unterscheidung sehr bedeutsam: die Unterscheidung zwischen Kündigungen, für die lediglich das BGB gilt, und Kündigungen, die zusätzlich dem **Kündigungsschutzgesetz** (kurz: KSchG) unterliegen. Das KSchG macht es dem Arbeitgeber schwerer, einem Arbeitnehmer zu kündigen, da der Arbeitgeber nur wegen der im KSchG aufgezählten Gründe kündigen darf. Die Kündigung nach dem BGB ist dagegen (außer im Falle der fristlosen Kündigung) ohne Angabe von Gründen möglich.

Das Kündigungsschutzgesetz findet nach §§ 23, 1 KSchG Anwendung, wenn

▶ ein Arbeitnehmer ohne Unterbrechung mehr als 6 Monate beim Arbeitgeber gearbeitet hat,

▶ der Arbeitgeber mehr als 10 Personen ständig beschäftigt (neuer Schwellenwert seit 01.01.2004).

Wird das Arbeitsverhältnis auf rechtlich relevante Weise unterbrochen, zum Beispiel durch eine Kündigung und eine spätere Wiedereinstellung, so muss die Wartezeit von sechs Monaten vom Arbeitnehmer erneut erfüllt werden.

Bei der Anwendung des Schwellenwertes ist neben dem neuen Schwellenwert (mehr als 10 Personen) auch der alte, zuvor gültige Schwellenwert (mehr als 5 Personen) zu beachten:

▶ Der neue Schwellenwert ist relevant für Arbeitsverhältnisse ab dem 01.01.2004,

▶ der alte Schwellenwert ist relevant für Arbeitsverhältnisse vor dem 01.01.2004.

Falls die Belegschaft eines Unternehmens aus einer Mischung von „alten" und „neuen" Arbeitnehmern besteht, kann es im Einzelfall schwierig sein, den Anwendungsbereich des Kündigungsschutzgesetzes zu bestimmen.

Beispiel

Firma Müller hatte Ende 2003 fünf Vollzeitbeschäftigte, d. h., für die Mitarbeiter bestand damals kein Schutz nach dem KSchG. Wenn am 01.01.2004 fünf weitere Vollzeitbeschäftigte eingestellt werden, so greift der besondere Schutz nach dem KSchG noch nicht ein. Erst ab dem sechsten neu eingestellten Arbeitnehmer genießt die gesamte Belegschaft Kündigungsschutz.

Beispiel

Firma Meier hatte Ende 2003 acht Mitarbeiter; für diese galt bereits damals das KSchG. Am 01.01.2004 werden zwei neue Arbeitnehmer eingestellt. Für die acht Arbeitnehmer aus der Altbelegschaft gilt das KSchG weiterhin (alter Schwellenwert von mehr als 5 Arbeitnehmern erreicht); für die zwei neuen Arbeitnehmer der neuen Belegschaft gilt das KSchG nicht (neuer Schwellenwert von mehr als 10 Arbeitnehmern noch nicht erreicht). Stellt der Arbeitgeber in der Folgezeit einen weiteren Arbeitnehmer ein, so hat die Gesamtbelegschaft von nunmehr 11 Arbeitnehmern Kündigungsschutz.

Beispiel

Im obigen Beispiel kündigen drei Arbeitnehmer aus der Altbelegschaft, die nunmehr aus fünf Arbeitnehmern besteht. Damit verliert die Altbelegschaft den Kündigungsschutz. Kündigungsschutz kann die Belegschaft insgesamt nur bekommen, wenn sechs neue Arbeitnehmer eingestellt werden.

Bei der Feststellung der Anzahl der beschäftigten Arbeitnehmer ist zu beachten, dass Teilzeitbeschäftigte, die maximal 20 Stunden pro Woche arbeiten mit 0,5, und Teilzeitbeschäftigte mit einer Arbeitszeit von maximal 30 Stunden pro Woche mit 0,75 zu zählen sind.

Beispiel

Das am 01.01.2004 neu gegründete PR-Büro „Logisch" beschäftigt 7 Arbeitnehmer; davon arbeiten 2 voll, 2 halbtags (20 Stunden pro Woche), 2 jeweils 10 Stunden pro Woche und 1 Person 30 Stunden pro Woche. Damit zählen 2 Arbeitnehmer voll, 4 Arbeitnehmer zu je 0,5 und 1 Arbeitnehmer zu 0,75. Dies ergibt rechnerisch 4,75 Arbeitnehmer mit der Folge, dass das KSchG keine Anwendung findet.

7.4.4.2 Ordentliche Kündigung außerhalb des Kündigungsschutzgesetzes

Außerhalb des Geltungsbereiches des Kündigungsschutzgesetzes kann der Arbeitgeber dem Arbeitnehmer jederzeit ohne Angabe von Gründen unter Einhaltung der vorgeschriebenen Kündigungsfrist die Kündigung aussprechen. Die gesetzliche Kündigungsfrist ergibt sich aus § 622 BGB. Danach beträgt die Kündigungsfrist für Arbeiter und Angestellte vier Wochen zum Monatsende oder zum 15. eines Monats. Die Kündigungsfrist verlängert sich mit der Dauer der Betriebszugehörigkeit eines Arbeitnehmers.

§ 622 II BGB	
Arbeitsverhältnis besteht	**Kündigungsfrist**
2 Jahre	1 Monat
5 Jahre	2 Monate
8 Jahre	3 Monate
10 Jahre	4 Monate
12 Jahre	5 Monate
15 Jahre	6 Monate
20 Jahre	7 Monate

Da § 622 BGB alter Fassung für Angestellte eine Kündigungsfrist von sechs Wochen vorsah, dürfte sich für viele Angestellte auch jetzt noch aus den Einzelarbeits- oder Tarifverträgen eine günstigere 6-Wochen-Kündigungsfrist ergeben.

7.4.4.3 Ordentliche Kündigung nach dem Kündigungsschutzgesetz

Eine ordentliche Kündigung nach dem Kündigungsschutzgesetz ist möglich als

▶ ordentliche **betriebsbedingte** Kündigung,

▶ ordentliche **verhaltensbedingte** Kündigung,

▶ ordentliche **personenbedingte** Kündigung.

Der Arbeitgeber kann einem Arbeitnehmer, der unter das KSchG fällt, nur kündigen, wenn dies aus betrieblichen Gründen gerechtfertigt ist oder aus Gründen, die in der Person oder im Verhalten des Arbeitnehmers wurzeln (§ 1 KSchG). Kündigt der Arbeitgeber aus einem der genannten Gründe unter Einhaltung der geltenden Kündigungsfrist, so spricht man von einer **sozial gerechtfertigten** Kündigung, andernfalls ist sie sozial ungerechtfertigt und daher nicht möglich.

Ordentliche betriebsbedingte Kündigung

Fall: Schwere Entscheidung

In der Keksfabrik Springer AG müssen aufgrund von Rationalisierungsmaßnahmen zwei von vier Fließbandarbeiterinnen entlassen werden.

▶ *Fr. Konrad ist 46 Jahre alt und arbeitet seit 26 Jahren bei Springer. Sie ist verheiratet und hat zwei Kinder.*

▶ *Fr. Wilhelm, 34 Jahre alt, arbeitet seit 10 Jahren bei Springer. Sie ist unverheiratet.*

▶ *Fr. Groß ist erst vor zwei Jahren eingestellt worden. Sie ist 22 und ledig.*

▶ *Fr. Schickedanz ist 40 Jahre alt und arbeitet seit 20 Jahren bei Springer. Sie ist verheiratet und hat ein Kind.*

Wie wird die Entscheidung ausfallen und nach welchen Kriterien wird der Arbeitgeber entscheiden?

Eine betriebsbedingte Kündigung ist nach § 1 II S. 1 KSchG sozial gerechtfertigt, wenn der Arbeitnehmer aus dringenden betrieblichen Erfordernissen nicht mehr weiterbeschäftigt werden kann.

Beispiel
Umsatzrückgang, Rationalisierungsmaßnahmen, Betriebsaufgabe, Verlagerung von Unternehmensteilen in das Ausland usw.

Der Arbeitgeber muss in einem Kündigungsschutzprozess nachweisen, dass er tatsächlich Umsatzeinbußen zu verzeichnen hat oder wirklich Rationalisierungsmaßnahmen eingeleitet sind. Der gerichtlichen Kontrolle unterliegt es aber nicht, die Entscheidung eines Unternehmers auf ihre Zweckmäßigkeit hin zu überprüfen (= Grundsatz der freien Unternehmerentscheidung).

Ist die Kündigung eines Arbeitnehmers aus betrieblichen Gründen wirklich unvermeidlich und auch nicht durch ein milderes Mittel (z. B. Kurzarbeit) zu umgehen, so ist der Arbeitgeber verpflichtet, unter mehreren für eine Kündigung infrage kommenden Arbeitnehmern eine **Sozialauswahl** zu treffen (§ 1 III KSchG). Dies bedeutet, dass unter mehreren vergleichbaren Arbeitnehmern demjenigen zuerst gekündigt wird, der sozial am wenigsten schutzwürdig ist.

Die Sozialauswahl muss **individuell** für jeden Einzelfall vorgenommen werden und darf nicht schematisiert erfolgen. Für die Sozialauswahl gelten folgende Beurteilungskriterien:

▶ **Dauer der Betriebszugehörigkeit:** Je länger jemand dem Betrieb angehört, desto schutzwürdiger ist er.

▶ **Lebensalter:** Das höhere Alter ist schutzwürdiger.

▶ **Unterhaltspflichten:** Der Arbeitnehmer mit der größeren Familie und den höheren Unterhaltspflichten ist schutzwürdiger.

▶ **Schwerbehinderung** des Arbeitnehmers.

Arbeitnehmer, deren Weiterbeschäftigung wegen ihrer Kenntnisse, Fähigkeiten und Leistungen im betrieblichen Interesse steht, können von der Sozialauswahl ausgenommen werden. Möglich ist es auch, einzelne Arbeitnehmer von der Sozialauswahl auszunehmen, um eine ausgewogene Personalstruktur des Betriebes zu sichern (§ 1 III KSchG).

Stehen Kündigungen aufgrund einer Betriebsänderung an, so hat nach § 1 V KSchG der Arbeitgeber die Möglichkeit, zusammen mit dem Betriebsrat eine Namensliste der zu kündigenden Personen zu erstellen. Die dort getroffene Sozialauswahl kann vom Gericht nur auf grobe Fehlerhaftigkeit überprüft werden.

Lösung des Falls

In der Keksfabrik Springer AG geht es um betriebsbedingte Kündigungen aufgrund von Rationalisierungsmaßnahmen. Gründe, weshalb eine Arbeiterin von der Sozialauswahl ausgenommen ist, sind hier nicht dargelegt. Die vier Arbeiterinnen, die für eine Kündigung infrage kommen, sind alle vergleichbar, da sie genau dieselbe Arbeit ausführen. Bei der zu treffenden Sozialauswahl sind Frau Konrad und Frau Schickedanz sowohl aufgrund ihrer langen Betriebszugehörigkeit als auch aufgrund des höheren Lebensalters sozial schutzwürdiger als ihre beiden Kolleginnen. Die Kündigung werden daher Frau Groß und Frau Wilhelm erhalten.

Ein Arbeitnehmer, der eine betriebsbedingte Kündigung erhält und auf die Erhebung einer Kündigungsschutzklage verzichtet, kann vom Arbeitgeber eine Abfindung in Höhe von 0,5 Monatsgehältern pro Beschäftigungsjahr verlangen (§ 1 a KSchG). Der Arbeitgeber muss bereits in der Kündigungserklärung darauf hinweisen, dass er die Kündigung auf dringende betriebliche Gründe stützt und der Arbeitnehmer bei Verstreichenlassen der Klagefrist die Abfindung beanspruchen kann.

Ordentliche verhaltensbedingte Kündigung

Fall: Wenn es dem Chef „zu bunt" wird

Peter Schluder erscheint manchmal zu spät zur Arbeit. Wegen seiner aktiven Feierabendgestaltung ist er dann tagsüber müde und unkonzentriert und nickt manchmal bei der Arbeit ein. Als Schluder zu allem Überfluss auch noch drei Tage verreist, ohne seinen Chef zu fragen, wird es diesem endgültig „zu bunt". Er sucht seinen Rechtsanwalt auf, um sich beraten zu lassen. Welche Fragen wird der Rechtsanwalt stellen? Was muss der Chef vorsorglich tun, wenn er Schluder wegen seines Fehlverhaltens kündigen will?

Eine verhaltensbedingte Kündigung ist nach § 1 II KSchG sozial gerechtfertigt, wenn ein Arbeitnehmer **durch sein Verhalten** eine Kündigung provoziert. Dies dürfte regelmäßig der Fall sein, wenn der Arbeitnehmer **schuldhaft gegen** seine **Vertragspflichten** aus dem Arbeitsverhältnis verstößt.

Beispiel

Keine oder nur schlechte Arbeitsleistung, Nichteinhaltung der betrieblichen Ordnung, nachlässiger Umgang mit Betriebsmitteln oder Kundeneigentum, persönliche Beleidigungen gegenüber dem Arbeitgeber, Ausplaudern von Betriebsgeheimnissen, eigenmächtiger Urlaubsantritt usw.

Eine ordentliche verhaltensbedingte Kündigung ist aber nur wirksam, wenn der Arbeitnehmer vor Ausspruch der Kündigung erfolglos wegen seines Fehlverhaltens abgemahnt wurde.

Eine **Abmahnung** ist eine Erklärung des Arbeitgebers gegenüber dem Arbeitnehmer mit dem Inhalt, dass

▶ ein bestimmtes Verhalten des Arbeitnehmers vom Arbeitgeber nicht länger geduldet wird,

▶ die Wiederholung des beschriebenen Fehlverhaltens eine Kündigung nach sich ziehen wird.

Die Abmahnung soll dem Arbeitnehmer die Chance geben, sein Fehlverhalten künftig zu ändern. Eine Kündigung kann auch nur auf ein erneutes Fehlverhalten gestützt werden, nicht dagegen auf dasjenige Fehlverhalten, das Gegenstand der Abmahnung war. In besonders schweren Fällen des Vertrauensbruchs kann eine Abmahnung ausnahmsweise entbehrlich sein, da der Arbeitnehmer auch so weiß, dass er seinen Arbeitsplatz riskiert.

Arbeitgeber darf abmahnen

Das Landesarbeitsgericht (LAG) Schleswig-Holstein hat entschieden, dass ein unfreundliches Verhalten eines Mitarbeiters gegenüber Kunden eine Abmahnung rechtfertigt. Der Arbeitnehmer kann demnach auch nicht verlangen, dass die Abmahnung aus seiner Personalakte entfernt wird.

In dem Rechtsstreit ging es um einen Arbeitnehmer, der als Ausbildungsberater für seinen Arbeitgeber tätig war. Als ein Lehrgangsteilnehmer per E-Mail nach Einzelheiten einer mündlichen Ergänzungsprüfung fragte, schrieb der Mitarbeiter: „Eigentlich dürfte es selbstverständlich sein, dass man sich dort anmeldet, wo man sich auch zur schriftlichen Prüfung angemeldet hat. Dass Anmeldungen nicht auf Zuruf erfolgen können, sollte ebenfalls klar sein." Der Kunde beanstandete dies gegenüber dem Arbeitnehmer als unfreundlich, woraufhin dieser sich nochmals mit den Worten meldete: „Nach heute mittlerweile 20 Anrufen von angehenden Meistern bleibt die Freundlichkeit einfach aus." Wegen dieser Mailkorrespondenz erhielt der Arbeitnehmer daraufhin von seinem Arbeitgeber eine Abmahnung, gegen die er vor den Arbeitsgerichten vorging.

Das Arbeitsgericht und das Berufungsgericht wiesen die Klage ab. Ein Arbeitnehmer könne gegen eine Abmahnung immer dann vorgehen, wenn die Abmahnung entweder inhaltlich unbestimmt ist, unrichtige Tatsachenbehauptungen enthält, auf einer unzutreffenden rechtlichen Bewertung des Verhaltens des Arbeitnehmers beruht oder den Grundsatz der Verhältnismäßigkeit verletzt, beziehungsweise wenn bei einer zu Recht erteilten Abmahnung ein schutzwürdiges Interesse des Arbeitsgebers an deren Verbleib in der Personalakte nicht mehr besteht. Keine dieser Voraussetzungen sah das LAG als gegeben an und stellte insbesondere fest, dass die Abmahnung nicht unverhältnismäßig gewesen ist. Der betreffende Mitarbeiter war für die Kommunikation mit dem Kunden zuständig. Das LAG wertete den Umstand, dass der Mitarbeiter nicht nur einmal unfreundlich geantwortet hatte, sondern wiederholt, als ausreichend für eine Abmahnung.

Quelle: Olaf Müller, Endriss und Kollegen, Freiburg, in: Wirtschaft im Südwesten, IHK, November 2014, S. 56

Beispiel

Begeht der Arbeitnehmer Straftaten im Betrieb, so ist eine Abmahnung in der Regel entbehrlich.

Eine Abmahnung wird in die Personalakte des Arbeitnehmers aufgenommen. Hält ein Arbeitnehmer eine Abmahnung für ungerechtfertigt, so kann er – notfalls gerichtlich – die Entfernung der Abmahnung aus der Personalakte verlangen.

Lösung des Falls

Als Erstes wird der Rechtsanwalt im Fall Schluder wissen wollen, ob Schluder unter den Schutz des KSchG fällt. Deswegen wird er nach der Betriebsgröße und der Beschäftigungsdauer von Schluder im Betrieb fragen. Danach wird der Anwalt wissen wollen, ob Schluder bereits wegen eines oder mehrerer Fehlverhalten abgemahnt wurde. Infrage kommen die schlechte Arbeitsleistung, die dauernde Unpünktlichkeit und der eigenmächtige Urlaubsantritt. Sollte eine Abmahnung bisher unterblieben sein, so muss der Arbeitgeber Schluder grundsätzlich erst abmahnen, bevor eine verhaltensbedingte Kündigung infrage kommt. Die

Kündigung muss sich dann auf ein erneutes Fehlverhalten von Schluder stützen. Im vorliegenden Fall wird der Rechtsanwalt alldderdings auch darauf hinweisen, dass ein eigenmächtiger Urlaubsantritt auch ein Grund für eine fristlose Kündigung (siehe später) oder auch für eine verhaltensbedingte Kündigung ohne Abmahnerfordernis sein könnte, weil die Pflichtverletzung sehr gravierend und offensichtlich ist. Wenn der Chef sicher sein will, dass er mit der Kündigung Erfolg hat, sollte er vorsorglich und für alle Fälle eine Abmahnung aussprechen.

Ordentliche personenbedingte Kündigung

Fall: Alkohol am Arbeitsplatz

Wolfram Ebert ist Alkoholiker. Er nimmt in jeder Arbeitspause alkoholische Getränke zu sich. Seine Arbeit als Laborant im Chemiekonzern Rodental kann er bald nicht mehr zuverlässig erledigen. Auch fehlt er immer wieder, weil er seinen Rausch ausschlafen muss. Der Arbeitgeber erwägt eine Kündigung des langjährigen Mitarbeiters Ebert. Welche Fragen müssen dabei geklärt werden?

Eine Kündigung kann auch auf **in der Person** des Arbeitnehmers liegende Gründe gestützt werden. In diesem Fall spricht man von einer personenbedingten Kündigung (§ 1 II KSchG).

Als Gründe für eine personenbedingte Kündigung kommen infrage:

▶ Alkoholsucht oder Drogenabhängigkeit,

▶ Straf- und Untersuchungshaft,

▶ häufige oder dauerhafte Erkrankungen.

In der Praxis wichtig ist vor allem die sogenannte **krankheitsbedingte Kündigung**. Eine Kündigung wegen zu häufiger Kurzerkrankungen kommt in Betracht, wenn die krankheitsbedingten Fehlzeiten eine Dimension von $\frac{1}{10}$ bis $\frac{1}{8}$ der Arbeitstage im Kalenderjahr annehmen. Auch lang andauernde Erkrankungen können eine Kündigung rechtfertigen.

Kündigung bei häufiger Krankheit
Nur bei negativer Zukunftsprognose

Weist ein Arbeitnehmer häufig Kurzerkrankungen auf, kann der Arbeitgeber nur dann eine personenbedingte Kündigung aussprechen, wenn sich aus den häufigen Kurzerkrankungen eine negative Zukunftsprognose ableiten lässt und der Arbeitgeber eine erhebliche Beeinträchtigung seiner betrieblichen Interessen darlegt. Das hat das Landesarbeitsgericht Schleswig-Holstein im Fall einer examinierten Altenpflegerin in einem Insolvenzunternehmen entschieden.

Die Arbeitnehmerin wies über mehrere Jahre zahlreiche Kurzerkrankungen auf. Der Arbeitgeber kündigte fristgemäß, wogegen die Arbeitnehmerin Kündigungsschutzklage erhob. In seiner Begründung weist das Gericht darauf hin, dass eine Kündigung wegen häufiger Kurzerkrankungen in Betracht komme, wenn daraus eine negative Zukunftsprognose ableitbar sei und der Arbeitgeber dadurch erhebliche Beeinträchtigung der betrieblichen Interessen erleide.

Zudem müsse die Kündigung dem Verhältnismäßigkeitsgrundsatz entsprechen, also zur Beseitigung der Beeinträchtigung erforderlich sein. Hieran fehle es, wenn mildere Mittel nicht ausgeschöpft worden seien, wofür der Arbeitgeber darlegungs- und beweispflichtig sei. Vorliegend fehle es an der negativen Zukunftsprognose, weil die Arbeitnehmerin nach einer Reha-Maßnahme zum Kündigungszeitpunkt wieder arbeitsfähig gewesen sei. Außerdem scheitere die Kündigung, weil sie unverhältnismäßig sei. Denn es sei kein betriebliches Eingliederungsmanagement (BEM) durchgeführt worden.
Urteil des LAG Schleswig-Holstein vom 18. September 2013; Az.: 3 Sa 133/13

Quelle: Pressestelle der Industrie- und Handelskammern im Regierungsbezirk Freiburg e. V., in: Wirtschaft im Südwesten 2/2014, Seite 21, www.konstanz.ihk.de/linkableblob/knihk24/sevicemarken/resse/downloads/2014_1/2754184/.3./data/1402wiskompl-data.pdf

Voraussetzung für eine krankheitsbedingte Kündigung ist, dass

▶ auch in Zukunft mit häufigen oder lang dauernden krankheitsbedingten Arbeitsausfällen gerechnet werden muss (= Negativprognose) und

▶ die dadurch entstehende wirtschaftliche Belastung für den Arbeitgeber unzumutbar ist, z. B. durch die entstehenden Kosten der Entgeltfortzahlung.

An die Abwägung zwischen Arbeitgeberinteresse an wirtschaftlicher Entlastung und Arbeitnehmerinteresse an Weiterbeschäftigung sind besonders hohe Anforderungen zu stellen.

Lösung des Falls

Die Kündigung wegen Alkoholismus ist eine krankheitsbedingte Kündigung, da Alkoholismus nach anerkannter Meinung eine Krankheit ist. Deswegen hängt die Rechtfertigung einer Kündigung maßgeblich davon ab, welche Zukunftsprognose hinsichtlich des Gesundheitszustands des Arbeitnehmers zu stellen ist. Eine Heilung vom Alkoholismus setzt eine gute Motivation des Betroffenen sowie dessen Bereitschaft zu einer Therapie voraus. Sollte es daran fehlen, so fällt die Zukunftsprognose des Alkoholabhängigen negativ aus und eine Kündigung ist gerechtfertigt, da es dem Arbeitgeber auf Dauer unzumutbar ist, auf die Arbeitskraft seines Mitarbeiters nur eingeschränkt zugreifen zu können und Entgeltfortzahlung im Krankheitsfall zu leisten.

7.4.4.4 Fristlose Kündigung

Keine Anzüglichkeiten

Mitarbeiter sollten keine E-Mail mit anzüglichem Inhalte schicken. Sie kann eine fristlose Kündigung rechtfertigen, entschied laut Deutschen Anwaltverein das Arbeitsgericht Regensburg /AZ: 7 Ca 3201/12). In dem Fall hatte ein Mitarbeiter an seine Vorgesetzte eine E-Mail geschickt. Er nahm dabei Bezug auf ein Straßenschild „Am Fötzchen" und schrieb: „Stell dir vor, du müsstest bei der Feuerwehr anrufen und die fragen dich: Wo brennt es?" Die Frau fühlte sich sexuell belästigt. Dem Mitarbeiter wurde fristlos gekündigt. Zu Recht, entschied das Gericht. Die Bemerkung sei eine sexuelle Belästigung, egal ob beabsichtigt oder nicht. Es sei klar, dass eine Frau eine solche E-Mail als unerwünschte Belästigung empfindet. *(dpa)*

Quelle: dpa, in: Südkurier Nr. 12/RSR, 16.01.2016, S. 11

Eine Kündigung **ohne Einhaltung einer Kündigungsfrist** (= fristlose Kündigung) setzt nach § 626 I BGB voraus, dass das Arbeitsverhältnis mit einem besonders **wichtigen Grund** belastet ist, der die Fortsetzung des Arbeitsverhältnisses unzumutbar macht. Ein Recht zur fristlosen Kündigung besteht sowohl gegenüber Arbeitnehmern, die dem Schutz des KSchG unterfallen (vgl. § 13 KSchG), als auch gegenüber den Arbeitnehmern, für die das KSchG nicht gilt.

Nach der Rechtsprechung des BAG gibt es **keine absoluten Kündigungsgründe**. Welche Vorkommnisse die Fortsetzung eines Arbeitsverhältnisses unzumutbar machen, ist eine Frage des Einzelfalls. Dazu können zum Beispiel zählen:

▶ Der Arbeitnehmer war wiederholt unpünktlich, wobei die Unpünktlichkeit das Stadium der beharrlichen Arbeitsverweigerung erreicht hat.

▶ Der Arbeitnehmer begeht Eigentumsdelikte zulasten des Arbeitgebers (Diebstähle, Unterschlagungen), wobei es nicht darauf ankommt, wie wertvoll eine entwendete Sache ist.

Beim Verdacht einer Straftat durch den Arbeitnehmer kommt eine Kündigung (= **Verdachtskündigung**) nur infrage, wenn die Wahrscheinlichkeit sehr hoch ist, dass der Arbeitnehmer die Straftat begangen hat und wenn der Arbeitgeber den Arbeitnehmer zu den Vorfällen angehört hat.

Eventuell muss der Arbeitgeber den Arbeitnehmer vor Ausspruch der Kündigung abmahnen, es sei denn die Abmahnung ist entbehrlich, weil der Vertragsverstoß so gravierend ist, dass das Vertrauensverhältnis zwischen Arbeitgeber und Arbeitnehmer zerstört ist.

Sobald der Arbeitgeber Kenntnis von den für eine fristlose Kündigung relevanten Tatsachen erhält, muss er die Kündigung **innerhalb von 2 Wochen** erklären (§ 626 II BGB). Wird dieser Zeitraum überschritten, so ist der Ausspruch der fristlosen Kündigung nicht mehr möglich. Eine Verlängerung der Ausschlussfrist des § 626 II BGB kommt ausnahmsweise infrage, wenn der Arbeitgeber in dieser Zeit umfangreiche Maßnahmen durchführt, um den Sachverhalt aufzuklären.

7.4.4.5 Änderungskündigung

Fall: Kündigung und neues Angebot

Herr Schlosser bekommt folgendes Kündigungsschreiben:

```
Sehr geehrter Herr Schlosser,
um die Stilllegung des Betriebes zu vermeiden, müssen wir
dringend Personalkosten einsparen. Deswegen ist es leider
unumgänglich, dass wir Ihr Arbeitsverhältnis zu den jetzigen
Bedingungen unter Einhaltung der gesetzlichen Kündigungsfrist
zum 1. März .. kündigen.
Gleichzeitig bieten wir Ihnen die Fortsetzung Ihres derzei-
tigen Arbeitsverhältnisses ab dem 1. März .. an, unter Redu-
zierung Ihrer derzeitigen Vergütung von 2500,00 € brutto im
Monat auf 2000,00 € brutto im Monat.
```

Die bisher erörterte Beendigungskündigung strebt die Beendigung des Arbeitsverhältnisses an.

Eine andere Möglichkeit ist eine Änderungskündigung. Bei der **Änderungskündigung** kündigt der Arbeitgeber das bisherige Arbeitsverhältnis, bietet dem Arbeitnehmer jedoch gleichzeitig die Fortsetzung des Arbeitsverhältnisses zu geänderten Bedingungen an. Bei der Änderungskündigung wird also die **Kündigung** mit einem **neuen Angebot** (§ 145 BGB) verknüpft.

Auch eine Änderungskündigung muss **sozial gerechtfertigt** sein, sofern der Arbeitnehmer unter den Schutz des KSchG fällt (§§ 1, 2 KSchG).

Lösung des Falls

Herr Schlosser hat von seinem Arbeitgeber eine ordentliche Änderungskündigung erhalten. Das neue Angebot sieht eine Herabsetzung der Arbeitsvergütung vor. Sozial gerechtfertigt ist diese Lohnherabsetzung aber nur, wenn sie dringend erforderlich ist, um eine akute Existenzgefahr für den Betrieb abzuwenden. Dies müsste der Arbeitgeber in einem Kündigungsschutzprozess gegebenenfalls beweisen.

7.4.4.6 Mitwirkung des Betriebsrates nach § 102 Betriebsverfassungsgesetz

Besteht ein Betriebsrat, so muss dieser nach § 102 BetrVG (= Betriebsverfassungsgesetz) vor Ausspruch einer Kündigung gegenüber einem Arbeitnehmer angehört werden. Der Arbeitgeber muss dem Betriebsrat Mitteilung machen über

- die Person des betroffenen Arbeitnehmers,
- die Art der Kündigung (außerordentliche oder ordentliche, Änderungs- oder Beendigungskündigung),
- den Kündigungstermin,
- die Gründe für die Kündigung.

Eine **ohne vorherige Anhörung des Betriebsrats ausgesprochene Kündigung** ist **nicht wirksam**. In einem Prozess muss sich allerdings der Arbeitnehmer auf die fehlende Betriebsratsanhörung berufen.

 Die Kündigung ist ein einseitiges Gestaltungsrecht. Sie ist als fristlose oder als ordentliche Kündigung möglich.

7.4.4.7 Kündigungsschutzprozess

Ein Arbeitnehmer, der unter den Anwendungsbereich des Kündigungsschutzgesetzes fällt, kann sich gegen eine Kündigung durch Erhebung einer Kündigungsschutzklage wehren. Die **Kündigungsschutzklage** muss nach § 4 S. 1 KSchG **innerhalb von 3 Wochen nach Zugang der Kündigung** beim Arbeitsgericht eingereicht werden.

Mit der **Kündigungsschutzklage** macht der Arbeitnehmer geltend, dass er die Kündigung für sozial ungerechtfertigt hält. Darüber hinaus ist die 3-Wochen-Frist auch maßgeblich, wenn sich der Arbeitnehmer gegen eine Kündigung wehrt, weil er sie aus anderen Gründen für unwirksam hält, zum Beispiel weil der Betriebsrat nicht angehört wurde. Der Arbeitnehmer beantragt bei Gericht die **Feststellung, dass das Arbeitsverhältnis durch die konkrete Kündigung nicht beendet wurde**, sondern fortbesteht. Möchte der Arbeitnehmer nicht eine konkrete einzelne Kündigung angreifen, sondern feststellen lassen, dass das Arbeitsverhältnis fortbesteht, so muss der Arbeitnehmer beim Arbeitsgericht die **allgemeine Feststellungsklage (§ 256 ZPO)** erheben.

Sollte sich im Kündigungsschutzprozess herausstellen, dass die ausgesprochene **Kündigung zwar nicht wirksam** war, eine **weitere Zusammenarbeit** zwischen Arbeitnehmer und Arbeitgeber aber dennoch **nicht zu erwarten** und für einen oder beide Teile unzumutbar ist, so kann das Gericht auf Antrag des Arbeitgebers oder Arbeitnehmers das Arbeitsverhältnis auflösen. Dem Arbeitnehmer wird in diesem Fall als vermögensrechtliches Äquivalent für den Verlust seines Arbeitsplatzes vom Arbeitgeber eine **Abfindung** ausbezahlt. Die Höhe der Abfindung bemisst sich unter anderem danach, wie lange der Arbeitnehmer schon beim Arbeitgeber beschäftigt war und wie leistungsfähig der Arbeitgeber ist.

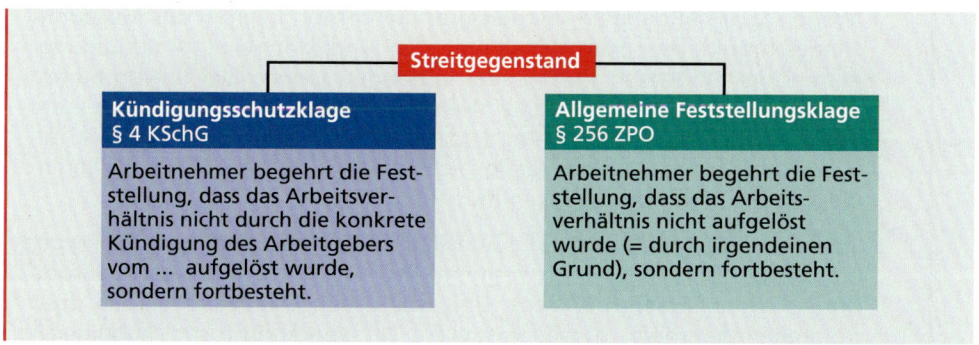

 Fällt ein Arbeitnehmer unter das KSchG, so kann er eine Kündigung im Wege der Kündigungsschutzklage daraufhin überprüfen lassen, ob sie sozial gerechtfertigt ist.

7.4.4.8 Verhängung einer Sperre nach § 159 SGB III

Eine einschneidende sozialrechtliche Folge einer Kündigung kann die Verhängung einer sogenannten **Sperre nach § 159 SGB III** sein. Darunter versteht man die **Sperrung des Bezugs von Arbeitslosengeld für die Dauer von drei bis zwölf Wochen**.
Voraussetzung für die Verhängung einer solchen Sperre ist, dass der Arbeitnehmer die Auflösung des Arbeitsverhältnisses schuldhaft herbeigeführt hat, ohne für sein Verhalten einen wichtigen Grund zu haben.

Beispiel

Fristlose Kündigung eines Arbeitnehmers, weil er den Arbeitgeber beleidigt hat; verhaltensbedingte Kündigung eines Arbeitnehmers wegen schuldhaftem Verstoß gegen Arbeitspflichten.

Für den Arbeitnehmer ist es daher günstig, wenn die Kündigung keinen gegen ihn gerichteten Schuldvorwurf enthält.

Aufgaben

§

1. Erklären Sie, weshalb ein Arbeitnehmer, auf den das Kündigungsschutzgesetz Anwendung findet, im Falle einer Kündigung besser dasteht, als ein Kollege, der nicht unter den Kündigungsschutz dieses Gesetzes fällt.

2. Welche drei Formen der ordentlichen Kündigung kennt das KSchG?

3. Welche Funktion hat die Abmahnung und bei welchen Kündigungsarten kommt sie in Betracht?

4. Wie viel Zeit hat der Arbeitgeber für den Ausspruch einer fristlosen Kündigung?

5. Der fünfzigjährige Uwe Stern arbeitet seit sieben Jahren als Aufsichtsperson im Stadtmuseum der Stadt Neumünster. Seine dreißigjährige Kollegin Ursula Beck arbeitet seit zwei Jahren als Aufsichtsperson im Museum. Wegen Sparmaßnahmen werden nun die Öffnungszeiten des Museums eingeschränkt. Uwe Stern erhält eine frist- und formgerechte Kündigung seitens der Stadt zum 31. Dez. des laufenden Jahres. Gleichzeitig bietet ihm die Stadt Neumünster eine Stelle in der städtischen Bibliothek zum gleichen Gehalt an. Uwe Stern, dem der Job im Museum gefällt, möchte wissen, ob man an seiner Stelle nicht die wesentlich jüngere Kollegin Beck in die Bibliothek schicken müsste.

6. Frauenarzt Dr. Merkur stellt die Arzthelferin Andrea Taler ein. Seine Frage nach einer Schwangerschaft verneint Andrea Taler beim Einstellungsgespräch wider besseren Wissens. Einige Zeit später stellt sich heraus, dass Andrea in Wahrheit schwanger ist. Kann Dr. Merkur ihr fristlos kündigen? Wäre eine Anfechtung des Arbeitsvertrages nach § 123 BGB denkbar?

7. Die fünfundzwanzigjährige Elli Schnupf arbeitet seit drei Jahren in der Produktion des Küchengeräteherstellers Raspel. Im Jahr 2013 fehlte sie krankheitsbedingt an 50 Arbeitstagen, im Jahr 2014 an 43 Arbeitstagen und im Jahr 2015 an 60 Arbeitstagen. Raspel möchte die Entgeltzahlungskosten und die Kosten für die Ersatzarbeitskraft nicht länger tragen. Ist es möglich, dass er Frau Schnupf kündigt?

8. Die Goldschmiedin Frau Zang arbeitet seit drei Monaten beim Juwelier Rubin. Rubin kündigt ihr ordentlich ohne Angabe von Gründen. Frau Zang ist der Meinung, Rubin hätte die Kündigung begründen müssen. Hat sie recht?

7.4.5 Schutz ausgewählter Arbeitnehmergruppen

7.4.5.1 Einführung

Frauen, Jugendliche und Schwerbehinderte werden im Arbeitsrecht besonders geschützt, da sie besondere Rücksichten verdienen:

▶ Frauen sind vor allem durch Schwangerschaft und Mutterschaft besonderen Belastungen ausgesetzt.

▶ Jugendliche im Alter zwischen 15 und 18 Jahren sind als Heranwachsende vor zu harter Inanspruchnahme zu schützen.

▶ Schwerbehinderte, deren Grad der Behinderung mindestens 50 % ihrer Leistungsfähigkeit ausmacht, sollen ihrer Belastbarkeit entsprechend beschäftigt werden.

Die genannten Personen werden privilegiert hinsichtlich

▶ der Art der zu leistenden Arbeit (Beschäftigungsverbote),

▶ der Arbeitszeiten (Arbeitszeitschutz),

▶ der Möglichkeiten des Arbeitgebers zur Kündigung (Sonderkündigungsschutz),

▶ besonderer Geld- und Freistellungsansprüche (für Mütter und werdende Mütter).

7.4.5.2 Beschäftigungsverbote

Im heutigen Arbeitsalltag ist die Frau dem Mann in der Regel gleichgestellt. Arbeitsplätze, die Männern vorbehalten sind (meist aufgrund besonders schwerer **körperlicher** Arbeit), gibt es nur noch selten.

Beispiel
Verbot der Beschäftigung von Frauen im Bergbau unter Tage (Bergbaugesetz)

Schwangere Frauen und stillende Mütter müssen allerdings auch vor Arbeiten geschützt werden, denen sie aufgrund der Schwangerschaft oder Mutterschaft körperlich nicht gewachsen sind oder die Gesundheitsrisiken für Mutter und Kind bergen.

Beispiel
Eine schwangere Frau kann nicht zu lange stehen oder schwere Lasten heben; schwangere Frauen oder stillende Mütter müssen vor giftigen Stoffen (z. B. Dämpfe) geschützt werden.

Auch Jugendliche sind vor zu **schweren** oder **gesundheitsschädlichen** oder besonders **unfallträchtigen** Arbeiten zu schützen.

Beispiel
Keine Akkordarbeit bei Jugendlichen

Bei der Beschäftigung Schwerbehinderter ist schließlich darauf zu achten, dass der Behinderte **weder unter- noch überfordert wird**.

Beispiel
Ein querschnittsgelähmter Arbeitnehmer soll einen Arbeitsplatz bekommen, der seiner Ausbildung und seinen geistigen Fähigkeiten entspricht und bei dem es nicht darauf ankommt, ob der Arbeitnehmer laufen kann.

Einen Überblick über die Beschäftigungsverbote gibt folgende Übersicht:

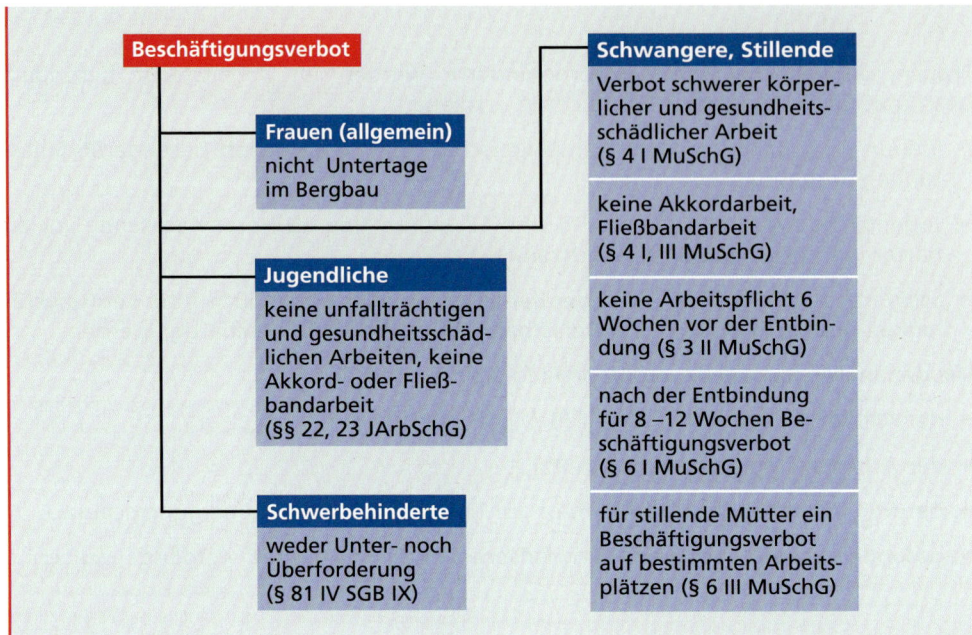

7.4.5.3 Arbeitszeitschutz

Schwangere, stillende Mütter und Jugendliche müssen auch vor **zu hoher zeitlicher Inanspruchnahme** geschützt werden. Dies geschieht durch den Ausschluss oder die Beschränkung von Mehrarbeit, das teilweise Verbot von Nachtarbeit oder Feiertagsarbeit und durch die Einhaltung jeweils angemessener Ruhepausen. Einen Überblick geben die folgenden Tabellen:

Arbeitszeitschutz		
	Schwangere, Stillende	**Jugendliche**
Mehrarbeit	keine Mehrarbeit (§ 8 MuSchG)	nicht mehr als 8 Std. Arbeit täglich; nicht mehr als 40 Std. Arbeit wöchentlich (§ 8 I JArbSchG); 5-Tage-Woche (§ 15 JArbSchG)
Sonn- und Feiertagsarbeit	keine Sonn- und Feiertagsarbeit (§ 8 MuSchG)	in der Regel keine Samstags-, Feiertags- und Sonntagsarbeit (§§ 16, 17, 18 JArbSchG)
Nachtarbeit	keine Nachtarbeit zwischen 20:00 Uhr und 06:00 Uhr (§ 8 MuSchG)	regelmäßige Arbeitszeit zwischen 06:00 Uhr und 20:00 Uhr; Ausnahmen sind möglich (§ 14 JArbSchG)

Arbeitszeitschutz		
	Schwangere, Stillende	**Jugendliche**
Sonderrechte	Stillende Mütter bekommen auf Verlangen 2-mal täglich $\frac{1}{2}$ Stunde oder 1-mal täglich für 1 Std. frei (§ 7 I MuSchG)	Freistellung für Berufsschulunterricht und Prüfungen (§§ 9, 10 JArbSchG)

Ruhepausen			
erwachsene Arbeitnehmer		**Jugendliche**	
Die Mindestruhepausen müssen nach § 4 ArbZG im Vorhinein festliegen. Eine Aufteilung in Zeitabschnitte von 15 Minuten ist möglich.		Die Mindestruhepausen müssen nach § 11 JArb SchG im Vorhinein festliegen. Eine Aufteilung in Zeitabschnitte von 15 Minuten ist möglich.	
Arbeitszeit	**Ruhepausen**	**Arbeitszeit**	**Ruhepausen**
6–9 Stunden	30 Minuten	4,5–6 Stunden	30 Minuten
über 9 Stunden	45 Minuten	über 6 Stunden	60 Minuten

7.4.5.4 Sonderkündigungsschutz

Einige Personengruppen werden vor dem Verlust ihres Arbeitsplatzes besonders geschützt.

Mutterschutz

Die Kündigung einer Arbeitnehmerin während der Schwangerschaft und innerhalb eines Zeitraums von vier Monaten nach der Geburt des Kindes ist unzulässig. Voraussetzung ist, dass die schwangere Arbeitnehmerin dem Arbeitgeber die Schwangerschaft mitteilt. Ausreichend ist, wenn die Mitteilung nach dem Zugang der Kündigung erfolgt (§ 9 MuSchG). Nur in Ausnahmefällen kann die Kündigung durch die für den Arbeitsschutz zuständige oberste Landesbehörde für zulässig erklärt werden (§ 9 III MuSchG).

Elternzeit

Kein Elterngeld für Mütter im Gefängnis

Schwäbisch Gmünd/Kassel (dpa) – Frauen, die ihr Kind im Gefängnis aufziehen, bekommen kein Elterngeld. Das hat das Bundessozialgericht (BSG) in Kassel gestern klargestellt. Geklagt hatte eine heute 33-Jährige, die 2007 im Gefängnis in Schwäbisch Gmünd inhaftiert war, als ihr Sohn geboren wurde. Bis zu ihrer Entlassung im Mai 2009 lebte sie mit dem Kind in einer gefängniseigenen Mutter-Kind-Einrichtung und ging im Gefängnis einer Arbeit nach. Der Frau stehe für diese Zeit kein Elterngeld zu, denn sie habe dort nicht in einem Haushalt gelebt, der dem Elterngeldgesetz entspreche, urteilte der 10. Senat des Bundessozialgerichts und wies die Revision der Frau zurück. „Sie hatte in der

Ein Elternteil, der nach dem Bundeselterngeld- und Elternzeitgesetz (BEEG) zur Betreuung eines Kindes das Recht auf Elternzeit geltend macht, ist gemäß § 18 BEEG nicht kündbar. In besonderen Ausnahmefällen besteht die Möglichkeit, dass die oberste Landesbehörde für den Arbeitsschutz die Kündigung trotz Elternzeit für zulässig erklärt.

Schwerbehinderte

Die Kündigung eines Schwerbehinderten ist zwar möglich, aber grundsätzlich an die Zustimmung des Integrationsamtes geknüpft (§ 85 SGB IX). Dieser Sonderkündigungsschutz greift allerdings i. d. R. nur für Schwerbehinderte, die bereits seit sechs Monaten beim Arbeitgeber tätig sind (§ 90 SGB IX). § 86 SGB IX schreibt für eine ordentliche Kündigung eine Frist von mindestens 4 Wochen vor. Auch die außerordentliche Kündigung ist erschwert (§ 91 SGB IX).

Mitglieder des Betriebsrats

Die ordentliche Kündigung eines Mitglieds des Betriebsrats oder einer Jugend- und Auszubildendenvertretung ist während der Amtszeit und für das darauffolgende Jahr unzulässig (§ 15 I, II KSchG). Mitglieder des Wahlvorstands und Wahlbewerber sind vom Zeitpunkt ihrer Bestellung oder Aufstellung an bis 6 Monate nach Bekanntgabe des Wahlergebnisses vor einer ordentlichen Kündigung geschützt (§ 15 III KSchG).

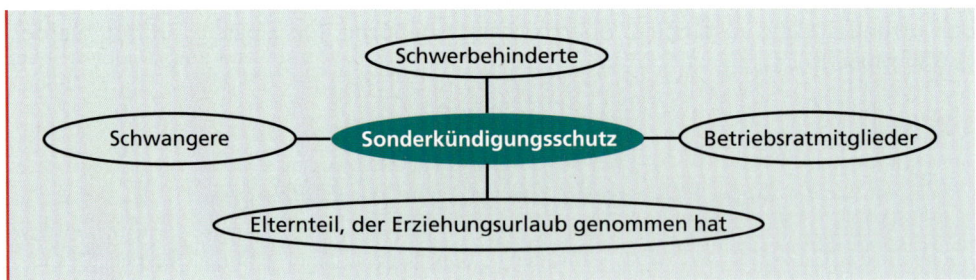

7.4.5.5 Finanzielle Absicherung von Schwangeren und Müttern
Mutterschaftsgeld

Für Schwangere besteht sechs Wochen vor der Entbindung ein Beschäftigungsverbot (§ 3 II MuSchG). Nach der Entbindung darf die Mutter für weitere acht Wochen nicht beschäftigt werden (§ 6 I MuSchG).

Während dieser Zeiträume sowie für den Tag der Entbindung zahlt die Krankenkasse Mutterschaftsgeld (§ 13 MuSchG in Verbindung mit § 24 i SGB V). Das Mutterschaftsgeld orientiert sich am bisherigen Nettolohn der Arbeitnehmerin. In manchen Fällen ist der Arbeitgeber verpflichtet, einen Teil zuzuschießen (§ 14 MuSchG).

Elterngeld und Elternzeit

Arbeitnehmerinnen, die ein Kind geboren haben, können ab dem Tag der Geburt des Kindes Basiselterngeld für die ersten 14 Lebensmonate des Kindes beanspruchen. Das ihnen zeitgleich zustehende Mutterschaftsgeld wird dabei auf das Elterngeld angerechnet. Der Höhe nach beträgt das Elterngeld regelmäßig 67 % des vorherigen Nettoeinkommens. Die Mindesthöhe für Geringverdiener beläuft sich auf 300,00 € pro Monat, die Höchstgrenze für besser Verdienende auf 1 800,00 € pro Monat (§ 2 BEEG). Das Recht auf Elternzeit kann sowohl von der Mutter als auch vom Vater geltend gemacht werden.

Erholungsurlaub ist keine Elternzeit

Eltern können nicht ihren Erholungsurlaub als Elternzeit angeben und dann Elterngeld beanspruchen. Bei Arbeitnehmern setzt das Elterngeld eine Unterbrechung des Arbeitsverhältnisses voraus. Das entschied das Bundessozialgericht (BSG) in Kassel (Az: B 10 EG 3/14 R). Es wies damit den Vater eines 2008 geborenen Kindes ab. Zunächst hatte die Mutter zwölf Monate Elternzeit genommen. Der Mann sparte unterdessen seinen Urlaub an und nahm in dann im Block während des 13. Und 14. Lebensmonats des Kindes. Sein Arbeitgeber bezahlte die reguläre Urlaubsvergütung. Zudem beanspruchte der Vater für die beiden ‚Vätermonate' Elterngeld. Das Bundessozialgericht erklärte, das Vollzeitarbeitsverhältnis habe unverändert fortbestanden. Das Elterngeld sei ein Lohnersatzleistung, die nicht zusätzlich gezahlt werde. (AFP)

Quelle: AFP, in: Südkurier Nr. 291/MP, 16.12.2015, S. 14

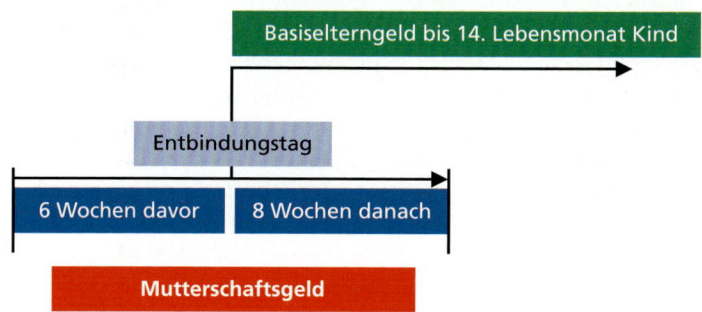

 Frauen, Schwangere, Mütter, Jugendliche und Schwerbehinderte erfahren einen besonderen Schutz durch arbeitsrechtliche Vorschriften.

7.4.6 Technischer Arbeitsschutz

Um das Leben und die Gesundheit eines Arbeitnehmers zu schützen und Verletzungsrisiken bei der Arbeit zu minimieren, wurde ein System des technischen Arbeitsschutzes geschaffen.

▶ Die **staatliche Gewerbeaufsicht** sorgt für den Schutz des Lebens und der Gesundheit der Arbeitnehmer, indem sie die Einhaltung der Arbeitsschutzvorschriften überwacht und in Sicherheitsfragen berät.

Beispiel

Arbeitsschutzvorschriften sind zum Beispiel Arbeitsschutzgesetz, Arbeitsstättenverordnung, Chemikaliengesetz, Gefahrstoffverordnung, Gerätesicherheitsgesetz usw.

▶ Die **Berufsgenossenschaften** bieten den Arbeitnehmern **Versicherungsschutz** bei Verletzungen und Erkrankungen aufgrund der ausgeübten Tätigkeit. Außerdem sind sie vorbeugend tätig für die Unfallverhütung, indem sie **Unfallverhütungsvorschriften** erlassen und deren Einhaltung überwachen.

Ausrutschen auf Soße kein Arbeitsunfall

Heilbronn (lsw) – Der Sturz eines Daimler-Mitarbeiters in der Werkskantine auf Salatsoße gilt nicht als Arbeitsunfall. Das entschied gestern das Sozialgericht Heilbronn. Im Mai 2010 war ein 50-jähriger Mitarbeiter des Automobilherstellers in der Kantine des Sindelfinger Werks mit dem Tablett in der Hand auf Salatsoße ausgerutscht und hatte sich den linken Arm gebrochen. Die Berufsgenossenschaft hatte den Vorfall nicht als Arbeitsunfall anerkennen wollen, daraufhin hatte der 50-Jährige aus dem Kreis Ludwigsburg geklagt. Das Gericht in Heilbronn wies die Klage des Daimler-Mitarbeiters mit der Begründung zurück, dass die Nahrungsaufnahme grundsätzlich dem privaten und damit nicht versicherten Lebensbereich zuzurechnen sei. So sei zwar der Weg bis zur Kantine und von der Kantine zurück zum Arbeitsplatz versichert, nicht aber der Aufenthalt im Betriebsrestaurant selbst. Damit deckte sich die Argumentation des Gerichts mit der der beklagten Berufsgenossenschaft.

Quelle: lsw, in: Esslinger Zeitung, 27.03.2012, S. 5

Beispiel

Entwicklung von Sicherheitsstandards bezüglich Tritt- und Standsicherheit von Einrichtungen, Gestaltung der Oberflächen und Kanten von Einrichtungen, Maßnahmen gegen übermäßige Staub-, Gas-, Dampf-, Wärme-, Lärmentwicklung am Arbeitsplatz, Anbringung von Warneinrichtungen usw.

In der Bundesrepublik gibt es zahlreiche öffentlich-rechtliche Unfallversicherungsträger, die nach § 15 SGB VII zum Erlass von Unfallverhütungsvorschriften (= Satzungsrecht der Unfallversicherungsträger) ermächtigt sind.
Die Gewerbeaufsichtsämter und die Berufsgenossenschaften sind gesetzlich zur Zusammenarbeit verpflichtet (§ 20 SGV VII). Dies entspricht dem Leitbild eines dualen Systems des technischen Arbeitsschutzes.

```
        staatliche Gewerbeaufsicht      Berufsgenossenschaften
                        │                         │
                        ▼                         ▼
                    ┌─────────────────────────────────┐
                    │   technischer Arbeitsschutz      │
                    └─────────────────────────────────┘
                                    │
                                    ▼
                              Arbeitsstätte
 betriebliche Arbeits-      z. B. Beleuchtung      Verhaltensmaßregeln
 schutzorganisation   ◄──        Belüftung    ──►  zur Unfallvermeidung
                                 Temperatur
 Schutzausrüstungen   ◄──        Fluchtwege   ──►  Sicherheitsausstattung von
                                 Sozialräume        Werkzeugen, Geräten,
                                                     Maschinen, technischen
 Umgang mit gefähr-   ◄──                           Anlagen, Fahrzeugen etc.
 lichen Stoffen
                            │              ──►  Einsatz von Fachkräften für
                            ▼                   die Betriebssicherheit, wie
              ärztliche Untersuchung von        z. B. Betriebsarzt, Sicherheits-
              Arbeitnehmern mit gesundheitlich   ingenieur
              risikoreichen Beschäftigungen
```

> **→** Der technische Arbeitsschutz wird vom Staat und von den Berufsgenossen-
> schaften getragen.

Aufgaben

1. Beschreiben Sie schlagwortartig, auf welche Weise schwangere Frauen und Mütter im Arbeitsrecht geschützt werden.

2. Welche Personengruppen sind außerdem besonders geschützt?

3. Auf welche Weise wird der technische Arbeitsschutz durchgeführt?

4. Der beinamputierte kriegsversehrte Herr Matusch, dessen Erwerbsfähigkeit um 65 % gemindert ist, betätigt sich bereits seit Jahren als Pförtner in der Wolf AG. Sein Arbeitgeber spricht ihm die ordentliche Kündigung aus, ohne die Zustimmung des Integrationsamtes einzuholen. Ist die Kündigung wirksam?

7.5   Kollektivarbeitsrecht

7.5.1   Mitbestimmungsrechte der Arbeitnehmer

7.5.1.1   Überblick über die Mitbestimmungsrechte

Ziel von Mitbestimmung ist es, den Arbeitnehmern bezüglich ihrer Arbeitsbedingungen und bei wirtschaftlichen Entscheidungen des Unternehmens **Mitspracherechte** zu verschaffen. Als Ansatzpunkt für Mitbestimmungsrechte unterscheidet man zwei Ebenen:

▶ Die **betriebliche Ebene** betrifft die konkrete Arbeitsstätte, an der die Produktion, die Verwaltung, der Vertrieb, diverse Dienstleistungen stattfinden.

▶ Auf der **unternehmerischen Ebene** trifft das Unternehmen als rechtsfähige Einheit die Entscheidungen zur Verfolgung der wirtschaftlichen oder ideellen Ziele, die das Unternehmen sich gesetzt hat.

Auf der betrieblichen Ebene findet Mitbestimmung über den **Betriebsrat** statt. Betriebsräte gibt es **in allen privatrechtlichen Betrieben** einer bestimmten Mindestgröße, unabhängig von deren Rechtsform.

Die **Verwaltungen** des **Bundes, der Länder und der Gemeinden** sowie sonstiger **öffentlich-rechtlicher Einrichtungen** haben anstelle eines Betriebsrates einen **Personalrat**.

Auf der Unternehmensebene findet Mitbestimmung über den **Aufsichtsrat** statt. Aufsichtsräte werden **nur in Kapitalgesellschaften** gebildet. Eine Arbeitnehmerbeteiligung in Unternehmensfragen ist somit nur in Kapitalgesellschaften möglich.

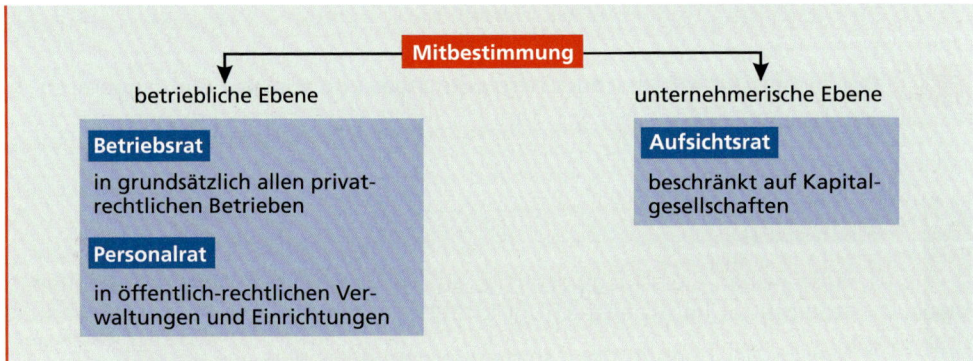

7.5.1.2 Betriebliche Mitbestimmung nach dem Betriebsverfassungsgesetz

Das **Betriebsverfassungsgesetz von 1972** verfolgt das Grundanliegen, die Belegschaft eines Betriebes an den Entscheidungen zu beteiligen, von denen sie selbst betroffen ist. Aus diesem Grunde ist in allen Betrieben der Privatwirtschaft **ab 5 ständig beschäftigten wahlberechtigten Arbeitnehmern**, von denen mindestens 3 wählbar sein müssen, ein Betriebsrat als Mitbestimmungsorgan zu bilden (§ 1 BetrVG).
Der Betriebsrat wird von allen Arbeitnehmern ab 18 Jahren in der Zeit zwischen dem 1. März und dem 31. Mai **auf vier Jahre gewählt** (§ 13 BetrVG). Dazu werden Kandidaten in Vorschlagslisten aufgenommen. Die Kandidaten werden entweder von der im Betrieb vertretenen Gewerkschaft vorgeschlagen oder direkt von der Arbeitnehmerschaft.
Die **Größe** des Betriebsrats hängt davon ab, wie viele wahlberechtigte Arbeitnehmer der Betrieb beschäftigt (§ 9 BetrVG).

Zahl der Arbeitnehmer			Zahl der Betriebsratsmitglieder
5	bis	20 Arbeitnehmer	1 Mitglied
21	bis	50 Arbeitnehmer	3 Mitglieder
51	bis	100 Arbeitnehmer	5 Mitglieder
101	bis	200 Arbeitnehmer	7 Mitglieder
201	bis	400 Arbeitnehmer	9 Mitglieder
401	bis	700 Arbeitnehmer	11 Mitglieder
701	bis	1 000 Arbeitnehmer	13 Mitglieder
1 001	bis	1 500 Arbeitnehmer	15 Mitglieder
1 501	bis	2 000 Arbeitnehmer	17 Mitglieder
2 001	bis	2 500 Arbeitnehmer	19 Mitglieder
2 501	bis	3 000 Arbeitnehmer	21 Mitglieder
...			...

Aus der Mitte der Betriebsratsmitglieder (bei Betriebsräten mit mindestens drei Mitgliedern) wird ein **Vorsitzender** und ein **Stellvertreter** gewählt (§ 26 I BetrVG).

Der Vorsltzende hat unter anderem drei wichtige Aufgaben:

▶ Er führt die **laufenden Geschäfte** (bei Betriebsräten mit weniger als neun Mitgliedern).

▶ Er beruft die **Betriebsratssitzungen** ein und leitet die Sitzungen.

▶ Er legt die **Tagesordnung** einer Betriebsratssitzung fest.

Der Betriebsrat trifft Entscheidungen aufgrund von **Beschlüssen**, die in der Betriebsratssitzung von den Betriebsratsmitgliedern **mehrheitlich gefasst** werden. Diese Beschlüsse **vertritt der Vorsitzende nach außen** (§ 26 BetrVG).

Der Betriebsrat kann Ausschüsse bilden:

▶ Ein **Betriebsausschuss** ist in größeren Betriebsräten ab 9 Mitgliedern zu bilden und ist für die laufenden Geschäfte zuständig (§ 27 BetrVG).

▶ Ein **Wirtschaftsausschuss** ist in Unternehmen mit mehr als 100 Arbeitnehmern zu bilden (§ 106 BetrVG). Der Wirtschaftsausschuss wird über wirtschaftliche und finanzielle Angelegenheiten des Unternehmens informiert und berät seinerseits das Unternehmen.

In Unternehmen, die aus mehreren Betrieben mit jeweils einem Betriebsrat bestehen, wird ein **Gesamtbetriebsrat** gebildet. Ein aus mehreren Unternehmen gebildeter Konzern kann die Gesamtbetriebsräte zu einem **Konzernbetriebsrat** zusammenfassen.

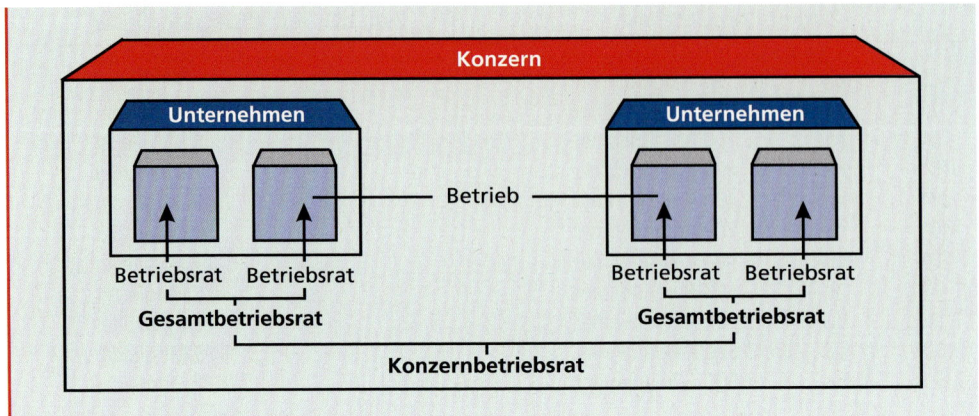

Der Betriebsrat hat als Aufgaben:

▶ **Vertretung** der **Interessen der Arbeitnehmer** gegenüber dem Arbeitgeber,

▶ **Überwachung** der **Vorschriften**, die zugunsten der Arbeitnehmer bestehen,

▶ **Eingliederung** schutzbedürftiger Personen (z. B. Schwerbehinderte) in den Betrieb,

▶ **Überwachung** der **Gleichbehandlung** aller Arbeitnehmer, das heißt Verhinderung der Ungleichbehandlung aufgrund Abstammung, Religion, Herkunft, ideologischer Betätigung, Geschlecht usw.

Um diese Aufgaben zu verwirklichen, stehen dem Betriebsrat Mitwirkungs- und Mitbestimmungsrechte zu. **Mitwirkungsrechte** geben dem Betriebsrat die Möglichkeit einer **Beteiligung bei der Entscheidung** wichtiger Fragen, **Mitbestimmungsrechte** die Möglichkeit der **Mitentscheidung**.

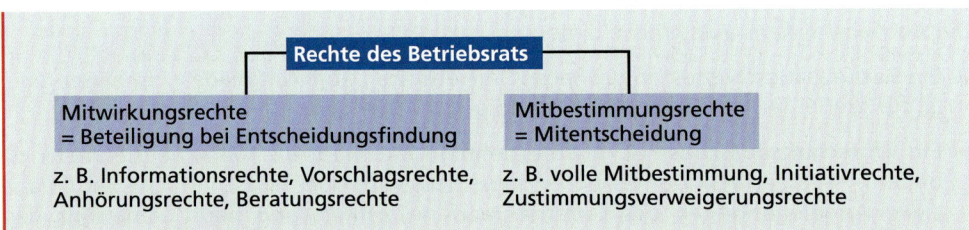

Ein **Informationsrecht** verpflichtet den Arbeitgeber zur frühzeitigen Information des Betriebsrats über Veränderungspläne.

Beispiel
Der Arbeitgeber beabsichtigt, die Betriebsstruktur umzuorganisieren.

Vorschlagsrechte geben dem Betriebsrat die Möglichkeit, in bestimmten Fällen Vorschläge zu unterbreiten.

Beispiel
Der Betriebsrat schlägt bestimmte Arbeitnehmer zu Weiterbildungsmaßnahmen vor, macht Vorschläge zur Personalplanung in einer bestimmten Abteilung, schlägt vor, die Berufsbildung im Betrieb zu fördern.

Ein **Anhörungsrecht** verpflichtet den Arbeitgeber dazu, vor einer Entscheidung die Meinung des Betriebsrats einzuholen.

Anhörung des Betriebsrats nach § 102 BetrVG vor Ausspruch einer ordentlichen Kündigung

Beratungsrechte verpflichten den Arbeitgeber, die Meinung des Betriebsrats einzuholen und in eine Sachdiskussion mit dem Betriebsrat einzutreten.

Der Betriebsrat wird beratend tätig in Fragen der Arbeitsplatzgestaltung, der Berufsbildung, der Personalplanung, bei Betriebsänderungen, bei der Einführung von neuen Technologien im Betrieb.

Entscheidungen des Arbeitgebers bedürfen zwingend der Mitbestimmung des Betriebsrats, sofern dieser **volle Mitbestimmungsrechte** hat.

Im sozialen Bereich besteht volle Mitbestimmung für Fragen der Arbeitszeit, der Betriebsordnung, der Aufstellung von Urlaubsplänen, des Angebots an sozialen Einrichtungen, der Bereitstellung technischer Kontrollgeräte. Im personellen Bereich bedarf es der Zustimmung des Betriebsrats, wenn Personalfragebögen oder Formulararbeitsverträge zu erstellen sind.

Von einem **Initiativrecht** des Betriebsrats spricht man, wenn der Betriebsrat über die volle Mitbestimmung hinaus das Recht hat, Entscheidungen herbeizuführen und durchzuführen.

Aufstellung von personellen Auswahlrichtlinien, Ausgleich nachteiliger Arbeitsplatzveränderungen, Aufstellung eines Sozialplans bei Betriebsänderungen

Mithilfe der **Zustimmungsverweigerungsrechte** kann der Betriebsrat eine Entscheidung des Arbeitgebers blockieren.

Verweigert der Betriebsrat die Zustimmung zu Einstellung, Eingruppierung, Umgruppierung, Versetzung eines Arbeitnehmers, so muss der Arbeitgeber die von ihm angestrebte Maßnahme notfalls vor dem Arbeitsgericht durchsetzen. Ähnlich sieht es aus, wenn der Betriebsrat einer ordentlichen Kündigung durch den Arbeitgeber widerspricht (§ 102 BetrVG).

Die Mitbestimmungsrechte werden umgesetzt, indem zwischen dem Arbeitgeber und dem Betriebsrat schriftliche Vereinbarungen getroffen werden, die man Betriebsvereinbarungen nennt. Die **Betriebsvereinbarungen** sind **Normen** des Arbeitsrechts und als solche in ihrer Durchsetzung **erzwingbar** (§ 77 BetrVG).
Neben den erzwingbaren Betriebsvereinbarungen gibt es noch die **freiwilligen Betriebsvereinbarungen**, deren Durchsetzung der Arbeitnehmer nicht erzwingen kann.

Fragen der Vermögensbildung, Beihilfen, Ruhegelder, Arbeitsschutzfragen usw.

Bei Uneinigkeiten zwischen Betriebsrat und Arbeitgeber in mitbestimmungspflichtigen Angelegenheiten soll eine betriebliche Einigungsstelle für eine Konfliktlösung sorgen (§ 76 BetrVG). Die **Einigungsstelle** wird im Bedarfsfall gebildet und setzt sich paritätisch aus Mitgliedern des Betriebsrats und Arbeitgebervertretern zusammen. Die Einigungsstelle entscheidet mit Stimmenmehrheit und ersetzt in Mitbestimmungsangelegenheiten die fehlende Einigung zwischen Arbeitgebern und Betriebsrat.

Neben dem Betriebsrat existieren noch die Vertretungsgremien:

▶ **Sprecherausschuss** für die leitenden Angestellten
Der Sprecherausschuss wird gebildet, wenn es im Betrieb mindestens 10 leitende Angestellte gibt (vgl. § 1 Sprecherausschussgesetz).

▶ **Jugend- und Auszubildendenvertretungen**
Diese Vertretungen werden gebildet, wenn im Betrieb mindestens fünf jugendliche Arbeitnehmer unter 18 Jahre oder fünf Auszubildende beschäftigt werden (§ 60 BetrVG). Sie unterstützen die Arbeit des Betriebsrats und haben bei allen Themen, die insbesondere die Jugendlichen und Auszubildenden betreffen, ein Teilnahme- und Stimmrecht im Betriebsrat.

7.5.1.3 Personalvertretung

Der Bund richtet auf der Grundlage des Bundespersonalvertretungsgesetzes (BPersVG), die Länder darüber hinaus auf der Grundlage ergänzender Landespersonalvertretungsgesetze **Personalvertretungen für die Dienststellen von Bund und Ländern** ein.
In allen Dienststellen, die regelmäßig mindestens 5 Wahlberechtigte beschäftigen, muss ein **Personalrat** gebildet werden.

Die Vertreter des Personalrats setzen sich aus Arbeitnehmern und Beamten zusammen. Beide Gruppen wählen getrennt ihre Vertreter in den Personalrat (§ 19 BPersVG). Die regelmäßige Amtszeit des Personalrats beträgt vier Jahre (§ 26 BPersVG).

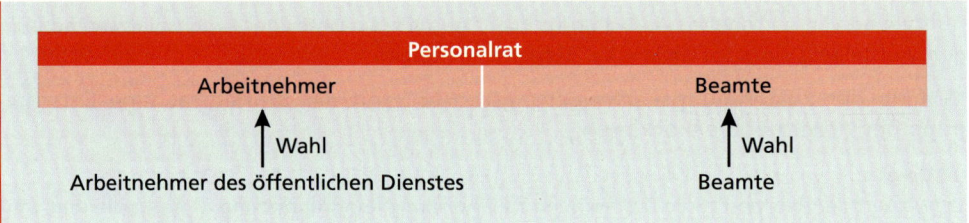

Da der Behördenaufbau in der Regel mehrstufig ist, folgt auch die Bildung der **Personalräte** einem **Stufenaufbau**:

oberste Dienstbehörde	z. B. Kultusministerium	Hauptpersonalrat
mittlere Dienstbehörde	z. B. Oberschulamt	Bezirkspersonalrat
untere Dienstbehörde	z. B. Schulamt	Personalrat

Einzelne Personalräte können sich zu **Gesamtpersonalräten** zusammenschließen.

Die Beteiligungsrechte des Personalrats bei Entscheidungen des Arbeitgebers sind stark an diejenigen eines Betriebsrats angelehnt:

▶ **Unterrichtungs-, Anhörungs-, Beratungsrechte**

Anhörung bei Personalanforderungen, Beratung bei Prüfungen, Unterrichtung bei Durchführung allgemeiner Aufgaben

▶ **Mitwirkungsrechte**

Mitwirkung bei Auflösung, Einschränkung, Verlegung, Zusammenlegung von Dienststellen

▶ **Mitbestimmungsrechte**

Verweigerung der Zustimmung liegt im freien Ermessen des Personalrats bei Maßnahmen des Arbeitgebers, die Personalangelegenheiten der Arbeitnehmer betreffen;
Verweigerung der Zustimmung des Personalrats zu Maßnahmen des Arbeitgebers zu einer Kündigung von Arbeitnehmern aus bestimmten im Gesetz genannten Gründen;
Verweigerung der Zustimmung in Personalangelegenheiten der Beamten aus bestimmten Gründen.

▶ **Initiativrechte**

Mitwirkung bei Fragen der Arbeitszeit, des Urlaubs, der Lohngestaltung, der Durchführung der Berufsausbildung, dem Inhalt von Personalfragebögen, der Aufstellung von Sozialplänen, der Unfallverhütung, der Gestaltung der Arbeitsplätze usw.

Arbeitgeber und Personalrat können **Dienstvereinbarungen** treffen. Solche Vereinbarungen müssen allerdings ausdrücklich durch ein Gesetz vorgesehen sein (§ 73 BPersVG).

7.5.1.4 Unternehmensmitbestimmung

Im Rahmen der **Unternehmensmitbestimmung** gestalten die Arbeitnehmer die Unternehmenspolitik mit und kontrollieren die Unternehmensleitung. Die Unternehmensmitbestimmung findet **in den Aufsichtsräten einer juristischen Person** statt.

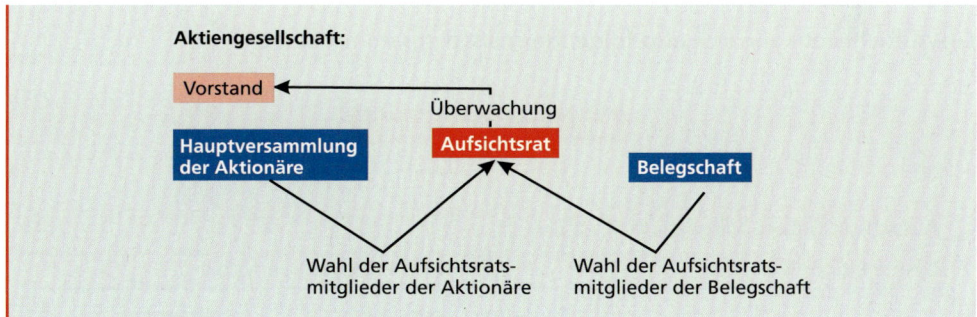

Die Mitbestimmung in Unternehmen wurde erstmals in der **Montanindustrie** (= Bergbau sowie eisen- und stahlerzeugende Industrie) durch das **Montanmitbestimmungsgesetz 1951** eingeführt.

Nach § 4 I Montanmitbestimmungsgesetz besteht ein Aufsichtsrat aus 11 Mitgliedern:

▶ 4 Vertretern der Belegschaft sowie einem weiteren Mitglied,

▶ 4 Vertretern der Anteilseigner sowie einem weiteren Mitglied,

▶ einem weiteren Mitglied, das auf Vorschlag der anderen Mitglieder gewählt wird.

Die weiteren Mitglieder dürfen weder Arbeitgeber noch Arbeitnehmer noch Mitglieder einer Gewerkschaft oder eines Arbeitgeberverbandes sein (§ 4 II MontanMitbestG).

In der Montanindustrie herrscht **echte paritätische Mitbestimmung**.

Die Regelung für die Montanindustrie ist in modifizierter Form durch das **Mitbestimmungsgesetz 1976** auf alle Gesellschaften übertragen worden, die

▶ **juristische Personen** sind,

▶ in der Regel **mehr als 2 000 Arbeitnehmer** beschäftigen.

Nach § 1 Mitbestimmungsgesetz (MitbestG) werden die Unternehmensformen

▶ **AG** = Aktiengesellschaft,

▶ **KGaA** = Kommanditgesellschaft auf Aktien,

▶ **GmbH** = Gesellschaft mit beschränkter Haftung,

▶ **Genossenschaft**

vom Mitbestimmungsgesetz erfasst.

Der Aufsichtsrat dieser Unternehmen besteht aus jeweils sechs bis zehn Vertretern der Anteilseigner und der Arbeitnehmer (§ 7 I MitbestG). Die Vertreter der Arbeitnehmer setzen sich wiederum zum Teil aus den Beschäftigten des Unternehmens, zum Teil aus Gewerkschaftsvertretern zusammen (§ 7 II MitbestG). Bei den Beschäftigtenvertretern muss darauf geachtet werden, dass sie jeweils den Gruppen der Arbeitnehmer und leitenden Angestellten entnommen sind.

Ein Aufsichtsrat kann sich also folgendermaßen zusammensetzen:

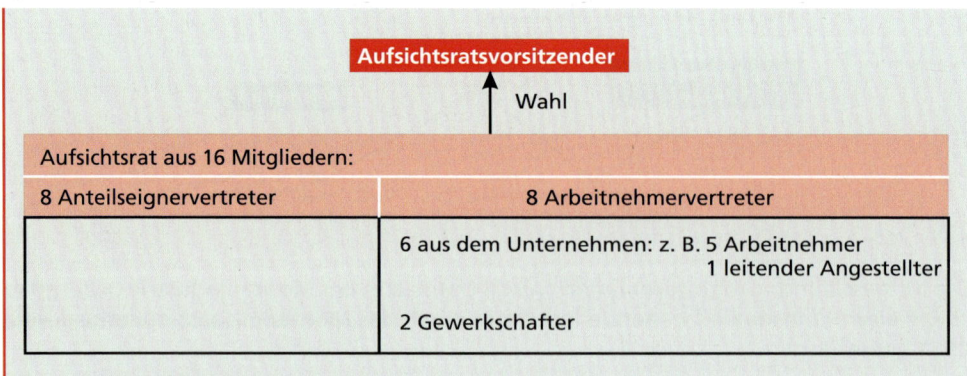

Aufsichtsratsvorsitzender	
↑ Wahl	
Aufsichtsrat aus 16 Mitgliedern:	
8 Anteilseignervertreter	8 Arbeitnehmervertreter
	6 aus dem Unternehmen: z. B. 5 Arbeitnehmer 1 leitender Angestellter 2 Gewerkschafter

Der Aufsichtsrat wählt aus seiner Mitte mit einer Mehrheit von $\frac{2}{3}$ den Vorsitzenden (§ 27 I MitbestG). Der **Aufsichtsratsvorsitzende** hat **in Pattsituationen im 2. Wahlgang zwei Stimmen** (§ 29 MitbestG).

Kann sich der Aufsichtsrat nicht auf einen Vorsitzenden einigen, so wählen die Anteils-eignervertreter den Vorsitzenden und die Arbeitnehmervertreter den stellvertretenden Vorsitzenden (§ 27 MitbestG). Da also **im Zweifel der Vorsitzende des Aufsichtsrats von den Anteilseignervertretern bestimmt** wird, liegt bei der Mitbestimmung nach dem Mit-bestimmungsgesetz im Gegensatz zur Montanmitbestimmung **keine echte Parität** vor.

 Arbeitnehmermitbestimmung findet auf der Betriebsebene durch Betriebs- und Personalräte statt, auf der Unternehmensebene über Aufsichtsräte.

Aufgaben

1. Wann ist ein Betriebsrat zu wählen? Was ist im Gegensatz dazu ein Personalrat?

2. Auf welche Weise werden Vereinbarungen zwischen dem Betriebsrat und dem Arbeitgeber durchsetzbar?

3. In welchem Industriezweig wurde erstmals die Unternehmensmitbestim-mung eingeführt?

7.5.2 Tarifvertragsrecht

Tarifverträge sind wichtige **Quellen des Arbeitsrechts** und wirken maßgeblich auf das einzelne Arbeitsverhältnis ein.

Ein Tarifvertrag wird zwischen den Tarifvertragsparteien geschlossen:

▶ Auf der Arbeitgeberseite steht als Vertragspartner ein **Arbeitgeberverband** oder ein **einzelner Arbeitgeber**.

▶ Auf der Arbeitnehmerseite steht als Vertragspartner eine **Gewerkschaft**.

Die Gewerkschaften und Arbeitgeberverbände nennt man **Koalitionen**. Ihre Existenz und Betätigung ist in der Verfassung durch Artikel 9 III GG geschützt. Art. 9 III GG gewährt einem einzelnen Arbeitnehmer oder Arbeitgeber das Recht, sich mit anderen zu einer Koalition zu verbinden oder einer bestehenden Koalition beizutreten. Weiterhin ist der Verbleib und die Betätigung in der Koalition geschützt (= **positive Koalitionsfreiheit**). Gleichermaßen geschützt ist aber auch das Recht des Einzelnen, einer Koalition fernzu-bleiben oder aus einer Koalition wieder auszutreten (= **negative Koalitionsfreiheit**). Arbeitgeberverbände und Gewerkschaften werden überwiegend nach dem **Industrie-verbandsprinzip** für bestimmte Industrie- und Gewerbezweige errichtet. Damit soll erreicht werden, dass für jeden Betrieb möglichst nur eine Gewerkschaft oder ein Arbeitgeberverband zuständig ist.

Beispiel

Einzelgewerkschaften des Deutschen Gewerkschaftsbundes DGB

Daneben gibt es als Organisationsform das **Berufsverbandsprinzip**. Darunter versteht man die getrennte Organisation der Arbeitnehmer nach Berufsgruppen. Dies hat den Nachteil, dass es für einen Betrieb mehrere zuständige Gewerkschaften gibt.

Der CGB (= Christlicher Gewerkschaftsbund Deutschlands) ist nach dem Berufsverbandsprinzip organisiert.

Ungefähr $\frac{1}{5}$ aller Arbeitnehmer ist gewerkschaftlich organisiert. Der Hauptanteil der Gewerkschaftsmitglieder entfällt dabei auf den **DGB (= Deutschen Gewerkschaftsbund)** mit seinen einzelnen Industriegewerkschaften.
Die überwiegende Anzahl der Privatunternehmen ist in Arbeitgeberverbänden organisiert.

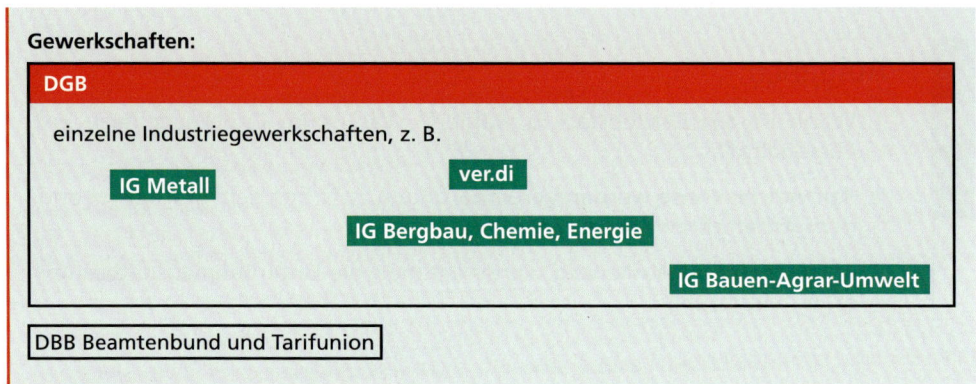

Damit ein Verband **tariffähig** (= fähig zum Abschluss von Tarifverträgen) ist, muss er folgende Voraussetzungen erfüllen:

▶ Es muss sich um eine **freiwillige Vereinigung** von Arbeitgebern und Arbeitnehmern handeln.

Zwangsverbände, wie beispielsweise eine Industrie- und Handelskammer, sind nicht tariffähig.

▶ Die Vereinigung muss den **Zweck** verfolgen, die **Arbeits- und Wirtschaftsbedingungen zu wahren bzw. zu fördern**.

Eine Arbeitnehmervereinigung strebt an, auf die Löhne ihrer Mitglieder einzuwirken.

▶ Die Vereinigung muss **gegnerunabhängig** sein (= Koalitionsreinheit).

Keine Abhängigkeit von einer bestimmten Partei

▶ Die Vereinigung muss **überbetrieblich** organisiert sein.

Keine Gewerkschaft nur für einen bestimmten Betrieb

▶ Die Vereinigung muss über eine gewisse **Durchsetzungsfähigkeit** verfügen, sodass ernsthafte Verhandlungen mit dem sozialen Gegner gewährleistet sind.

Eine Gewerkschaft mit nur sehr wenigen Mitgliedern wäre nicht durchsetzungsfähig gegenüber einem übermächtigen Arbeitgeberverband.

Nicht erforderlich für die Tariffähigkeit eines Verbandes ist dessen Rechtsfähigkeit. So sind zum Beispiel die Gewerkschaften aus historischen Gründen bis heute meist in der Form nichtrechtsfähiger Vereine organisiert.

Es gibt unterschiedliche Formen von Tarifverträgen:

▶ Nach Inhalt und zeitlicher Geltung unterscheidet man **Lohn- oder Gehaltstarifverträge, Rahmentarifverträge** und **Manteltarifverträge**.

▶ Nach dem räumlichen Geltungsbereich unterscheidet man **Verbandstarife** und **Haus- oder Firmentarife**.

Tarifvertragstyp	Inhalt	Zeitliche Geltung
Lohn- oder Gehaltstarifvertrag	legt Höhe der Arbeitsvergütung fest	in der Regel ein Jahr
Rahmentarifvertrag	trifft Festlegung der Lohngruppen und beinhaltet Lohnfindungsmethoden	in der Regel drei Jahre
Manteltarifvertrag	enthält allgemeine Regelungen zum Arbeitsverhältnis, wie zum Beispiel Urlaub, Arbeitszeit, Kündigung	in der Regel drei Jahre

räumliche Geltung eines Tarifvertrags

Verbandstarif:	Haus- oder Firmentarif:
Die Tarifvertragsnormen gelten für das ganze Gebiet der Tarifvertragsparteien. Je nach Größe des Tarifgebiets unterscheidet man:	Die Tarifvertragsnormen gelten für alle gleichartigen Betriebe eines Arbeitgebers.

Ortstarif	Bezirkstarif	Landestarif	Bundestarif

Ein **Tarifvertrag** ist ein **bürgerlich-rechtlicher Vertrag**, der nach den allgemeinen Regeln des Vertragsrechts (§§ 145 ff. BGB) zustande kommt. Er bedarf nach § 1 II TVG (= Tarifvertragsgesetz) der **Schriftform**, d. h., er ist von den Vetragsparteien in einer Vertragsurkunde abzufassen. Ein Verstoß gegen die Schriftform führt nach § 125 BGB zur Nichtigkeit des Tarifvertrags.

Ein Tarifvertrag wird in das **Tarifregister** eingetragen, das beim **Bundesministerium für Arbeit und Soziales** geführt wird (§ 6 TVG). Im Betrieb ist ein Tarifvertrag vom Arbeitgeber so auszulegen, dass sich die Arbeitnehmer über den jeweils geltenden Tarifvertrag informieren können (§ 8 TVG).

Richter erlauben Exklusives für Gewerkschafter

Urteil Zu den Sonderregelungen kann auch eine deutlich höhere Abfindung bei Jobverlust zählen.

Das Bundesarbeitsgericht hat das Recht der Gewerkschaften gestärkt, nur für ihre Mitglieder bestimmte Privilegien wie deutlich höhere Abfindungen bei Jobverlust auszuhandeln. Sonderregelungen oder Zahlungen, die nur für Gewerkschaftsmitglieder gelten, seien grundsätzlich zulässig, urteilten die höchsten deutschen Arbeitsrichter am Mittwoch in einem Fall aus München (AZ 4AZR 796/13). Der vierte Senat bestätigte damit seine Rechtsprechungen, nach der solche Sonderregelungen nicht gegen den Gleichbehandlungsgrundsatz verstoßen.

Die Klägerin, die unter anderem die um 10 000 € höhere Abfindungszahlung von IG-Metall-Mitgliedern verlangte, scheiterte mit ihrer Klage wie bereits in den Vorinstanzen. „Dass jemand das ungerecht findet, mag schon sein", sagte der Vorsitzende Richter Mario Eylert. Aber die Gewerkschaften könnten nach Verfassung und Gesetzeslage Regelungen nur für ihre Mitglieder treffen. Es sei sogar möglich, dass Gewerkschaften eine Differenzierung unter ihren Mitgliedern durch eine Stichtagsregelung vornähmen, um beispielsweise langjährigen Mitgliedern einen Bonus zu geben. Als Beispiel nannte er Staffelungen beim Sonderkündigungsschutz. Der von der Klägerin persönlich empfundene Druck, wegen der Sonderregelungen einer Gewerkschaft beizutreten, sei kein Argument für die Durchsetzung ihrer Ansprüche. Ihr Anwalt führte unter anderem den großen Unterschied zwischen den Sozialregelungen, die für sie gelten, und dem Ergänzungstarifvertrag für IG Metaller ins Feld. Der finanzielle Unterschied belaufe sich bei seiner Mandantin auf etwa 29 000 €.

Im Zusammenhang mit drastischem Stellenabbau bei der deutschen Servicegesellschaft des inzwischen umstrukturierten Netzwerkausrüsters Nokia Siemens Networks hatte die IG Metall 2012 für ihre Mitglieder einen Ergänzungstarifvertrag ausgehandelt. Danach erhielten Arbeitnehmer, die vor dem 23. März 2012 Gewerkschaftsmitglieder waren, beim Wechsel in eine Transfergesellschaft eine deutlich höhere Abfindung. Zudem bekam sie 80 Prozent statt 70 Prozent ihres bisherigen Bruttoeinkommens. Den Bundesrichtern liegen dazu etwa 100 weitere Verfahren vor. Die Anwälte der heutigen Nokia Networks und der Transfergesellschaft verteidigten die Sonderregelung für die IG Metall. Die IG Metall habe dafür „viele Kröten geschluckt". *(dpa)*

Quelle: dpa, in: Stuttgarter Zeitung, 16.04.2015, S. 14

Innerhalb eines Tarifvertrages lassen sich zwei Regelungsebenen unterscheiden:

▶ Die **obligatorischen (= schuldrechtlichen) Regelungen** regeln das Rechtsverhältnis der Tarifvertragsparteien untereinander.

▶ Die **normativen Regelungen** wirken als Rechtsnormen unmittelbar auf das einzelne Arbeitsverhältnis ein.

Zu den obligatorischen Regelungen gehören:

▶ **Friedenspflicht**
Die Friedenspflicht verpflichtet beide Vertragspartner zur Wahrung des Arbeitsfriedens. Von einer **relativen** Friedenspflicht spricht man, wenn die Tarifvertragsparteien verpflichtet sind, den bestehenden Tarifvertrag in seinem Bestand zu respektieren.

Keine Kampfmaßnahmen gegen einen gültigen Lohntarifvertrag. Möglich wäre aber ein Arbeitskampf bezüglich vom Tarifvertrag nicht erfasster Gebiete, z. B. Urlaubsansprüche.

Die **absolute** Friedenspflicht verbietet jede Kampfmaßnahme zu jedem Zweck. Eine solche umfassende Friedenspflicht besteht nur, wenn sie in einem Tarifvertrag ausdrücklich festgelegt ist.

▶ **Einwirkungspflicht**

Die Einwirkungspflicht verpflichtet die Tarifvertragsparteien dazu, auf ihre Mitglieder dahin gehend einzuwirken, dass diese sich an die Tarifverträge halten (= Tariftreue) und die tarifmäßigen Abreden auch tatsächlich durchführen.

Die normativen Bestimmungen bilden den Kernbereich eines Tarifvertrages. Sie regeln die Arbeitsverhältnisse der Mitglieder durch:

▶ **Inhaltsnormen**, die den Inhalt des Arbeitsverhältnisses regeln,

Löhne, Arbeitszeit, Urlaub, Zuschläge

▶ **Abschlussnormen**, die den Abschluss des Arbeitsverhältnisses betreffen,

Schriftform für Arbeitsverträge, Wiedereinstellung von Saisonarbeitern

▶ **Beendigungsnormen**, die den Kündigungsschutz erweitern,

Verlängerung der Kündigungsfristen, Ausschluss der ordentlichen Kündigung für bestimmte Arbeitnehmer

▶ **Solidarnormen**, die den Arbeitgeber zu einer Leistung gegenüber einer Gruppe von Arbeitnehmern verpflichtet,

Betriebserholungsheime, Waschräume

▶ Normen über **betriebsverfassungsrechtliche Fragen**.

Tarifvertrag	
Obligatorischer Teil	**Normativer Teil**
= Rechtsverhältnis zwischen den Tarifpartnern	= Rechtsnormen, die auf das Arbeitsverhältnis einwirken
Friedenspflicht Einwirkungspflicht	Inhaltsnormen Abschlussnormen Beendigungsnormen Solidarnormen Betriebsverfassungsrechtliche Normen

Tarifvertragliche Normen haben ihre Grenzen, wo sie gegen höherrangiges oder günstigeres Recht verstoßen.

Durch einen Tarifvertrag können gesetzliche Bestimmungen über den Kündigungsschutz nicht ausgeschlossen werden.

Von **tarifdispositivem** Recht spricht man, wenn ein Gesetz es ausdrücklich gestattet, dass ein Tarifvertrag von einer gesetzlichen Bestimmung abweichen darf.

§ 13 BUrlG gestattet eine Abweichung von fast allen Normen des BUrlG durch Tarifvertrag.

Gültige Tarifnormen erfassen das konkrete Arbeitsverhältnis **automatisch** und sind **zwingend** für den Arbeitgeber.

Höherer Lohn durch Tarifvertrag wird automatisch gültig. Der Arbeitgeber muss ab jetzt den höheren Lohn auszahlen.

Die unmittelbare zwingende Wirkung von Tarifnormen gilt prinzipiell aber nur für die **tarifgebundenen Personen**, also für die Arbeitnehmer, die Mitglieder in der entsprechenden Gewerkschaft sind und für den Arbeitgeber oder Arbeitgeberverband Tarifpartner (§ 4 I TVG) darstellen.

Die Erstreckung der Gültigkeit eines Tarifvertrages auf nicht gewerkschaftlich oder anders gewerkschaftlich organisierte Arbeitnehmer kann auf zwei Wegen erfolgen:

▶ Durch eine sogenannte **Außenseiterklausel** in einem Tarifvertrag kann festgelegt werden, dass die nicht oder anders organisierten Arbeitnehmer gleich behandelt werden, wie die Gewerkschaftsmitglieder.

▶ Durch die **Allgemeinverbindlicherklärung** des normativen Teils eines Tarifvertrages werden die Außenseiter den Tarifvertragsnormen unterworfen.

Die Allgemeinverbindlicherklärung eines Tarifvertrages setzt nach § 5 TVG voraus:

▶ Gültigkeit des Tarifvertrags,

▶ eine überwiegende Bedeutung des Tarifvertrags für seinen Geltungsbereich, dies setzt voraus, dass die tarifgebundenen Arbeitgeber mindestens die Hälfte der tarifgebundenen Arbeitnehmer beschäftigen,

▶ öffentliches Interesse an der Allgemeinverbindlicherklärung,

▶ Antrag einer Tarifvertragspartei.

Zuständig für den **Ausspruch** einer Allgemeinverbindlicherklärung ist der **Bundesminister für Arbeit und Soziales** zusammen mit einem **Tarifausschuss**. Die Allgemeinverbindlicherklärung wird im **Tarifregister** eingetragen und im **Bundesanzeiger** bekannt gemacht.

 Ein Tarifvertrag ist ein bürgerlich-rechtlicher Vertrag, der aus schuldrechtlichen und normativen Regelungen besteht.

Aufgaben

1. Unterscheiden sie den obligatorischen Teil vom normativen Teil eines Tarifvertrags und benennen Sie für jeden Teil beispielhaft typische Regelungsinhalte.

2. Wozu dient die Allgemeinverbindlicherklärung eines Tarifvertrags?

3. Erklären Sie den Begriff der Koalition.

7.5.3 Arbeitskampfrecht

Gewerkschaft kündigt Warnstreiks an

Kein Tarifangebot im Öffentlichen Dienst – De Maizière: Positionen weit auseinander

Potsdam (dpa) – Ohne ein Angebot der Arbeitgeber ist gestern die erste Runde der Tarifverhandlungen für die 2,1 Millionen Beschäftigten in Bund und Kommunen zu Ende gegangen. Ver.di-Chef Frank Bsirske kündigte in Potsdam dezentrale Aktionen in den Betrieben bis zur nächsten Verhandlungsrunde am kommenden Donnerstag an. „Bislang ergaben die Verhandlungen wenig Konkretes", so der Gewerkschaftschef. „Daher kann es nicht schaden, wenn die Beschäftigten sich für Bewegung in den Verhandlungen stark machen." Die Vorsitzende der Erziehungsgewerkschaft GEW, Marlis Tepe, kündigte Warnstreiks in Kitas an:

„Die GEW geht davon aus, dass die Erzieherinnen und Erzieher deutlich machen, was sie von den Verhandlungen erwarten." Die Gewerkschaften fordern eine pauschale Anhebung der Gehälter um 100 € sowie einen weiteren Lohnzuwachs von 3,5 Prozent. Bundesinnenminister Thomas de Maizière sagte, die Positionen lägen noch weit auseinander. „Das Volumen ist zu hoch", sagte der Minister. Ein Angebot der Arbeitgeber für den Öffentlichen Dienst sei erst dann sinnvoll, wenn es einen Weg zu einer Einigung ebne und nicht erschwere.

Quelle: dpa, in: Esslinger Zeitung, 14.03.2014, Seite 2

Fall: Streik aus Sympathie

In der Druckerei Grau AG streiken die Arbeitnehmer auf Initiative der Gewerkschaft für einen höheren Lohn. Aus Sympathie schließen sich die Arbeitnehmer der Papierfabrik Weiß AG an. Handelt es sich um einen rechtmäßigen Streik?

Die Tarifvertragspartner tragen ihren Interessenkonflikt notfalls mit einem **Arbeitskampf** aus. Das Kampfmittel der Arbeitnehmerseite ist der Streik, das Kampfmittel der Arbeitgeberseite ist die Aussperrung.

Unter einem **Streik** ist die kollektive Arbeitsverweigerung mehrerer Arbeitnehmer zur Durchsetzung einer Neuregelung zu verstehen.

Kein Streik ist es, wenn die Arbeitnehmer die Arbeit verweigern, um den Arbeitgeber zur Zahlung von rückständigem Lohn zu bewegen, da die Arbeitnehmer einen Anspruch auf den Lohn haben. Ein Streik läge dagegen vor, wenn die Arbeitnehmer die Arbeit verweigern, um einen höheren Lohn zu erhalten.

Ein Streik soll nach bestimmten Spielregeln verlaufen. Deswegen werden an einen **rechtmäßigen Streik** folgende Mindestanforderungen gestellt:

▶ Die Arbeitsverweigerung muss **von einer Gewerkschaft getragen** sein, die zum Streik aufgerufen hat.

▶ Das **Ziel** des Streiks muss **durch einen Tarifvertrag regelbar** sein. Das heißt, der Gegenstand muss dazu geeignet sein, dass die Gegenseite die Möglichkeit des Nachgebens hat.

▶ Es darf **keine Friedenspflicht** bestehen. Aufgrund einer relativen Friedenspflicht darf während des Laufs eines Tarifvertrags über Gegenstände, die im Tarifvertrag geregelt sind, nicht gestreikt werden. Sollte eine absolute Friedenspflicht bestehen, so darf auch wegen neu auftauchender regelungsbedürftiger Gegenstände während des Laufs eines Tarifvertrags nicht gestreikt werden.

▶ Der Streik ist als **letztes Mittel** erst zulässig, wenn sämtliche Verständigungsmöglichkeiten zwischen den Tarifvertragsparteien ausgeschöpft sind (= Ultima-Ratio-Prinzip).

Die Beteiligung eines Arbeitnehmers an einem rechtmäßigen Streik hat zur Folge, dass die **Hauptpflichten** aus dem Arbeitsverhältnis **suspendiert** werden. Die Pflicht des Arbeitgebers zur Lohnzahlung und die Pflicht des Arbeitnehmers zur Erbringung der Arbeit ruht für die Dauer des Streikes. Nebenpflichten können aber weiter bestehen, wie zum Beispiel die Fortsetzung von Arbeiten, die erforderlich sind, um Schäden vom Betrieb abzuwenden. Nach Beendigung des Streiks treten die Pflichten aus dem Arbeitsverhältnis für beide Seiten wieder automatisch in Kraft.

Ein **wilder Streik**, der nicht von einer Gewerkschaft getragen wird, ist rechtswidrig, ebenso ein Streik, den eine Gewerkschaft unter Verstoß gegen die Friedenspflicht ausruft.

Lösung des Falls

Auch der Sympathiestreik seitens der Weiß AG ist rechtswidrig, denn der Sympathiestreik richtet sich nicht gegen den eigenen Arbeitgeber, und dieser hat daher gar nicht die Möglichkeit, den Streik durch Nachgeben zu beenden (= kein Ziel, das durch einen Tarifvertrag regelbar ist).

Beim rechtswidrigen Streik entstehen eventuell Schadensersatzansprüche gegen die Gewerkschaft oder gegen die streikenden Arbeitnehmer, wobei diesen schwer ein Verschulden nachweisbar sein dürfte. Eine Gewerkschaft, die einen rechtswidrigen Streik veranlasst, greift nach § 823 I BGB in den eingerichteten und ausgeübten Gewerbebetrieb ein. Die mögliche Gegenreaktion des Arbeitgebers auf einen Streik ist die Aussperrung. Darunter versteht man die planmäßige Nichtzulassung einer Mehrzahl von

Arbeitnehmern zur Arbeit unter Verweigerung der Lohnzahlung. Mit der Aussperrung bekommt der Arbeitgeber ein Kampfmittel, das die Waffengleichheit zum Kampfmittel des Streiks herstellt. Die Aussperrung wird in der bisherigen Praxis nur als Abwehraussperrung, d. h. als Reaktion auf einen Streik, zugelassen.

Die **Abwehraussperrung** hat als Voraussetzungen:

▶ Streik der Arbeitnehmer,

▶ Aussperrung erscheint als verhältnismäßige Reaktion auf den Streik, d. h., die Aussperrung ist eine geeignete, erforderliche und proportionale Kampfmaßnahme, um die Verhandlungsparität wieder herzustellen.

Beispiel

Ein Streik, der nur einen bestimmten Arbeitgeber trifft und seine Konkurrenten unbehelligt lässt (= eng geführter Teilstreik), ist in der Auswirkung für den betroffenen Arbeitgeber sehr hart, sodass die Aussperrung ein verhältnismäßiges Kampfmittel darstellt.

Die **Aussperrung** führt wie der Streik regelmäßig zur **Suspendierung** der Hauptpflichten des Arbeitsverhältnisses und damit zum Wegfall der Lohnzahlung. Dies ist besonders hart für die gewerkschaftlich nicht organisierten Arbeitnehmer. Organisierte Arbeitnehmer erhalten von der Gewerkschaft **Streikunterstützung**. Nicht organisierte Arbeitnehmer müssen eventuell **Sozialhilfe** in Anspruch nehmen, da ein Anspruch auf **Arbeitslosengeld** nach § 160 SGB III **ruht**.

Eine **lösende Aussperrung**, durch die das Arbeitsverhältnis beendet wird, kommt nur ausnahmsweise in Betracht, zum Beispiel bei längeren rechtswidrigen Streiks. Der Arbeitgeber ist im Falle der lösenden Aussperrung nach Beendigung des Streiks eventuell zur **Wiedereinstellung** verpflichtet.

Ein **Arbeitskampf** durchläuft verschiedene Stadien.

Läuft ein Tarifvertrag aus oder wird er von einer Tarifvertragspartei, meist der Gewerkschaft, gekündigt, so beginnt die **Verhandlungsphase**. Die Tarifvertragsparteien können eine **Schlichtungsstelle** in Anspruch nehmen. Dies geschieht dann, wenn im Tarifvertrag eine sogenannte **Schiedsklausel** enthalten ist.

Sind die Verhandlungen gescheitert bzw. der Schlichtungsspruch abgelehnt, so endet die Friedenspflicht. Als Nächstes findet in der Gewerkschaft eine Urabstimmung statt. Nach den Richtlinien des DGB und den Satzungen der Einzelgewerkschaften ist Voraussetzung für einen Streik, dass sich die Gewerkschaftsmitglieder in einer geheimen Abstimmung mehrheitlich für den Streik entscheiden (nach der Satzung der IG-Metall mit einer $\frac{3}{4}$-Mehrheit).

Ist die Entscheidung für einen Streik ausgefallen, ergeht ein **Streikbeschluss** des Gewerkschaftsvorstands sowie der **Aufruf zum Streik**. Als Gegenreaktion der Arbeitgeberseite kann nun die **Aussperrung** folgen. Streik und Aussperrung werden parallel von **Verhandlungen** begleitet.

Sobald die Verhandlungskommissionen zu einer **Einigung** gelangen, wird der Streik für beendet erklärt. Zum Schluss wird ein **neuer Tarifvertrag** aufgesetzt und die Arbeit wieder aufgenommen.

Arbeitskampf

Tarifvertrag läuft aus oder wird gekündigt

Verhandlungsphase

Erklärung des Scheiterns der Verhandlungen

Eventuell Schlichtungsphase

Ablehnung des Schlichtungsvorschlags

Urabstimmung in der Gewerkschaft

Streikbeschluss und Streikaufruf durch die Gewerkschaft

Aussperrungserklärung seitens der Arbeitgeberseite

Einigung der Verhandlungspartner und Erklärung der Beendigung des Arbeitskampfes

Abschluss eines neuen Tarifvertrages und Wiederaufnahme der Arbeit

 Das Arbeitskampfrecht hat das Ziel, Interessenkonflikte zwischen der Arbeitgeberseite und der Arbeitnehmerseite in einer geregelten Auseinandersetzung zu lösen.

Aufgaben

1. Welche Kampfmittel dürfen Arbeitgeber und Gewerkschaften gegeneinander einsetzen?

2. Wann ist ein Streik rechtmäßig?

3. Welchen Einfluss auf das Arbeitsverhältnis haben der rechtmäßige Streik und die rechtmäßige Aussperrung?

4. Warum können nicht gewerkschaftlich organisierte Arbeitnehmer bei länger andauerndem Streik in Not geraten?

5. Die Arbeitnehmer der Metallindustrie werden noch während der Verhandlungen zwischen IG-Metall und der Arbeitgeberseite von ihrer Gewerkschaft zum Warnstreik aufgerufen. Gegen welches Erfordernis für einen rechtmäßigen Streik könnte ein Warnstreik verstoßen?

6. Die Arbeitnehmer im Kernkraftwerk Strahler 2000 legen ihre Arbeit aus umweltschutzpolitischen Gründen nieder. Ist dies ein rechtmäßiger Streik?

8 Verwaltungsrecht

8.1 Öffentliche Verwaltung

8.1.1 Begriff der öffentlichen Verwaltung

Verwaltungshandeln wird notwendig, sobald die menschliche Betätigung einen gewissen **Kompliziertheitsgrad** erreicht. Größere Vermögensmassen müssen verwaltet werden, aber auch der Einsatz von Arbeitskräften oder der Umgang mit Betriebsmitteln in einem Unternehmen. Der Verwaltungsbegriff ist dementsprechend Bestandteil der gesamten Rechtsordnung.

Beispiel

Erben verwalten den Nachlass, eine Wohnungseigentümergemeinschaft verwaltet das Grundstück, ein Wirtschaftsunternehmen verwaltet das Kapital und die Arbeitskräfte usw.

Unter der **öffentlichen Verwaltung** versteht man die Verwaltung durch den Staat. Der Staat und seine Verwaltung tritt in unterschiedlichen Erscheinungsformen auf. Es gibt

▶ die Verwaltung des Bundes,

▶ die Länderverwaltungen,

- ▶ die Verwaltungen der Gemeinden und Kreise,

- ▶ die Verwaltungen anderer Körperschaften, Anstalten und Stiftungen des öffentlichen Rechts.

Sobald ein Organ des Staates verwaltend tätig wird, handelt es sich um einen Akt der öffentlichen Verwaltung.

8.1.2   Standort der Verwaltung als Staatsgewalt

Die öffentliche Verwaltung ist ein Teilaspekt der staatlichen Gewalt. Nach der **Gewaltenteilungslehre** gibt es in einem Staat **drei Gewalten**:

- ▶ die erste Gewalt = die gesetzgebende Gewalt = Legislative,

- ▶ die zweite Gewalt = die vollziehende Gewalt = Exekutive,

- ▶ die dritte Gewalt = die rechtsprechende Gewalt = Judikative.

Die **gesetzgebende Gewalt** sorgt durch den Erlass allgemein verbindlicher Regeln (= Gesetze) für die Ordnung des sozialen Lebens. Die **rechtsprechende Gewalt** entscheidet über Rechtsstreitigkeiten und verhängt Strafen. Die **vollziehende Gewalt** setzt die Gesetze der Legislative in reale Handlungen um.

Die Exekutive lässt sich noch weiter untergliedern in die Regierung und in die Verwaltung im engeren Sinne. Eine **Regierung** leitet den Staat zusammen mit dem Parlament, bereitet Gesetze vor und beaufsichtigt den Vollzug der bestehenden Gesetze. Der Regierung nachgeordnet ist ein **Verwaltungsapparat**, bestehend aus den Ministerien und den nachgeordneten Behörden (= Verwaltung im engeren Sinne). Auch die Verwaltung hat die Aufgabe, das bestehende Recht zu vollziehen und seine Beachtung zu überwachen.

> ➡ Die Verwaltung gehört zur vollziehenden Gewalt (= Exekutive) im Staat.

Unter den Verwaltungsbegriff fallen ihrem **Inhalt** nach alle Betätigungsformen des Staates, die nicht Gesetzgebung und nicht Rechtsprechung sind. Die Verwaltungstätigkeit des Staates muss dabei der Erfüllung einer Aufgabe im öffentlichen Interesse dienen.

Vollzug der Gesetze, z. B. durch Einrichtung einer Polizei, Errichtung eines Bildungssystems, Einrichtung von Umweltschutzbehörden, Errichtung eines Netzes der sozialen Sicherheit

Schaffung und Unterhaltung von Einrichtungen, wie Bau von Straßen, Unterhaltung von Krankenhäusern

Verwaltung innerhalb der Behörden, z. B. in Personalfragen, im Bereich des Haushalts- und Rechnungswesens

Im **organisatorischen Sinne** besteht die Verwaltung aus ihren Organen. Das Verwaltungsrecht regelt die Tätigkeit dieser Verwaltungsorgane, egal, ob es sich inhaltlich um verwaltende Tätigkeiten handelt oder ob zum Beispiel eine legislative Tätigkeit vorliegt (= beim Erlass von Rechtsverordnungen oder Satzungen wird die Verwaltung gesetzgebend tätig).

Das **Verwaltungsrecht** besteht aus den Gebieten

▶ allgemeines Verwaltungsrecht,   ▶ besonderes Verwaltungsrecht.

Das **allgemeine Verwaltungsrecht** beinhaltet, ähnlich wie der Allgemeine Teil des BGB, grundlegende Regelungen, die für alle Gebiete der Verwaltung gelten. Diese Grundprinzipien sind in den **Verwaltungsverfahrensgesetzen** niedergelegt:

▶ dem Verwaltungsverfahrensgesetz des Bundes und den weitgehend inhaltsgleichen Verwaltungsverfahrensgesetzen der Länder (VwVfG),

▶ der Abgabenordnung (AO),

▶ dem Sozialgesetzbuch X (SGB X = SGB Nr. 10).

Das **besondere Verwaltungsrecht** besteht aus den Spezialgesetzen, die in den einzelnen Verwaltungszweigen gelten. Einen Eindruck vermittelt das folgende Schaubild:

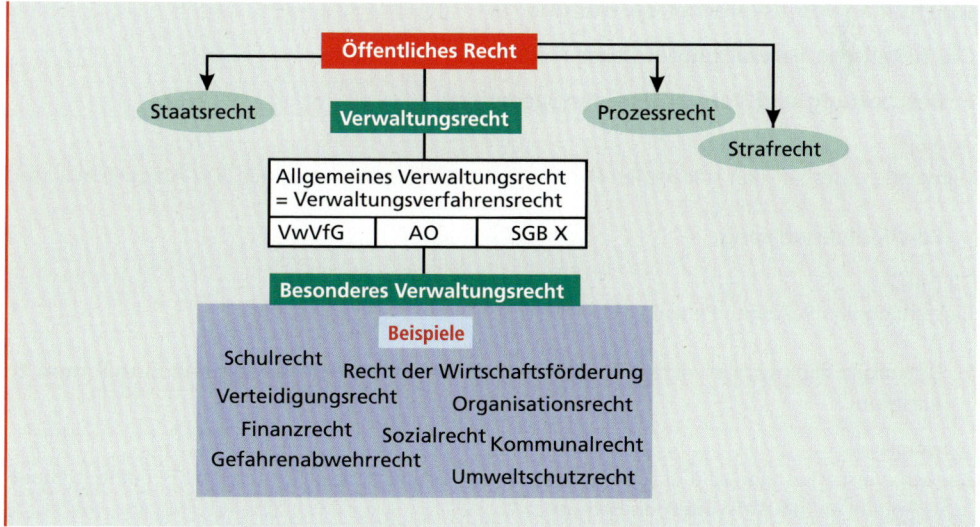

8.1.3 Arten der Verwaltung

8.1.3.1 Hoheitsverwaltung und Fiskalverwaltung

Das allgemeine Vorstellungsbild von der Verwaltung ist geprägt von der **Hoheitsverwaltung**. Darunter versteht man ein Verhältnis zwischen dem Bürger und der Verwaltung, das durch eine **Über-/Unterordnung** gekennzeichnet ist. Die Verwaltung begründet „von oben" einseitig Rechte und Pflichten für den Bürger.

Beispiel

Steuerbescheid, Polizeiverfügung, Gebührenbescheid

Noch deutlicher wird der hoheitliche Charakter des Verwaltungshandelns, sobald der Staat **Zwangsmittel** einsetzt.

Beispiel

Gerichtsvollzieher nimmt die gepfändeten Sachen des Schuldners mit; Gefängnisvollzugsbeamter sperrt die Gefangenen ein; Polizeibeamter wendet gegenüber einem Störer körperliche Gewalt an.

Hoheitliches Handeln kann aber auch weniger drastisch ausgeprägt sein. Der Staat kann zum Beispiel auf die einseitige Regelungsform des Verwaltungsaktes (= Bescheid, Verfügung) verzichten und stattdessen einen öffentlich-rechtlichen Vertrag mit dem Bürger schließen. In diesem Fall spricht man von einem **schlicht-hoheitlichen Handeln** der Verwaltung.

Beispiel

Der Staat vergibt eine Wirtschaftssubvention an ein Unternehmen und schließt mit dem Unternehmer einen Vertrag.

Die Aufgabe der Verwaltung beschränkt sich nicht lediglich darauf, Rechte und Pflichten für den Bürger zu begründen. Sie muss sich auch selbst verwalten und ihren eigenen Bedarf an Aufwendungen decken. Soweit die Verwaltung Bedarfsverwaltung ist, spricht man von fiskalischer Verwaltung.

Die **fiskalische Verwaltung** umfasst:

▶ **Beschaffung und Verwaltung der Sachmittel,**

Beispiel

Gemeinde unterhält den städtischen Fuhrpark; Behörden statten sich mit EDV-Anlagen aus usw.

▶ **Personalverwaltung,**

Beispiel

Einstellung von Personal, Personalakten führen, Gehälter auszahlen usw.

▶ **Betreiben eigener erwerbswirtschaftlicher Unternehmen, um eigene Einnahmen zu erzielen.**

Beispiel

Banken, Versicherungen und Brauereien der Länder, Grundstückseigentum der Gemeinden, staatliche Anteile an Industrieunternehmen usw.

Im **fiskalischen Bereich** handelt die Verwaltung in der Regel in den Handlungsformen des **Privatrechts**.

Abschluss von Grundstückskaufverträgen nach dem BGB, wenn die Gemeinde Grundstücke an Interessenten verkauft

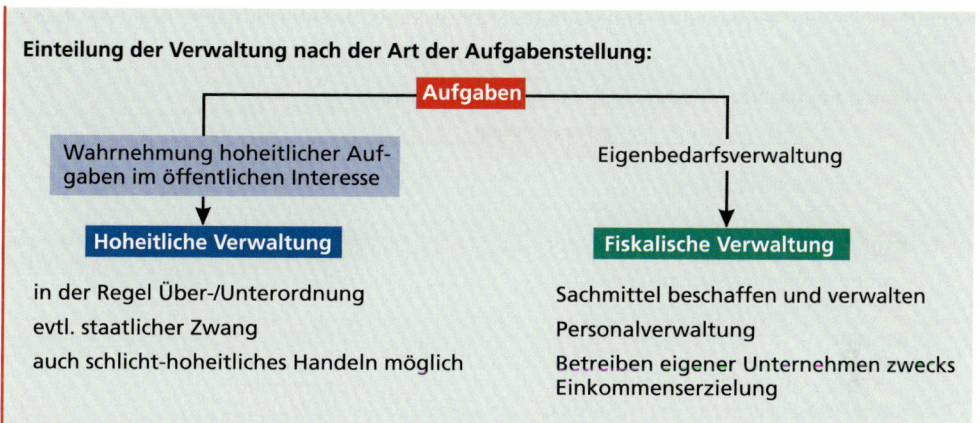

Einteilung der Verwaltung nach der Art der Aufgabenstellung:

Aufgaben

Wahrnehmung hoheitlicher Aufgaben im öffentlichen Interesse

Eigenbedarfsverwaltung

Hoheitliche Verwaltung

Fiskalische Verwaltung

in der Regel Über-/Unterordnung

evtl. staatlicher Zwang

auch schlicht-hoheitliches Handeln möglich

Sachmittel beschaffen und verwalten

Personalverwaltung

Betreiben eigener Unternehmen zwecks Einkommenserzielung

 Die hoheitliche Verwaltung dient der Erfüllung hoheitlicher Aufgaben, die fiskalische Verwaltung der Deckung des Eigenbedarfs der Verwaltung.

8.1.3.2 Eingriffsverwaltung und Leistungsverwaltung

Aus der Sicht des Bürgers lässt sich die Verwaltung auch danach einteilen, wie sich die Handlungen der Verwaltung auf den Bürger auswirken.
Von **Eingriffsverwaltung** spricht man, wenn durch Verwaltungsmaßnahmen in Rechte des Bürgers eingegriffen wird oder anderweitig eine Belastung des Bürgers herbeigeführt wird.

Polizeikontrolle, Führerscheinentzug, Versagung einer Baugenehmigung, Enteignung usw.

Die **Leistungsverwaltung** gewährt dagegen Begünstigungen, vor allem in der Form von Geldleistungen.

Sozialhilfe, Wohngeld, Kindergeld, Krankengeld, Arbeitslosengeld usw.

Die einzelnen Verwaltungszweige orientieren sich entweder mehr in Richtung Eingriffsverwaltung oder in Richtung Leistungsverwaltung.

Das Sozialrecht ist grundsätzlich Leistungsverwaltung, greift aber manchmal auch in die Rechte der Bürger ein, zum Beispiel wenn Leistungen zurückgenommen werden. Das Polizeirecht ist überwiegend Eingriffsverwaltung, manchmal aber auch Leistungsverwaltung, beispielsweise wenn die Polizei Schutz gewährt.

Schließlich gibt es auch Rechtshandlungen der Verwaltung, die sich einer Einordnung zur Leistungs- oder Eingriffsverwaltung entziehen, da sie **gleichzeitig** bestimmte Personen **begünstigen** und andere **belasten**.

Beispiel

Eine Baugenehmigung ist ein Verwaltungsakt (mit Doppelwirkung), der den Bauherrn begünstigt, indem er die Errichtung des Bauwerks gestattet, und gleichzeitig die Nachbarn belastet, weil sie durch den Neubau eine weniger gute Sicht, weniger direkten Sonneneinfall usw. haben.

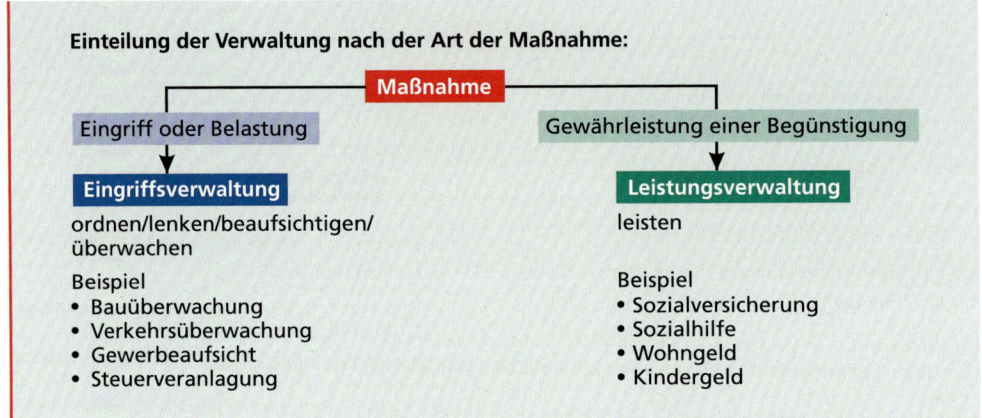

Einteilung der Verwaltung nach der Art der Maßnahme:

Maßnahme

Eingriff oder Belastung — Gewährleistung einer Begünstigung

Eingriffsverwaltung
ordnen/lenken/beaufsichtigen/
überwachen

Beispiel
• Bauüberwachung
• Verkehrsüberwachung
• Gewerbeaufsicht
• Steuerveranlagung

Leistungsverwaltung
leisten

Beispiel
• Sozialversicherung
• Sozialhilfe
• Wohngeld
• Kindergeld

 Je nachdem, ob die Verwaltung eingreifend oder leistend tätig wird, unterscheidet man die Eingriffs- von der Leistungsverwaltung.

8.1.4 Verwaltungsorganisation

8.1.4.1 Staat als Träger öffentlicher Verwaltung

Der **Staat** ist eine **juristische Person des öffentlichen Rechts**. Der Staat ist damit selbst Inhaber von Rechten und Pflichten.

Beispiel

Staat als Arbeitgeber, Staat als Eigentümer von Sachen, Recht des Staates auf Erhebung von Steuern und Sozialabgaben, Pflicht des Staates zur Unterstützung Schwacher in Form von Sozialleistungen usw.

Der Staat untergliedert sich nach dem Bundesstaatsprinzip:

▶ **Bund**

▶ **16 Bundesländer**

} = 17 Staaten

Außerdem gibt es die **Gemeinden und Kreise** sowie **andere juristische Personen des öffentlichen Rechts**.

Auch die Verwaltungsorganisation folgt dieser staatlichen Untergliederung. Da die Verwaltungsaufgaben von einer großen Anzahl organisatorischer Einheiten wahrgenommen werden, spricht man insofern von der **Dezentralisation der Verwaltung**.

Träger der Verwaltung sind

▶ der Bund und die Länder – die Bundesverwaltung und die Länderverwaltungen werden als **Staatsverwaltung** im engeren Sinne bezeichnet – und

▶ juristische Personen des öffentlichen Rechts, die selbstständige Verwaltungseinheiten sind. Sie bedienen sich dabei der Organisationsformen von **Körperschaften, Anstalten und Stiftungen** des öffentlichen Rechts.

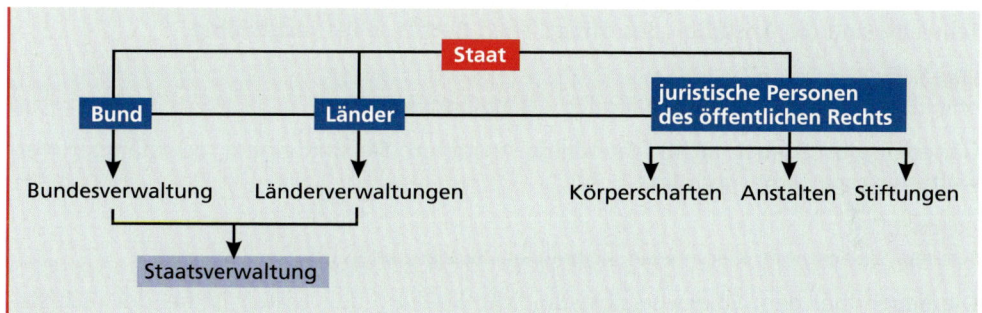

→ Träger der Verwaltung sind der Staat (Bund, Länder) sowie die Körperschaften, Anstalten und Stiftungen des öffentlichen Rechts.

8.1.4.2 Körperschaften, Anstalten und Stiftungen

Eine **Körperschaft des öffentlichen Rechts** ist ein Personenzusammenschluss, dessen Ziel die Erfüllung einer öffentlichen Aufgabe ist. Die Mitglieder einer Körperschaft haben wesentlichen Einfluss auf die Willensbildung innerhalb der Körperschaft. Der Bestand der Körperschaft ist jedoch unabhängig vom Wechsel der Mitglieder.

Man unterscheidet:

▶ **Personalkörperschaften**
Bei ihnen knüpft die Mitgliedschaft an bestimmte Personeneigenschaften an.

Beispiel

Berufskammern: Bei ihnen knüpft die Mitgliedschaft an den Beruf des Mitglieds an (Ärztekammer, Rechtsanwaltskammer, Industrie- und Handelskammer).
Sozialversicherungsträger: Mitgliedschaft in der Kranken-, Pflege-, Renten- und Arbeitslosenversicherung knüpft an Arbeitnehmereigenschaft an.

▶ **Gebietskörperschaften**
Bei ihnen hängt die Mitgliedschaft vom Wohn- und Aufenthaltsort einer Person ab.

Gemeinden und Kreise sind Gebietskörperschaften. Ein Gemeindemitglied ist jede Person, die dauerhaft auf dem Gemeindegebiet wohnt.

▶ **Verbandskörperschaften**
Sie bestehen aus juristischen Personen als Mitgliedern.

Mehrere Gemeinden können sich zu Gemeindeverbänden zusammenschließen.

Eine **Anstalt des öffentlichen Rechts** ist eine gegenüber dem Staat verselbstständigte Organisation, die eine öffentliche Aufgabe wahrnimmt. Eine Anstalt besteht nicht aus Mitgliedern, sondern hat Nutzer.

Teilweise sind die Anstalten des öffentlichen Rechts selbst **rechtsfähig**.

öffentliche Sparkassen, öffentlich-rechtliche Rundfunkanstalten

Daneben gibt es auch **nichtrechtsfähige** Anstalten. Sie sind einem rechtsfähigen Verwaltungsträger untergeordnet.

Schulen, Schlachthöfe, Kläranlagen, kommunale Badeanstalten usw.

Die gegenüber dem Staat verselbstständigte Stellung der Anstalt ist bei der rechtsfähigen Anstalt stärker ausgeprägt als bei der nichtrechtsfähigen Anstalt.

Eine **Stiftung des öffentlichen Rechts** besteht schließlich aus einer rechtlich verselbstständigten Vermögensmasse, die für einen öffentlichen Zweck eingesetzt wird. Eine öffentlich-rechtliche Stiftung ist immer rechtsfähig.

Stiftung Preußischer Kulturbesitz, Conterganstiftung für behinderte Menschen, Bundesstiftung Mutter und Kind – Schutz des ungeborenen Lebens usw.

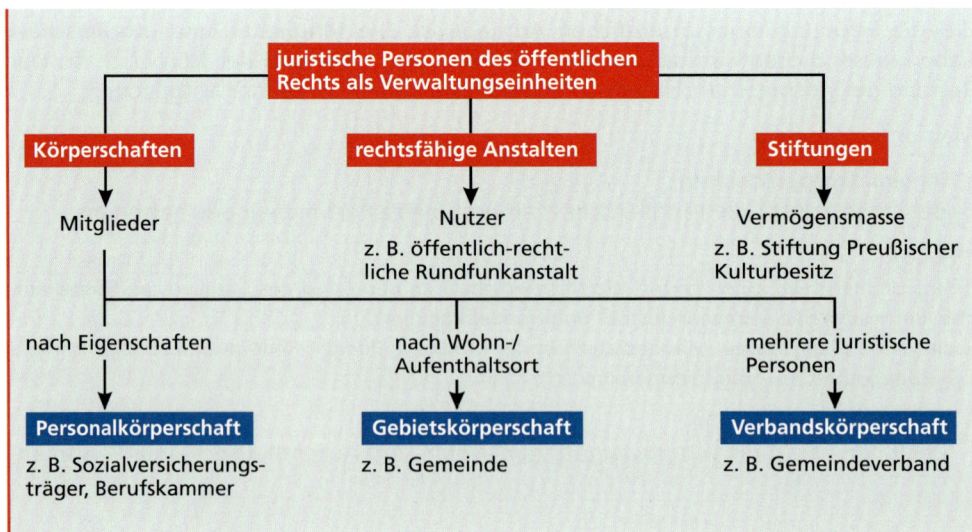

Eine Gemeinde ist eine Gebietskörperschaft des öffentlichen Rechts.

8.1.4.3 Unmittelbare und mittelbare Staatsverwaltung

Die Verwaltung des Bundes und die Länderverwaltungen bestehen jeweils aus der unmittelbaren und der mittelbaren Verwaltung.

Man spricht von:

▶ **unmittelbarer Staatsverwaltung**, wenn der Staat (Bund/Länder) unmittelbar durch eigene Behörden handelt,

▶ **mittelbarer Staatsverwaltung**, wenn der Staat (Bund/Länder) mittelbar durch rechtlich verselbstständigte Verwaltungseinheiten (Körperschaften, Anstalten, Stiftungen) handelt.

Bundesverwaltung

Für die unmittelbare Bundesverwaltung ist kennzeichnend, dass der Bund die Verwaltungsaufgaben mittels eines eigenen Behördenapparats ausführt. Man unterscheidet dabei die mehrstufige unmittelbare Bundesverwaltung von der zweistufigen unmittelbaren Bundesverwaltung.

Bei der **mehrstufigen unmittelbaren Bundesverwaltung** weist der behördliche Aufbau in der Regel **drei Stufen** auf:

oberste Bundesbehörden	alle Bundesministerien Bundesrechnungshof Bundespräsident mit Bundespräsidialamt Bundeskanzler mit Bundeskanzleramt Präsidium Bundestag usw.
Bundesmittelbehörden	Bundesfinanzdirektion Bundespolizeidirektion Wehrbereichsverwaltung Wasser- und Schifffahrtsdirektionen usw.
untere Bundesbehörden	Hauptzollämter Bundespolizeipräsidien usw.

Die mehrstufige unmittelbare Bundesverwaltung ist vorgesehen für den Auswärtigen Dienst, die Bundesfinanzverwaltung, die Bundeswehrverwaltung, die Verwaltung der Bundeswasserstraßen und die Schifffahrt.

Die **zweistufige unmittelbare Bundesverwaltung** hat keinen eigenen behördlichen Unterbau. Unterhalb einer obersten Bundesbehörde, zum Beispiel einem Ministerium, ist gleich eine **Bundesoberbehörde** angesiedelt, die keinen weiteren Unterbau aufweist. Bundesoberbehörden nehmen Spezialaufgaben für das gesamte Bundesgebiet wahr.

oberste Bundesbehörde	z. B. Ministerien
Bundesoberbehörde	Bundesanstalt für Finanzdienstleistungsaufsicht (BaFin) Bundesausgleichsamt Bundeskartellamt Deutsches Patent- und Markenamt Bundesversicherungsamt (= Aufsichtsbehörde für die länder- übergreifenden Träger der Sozialversicherung) Kraftfahrt-Bundesamt Statistisches Bundesamt Bundesamt für Wirtschaft und Ausfuhr-Kontrolle (BAFA) Bundesamt für Sicherheit in der Informationstechnik usw.

Im polizeilichen Bereich gibt es anstelle der Bundesoberbehörden sogenannte **Zentralstellen** (= unselbstständige Bundesoberbehörden), die den Landesbehörden als Koordinierungsstellen dienen.

Beispiel
Bundespolizeibehörden, Bundesamt für Verfassungsschutz, Bundeskriminalamt

Die **mittelbare Bundesverwaltung** erfüllt Verwaltungsaufgaben mittels Körperschaften, Anstalten und Stiftungen des öffentlichen Rechts als Verwaltungsträger.

Beispiel
Die DRV (Deutsche Rentenversicherung) und die Berufsgenossenschaften sind Körperschaften. Die Bundesagentur für Arbeit steht ihrem Charakter nach zwischen einer Körperschaft und einer Anstalt. Sie hat einen eigenen Verwaltungsunterbau.

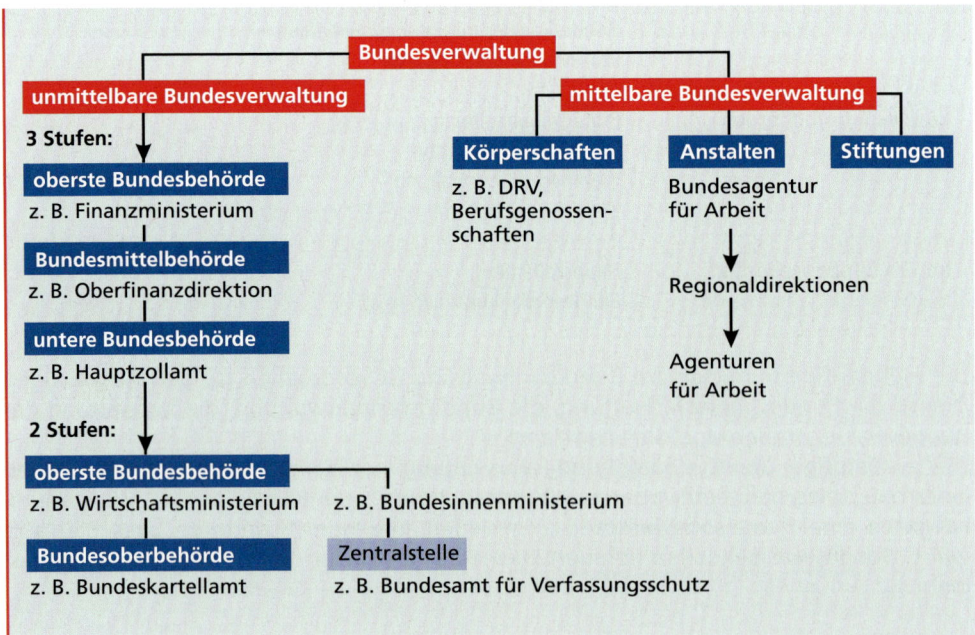

Landesverwaltung

Auch die Verwaltungen der Länder lassen sich in die unmittelbare und mittelbare Landesverwaltung unterteilen.

Die **unmittelbare Landesverwaltung** folgt in der Regel durchgängig einem **dreistufigen** Behördenaufbau, wobei die unterste Stufe in den meisten Ländern gleichzeitig eine Gemeindebehörde ist.

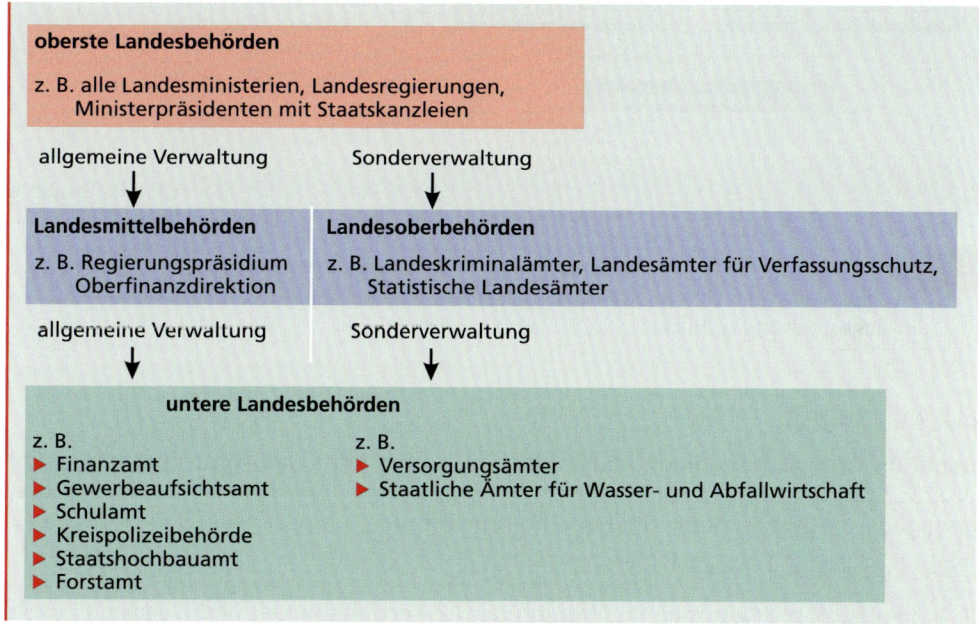

Die **mittelbare Landesverwaltung** wird wiederum von den rechtsfähigen Verwaltungsträgern gebildet. Äußerst bedeutsam ist die Mitwirkung der **Gemeinden und Kreise** an den Verwaltungsaufgaben als **Gebietskörperschaften des öffentlichen Rechts**.

Die Gemeinden (= Kommunen) erfüllen sowohl eigene als auch vom Staat übertragene Verwaltungsaufgaben. Die eigenen Angelegenheiten der Gemeinden bezeichnet man als **Selbstverwaltungsangelegenheiten**. Darunter versteht man die Angelegenheiten der örtlichen Gemeinschaft, wie zum Beispiel die Aufstellung von Bebauungsplänen auf dem Gemeindegebiet, die wirtschaftliche Betätigung der Gemeinden oder die Wahl der Gemeindeorgane. Daneben erfüllen die Gemeinden auch **übertragene Aufgaben**, wie zum Beispiel auf den Gebieten des Meldewesens, der Personenstandssachen, der Ordnungsangelegenheiten, des Passwesens und der Staatsangehörigkeit.

Im Rahmen der mittelbaren Landesverwaltung betätigen sich auch **andere juristische Personen** des öffentlichen Rechts. So sind zum Beispiel als **Sozialversicherungsträger auf Landesebene** die allgemeinen Ortskrankenkassen, die Landeskrankenkassen, die Betriebskrankenkassen und die Innungskrankenkassen zu nennen.

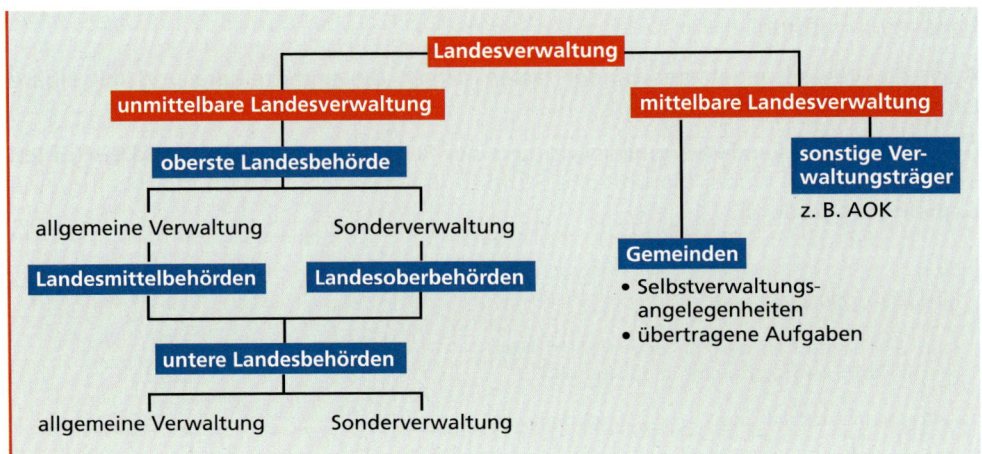

 Die unmittelbare Verwaltung wird von staatseigenen Behörden, die mittelbare Verwaltung von Körperschaften, Anstalten und Stiftungen des öffentlichen Rechts gebildet.

8.1.4.4 Aufsicht

Damit die Aufgabenerledigung durch die Verwaltung nicht widersprüchlich und unkoordiniert verläuft, üben hierarchisch höhergestellte Behörden oder Rechtsträger gegenüber nachgeordneten Stellen eine Aufsicht aus.

Dabei versteht man unter

▶ **Fachaufsicht** die Kontrolle und Steuerung der Rechtmäßigkeit und Zweckmäßigkeit eines Verwaltungshandelns,

▶ **Rechtsaufsicht** die Kontrolle der Rechtmäßigkeit eines Verwaltungshandelns,

▶ **Dienstaufsicht** die Kontrolle über Personalangelegenheiten und die innere Ordnung einer Behörde.

Die Länder unterliegen der Rechtsaufsicht des Bundes, soweit sie die Gesetze des Bundes ausführen. Nehmen die Länder Verwaltungsaufgaben des Bundes in dessen Auftrag wahr, so besteht zusätzlich eine Fachaufsicht des Bundes.
Die Verwaltungsträger (Körperschaften, Anstalten, Stiftungen) unterstehen jeweils der Rechtsaufsicht des Bundes oder der Länder.
Die Länder haben die Kommunalaufsicht über die Gemeinden und Gemeindeverbände. In Selbstverwaltungsangelegenheiten besteht lediglich eine Rechtsaufsicht der Länder gegenüber den Gemeinden.
Innerhalb eines Behördenzugs besteht grundsätzlich eine Fach- und Dienstaufsicht der höheren Behörde über die niedrigere Behörde.

 Rechts-, Fach- und Dienstaufsicht dienen der Einheit der Verwaltung.

Aufgaben

1. Welcher Staatsgewalt gehört die öffentliche Verwaltung an?

2. Das Verwaltungsrecht besteht aus dem allgemeinen Verwaltungsrecht und dem besonderen Verwaltungsrecht. Wozu gehören die Vorschriften über die Sozialversicherung? Wo sind die Vorschriften über das Verwaltungsverfahren einzuordnen?

3. Unterscheiden Sie: Hoheitsverwaltung von Fiskalverwaltung, Eingriffsverwaltung von Leistungsverwaltung.

4. Nennen Sie Beispiele für fiskalisches Handeln von Behörden.

5. Eine Gemeinde baut eine Ortsumgehungsstraße. Würden Sie diesen Vorgang der Eingriffs- oder Leistungsverwaltung zuordnen?

6. Finden Sie eine rechtliche Begründung, warum der Staat ein Arbeitgeber sein kann.

7. Was ist eine Gemeinde im Rechtssinne? Ordnen Sie die Gemeinde in die Verwaltungsstruktur unseres Staatswesens ein.

8. Grenzen Sie die mittelbare Verwaltung und die unmittelbare Verwaltung voneinander ab.

8.2 Grundsätze des Verwaltungsrechtes

8.2.1 Verfassungsmäßigkeit der Verwaltung

Die Verwaltung muss ihr Handeln an den **Prinzipien der Verfassung** ausrichten. Dies bedeutet im Einzelnen:

▶ Die Verwaltung ist an die **Grundrechte**, wie zum Beispiel den Gleichheitsgrundsatz (Art. 3 GG), gebunden.

▶ Die Verwaltung ist an das **Rechtsstaatsprinzip** (Ausprägungen sind zum Beispiel der Verhältnismäßigkeitsgrundsatz und das Vertrauensschutzprinzip) gebunden.

▶ Die Verwaltung muss das **Sozialstaatsprinzip** beachten.

Gleichheitsgebot

Der Gleichheitsgrundsatz aus Art. 3 GG verpflichtet die Verwaltung dazu, **Gleiches gleich** und **Ungleiches ungleich** zu behandeln.

Beispiel

Die Verwaltung darf nicht dem einen Bürger etwas gewähren, was sie bei gleicher Sachlage dem anderen Bürger verweigert.

Der Gleichheitsgrundsatz kommt vor allem dort zum Tragen, wo es im Ermessen der Verwaltung liegt, welche konkreten Rechtsfolgen eintreten sollen. Ergänzt wird der Gleichheitsgrundsatz in einem Sozialstaat durch den Gedanken, dass der Staat die Pflicht hat, den Schwächeren zu schützen.

Verhältnismäßigkeitsgrundsatz

Die Verwaltung muss ihre Maßnahmen daraufhin überprüfen lassen, ob sie sich dem Betroffenen gegenüber noch als **verhältnismäßig** auswirken. Auch die Verwaltung darf nicht **„mit Kanonen auf Spatzen schießen"**. Im Einzelfall kann es gerechtfertigt sein, dass die Verwaltung auf die Durchsetzung einer öffentlich-rechtlichen Verpflichtung verzichtet, wenn dem Betroffenen ansonsten ein unverhältnismäßig schwerer Nachteil droht.

Beispiel

Es wäre unverhältnismäßig, wenn die Polizei das Abschleppen eines Fahrzeugs veranlasst, das auf einem öffentlichen Parkplatz mit Parkuhr abgestellt ist, nur weil die Parkzeit unerheblich überschritten ist.

Der Verhältnismäßigkeitsgrundsatz lässt sich in weitere Unterpunkte aufgliedern. Das von der Verwaltung eingesetzte Mittel ist verhältnismäßig zur Erreichung eines bestimmten Erfolges, wenn

▶ das Mittel dazu **geeignet** ist, einen bestimmten Erfolg herbeizuführen,

▶ es **kein milderes Mittel** gibt, um den Erfolg herbeizuführen,

▶ das **Mittel proportional zum angestrebten Zweck** ist.

Beispiel

Herr A. musste sich vor dem Amtsgericht wegen einer Bagatellstrafsache verantworten. Das Amtsgericht ordnete zur Untersuchung der Zurechnungsfähigkeit des Herrn A. an, dass diesem Hirnflüssigkeit (Liquor) zwecks einer medizinischen Untersuchung zu entnehmen sei. Gegen diese Anordnung wehrte sich Herr A. mit Erfolg. Das Bundesverfassungsgericht hielt die Anordnung für unverhältnismäßig, da die Entnahme von Hirnflüssigkeit ein riskanter Eingriff ist, der mit dem Untersuchungszweck im Rahmen der Gerichtsverhandlung nicht zu vereinbaren ist.

Vertrauensschutz

Der Vertrauensschutzgedanke beinhaltet, dass Rechtspositionen, auf deren Bestand der Bürger sein Vertrauen gesetzt hat, von der Verwaltung möglichst nicht oder nur unter besonderen Bedingungen entzogen werden können. Dies kann im Einzelfall sogar soweit gehen, dass selbst Rechtspositionen, die mit der geltenden Rechtsordnung nicht in Einklang stehen, von der Verwaltung nicht angetastet werden dürfen.

Beispiel

Ein Gartenhäuschen, das aufgrund einer fehlerhaften Baugenehmigung mitten im Grünen (= Außenbereich) errichtet wurde, muss auf Verlangen der Baubehörde nicht abgerissen werden. Das auf der falschen Baugenehmigung basierende Vertrauen des Eigentümers wird hier geschützt.

 Der Verhältnismäßigkeitsgrundsatz, das Gleichheitsgebot und der Vertrauensschutzgedanke sind fundamentale Verfassungsgrundsätze.

8.2.2 Gesetzmäßigkeit der Verwaltung

Nach Art. 20 III GG ist die Verwaltung an **Gesetz und Recht** gebunden. Hieraus lassen sich zwei Prinzipien ableiten:

▶ der Vorrang des Gesetzes,   ▶ der Vorbehalt des Gesetzes.

Unter dem **Vorrang des Gesetzes** versteht man, dass das Handeln der Verwaltung nicht gegen das Gesetz verstoßen darf (= **kein Handeln gegen das Gesetz**). Das Gesetz geht damit jeder sonstigen staatlichen Willensäußerung vor. Auch die verwaltungsintern geltenden Vorschriften (= Verwaltungsvorschriften) sowie die Einzelanordnungen der Verwaltung gegenüber dem Bürger (= Verwaltungsakte) sind dem Gesetz unterworfen. Ein Verstoß gegen gesetzliche Vorschriften führt zur Rechtswidrigkeit des Verwaltungshandelns.

Beispiel

Das Sozialamt versagt dem Bürger Schulz zu Unrecht die beantragte Sozialhilfe, obwohl Schulz die gesetzlichen Voraussetzungen erfüllt. Dieses Vorgehen ist rechtswidrig, da ein Handeln gegen das Gesetz vorliegt.

Die vorherrschende Stellung des Gesetzes wird untermauert durch ein weiteres Prinzip: den **Vorbehalt des Gesetzes**.

Nicht alle Maßnahmen der Verwaltung sind gesetzlich geregelt. Bei der Vielfalt der Verwaltungstätigkeiten (z. B. Auskünfte erteilen, Informationen verbreiten) wäre dies auch gar nicht möglich. Bei bestimmten Maßnahmen der Verwaltung verlangt die Rechtsordnung jedoch, dass die Verwaltung zu ihrem Handeln ausdrücklich durch ein Gesetz ermächtigt ist. In solchen Fällen greift ein Gesetzesvorbehalt ein (= **kein Handeln ohne Gesetz**). Beim Gesetzesvorbehalt geht es also um die Frage, ob die Verwaltung bereits aufgrund ihrer internen Vorschriften zum Handeln befugt ist oder ob sie nur aufgrund einer Rechtsnorm tätig werden darf.

Beispiel

Im Katastrophenfall soll die Verwaltung rasch und unbürokratisch Hilfe leisten. Deswegen ist es nach überwiegender Ansicht in einem solchen Notfall nicht erforderlich, dass die Verwaltung erst ein Gesetz abwarten muss, bevor sie handeln darf. Auch Verwaltungstätigkeiten, wie Auskünfte erteilen oder Informationen zusammenstellen, bedürfen keiner gesetzlichen Legitimation. Anders sieht es aus bei belastenden Maßnahmen gegenüber dem Bürger. Hier muss sich die Anordnung der Verwaltung in der Regel auf ein Gesetz stützen lassen.

Der Gesetzesvorbehalt lässt sich aus dem Demokratieprinzip und dem Rechtsstaatsprinzip herleiten.

▶ Aus dem Demokratieprinzip ergibt sich, dass das Parlament wesentliche Entscheidungen selbst treffen muss und nicht der Verwaltung überlassen darf.

▶ Aus dem Rechtsstaatsprinzip ergibt sich, dass wesentliche Entscheidungen in der Form von verbindlichen Rechtsnormen getroffen werden müssen.

Diesen Ansatzpunkt nennt man **Wesentlichkeitstheorie**. Das Bundesverfassungsgericht hat die Wesentlichkeitstheorie noch konkreter umrissen: Der Gesetzgeber ist verpflichtet, wesentliche Entscheidungen, insbesondere wenn die Ausübung von Grundrechten betroffen ist, selbst vorzunehmen.

Beispiel

Im Schulrecht wurde entschieden, dass die Einführung des Unterrichtsfachs „Sexualkunde" nicht ohne gesetzliche Grundlage stattfinden darf (= Vorbehalt des Gesetzes greift ein).

Eine besondere Form des Gesetzesvorbehalts ist der Parlamentsvorbehalt.

Sobald ein Gesetzesvorbehalt eingreift, darf die Verwaltung handeln, wenn eine Rechtsnorm (ein „Gesetz") dies gestattet. Eine solche Rechtsnorm kann sein:

▶ ein formelles Gesetz, das heißt ein vom Parlament verabschiedetes Gesetz,

▶ eine Rechtsverordnung, zu deren Erlass die Verwaltung gesetzlich ermächtigt war (Art. 80 GG),

▶ eine Satzung, für deren Erlass die Verwaltung die Satzungsautonomie besaß.

Vom **Parlamentsvorbehalt** spricht man, wenn die Handlungen der Verwaltung durch ein formelles, vom Parlament erlassenes Gesetz legitimiert sein müssen.

Der Gesetzesvorbehalt greift vor allem ein, wenn der Bürger belastenden Maßnahmen der Verwaltung ausgesetzt ist. Im **Bereich der Leistungsverwaltung** geht es im Gegensatz hierzu vorwiegend um Entscheidungen, die den Bürger begünstigen. Deshalb gilt der **Gesetzesvorbehalt** im Bereich der Leistungsverwaltung nur **eingeschränkt**:

▶ Für die Entscheidung über das **„Ob"** der Leistung muss es eine Rechtsnorm geben, die die Leistungsgewährung durch die Verwaltung rechtfertigt.

Eine Förderleistung muss im Haushaltsgesetz und Haushaltsplan ausgewiesen sein und den Zweck der Förderung angeben.

▶ Das **„Wie"** der Mittelverteilung darf die Verwaltung durch eigene verwaltungsinterne Vorschriften regeln.

Für den Bereich der **Sozialleistungen nach dem SGB** gilt der **Vorbehalt des Gesetzes** aufgrund der **ausdrücklichen Regelung des § 31 SGB I**. Dort heißt es:

> Rechte und Pflichten in den Sozialleistungsbereichen dieses Gesetzbuchs dürfen nur begründet, festgestellt, geändert oder aufgehoben werden, soweit ein Gesetz es vorschreibt oder zulässt.

Gesetzmäßigkeit der Verwaltung	
Vorrang des Gesetzes = kein Handeln gegen das Gesetz	Vorbehalt des Gesetzes = kein Handeln ohne das Gesetz Parlament muss wesentliche Entscheidungen selbst treffen

 Belastende Maßnahmen der Verwaltung bedürfen stets einer gesetzlichen Grundlage.

↓

§

Aufgaben

1. Welche Bedeutung hat die Verfassung für die Verwaltung?

2. Herr Arenz wird von seiner Heimatgemeinde aufgefordert, einen Baum auf seinem Grundstück, dessen Äste auf den Gemeindeweg überhängen, zu fällen. Erklären Sie mithilfe eines Verfassungsprinzips, weshalb ein Bürger nicht dazu gezwungen werden kann, „übertriebenen" Anordnungen der Verwaltung Folge zu leisten.

3. Die Sachbearbeiterin in der Wohngeldstelle der Gemeinde Kleinhausen erklärt einer Antragstellerin, dass ihr aufgrund der angespannten Finanzlage der Gemeinde nur die Hälfte des ihr zustehenden Wohngelds bewilligt werden könne. Gegen welches Prinzip verstößt diese Vorgehensweise der Sachbearbeiterin?

4. Belastende Eingriffe der Verwaltung gegenüber dem Bürger bedürfen einer gesetzlichen Grundlage. Ist dies bei Begünstigungen auch so? Bedarf die Gewährung einer Sozialleistung einer gesetzlichen Grundlage?

5. Warum ist es richtig, dass der Gesetzgeber wesentliche Fragen selbst regeln muss und nicht allein der Verwaltung überlassen darf?

8.3 Verwaltungsakt als wesentliche Handlungsform der öffentlichen Verwaltung

Fall: Smogalarm in Waldstetten

Infolge einer dramatisch hohen Smogbelastung trifft die Gemeinde Waldstetten folgende Anordnungen für die nächste Woche:
1. Durch ordnungsbehördliche Verfügung ist das Autofahren im genannten Zeitraum für jedermann untersagt. Ausgenommen sind dringend erforderliche Fahrten (Feuerwehr, Krankentransporte, Polizeieinsatz, Transport lebenswichtiger Güter).
2. Der öffentliche Nahverkehr wird aufrechterhalten.
3. Über Schutzvorkehrungen werden die Bürger über den Rundfunk sowie die Tagespresse informiert.
4. Dem ortsansässigen Pharmaunternehmen Meier AG wird aufgrund der besonders hohen Emissionen der Betrieb ihrer Produktionsstätte im Industriegebiet „Waldstetter Bühl" in der genannten Zeit untersagt.
5. Den städtischen Ämtern wird aufgegeben, an die Bevölkerung Atemmasken zu verteilen.
6. Zur Bedarfsdeckung ordert die Gemeinde Waldstetten bei der Firma Ozon 10 000 Atemmasken.
7. Das städtische Krankenhaus wird angewiesen, Sauerstoff und Beatmungsgeräte bereitzuhalten.

8.3.1 Verwaltungsmaßnahmen

Die Handlungsformen der Verwaltung lassen sich grundlegend einteilen in **individuelle** Verwaltungshandlungen, die einen Einzelfall betreffen, und **generelle** Verwaltungshandlungen für eine Vielzahl von Fällen.

Die **wichtigste individuelle Anordnung** ist der **Verwaltungsakt**.

Daneben hat die Verwaltung die Möglichkeit,

▶ einen **privatrechtlichen Vertrag** zu schließen, wenn der Regelungsgegenstand dem Privatrecht angehört,

▶ einen **öffentlich-rechtlichen Vertrag** mit einem Bürger abzuschließen, wenn es um eine öffentlich-rechtliche Regelungsmaterie geht,

▶ einen **Realakt** vorzunehmen, d. h. eine reale schlichte Handlung, die keine Rechtsfolgen herbeiführt,

▶ allgemein verbindliche **Rechtsnormen** (Rechtsverordnungen, Satzungen) zu erlassen,

▶ **allgemeine Verwaltungsvorschriften** zu erlassen, die innerhalb der Verwaltung gelten,

▶ eine **verwaltungsinterne Einzelanweisung** zu treffen, d. h. einen Einzelfall innerhalb der Verwaltung zu regeln.

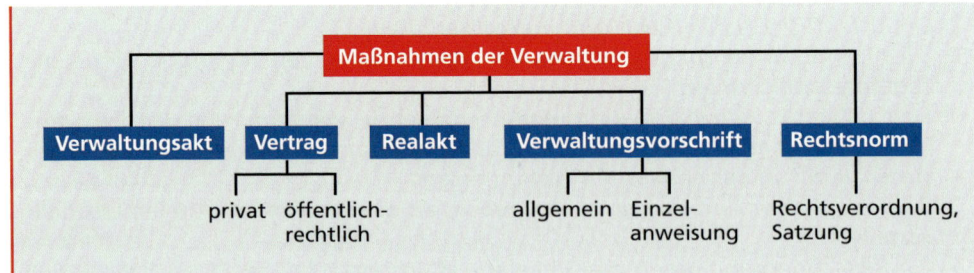

Beim Smogalarm in Waldstetten hat die Verwaltung folgende Anordnungen getroffen:
1. Rechtsverordnung = Rechtsnorm
2. schlichte Information ohne Rechtswirkung (Realakt)
3. ebenso
4. Verwaltungsakt, d. h. Einzelfallanweisung gegenüber dem Adressaten Meier AG mit Außenwirkung
5. Verwaltungsvorschrift in der Form einer allgemeinen Anweisung
6. privatrechtlicher Vertrag zwischen Gemeinde Waldstetten und Firma Ozon
7. Verwaltungsvorschrift in der Form einer Einzelanweisung gegenüber dem Krankenhaus
8. Entschädigung der Eigentümer erfolgt durch öffentlich-rechtlichen Vertrag
9. Verwaltungsvorschrift in der Form einer Einzelanweisung an eine bestimmte Person

8.3.2 Rechtsschutz

Generelle Anordnungen haben **oft den Charakter von Rechtsnormen** (Rechtsverordnung, Satzung) und können im Wege einer **Normenkontrollklage** (§ 47 Verwaltungsgerichtsordnung = VwGO) auf ihre Rechtmäßigkeit hin überprüft werden.

Beispiel

Ein Bebauungsplan einer Gemeinde ist eine Satzung und damit eine Rechtsnorm. Ein Bürger, der sich gegen Festlegungen eines Bebauungsplanes wehren will, muss eine Normenkontrollklage beim Verwaltungsgericht einreichen.

Ein **belastender Verwaltungsakt** kann vom Bürger bekämpft werden, indem er bei der Behörde **Widerspruch** gegen den Verwaltungsakt einlegt (= sog. **Vorverfahren**). Gelangt die Behörde nach Überprüfung des Falls zur Ansicht, dass der Verwaltungsakt aufrechtzuerhalten ist, so erhält der Bürger einen (ablehnenden) **Widerspruchsbescheid** der Behörde. Anschließend kann der Bürger sein Begehren, dass der belastende Verwaltungsakt aufzuheben sei, im Wege der **Anfechtungsklage** vor dem Verwaltungsgericht geltend machen.

Beispiel

Bürger Kreuzer begehrt die Beseitigung eines Gebührenbescheides, der seiner Ansicht nach rechtswidrig ist. Hierzu muss er zunächst Widerspruch bei der Behörde einlegen. Wird dem Widerspruch nicht abgeholfen, ist der Weg zum Verwaltungsgericht frei.

Der Bürger kann vor dem Verwaltungsgericht auch geltend machen, dass die Behörde zum Erlass eines Verwaltungsaktes verpflichtet wird. Zu diesem Zweck muss er eine **Verpflichtungsklage** einreichen. Auch die Verpflichtungsklage setzt voraus, dass der Bürger zuvor bei der Behörde Widerspruch gegen die Versagung des von ihm begehrten Verwaltungsaktes oder gegen das gänzliche Untätigsein der Behörde eingelegt hat.

Beispiel

Bürger wehrt sich dagegen, dass die Behörde die Erteilung einer Baugenehmigung verweigert.

Einen Überblick über die Möglichkeiten des Bürgers, sich gegen Verwaltungsmaßnahmen zu wehren, gibt das folgende Schaubild:

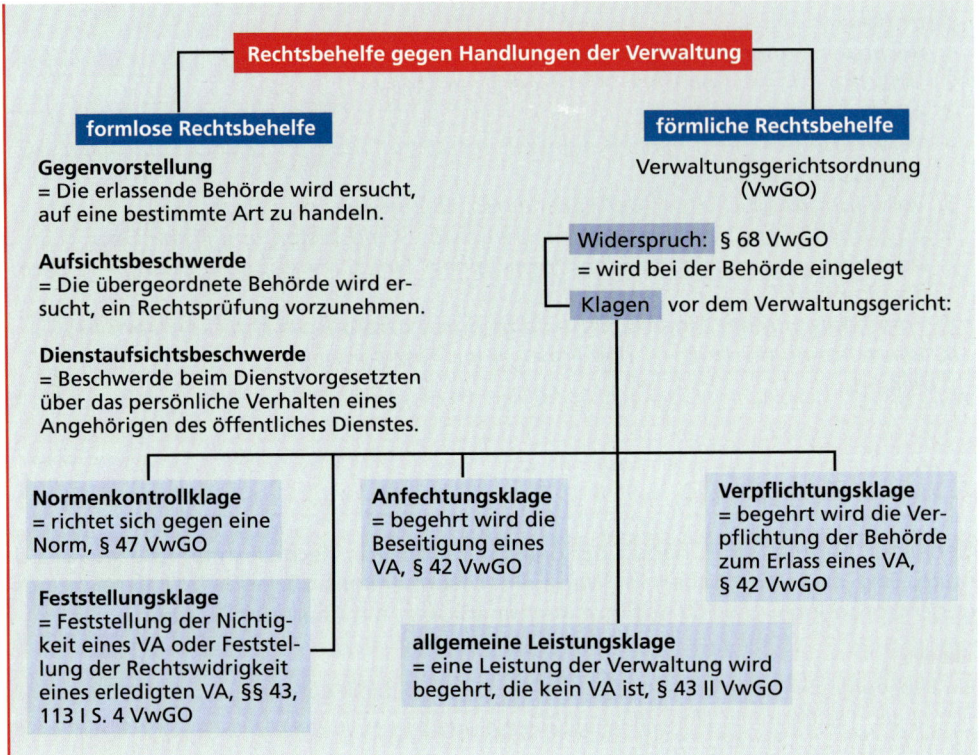

8.3.3 Merkmale des Verwaltungsaktes

8.3.3.1 Äußeres Erscheinungsbild eines Verwaltungsaktes

Die typische Form eines Verwaltungsaktes ist die **Bescheidform**. Ein Bescheid ist folgendermaßen abgefasst:

▶ Im **Briefkopf** ist sowohl die erlassende Behörde wie auch der Empfänger mit Name und Anschrift benannt.

▶ Der **Tenor** (= Ausspruch) beinhaltet eine Regelung gegenüber dem Empfänger.

▶ Der Regelung folgt eine **tatsächliche und rechtliche Begründung** der Behörde, warum sie diese Anordnung getroffen hat.

▶ Beinhaltet der Tenor eine Belastung des Bürgers, so muss eine **Rechtsbehelfsbelehrung** angefügt werden.

▶ Eventuell ist eine **Kostenentscheidung**, die **Anordung der sofortigen Vollziehbarkeit** oder eine **Zwangsmittelandrohung** beigefügt.

Neben der Bezeichnung als Bescheid (z. B. Gebührenbescheid, Steuerbescheid) kann ein Verwaltungsakt auch mit Begriffen wie **Verfügung** (z. B. Polizeiverfügung), **Entscheidung, Anordnung, Genehmigung oder Erlaubnis gekennzeichnet werden**.

8.3.3.2 Inhaltliche Merkmale eines Verwaltungsaktes

Eine **gesetzliche Definition des Verwaltungsaktes** findet sich in:

▶ § 35 S. 1 VwVfG (= Verwaltungsverfahrensgesetz des Bundes/der Länder),

▶ § 31 S. 1 SGB X (= Sozialgesetzbuch Nr. 10 = Verfahrensrecht).

Danach ist ein Verwaltungsakt

> ... eine Verfügung, Entscheidung oder andere hoheitliche Maßnahme, die eine Behörde zur Regelung eines Einzelfalls auf dem Gebiet des öffentlichen Rechts trifft und die auf unmittelbare Rechtswirkung nach außen gerichtet ist.

Aus dieser Definition lassen sich folgende **Merkmale des Verwaltungsaktes** herauslesen:

▶ **Verwaltungshandeln** (= Maßnahme einer Behörde),

▶ auf dem **Gebiet des öffentlichen Rechts** (= hoheitliche Maßnahme),

▶ zur **Regelung** (= auf Rechtswirkung gerichtet),

▶ mit **Außenwirkung**,

▶ im **Einzelfall**.

Behördliche Maßnahme auf dem Gebiet des öffentlichen Rechts

Eine Behörde ist eine Stelle, die Verwaltungsaufgaben der öffentlichen Verwaltung ausführt.

Beispiel

Keine Behörden sind deshalb Privatfirmen, wie zum Beispiel ein privater Schutzdienst, der nur eine bestimmte Firma bewacht.

Unter einer behördlichen Maßnahme versteht man jedes Handeln der Behörde, das mit einem Erklärungswert belegt ist.

Beispiel

Eine Behörde kann eine ausdrückliche Erklärung abgeben (z. B. schriftlicher Bescheid), aber auch Zeichen mit festgelegter Erklärungsbedeutung abgeben (z. B. Verkehrsampel).

Die Maßnahme der Behörde gehört dem öffentlichen Recht an, soweit die Behörde sich in ihrem Handeln auf ihre öffentlich-rechtlichen Befugnisse stützt.

Beispiel

Behördliche Maßnahmen, die auf eine privatrechtliche Betätigung abzielen, gehören nicht dem öffentlichen Recht an. So zum Beispiel, wenn die Behörde einen Kaufvertrag mit einem Büroartikelhersteller schließen will.

Regelung

Das wichtigste Kennzeichen des Verwaltungsaktes ist seine Regelungswirkung. Unter einer Regelung versteht man jede Maßnahme, die nach ihrer Erklärungsbedeutung auf die **Herbeiführung einer Rechtsfolge** ausgerichtet ist.

In der Verwaltungspraxis sind vor allem folgende Arten von Regelungen bedeutsam:

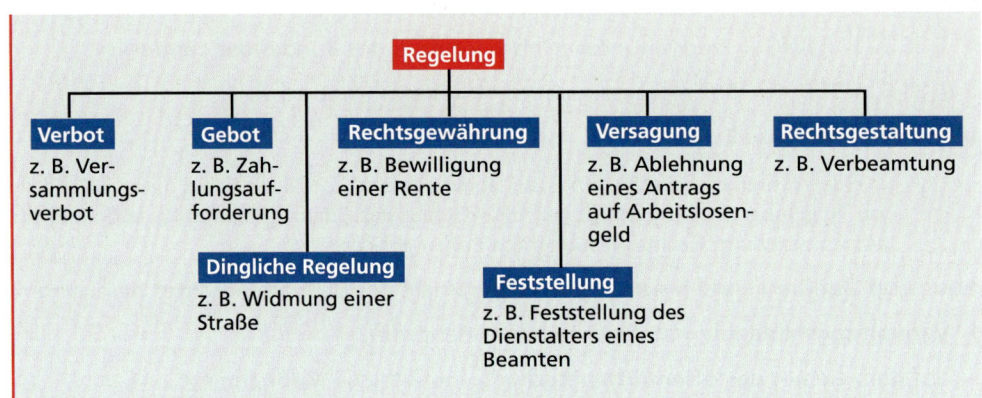

Von der Regelung abzugrenzen ist das **schlichte Verwaltungshandeln (= Realakt)** einer Behörde. Schlichte Verwaltungshandlungen sind solche Maßnahmen, die keinen Erklärungsgehalt haben und keine Rechtsfolge herbeiführen.

Beispiel

Streifenfahrt der Polizei, Ausbesserungsarbeiten an einer öffentlichen Straße

Außenwirkung der Regelung

Eine Regelung hat **Außenwirkung**, wenn sie **Rechtsfolgen gegenüber dem Bürger** herbeiführt. Keine Außenwirkung haben dagegen behördliche Anordnungen, die nur verwaltungsintern gelten sollen.

Beispiel

Ein Zahlungsbescheid hat Außenwirkung, weil der Bürger zur Zahlung verpflichtet ist (= Rechtsfolge). Eine innerdienstliche Anweisung an einen Verwaltungsbeamten betrifft nur den Beamten selbst und hat keine Außenwirkung.

Regelung eines Einzelfalls

Der Verwaltungsakt regelt einen Einzelfall. Wann eine **Einzelfallregelung** und wann im Gegensatz hierzu eine allgemeine Regelung vorliegt, lässt sich anhand

▶ des geregelten Falles und

▶ des Adressaten (= Empfängers) der Regelung

überprüfen.

Der Verwaltungsakt regelt einen Fall, der nach Ort, Zeit und Umständen **konkret** bestimmt ist. Der Fall (= Sachverhalt) kommt in dieser Gestalt nur einmal vor, weshalb man von einem **Einzelfall** spricht.

Der Pkw mit dem amtlichen Kennzeichen ES–JA 3229 steht am 13. April 2016 in Esslingen in der Bahnhofstraße im Halteverbot.

Eine **allgemeine** Regelung betrifft dagegen eine **Vielzahl von Fällen**, wie sie sich abstrakt mehrfach ereignen können.

Jeder, der einen Diebstahl begeht, macht sich nach § 242 Strafgesetzbuch strafbar.

Ein typischer Verwaltungsakt richtet sich an eine bestimmte Person, die namentlich feststeht. Eine solche Regelung mit einem **feststehenden Adressaten** bezeichnet man als **individuelle** Regelung.

Gebührenbescheid ist an Frau Elvira Gerstner, Bachstraße 11, 81539 München, gerichtet.

Eine **generelle** Regelung richtet sich dagegen an einen nach persönlichen Merkmalen **nicht feststehenden** Personenkreis.

Eine Gemeindesatzung über die Benutzung eines Baggersees richtet sich an die potenziellen Nutzer. Diese sind nicht nach persönlichen Merkmalen (z. B. Name) bestimmt.

Die beiden Merkmale „geregelter Fall" (konkret/allgemein) und „Adressatenkreis" (individuell/generell) lassen sich folgendermaßen kombinieren:

Regelung	individuell	generell
abstrakt z. B: Polizeiverfügung an Gastwirt Bempel	**abstrakt-individuell** Bei jeder Bewirtung im Biergarten (= Vielzahl von Fällen = abstrakt) muss Bempel (= individuell) den Müll beseitigen, den die Gäste auf die Nachbargrundstücke werfen. **rechtliche Einordnung:** noch ein VA	**abstrakt-generell** = Rechtsnorm
konkret z. B: Polizeiverfügung (siehe oben)	**konkret-individuell** Bempel (= individuell) muss den Müll anlässlich des Gartenausschanks am 25. August (= konkreter Fall) von den Nachbargrundstücken entsorgen. **rechtliche Einordnung:** typischer VA	**konkret-generell** Alle Gastwirte der Gemeinde (= generell), die Gartenausschank betreiben (= konkret; betrifft mehrere Einzelfälle), müssen den Müll von den Nachbargrundstücken entfernen. **rechtliche Einordnung:** Allgemeinverfügung = VA

8.3.3.3 Allgemeinverfügung als Sonderform eines Verwaltungsaktes

Die Figur der **Allgemeinverfügung** ist in der Verwaltungspraxis besonders bedeutsam. Daher ist die Allgemeinverfügung gesetzlich ausdrücklich geregelt (§ 35 S. 2 VwVfG, § 31 S. 2 SGB X).

Die Allgemeinverfügung ist eine konkret-generelle Regelung, d. h., sie regelt

▶ **mehrere Einzelfälle** (= konkret)

▶ **durch einen einzigen Verwaltungsakt** (= generell).

Der **Normalfall** der Allgemeinverfügung ist die **personenbezogene** Allgemeinverfügung.

Beispiel

Die Verwaltung verfügt an alle Hauseigentümer einer Gemeinde, dass wegen akuter Hochwassergefahr die Heizölkessel zu sichern sind.

Eine **dingliche** Allgemeinverfügung regelt eine **Sacheigenschaft.**

Beispiel

Widmung eines Grundstücks zu einer öffentlichen Straße

Eine Allgemeinverfügung kann auch eine **Sachnutzung** regeln.

Beispiel

Verkehrszeichen stellen nach herrschender Ansicht Allgemeinverfügungen und damit Verwaltungsakte dar.

Verwaltungsakt

Definiton: § 35 S. 1 VwVfG, § 31 S. 1 SGB X

▶ Maßnahme einer Behörde
▶ auf dem Gebiet des öffentlichen Rechts
▶ auf Rechtswirkung gerichtet (= Regelung)
▶ mit Außenwirkung (= Rechtswirkung gegenüber dem Bürger)
▶ im Einzelfall

 Der typische Verwaltungsakt ist eine konkrete und individuelle Regelung gegenüber dem Bürger. Die Allgemeinverfügung ist eine besondere Form eines Verwaltungsakts und regelt mehrere Einzelfälle durch eine Verfügung.

8.3.4 Bekanntgabe eines Verwaltungsaktes

Ein **Verwaltungsakt** wird **mit seiner Bekanntgabe wirksam** (§ 41 VwVfG, § 37 SGB X). Bekanntgabe bedeutet, dass der Verwaltungsakt dem Adressaten oder sonst betroffenen Personen zugehen muss.

Beispiel

Die Baugenehmigung muss dem Bauherrn, aber auch den betroffenen Nachbarn bekannt gemacht werden.

Grundsätzlich kann die Verwaltung wählen, auf welche Weise sie einen Verwaltungsakt dem Adressaten bekannt machen will. Die Behörde kann den Verwaltungsakt **zustellen lassen** oder ihn mündlich oder schriftlich **selbst mitteilen**. Nur für bestimmte Verwaltungsakte ist eine Zustellung vorgeschrieben.

Beispiel

Ein Widerspruchsbescheid muss nach § 73 III S.1 VwGO dem Adressaten zugestellt werden.

Bei Allgemeinverfügungen kommt eine **öffentliche Bekanntmachung** in Betracht. Sie erfolgt durch die ortsübliche Bekanntmachung, beispielsweise im Amtsblatt der Gemeinde.

Die möglichen Arten einer Zustellung sind im Verwaltungszustellungsgesetz des Bundes und den Zustellungsgesetzen der Länder geregelt. Einen Überblick bietet das folgende Schaubild:

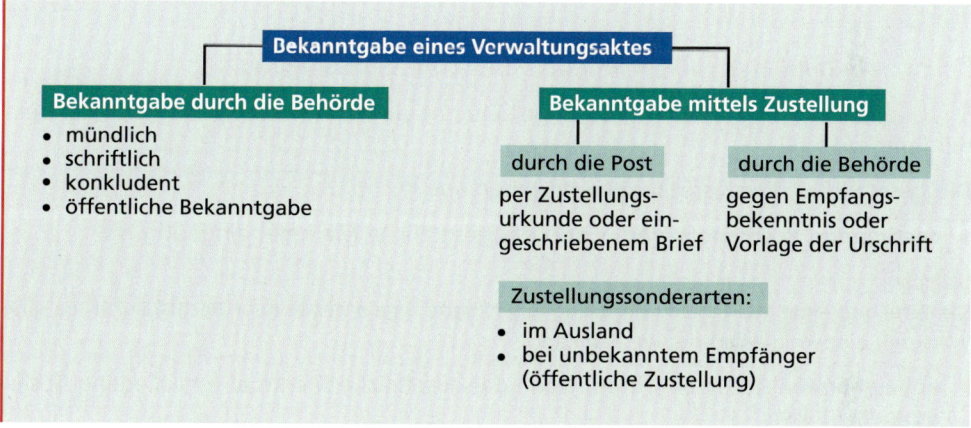

8.3.5   Rechtmäßigkeit eines Verwaltungsaktes

8.3.5.1   Allgemeine Anforderungen

Ein Verwaltungsakt ist rechtmäßig, wenn er mit dem geltenden Recht in Einklang steht. Ein Verwaltungsakt, der einen Bürger belastet, bedarf als Rechtfertigung für diese Belastung einer Ermächtigungsgrundlage. Darunter sind alle Normen zu verstehen, die den Eingriff decken. Wird ein Verwaltungsakt auf seine Rechtmäßigkeit hin überprüft, so sind eine Vielzahl von Vorschriften einzuhalten:
In formeller Hinsicht müssen folgende Bedingungen erfüllt sein:

▶ Die Behörde, die den Verwaltungsakt erlassen hat, war auch wirklich zuständig (§ 3 VwVfG, § 2 SGB X).

▶ Die Verfahrensvorschriften wurden beachtet (§ 9 ff. VwVfG, §§ 8 ff. SGB X).

▶ Die Formvorschriften wurden beachtet (§ 37 VwVfG, § 33 SGB X).

▶ Der Verwaltungsakt wurde begründet (§ 39 VwVfG, § 35 SGB X).

▶ Der Verwaltungsakt wurde bekannt gegeben (§ 41 VwVfG, § 37 SGB X).

In inhaltlicher Hinsicht ist zu beachten:

▶ Es existiert eine oder mehrere Grundvorschriften, die das Handeln der Behörde tragen (= **Rechtsgrundlage oder Ermächtigungsgrundlage**).

▶ Der Verwaltungsakt ist inhaltlich hinreichend bestimmt, d. h., er gibt eindeutig an, was wer von wem will (§ 37 VwVfG, § 33 SGB X).

▶ Der Verwaltungsakt ist nicht auf Ziele gerichtet, deren Erfüllung unmöglich ist.

▶ Der Verwaltungsakt ist verhältnismäßig, d. h., das angewendete Mittel steht in einem vernünftigen Verhältnis zum angestrebten Zweck.

▶ Der Verwaltungsakt verletzt keine Grundrechte oder andere Rechte des Adressaten oder eines Drittbetroffenen.

▶ Die Behörde hat ein ihr zustehendes Ermessen richtig ausgeübt.

8.3.5.2 Gebundene Entscheidungen und Ermessensspielräume

Das Gesetz als konkrete Rechtsgrundlage benennt die Voraussetzungen für das Handeln der Behörde.

Die **gesetzlichen Voraussetzungen** bestehen aus:

▶ **bestimmten Rechtsbegriffen**, wenn das gesetzliche Merkmal eindeutig ist.

Beispiel
Die Erfüllung einer Wartezeit zum Bezug einer Rente ist ein bestimmter Rechtsbegriff, da eine Wartezeit eindeutig errechnet werden kann.

▶ **unbestimmten Rechtsbegriffen,** wenn das gesetzliche Merkmal verschiedene Auslegungen zulässt.

Beispiel
Das Merkmal der Bedürftigkeit einer Person ist mehrdeutig und bedarf einer näheren Konkretisierung.

Ein unbestimmter Rechtsbegriff wird von der Verwaltung, notfalls auch von den Verwaltungsgerichten, ausgefüllt.
Sobald die Voraussetzungen einer Rechtsnorm erfüllt sind, wird der Weg frei für den Eintritt der in der Norm enthaltenen Rechtsfolgen. Man spricht von:

▶ einer **gebundenen Entscheidung**, wenn die genannte Rechtsfolge von der Verwaltungsbehörde zwingend in die Tat umgesetzt werden muss. Für eine gebundene Entscheidung sprechen Formulierungen wie „muss", „hat ... zu", „ist zu erteilen", „ist zu versagen" usw.

Beispiel
§ 19 I SGB XII: Hilfe zum Lebensunterhalt nach dem dritten Kapitel dieses Buches ist Personen zu leisten, die ihren notwendigen Lebensunterhalt nicht oder nicht ausreichend aus eigenen Kräften und Mitteln, insbesondere aus ihrem Einkommen und Vermögen, bestreiten können.

▶ einer **Ermessensentscheidung,** wenn es im Ermessen der Verwaltungsbehörde liegt, welche unter mehreren möglichen Rechtsfolgen eintreten soll. Für eine Ermessensentscheidung sprechen Formulierungen wie „kann", „darf", „hat die Wahl", „ist berechtigt" usw.

Beispiel

Nach § 16 a Tierschutzgesetz kann die Behörde einem Tierhalter konkrete Vorgaben zur Haltung eines Tieres (Ernährung, Pflege, Unterbringung) machen oder in schlimmeren Fällen das Tier sogar fortnehmen.

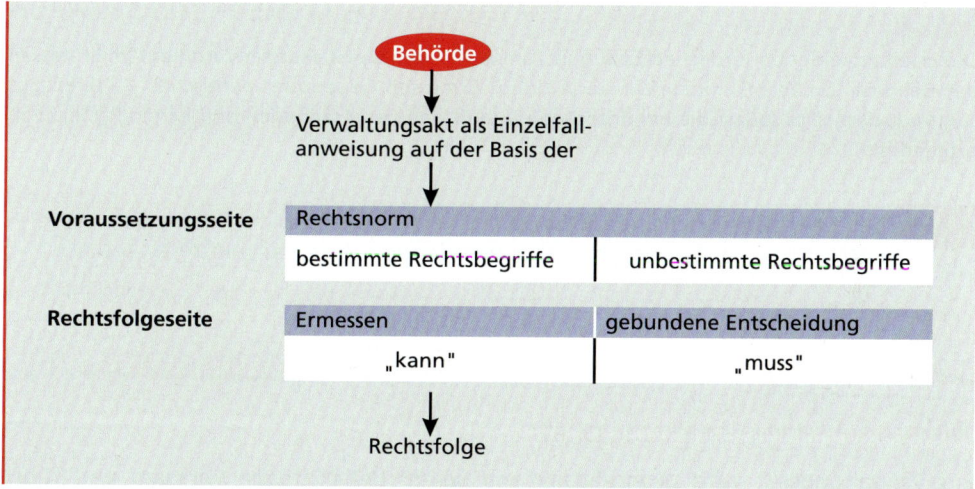

Sobald einer Behörde bei ihrer Entscheidung ein Ermessensspielraum zusteht, ist sie verpflichtet, ihr Ermessen pflichtgemäß auszuüben (= **Grundsatz des pflichtgemäßen Ermessens**). Es darf insbesondere **kein Ermessensfehler** vorliegen.

Ein Ermessensfehler besteht bei:

▶ einer **Ermessensüberschreitung** (§ 40 VwVfG, § 39 SGB I).

Beispiel

Wenn eine Behörde aufgrund einer gesetzlichen Vorschrift ein Bußgeld zwischen 500,00 € und 1 500,00 € verhängen darf, so hat sie ihr Ermessen überschritten, wenn sie ein Bußgeld in Höhe von 1 700,00 € verhängt.

▶ einem **Ermessensfehlgebrauch** (§ 40 VwVfG, § 39 SGB I).

Beispiel

Wenn die Behörde entgegen dem Zweck der gesetzlichen Ermächtigung handelt und sachfremde Erwägungen in ihre Überlegungen einbezieht, liegt ein Ermessensfehlgebrauch vor. Dies ist zum Beispiel der Fall, wenn die Polizei ihr Eingreifen von der sachfremden Erwägung abhängig macht, ob der Aufwand sich wirtschaftlich lohnt. Ein Ermessensfehlgebrauch liegt zum Beispiel aber auch vor, wenn eine Begründung des VA gänzlich fehlt oder der VA auf falschen Tatsachen basiert.

▶ einem **Ermessensnichtgebrauch.**

Wenn die Behörde gar nicht erkannt hat, dass ihr ein Ermessensspielraum zustand, und folglich auch kein Ermessen ausgeübt hat, spricht man von einem Ermessensnichtgebrauch.

Eine besondere Fallvariante ist die sogenannte **Ermessensreduzierung auf Null**. Hierunter versteht man einen Fall, der so gelagert ist, dass die Behörde ein ihr zustehendes Ermessen nur auf eine einzige fehlerfreie Weise ausüben kann. Jede andere Entscheidung würde einen der oben genannten Ermessensfehler aufweisen. Die Ermessensreduzierung auf Null führt faktisch dazu, dass aus einer Ermessensentscheidung eine „Muss"-Entscheidung wird.

Die Erteilung einer behördlichen Erlaubnis zum Aufstellen von Plakatständern liegt im Ermessen der Behörde. Zu Wahlkampfzeiten kann dieses Ermessen gegenüber politischen Parteien auf Null reduziert sein, sodass die behördliche Erlaubnis den nachfragenden politischen Parteien zu erteilen ist.

 Bei einer behördlichen Ermessensentscheidung geht es um die Frage, welche Rechtsfolgen aufgrund einer anzuwendenden Vorschrift eintreten sollen.

8.3.6   Wirksamkeit und Bestandskraft eines Verwaltungsaktes

Wirksamkeit eines Verwaltungsaktes

Ein Verwaltungsakt wird grundsätzlich **mit seiner Bekanntgabe wirksam** und führt damit die Rechtsfolgen herbei, die Gegenstand der Regelung sind. Auch ein Verwaltungsakt, der sich später als rechtswidrig herausstellt, wird zunächst wirksam. Er muss dann von der Behörde oder vom Gericht auf Antrag des Betroffenen beseitigt werden. Keine Wirksamkeit entfaltet ein Verwaltungsakt, der **nichtig** ist. Nichtig sind zum Beispiel Verwaltungsakte (vgl. § 44 II VwVfG, § 40 II SGB X), die

▶ die erlassende Behörde nicht erkennen lassen,

▶ auf ein tatsächlich unmögliches Handeln gerichtet sind,

▶ eine Straftat oder Ordnungswidrigkeit gebieten,

▶ sittenwidrig sind.

Eine Sonderstellung nimmt der Verwaltungsakt **mit aufschiebender Wirkung** ein. Darunter versteht man einen Verwaltungsakt, der theoretisch zwar wirksam ist, praktisch aber noch nicht von der Behörde vollzogen werden kann, weil gesetzliche Vorschriften die aufschiebende Wirkung anordnen. Die Einlegung eines Widerspruchs und die Erhebung der Anfechtungsklage führen in der Regel die aufschiebende Wirkung herbei (§ 80 I VwGO = Verwaltungsgerichtsordnung).

Wenn Herr Bäcker durch einen Verwaltungsakt dazu verpflichtet wird, die Garage auf seinem Grundstück abzureißen und gegen diese Verfügung Widerspruch erhebt, so hat die Einlegung dieses Rechtsmittels zur Folge, dass die Behörde den Abriss der Garage vorläufig nicht verlangen kann.

Anders ist die Rechtslage bei Zahlungsaufforderungen durch die öffentliche Verwaltung. Diese Verwaltungsakte haben keine aufschiebende Wirkung, d. h., der Bürger muss sofort bezahlen und kann allenfalls die Rückerstattung des geleisteten Betrages verlangen, sofern sich der Verwaltungsakt als rechtswidrig herausstellen sollte.

Die Wirksamkeit eines Verwaltungsaktes endet, sobald der Verwaltungsakt erlischt. **Erlöschensgründe** können sein:

▶ Aufhebung des Verwaltungsaktes durch die Verwaltungsgerichte (§ 113 VwGO, § 131 SGG, § 100 FGO = Finanzgerichtsordnung),

▶ Aufhebung des Verwaltungsaktes durch die Verwaltungsbehörde,

▶ Aufhebung des Verwaltungsaktes durch Rücknahme oder Widerruf,

▶ Erledigung des Verwaltungsaktes, weil der Regelungsgegenstand weggefallen ist.

Bestandskraft des Verwaltungsaktes

Von **formeller Bestandskraft** spricht man, wenn ein Verwaltungsakt unanfechtbar geworden ist.

Ein Verwaltungsakt ist **unanfechtbar**, wenn

▶ die Fristen für Rechtsbehelfe und Rechtsmittel abgelaufen sind,

Beispiel
Der Widerspruch gegen den Verwaltungsakt muss bei der Behörde innerhalb von vier Wochen nach Bekanntgabe des Verwaltungsaktes eingereicht werden (§ 70 VwGO).

▶ der Betroffene auf die Einlegung von Rechtsmitteln verzichtet hat,

▶ eine Klage rechtskräftig abgewiesen worden ist und der Rechtsweg erschöpft ist.

Der Verwaltungsakt entfaltet grundsätzlich nur **Rechtswirkungen zwischen den am Verwaltungsverfahren Beteiligten**, also der Behörde und dem Adressaten der Verfügung.

 Unanfechtbare Verwaltungsakte sind formell bestandskräftig.

8.3.7 Rücknahme und Widerruf eines Verwaltungsaktes

Manchmal besteht seitens der Behörde oder seitens des Betroffenen das Bedürfnis, auch einen unanfechtbar gewordenen Verwaltungsakt wieder aufzuheben. Unter welchen Bedingungen dies möglich ist, regeln die §§ 48 ff. VwVfG und für das Sozialrecht die Spezialregelungen in §§ 44 ff. SGB X.

Je nach Interessenlage unterscheidet man die

▶ Aufhebung eines begünstigenden rechtmäßigen Verwaltungsaktes,

▶ Aufhebung eines begünstigenden rechtswidrigen Verwaltungsaktes,

▶ Aufhebung eines belastenden rechtmäßigen Verwaltungsaktes,

▶ Aufhebung eines belastenden rechtswidrigen Verwaltungsaktes.

Rechtmäßige Verwaltungsakte werden **widerrufen, rechtswidrige Verwaltungsakte** werden **zurückgenommen**.

Beim **begünstigenden**, also dem Adressaten vorteilhaften Verwaltungsakt stellt sich die Frage, inwieweit die Behörde das **Vertrauen** des Adressaten auf den Bestand des Verwaltungsaktes schützen muss.

Beim **belastenden** Verwaltungsakt geht es um das Problem, unter welchen Umständen der Bürger von der Behörde die **Aufhebung** der ihm ungünstigen Entscheidung **verlangen** kann.

Das Grundprinzip der Rücknahme- und Widerrufsregelungen, unter Verzicht auf Details, enthalten die nachfolgenden Darstellungen.

Allgemeines Verwaltungsrecht:

Verwaltungsakt	Rücknahme: § 48 VwVfG	Widerruf: § 49 VwVfG
rechtmäßig begünstigend		Vertrauensschutz zugunsten des Adressaten ist zu beachten
rechtmäßig belastend		steht im Ermessen der Behörde
rechtswidrig begünstigend	Vertrauensschutz zugunsten des Adressaten ist zu beachten	
rechtswidrig belastend	steht im Ermessen der Behörde	

Bereich der Sozialleistungen:

Verwaltungsakt	Rücknahme: §§ 44, 45 SGB X	Widerruf: § 46, 47 SGB X
rechtmäßig begünstigend		Widerruf bedarf einer gesetzlichen Grundlage
rechtmäßig belastend		steht im Ermessen der Behörde
rechtswidrig begünstigend	Vertrauensschutz zugunsten des Adressaten ist zu beachten	
rechtswidrig belastend	Behörde ist zur Rücknahme verpflichtet	

 Rechtswidrige Verwaltungsakte werden zurückgenommen, rechtmäßige Verwaltungsakte werden widerrufen.

Aufgaben

1. Nennen Sie einige Beispiele für Verwaltungsmaßnahmen.

2. Welche Art der Verwaltungsmaßnahme ergreift die Verwaltung, wenn sie einen konkreten Sachverhalt gegenüber einem einzelnen Bürger regeln will? Nennen Sie ein Beispiel.

3. Bürger Wutig möchte sich gegen die Räum- und Streusatzung seiner Gemeinde wehren. Er fragt an, ob so etwas möglich ist.

4. Herr Müller ärgert sich über einen Bescheid der Gemeinde Wolfhausen. Was kann er tun?

5. Max Brauser missachtet ein Stoppschild. Welche Art von Verwaltungsmaßnahme liegt hier vor?

6. Wodurch wird ein Verwaltungsakt wirksam?

7. Nach § 27 SGB V haben Versicherte in der gesetzlichen Krankenversicherung „Anspruch auf … eine zahnärztliche Behandlung". Ist die Entscheidung der Krankenkasse über die Gewährung einer zahnärztlichen Behandlung für Mitglieder der Krankenkasse eine gebundene Entscheidung oder eine Ermessensentscheidung? Begründen Sie Ihre Ansicht.

8. Die Polizei ist befugt, gegen „Störer" einzuschreiten. Würden Sie den Begriff „Störer" als bestimmten oder als unbestimmten Rechtsbegriff bezeichnen? Warum gibt es bestimmte und unbestimmte Rechtsbegriffe?

9. Inwiefern ist die Ermessensentscheidung einer Behörde überprüfbar?

10. Wann ist ein Verwaltungsakt formell bestandskräftig? Ist es möglich, einen bestandskräftigen Verwaltungsakt aufzuheben?

Familienrecht

Ehescheidungssache: Fechter gegen Fechter

Ausgangslage

Das Ehepaar Armin und Eleonore Fechter möchte sich trennen. Armin Fechter ist damit einverstanden, dass seine Frau Eleonore mit den zwei minderjährigen Kindern Klara und Georg in der ehelichen Wohnung wohnen bleibt. Armin Fechter bemüht sich im Moment darum, eine andere Wohnung zu finden. Augenblicklich wohnt er aber noch in der ehelichen Wohnung. Das Ehepaar Fechter strebt eine rasche und kostengünstige Scheidung an und ist aus diesem Grunde bereit, sich bereits außerhalb des Scheidungsverfahrens über möglichst viele Streitpunkte zu einigen.

Spielanweisung

Die nachfolgend gestellten Aufgaben sollen in Kleingruppen gemeinsam gelöst werden. Die Sprecherpositionen innerhalb der Kleingruppe sind mit den Rollen der Rechtsanwältin (oder des Rechtsanwalts) sowie mit den Rollen der Ehepartner zu besetzen.
In einem zweiten Schritt können die Kleingruppen ihre Ergebnisse untereinander vergleichen.

Arbeitshinweis

Der Aufgabenstellung liegt der Lehrstoff des Kapitels 5.3 im Lehrbuch zugrunde. Als Hilfsmaterial ist das BGB zu verwenden.

Rollenkarte: Eleonore Fechter
geborene Schmidt, geboren am 20. März 1980 in Stuttgart, wohnhaft Bismarckstraße 22, 72071 Tübingen, ist seit dem 12. Mai 2003 mit Armin Fechter verheiratet.
Frau Fechter arbeitete vor ihrer Eheschließung als Verkäuferin in einer Drogerie. Seit der Eheschließung ist sie nicht mehr berufstätig und widmet sich dem Haushalt und den Kindern.

Rollenkarte: Armin Fechter
geboren am 26. Februar 1977 in Esslingen am Neckar, ist von Beruf Speditionskaufmann. Er arbeitet seit nunmehr 15 Jahren bei der Firma Kreuzer GmbH im Rechnungswesen und verdient 1 800,00 € netto im Monat.
Wohnhaft: Bismarckstraße 22, 72071 Tübingen

Rollenkarte: Klara Fechter
geboren am 4. August 2007 in Tübingen, 9 Jahre alt, besucht derzeit die 3. Klasse der Pestalozzi-Grundschule in Tübingen

---

Handlungsbeschreibung

Frau Eleonore Fechter vereinbart für den 2. März 2016 einen Termin bei der Rechtsanwältin Frau Dr. Burger.

Frau Fechter erklärt Frau Dr. Burger, dass sie die Ehescheidung wünscht, und erteilt Frau Dr. Burger die Vollmacht, alle hierfür notwendigen Maßnahmen durchzuführen. Frau Dr. Burger hat nun viele Fragen an ihre Mandantin, insbesondere zu den nachstehenden Themen:

► Persönliche Daten von Frau Fechter

► Situation in der Ehe

► Ist der Ehemann mit der Scheidung einverstanden?

► Seit wann und auf welche Weise lebt das Ehepaar getrennt?

► Vermögenssituation

► Einkommenslage

► Rentenanwartschaften

► Wer soll das Sorgerecht für die Kinder bekommen?

Materialkarte: Getrenntleben

Herr Fechter lebt bisher immer noch in der ehelichen Wohnung. Er schläft auf einer Klappcouch im Arbeitszimmer und hat das Schlafzimmer seiner Ehefrau überlassen. Seine Hauptmahlzeit nimmt Herr Fechter in der Betriebskantine ein, Frühstück und Abendbrot macht er sich selbst. Die Wochenenden verbringt Herr Fechter bei seiner Freundin Petra Scheuermann. Dort hat er auch Gelegenheit, seine Wäsche zu waschen. Herr Fechter und Frau Scheuermann bemühen sich seit einiger Zeit darum, eine Wohnung zu finden, die groß genug für beide ist.

Materialkarte: Sorgerecht

Frau Fechter ist es außerordentlich wichtig, dass sie sich, wie bisher, der Erziehung ihrer beiden Kinder Klara und Georg widmen kann. Herrn Fechter ist es recht, wenn die Kinder bei seiner Ehefrau leben. Er möchte aber weiterhin Einfluss auf den Werdegang seiner Kinder haben und möchte mit den Kindern in regelmäßigen Abständen etwas unternehmen.

Materialkarte: Vermögenssituation

Herr Fechter verfügte zu Beginn der Ehe über ein Barvermögen von 5 000,00 €. Am Ende der Ehe verfügt Herr Fechter über ein Aktiendepot im Wert von 40 000,00 €, eine Münzsammlung im Wert von 10 000,00 € sowie ein Sparguthaben von 10 000,00 €. Frau Fechter hatte am Beginn ihrer Ehe ein Barvermögen von 10 000,00 €. Im Jahre 2000 erbte sie von ihrer Tante weitere 10 000,00 €. Darüber hinaus hat Frau Fechter während ihrer Ehe keine weiteren Einnahmen erzielt.

Materialkarte: Versorgungsausgleich

Herr Fechter hat als Angestellter ein Rentenkonto bei der DRV mit Rentenanwartschaften im Wert einer monatlichen Rente von 350,00 €.
Auch Frau Fechter hat aus der Zeit ihrer Tätigkeit als Verkäuferin ein Rentenkonto bei der DRV, allerdings nur mit Rentenanwartschaften in Höhe einer monatlichen Rente von 50,00 €.

Rechtsanwältin Dr. Burger hat Frau Fechter aufmerksam zugehört und notiert sich stichwortartig diejenigen Tatsachen, die im Scheidungsverfahren bedeutsam sein werden.

Aufgabe 1

Füllen Sie bitte den Notizzettel von Rechtsanwältin Dr. Burger aus.
Legen Sie dazu auf einem separaten Blatt eine Tabelle nach dem unten aufgeführten Muster an.

Familiensache Eleonore Fechter	Gesprächsnotiz vom 2. März 2016
1. **Persönliche Daten der Mandantin** (Name, Adresse, Geburtstag)	
2. **Zur Ehe** Datum der Eheschließung ▶ Zahl der Kinder ▶ Aufgabenverteilung in der Ehe ▶ Wer betreut die Kinder? ▶ Eheliche Situation ▶ Seit wann lebt das Ehepaar getrennt? ▶ Ist die Ehe zerrüttet? ▶ Ist zu erwarten, dass die Eheleute die eheliche Lebensgemeinschaft wieder herstellen? ▶ Möchte die Mandantin die Scheidung?	
3. **Einkommens- und Vermögensverhältnisse** der Eheleute	
4. **Rentenanwartschaften** der Eheleute	
5. Möchte der **Ehemann gleichfalls die Scheidung** bzw. ist zu erwarten, dass er dem Scheidungsantrag zustimmen wird?	
6. Worin sind sich die Eheleute jetzt schon **einig** (z. B. Sorgerecht)?	

Frau Fechter möchte nun von Frau Dr. Burger wissen,

▶ wann sie frühestens geschieden werden kann,

▶ ob sie einen Anspruch darauf hat, dass ihr Mann sie selbst und ihre Kinder finanziell unterhält.

Aufgabe 2

Beantworten Sie die Fragen von Frau Fechter.

Rechtsanwältin Dr. Burger erklärt Fr. Fechter außerdem,

▶ was man unter Zugewinnausgleich versteht und wie man ihn errechnet,

▶ was man unter Versorgungsausgleich versteht und wie das Familiengericht den Versorgungsausgleich vornehmen wird.

Aufgabe 3

Übernehmen Sie die Rolle von Rechtsanwältin Dr. Burger und erläutern Sie die obigen Themen.

Rechtsanwältin Dr. Burger erklärt Frau Fechter, dass im Scheidungsverfahren in einem sogenannten Minimalverbund zwingend über den Scheidungsantrag als solchen entschieden werden muss und über die Frage der elterlichen Sorge entschieden werden kann. Außerdem führt das Familiengericht einen (öffentlich-rechtlichen) Versorgungsausgleich durch.

Da Frau Fechter vorträgt, dass sie und ihr Ehemann die Bereitschaft haben, kooperativ zusammenzuarbeiten, um das Scheidungsverfahren möglichst schnell zu beenden, schlägt Frau Dr. Burger vor, dass sich Herr und Frau Fechter am 20. April zu einer gemeinsamen Besprechung in ihrer Kanzlei treffen.

Handlungsbeschreibung

Am 20. April finden sich Herr und Frau Fechter in der Kanzlei von Rechtsanwältin Dr. Burger ein. Dr. Burger gibt Herrn Fechter bekannt, dass sie im Namen seiner Frau einen Scheidungsantrag beim Familiengericht einreichen werde.

Dr. Burger schlägt dem Ehepaar Fechter nun vor, zu folgenden Fragen Stellung zu nehmen:

▶ **Thema Sorgerecht**

Aufgabe 4

Frau Fechter und Herr Fechter diskutieren darüber, ob sie es beim gemeinsamen Sorgerecht für die beiden Kinder belassen sollen. Dr. Burger erläutert die Rechtslage.

▶ **Thema Zugewinnausgleich**

Aufgabe 5

Rechtsanwältin Dr. Burger erläutert Herrn Fechter, dass er seiner Ehefrau gegenüber den Zugewinn auszugleichen hat. Dies sieht Herr Fechter zunächst nicht ein, weil das verdiente Geld doch „sein" Geld sei. Dr. Burger erläutert den Sinn des gesetzlichen Zugewinnausgleichs. Anschließend berechnet sie den Zugewinnausgleichsanspruch von Frau Fechter gegenüber ihrem Mann und schlägt Herrn Fechter vor, diesen Betrag außergerichtlich gegenüber seiner Frau zum Ausgleich zu bringen. Übernehmen Sie die Rolle der Rechtsanwältin. Wie viel muss Herr Fechter an Frau Fechter überweisen?

▶ **Thema Unterhalt**

Aufgabe 6

Dr. Burger schaut in der Düsseldorfer Tabelle nach, wie viel Kindesunterhalt für Klara (neun Jahre) und Georg (vier Jahre) bei Zugrundelegung des Gehalts von Herrn Fechter in Höhe von 1 800,00 € netto im Monat zu zahlen sind. Geben Sie die Höhe der jeweiligen Beträge für Klara und für Georg an.

Über den Unterhalt für Frau Fechter will sich das Ehepaar gleichfalls am liebsten außergerichtlich einigen. Über den angemessenen Unterhalt wollen beide allerdings erst noch nachdenken. Deswegen wird der Abschluss einer Unterhaltsvereinbarung auf einen späteren Termin verschoben.

Zum Abschluss des Gesprächs bittet Dr. Burger ihre Mandantin, die Original-Heiratsurkunde bzw. das Familienstammbuch sowie die Geburtsurkunden der beiden Kinder Klara und Georg beizubringen. Diese Unterlagen würden benötigt, um sie zusammen mit dem Scheidungsantrag bei Gericht einzureichen.

Mit Datum vom 2. Mai 2016 reicht Dr. Burger den Scheidungsantrag von Frau Fechter beim Familiengericht in Tübingen ein.

An das Amtsgericht Tübingen   Rechtsanwältin Dr. Burger
- Familiengericht -   Linsenbergstr. 28
Justizgasse 3   72074 Tübingen
72074 Tübingen

                                2. Mai 2016

Namens und in Vollmacht der
        Frau Eleonore Fechter, Bismarckstraße 22, 72071 Tübingen
                    - Antragstellerin -
gegen
        Herrn Armin Fechter, Bismarckstraße 22, 72071 Tübingen
                    - Antragsgegner -
werde ich im Termin zur mündlichen Verhandlung folgenden Scheidungsantrag stellen:

1. Die am 12. Mai 2003 vor dem Standesbeamten in Tübingen unter Regis-
   ter-Nummer 125/1980 geschlossene Ehe der Parteien wird geschieden.

2. Die elterliche Sorge für das Kind Klara Fechter, geboren am 4. August
   2007, sowie das Kind Georg Fechter, geboren am 1. Januar 2012, steht
   den Eheleuten gemeinsam zu.

Begründung:

Die Antragstellerin Eleonore Fechter schloss am 12. Mai 2003 im Standesamt Tübingen die Ehe mit Armin Fechter. Aus dieser Ehe gingen die
Kinder Klara Fechter, geboren am 4. August 2007, sowie Georg Fechter,
geboren am 1. Januar 2012, hervor.

Die Ehe der Parteien ist gescheitert. Es ist nicht zu erwarten, dass
die Eheleute die eheliche Lebensgemeinschaft wieder herstellen.

Schon seit 2012/13 lebt das Ehepaar in beständigem Streit. Im Jahre
2014 lernte Herr Fechter seine jetzige Geliebte, Frau Petra Scheuermann,
kennen. Zu diesem Zeitpunkt gab es die Antragstellerin endgültig auf,
ihre Ehe noch retten zu wollen. Auch Herr Fechter gab spätestens im
April 2015, als die Antragstellerin die Trennung von ihm wünschte, offen
zu, dass ihm an der Fortsetzung seiner Ehe nicht mehr gelegen sei.

Das Ehepaar Fechter lebt seit April 2015 getrennt. Zwar lebt Herr
Fechter bis heute noch in der ehelichen Wohnung, jedoch in einem extra
Zimmer und ohne dass er von der Antragstellerin in deren Haushalt mit-
versorgt wird. Die Parteien leben somit seit einem Jahr getrennt.

Da Herr Fechter gleichfalls die Scheidung wünscht, wird davon ausgegan-
gen, dass er dem Scheidungsantrag der Antragstellerin zustimmen wird.

Die elterliche Sorge für die Kinder Klara und Georg Fechter ist entsprechend dem gesetzlichen Regelfall beiden Eltern gemeinsam zu belassen.

Die notwendigen Unterlagen zum Versorgungsausgleich gehen dem Gericht
noch gesondert zu.

Der Gerichtskostenvorschuss in Höhe von ... zuzüglich ... Zustellungs-
kosten bei Zugrundelegung eines Regelstreitwerts von ... für das Ehescheidungsverfahren ist aufgeklebt.

Dem Scheidungsantrag ist beigefügt:
- Vorschlag zur Regelung des Kindes- und Ehegattenunterhalts
- Vorschlag zur Regelung der Rechtsverhältnisse an der Ehewohnung und
  an den Haushaltsgegenständen.

Dr. Burger

Rechtsanwältin Dr. Burger

Arbeitsrecht

Verhandlungsalltag beim Arbeitsgericht

Ausgangslage

Beim Arbeitsgericht Ulm gehen folgende Kündigungsschutzklagen ein:

1. Elvira Münzer, vertreten durch Rechtsanwalt Hase, gegen Firma Rotgarn, Inhaberin Irmgard Seidelbast
2. Peter Kramer gegen Hochtiefbau GmbH Ossenbühl, Geschäftsführer Robert Molok
3. Ursula Kraus, vertreten durch Rechtsanwältin Bolz, gegen Rathausapotheke, Inhaber Dr. Joachim Pflüger

Alle diese Klagen sind zulässig, d. h., sie sind insbesondere rechtzeitig (= innerhalb von drei Wochen seit Zugang der Kündigung) eingegangen.

Spielanweisung

Bilden Sie drei Gruppen, wobei sich jede Gruppe mit dem Material für eine der drei Klagen beschäftigt. Verteilen Sie innerhalb jeder Gruppe die Rollen für den Kläger/die Klägerin, den Gegner und gegebenenfalls den Rechtsanwalt oder die Rechtsanwältin.
Ziel der Gruppenvorbereitung ist es, zum Schluss die Güteverhandlung mit verteilten Rollen zu spielen. Einigen Sie sich jetzt schon, wer aus jeder Gruppe später den Richter oder die Richterin spielen soll.

Spielsituation

Herr (Frau) König, Richter/in am Arbeitsgericht Ulm, setzt einen ersten Termin (= Gütetermin) für die Klagen 1, 2 und 3 an. Ein Gütetermin soll den Parteien Gelegenheit geben, sich zu einigen, d. h. einen Vergleich zu schließen. Prozessanträge können im Gütetermin nach herrschender Ansicht nicht wirksam gestellt werden. Dies geschieht erst nach Scheitern der Güteverhandlung im nächsten Termin, dem Kammertermin (= eine Kammer besteht aus einem Berufsrichter und zwei Schöffen). Beachten Sie bei der Vorbereitung der Güteverhandlung die Hinweise, wer was vortragen und beweisen muss. Jeder Gruppe können zusätzlich die maßgeblichen Normen aus dem Kündigungsschutzgesetz und dem Betriebsverfassungsgesetz zur Verfügung gestellt werden.
Jede Gruppe führt vor dem Plenum ihre Güteverhandlung vor.

Arbeitshinweis

Der Aufgabenstellung liegt der Lehrstoff aus Kapitel 7.4.4 des Lehrbuches zugrunde.

Klage 1: Kündigungsschutzklage von Elvira Münzer

> **Rollenkarte: Elvira Münzer**
> 39 Jahre alt, wohnhaft Meisenweg 4, 89075 Ulm/Donau, arbeitet seit 12 Jahren als Näherin in der Textilfabrik Firma Rotgarn, verheiratet, eine Tochter (16 Jahre).

> **Rollenkarte: Rechtsanwalt Bodo Hase**
> Im Hinterhof 9, 89073 Ulm   alternativ: Rechtsanwältin Martha Hase

> **Rollenkarte: Irmgard Seidelbast**
> Alleininhaberin der Firma Rotgarn, ansässig in der Hauptstraße 128, 89134 Blaustein

Am 31. Dezember 2015 findet Elvira Münzer in ihrem Briefkasten folgendes Schreiben ihrer Arbeitgeberin Irmgard Seidelbast vor:

Fa. Rotgarn
Inhaberin: Irmgard Seidelbast
Hauptstraße 128
89134 Blaustein

Frau Elvira Münzer
Meisenweg 4
89075 Ulm/Donau

                                        29. Dezember 2015

Sehr geehrte Frau Münzer,

aufgrund der geplanten Verringerung unserer T-Shirt- und Sweatshirt-Produktion ab Juni 2016 werden Kündigungen in diesem Bereich unumgänglich. Wir kündigen Ihnen daher unter Einhaltung der gesetzlichen Kündigungsfrist ordentlich zum

        1. Juni 2016

das Arbeitsverhältnis.

Wegen eines erheblichen Umsatzrückganges in den vergangenen drei Jahren im Bereich T-Shirts und Sweatshirts ist es nunmehr geboten, auf diese Tatsache mit einer Verringerung der T-Shirt- und Sweatshirt-Produktion um im Moment ca. ein Viertel zu reagieren. Von den bisher vier beschäftigten Näherinnen in diesem Bereich wird somit eine entbehrlich. Die Wahl fiel auf Sie, da Sie im Vergleich zu den drei Ihnen bekannten Kolleginnen aufgrund ihrer Betriebszugehörigkeit und ihrer familiären Situation sozial am wenigsten schutzwürdig sind. Weitere Kündigungen sind im Moment noch nicht ausgesprochen, da der Rückzug aus dem T-Shirt-Markt langsam erfolgen soll, werden aber künftig unvermeidlich sein. Eine Beschäftigung in einer anderen Abteilung der Fa. Rotgarn kommt leider nicht infrage, da infolge von Modernisierungsmaßnahmen (= mehr Maschineneinsatz) selbst bei dem Ausbau einer anderen Abteilung nicht mit einem Mehrbedarf an Arbeitsplätzen zu rechnen ist.

Da Ihnen der Kündigungstermin so früh bekannt ist, können Sie die Zeit schon jetzt nutzen, um sich nach einer neuen Arbeitsstelle umzusehen, wozu wir Ihnen alles Gute wünschen. Ein Zeugnis, das Ihre Kenntnisse und Fähigkeiten bestätigt, wird Ihnen auf Wunsch jederzeit ausgestellt.

Mit freundlichem Gruß

Seidelbast

Seidelbast

Handlungsbeschreibung

Frau Münzer ist über das Kündigungsschreiben schockiert. Sie möchte sich die Kündigung nicht einfach so gefallen lassen und sucht deshalb zwei Tage später Rechtsanwalt Hase auf. Rechtsanwalt Hase lässt sich das Kündigungsschreiben zeigen und hat anschließend Fragen zu folgenden Themen an Frau Münzer:

▶ Alter, Betriebszugehörigkeit, soziale Situation von Frau Münzer

▶ Einkommen

▶ Betriebsgröße der Firma Rotgarn

▶ Betriebsrat vorhanden?

▶ Wurde der Betriebsrat vor Ausspruch der Kündigung angehört?

▶ Wurde auch anderen Arbeitnehmern gekündigt?

▶ Ist die wirtschaftlich schwierige Lage des Unternehmens allgemein bekannt?

▶ Welche Arbeitstätigkeit führt Frau Münzer konkret aus?

▶ Welche Kollegen/Kolleginnen verrichten dieselbe Arbeit?

▶ Welche Sozialdaten haben die mit Frau Münzer hinsichtlich ihrer Arbeitstätigkeit vergleichbaren Kollegen/Kolleginnen?

Materialkarte: Angaben zur Arbeitstätigkeit von Frau Münzer
Frau Münzer, 39 Jahre alt, verheiratet, eine 16-jährige Tochter, ist seit 12 Jahren als Näherin bei Fa. Rotgarn beschäftigt. Ihre konkrete Aufgabe besteht darin, vorbereitete T-Shirt- und Sweatshirt-Schnittteile zusammenzunähen. Hierfür erhält sie einen Bruttolohn von 1 550,00 € im Monat.

Materialkarte: Angaben zur Firma Rotgarn
Die Textilfirma Rotgarn verarbeitet hochwertige Baumwollstoffe zu T-Shirts, Sweatshirts, Strand- und Freizeitbekleidung. In den letzten drei Jahren sind stetige Umsatzeinbußen im T-Shirt- und Sweatshirtbereich zu verzeichnen gewesen. Diese Ware ist aufgrund der großen Konkurrenz, insbesondere aus Asien, nicht mehr kostendeckend zu verkaufen. Die Firma Rotgarn möchte ihre unrentable Shirt-Produktion so nach und nach zurückfahren. Geplant ist ein stetiger Abbau der ganzen Abteilung nach einem Stufenplan. Gleichzeitig beabsichtigt Fa. Rotgarn, sich vermehrt im Bereich einer trend- und modegerechten Strandbekleidung zu engagieren. Gleichzeitig sind im Produktionsbereich Modernisierungsmaßnahmen geplant, durch die Arbeitskräfte gespart werden können. Daher ist nicht zu erwarten, dass die Arbeitskräfte aus dem Shirt-Bereich künftig in der neu strukturierten Strandbekleidungsabteilung beschäftigt werden können.
Die Firma Rotgarn beschäftigt derzeit ständig 50 Mitarbeiter. Ein Betriebsrat ist vorhanden.

Materialkarte: Sozialauswahl

Mit der Klägerin zusammen arbeiten bei der T-Shirt-Fertigung folgende Kolleginnen:

▶ Dorothee Nerz
  36 Jahre alt, wohnhaft Brauneggerstraße 23, 89072 Ulm/Donau, arbeitet seit 12 Jahren als Näherin bei Firma Rotgarn, geschieden, drei Kinder (5, 7 und 10 Jahre).

▶ Regina Oberdörfler
  50 Jahre alt, wohnhaft Donautalweg 18, 89081 Ulm/Donau, arbeitet seit 24 Jahren als Näherin bei Firma Rotgarn, verheiratet, ein Sohn (25 Jahre).

▶ Wilma Schmidtbauer
  55 Jahre alt, wohnhaft Schmale Gasse 16, 89134 Blaustein, arbeitet seit 30 Jahren als Näherin bei der Firma Rotgarn, ledig.

Name	Beschäftigung	Alter	Betriebszuge-hörigkeit	Unterhaltspflich-ten
Fr. Münzer	Näherin	39	12 Jahre	verh., 1 Tochter (16)
Fr. Oberdörfer	Näherin	50	24 Jahre	verh., 1 Sohn (25)
Fr. Schmidtbauer	Näherin	55	30 Jahre	ledig
Fr. Nerz	Näherin	36	12 Jahre	gesch., 3 Kinder (5, 7, 10)

Materialkarte: Wirtschaftliche Lage der Fa. Rotgarn

Presseauszug vom 25. August 2015

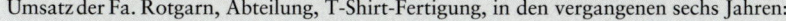

„Billigimporte zermürben die heimische Textilindustrie"

Des einen Freud, des anderen Leid ... So oder ähnlich könnte der Textilkrimi übertitelt sein, der sich im Moment direkt vor unserer Nase abspielt. Eine Invasion von Billig-T-Shirts aus Fernost überflutet derzeit die Ladentheken, sehr zur Freude der Kunden. Andere haben dagegen weniger Grund zur Freude. So hat zum Beispiel die Chefin der Fa. Rotgarn, eines traditionsreichen Familienunternehmens in Blaustein, schon seit längerer Zeit gravierende Umsatzrückgänge in ihrer T-Shirt-Produktion zu beklagen. Längerfristig könne sie den Verlust von Arbeitsplätzen nicht ausschließen, erklärte Rotgarn-Chefin Irmgard Seidelbast vor wenigen Tagen dem vollzählig angetretenen Betriebsrat ...

Umsatz der Fa. Rotgarn, Abteilung, T-Shirt-Fertigung, in den vergangenen sechs Jahren:

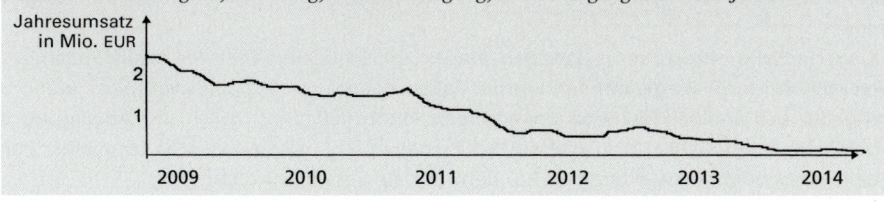

Frau Münzer beauftragt Rechtsanwalt Hase damit, eine Kündigungsschutzklage beim
Arbeitsgericht Ulm einzureichen. Sie hat Zweifel daran, dass die Kündigung notwendig
war, weil sie die einzige ist, der die Kündigung in ihrer Abteilung ausgesprochen
wurde. Für den Fall, dass die Kündigung aus betrieblichen Gründen erforderlich gewesen sein sollte, ist Frau Münzer der Ansicht, dass Fa. Rotgarn zuerst Frau Nerz hätte
kündigen müssen, da Dorothea Nerz bei gleich langer Betriebszugehörigkeit schließlich drei Jahre jünger als sie selbst sei.

Spielhinweis zur Klage 1

▶ **Rollen:**
Richter/in König = Vorsitzender/Vorsitzende
Frau Elvira Münzer mit Rechtsanwalt Hase = Klägerin
Frau Irmgard Seidelbast, Fa. Rotgarn = Beklagte
▶ Die Arbeitgeberin Seidelbast muss darlegen und notfalls beweisen, dass die Kündigung aus
betrieblichen Gründen (z. B. Umsatzrückgang, Rationalisierung, Verlagerung der Produktion
ins Ausland) notwendig war. Die Arbeitsgerichte sind allerdings nicht befugt, die unternehme-
rische Entscheidung auf ihre Zweckmäßigkeit und Notwendigkeit hin zu überprüfen (= Freiheit
der unternehmerischen Entscheidung).
▶ Die Arbeitgeberin Seidelbast muss außerdem darlegen, warum die Kündigung aus betrieblichen
Gründen unvermeidbar war und weshalb eine mildere Maßnahme (z. B. eine Änderungskündigung) nicht in Betracht kam.
▶ Die Arbeitgeberin Seidelbast muss auch begründen, warum die Wahl hinsichtlich der Kündi-
gung auf die Klägerin fiel. Hierzu gehört die Benennung aller vergleichbaren Arbeitnehmer,
die in die Sozialauswahl einbezogen wurden, sowie die Erläuterung der Abwägungskriterien
(Betriebszugehörigkeit, Lebensalter, Unterhaltsverpflichtungen, schwere Behinderung) im
Einzelnen.
▶ Die Klägerin Elvira Münzer muss darlegen, warum die Sozialauswahl ihrer Ansicht nach falsch
(= objektiv unrichtig) vorgenommen wurde. Falsch könnte die Sozialauswahl sein, wenn der
Arbeitgeber sich von sachfremden Erwägungen leiten ließ. Hinsichtlich der Abwägung der
Auswahlkriterien ist zu beachten, dass sie nicht schematisch, beispielsweise in Form einer Punk-
tetabelle vorgenommen werden darf, sondern nur als Gesamtwürdigung.

Klage 2: Kündigungsschutzklage von Peter Kramer

Rollenkarte Peter Kramer
24 Jahre, Maurergeselle, Sternstraße 2, 89074 Ulm/Donau, beschäftigt seit acht
Monaten bei Hochtiefbau-GmbH, Ossenbühl

Am 5. März 2016 bekommt Herr Kramer in der Firma folgendes Schreiben überreicht:

```
Hochtiefbau-GmbH Ossenbühl
Im Kahlschlag 8
89071 Ulm/Donau


Herrn Peter Kramer
Sternstraße 2
89074 Ulm/Donau

                                              5. März 2016


Sehr geehrter Herr Kramer,

hiermit kündigen wir Ihnen unter Einhaltung einer Kündigungsfrist von
einem Monat ordentlich zum

     5. April 2016.
```

Begründung:

Der Grund für die Kündigung ist in Ihrem Verhalten zu suchen. Am 22.
Dezember 2015 erschienen Sie erst um 09:00 Uhr auf der Baustelle Ober-
holzweg 7, obwohl Sie die Arbeit um 08:00 Uhr hätten aufnehmen sollen.
Wegen dieses unentschuldigten Fehlens erhielten Sie eine Abmahnung.

Trotzdem fehlten Sie am 7. Januar 2016 erneut unentschuldigt und trafen
diesmal mit zweistündiger Verspätung (um 10:00 Uhr statt um 08:00 Uhr)
auf der Baustelle Diestelweg 34 ein. Aufgrund dieses Fehlverhaltens
erhielten Sie eine erneute Abmahnung.

Die dritte Abmahnung wurde fällig, als Sie am 27. Februar 2016 eine
halbe Stunde zu spät auf der Baustelle Obertorstraße 13 erschienen.

Damit ist das Maß nun endgültig voll. Dem Betrieb und der Belegschaft
ist es künftig nicht weiter zumutbar, einen derartig unzuverlässigen
Mitarbeiter mitzutragen. Bei der Erledigung von termingebundenen Auf-
tragsarbeiten im Baugewerbe ist es unbedingt erforderlich, dass alle
Mitarbeiter die ihnen übertragenen Arbeiten pünktlich und genau erledigen. Da trotz häufiger Warnungen keine Besserung Ihres Verhaltens
eingetreten ist, war die Kündigung als letztes Mittel unvermeidlich.

i.V. Robert Molok

Handlungsbeschreibung

Peter Kramer ist empört, als er dieses Schreiben liest. Für so spießig hätte er seine Firma nicht gehalten, zumal er sich doch schon gebessert hat und das letzte Mal nur noch eine halbe Stunde zu spät kam. Er findet es deshalb völlig unverhältnismäßig, dass ihm gleich die Kündigung ausgesprochen wird. Von seiner Freundin Clarissa, die als Anwaltsgehilfin bei Rechtsanwalt Meierhofer arbeitet, weiß Peter Kramer, dass es gar nicht so leicht ist, einem Arbeitnehmer, der Kündigungsschutz genießt, ohne stichhaltigen Grund zu kündigen. Clarissa rät ihm, eine Kündigungsschutzklage beim Arbeitsgericht einzureichen und erklärt ihm, dass er hierfür nicht unbedingt einen Anwalt braucht. Peter Kramer findet diese Idee gut. Da er keine Rechtsschutzversicherung hat, will er sich das Geld für den Anwalt sparen.

Zusammen mit Clarissa trägt Peter Kramer das Material zusammen, das für seinen Prozess bedeutsam sein könnte.

Materialkarte: Beschäftigungsverhältnis von Peter Kramer
Peter Kramer ist als Maurergeselle seit genau acht Monaten bei der Firma Hochtiefbau-GmbH Ossenbühl zu einem Monatsbruttolohn von 1 450,00 € beschäftigt. Laut Arbeitsvertrag hat er auf Anweisung des Chefs auf jeweils derjenigen Baustelle zu erscheinen, auf der seine Arbeitskraft gerade benötigt wird. Der regelmäßige Arbeitsbeginn ist jeden Tag um 08:00 Uhr.

Materialkarte: Firma Hochtiefbau-GmbH, Ossenbühl
Die Firma beschäftigt ständig 15 Mitarbeiter. Entsprechend dieser Beschäftigtenzahl gibt es einen Betriebsratsvertreter, Herrn Pacher. Dieser wurde rechtzeitig vor Ausspruch der Kündigung auf das geplante Vorgehen angesprochen und hatte nichts gegen die Kündigung einzuwenden, da er das unzuverlässige Verhalten des Herrn Kramer als ausreichenden Kündigungsgrund ansieht.

Materialkarte: Erste Abmahnung vom 23. Dezember 2015

```
Sehr geehrter Herr Kramer,

gestern, am 22. Dezember 2015, erschienen Sie statt um 08:00 Uhr, erst
um 09:00 Uhr auf der Baustelle Oberholzweg 7. Wie Sie selbst gegenüber
dem Vorarbeiter Martin Osterwald zugaben, waren Ihnen sowohl Arbeitsort
als auch Arbeitsbeginn bekannt. Sie führten als Grund an, einfach ver-
schlafen zu haben. Wir machen Sie nachdrücklich darauf aufmerksam, dass
wir in unserer Firma großen Wert auf die pünktliche Einhaltung der
Arbeitszeiten legen und unentschuldigte Verspätungen nicht dulden. Falls
Sie sich hieran nicht halten, müssen Sie mit dem Verlust Ihres Arbeits-
platzes rechnen. Wir hoffen, dass Ihnen dieses Schreiben als Warnung
dient.
```

i.V. Molok

Peter Kramer reicht termingerecht eine Kündigungsschutzklage beim Arbeitsgericht Ulm ein. Er hält die Kündigung für sozial ungerechtfertigt, da es doch deutlich sei, dass er sich gebessert habe und eine Verspätung um eine halbe Stunde doch nicht gravierend genug sei, um eine verhaltensbedingte Kündigung zu rechtfertigen.

Spielhinweis zur Klage 2

▶ Rollen:
  Richter/in König = Vorsitzender/Vorsitzende
  Peter Kramer = Kläger
  Robert Molok = Vertreter der beklagten Hochtiefbau-GmbH Ossenbühl
▶ Peter Kramer gibt zu, an den besagten Tagen jeweils zu spät gekommen zu sein. Er erläutert dem Richter, weshalb er eine Kündigung dennoch nicht für gerechtfertigt hält.
▶ Robert Molok legt dem Vorsitzenden die Abmahnungen vor und erläutert, warum es für die Firma untragbar sei, Herrn Kramer weiterhin zu beschäftigen.
▶ Richter/in König gibt den Parteien folgenden rechtlichen Hinweis:

> Eine Kündigung muss auf ein erneutes Fehlverhalten gestützt werden, das nicht bereits Gegenstand der Abmahnung ist. Dies ergibt sich aus dem Sinn und Zweck einer Abmahnung, die eine Warnung für die Zukunft enthält. Also erst, wenn das abgemahnte Fehlverhalten erneut auftritt, ist eine Kündigung gerechtfertigt.

Vor dem Hintergrund dieses Hinweises diskutieren die Kläger und die Beklagtenseite nun nochmals die Erfolgsaussichten für die eingereichte Kündigungsschutzklage.

Klage 3: Kündigungsschutzklage von Ursula Kraushaar

Rollenkarte: Ursula Kraushaar
33 Jahre, Angestellte in der Rathausapotheke Ulm-Söflingen, wohnhaft in Münstergasse 4, 89070 Ulm/Donau

---

Rollenkarte: Dr. Joachim Pflüger
Inhaber der Rathausapotheke Ulm-Söflingen, Söflinger Straße 145, 89075 Ulm/Donau

---

Rollenkarte: Sandra Bolz
Rechtsanwältin
Sandra Bolz
Jurastraße 1,
89074 Ulm/Donau   alternativ: Rechtsanwalt Herr Bolz

Am 2. März 2016 überreicht Herr Dr. Pflüger seiner Angestellten Ursula Kraushaar folgendes Kündigungsschreiben:

```
Rathausapotheke
Inhaber Dr. Pflüger
Söflinger Straße 145
89075 Ulm-Söflingen

Frau Ursula Kraushaar
Münstergasse 4
89070 Ulm/Donau

                                                   2. März 2016


Sehr geehrte Frau Kraushaar,

wegen Ihrer häufigen Fehlzeiten sehe ich mich leider gezwungen, Ihnen
hiermit das Arbeitsverhältnis unter Einhaltung einer Kündigungsfrist von
6 Wochen zum

        14. April 2016
zu kündigen.
```

Begründung:

```
Im Zeitraum von Januar 2015 bis zum heutigen Tag fehlten Sie krankheits-
bedingt an 126 von 283 möglichen Arbeitstagen, was einer Quote von etwa
45 % entspricht. Aufgrund des immer gleichen Erscheinungsbildes ihrer
häufigen Erkrankungen, nämlich starker Rückenschmerzen verbunden mit einer
partiellen Bewegungsunfähigkeit, gehe ich davon aus, dass sich an ihren
Beschwerden auch zukünftig nichts ändern wird. Ihre häufigen Fehlzeiten
machen es erforderlich, dass immer andere Mitarbeiter für Sie einspringen,
was auf Dauer nicht tragbar ist. Nicht länger tragbar für mich sind wei-
terhin die erheblichen Kosten der Lohnfortzahlung, die mir aufgrund Ihrer
häufigen Arbeitsausfälle entstehen. Aus diesen Gründen ist mir die Fort-
setzung dieses Arbeitsverhältnisses nicht länger zumutbar.
```

Dr. Pflüger (Unterschrift)

```
Dr. Pflüger
```

Handlungsbeschreibung

Frau Kraushaar fühlt sich vom Pech verfolgt. Nun droht ihr, zusätzlich zu ihrer Erkrankung, auch noch der Verlust des Arbeitsplatzes. Frau Kraushaar begibt sich zur Rechtsanwältin Sandra Bolz mit der Frage, ob sie ihren Arbeitsplatz noch retten kann. Rechtsanwältin Bolz befragt Frau Kraushaar zu folgenden Themen:

▶ Persönliche Angaben
▶ Wie viele Mitarbeiter sind in der Apotheke ständig beschäftigt?
▶ Wie lange arbeitet Frau Kraushaar bereits bei ihrem jetzigen Arbeitgeber?
▶ Genaue Beschreibung der Arbeitstätigkeit
▶ Erkrankung (Art der Erkrankung, Besserungs- oder Heilungschancen)
▶ Auswirkung der Erkrankung auf die Arbeitstätigkeit

Materialkarte: Beschäftigungsverhältnis von Ursula Kraushaar
Frau Kraushaar, 35 Jahre alt, arbeitet seit vier Jahren als Angestellte in der Rathausapotheke. Außer ihr sind noch neun weitere Personen in der Apotheke als Vollzeitkräfte angestellt, allesamt ausgebildete Apothekerinnen. Frau Kraushaar ist gelernte Sekretärin. Ihr Betätigungsfeld erstreckt sich auf alle anfallenden Büroarbeiten. Frau Kraushaar verbringt die meiste Zeit am Computer. Für diese Tätigkeit erhält Frau Kraushaar ein Bruttomonatsgehalt in Höhe von 1 700,00 €. In den Zeiten, in denen Frau Kraushaar krankheitsbedingt ausfällt, übernimmt eine der Apothekerinnen die anfallenden Bürotätigkeiten.

Materialkarte: Ärztliches Attest von Prof. Dr. med. Alfred Kutschner, Facharzt für Orthopädie
Frau Ursula Kraushaar erschien erstmals im Januar 2015 mit starken Rückenschmerzen, die in das linke Bein ausstrahlten, in meiner Praxis. Ich diagnostizierte einen Bandscheibenschaden am 4. Lendenwirbel, demzufolge der Bandscheibenkern bei ungünstigen Bewegungen aus seiner Position springt und auf das Rückenmark sowie die den Wirbelkanal verlassenden Nervenwurzeln drückt. Bei Frau Ursula Kraushaar ist u. a. der Ischiasnerv betroffen, was die Schmerzen von der linken Oberschenkelrückseite bis zur Ferse des linken Fußes erklärt.

Die überwiegend sitzende berufliche Betätigung von Frau Kraushaar ist geeignet, solche Bandscheibenvorfälle zu verursachen. Durch die starke einseitige Belastung des Rückens verbunden mit einer Verkümmerung der Rückenmuskulatur, kann es bei den geringsten falschen Bewegungen zu einem Bandscheibenvorfall kommen. Insofern ist der Arbeitsplatz von Frau Kraushaar nicht ideal. Wünschenswert wäre, dass sie eine Tätigkeit verrichtet, die ihr mehr körperliche Bewegungsfreiheit und verschiedene Bewegungsvarianten ermöglicht.

Im Verlaufe des Jahres 2015 bis Anfang 2016 erschien Frau Kraushaar häufig mit denselben Beschwerden in meiner Praxis. Mit einer herkömmlichen Behandlung (Bäder, Packungen, Massagen, Krankengymnastik) konnte bisher noch keine dauerhafte Besserung erzielt werden. Eine solche könnte nach meiner Ansicht bei Fortsetzung der bisherigen Tätigkeit nur durch eine Operation erreicht werden. Zu einem solchen Eingriff konnte die Patientin sich bisher aber noch nicht entschließen.

Prof. Dr. med. Kutschner

Rechtsanwältin Bolz macht Frau Kraushaar darauf aufmerksam, dass bei einer ungünstigen Prognose hinsichtlich der Wiederherstellung ihrer Gesundheit, ein Verlust ihres Arbeitsplatzes wahrscheinlich ist. Frau Kraushaar möchte aber auf jeden Fall alles versuchen und beauftragt Rechtsanwältin Bolz damit, eine Kündigungsschutzklage beim Arbeitsgericht Ulm einzureichen.

Spielhinweis zur Klage 3

▶ Rollen:
   Richter/in König = Vorsitzender/Vorsitzende
   Ursula Kraushaar mit Rechtsanwältin Bolz = Klägerin
   Dr. Pflüger, Inhaber der Rathausapotheke = Beklagter
▶ Frau Kraushaar beschreibt ihre Tätigkeit und den Grund für ihre krankheitsbedingten Arbeitsausfälle.
▶ Dr. Pflüger erläutert, warum eine Weiterbeschäftigung der Klägerin für ihn unzumutbar ist (Höhe der Fehlquoten, Besorgnis, dass dieser Trend in Zukunft anhält, Auswirkungen auf den betrieblichen Bereich, Kosten der Lohnfortzahlung).
▶ Richter König wendet sich an die Anwältin Bolz sowie deren Mandantin mit der Frage, welche Maßnahmen von der Klägerin geplant seien, um ihren gegenwärtigen Gesundheitszustand zu verbessern.
▶ Richter König wendet sich an Dr. Pflüger mit der Frage, ob er eine Möglichkeit sehe, die Klägerin so zu beschäftigen, dass sie nicht den ganzen Tag ausschließlich am Computer sitzen müsse.

Kündigungsschutzgesetz (KSchG) (Auszug)
Stand: 20.04.2013

§ 1 Sozial ungerechtfertigte Kündigungen

(1) Die Kündigung des Arbeitsverhältnisses gegenüber einem Arbeitnehmer, dessen Arbeitsverhältnis in demselben Betrieb oder Unternehmen ohne Unterbrechung länger als sechs Monate bestanden hat, ist rechtsunwirksam, wenn sie sozial ungerechtfertigt ist.

(2) Sozial ungerechtfertigt ist die Kündigung, wenn sie nicht durch Gründe, die in der Person oder in dem Verhalten des Arbeitnehmers liegen, oder durch dringende betriebliche Erfordernisse, die einer Weiterbeschäftigung des Arbeitnehmers in diesem Betrieb entgegenstehen, bedingt ist. Die Kündigung ist auch sozial ungerechtfertigt, wenn

1. in Betrieben des privaten Rechts

   a) die Kündigung gegen eine Richtlinie nach § 95 des Betriebsverfassungsgesetzes verstößt,

   b) der Arbeitnehmer an einem anderen Arbeitsplatz in demselben Betrieb oder in einem anderen Betrieb des Unternehmens weiterbeschäftigt werden kann

   und der Betriebsrat oder eine andere nach dem Betriebsverfassungsgesetz insoweit zuständige Vertretung der Arbeitnehmer aus einem dieser Gründe der Kündigung innerhalb der Frist des § 102 Abs. 2 Satz 1 des Betriebsverfassungsgesetzes schriftlich widersprochen hat,

2. in Betrieben und Verwaltungen des öffentlichen Rechts

   a) die Kündigung gegen eine Richtlinie über die personelle Auswahl bei Kündigungen verstößt,

   b) der Arbeitnehmer an einem anderen Arbeitsplatz in derselben Dienststelle oder in einer anderen

   Dienststelle desselben Verwaltungszweigs an demselben Dienstort einschließlich seines Einzugsgebiets weiterbeschäftigt werden kann und die zuständige Personalvertretung aus einem dieser Gründe fristgerecht gegen die Kündigung Einwendungen erhoben hat, es sei denn, daß die Stufenvertretung in der Verhandlung mit der übergeordneten Dienststelle die Einwendungen nicht aufrechterhalten hat.

   Satz 2 gilt entsprechend, wenn die Weiterbeschäftigung des Arbeitnehmers nach zumutbaren Umschulungs- oder Fortbildungsmaßnahmen oder eine Weiterbeschäftigung des Arbeitnehmers unter geänderten Arbeitsbedingungen möglich ist und der Arbeitnehmer sein Einverständnis hiermit erklärt hat. Der Arbeitgeber hat die Tatsachen zu beweisen, die die Kündigung bedingen.

(3) Ist einem Arbeitnehmer aus dringenden betrieblichen Erfordernissen im Sinne des Absatzes 2 gekündigt worden, so ist die Kündigung trotzdem sozial ungerechtfertigt, wenn der Arbeitgeber bei der Auswahl des Arbeitnehmers die Dauer der Betriebszugehörigkeit, das Lebensalter, die Unterhaltspflichten und die Schwerbehinderung des Arbeitnehmers nicht oder nicht ausreichend berücksichtigt hat; auf Verlangen des Arbeitnehmers hat der Arbeitgeber dem Arbeitnehmer die Gründe anzugeben, die zu der getroffenen sozialen Auswahl geführt haben. In die soziale Auswahl nach Satz 1 sind Arbeitnehmer nicht einzubeziehen, deren Weiterbeschäftigung, insbesondere wegen ihrer Kenntnisse, Fähigkeiten und Leistungen oder zur Sicherung einer ausgewogenen Personalstruktur des Betriebes, im berechtigten betrieblichen Interesse liegt. Der Arbeitnehmer hat die Tatsachen zu beweisen, die die Kündigung als sozial ungerechtfertigt im Sinne des Satzes 1 erscheinen lassen.

(4) Ist in einem Tarifvertrag, in einer Betriebsvereinbarung nach § 95 des Betriebsverfassungsgesetzes oder in einer entsprechenden Richtlinie nach den Personalvertretungsgesetzen festgelegt, wie die sozialen Gesichtspunkte nach Absatz 3 Satz 1 im Verhältnis zueinander zu bewerten sind, so kann die Bewertung nur auf grobe Fehlerhaftigkeit überprüft werden.

(5) Sind bei einer Kündigung auf Grund einer Betriebsänderung nach § 111 des Betriebsverfassungsgesetzes die Arbeitnehmer, denen gekündigt werden soll, in einem Interessenausgleich zwischen Arbeitgeber und Betriebsrat namentlich bezeichnet, so wird vermutet, dass die Kündigung durch

dringende betriebliche Erfordernisse im Sinne des Absatzes 2 bedingt ist. Die soziale Auswahl der Arbeitnehmer kann nur auf grobe Fehlerhaftigkeit überprüft werden. Die Sätze 1 und 2 gelten nicht, soweit sich die Sachlage nach Zustandekommen des Interessenausgleichs wesentlich geändert hat. Der Interessenausgleich nach Satz 1 ersetzt die Stellungnahme des Betriebsrates nach § 17 Abs. 3 Satz 2.

§ 1a Abfindungsanspruch bei betriebsbedingter Kündigung

(1) Kündigt der Arbeitgeber wegen dringender betrieblicher Erfordernisse nach § 1 Abs. 2 Satz 1 und erhebt der Arbeitnehmer bis zum Ablauf der Frist des § 4 Satz 1 keine Klage auf Feststellung, dass das Arbeitsverhältnis durch die Kündigung nicht aufgelöst ist, hat der Arbeitnehmer mit dem Ablauf der Kündigungsfrist Anspruch auf eine Abfindung. Der Anspruch setzt den Hinweis des Arbeitgebers in der Kündigungserklärung voraus, dass die Kündigung auf dringende betriebliche Erfordernisse gestützt ist und der Arbeitnehmer bei Verstreichenlassen der Klagefrist die Abfindung beanspruchen kann.

(2) Die Höhe der Abfindung beträgt 0,5 Monatsverdienste für jedes Jahr des Bestehens des Arbeitsverhältnisses. § 10 Abs. 3 gilt entsprechend. Bei der Ermittlung der Dauer des Arbeitsverhältnisses ist ein Zeitraum von mehr als sechs Monaten auf ein volles Jahr aufzurunden.

§ 2 Änderungskündigung

Kündigt der Arbeitgeber das Arbeitsverhältnis und bietet er dem Arbeitnehmer im Zusammenhang mit der Kündigung die Fortsetzung des Arbeitsverhältnisses zu geänderten Arbeitsbedingungen an, so kann der Arbeitnehmer dieses Angebot unter dem Vorbehalt annehmen, daß die Änderung der Arbeitsbedingungen nicht sozial ungerechtfertigt ist (§ 1 Abs. 2 Satz 1 bis 3, Abs. 3 Satz 1 und 2). Diesen Vorbehalt muß der Arbeitnehmer dem Arbeitgeber innerhalb der Kündigungsfrist, spätestens jedoch innerhalb von drei Wochen nach Zugang der Kündigung erklären.

§ 3 Kündigungseinspruch

Hält der Arbeitnehmer eine Kündigung für sozial ungerechtfertigt, so kann er binnen einer Woche nach der Kündigung Einspruch beim Betriebsrat einlegen. Erachtet der Betriebsrat den Einspruch für begründet, so hat er zu versuchen, eine Verständigung mit dem Arbeitgeber herbeizuführen. Er hat seine Stellungnahme zu dem Einspruch dem Arbeitnehmer und dem Arbeitgeber auf Verlangen schriftlich mitzuteilen.

§ 4 Anrufung des Arbeitsgerichts

Will ein Arbeitnehmer geltend machen, dass eine Kündigung sozial ungerechtfertigt oder aus anderen Gründen rechtsunwirksam ist, so muss er innerhalb von drei Wochen nach Zugang der schriftlichen Kündigung Klage beim Arbeitsgericht auf Feststellung erheben, dass das Arbeitsverhältnis durch die Kündigung nicht aufgelöst ist. Im Falle des § 2 ist die Klage auf Feststellung zu erheben, daß die Änderung der Arbeitsbedingungen sozial ungerechtfertigt oder aus anderen Gründen rechtsunwirksam ist. Hat der Arbeitnehmer Einspruch beim Betriebsrat eingelegt (§ 3), so soll er der Klage die Stellungnahme des Betriebsrats beifügen. Soweit die Kündigung der Zustimmung einer Behörde bedarf, läuft die Frist zur Anrufung des Arbeitsgerichts erst von der Bekanntgabe der Entscheidung der Behörde an den Arbeitnehmer ab.

§ 5 Zulassung verspäteter Klagen

(1) War ein Arbeitnehmer nach erfolgter Kündigung trotz Anwendung aller ihm nach Lage der Umstände zuzumutenden Sorgfalt verhindert, die Klage innerhalb von drei Wochen nach Zugang der schriftlichen Kündigung zu erheben, so ist auf seinen Antrag die Klage nachträglich zuzulassen. Gleiches gilt, wenn eine Frau von ihrer Schwangerschaft aus einem von ihr nicht zu vertretenden Grund erst nach Ablauf der Frist des § 4 Satz 1 Kenntnis erlangt hat.

(2) Mit dem Antrag ist die Klageerhebung zu verbinden; ist die Klage bereits eingereicht, so ist auf sie im Antrag Bezug zu nehmen. Der Antrag muß ferner die Angabe der die nachträgliche Zulassung begründenden Tatsachen und der Mittel für deren Glaubhaftmachung enthalten.

(3) Der Antrag ist nur innerhalb von zwei Wochen nach Behebung des Hindernisses zulässig. Nach Ablauf von sechs Monaten, vom Ende der versäumten Frist an gerechnet, kann der Antrag nicht mehr gestellt werden.

(4) Das Verfahren über den Antrag auf nachträgliche Zulassung ist mit dem Verfahren über die Klage zu verbinden. Das Arbeitsgericht kann das Verfahren zunächst auf die Verhandlung und Entscheidung über den Antrag beschränken. In diesem Fall ergeht die Entscheidung durch Zwischenurteil, das wie ein Endurteil angefochten werden kann.

(5) Hat das Arbeitsgericht über einen Antrag auf nachträgliche Klagezulassung nicht entschieden oder wird ein solcher Antrag erstmals vor dem Landesarbeitsgericht gestellt, entscheidet hierüber die Kammer des Landesarbeitsgerichts. Absatz 4 gilt entsprechend.

§ 6 Verlängerte Anrufungsfrist

Hat ein Arbeitnehmer innerhalb von drei Wochen nach Zugang der schriftlichen Kündigung im Klagewege geltend gemacht, dass eine rechtswirksame Kündigung nicht vorliege, so kann er sich in diesem Verfahren bis zum Schluss der mündlichen Verhandlung erster Instanz zur Begründung der Unwirksamkeit der Kündigung auch auf innerhalb der Klagefrist nicht geltend gemachte Gründe berufen. Das Arbeitsgericht soll ihn hierauf hinweisen.

§ 7 Wirksamwerden der Kündigung

Wird die Rechtsunwirksamkeit einer Kündigung nicht rechtzeitig geltend gemacht (§ 4 Satz 1, §§ 5 und 6), so gilt die Kündigung als von Anfang an rechtswirksam; ein vom Arbeitnehmer nach § 2 erklärter Vorbehalt erlischt.

§ 8 Wiederherstellung der früheren Arbeitsbedingungen

Stellt das Gericht im Falle des § 2 fest, daß die Änderung der Arbeitsbedingungen sozial ungerechtfertigt ist, so gilt die Änderungskündigung als von Anfang an rechtsunwirksam.

§ 9 Auflösung des Arbeitsverhältnisses durch Urteil des Gerichts, Abfindung des Arbeitnehmers

(1) Stellt das Gericht fest, daß das Arbeitsverhältnis durch die Kündigung nicht aufgelöst ist, ist jedoch dem Arbeitnehmer die Fortsetzung des Arbeitsverhältnisses nicht zuzumuten, so hat das Gericht auf Antrag des Arbeitnehmers das Arbeitsverhältnis aufzulösen und den Arbeitgeber zur Zahlung einer angemessenen Abfindung zu verurteilen. Die gleiche Entscheidung hat das Gericht auf Antrag des Arbeitgebers zu treffen, wenn Gründe vorliegen, die eine den Betriebszwecken dienliche weitere Zusammenarbeit zwischen Arbeitgeber und Arbeitnehmer nicht erwarten lassen. Arbeitnehmer und Arbeitgeber können den Antrag auf Auflösung des Arbeitsverhältnisses bis zum Schluß der letzten mündlichen Verhandlung in der Berufungsinstanz stellen.

(2) Das Gericht hat für die Auflösung des Arbeitsverhältnisses den Zeitpunkt festzusetzen, an dem es bei sozial gerechtfertigter Kündigung geendet hätte.

§ 10 Höhe der Abfindung

(1) Als Abfindung ist ein Betrag bis zu zwölf Monatsverdiensten festzusetzen.

(2) Hat der Arbeitnehmer das fünfzigste Lebensjahr vollendet und hat das Arbeitsverhältnis mindestens fünfzehn Jahre bestanden, so ist ein Betrag bis zu fünfzehn Monatsverdiensten, hat der Arbeitnehmer das fünfundfünfzigste Lebensjahr vollendet und hat das Arbeitsverhältnis mindestens zwanzig Jahre bestanden, so ist ein Betrag bis zu achtzehn Monatsverdiensten festzusetzen. Dies gilt nicht, wenn der Arbeitnehmer in dem Zeitpunkt, den das Gericht nach § 9 Abs. 2 für die Auflösung des Arbeitsverhältnisses festsetzt, das in der Vorschrift des Sechsten Buches Sozialgesetzbuch über die Regelaltersrente bezeichnete Lebensalter erreicht hat.

(3) Als Monatsverdienst gilt, was dem Arbeitnehmer bei der für ihn maßgebenden regelmäßigen Arbeitszeit in dem Monat, in dem das Arbeitsverhältnis endet (§ 9 Abs. 2), an Geld und Sachbezügen zusteht.

§ 23 Geltungsbereich

(1) Die Vorschriften des Ersten und Zweiten Abschnitts gelten für Betriebe und Verwaltungen des privaten und des öffentlichen Rechts, vorbehaltlich der Vorschriften des § 24 für die Seeschiffahrts-, Binnenschiffahrts- und Luftverkehrsbetriebe. Die Vorschriften des Ersten Abschnitts gelten mit Ausnahme der §§ 4 bis 7 und des § 13 Abs. 1 Satz 1 und 2 nicht für Betriebe und Verwaltungen,

in denen in der Regel fünf oder weniger Arbeitnehmer ausschließlich der zu ihrer Berufsbildung Beschäftigten beschäftigt werden. In Betrieben und Verwaltungen, in denen in der Regel zehn oder weniger Arbeitnehmer ausschließlich der zu ihrer Berufsbildung Beschäftigten beschäftigt werden, gelten die Vorschriften des Ersten Abschnitts mit Ausnahme der §§ 4 bis 7 und des § 13 Abs. 1 Satz 1 und 2 nicht für Arbeitnehmer, deren Arbeitsverhältnis nach dem 31. Dezember 2003 begonnen hat; diese Arbeitnehmer sind bei der Feststellung der Zahl der beschäftigten Arbeitnehmer nach Satz 2 bis zur Beschäftigung von in der Regel zehn Arbeitnehmern nicht zu berücksichtigen. Bei der Feststellung der Zahl der beschäftigten Arbeitnehmer nach den Sätzen 2 und 3 sind teilzeitbeschäftigte Arbeitnehmer mit einer regelmäßigen wöchentlichen Arbeitszeit von nicht mehr als 20 Stunden mit 0,5 und nicht mehr als 30 Stunden mit 0,75 zu berücksichtigen.

(2) Die Vorschriften des Dritten Abschnitts gelten für Betriebe und Verwaltungen des privaten Rechts sowie für Betriebe, die von einer öffentlichen Verwaltung geführt werden, soweit sie wirtschaftliche Zwecke verfolgen. Sie gelten nicht für Seeschiffe und ihre Besatzung.

Betriebsverfassungsgesetz (BetrVG) (Auszug)
Stand: 20.04.2013

§ 102 Mitbestimmung bei Kündigungen

(1) Der Betriebsrat ist vor jeder Kündigung zu hören. Der Arbeitgeber hat ihm die Gründe für die Kündigung mitzuteilen. Eine ohne Anhörung des Betriebsrats ausgesprochene Kündigung ist unwirksam.

(2) Hat der Betriebsrat gegen eine ordentliche Kündigung Bedenken, so hat er diese unter Angabe der Gründe dem Arbeitgeber spätestens innerhalb einer Woche schriftlich mitzuteilen. Äußert er sich innerhalb dieser Frist nicht, gilt seine Zustimmung zur Kündigung als erteilt. Hat der Betriebsrat gegen eine außerordentliche Kündigung Bedenken, so hat er diese unter Angabe der Gründe dem Arbeitgeber unverzüglich, spätestens jedoch innerhalb von drei Tagen, schriftlich mitzuteilen. Der Betriebsrat soll, soweit dies erforderlich erscheint, vor seiner Stellungnahme den betroffenen Arbeitnehmer hören. § 99 Abs. 1 Satz 3 gilt entsprechend.

(3) Der Betriebsrat kann innerhalb der Frist des Absatzes 2 Satz 1 der ordentlichen Kündigung widersprechen, wenn

1. der Arbeitgeber bei der Auswahl des zu kündigenden Arbeitnehmers soziale Gesichtspunkte nicht oder nicht ausreichend berücksichtigt hat,

2. die Kündigung gegen eine Richtlinie nach § 95 verstößt,

3. der zu kündigende Arbeitnehmer an einem anderen Arbeitsplatz im selben Betrieb oder in einem anderen Betrieb des Unternehmens weiterbeschäftigt werden kann,

4. die Weiterbeschäftigung des Arbeitnehmers nach zumutbaren Umschulungs- oder Fortbildungs- maßnahmen möglich ist oder

5. eine Weiterbeschäftigung des Arbeitnehmers unter geänderten Vertragsbedingungen möglich ist und der Arbeitnehmer sein Einverständnis hiermit erklärt hat.

(4) Kündigt der Arbeitgeber, obwohl der Betriebsrat nach Absatz 3 der Kündigung widersprochen hat, so hat er dem Arbeitnehmer mit der Kündigung eine Abschrift der Stellungnahme des Betriebsrats zuzuleiten.

(5) Hat der Betriebsrat einer ordentlichen Kündigung frist- und ordnungsgemäß widersprochen, und hat der Arbeitnehmer nach dem Kündigungsschutzgesetz Klage auf Feststellung erhoben, dass das Arbeitsverhältnis durch die Kündigung nicht aufgelöst ist, so muss der Arbeitgeber auf Verlangen des Arbeitnehmers diesen nach Ablauf der Kündigungsfrist bis zum rechtskräftigen Abschluss des Rechtsstreits bei unveränderten Arbeitsbedingungen weiterbeschäftigen. Auf

Antrag des Arbeitgebers kann das Gericht ihn durch einstweilige Verfügung von der Verpflichtung zur Weiterbeschäftigung nach Satz 1 entbinden, wenn

1. die Klage des Arbeitnehmers keine hinreichende Aussicht auf Erfolg bietet oder mutwillig erscheint oder

2. die Weiterbeschäftigung des Arbeitnehmers zu einer unzumutbaren wirtschaftlichen Belastung des Arbeitgebers führen würde oder

3. der Widerspruch des Betriebsrats offensichtlich unbegründet war.

(6) Arbeitgeber und Betriebsrat können vereinbaren, dass Kündigungen der Zustimmung des Betriebsrats bedürfen und dass bei Meinungsverschiedenheiten über die Berechtigung der Nichterteilung der Zustimmung die Einigungsstelle entscheidet.

(7) Die Vorschriften über die Beteiligung des Betriebsrats nach dem Kündigungsschutzgesetz bleiben unberührt.

Sachwortverzeichnis